Oldenbourg
Geschichte
Lehrbuch

Oldenbourg
Geschichte
Lehrbuch

Frühe Neuzeit

herausgegeben von
Anette Völker-Rasor

mit einem Geleitwort
von Winfried Schulze

2. Auflage

R. Oldenbourg Verlag
München 2006

Die Autorinnen und Autoren

Peter Burschel, Renate Dürr, Stefan Ehrenpreis, Almut Franke-Postberg, Dagmar Freist, Cathrin Friedrich, Thomas M. Fröschl, Ralf-Peter Fuchs, Silke Göttsch-Elten, Iris Grötecke, Mark Häberlein, Karl Härter, Gregor Horstkemper, Katrin Keller, David Lederer, Ursula Lehmkuhl, Christoph Marx, Martin Mulsow, Jürgen Osterhammel, Wolfgang Reinhard, Wolfgang Schmale, Peer Schmidt, Susanne Scholz, Anette Völker-Rasor, Wolfgang E. J. Weber und Reinhard Wendt

Bibliografische Information der Deutschen Bibliothek
Die Deutsche Bibliothek verzeichnet diese Publikation in der Deutschen Nationalbibliografie; detaillierte bibliografische Daten sind im Internet unter <http://dnb.ddb.de> abrufbar

Rosenheimer Straße 145, D-81671 München
Internet: http://www.oldenbourg.de

Gedruckt auf säurefreiem, alterungsbeständigen Papier (chlorfrei gebleicht).

Umschlaggestaltung: Daniel von Johnson, Hamburg
Layout: Thomas Rein, München
Satz und Repro: Horst Gerbert Layoutsatz-Repro, Haar/München
Druck und Bindung: R. Oldenbourg, Graph. Betriebe Druckerei GmbH, 85551 Kirchheim b. München

ISBN – 10: 3-486-58015-9
ISBN – 13: 978-3-486-58015-0

Inhaltsverzeichnis

Zu diesem Buch

Noch ein Einführungswerk für das Studium der Geschichte! Für das Erscheinen des „OGL-Frühe Neuzeit" muß es schon gute Gründe geben. Denn nicht ohne ein besonderes Profil darf das OGL, das Oldenbourg Geschichte Lehrbuch, sich der altbewährten und oft hervorragenden Grundlektüre beigesellen.

Gedacht ist das Lehrbuch für das Geschichtsstudium, vor allem für dessen Beginn. Damit wendet es sich in erster Linie an Studentinnen und Studenten der Geschichtswissenschaft, aber auch an Studierende benachbarter Disziplinen. Weiterhin mag das Buch den Dozentinnen und Dozenten, bei denen die Lehre des Grundstudiums liegt, als taugliches Hilfsmittel für ihre Seminare dienen. Und nicht zuletzt wird hiermit auch Lehrerinnen und Lehrern, die in der gymnasialen Oberstufe Geschichte als Leistungskurs unterrichten, eine Unterstützung angeboten.

Inhaltlich und stilistisch setzt mithin das OGL auf Abiturniveau an. Zur Ausbildung von Spezialwissen soll es erst hinführen. Zu diesem Zweck werden – gerade so wie an der Universität – die einzelnen Themen in starkem Maße unter forschungsgeschichtlichem Aspekt vorgestellt. Auf die Beigabe von Quellen wird hierbei verzichtet, auf Quellenbestände jedoch hingewiesen. So wird sowohl eine zuverlässige und abrufbare Orientierung vermittelt als auch zum selbständigen Arbeiten angeregt.

Doch welche besondere Aufgabe hat sich über dies hinaus das OGL gestellt? Blicken wir auf die Anforderungen unserer Wissenschaft: In einem Seminar werden die Studierenden in der Regel in ein Thema sowie in Technik und Theorie eingeführt. Sie lernen einen Gegenstand kennen, sie erlernen das wissenschaftliche Arbeiten an diesem Gegenstand, und sie befassen sich mit dem Hintergrund eben solcher wissenschaftlichen Arbeit. Diese drei „T"s, die von den Dozierenden gelehrt werden, versucht das vorliegende Lehrbuch sinnvoll miteinander zu kombinieren.

Und noch eine weitere Aufgabe hat sich das OGL gestellt. Es will Lerneffekt und Leselust miteinander verbinden. Daher waren Übersichtlichkeit und Anschaulichkeit wichtige Leitgedanken bei der Entstehung des Buches. Zur Anschaulichkeit – da muß nun ein erstes Blättern für sich selbst sprechen – soll beitragen, daß einem gut verständlichen Haupttext Zeittafeln, Kurzbiographien, Abbildungen, Schaubilder, Detailskizzen und Stimmen aus der Forschung beigegeben sind.

Der Übersichtlichkeit dient eine Grundstruktur, die sich am ehesten bildlich fassen läßt: Wer sich einen neuen Stoff aneignen will, sieht sich gleichsam mitten hinein gestellt in ein fremdes Land, das es möglichst unbefangen zu erkunden gilt. Das unbekannte Gebiet umgibt einen wie ein Panorama, von dessen Mittelpunkt aus – an dem selbst man steht – die verschiedensten Wege sich auftun. Vier von vielen möglichen Wegen nun werden mit dem Werk eingeschlagen, wobei das Bild als solches schon deutlich macht, daß hier eine Wahl zugrunde liegt. Die Schneisen hätten sich auch anders schlagen lassen. Und doch handelt es sich hier um die bekanntesten der Möglichkeiten.

Meist geht man zunächst in einem chronologischen Durchgang in eine fremde Zeit hinein: Der erste Block behandelt daher „Phasen der Frühen Neuzeit". Einen weiteren oft gewählten Weg stellt die Ordnung des Stoffes unter systematischen Aspekten dar: Der zweite Block behandelt „Zugänge zur Frühen Neuzeit". Eine ganz andere Richtung schlägt man ein, wenn man das für die Zeit angewandte „Vorgehen der Forschung" betrachtet; diesem gilt der dritte Block. Ein weniger üblicher Weg schließlich besteht darin, sich einen Überblick zu verschaffen durch diejenigen, die sich in den „Einrichtungen der Forschung“ auskennen; hierzu der vierte Block, der den Blick auch auf die nicht-europäische Geschichte der Epoche öffnet.

In diese vier Teile nun werden – um hiermit das Kreisbild des Panoramas wieder zu verlassen und in die lineare Darstellung der Gliederung zurückzukehren – drei Exkurse gleichsam „hineingekämmt“. Sie haben ein ausschließlich didaktisches Ziel, bedienen sich dabei aber der um sie herum behandelten Inhalte als Beispielmaterial. In Entsprechung zum üblichen Prozeß wissenschaftlichen Arbeitens wird man erstens in „Das Lesen der Geschichte“ eingeführt. Nachdem mit Hilfe der Literatur das Terrain vermessen ist, wird einem zweitens „Die Arbeit mit den Quellen“ nahegebracht. Und nachdem aus Literaturstudium und Quellenarbeit ein eigenes Bild gewonnen ist, wird man über „Die Präsentation eines Themas“ nachdenken müssen.

Jedes Kapitel schließt ab mit einem Literaturverzeichnis, und das Buch insgesamt wird am Ende abgerundet durch ein Register und ein Autorenverzeichnis. Um an die drei „T“s – Thema, Technik, Theorie – schließlich zu erinnern: Sie finden sich bei dieser Art der Darstellung auf verschiedene Weise repräsentiert. Mit den vier Blöcken und den drei Exkursen wechseln Einführungen in Thema und Technik einander ab. Dabei bedienen sich die technischen Teile der thematischen als Beispielmaterial. Theoretische Fragen dagegen werden in beiden Kapitelarten an ausgewählten Stellen und ganz besonders im dritten Block behandelt.

Die Autorinnen und Autoren, die an diesem Buch mitgearbeitet haben, eint ihre Nähe zur Lehre im Grundstudium und ihr besonderes Interesse an Fragen der Vermittlung. Ein gewissermaßen als Geflecht über dem Werk liegendes System von Querverweisen zeigt, wie eng sie bei der Enstehung dieses Buches zusammengearbeitet haben.

Daß es es freilich mit dem OGL überhaupt zu einer ganz neuen Art von Lehrbuch kommen konnte, ist der Innovationsfreude der Verleger, Johannes Oldenbourg und Thomas von Cornides, zu danken. Mit viel Geduld haben dann Christian Kreuzer und Cordula Hubert die Gestaltung des inhaltlichen Konzepts betreut, und Thomas Rein hat auf sensible Weise für die graphische Umsetzung des formalen Konzepts gesorgt.

Letztlich bleibt es jedoch das Engagement und der Teamgeist der Autorenrunde, wofür man als Herausgeberin – wie auch als Leserschaft – nicht dankbar genug sein kann. Als Autoren danken wir allen Partnern und Familien, die der Entstehung des OGL so manche Stunde geschenkt haben. Daß die „Einladung in die Frühe Neuzeit“ als Einladung auch in unser Buch von Winfried Schulze ausgesprochen wird, ist uns allen eine besondere Ehre.

Die Herausgeberin

Einladung in die Frühe Neuzeit

Von einem Lehrbuch als einer Einladung in eine historische Epoche zu sprechen, scheint auf den ersten Blick ganz unangemessen. Unendlich dehnt sich gerade für den Anfänger der Strom der Geschichte, und zuweilen wird man diesen Strom gar als Belastung empfinden. Wie soll man ernsthaft den Versuch machen können, hier eine tiefere Einsicht zu gewinnen, oder gar einen verläßlichen Überblick zu gewinnen, der über vordergründiges Zahlenwerk hinausreichte? Gleichwohl unternimmt dieser Band den anspruchsvollen Versuch, einen strukturierten und kompetenten Überblick über die Epoche der Frühen Neuzeit zu gewinnen. Dies geschieht in der erklärten Absicht, die Bedeutung und innere Gliederung dieser Epoche zu erfassen und unter Zuhilfenahme der neueren Forschung verläßlich darzustellen. Die scheinbare Gegenständlichkeit der Epoche relativiert sich unter dem multiperspektivischen Zugriff, den der Band anbietet.

Eine weitere Relativierung des Blicks auf eine bestimmte Epoche ergibt sich auch dadurch, daß Epochengrenzen willkürliche Setzungen sind, die eher Konventionen als inhaltlichen Begründungen folgen. Gerade die Frühe Neuzeit bietet Anlaß zu besonderer Vorsicht, denn als distinkte historische Epoche gibt es sie erst seit der Mitte dieses Jahrhunderts. Nachdem bereits in den 40er Jahren in den Vereinigten Staaten von „early modern" gesprochen wurde, faßte dieser Begriff seit den frühen 50er Jahren in der Bundesrepublik Fuß, 1951 erfolgte an der Freien Universität Berlin die erste Einrichtung eines historischen Lehrstuhls mit dieser Bezeichnung. Damit begann die durchaus erfolgreiche Geschichte dieses Epochenkonzepts, denn seitdem hat sich die Frühe Neuzeit als eigenständige historische Epoche durchgesetzt, der bald die volle akademische Würde zuerkannt wurde. Forschungsinstitute und Fachzeitschriften wurden gegründet, darüber hinaus setzte sich das Konzept auch in der interessierten Öffentlichkeit durch.

Ist nun der Eindruck, daß die Zeit zwischen 1500 und 1800 eine eigene Epoche verdiene, erst eine Errungenschaft der Mitte des 20. Jahrhunderts? Die Beobachtung, daß die drei Jahrhunderte zwischen Reformation und Französischer Revolution tatsächlich eine Art historischer Einheit darstellen, ist freilich keineswegs neu. Schon die Zeitgenossen um 1800 sahen das so. Im Jahre 1793 sprach der Schriftsteller Christoph Martin Wieland (1733-1813) von der „Kultur und Ausbildung der Menschheit, die seit dreyhundert Jahren in dem größeren Theile von Europa von einer Stufe zur andern emporgestiegen ist". Sie habe eine „gänzliche Umänderung", ja „eine Art von allgemeiner intellektueller und moralischer Revoluzion (!)" hervorgebracht. Drei Jahre später bemerkte der Hamburger Nationalökonom und Mathematiker Johann Georg Büsch (1728-1800), daß „nicht viel mehr als drei Jahrhunderts verflossen, seitdem diejenigen Umstände eingetreten sind, welche die Gestalt Europens so sehr verändert haben." Im Jahre 1803 schrieb der Theologe Johann Gottfried Eichhorn (1752-1827) eine „Geschichte der drei letzten Jahrhunderte", und er begründete dies damit, daß diese Geschichte „ein in sich geschlossenes, für sich bestehendes historisches Ganzes" ausmache, „ohne dessen Kenntniß noch nicht einmal die Lektüre der Zeitung möglich" sei: „Seit der Mitte des 15. Jahrhunderts entspann sich nach und nach aus einzelnen Verbindungen der allgemeine Weltzusammenhang der neuesten Zeiten, und zu gleicher Zeit fing das neue Staatensystem sich in seinen ersten Keimen zu entwickeln an. In einem Zeitraum von 50 bis 70 Jahren ward es in allen seinen Teilen sichtbar, und gab, früher oder später, allen Weltteilen eine völlig neue Gestalt."

Der Eindruck drängt sich auf, daß die Erfahrung der Französischen Revolution nicht nur zu einer Fülle von Vergleichen zwischen der Reformation zu Beginn des 16. und der Revolution am Ende des 18. Jahrhunderts führte, sondern letztlich auch die Einheit dieser drei Jahrhunderte begründete, die seitdem mit geschärftem Blick wahrgenommen wurde. Damit verstärkte sich die schon im späten 18. Jahrhundert erstmals formulierte Interpretation, daß mit dem Beginn des 16. Jahrhunderts eine „neue Zeit" begonnen habe. Zugespitzt könnte die These lauten, daß erst die Französische Revolution den Blick auf die jetzt endgültig abgeschlossenen drei Jahrhunderte, die ihr vorausgingen, unter der Epochenbezeichnung der „neuen Zeit" möglich gemacht habe. Erst sie nämlich läßt die strukturelle Einheit dieser Zeitspanne deutlicher ins Blickfeld der Zeitgenossen wie dann auch der Historiker geraten.

Seit dem Beginn des 20. Jahrhunderts ist für diesen Zeitraum ein deutlicher Wandel der Fragestellungen eingetreten. Waren es früher vor allem konfessionspolitische und dynastische Fragestellungen, die die Forschung bestimmten, so scheint mir – jedenfalls unter einem europäisch-vergleichenden Gesichtspunkt – in der neueren Forschung eine ganz andere Richtung des Fragens bezeichnend: In der Frühen Neuzeit wird jetzt eher ein umfassender, exemplarischer, vorzüglich beobachtbarer, für unsere Gegenwart direkt relevanter, also prototypischer Fall eines gesamtgesellschaftlichen Wandlungsprozesses gesehen; dieser muß sich gegen ein dominantes Denk- und Normensystem durchsetzen, welches althergebrachte Verhältnisse zu bewahren suchte. Damit wird deutlich, daß die Frühe Neuzeit schon alle jene Problemlagen in sich birgt, die die weitere Geschichte der Neuzeit bestimmen sollten. Man könnte sie deshalb als ein Musterbuch der Moderne bezeichnen. In Keimform und erstmalig treten hier schon alle die großen Konflikte auf: Um die Freiheit des Gewissens, die Gleichheit der Menschen, die Grenzen der Staatsgewalt, die Legitimation der Macht, das Recht zum Widerstand, die Kraft der Wissenschaft, die Wirkungen neuer Technik vom Buchdruck bis zur Dampfmaschine. Mögen die Konflikte sich im 19. und 20. Jahrhundert auch vielfältig differenzieren, zwischen Niccolo Machiavelli (1469-1527), Thomas Hobbes (1588-1679) und Jean-Jacques Rousseau (1712-1778) entwickeln sich jene Konzepte gesellschaftlicher Ordnung, die uns auch heute noch bewegen.

Es ist daher nicht erstaunlich, wenn wir für die Frühe Neuzeit immer wieder Begriffe wie „Vorlauf", „Geburtsstunde" oder „Inkubationszeit der Moderne" finden. Die Geschichte unserer Wissenschaft nach dem Zweiten Weltkrieg hat freilich gezeigt, daß die Vorstellung von der „Moderne" – in all ihren Abwandlungen vom „Projekt der Moderne" bis zum Konzept der „Modernisierung" – auch nicht mehr so einfach zu halten ist. Einer umfassenden Klärung des Begriffs kann man sich vielleicht dann entziehen, wenn man den Musterbuch-Charakter der Frühen Neuzeit betont und lediglich in Ausschnitten oder unter einzelnen Perspektiven ihren Standort innerhalb einzelner Entwicklungsstränge klärt. Dies können Modernisierungsschübe ebenso wie Stagnationsphasen oder das Nebeneinander von Tradiertem und Neuem sein.

Von besonderer Bedeutung scheint die europäische Frühneuzeit vor allem als historisches Entwicklungsmodell im Übergang von agrarischen zu industrialisierten Gesellschaften; es lassen sich daran vorzüglich die Voraussetzungen dieses Prozesses studieren. Dies faszinierte zunächst marxistische Historiker, die die Frage nach den Faktoren des Übergangs zwischen Feudalismus und Kapitalismus aufwarfen. In den Fragestellungen vor allem der angloamerikanischen Weltgeschichte konzentriert sich diese Debatte neuerdings auf die Frage nach den Gründen des „Aufstiegs der westlichen Welt" („rise of the western world") oder des europäischen Wunders („European miracle"). Dies faszinierte aber auch Soziologen und Philosophen, die an der Frühen Neuzeit den Übergang von Status- zu Vertragsdenken erkannten oder die Pluralisierung der Wissensbestände betonten.

Heute scheint ein breiter Konsensus hinsichtlich einer gewissen Einheitlichkeit der Epoche der Frühen Neuzeit zu bestehen, die – national durchaus unterschiedlich strukturiert und begrenzt – mit gemeinsamen Fragestellungen und gemeinsamen Interpretationskategorien erforscht wird. Alternative Deutungen haben sich letzten Endes nicht durchsetzen können. Von intellektuellem Reiz waren eher die Diskussionen um den Beginn der Neuzeit, der traditionellerweise an der Wende vom 15. zum 16. Jahrhundert gesehen wird, seit den späten 50er Jahren jedoch mit dem Konzept der europäischen „Sattelzeit" konkurriert, die um 1800 den Übergang zur Moderne erkennen will.

Ganz offensichtlich hat das Konzept der Frühen Neuzeit von diesen Anregungen profitieren können. Sie unterstreichen nämlich noch einmal die Schlüsselrolle dieser Epoche für die unterschiedlichen Sehweisen der unser Leben bestimmenden Neuzeit. Eine Einladung in die Frühe Neuzeit ist daher eine wesentliche Voraussetzung für ein tieferes Verständnis unserer Gegenwart.

Winfried Schulze

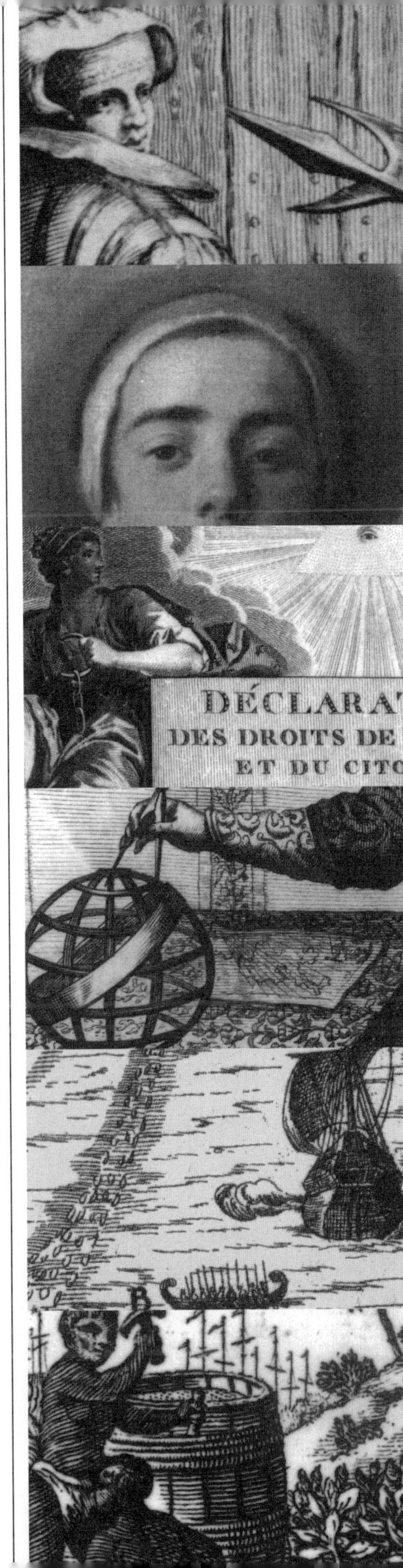

Phasen der Frühen Neuzeit

Einführung. „Phasen der Frühen Neuzeit" – mit dem Titel dieses ersten Blocks ist eine Frage angesprochen, die Studierende wie lang erfahrene Fachleute immer wieder umtreibt: die Frage nach der Periodisierung von Geschichte. Gleich auf zweifache Weise steckt diese Frage hinter dem Titel, nämlich in bezug auf die Epoche der Frühen Neuzeit insgesamt und auf ihre Unterteilung in einzelne Phasen.

Die Periodisierung von Geschichte ist seit jeher ein schwieriges Geschäft [VOGLER]. Und doch ist die Bildung von Zeiteinheiten nicht nur als Hilfe für die Durchdringung geschichtlicher Zusammenhänge, sondern auch als Übereinkunft für deren Vermittlung ein notwendiges Unternehmen. Streiten kann man dabei über die Kriterien, die für die Bildung dieser Einheiten angesetzt werden – wobei sich oft genug der Gewinn neuer Erkenntnisse und die Setzung neuer Phasen und Epochen gegenseitig bedingen. Seitdem die Dreiteilung der abendländischen Geschichte in Altertum, Mittelalter und Neuzeit 1685 von dem Hallenser Professor Christoph Cellarius (1638-1707) aufgebracht wurde, werden jedenfalls Periodisierungsfragen immer wieder diskutiert [SCHULZE]. Für Cellarius, einen Mann des 17. Jahrhunderts, begann die Neuzeit um 1500. Für uns aber steht das Moderne ab der Zeit um 1800 in so krassem Gegensatz zu den Merkmalen der Jahrhunderte davor, daß seit den 1960er/70er Jahren der Begriff „Frühe Neuzeit" für die Epoche etwa zwischen 1500 und 1800 fest etabliert ist.

Je weiter nun die Forschungen zu dieser Epoche voranschreiten, um so deutlicher zeigt sich, daß zwischen den so verklammerten drei Jahrhunderten innerlich weniger Zusammenhang besteht, als die gemeinsame Bezeichnung es vorgibt. So wurde – um hier nur die Diskussionsrichtungen der letzten Jahre anzuzeigen – 1992 vorgeschlagen, ein langes 18. Jahrhundert als eigene Epoche zwischen die Neuere und die Neueste Geschichte zu schieben [VIERHAUS]. Dann wurde dem 17. Jahrhundert ganz neu Aufmerksamkeit geschenkt und eine eigene Darstellung gewidmet, wobei es als Ende des Mittelalters und Beginn der Moderne erschien [MÜNCH]. Umgekehrt können auch gerade aus differenzierteren Kenntnissen heraus wieder stärker Kontinuitäten gesehen werden, innerhalb der Epoche und über sie hinaus. So wurde im Hinblick auf den Europagedanken eine Linie vom 17. zum 20. Jahrhundert gezogen [SCHMALE]; oder es ließ sich eine Einheit der gesamten Neueren Geschichte herausstellen [NOLTE].

Wenn aber oben in der „Einladung in die Frühe Neuzeit" die Epoche als „Musterbuch der Moderne" bezeichnet wird, dann fordert dieses Bild dazu auf, die Frühe Neuzeit eben nicht als Lose-Blatt-Sammlung, sondern als Einheit zu behandeln und dabei das zwischen den Buchdeckeln enthaltene darüber Hinausweisende zu erkennen. Dabei ist im Geleitwort von Winfried Schulze als hintere Epochengrenze bereits die Französische Revolution genannt. Ob man sich für die vordere Epochengrenze nun am Fall Konstantinopels oder an der Erfindung des Buchdrucks in den 1450er Jahren, an der Entdeckung Amerikas oder am Beginn der Italienischen Kriege in den 1490er Jahren, an der Lutherschen Thesenveröffentlichung oder an der Wahl Karls V. im zweiten Jahrzehnt nach der Jahrhundertwende orientiert – meistens sind es ereignisbezogene Daten, die als Anhaltspunkte dienen. Die Orientierung an strukturellen Wandlungen wie etwa dem Beginn des Frühkapitalismus oder dem Werden des frühmodernen Staates verlangt eine bessere Epochenkenntnis [MIECK].

Auch für die Unterteilung dieses ersten, chronologisch verfahrenden Blocks in kleinere Abschnitte wurden Jahreszahlen als Wegmarken gewählt. Diese wurden aber mit Hilfe der zeitbestimmenden Wörtchen „seit", „nach" und „um" bewußt plakativ gesetzt. Den Zeitgenossen nämlich brachte etwa das Jahr 1648 wohl den Westfälischen Frieden; doch für den Alltag bedeutete dies keine Zäsur, nach der die Menschen ihr Leben in ein „Davor" und ein „Danach" eingeteilt hätten. Zu den gewählten Jahreszahlen hat man spontane Assoziationen wie etwa zu 1517 den Begriff „Reformation" oder zu 1648 den Begriff „Absolutismus". Diese Begriffe jedoch wurden lange Zeit recht einseitig und eng verwendet, sie entsprechen dem heutigen Forschungsstand nicht mehr. Um nur das erste Kapitel zu nehmen: Ausgehend von der Geschichte der Reformation wurden in den letzten Jahrzehnten allgemein Religion und Politik in ihrem Zusammenhang gesehen; unter der erweiterten Fragestellung nach Konfession, Religiosität und Frömmigkeit wurden einzelne Personen und ganze Institutionen untersucht; es wurde über die Entwicklung des landesherrlichen Kirchenregiments gearbeitet sowie die Problemlage bikonfessionell geprägter Städte beleuchtet usw. Insofern verbinden sich hier altbekannte Daten mit neuen Phasenbezeichnungen.

Um zu zeigen, daß die Phasen der Frühen Neuzeit sich in Lage und Länge ganz nach der Perspektive der Einteilung richten, wurden zwei chronologische Durchgänge hintereinander gestellt. So wird die Epoche in einem ersten Durchgang im Europa-Maßstab betrachtet, in einem zweiten Durchgang dann im Welt-Maßstab – dies alles jedoch ohne den Anspruch zu erheben, eine umfassende europäische oder gar universale Geschichte bieten zu wollen. Sichtbar wird auf diese Weise, daß die Frauen, Männer, Kinder und Alte einer Zeit je nach Betrachtungshorizont von ganz unterschiedlichen Ereignissen und Entwicklungen bestimmt und bewegt wurden. Sichtbar wird aus dem Vergleich der einzelnen Phasen auch, daß – zumindest aus der Sicht der Nachgeborenen – verschiedene Zeiten mit solchen Ereignissen und Entwicklungen unterschiedlich dicht besetzt sind. Somit bieten bereits Periodisierungen Lesarten von Geschichte an, deren noch viel subtilere Formen im anschliessenden Technikexkurs vorgestellt werden.

Literatur

I. Mieck, Die Frühe Neuzeit. Definitionsprobleme, Methodendiskussion, Forschungstendenzen, in: N. Boškovska Leimgruber (Hrsg.), Die Frühe Neuzeit in der Geschichtswissenschaft. Forschungstendenzen und Forschungserträge, Paderborn/München/Wien/Zürich 1997, 17-38.

P. Münch, Deutsche Geschichte im 17. Jahrhundert. Ende des Mittelalters – Beginn der Moderne, Stuttgart 1995.

P. Nolte, Gibt es noch eine Einheit der Neueren Geschichte?, in: ZHF 24, 1997, 377-399.

W. Schmale, Das 17. Jahrhundert und die neuere europäische Geschichte, in: HZ 264, 1997, 587-611.

W. Schulze, Neuere Geschichte - ein problematisches Fach, in: H.-J. Goertz (Hrsg.), Geschichte. Ein Grundkurs (rowohlts enzyklopädie 55576), Reinbek 1998, 287-317.

R. Vierhaus, Vom Nutzen und Nachteil des Begriffs „Frühe Neuzeit". Fragen und Thesen, in: Ders. (Hrsg.), Frühe Neuzeit – Frühe Moderne. Forschungen zur Vielschichtigkeit von Übergangsprozessen, Göttingen 1992, 13-26.

G. Vogler, Probleme einer Periodisierung der Geschichte, in: H.-J. Goertz (Hrsg.), Geschichte. Ein Grundkurs, 203-213.

Seit 1517: Religion und Politik

Zeittafel

1517	Luthers 95 Thesen gegen den Ablaßhandel; Beginn der Reformation.
1519	Beginn der Züricher Reformation durch Huldrych Zwingli.
1519-56	Regierungszeit Kaiser Karls V.
1521	Reichstag in Worms: Wormser Edikt; Reichsacht gegen Luther.
1521-26	Erster von fünf Kriegen um die Hegemonie in Europa zwischen den Häusern Habsburg und Valois, bis 1559.
1524-25	Bauernkrieg.
1529	Belagerung Wiens durch die Türken.
1530	Reichstag in Augsburg: Augsburger Bekenntnis und Apologie; Confutatio der kaiserlichen Seite.
1534	Heinrich VIII. in England wird das Oberhaupt der anglikanischen Kirche; Ignatius von Loyola gründet den Jesuitenorden.
1541	Calvins Reformation in Genf.
1545	Eröffnung des allgemeinen Kirchenkonzils zu Trient; erste Sitzungsperiode bis 1548; zweite Sitzungsperiode 1551/52; dritte Sitzungsperiode 1562/63.
1546-47	Schmalkaldischer Krieg, Niederlage der Protestanten führt zum Interim.
1552	Fürstenrebellion: erfolgreicher Aufstand protestantischer Fürsten.
1555	Augsburger Religionsfrieden.
1558	Elizabeth I. wird Königin von England: Elisabethanisches Kirchensystem.
1562	Beginn der Hugenottenkriege in Frankreich.
1568	Beginn der niederländisch-spanischen Kriege.
1598	Edikt von Nantes beendet vorerst die Hugenottenkriege.
1618	Böhmischer Aufstand/ Beginn des Dreißigjährigen Krieges.
1648	Frieden von Münster und Osnabrück.

Das Jahr 1517 als Rahmendatum. Am 31. Oktober 1517 veröffentlichte Martin Luther 95 Thesen gegen den Ablaßhandel. In Windeseile erreichten sie eine so große Öffentlichkeit, daß schon bald der Beginn der Reformation mit der Veröffentlichung dieser Thesen angesetzt wurde. Im Jahre 1617 feierte die protestantische Welt das hundertjährige Jubiläum dieses Ereignisses als Symbol für die gesamte Reformation.

Das Jahr 1517 an den Anfang eines Beitrages und gar eines Buches zu setzen, stellt gleichwohl eine Herausforderung dar, will man nicht einfach althergebrachte Interpretationsmuster der Geschichte fortschreiben. Denn zunächst einmal steht es für die Reformation durch Martin Luther (1483-1546). Und doch war die Reformation nicht nur sein Werk. Huldrych Zwingli (1484-1531) war in Zürich etwa zur gleichen Zeit zu ganz ähnlichen theologischen Erkenntnissen wie Martin Luther gekommen [Scribner/Johnston]. Außerdem war auch die reformatorische Bewegung der Laien – des Adels, der Stadtbürger und Bürgerinnen, der Bauern, Bäuerinnen oder Bergarbeiter – von entscheidender Bedeutung. Sie gaben der Reformation eine eigene, zum Teil abweichende Prägung, die von der „eigentlichen" Reformationsgeschichte nicht zu trennen ist [Blickle 1985; Wohlfeil]. Zweitens betont das Jahr 1517 den nationalen Kontext der „deutschen" Reformation. Doch ist die Reformationsgeschichte, wenn sie auch als „deutsches" Ereignis begann, nur im europäischen Maßstab zu begreifen [Scribner 1994; Brady/Oberman/Tracy]. Schließlich zementiert eine Herausstellung dieses Jahres die Bedeutung der Reformation als Epochengrenze zwischen Mittelalter und Neuzeit [Lutz, 111ff; Rublack in: Moeller 1998]. Dagegen konnten Forschungen aus dem Bereich des Spätmittelalters zeigen, daß bedeutsame Wurzeln der Reformation – verfassungsgeschichtliche und soziale, religiöse wie kirchenkritische – weit in das 15. Jahrhundert hineinreichten. Die lutherische Reformbewegung erscheint aus dieser Perspektive als Fortsetzung der Kirchenreformen des 15. Jahrhunderts. Der eigentliche Einschnitt wäre dann erst an der Entstehung der Konfessionen, der Konfessionalisierung von Staat, Kirche und Alltag festzumachen [SCHILLING, in: MOELLER 1998, 27f; VENARD; BRADY/OBERMAN/TRACY; JUSSEN/KOSLOFSKY].

▷ S. 148 Wirtschafts-/Sozialgeschichte: Alte Themen, Neue Akzente
▷ S. 301 f. Schlüsselbegriffe und Konzepte: Konfessionalisierung

Wenn nun der folgende Beitrag trotzdem mit dem Jahr 1517 einsetzt, so sollen damit diese Bedenken nicht einfach entwertet werden. Aber eine zu pointierte Betonung der Kontinuitäten birgt auch die Gefahr der unzulässigen Relativierung der Neuerungen, die mit der Reformation einhergingen. Denn in der Reformation hat man nicht nur begonnene Reformtendenzen vollendet, sondern gerade in theologischer Hinsicht tatsächlich neue Wege beschritten. Aber auch insofern man etwas aufgriff, das aus dem 15. Jahrhundert stammte, entstand durch die Dynamik der Bewegung etwas Neues. In einer anonymen Flugschrift des Jahres 1524 jedenfalls wurde die Reformation als Veränderung fast aller Dinge auf Erden bezeichnet [MOELLER in: DERS. 1998, 488]. Diese Sicht der Zeitgenossen ist wohl das entscheidende Argument für eine Beibehaltung des Jahres 1517 als Symbol für den reformatorischen Aufbruch. Denn die reinen Fakten stellen nur die eine Seite der Geschichte dar. Mindestens ebenso bedeutsam ist daneben die Interpretation eines Ereignisses durch Zeitgenossen und spätere Generationen. Das Jahr 1517 war viele Jahrhunderte für den Protestantismus wie für den Katholizismus – wenn auch mit anderen Vorzeichen – identitätsstiftend. Darum wurde für diesen Beitrag das Jahr 1517 als Rahmendatum aufgegriffen. Daß jedoch nicht nur (deutsche) Reformationsgeschichte dargestellt werden soll, wird durch den Zusatz „Religion und Politik" angedeutet. Denn das für die Frühe Neuzeit typische – auch im Vergleich zum Spätmittelalter sehr viel engere – Zusammengehen von religiös-kirchlichen und obrigkeitlich-weltlichen Institutionen gilt nicht nur für lutherische oder reformierte, sondern auch für katholische Gebiete [SCHORN-SCHÜTTE]. Die Frage, in welcher Weise dieses Verhältnis die Entstehung und Festigung der unterschiedlichen Konfessionen in den verschiedenen Räumen Europas im 16. und in der ersten Hälfte des 17. Jahrhunderts geprägt hat, wird den roten Faden der folgenden Darstellung bilden.

Reformationsgeschichte. Die Reformation begann als ein theologisches Anliegen. Denn das zentrale Problem läßt sich auf die Frage nach der Gnade Gottes und der Erlösung von den Sünden zuspitzen. Daß dies keine „akademische" Frage einiger Spezialisten war, zeigt die Geschwindigkeit, mit der die Thesen der Reformatoren sich in Stadt und Land verbreiteten. Dies hat gewiß mit den sozialen Schlußfolgerungen zu tun, die aus der reformatorischen Erkenntnis gezogen werden konnten, aber nicht nur. Auch Angehörigen der ungebildeten Schichten war die Predigt des „reinen Evangeliums" ein besonderes Anliegen: Darum hielten Grießener Bauern in einer militärisch aussichtslosen Situation im Bauernkrieg nur noch eine Forderung aufrecht: Sie forderten die Einsetzung eines reformatorischen Predigers. 300 von ihnen sind in der Dorfkirche, in welcher sie sich verschanzt hatten, verbrannt [BLICKLE in: DERS./KUNISCH, 18].

Reformation und Gegenreformation, Religionskriege und Verhärtung der Glaubensaussagen werden im Abstand von mehr als 400 Jahren, die uns nun von diesen Ereignissen trennen, nur verständlich, wenn man sich die Bedeutung der Religion für das Leben aller Menschen dieser Zeit vor Augen hält. Die Suche nach dem Seelenheil verband Gelehrte und Schriftunkundige, Adlige und Bauern, Männer und Frauen.

Luther, Zwingli und die anderen reformatorischen Theologen lehnten die altkirchliche „Werkgerechtigkeit" ab, nach der bestimmte Werke wie gute Taten, Buße, Einhaltung der Gelübde und Befolgung der Gebote Erlösung bedeuteten [Lienhard in: Venard Bd. 7, S. 713-722]. Dagegen waren sie davon überzeugt, daß diese allein aus der göttlichen Gnade erwachsen könne. Diese Erkenntnis bezeichnet man als Rechtfertigungstheologie. Nur die göttliche Gnade – „sola gratia" – bewirkte Erlösung; nur der Glaube des Menschen – „sola fide" – machte diese möglich und nur an der Heiligen Schrift – „sola scriptura" –, aber nicht an der kirchlichen Tradition, hatte sich der Gläubige zu orientieren. Im Mittelpunkt des Glaubens stand Jesus Christus, „solus Christus". Darum ließen die Reformatoren nur die beiden direkt von Christus eingesetzten und durch die Schrift bezeugten Sakramente, die Taufe und das Abendmahl, bestehen. Allen anderen Sakramenten der alten Kirche dagegen sprach man die Heilsnotwendigkeit ab. Damit wurde auch der Stand der geweihten Priester aufgehoben. Die reformatorischen Prediger unterschieden sich in geistlicher Hinsicht nicht von anderen Gläubigen, sie besaßen keine besondere Macht der Heilsvermittlung. Dies ist mit dem Stichwort „Priestertum aller Gläubigen" gemeint.

Unter den zahlreichen Herrscherinnen und Regentinnen des 16. Jahrhunderts spielte **Elizabeth I**. (1533-1603) zweifellos eine herausragende Rolle. Sie erhielt 1558 die Königskrone in einer für England schwierigen Situation. Denn außenpolitisch wie innenpolitisch waren die Zustände insbesondere durch die Politik ihrer Vorgängerin, Mary I. Tudor (1516-1558), sehr unübersichtlich geworden. In ihrer langen Regierungszeit bis 1603 gelang es Elizabeth I., die Position Englands in Europa zu festigen und eine anglikanisch geprägte Kirchenverfassung dauerhaft durchzusetzen. Dabei griff sie auf Gesetze und Dekrete aus der Regierungszeit ihres Vaters Heinrich VIII. (1509-1547) und ihres Halbbruders Eduard VI. (1537-1553) zurück. Allerdings hatte sie einer veränderten Stimmungslage Rechnung zu tragen. So waren die protestantischen Exilanten durch ihre Kontakte mit den reformatorischen Bewegungen auf dem Festland radikalisiert worden. Zugleich mußte auch auf eine erstarkte katholische Bewegung in England Rücksicht genommen werden. Elizabeth I. selbst kann wohl als Anhängerin eines gemäßigten Protestantismus gelten. Diese Ausgangslage schlug sich in der Uniformitätsakte von 1559 nieder. So regelte sie die Liturgie der anglikanischen Kirche zwar auf der Grundlage des „Prayer Books" von 1552, modifizierte aber an entscheidenden Stellen antirömische Formulierungen. Eine weit gefaßte Kommunionsformel wiederum ließ sowohl eine lutherische als auch eine reformierte Abendmahlsauffassung zu. Insgesamt bedeutete die englische Kirchenverfassung eine Festigung der Position des Königshauses. Denn als „Supreme Governor" stand der König oder die Königin fortan auch der Kirche vor.

Bild: Nicholas Hilliard (1547-1619), Elizabeth I., Bildnis mit Hermelin, Ölgemälde, Hatfield House, England; Foto: Archiv für Kunst und Geschichte, Berlin.

Literatur: G. Lottes, Elizabeth I. Eine politische Biographie, Göttingen/Zürich 1981, J. Ridley, Elizabeth I. Eine Biographie, Zürich 1990.

Die Gemeinde gewann für die Glaubensvermittlung und in der Kirchenhierarchie eine neue Bedeutung [BLICKLE 1996, 19]. Sie sollte das Recht erhalten, ihre Prediger selbst zu wählen und über deren Seelsorge zu urteilen. Die Prediger ihrerseits sollten die Gemeinde im Evangelium unterweisen, weil dies ja die Grundlage des Glaubens bildete. Wichtige Etappen dabei waren die Übersetzung des Neuen Testamentes durch Martin Luther im Jahre 1522 und die Einführung eines evangelischen Gottesdienstes in der Volkssprache durch Thomas Müntzer (1490-1525) in Allstedt 1523 sowie in zahlreichen anderen Städten im darauffolgenden Jahr [GOERTZ, 12; LIENHARD in: VENARD, Bd. 7, 734].

Die rasche Verbreitung der reformatorischen Ideen hat zahlreiche Fragen aufgeworfen, weil doch ein großer Bildungsunterschied die wenigen Universitätstheologen von der Masse der Laien trennte. Volkssprachlich verfaßte Flugschriften, in denen die reformatorischen Ideen erläutert wurden, hatten dabei gewiß entscheidende Bedeutung. Aber der Alphabetisierungsgrad zu Beginn des 16. Jahrhunderts war so gering, daß man die Wirkung schriftlicher Zusammenfassungen auch nicht überschätzen darf. Stadt- wie Dorfbewohner erfuhren von den neuen Ideen darum in erster Linie durch die Predigten reformatorischer Geistlicher, über das Vorlesen volkssprachlicher Schriften und über die gemeinsame Interpretation bildhafter Darstellungen in Holzschnitten dieser Zeit. All dies vollzog sich an öffentlichen Plätzen des Ortes in kleineren oder größeren Gruppen, so daß zur Erfassung reformatorischer Gedanken immer auch die inhaltliche Auseinandersetzung mit dem Gehörten oder Gesehenen einherging [SCRIBNER 1981; WOHLFEIL, 123-133]. Dabei hatten die neuen Ideen vor allem dort schnellen Erfolg, wo theologische Aussagen mit der Lebenswelt der Menschen übereinstimmten.

So machten zahlreiche Stadtreformationen seit den 1520er Jahren den Anfang der reformatorischen Bewegung, weil die Gemeindetheologie nicht unerheblich auf den Strukturen und Normen der Stadtgemeinden basierte [HAMM; WUNDER, in: MOELLER 1998]. Denn in den Städten kannte man schon seit dem Spätmittelalter eine Einheit von Kirchen- und Bürgergemeinde [MOELLER 1987]. Die Bürger hatten sowohl als Mitglied ihrer politischen Gemeinde als auch als Christen Verantwortung für die Gemeinschaft zu tragen. Die aufstrebenden Bürgerschichten konnten darum in der reformatorischen Theologie Impulse für die Sicherung ihres Selbstverständnisses finden.

Auch in Dörfern mit einer Gemeindeverfassung – insbesondere im oberdeutsch-schweizerischen Raum – hatte sich seit dem Spätmittelalter ein „kommunaler Geist" ausgebildet, der auf vergleichbaren Prämissen wie in den Städten beruhte [BLICKLE 1985; BLICKLE in: DERS./KUNISCH; BLICKLE 1996]. Darum griffen auch zahlreiche Bauernschaften Gedanken der reformatorischen Gemeindetheologie auf, kämpften für die freie Pfarrerwahl und das „reine Evangelium", forderten die Aufhebung der Leibeigenschaft und eine Erleichterung der Abgabenlast [BLICKLE 1998]. In den Jahren 1524 und 1525 kam es zu zahlreichen Bauernaufständen, vor allem im süddeutsch-schweizerischen und im hessisch-thüringischen Raum.

An den Unruhen im „Bauernkrieg" waren allerdings nicht nur Bauern beteiligt. Auch Bürger und Bergarbeiter etwa schlossen sich an. Treffender ist darum wohl der Begriff des „Gemeinen Mannes", der in zahlreichen Flugschriften dieser Zeit verwendet wurde. Er bezeichnete diejenigen Bauern und Bürger, die nicht im Herrenstand waren, d.h. nicht zur Herrschaft oder Obrigkeit zählten, und durch Hausbesitz und Bürger- oder Bauernrechte Mitglied der Gemeinde waren. Knechte und Mägde, Söldner oder Tagelöhner gehörten demzufolge nicht dazu [BLICKLE 1998, 42-44]. Dagegen scheint der Begriff im zeitgenössischen Sprachgebrauch Männer und Frauen – d.h. die Hausväter und die Hausmütter – umfaßt zu haben. So sprach man in Memmingen 1525, indem man den „Gemeinen Mann" mit der Reformation in Verbindung brachte, auch von dem „luterischen Weib und Man". In der reformatorischen Bewegung spielten Frauen eine sehr viel größere Rolle, als man hätte annehmen können – schließlich waren sie von der verfaßten Stadt- und Dorfgemeinde ausgeschlossen, und es war ihnen verboten, in theologischen Fragen Stellung zu beziehen [WIESNER, in: GUGGISBERG; HAMM, 94-96]. Diese Frauen verstanden sich offensichtlich als Teil der politischen Gemeinde, auch wenn sie von den aktiven Bürgerrechten eigentlich ausgeschlossen waren.

▷ S. 187 Geschlechtergeschichte: Normen und soziale Praxis

Schon nach der Bannbulle und der Reichsacht gegen Luther im Jahre 1521 hätte die Reformation scheitern oder doch gänzlich anders verlaufen können, wenn es nicht reformatorisch gesonnene Landesfürsten gegeben hätte. Die „Fürstenreformation" wird häufig der Gemeindereformation als Abfall von der eigentlichen reformatorischen Idee gegenübergestellt. Dies ist unter der Perspektive einer zeitlichen Abfolge nicht richtig. Anfänge einer fürstlich-obrigkeitlichen Reformation nämlich sind schon in den 1520er Jahren zu beobachten, und andererseits kamen manche Stadtreformationen erst sehr viel später zum Zuge. Außerdem wird dabei übersehen, daß mit der Übernahme der Initiative durch die Landesherren oder Stadtobrigkeiten nicht unbedingt eine Funktionalisierung des Religiösen für weltliche Zwecke verbunden sein mußte. Denn der kirchlich-religiöse Bereich war für einen sich als christliche Obrigkeit verstehenden Landesherrn eine selbstverständliche Aufgabe [HAMM, 103; SCHORN-SCHÜTTE, 72-77].

Mit der Festigung der Reformation in zahlreichen Städten und Territorien erhielten Fragen der Rechtgläubigkeit eine größere Bedeutung. Aus den Erfahrungen mit dem „Bauernkrieg", mit einer schnell wachsenden Täuferbewegung und zahlreichen kleineren spiritualistischen Richtungen hatten die Obrigkeiten nämlich nicht weniger als die Reformatoren die Schlußfolgerung gezogen, daß das reformatorische Bekenntnis eindeutig festgelegt werden müßte. Dafür wurden seit der zweiten Hälfte der 1520er Jahre Kirchenordnungen erlassen. Über Visitationen – d.h. obrigkeitlich organisierte Befragungen von Pfarrern und Gemeinden – sollte die Einhaltung dieser Grundsätze durch die Geistlichen und die Gemeinden überprüft werden.

Die Bekenntnisbildung verlief dabei in einer doppelten Frontstellung, nämlich sowohl gegenüber den Positionen der römischen Kirche als auch gegenüber den jeweils anderen reformatorischen Strömungen. Auf dem Reichstag zu Augsburg im Jahre 1530 waren die Positionen der Lutheraner durch Philipp Melanchthon (1497-1560) in der „Confessio Augustana" (CA) zusammengefaßt worden [VOGLER in: VENARD Bd. 8, 3ff]. Doch der Kaiser lehnte mit seiner „Confutatio" eine Diskussion auf der Grundlage der CA ab. Für die lutherisch orientierte Reformation erhielt die CA trotzdem eine wegweisende theologische und politische Bedeutung. Sie bildete die Basis der lutherischen Bekenntnisbildung und war das Herzstück des 1580 erstellten Konkordienbuches, mit dem

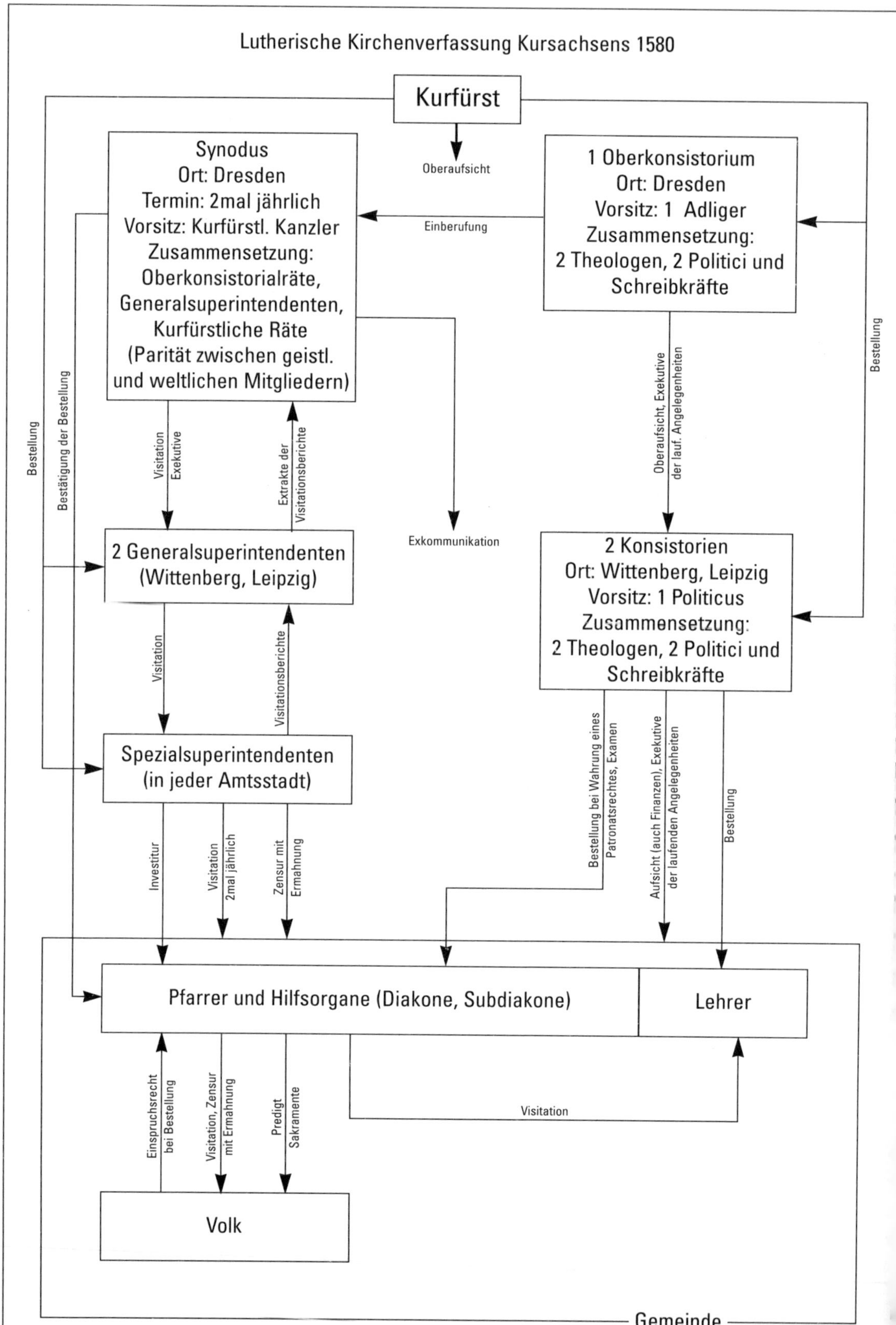

Lutherische Kirchenverfassung Kursachsens 1580
Kurfürst
Oberaufsicht
Synodus
Ort: Dresden
Termin: 2mal jährlich
Vorsitz: Kurfürstl. Kanzler
Zusammensetzung:
Oberkonsistorialräte,
Generalsuperintendenten,
Kurfürstliche Räte
(Parität zwischen geistl.
und weltlichen Mitgliedern)
Einberufung
1 Oberkonsistorium
Ort: Dresden
Vorsitz: 1 Adliger
Zusammensetzung:
2 Theologen, 2 Politici und
Schreibkräfte
Bestellung
Bestätigung der Bestellung
Visitation
Exekutive
Extrakte der
Visitationsberichte
Exkommunikation
Oberaufsicht, Exekutive
der lauf. Angelegenheiten
Bestellung
2 Generalsuperintendenten
(Wittenberg, Leipzig)
2 Konsistorien
Ort: Wittenberg, Leipzig
Vorsitz: 1 Politicus
Zusammensetzung:
2 Theologen, 2 Politici und
Schreibkräfte
Visitation
Visitationsberichte
Spezialsuperintendenten
(in jeder Amtsstadt)
Bestellung bei Wahrung eines
Patronatsrechtes, Examen
Aufsicht (auch Finanzen), Exekutive
der laufenden Angelegenheiten
Bestellung
Investitur
Visitation
2mal jährlich
Zensur mit
Ermahnung
Pfarrer und Hilfsorgane (Diakone, Subdiakone)
Lehrer
Einspruchsrecht
bei Bestellung
Visitation, Zensur
mit Ermahnung
Predigt
Sakramente
Visitation
Volk
Gemeinde

Die Entwicklung der **Kirchenverfassung in Kursachsen** hatte für zahlreiche andere lutherische Territorien Vorbildcharakter. Dennoch sind in manchen Einzelfragen grundlegende Unterschiede zu erkennen. So wurden nach der sächsischen Kirchenordnung die Pfarrer durch die Konsistorien, d.h. durch kirchlich-weltlich besetzte Gremien der Kirchenverwaltung, bestellt; die Gemeinden hatten nur ein Einspruchsrecht. Andernorts wiederum besaßen die Gemeinden das Wahlrecht in bezug auf ihre Pfarrer. Die herausgehobene Stellung des Landesherrn wird in der abgebildeten Graphik sehr deutlich. Er hatte die allgemeine Oberaufsicht und bestellte die Mitglieder des Oberkonsistoriums, die General- und die Spezialsuperintendenten, welche die Aufsicht über die Gemeindepfarrer innehatten. Das Landesherrliche Kirchenregiment, das sich hier zeigt, geht letztlich auf Luther selbst zurück, der 1528 dem Fürsten die Rolle des „Notbischofs" zugewiesen hatte. Deutlich wird, daß sich dieser „Sonderauftrag" im Sinne der gesellschaftlichen Ordnung im Verlauf der nachfolgenden Generationen institutionalisiert hatte, so daß nun der sächsische Kurfürst durch sein Amt an der Spitze der Kirchenverfassung stand. Ungeklärt ist noch die Frage, ob bzw. inwieweit der Wechsel zum Protestantismus stets mit einer Intensivierung der Staatlichkeit einherging.
In neueren Forschungen wird darüber hinaus speziell das Verhältnis zwischen Obrigkeit und Geistlichkeit hinterfragt. Nach der reformatorischen „Drei-Stände-Lehre" hatten nämlich die drei Stände – Obrigkeit, Kirche und das Haus – gemeinsam am Aufbau einer christlichen Gesellschaft mitzuwirken. Dabei besaß die Geistlichkeit nach ihrem eigenen Selbstverständnis eine Wächterfunktion auch über die Obrigkeit. Konflikte zwischen der lutherischen Geistlichkeit und der Obrigkeit blieben nicht aus.

Graphik: Atlas zur Kirchengeschichte, Verlag Herder, Freiburg 3. Auflage 1988, S. 71.

Literatur: L. Schorn-Schütte, Evangelische Geistlichkeit in der Frühen Neuzeit. Deren Anteil an der Entfaltung frühmoderner Staatlichkeit und Gesellschaft, Gütersloh 1996.

langwierige Streitigkeiten innerhalb der lutherischen Orthodoxie zu einem Abschluß gekommen waren. Außerdem erhielt die CA reichspolitische Bedeutung, indem durch den Religionsfrieden von 1555 die Anhänger der „Augsburger Konfession" unter den Schutz des Landfriedens gestellt wurden. Sie wurden damit als Glaubensgemeinschaft anerkannt [Schorn-Schütte, 89].

Die ausdrückliche Anerkennung der „Augsburger Konfession" im Religionsfrieden bedeutete allerdings eine Nicht-Anerkennung zwinglianisch-calvinistischer Glaubensrichtungen. Eine Spaltung innerhalb der reformatorischen Bewegung war nämlich spätestens seit dem Marburger Religionsgespräch von 1529 manifest geworden. Auf dem Reichstag zu Augsburg 1530 hatten darum vier süddeutsche Reichsstädte und Huldrych Zwingli jeweils eigene Glaubenszusammenfassungen eingebracht. Die Differenzen zwischen den Fassungen betrafen unterschiedliche Auffassungen des Abendmahls. Abgesehen davon sollte man die Unterschiede zwischen Zwingli und Luther allerdings nicht überbetonen [Hamm, 136]. Dagegen führte ein zweiter Abendmahlsstreit zwischen Lutheranern und Johann Calvin (1509-1564) in den 1540er Jahren zum endgültigen Bruch [Millet in: Venard Bd. 8, 47-121]. Calvins Kirchenreform basierte nämlich auf einem grundlegend anderen Verständnis von Kirche und Gemeinde. Das Bischofsamt wurde abgeschafft, und die Gemeinden wurden noch mehr als bei Luther in das Zentrum der Theologie gerückt, weil sich in ihrer Heiligkeit die Auserwählung äußerte. Darum spielten Disziplin und Kirchenzucht bei Calvin eine besondere Rolle („disciplina" als das dritte Kennzeichen der Kirche). Das Reformmodell der Kirche, das Calvin zwischen 1541 und 1560 in Genf schuf, erhielt für die Protestanten in vielen Ländern Europas Vorbildcharakter. Es prägte den Protestantismus in der Schweiz und in einigen Territorien des Alten Reiches, in Frankreich und Schottland, in den Vereinigten Niederlanden, in Ungarn, Böhmen-Mähren, Polen und Litauen [Scribner 1994; Schilling 1986; H.R. Schmidt]. Seither waren die Gegensätze innerhalb des protestantischen Lagers kaum weniger scharf als zwischen Protestanten und Katholiken.

Katholische Reform und Gegenreformation. Die Begriffe „Katholische Reform" und „Gegenreformation" bezeichnen zwei miteinander verwobene Prozesse innerhalb der altgläubigen Welt, die zwar zusammengehören, aber dennoch voneinander zu unterscheiden sind. Mit dem Begriff „Gegenreformation" werden diejenigen Entwicklungen angesprochen, mit denen die katholische Kirche auf die reformatorische Herausforderung antwortete: Dies bedeutete einerseits die Sicherung des eigenen Glaubensbestandes und implizierte andererseits die Eindämmung des reformatorischen Einflußbereiches. Mit dem Begriff „Katholische Reform" wiederum bezeichnet man innerkirchliche Erneuerungsbemühungen, die zwar durch die Reformation neue Schubkraft gewonnen hatten, aber dennoch an vorreformatorische Reformbewegungen des 15. Jahrhunderts anknüpften. Sie sind insofern nicht nur als Reaktion auf die Reformation zu begreifen [Venard, in: Ders. Bd. 8, 239-308].

▷ S. 299 Schlüsselbegriffe und Konzepte: Konfessionalisierung

Eine wichtige Antwort auf die Herausforderungen durch die Reformation war die Einberufung eines Konzils, das die innerkirchliche Reform vorantreiben und Rechtgläubigkeit eindeutig festgelegen sollte [Jedin; Po-chia Hsia]. Es wurde am 13. Dezember 1545 in Trient – daher der Name Tridentinum – eröffnet und kam erst knapp zwanzig Jahre später zum Abschluß. Man verhandelte in drei Sitzungsperioden, 1545-48, 1551-52 und 1562-63, in denen jeweils unterschiedliche Konfliktlagen von Bedeutung waren. Während die ersten beiden Konzilsperioden vom Gegensatz zwischen der kaiserlichen und der päpstlichen Partei geprägt waren und die konfessionellen Entwicklungen Deutschlands im Vordergrund standen, lag das Augenmerk der dritten Phase auf Frankreich und dem wachsenden Einfluß der Hugenotten.

Auf dem Konzil wurden sowohl Dogmenfragen als auch Reformvorhaben der Kirche diskutiert. Weil sich die dogmatische Arbeit in erster Linie als eine Antwort auf die Reformationstheologie verstand, beschränkte sie sich auf die umstrittenen Bereiche. Eine vollständige Erfassung des Glaubensbestandes war nicht beabsichtigt [Venard in: Ders. Bd. 8, 271ff; Ganzer in: Reinhard/Schilling]. Die Reform der Kirche ihrerseits hatte zwei Schwerpunkte. Zum einen wurde die Arbeit der Priester verstärkt unter dem Aspekt der Seelsorge erfaßt. Zum anderen hat das Tridentinum die Position der Bischöfe gestärkt, in deren Hände die Überprüfung des Klerus gelegt wurde. Da zugleich die Abhängigkeit der Bischöfe vom Papst eigens hervorgehoben wurde, hat das Konzil darüber hinaus in letzter Konsequenz die Stellung des Papstes gefestigt.

Eine entscheidende Antwort der Altgläubigen auf die Spaltung der Kirche durch die Reformation bestand also in der Stärkung der Position des Papstes und der römischen Kirche. Dies wird auch in der nachtridentinischen Kodifikationsarbeit deutlich. In schneller Abfolge erschienen 1566 ein römischer Katechismus, 1568 ein römisches Brevier, 1570 ein römisches Missale, das die Liturgie vereinheitlichte, 1596 ein römisches Pontifikale, welches Formulare für bischöfliche Handlungen enthielt, und 1614 ein römisches Rituale, in welchem die Tauf- und Begräbnisliturgie auf Ortsebene geregelt wurde. Hierin zeigte sich eine „völlig neuartige Romzentrierung", die der mittelalterlichen Kirche in dieser Ausprägung noch fremd gewesen war [MARON in: REINHARD/SCHILLING, 119].

Fruchtbar und erfolgreich war die Katholische Reform allerdings nur – das soll hier als zweites Moment hervorgehoben werden –, weil sie auf einer breiten katholischen Reformbewegung basierte, die sich unter anderem in der großen Zahl neuer Laienbruderschaften und Ordensgründungen dokumentierte. Männer und Frauen aller Stände und Schichten verbanden eine tiefe Religiosität mit einem Engagement in sozial-karitativer Hinsicht. So gründete Angela Merici (1470/75-1540) in Brescia im Jahre 1535 eine Frauengemeinschaft, die ein spirituelles, von kirchlicher Hierarchie jedoch unabhängiges Leben mit der Hilfe für arme und verwaiste Mädchen zu verbinden suchte [CONRAD]. Der „Compagnia di Santa Orsola" gehörten bald 150 Frauen an. In anderen Städten Italiens und Frankreichs wurden zahlreiche Tochtergemeinschaften der Ursulinen gegründet, die sich dann in erster Linie der Mädchenbildung widmeten.

Andere Orden, wie die Theatiner und die Barnabiter, kümmerten sich um eine Verbesserung der Priesterbildung [VENARD in: DERS. Bd. 8; 288-294; PO-CHIA HSIA, 31- 53]. Die Kapuziner und Jesuiten wiederum sahen ihren Schwerpunkt zunächst einmal in der Pflege der Gemeinden. Insbesondere der Jesuitenorden erhielt bei der Stärkung der katholischen Kirche innerhalb und außerhalb Europas eine entscheidende Bedeutung. Denn in der Gesellschaft Jesu verbanden sich sämtliche Ansätze der Gegenrefor-

▷ S. 76 ff. Seit 1492: Begegnung der Kulturen

▷ S. 102 Nach 1609: Freie Meere als Aktionsfeld

In Polen konnten die **Jesuiten** vergleichsweise früh Erfolge in der Rekatholisierung verzeichnen. Auf Initiative des gegenreformatorischen Bischofs Stanilaus Hosius (1504-1579) ließen sie sich schon 1564 im Ermland nieder. 1575 wurde eine polnische Jesuitenprovinz gegründet, die zu Beginn des 17. Jahrhunderts über 25 große Kollegien verfügte. Der Erfolg der Jesuiten basierte auf der Kombination kämpferischer antiprotestantischer Propaganda und der entschieden vorangetriebenen Erneuerung der Kirche. Dabei ist die Bischofsstadt Krakau als ein wichtiges Zentrum der katholischen Reform anzusehen. Die hier abgebildete **Jesuitenkirche St. Peter und Paul in Krakau** wurde zwischen 1597 und 1619 nach dem römischen Vorbild „Il Gesù" erbaut. Die Jesuitenkirchen trugen einigen Grundsätzen der tridentinischen Liturgiereform Rechnung. So war eine einschiffige Kirche mit Tonnengewölbe typisch. Dadurch wurde ein lichtdurchfluteter Predigtraum geschaffen, der den Blick direkt auf den Hochaltar lenkt. Hierin spiegelt sich der neue Stellenwert von Eucharistiefeier und Predigt in der nachtridentinischen katholischen Liturgie. Außerdem reflektiert ein so gestalteter Innenraum das neue Interesse an der Gemeinde, die am Geschehen teilhaben sollte.

Bild: Pfarrkirche St. Peter und Paul in Krakau, erbaut 1597-1619, Innenraum gegen Osten, aus: Kunstdenkmäler in Polen. Ein Bildhandbuch. Krakau und Südostpolen, hg. von REINHARDT HOOTZ, Einleitung, Erläuterungen u. Bildauswahl von Jerzy Z. Łoziński, Leipzig: Edition Leipzig 1983.

Literatur: R. BAUMSTARK (Hrsg.), Rom in Bayern. Kunst und Spiritualität der ersten Jesuiten, München 1997; J. BAUMGARTEN, Die Gegenreformation in Schlesien und die Kunst der Jesuiten. Das Transitorische und das Performative als Grundbedingung für die Disziplinierung der Gläubigen, in: Jahrbuch für Schlesische Kirchengeschichte 76/77 (1997/98), S. 129-163.

Detailskizze

Brennende Scheiterhaufen und selbstgerechte Inquisitoren gehören zum verbreiteten Bild von Spanien im 16. und 17. Jahrhundert. Gewiß ist die Etablierung und Ausformung der spanischen Inquisition eine Besonderheit. Sie wurde im ausgehenden 15. Jahrhundert eingerichtet, als die mittelalterliche **Inquisition** eigentlich im Niedergang begriffen war. Außerdem wurde sie im Unterschied zur römischen Inquisition zu einem königlichen Instrument mit einer nur noch formalrechtlichen Unterordnung unter das Papsttum. Die Inquisitoren selbst waren seit dem 16. Jahrhundert in der Regel Juristen. Die Inquisition war eingerichtet worden, um eine Handhabe gegen konvertierte Juden und Muslime zu haben, denen durch verschiedene Edikte in der zweiten Hälfte des 15. Jahrhunderts nur noch die Wahl zwischen Taufe und Vertreibung gelassen worden war. Ehemalige Juden und Muslime waren infolgedessen mit Abstand die größte Gruppe unter den Opfern der Inquisition. Im Verlaufe des 16. Jahrhunderts änderte sich die Zielrichtung der Anklageerhebungen: nun verfolgte man auch reformatorische Strömungen aller Art und innerkatholische Abweichungen von der gesetzten Norm. Dabei ist die Zahl der Todesurteile von zeitgenössischen Inquisitionskritikern und einigen Historikern stark übertrieben worden. Der Mythos einer allgegenwärtigen Institution muß relativiert werden.

Neuere Forschungen zeigen, daß man die Inquisition als Teil der gesamten Gesellschaft begreifen muß. Dadurch erst wird deutlich, in welchem Ausmaß sie von der Bevölkerung akzeptiert worden ist. So konnte die Untersuchung des Behördenapparates ein im ganzen Land verzweigtes Netz von Bediensteten nachweisen, das Loyalitäten schuf und zugleich die Einheitlichkeit inquisitorischer Ziele untergrub. Mit der Analyse der Riten und Etiketten im Inquisitionsprozeß wird außerdem der Blick auf die erfolgreiche katholische Selbstinszenierung gelenkt. Insbesondere in dem farbenprächtigen und symbolmächtigen „Auto da fé" feierte die katholische Kirche den Sieg der wiedergefundenen „Glaubensreinheit". Hier spiegelte sich das Selbstverständnis der Inquisition als Instrument der Läuterung.

Literatur: St. Haliczer, Inquisition and Society in the Kingdom of Valencia, 1478-1834, Berkeley u.a. 1990; F. Bethencourt, L'inquisition à l'époque moderne. Espagne, Italie, Portugal XVe-XIXe siècle, Paris 1995.

mation und der Katholischen Reform. So hatten die Jesuiten durch ein zusätzliches Gehorsamsgelübde gegenüber dem Papst Anteil an der Stärkung der päpstlichen Position. Um die Belange der Gemeinden konnten sie sich effektiv kümmern, weil sie kein gemeinschaftliches liturgisches Leben kannten. Ihre scharfen Kontroverspredigten schließlich förderten das Klima konfessioneller Spannungen und Gegensätze in ganz Europa.

Als ein Ergebnis der beiden bislang hervorgehobenen Momente wäre festzuhalten, daß drittens die Religiosität eine spezifisch katholische Ausrichtung erhielt. Dies bedeutete im nachtridentinischen Katholizismus zum einen, daß wie in protestantischen Gebieten über Gemeindevisitationen die Rechtgläubigkeit von Priestern und Gemeindegliedern überprüft wurde. [H. R. Schmidt, 42-43] Zum anderen aber versuchte man im Gegensatz zum protestantischen „sola scriptura"-Prinzip katholische Glaubensinhalte sinnlich erfahrbar zu machen [Karant-Nunn]. Denn für den Begründer der Gesellschaft Jesu, Ignatius von Loyola (1491-1556), und andere Jesuiten war die Einbildungskraft für den Glauben ausschlaggebend [Wiedemann]. Heiligenviten und Legenden spielten im Prozeß der Identifikation und Imitatio, d.h. der Nachfolge Christi, eine prägende Rolle. Die Vorbildfunktion der Heiligen wurde insbesondere bei den zahlreichen neuen Heiligsprechungen deutlich [Burschel in: Prodi/Reinhard; Venard in: Ders. Bd. 8, 1072-1073]. Das Prozessions- und Wallfahrtswesen blühte auf und erhielt in der nachtridentinischen Kirche eine neue, wenn auch zum Teil von oben gelenkte Aktualität. Es gab den Gläubigen die Möglichkeit, ihren Hoffnungen und Ängsten konkrete Formen zu geben und ihnen handelnd Nachdruck zu verleihen.

Religiöse Fragen hatten im 16. Jahrhundert deswegen eine so zentrale Bedeutung, weil die meisten Menschen glaubten, das Jüngste Gericht stehe kurz bevor. Die jeweils Andersgläubigen wurden infolgedessen schnell als Vorboten des Weltuntergangs und als Teufelskinder angesehen. Glaubensauseinandersetzungen hatten darum überall etwas Unbedingtes. Verfolgungen waren denn auch in allen Konfessionen an der Tagesordnung. Verurteilungen mit Todesfolge allerdings kamen in erster Linie in katholischen Gebieten vor, aber auch im calvinistischen Genf.

Als viertes Moment der Gegenreformation und Katholischen Reform ist darum die zwangsweise Rekatholisierung von Regionen zu nennen, die im Einflußbereich der Reformation gestanden hatten. So waren in Frankreich schon vor Ausbruch der Religionskriege zwischen 5000 und 8000 Protestanten hingerichtet worden [Greengrass, in: Scribner 1994]. Dennoch hatte sich die reformatorische Bewegung, die seit 1559 explizit calvinistisch war, in Frankreich immer weiter ausbreiten können [Venard in: Ders. Bd. 8, S. 447-523]. Rund ein Drittel der Bevölkerung zählte in den 1560er Jahren wohl dazu. Ein von Katholiken verübtes Massaker in einem calvinistischen Gottesdienst wurde zum Signal für den Aufstand der Protestanten. In den dann folgenden acht Religionskriegen zwischen 1562 und 1598 waren die Hugenotten zwar militärisch beinahe durchgängig unterlegen. Politisch dagegen wuchs ihr Einfluß durch die guten Beziehungen zum Königshaus. Dies alarmierte die katholische Fraktion und führte schließlich zur Bartholomäusnacht vom 23./24. August 1572. Allein in Paris starben in dieser Nacht und den darauffolgenden Tagen etwa 3000 Calvinisten. In den anschließenden Massakern anderer Städte der Provinz fanden weitere 2000 Protestanten den Tod [Crouzet; Holt].

Religion und Staatsbildung. Zu Religionskriegen kam es im 16. und in der ersten Hälfte des 17. Jahrhunderts in zahlreichen europäischen Ländern [Burkhardt, 1997]. So sind schon die beiden Kappeler Kriege von 1529 und 1531, in denen das Zwinglianische Zürich gegen die umliegenden, altgläubigen Orte Krieg führte, Glaubenskriege gewesen. Im Alten Reich kann der Schmalkaldische Krieg (1546-1547), in den benachbarten Niederlanden der achtzigjährige Unabhängigkeitskrieg (1568-1648) auch als Religionskrieg bezeichnet werden. Das Beispiel des spanisch-niederländischen Krieges zeigt allerdings zugleich, daß kaum ein Krieg ausschließlich aus religiösen Gründen geführt wurde. Von Bedeutung waren nämlich neben innenpolitischen, sozialen und wirtschaftlichen Ursachenbündeln die Konflikte um die Hegemonie, d.i. Vorherrschaft, in Europa [Kohler; Schilling; Zeeden]. Sehr schnell vermengte sich so der Konflikt zwischen Spanien und den Niederlanden, der zunächst eine innere Angelegenheit gewesen war, mit den Interessen des Reiches und anderer Monarchien. Der Streit um die Niederlande wurde schließlich zu einem Kampf um die Vormacht der spanischen Herrschaft in Europa [Zeeden, 100].

Aus Sicht des Alten Reiches prägten zwei Grundkonflikte die Außenpolitik im gesamten hier dargestellten Zeitraum. Da war zum einen die Gefahr, die für die habsburgischen Länder vom Osmanischen Reich ausging: 1521 wurde Belgrad eingenommen, 1529 belagerten osmanische Truppen Wien. Eine effektive und gemeinsame Gegenwehr der mittel- und westeuropäischen Länder aber wurde durch zahlreiche Spannungen zwischen den christlichen Staaten sehr erschwert. Dies ging soweit, daß Frankreich als Gegner des Kaisers im Jahre 1536 mit den Osmanen sogar ein förmliches Bündnis schloß [KOHLER, 10]. Zum anderen prägten die Auseinandersetzungen zwischen den Häusern Habsburg und Valois um die Vorherrschaft in Europa die Außenpolitik des Reiches über viele Jahrzehnte. Sie waren militärischer Natur, da sie erst 1559, nach fünf Kriegen, ein vorläufiges Ende fanden. Und sie waren ideologisch geprägt, weil es um die Idee politischer Herrschaft ging. Karl V. (1500-1558) versuchte nämlich mit seiner Vorstellung einer „Monarchia universalis", noch einmal die alte Kaiseridee voranzutreiben. Danach stand der Römische Kaiser an der Spitze des Imperiums, das zumindest ideell sämtliche europäischen Länder umfaßte. Die französischen Könige dagegen leiteten ihren Anspruch einer Vorrangstellung von ihrer Position als „Allerchristlichste" Könige ab. Dieses hierarchische Einheitsideal wiederum basierte auf dem Leitbegriff der „Christianitas" [BURKHARDT 1992; SCHILLING, 256]. Im Vorfeld des Dreißigjährigen Krieges (1618-1648) kam schließlich noch der schwedische Hegemonieanspruch hinzu.

Im Dreißigjährigen Krieg verbanden sich zahlreiche Konfliktbündel miteinander. Dies wird schon darin deutlich, daß er mindestens 13 Einzelkriege und 10 Friedensschlüsse umfaßte [Knappe Einführung: G. SCHMIDT]. Zunächst stand die konfessionelle Ausrichtung Böhmens, seit den 1620er Jahren dann die konfessionelle Ausrichtung verschiedener Territorien des Reiches zur Disposition. Konfessionelle Fragen nahmen bis zu den Westfälischen Friedensverträgen von 1648 einen großen Raum ein. Hier wurden nun drei Konfessionen, die katholische, die lutherische und die calvinistische, staatsrechtlich anerkannt. Den Territorien wurde eine Rückführung auf die Zustände des sogenannten „Normaljahres" von 1624 angeordnet.

Daneben wurden die Ereignisse von den Auseinandersetzungen um die Position des Kaisers im Reich geprägt. So wehrten die Reichsstände – auch die katholischen Landesherren, etwa die bayerischen – den Anspruch des Kaisers auf Vorrangstellung ab. Schließlich erhielt seit den 1630er Jahren das Ringen der drei großen Mächte, Habsburg, Frankreich und Schweden, um die Vorherrschaft in Europa immer größere Bedeutung. 1636 verbündete sich das katholische Frankreich mit dem protestantischen Schweden und erklärte dem Kaiser den Krieg.

▷ S. 104
Nach 1609:
Freie Meere a
Aktionsfeld

Eine weitreichende Konsequenz des Krieges war, daß nach 30 Jahren letztlich unentschiedener Kämpfe die drei um die Hegemonie streitenden Mächte eine Ordnung des Nebeneinander grundsätzlich gleichberechtigter Staaten anerkannten [BURKHARDT 1992; KOHLER, 50f.].

▷ S. 345
Themen:
Neuere
Untersuchun
schwerpunkt

Außerdem hatte er weitreichende innenpolitische Auswirkungen [SCHULZE, 65; BURKHARDT 1997]. Ganze Landstriche waren verwüstet und mußten neu aufgebaut werden. Die gesellschaftliche Ordnung lag vielerorts darnieder. In den meisten Territorien nutzten die Landesherren diese Umbruchssituation, um ihre Herrschaft auszubauen. So betonten sie ihren Anspruch auf Regelungskompetenz auch in Dingen, die bis dato außerhalb ihrer Kompetenz gestanden hatten. Ein konfessionell und politisch einheitliches Territorium wurde geschaffen, in welchem der Landesherr nun bislang der Kirche unterstellte Bereiche zu verwalten hatte: Ehe und Familie, Bildung, Schule und Armenfürsorge [H. R. SCHMIDT, 86ff]. Dabei ist allerdings weder von einer einfachen Funk-

▷ S. 40f.
Nach 1648: V
dichtung von
Herrschaft

▷ S. 300f.
Schlüssel-
begriffe und
Konzepte:
Konfessionali
sierung

Unter den **Schrecken des Dreißigjährigen Krieges** hatte die Bevölkerung furchtbar zu leiden. Insbesondere im Süden und in der Mitte des Reiches starben zahllose Menschen an den Folgen von Gewalt, Zerstörung, Hunger und Seuchen. Mancherorts lebte nach Beendigung des Krieges kaum mehr die Hälfte der Einwohner. Über das konkrete Schicksal der Söldner und ihrer Familien weiß man demgegenüber noch sehr wenig. Erst seit kurzem hat sich auch die deutsche militärgeschichtliche Forschung sozial-, alltags- und geschlechtergeschichtlichen Fragestellungen geöffnet. Dabei ist zum Beispiel festgestellt worden, daß der Anteil der mit dem Söldnertroß mitziehenden Angehörigen – Frauen und Kinder – die Zahl der Söldner selbst unter Umständen weit übertraf. Frauen und Kinder hatten wichtige Funktionen im Söldnerheer inne: So übernahmen sie weitgehend die Versorgungs- und Verpflegungsarbeiten, bekamen den Löwenanteil der Lasten aufgeschultert und halfen wie die übrigen Trosser bei den Schanzarbeiten.

Bild: Boetius a Bolswert (um 1580-1633), Söldner begehren Einlaß, Kupferstich, Kunstsammlungen der Veste Coburg.

Lit.: P. Burschel, Söldner im Nordwestdeutschland des 16. und 17. Jahrhunderts. Sozialgeschichtliche Studien, Göttingen 1994; B. R. Kröner/ R. Pröve (Hrsg.), Krieg und Frieden. Militär und Gesellschaft in der Frühen Neuzeit, Paderborn u.a. 1996.

tionalisierung kirchlicher Bereiche für weltliche Staatsinteressen noch von einer glatten Umsetzung sämtlicher Vorhaben auszugehen. Denn einerseits leiteten die Geistlichen aus ihrem Selbstverständnis als Wächter über Gemeinden wie Obrigkeiten ihren Anspruch ab, auch die weltliche Herrschaft ermahnen und im Notfall gegen sie vorgehen zu dürfen. Andererseits sind die Gemeinden nicht nur als Objekte bestimmter Regelungen zu betrachten. Auch Gemeinden und die einzelnen Gemeindeglieder gestalteten den Konfessionalisierungsprozeß mit, unter Umständen mit eigener Schwerpunktsetzung [H. R. Schmidt, 119ff].

Religion und Alltag. Visitationsakten, Dekrete und Predigten im gesamten Zeitraum der Frühen Neuzeit zeigen, daß in keiner der Konfessionen die religiöse Durchdringung des Alltags in der von der weltlichen und kirchlichen Obrigkeit gewünschten Weise wirksam geworden ist. Ohne Unterlaß beklagte man das Fehlverhalten der Gemeindeglieder und warnte vor der Strafe Gottes. Zwar ist bei diesen Mahnreden auch von didaktischer Übertreibung auszugehen. Dennoch machen sie deutlich, daß kirchlich-religiöse Reformvorhaben nicht einfach mit der gesellschaftlichen Realität gleichzusetzen sind. Die Pfarrer beklagten jedenfalls, daß sich ihre Gemeinden gegen Neuerungen sperrten. Nur langsam beispielsweise setzten sich die neuen Verlobungs- und Ehevorschriften oder die Begrenzung der Gäste für eine Taufgesellschaft durch. Außerdem monierten die Seelsorger, daß viele Menschen die geforderte Haltung nur oberflächlich annahmen. Ein typisches Beispiel dafür war der Gottesdienstbesuch, dem die meisten Gemeindeglieder in der geforderten Weise nachkamen; ob sie dann aber der Predigt und dem liturgischen Geschehen auch tatsächlich andächtig folgten, entzog sich dem Einfluß der Kirchenmänner und der Landesherren.

▷ S. 188 Geschlechtergeschichte: Normen und soziale Praxis

Dies bedeutet allerdings nicht, daß Religion im Alltag der Menschen eine nachgeordnete oder grundsätzlich nur oberflächliche Rolle gespielt hätte. Religion und kirchliche Frömmigkeit gehörten in allen drei Konfessionen zum Alltag der Menschen dazu. Im Verlaufe des Konfessionalisierungsprozesses erhielten zwar einige, aber längst nicht alle Bereiche des Glaubens eine konfessionsspezifische Note [Karant-Nunn; Schilling 1988, 293-311; van Dülmen, Bd. 3].

So ist in allen drei Konfessionen festzustellen, daß die religiöse Durchdringung des Alltags in den Jahrhunderten nach der Reformation an Intensität gewann. Kirchenglocken etwa läuteten nun auch auf dem Lande allerorts den Tag ein, riefen zu Mittag und zeigten den Feierabend an [Münch, 155-190]. Das gemeinsame Morgen- und Abendgebet im Haus- oder Familienkreis scheint tatsächlich weite Verbreitung gefunden zu haben. Darüber hinaus hielten lutherische, calvinistische und katholische Gebetbücher Gebete für sämtliche Anforderungen des Alltags bereit, an die sich die gläubigen Christen im Laufe des Tages immer wieder erinnern sollten. Schließlich ist in katholischen und lutherischen Gegenden die Bedeutung der „Ohrenbeichte" nicht zu unterschätzen. Für viele Gläubigen erhielt nämlich das mehrmals jährliche oder gar wöchentliche Gespräch mit dem Beichtvater die Funktion einer Selbstvergewisserung hinsichtlich ihres gelebten Glaubens. Die Religiosität der Menschen in der Frühen Neuzeit – das könnte man noch an zahlreichen anderen Beispielen verdeutlichen – hatte also stärker persönliche, vielleicht kann man sogar sagen,

Die Visionen des Hans Keil. Visionen zu haben, war im 16. und 17. Jahrhundert in katholischen und in protestantischen Gebieten nicht selten. Kinder und Erwachsene, Männer wie Frauen, Gebildete und Ungebildete hatten und verbreiteten Visionen, wie die hier dargestellte. An die grundsätzliche Möglichkeit von Engelserscheinungen und Wunderzeichen glaubten Theologen und „gemeine" Kirchenleute gleichermaßen. Allerdings mußte die Echtheit des Wunders nachgewiesen werden. Hans Keil, der im Jahre 1648 behauptete, ihm sei in seinem Weinberg ein Engel erschienen, war ein armer, aber lesekundiger Mann aus einem Dorf im protestantischen Württemberg.

Nach seiner Darstellung forderte der Engel den Weingärtner auf, seine Mitmenschen zur Buße und Umkehr aufzurufen. Als Zeichen für die den Christen gesetzte Frist von sechs Monaten habe der Engel sechs Reben abgebrochen, die zu bluten begonnen hätten. Die Sünden, gegen die der einfache Mann daraufhin predigte, entsprachen den Verfehlungen, die auch der Pfarrer des Ortes immer wieder angeprangert hatte: Ehebruch und Fluchen, Entheiligung des Sonntags und Hoffart der Frauen, Schinderei der Untertanen, Wucher und Geiz.

Die Visionen des Hans Keil zeigen, wie die Pfarrerspredigt von den Dorfbewohnern verstanden und in ihre eigene Lebenswelt übertragen wurde. Predigte der Pfarrer gegen den Ehebruch, fielen dem Weingärtner zwei Männer aus der Nachbarschaft ein. Den Wucher hatte Hans Keil bei einem Stuttgarter Schuhmacher kennengelernt. Die „Hoffart der Frauen" – ihre „Putzsucht" – hielt er für eine Gotteslästerung, weil die gestärkten Hemden Getreide verbrauchten, das doch ein Nahrungsmittel sei. Die ungerechte Steuerpraxis der Obrigkeit schließlich veranschaulichte der Weingärtner am Beispiel des Dorfschultheißen. Gerade dieses Thema ließ seine Anhängerschaft schnell anwachsen. Aus Furcht vor Unruhen wurde er inhaftiert und, nachdem er die Inszenierung des Blutrebenwunders zugegeben hatte, des Landes verwiesen.

Eine umfassendere Studie über Wunderzeichen dieser Art und selbsternannte Propheten wie Hans Keil könnte das Weltbild und den Glauben der Menschen dieser Zeit im Spannungsfeld von kirchlicher Unterweisung und eigener Erfahrungswelt herausarbeiten. Es würde deutlich werden, daß die Religion auch in protestantischen Gebieten nicht sofort und nicht gänzlich ihre Wunderqualitäten verlor.

Bild: Anonyme Flugschrift über die Visionen des Weingärtners Hans Keil, Deckblatt, Holzschnitt, 1648, Württembergisches Hauptstaatsarchiv Stuttgart, A 209 Bü 1462a.

Literatur: D. W. Sabean, Ein Prophet im Dreißigjährigen Krieg: Buße als soziale Metapher, in: Ders., Das zweischneidige Schwert. Herrschaft und Widerspruch im Württemberg der frühen Neuzeit, Frankfurt a. M. 1990, 77-112; N. Haag, Frömmigkeit und sozialer Protest: Hans Keil, der Prophet aus Gerlingen, in: ZWLG 48 (1989), 127-141.

individuelle Züge erhalten. Dies gilt im Gegensatz zu der häufig vertretenen Auffassung, daß dies ein Spezifikum lutherischer und calvinistischer Konfessionen gewesen sei, auch für den Katholizismus [LEBRUN, in: ARIÈS/CHARTIER].

Des weiteren wurde im Verlaufe des Konfessionalisierungsprozesses die Bedeutung von Kirche und Gemeinde für den Glaubensvollzug der Menschen sowohl im Katholizismus als auch im Protestantismus hervorgehoben [VENARD/VOGLER, in: VENARD Bd. 8]. Der sonntägliche Gottesdienstbesuch etwa war in allen drei Konfessionen Pflicht. Auch im Katholizismus erhielt die Eucharistie eine stärker gemeindliche Funktion, da die Gläubigen dazu angehalten wurden, immer häufiger zu kommunizieren. Taufe, Eheschließung, Sterbebegleitung und Begräbnis schließlich waren im Protestantismus nicht weniger als im Katholizismus kirchliche Angelegenheiten, wenn sich die Rituale auch im einzelnen unterschieden [KARANT-NUNN].

▷ S. 188 Geschlechtergeschichte: Normen und soziale Praxis

Inwieweit die Gläubigen dabei ein genaues Bewußtsein von ihrer eigenen Konfessionszugehörigkeit und den Unterschieden zur jeweils anderen Konfession besaßen, ist nur schwer zu beurteilen. Häufig jedenfalls ist zu erkennen, daß im Alltag der Menschen Religion zwar eine entscheidende Rolle spielte, der Konfessionskonflikt hingegen nicht grundsätzlich prägend war. So gab es Regionen, in denen die Frage der Konfessionszugehörigkeit seit der zweiten Hälfte des 16. Jahrhunderts geklärt war und allenfalls durch den Dreißigjährigen Krieg neue Brisanz erhielt. Angehörigen der jeweils anderen Konfession begegnete man in solchen Gegenden kaum mehr. Aber auch in bikonfessionellen Städten und Regionen, die im Alten Reich im übrigen nicht so selten waren, standen Konfessionskonflikte nicht durchgängig im Vordergrund, obwohl latent vorhandene Spannungen immer wieder Zwietracht säten [SCHINDLING/ZIEGLER; WARMBRUNN; FRANÇOIS]. Neben der in dieser Zeit vorherrschenden Stimmung einer Spannung zwischen den Konfessionen gab es denn auch immer die Möglichkeit, den Kontakt mit der jeweils anderen Glaubensrichtung zu suchen.

▷ S. 357 Themen: Neuere Untersuchun[gs]schwerpunkt[e]

▷ S. 45f. Nach 1648: V[er]dichtung vo[n] Herrschaft

Für die kritische Lektüre der ersten Fassung und zahlreich nützliche Hinweise danke ich: Peter Burschel, Franz Quarthal, Luise Schorn-Schütte, Heike Talkenberger, Anette Völker-Rasor, Birgit Wörner und Heide Wunder.

Renate Dürr

Literatur

PH. ARIÈS/R. Chartier (Hrsg.), Geschichte des privaten Lebens, Bd. 3: Von der Renaissance zur Aufklärung, Frankfurt am Main 1991.

P. BLICKLE, Die Gemeindereformation. Die Menschen des 16. Jahrhunderts auf dem Weg zum Heil, München 1985.

DERS., Reformation und kommunaler Geist. Die Antwort der Theologen auf den Verfassungswandel im Spätmittelalter, München 1996.

DERS., Der Bauernkrieg. Die Revolution des Gemeinen Mannes, München 1998.

DERS./J. KUNISCH (Hrsg.), Kommunalisierung und Christianisierung. Voraussetzungen und Folgen der Reformation. 1400-1600, Berlin 1989.

TH. A. BRADY / H. A. OBERMAN / J. D. TRACY (Hrsg.), Handbook of European History in the Late Middle Ages, Renaissance and Reformation 1400-1600, 2 Bde., Leiden 1994/1995.

J. BURKHARDT, Der Dreißigjährige Krieg, Frankfurt/M. 1992.

DERS., Art. Religionskriege, in: TRE Bd. 28, Berlin/New York 1997, 681-687.

A. CONRAD, Zwischen Kloster und Welt. Ursulinen und Jesuitinnen in der katholischen Reformbewegung des 16./17. Jahrhunderts, Mainz 1991.

D. CROUZET, Les guerriers de Dieu. La violence au temps des troubles de religion (vers 1525 – vers 1610), 2 Bde., Seyssel 1990.

R. VAN DÜLMEN, Kultur und Alltag in der Frühen Neuzeit, 3 Bde., München 1990-1994.

E. FRANÇOIS, Die unsichtbare Grenze. Protestanten und Katholiken in Augsburg, 1648-1806, Sigmaringen 1991.

H.-J. GOERTZ, Religiöse Bewegungen in der Frühen Neuzeit, München 1993.

DERS., Antiklerikalismus und Reformation, Göttingen 1995.

H. R. GUGGISBERG u.a. (Hrsg.), Die Reformation in Deutschland und Europa. Interpretationen und Debatten, Gütersloh 1993.

B. HAMM, Bürgertum und Glaube. Konturen der städtischen Reformation, Göttingen 1996.

M. HOLT, The French Wars of Religion, 1562-1629, Cambridge 1995.

H. JEDIN, Geschichte des Konzils von Trient, 4 Bde., Freiburg 1950-75.

B. JUSSEN/C. KOSLOFSKY (Hrsg.), Kulturelle Reformation. Sinnformationen im Umbruch, 1400-1600, Göttingen 1999.

S. KARANT-NUNN, The Reformation of Ritual. An Interpretation of Early Modern Germany, London/New York 1997.

A. KOHLER, Das Reich im Kampf um die Hegemonie in Europa, 1521-1648, München 1990.

H. LUTZ, Reformation und Gegenreformation, 4. Aufl., München 1997.

B. MOELLER, Reichsstadt und Reformation, bearb. Neuausgabe, Berlin 1987.

DERS. (Hrsg.), Die frühe Reformation in Deutschland als Umbruch, Gütersloh 1998.

P. MÜNCH, Lebensformen in der frühen Neuzeit, Frankfurt am Main/Berlin 1992.

R. PO-CHIA HSIA, Gegenreformation. Die Welt der katholischen Erneuerung, 1540-1770, Frankfurt/M. 1998.

P. PRODI/W. REINHARD (Hrsg.), Il concilio di Trento e il moderno, Bologna 1996.

W. REINHARD/H. SCHILLING (Hrsg.), Die katholische Konfessionalisierung, Gütersloh 1995.

H.-CHR. RUBLACK (Hrsg.), Die lutherische Konfessionalisierung in Deutschland, Gütersloh 1988.

H. SCHILLING, Aufbruch und Krise. Deutschland 1517-1648, Berlin 1988.

DERS. (Hrsg.), Die reformierte Konfessionalisierung in Deutschland – das Problem der „Zweiten Reformation", Gütersloh 1986.

DERS. (Hrsg.), Kirchenzucht und Sozialdisziplinierung in Deutschland, Berlin 1994.

A. SCHINDLING/W. ZIEGLER (Hrsg.), Die Territorien des Reiches im Zeitalter der Reformation und Konfessionalisierung, 7 Bde., Münster 1989-1997.

G. SCHMIDT, Der Dreißigjährige Krieg, 3. Aufl., München 1998.

H.R. SCHMIDT, Konfessionalisierung im 16. Jahrhundert, München 1992.

L. SCHORN-SCHÜTTE, Die Reformation. Vorgeschichte, Verlauf, Wirkung, München 1996.

W. SCHULZE, Deutsche Geschichte im 16. Jahrhundert, 1500-1600, Frankfurt am Main 1987.

B. SCRIBNER, For the Sake of Simple Folk. Popular Propaganda for the German Reformation, Cambridge 1981.

DERS., The Impact of the Reformation on Daily Life, in: Mensch und Objekt im Mittelalter und in der frühen Neuzeit. Leben – Alltag – Kultur, Wien 1990, S. 315-343.

DERS./P. JOHNSTON, The Reformation in Germany and Switzerland, Cambridge 1993.

DERS. (Hrsg.), The Reformation in national context, Cambridge 1994.

M. VENARD (Hrsg.), Die Geschichte des Christentums. Religion, Politik, Kultur, Bd. 7: Von der Reform zur Reformation, 1450-1530; Bd. 8: Die Zeit der Konfessionen (1530-1620/30), dt. Ausgabe hrsg. v. Heribert Smolinsky, Freiburg i. Br. u.a. 1992.

P. WARMBRUNN, Zwei Konfessionen in einer Stadt. Das Zusammenleben von Katholiken und Protestanten in den paritätischen Reichsstädten Augsburg, Biberach, Ravensburg und Dinkelsbühl von 1548-1648, Wiesbaden 1983.

C. WIEDEMANN, Himmelsbilder des Barock, Jahrbuch der Berlin-Brandenburgischen Akademie der Wissenschaften (1994), 247-270.

R. WOHLFEIL, Einführung in die Geschichte der deutschen Reformation, München 1982.

E. W. ZEEDEN, Hegemonialkriege und Glaubenskämpfe, 1556-1648, 2. Aufl., Frankfurt am Main 1980.

Nach 1648: Verdichtung von Herrschaft

Zeittafel

1648	Rahmendatum: Westfälischer Frieden.
1661	Ludwig XIV. erklärt Ausübung der absoluten Macht.
1671	Juden aus dem Wiener Ghetto von Brandenburg-Preußen aufgenommen.
1683	Sieg über die Türken, die Wien belagert hatten.
1685	Aufhebung des Edikts von Nantes durch Ludwig XIV.
1688/89	Glorreiche Revolution in England.
1700-20	Großer Nordischer Krieg zwischen Schweden einerseits und Dänemark, Polen, Sachsen und Rußland andererseits.
1701-14	Spanischer Erbfolgekrieg zwischen Frankreich und Bayern einerseits, Österreich, England, dem Reich und den Niederlanden andererseits.
1731	Aus Salzburg vertriebene Protestanten von Preußen aufgenommen.
1740	Friedrich II., „Der Antimachiavell".
1740-48	Österreichischer Erbfolgekrieg zwischen Preußen und Frankreich einerseits, Österreich und England andererseits; geführt in Europa und Übersee.
1740-45	Zwei Schlesische Kriege zwischen Preußen und Österreich.
1744	Ostfriesland durch Friedrich II. eingenommen.
1756	Neugestaltung des europäischen Bündnissystems.
1756-63	Siebenjähriger Krieg zwischen Preußen und England einerseits, Österreich und Frankreich andererseits; geführt in Europa und in Übersee.
1772	Erste Aufteilung Polens unter Preußen, Österreich und Rußland.
1781	Sozialpolitische Reformen Josephs II. von Österreich.
1789	Rahmendatum: Französische Revolution.

Bezeichnung der Epoche. Mit den Rahmendaten des Westfälischen Friedens von 1648 und der Französischen Revolution von 1789 ist eine Epoche umschlossen, die noch in den 1980er Jahren ganz selbstverständlich als „Zeitalter des Absolutismus" bezeichnet wurde [Vierhaus; Kunisch 1986; Hinrichs; Duchhardt, Absolutismus 1. Auflage 1987]. Ab der Wende zu den 90er Jahren fällt es auf, daß für die Titel solcher Darstellungen der Begriff „Absolutismus" gemieden und statt dessen nach neuen Formulierungen gesucht oder überhaupt die Nennung der Datengrenzen gewählt wurde [Schilling; Möller 1989; Dipper; Duchhardt 1990; Aretin]. Der Rückzug auf die unverfänglichen Jahreszahlen schuf dabei offenbar auch ein Bewußtsein für die Künstlichkeit traditioneller Epochensetzungen und forderte dazu heraus, einmal andere Kontinuitäten bzw. Brüche zu gewichten [Press].

▷ S. 125 ff. Technik: Das Lesen der Geschichte

Bereits die Veränderung der Titel signalisiert, daß die entsprechenden Arbeiten den im Laufe des Jahrzehnts veränderten Forschungsperspektiven und -ergebnissen Rechnung zu tragen suchten. Diese nämlich ließen es immer problematischer erscheinen, den Begriff „Absolutismus" zu verwenden. Da sind – einmal abgesehen von der Tatsache, daß der Begriff ausschließlich ein europäisches Phänomen zu fassen vermag – zum einen die immer schärfer herausgearbeiteten Unterschiede zwischen den einzelnen europäischen Staaten zu beachten. Lag die Blütezeit des Absolutismus für Frankreich in der zweiten Hälfte des 17. Jahrhunderts, so befand er sich zu dieser Zeit in den deutschen und nordischen Staaten gerade erst in seiner Entstehungsphase, während er in England mit der Revolution von 1688/89 bereits als überwunden galt. Neben die gängige geographische und zeitliche

Forschungsstimme

Seitdem 1992 in England Nicholas Henshalls Buch „Myth of Absolutism" erschienen ist, wird immer wieder darüber diskutiert, ob der **Begriff „Absolutismus"** dem neuesten Forschungsstand überhaupt noch entspricht. Ronald G. Asch und Heinz Duchhardt, beide Absolutismusforscher, beriefen daher 1994 in Münster eine Konferenz ein, wobei sie das mit dem Buch aufgeworfene Problembewußtsein grundsätzlich lobten, als Ergebnis der Debatte aber später festhielten:

„Dennoch fand Henshalls Vorschlag, den Absolutismus-Begriff als Mythos zu entlarven und sich völlig von ihm zu befreien, auf der Konferenz noch keine Mehrheit; vielleicht auch deshalb, weil man sich bewußt war, daß auch Mythen die historische Realität prägen können und dies gerade für die Idee einer unbschränkten monarchischen Herrschaft in der frühen Neuzeit galt, wie bereits betont worden ist. So wie in England die absolute Monarchie seit der Mitte des 17. Jahrhunderts zum Schreck- und Feindbild wurde, das den Umgang mit den eigenen Verfassungstraditionen bestimmte, so konnte in Frankreich eine entgegengesetzte politische Rhetorik zumindest die Person des Monarchen für lange Zeit der direkten Kritik entziehen, auch wenn sie keineswegs dazu in der Lage war, die Hindernisse, die finanzielle und administrative Probleme und die soziale Wirklichkeit in der Praxis der ‚absoluten' Herrschaft des Königs entgegenstellten, zu überwinden. Der Tenor des münsterschen Symposiums war daher, trotz aller berechtigten Einwände an den dem Absolutismus-Begriff von der Geschichtswissenschaft zugelegten Volumen seines heuristischen Wertes wegen an ihm festzuhalten, zumal ein alternativer Begriff, der in ähnlicher Weise Prozesse von Herrschaftsverdichtung und Fürstenbezogenheit widerspiegele, nicht zur Verfügung stehe."

Quelle: R.G. Asch/H. Duchhardt, Die Geburt des Absolutismus im 17. Jahrhundert: Epochenwende der europäischen Geschichte oder optische Täuschung? in: Dies. (Hrsg.), Der Absolutismus - ein Mythos? Strukturwandel monarchischer Herrschaft in West- und Mitteleuropa (ca. 1550-1700), Köln/Weimar/Wien 1996, S. 24.

Zuordnung treten einige inhaltliche Assoziationen, die der historischen Wirklichkeit nur bedingt entsprechen. Allgemein wird unter „Absolutismus" eine Regierungsform verstanden, in der ein Monarch mit unbeschränkter und ungeteilter Gewalt über seine Untertanen herrscht. Dabei schwingen aber immer auch Vorstellungen wie „Rechtlosigkeit", „Machtstaatsentwicklung" oder „Sonderrolle Englands" mit. Jedes einzelne dieser Merkmale jedoch erweist sich bei näherem Hinsehen als Ergebnis der speziellen Perspektive einer einzelnen nationalstaatlichen Geschichtsschreibung. Womit schließlich die wichtigste Eigenheit des Begriffs angesprochen ist: Als Bezeichnung für den überwiegenden Herrschaftstypus einer Epoche und damit kurzgefaßt als Bezeichnung für die Epoche selbst stammt der Begriff nicht von den Zeitgenossen, sondern erst von den nachgeborenen Historikern.

Zu Beginn des 19. Jahrhunderts noch wurde das Wort „Absolutismus" in politischen Zusammenhängen polemisch für die vorrevolutionären Zustände verwendet. Schon bald aber machte es sich die Geschichtswissenschaft für deren Beschreibung zunutze. Dabei wurden in den einzelnen Ländern die Perspektiven und damit die Wertungen von den eigenen historischen Erfahrungen maßgeblich bestimmt. So war in Frankreich lange Zeit der Absolutismus gleichbedeutend mit Despotismus und damit bis ins 20. Jahrhundert hinein eng gekoppelt an die Vorstellung der Rechtlosigkeit. In Deutschland dagegen wurde er ebenso lange unter positivem Vorzeichen als Vorstufe des nationalen Machtstaates bzw. des mächtigen Nationalstaates behandelt. Ohne die Erfahrung eines eigenen 1789 sahen deutsche Historiker rechtsstaatliche Ansätze, die französische Historiker mit ihrer Zäsurerfahrung nicht sehen konnten. Seit der Mitte unseres Jahrhunderts jedoch werden mit der Berücksichtigung neuer Quellen beide Sichtweisen zunehmend relativiert und einander angenähert. So wurde in der deutschen Geschichtsschreibung ab den 1970er Jahren unter dem Einfluß der Sozialgeschichte die Perspektive verändert und der Blick von den Herrschaftseliten auf die untergeordneten Gewalten gerichtet. Von der Ständeforschung der 1980er Jahre [Baumgart; Schulze] wurde die unter regionalem Gesichtspunkt oft durchaus begrenzte Reichweite der fürstlichen Macht vermessen und das Fortdauern älterer Strukturen herausgearbeitet. So ist man neuerdings in der Lage, Herrschaft und Gesellschaft, Reich und Territorien in ausgewogener Weise darzustellen [Vogler].

▷ S. 334 Quellen: Bandbreite heute untersuchter Materialien

▷ S. 347 Themen: Neuere Untersuchungsschwerpunkte

Nimmt man dann noch den Blick auf die englischen Verhältnisse hinzu, so hat sich zum Ende des Jahrhunderts hin die Sicht auf die Epoche zunehmend europäisiert. Traditionell wird England eine Sonderrolle zugewiesen und bei der Behandlung des Absolutismus ausgeklammert [Weisbrod]. Mit der Glorreichen Revolution von 1688/1689 nämlich ging die Souveränität von der Krone auf das Parlament über, welches auf vertraglicher Basis die Krone unter eines der Staatsämter rechnete. Hier jedoch hat die Forschung – interessanterweise von England ausgehend – die Weite der königlichen Entscheidungsgewalt sowie die Grundzüge der politischen Verfassung mit den kontinentalen Verhältnissen verglichen und Ähnlichkeiten herausgearbeitet [Clark]. Damit ist eine weitere Assoziation, die mit dem Begriff „Absolutismus" einhergeht, in Frage gestellt. Vor wenigen Jahren wurde deshalb zur Diskussion gestellt, ob man es bei Verwendung des Begriffs nicht eigent-

Ludwig XIV. (1639-1715) gilt nach wie vor als Inbegriff des absolutistischen Herrschers. Als Vierjähriger bestieg er den Thron und regierte bis an sein Lebensende. In seiner Jugend freilich wurden die Regierungsgeschäfte weitgehend von seinem ersten Minister, dem Kardinal Mazarin (1602-1661), geführt. Nach dessen Tod jedoch erklärte der nun zweiundzwanzigjährige König, daß er ab sofort alleine die absolute Macht ausüben werde.

Die theoretische Vorlage für seine Herrschaftsform lieferte die schon 1513 erschienene Schrift „Der Fürst" von Niccolo Machiavelli. Die hier entwickelte Idee von der Staatsraison, dem Staatsinteresse, als Leitlinie der Politik wurde ergänzt durch die Idee von der Souveränität, der unumschränkten Staatsgewalt. Diese wiederum wurde 1576 in den „Sechs Büchern über die Republik" von Jean Bodin dargelegt. Beide Vorstellungen verwirklichte der Bourbone.

Dabei entfiel sein Leben lang ein großer Teil seiner Zeit auf das Bestreben, sich selbst in Szene zu setzen. Ein ganzer Stab von Beratern, Künstlern und Gelehrten ging ihm hierin zur Hand. In unzähligen Gemälden und Statuen, Dichtungen und wissenschaftlichen Arbeiten sowie schließlich dem monumentalen Schloß von Versailles sollte die Herrlichkeit des Königs veranschaulicht werden. Sie führte dazu, daß er auch als „Sonnenkönig" bezeichnet wurde.

Bild: Henri Testelin (1616-1675), Ludwig XIV. als Beschützer der Königlichen Akademie der Schönen Künste, Ölgemälde, Schloß von Versailles.

Literatur: P. Burke, Ludwig XIV. Die Inszenierung des Sonnenkönigs, Berlin 1993.

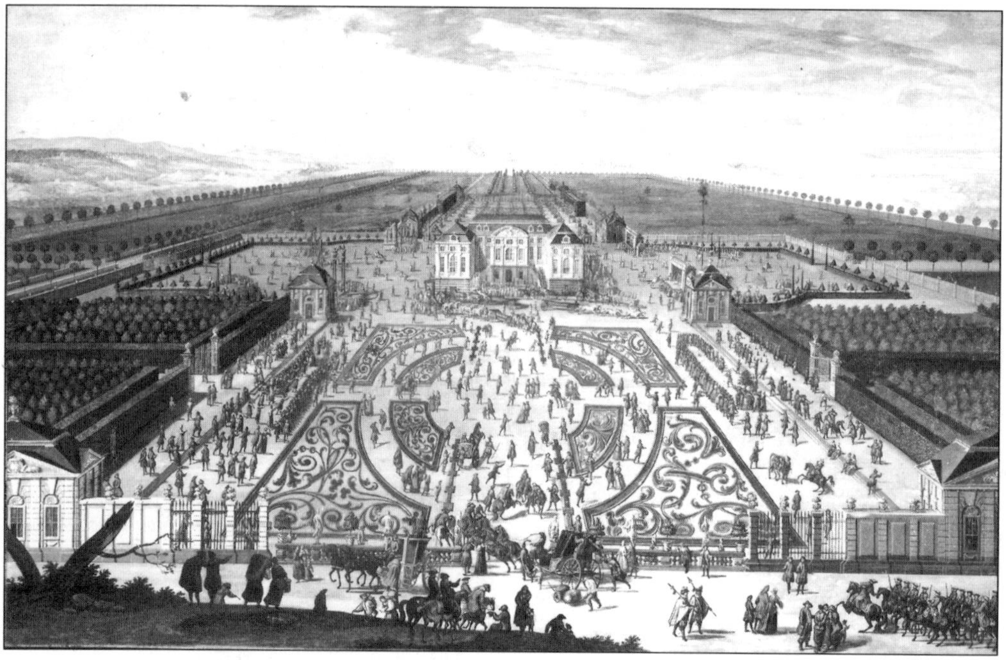

Das Bild oben zeigt das **„Palais im Großen Garten"** in Dresden, einen Barockbau, entstanden in den Jahren 1678 bis 1683, in Auftrag gegeben vom damaligen sächsischen Kurprinzen und späteren Kurfürsten Johann Georg III. (1647-1691). Nach dem Vorbild von Schloß und Garten in Versailles wurde hier auf ebenem Gelände eine Gesamtkomposition verwirklicht, die den umfassenden Gestaltungswillen der Zeit zum Ausdruck brachte.

Bereits das Gebäude orientiert sich am Vorbild des französischen Schloßbaus, fast wichtiger aber noch ist seine landschaftliche Einbettung. So ist um das im Zentrum gelegene Schloß ein Garten angelegt, der streng geometrisch gestaltet ist - was jeder Natur zuwider läuft. Entsprechend ist auch durch die umlaufende Baumreihe eine scharfe Grenze zur natürlichen Landschaft gezogen. Gleichzeitig aber laufen die mittleren Baumreihen im Hintergrund scheinbar ins Unendliche: Wenn der Herrscher in dieser Richtung aus dem Fenster sieht, dann ist sein Blick ebenso unbegrenzt, wie es seine Herrschaft ist oder sein soll. Die rationale Schloß- und Gartenarchitektur spiegelt die Regierungsform des absolutistischen Regenten, die Durchgestaltung bis ins Letzte spiegelt seine erhabene Macht.

Daß die Regierungs- und Lebenskultur Ludwigs XIV. in ganz Europa über mehrere Generationen hinweg vorbildhaft wirkte, zeigte sich in Sachsen auch in der Folgezeit. August der Starke (1670-1733), seit 1694 Kurfürst von Sachsen und seit 1697 König von Polen, orientierte sich politisch und kulturell am Sonnenkönig und ließ seine Höfe in Dresden und Warschau im Stil von Versailles neu gestalten. Die Breitenwirkung dieser Kultur aber bestand darin, daß überhaupt der Mensch begann, sich die Natur untertan zu machen. Und wie es die Wiedergabe der Anlage im Bild oben zeigt, so änderten sich mit der zeitgenössischen Entstehung der Vogelperspektive auch der Blick und die Vorstellung des Menschen.

Bild: Johann Samuel Mock, Palais im Großen Garten/Stadtseite, Deckfarben, Staatliche Kunstsammlungen Dresden.

Literatur: F. LÖFFLER, Das alte Dresden, Geschichte seiner Bauten, Leipzig 1981.

lich mit einem Mythos zu tun habe [HENSHALL]. Nur weil aber das Merkmalsbündel die historischen Verhältnisse nicht perfekt umschreibt, ist längst nicht gesagt, daß man von „Absolutismus" besser nicht mehr sprechen sollte [ASCH/DUCHHARDT]. Bei solcher Dekonstruktion stehen bleibend würde man sich einer gut eingeführten Übereinkunft berauben, die wie so viele andere eine wissenschaftliche Kommunikation überhaupt erst erlaubt. Bewußt muß einem aber sein, daß man es hier mit einer Syntheseleistung auf hohem Abstraktionsniveau zu tun hat. So ist denn auch erklärlich, daß die neuesten Darstellungen den Begriff „Absolutismus" durchaus beibehalten bzw. neu verwenden [DUCHHARDT 1998; NEUHAUS], und auch der jüngste Literaturbericht für Arbeiten über den Zeitraum 1648-1806 hält daran fest [NEUGEBAUER-WÖLK].

Einrichtungen des Fürstenstaats. Versucht man im „Absolutismus" möglichst neutral einen Vorgang der Verdichtung von Herrschaft zu sehen, so sind neben der Herrschaftsauffassung vor allem Hof, Heer und Verwaltung als Einrichtungen des Fürstenstaats zu betrachten. Doch zunächst zum Fürsten selbst: Gemäß der neuen Vorstellung von Herrschaft galt der absolute Monarch als unantastbar, verstand man ihn doch als von Gottes Gnaden eingesetzt. In seiner reinsten Form verkörperte ihn der französische König Ludwig XIV. (1639-1715); und das hieß mit den Worten, die ihm die Legende in den Mund gelegt hat, daß er als Fürst den Staat verkörperte: „L'état c'est moi." Wo dem Herrscher Größe und Ruhm zuerkannt wurden, so meinte man, da mußten gleichzeitig auch Ansehen und Macht des Staates wachsen. Und dies war letztes Ziel allen politischen Handelns. Nach den Religions- und Bürgerkriegen des 16. Jahrhunderts sollten Ordnung und Sicherheit wiederhergestellt, Widerstände im Inneren ausgeschaltet und Gefahren von außen abgewehrt werden. Für diese umfassende Aufgabe kamen einzig die Landesfürsten in Frage. War vorher die politische Macht auf Fürsten und Stände verteilt, so beanspruchten die Fürsten nun die Alleinherrschaft. Nur mit voller Souveränität, d.h. mit unumschränkter Staatsgewalt, ausgestattet und dabei auf die Staatsraison, d.h. das Staatsinteresse am Machterhalt, bauend meinten sie, die allgemeine Wohlfahrt garantieren zu können. Der Rechtsgeschichte sowohl staatsgeschichtlicher [STOLLEIS] als auch sozialgeschichtlicher [SCHMALE] Ausrichtung sind im Hinblick auf Realisierung und Akzeptanz dieser Auffassung für die Sicht von Herrschern wie Beherrschten wertvolle Ergebnisse zu verdanken. Und durch die politische Ideengeschichte liegen heute genauere Kenntnisse zur Entstehung und Verbreitung absolutistischer Herrschaftsvorstellungen vor [DREITZEL; WEBER 1992].

▷ S. 27 f. Seit 1517: Religion und Politik

▷ S. 286 Erkenntnis: Ihre Bildung und Verbindlichkeit

Einen Teil des politischen Lebens, welches mit der neuen Herrschaftsform einherging, machte das Leben an den Höfen aus [BAUER; BERNS/RAHN]. Feste, Aufzüge, Empfänge, Ballette, Theaterstücke und Konzerte befriedigten nicht nur die Hofgesellschaft, sondern gereichten vor allem dem Monarchen zur Ehre. Doch auch das alltägliche Leben war ein öffentliches und bis ins Detail durch ein strenges Zeremoniell geregelt, wie sich vor allem für Frankreich gut beobachten läßt. So war in Versailles jede einzelne Handlung des Königs festgelegt, vom Aufstehen über das Frühstücken, Beten, Arbeiten, Spazierengehen bis hin zum Zubettgehen. Und nie fehlte das Publikum, immer stand der König gleichsam auf der Bühne. Alles bei Hofe war so von seiner Größe und Heiligkeit durchdrungen, daß man sich noch in seiner Abwesenheit beim Betreten seiner Gemächer verbeugen mußte. Strenge Verhaltensregeln differenzierten die Hofgesellschaft nach innen hin; nach außen hin distanzierte man sich vom gewöhnlichen Volk durch exklusive Lebensformen. Mit einem aufwendigen Hofleben konnte man aber nicht nur anderen europäischen Herrschern imponieren, sondern vor allem den Adel des eigenen Landes dauerhaft an seinen Hof ziehen. Im traditionellen Ständestaat war die Macht auf den Landesherrn einerseits und die Landstände – Grundherren, Geistlichkeit, Städte – andererseits verteilt. Für das Deutsche Reich kam als Ebene darüber noch der Kaiser hinzu, dem gegenüber die Landesherren zusammen mit den Reichsäbten und Reichsstädten die Reichsstände bildeten. Wollte der Monarch sich die anderen Machtträger unterordnen, dabei Unzufriedenheit aber gar nicht erst aufkommen lassen, so konnte er sie mit Hof- und Ehrenämtern zu entschädigen und gleichzeitig zu disziplinieren suchen.

Die wichtigste Aufgabe einer starken Herrschaft aber bestand darin, die innere und äußere Sicherheit zu wahren [Kunisch 1992; Kroener/Pröve]. Um dies leisten zu können, genügte es nicht mehr, sich auf die militärische Unterstützung der Stände zu verlassen. Diese waren bisher im Kriegsfall verpflichtet gewesen, entweder selbst Wehrfähige zu stellen oder durch das Eintreiben von Steuern die Anstellung von Söldnern zu ermöglichen. Das hatte immer Zeit und Zugeständnisse gekostet. Statt dessen wurden nun stehende, d.h. ständig verfügbare Heere eingerichtet. So konnte auf Gefahren ohne Zögern und Rücksicht reagiert werden. Indem der Herrscher die Bedingungen für die Erfüllung seiner wichtigsten Aufgabe verbesserte, machte er sich unabhängiger von den Ständen. Die Einrichtung eines stehenden Heeres hieß: Soldaten mußten geworben, Truppen organisiert, Kasernen errichtet, Behörden aufgebaut, Rüstungsgüter produziert, Waffenlager angelegt und Festungen erbaut werden. Bezeichnend ist, daß in dieser Zeit die Uniform eingeführt wurde. Die Einheitlichkeit der Kleidung zeigte, daß es sich bei dem Heer nicht mehr wie früher um eine Ansammlung von Aufgeboten handelte, sondern um ein geschlossenes Instrument des Staates. Die Befehle wurden auch nicht mehr von den Feldherren erteilt, sondern von der Regierung. Für die Männer aller gesellschaftlichen Schichten bedeutete diese Neuerung einen Akt stärkster Disziplinierung. Der einfache Mann wurde oft hinterlistig oder gewaltsam rekrutiert und dann jahrelang hart gedrillt. Und der hohe Adelige mußte lernen, das Militär als standesgemäßes Betätigungsfeld anzuerkennen und sich als Offizier dem Heer einzugliedern.

Ein aufwendiges Hofleben und ein beachtliches Heer erzeugten zusammen enorme Kosten. Diese konnten nur durch Steuereinnahmen und eine gezielte Wirtschaftspolitik gedeckt werden. Unter dem sogenannten „Merkantilismus" wurde die Wirtschaft erstmals allein vom Staat gelenkt und dabei vorwiegend auf den Außenhandel ausgerichtet. Das wiederum erforderte eine eigene Verwaltung - die ihrerseits natürlich auch unterhalten werden mußte. Bisher waren alle Verwaltungsaufgaben in regionaler oder lokaler Zuständigkeit erledigt worden, d.h. in den Provinzen und Städten selbst. Nun wurden zentrale Behörden eingerichtet, die diese Aufgaben nach sachlicher Zuständigkeit übernahmen. Nicht in allen Bereichen jedoch war dies möglich; so verblieb etwa die Recht-

▷ S. 163 f. Wirtschafts-/Sozialgeschichte: Alte Themen – Neue Akzente

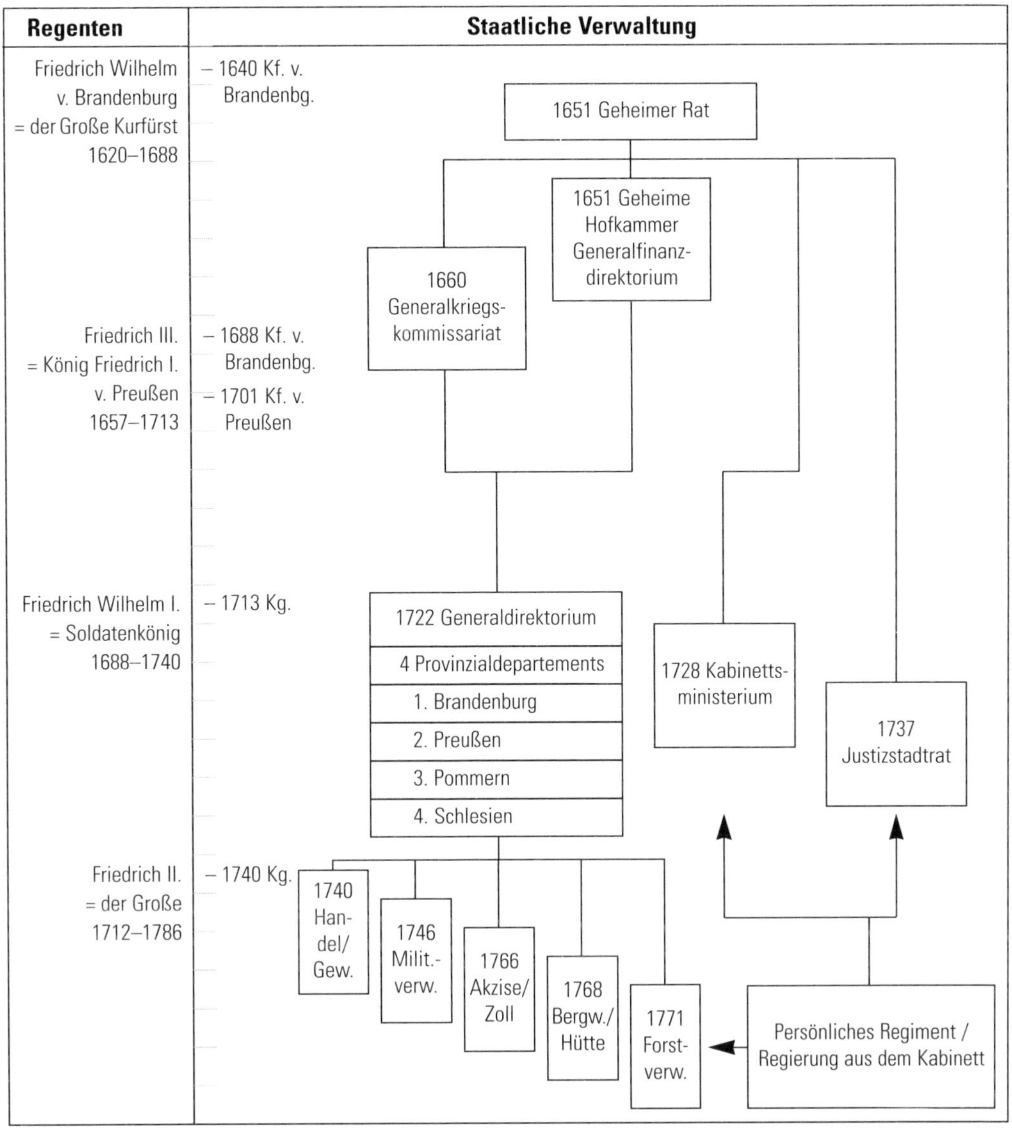

Eine Vorreiterrolle bei der Schaffung der **militärischen und bürokratischen Neuerungen** spielte Preußen. Im 17. Jahrhundert setzte Kurfürst Friedrich Wilhelm (1620-1688), der Große Kurfürst, die Umgestaltung in Gang. Seine Nachfolger, König Friedrich Wilhelm I. (1688-1740), der Soldatenkönig, und König Friedrich II. (1712-1786), der Große, verfeinerten das System. Der Monarch stand dabei der Verwaltung durch sein „persönliches Regiment" vor, d.h. die Behörden berichteten ihm, er entschied. Friedrich Wilhelm I. schuf drei große Behörden: das Generaldirektorium – ausführlicher das Generalfinanz-, Kriegs- und Domänendirektorium – für Inneres, Wirtschaft und Militär, das Kabinettsministerium für Äußeres und den Justizstaatsrat für Recht und Religion. Der Geheime Rat, der ursprünglich einmal für alles zuständig gewesen war, fand sich nun allein in letzterem wieder. Sein Sohn, Friedrich II., hob die Vermischung alter und neuer Ordnungsstrukturen auf, die noch in der Aufteilung des Generaldirektoriums nach Provinzialdepartements bestand, welche in sich überlagernder Weise sowohl regionale als auch gesamtstaatliche Funktionen wahrnahmen. Stattdessen schuf er nach und nach fünf neue Fachdepartements.

Kriege	Kriegsparteien	Neue Mächte	Veränderung
1700–1720 Großer Nordischer Krieg	Schweden ↕ Dänemark, Polen, Sachsen, Rußland	Rußland gewinnt schwedische Position	
1701–1714 Spanischer Erbfolgekrieg	Frankreich, Bayern ↕ Österreich, Deutsches Reich, Niederlande, England	England kann den Frieden diktieren	**F** ↔ **Ö**, E
1740–1745 Zwei Schlesische Kriege	Preußen ↕ Österreich	Preußen gewinnt Schlesien	
1756–1763 Siebenjähriger Krieg	Preußen, England ↕ Österreich, Frankreich, Rußland	Gleichgewicht der Mächte	E, **P** ↔ **Ö**, F

Mit der Abwehr der Türken 1683 konnte die **Austragung des innereuropäischen Machtkampfs** durch nichts mehr verhindert werden. Jetzt nämlich widersetzte sich Österreich dem Bestreben Frankreichs, seinen Machtbereich gegenüber der ehemals führenden europäischen Großmacht Habsburg immer mehr auszuweiten.

Den Höhepunkt der Auseinandersetzungen bildete der Spanische Erbfolgekrieg (1701-1714), mit dem Frankreich eine Wiedervereinigung der österreichischen und spanischen Linie der Habsburger verhindern wollte. Hierbei kam es zunächst Österreich zugute, daß auf seiner Seite eine weitere europäische Macht, England, sich einschaltete. Spanien nämlich war einer der Haupthandelsplätze von England, so daß ein existentielles Interesse der Handelsmacht berührt war. Dann kam es Frankreich, welches schwere Niederlagen hatte einstecken müssen, zugute, daß England sich im geeigneten Moment aus dem Krieg zurückzog und den Frieden von Utrecht 1713 diktierte. In den gleichen Jahren tobte der Nordische Krieg (1700-1720), in dem Schweden seine starke Position im Norden Europas an Rußland verlor.

Ab der Mitte des Jahrhunderts schob sich ein weiterer neuer Faktor, Preußen, in das europäische Machtgefüge. In den beiden Schlesischen Kriegen (1740-1745) trat der Hohenzollern Friedrich II. als erfolgreicher Rivale der Habsburgerin Maria Theresia auf. Bis ins 19. Jahrhundert hinein prägte der österreichisch-preußische Gegensatz, der sogenannte „Deutsche Dualismus“, die deutsche und europäische Geschichte. Seine Bedeutung zeigte sich erstmals bei der grundlegenden Neugestaltung des europäischen Bündnissystems 1756, als die alte bourbonisch-habsburgische Feindschaft überwunden wurde, nachdem sich Preußen und England gegen Österreich und Frankreich verbunden hatten, denen sich später auch Rußland anschloß.

Im Siebenjährigen Krieg (1756-1763) führte diese neue Mächteordnung Preußen allerdings in eine sehr gefährliche Lage. England kam ihm auf dem Kontinent nicht zu Hilfe, sondern kämpfte allein in Übersee gegen Frankreich. Im Frieden von Paris 1763 wurden dann amerikanische, afrikanische und indische Gebiete genauso geteilt und getauscht wie in den vielen Friedensschlüssen zuvor europäische.

sprechung bei den einzelnen Landesteilen und damit bei den Ständen. Mit der Zentralisierung der Verwaltung wurde gleichzeitig eine neue soziale Gruppe geschaffen: das Beamtentum. Der Beamte, immer männlich, mußte gebildet sein und entstammte daher zumeist dem Bürgertum. Er mußte zu festgesetzten Stunden zuverlässig seine Arbeit leisten. Und er diente allein dem Staat, d.h. dem König. Schon im Zusammenhang mit Hof und Heer wurde auf die disziplinierende Wirkung der absolutistischen Einrichtungen hingewiesen. In einer umfassenden „Sozialdisziplinierung" das Wesen und die Ergebnisse des Absolutismus zu erkennen, hat die Erforschung der Frühen Neuzeit in unvergleichlicher Weise vorangebracht [Oestreich; Schulze 1987]. Selbst- und Fremddisziplinierung, Stärkung bestehender und Schaffung neuer Ordnungen, Versprachlichung und Verdinglichung dieser Art von Beherrschungsstreben begannen eine Lebenswelt zu prägen, in der nach Reformation und Religionskriegen die Menschen auf sich selbst verwiesen waren.

▷ S. 294 Schlüsselbegriffe und Konzepte: Sozialdisziplinierung

Bündnisse und Kriege in Europa. Mit all den beschriebenen Neuerungen oder Weiterentwicklungen ging es den einzelnen Herrschern aber nicht allein darum, ihre Macht nach innen hin zu einer absoluten auszugestalten. Gerade unter einer europäischen Perspektive muß vielmehr die ihnen gemeinsame nach außen gerichtete Motivation gesehen werden. Und diese bestand in dem von allen aufgenommenen gegeneinander gerichteten Kampf um die Vorherrschaft in Europa. Nachdem lange Zeit die Herrschaftsweise unter innenpolitischen Gesichtspunkten und die Gesellschaftsform unter sozialgeschichtlichen Fragestellungen bearbeitet wurden, gewinnt neuerdings auch die außenpolitische Betrachtung wieder an Gewicht [Reese]. Dies scheint wissenschaftsgeschichtlich in den größeren Zusammenhang einer Gegenbewegung gegen gut zwei Jahrzehnte sozial-, struktur- und kulturgeschichtlich dominierter Geschichtswissenschaft einzuordnen zu sein. Denn nicht nur für den Bereich von Militärwesen und Krieg, sondern auch für einen lange Zeit so wenig gesellschaftsfähigen Forschungsgegenstand wie den Fürsten und die europäischen Dynastien werden nun wieder Studien vorgelegt [Weber 1998]. Herausforderungen und Perspektiven für die Forschung ergeben sich hier aus der Anwendung moderner Methoden und Ergebnisse auf ältere Gegenstände. – Doch wie sah die Situation am Ende des Dreißigjährigen Krieges in Europa aus?

▷ S. 344 Themen: [N]euere Untersuchungs[sc]hwerpunkte

Mit dem Westfälischen Frieden von 1648 wurden nach jahrzehntelangem Krieg die wesentlichen Religions- und Grenzfragen zwischen den einzelnen europäischen Staaten geklärt. Und innerhalb des Deutschen Reiches wurde das Verhältnis zwischen Kaiser und Reichsständen neu bestimmt. Einen tatsächlichen Frieden von Dauer jedoch brachte er nicht. Die folgenden eineinhalb Jahrhunderte waren vielmehr von ständigen Krisen und Kriegen geprägt. Die Lage war vor allem im mittleren Europa für die Bevölkerung schon schlimm genug. Auf dem Land hatten Krieg und Pest jeden zweiten, in den Städten jeden vierten Menschen das Leben gekostet. Damit lagen auch weithin die Felder brach, den Lebenden mangelte es an Nahrung. Auf lange Sicht konnte sich die Landwirtschaft jedoch eher wieder erholen als die gewerbliche Produktion. Die zerstörten Werkstätten in den Städten konnten zwar wiederaufgebaut, die einmal abgebrochenen Handelsbeziehungen

▷ S. 149 Wirtschafts-/ Sozialgeschichte: Alte Themen, Neue Akzente

jedoch nur schwer neu geknüpft werden. Für Deutschland war der Untergang einer im 16. Jahrhundert blühenden Stadtkultur gleichbedeutend mit dem Verschwinden des Bürgertums, wobei freilich solche Generalisierungen nicht immer die gesamte Wirklichkeit wiedergeben.

Die europäischen Herrscherhäuser waren in dieser Zeit allein an Selbstbehauptung und Machtgewinn interessiert. Einstweilen aber waren ihnen noch die Hände gebunden - fühlten sich doch alle in gleicher Weise durch die Türken bedroht. Diese waren bereits seit dem 14. Jahrhundert auf dem Balkan vorgerückt und hatten als Verkörperung des Islam eine große Gefahr für die Christenheit dargestellt. Im Jahre 1529 belagerten sie erstmals die Stadt Wien, mußten sich jedoch bei Wintereinbruch zurückziehen. Drei Jahre später näherten sie sich der Stadt erneut, konnten aber im Vorfeld bereits abgewehrt werden. In den folgenden Jahren verlagerten sich die Auseinandersetzungen ins Mittelmeer. Die Türken konnten hier ihre Vorherrschaft aufrechterhalten, nicht zuletzt deshalb, weil die Franzosen immer wieder mit ihnen gegen Habsburg kooperierten. Mit dem Seesieg bei Lepanto 1571 wendete sich jedoch ihre Lage. Ab den 1660er Jahren versuchten sie nochmals auszugreifen, bis sie schließlich am 12. September 1683 am Kahlenberg von einem fast gesamteuropäischen Heer – unter Ausschluß Frankreichs – geschlagen wurden. Im gemeinsamen Widerstand formierte sich hier erstmals so etwas wie ein einiges Europa, was jedoch ohne direkte Konsequenzen blieb.

In der Mitte des 17. Jahrhunderts nahm vielmehr unumstritten Frankreich die Hegemonie, d.h. die Vormachtstellung, auf dem Kontinent ein. Der französische König, Ludwig XIV. aus dem Haus der Bourbonen, wollte seinen Machtbereich immer noch weiter ausdehnen. Dabei stellte das ehemals vorherrschende Haus Habsburg, welches Österreich regierte, für Jahrzehnte seinen Hauptfeind dar. Im Laufe des 18. Jahrhunderts aber traten noch drei weitere europäische Staaten vor den übrigen in den Vordergrund: In vier großen Kriegen zeigten England, Rußland und Preußen, daß der Streit um die größte Macht künftig unter Fünfen würde ausgetragen werden müssen. Davon waren nun auch die bisherigen Freund-Feind-Verhältnisse betroffen. Waren im 17. Jahrhundert die gefährlichsten Gegner der Habsburger die Bourbonen gewesen, so waren es im 18. Jahrhundert die in Brandenburg-Preußen regierenden Hohenzollern. Dieser Gegensatz führte schließlich 1756 zu einer grundlegenden Neugestaltung des europäischen Bündnissystems. Als sich Preußen und England miteinander verbanden, überwanden Österreich und Frankreich ihre alte Feindschaft und schlossen ein Bündnis, dem später auch Rußland beitrat. Letztlich setzte sich keine einzelne Macht durch, ein Gleichgewicht der Kräfte lag zunehmend im Interesse aller.

Angesichts all dieser kriegerischen Ereignisse wurde jüngst eine Theorie von der Bellizität der Epoche entworfen, d.h. von ihrer Kriegshaftigkeit oder auch Friedlosigkeit [BURKHARDT]. Johannes Burkhardt spricht von einer "frühneuzeitlichen Kriegsverdichtung" und erklärt diese im Zusammenhang mit der Herausbildung des modernen Staates. Seiner Darstellung nach wächst nicht mit der stärkeren inneren Durchorganisation des Staates die Kriegsbereitschaft nach außen; vielmehr wachse mit der zunehmenden Verfestigung des Staates die Bereitschaft zum Frieden: Je unfertiger der Staat, um so bereiter/anfälliger für Krieg – um die Theorie auf eine knappe Formel zu bringen. Als kriegstreibende Mängel des Staates werden dabei die eben noch fehlende Gleichheit zwischen den Staaten und die in ihrem Inneren noch fehlenden festen Institutionen und legitimationskräftigen Stützen benannt.

Aufklärung und Reformtätigkeit. Die Auseinandersetzungen zwischen den europäischen Staaten, die blutigen Kriege, nahmen ihren Ausgang von der Ausschaltung der für alle gleichermaßen gefährlichen Türken 1683. Neben dieser für die Staaten außenpolitischen Wende wird auf die Zeit um 1680 auch der Beginn einer Bewegung datiert, die als „Aufklärung" langfristig für ihr innenpolitisches Handeln bedeutsam werden sollte [Erbe, Möller 1986; s. auch hierzu Literaturbericht Neugebauer-Wölk]. Der erste Ansatzpunkt der neuen philosophischen Richtung war die religiöse Situation der Zeit. Nach dem Westfälischen Frieden stand fest, daß es vier große Kirchen in Europa gab. Das südliche Europa war ganz von der katholischen Kirche beherrscht. Das nördliche Europa war geprägt von der protestantischen, zu der Lutheraner, Calvinisten und Anglikaner zählten. Der starke Staat, der sich neu auszubilden begann, hatte anfangs noch Mühe, die Untertanen einzubinden. So betonte man gerne die Religion als ein alle vereinendes Band. Indem die vorherrschende Konfession zur Staats- oder Landeskirche erhoben wurde, war sowohl dem inneren Zusammenhalt des Staates als auch der äußeren Stärke der Kirche gedient. Damit war ein neues Zeitalter religiöser Intoleranz eingeläutet. Ob nun 1685 in Frankreich das Edikt von Nantes aufgehoben wurde, mit dem 1598 den Hugenotten Glaubensfreiheit gewährt worden war; oder ob 1731 die Salzburger Protestanten aus ihrer Heimat hinauskomplimentiert wurden: Tausende von Menschen in ganz Europa sahen sich gezwungen, sich auf die Wanderschaft zu begeben und in der Schweiz, den Niederlanden, England oder auch Brandenburg-Preußen um Aufnahme zu bitten. Manche wanderten ganz aus, in die Neue Welt.

▷ S. 95
Nach 1609:
Freie Meere
als Aktionsfeld

An diesen Zuständen im Bereich von Religion und Kirche übten die Frühaufklärer des 17. Jahrhunderts herbe Kritik; aber auch ganz allgemein war ihnen mit ihrer neuen Form der Bibelforschung an der Ausbildung eines grundsätzlich kritischen Denkens gelegen. Eine andere Wurzel der Aufklärung bestand in der Lehre vom Naturrecht, derzufolge der Mensch sich freiwillig zu seinem eigenen Schutze die Gesellschaft und den Staat erschaffe. Vom Menschen selbst und seinem Denken also ging die Aufklärung aus und schuf sich mit der „Vernunft" ihren Schlüsselbegriff. Die Vernunft mache das Wesen des Menschen aus, sagte man, sie müsse allerdings auch benutzt werden. Der Mensch könne sich in dieser Beziehung genauso weiterentwikkeln wie die Menschheit als Ganzes, hier wie da gebe es die Möglichkeit des Fortschritts. In diesem Bildungsprozeß betätigten sich die Aufklärer als Erzieher, indem sie in einer großen Menge neugegründeter Zeitschriften an die Gesellschaft herantraten. Sie zum Gebrauch der Vernunft anzuleiten hieß, das Irrationale und Autoritäre solcher Systeme wie Kirche und Saat durchschaubar zu machen. Darin sah man die Möglichkeit, daß sich der Mensch von bisher unantastbaren Abhängigkeiten befreie und nach einem Gedanken zu leben beginne, der zu dieser Zeit noch revolutionär war: daß der Mensch an sich frei sei und allen von Menschen geschaffenen Systemen kein größeres Gewicht zukomme als den dem Menschen angeborenen Rechten auf

Leben, Freiheit, Eigentum, Denken, Religion und Streben nach Glück.

Die im Bereich der Rechts- und Staatslehre entwickelte Vorstellung von den Menschenrechten wurde zum Kernanliegen der amerikanischen wie der französischen Revolution. Eine weitere Auswirkung der Aufklärung bestand in der Idee von der Gewaltenteilung. Danach sollten die Exekutive, d.h. die vollziehende Gewalt, die Legislative, d.h. die Gesetzgebung, und die Judikative, d.h. die Rechtsprechung, von verschiedenen, sich gegenseitig kontrollierenden Staatsorganen wahrgenommen werden. Im Bereich der Religionslehre wurde eine Intoleranz verurteilt, unter der etwa Juden besonders zu leiden hatten. Sie nämlich durften nach Auswanderung auch am neuen Ort nur unter Sonderrecht leben, wie das Beispiel ihrer Lage in Brandenburg-Preußen zeigt. Dort wurde 1671 die aus Wien vertriebene jüdische Gemeinde zwar aufgenommen, doch dann durften die Mitglieder sich am neuen Ort nicht vermehren, wurden auf einige wenige Handelszweige beschränkt, mußten höchste Abgaben leisten und wurden schließlich sogar in ihrem Gottesdienst überwacht. Die für sie und andere geforderte religiöse Toleranz gehörte zu den wichtigsten Forderungen der Aufklärung. Im Bereich der praktischen Politik schließlich versuchten sich viele Fürsten in der Regierungsform des „Aufgeklärten Absolutismus". Aufgeklärt war die Vorstellung, daß nicht die Gnade Gottes, sondern der Zufall der Geburt die Stellung des Fürsten begründe. Absolut dagegen war der Anspruch, weiterhin die oberste Gewalt innezuhaben und sogar die Gedanken der Aufklärung mit Hilfe der Macht durchzusetzen – etwa wenn es darum ging, die Untertanen durch Schulung und Bildung zu vernünftigen Menschen zu erziehen.

▷ S. 63ff. Um 1789: Zeit der Umbrüche

Wie Ludwig XIV. als Inbegriff des absolutistischen Herrschers im 17. Jahrhundert gilt, so ragt unter den aufgeklärten Absolutisten des 18. Jahrhunderts Friedrich II., der Große (1712-1786), hervor. „Groß" wurde er genannt, nachdem er mit Ende des Siebenjährigen Krieges Preußen in die Reihe der europäischen Großmächte eingegliedert hatte. Das noch größere an ihm aber war der Spagat, den er zeitlebens zwischen den Gedanken der Aufklärung einerseits und den Erfordernissen des Absolutismus andererseits vollführte. Innenpolitisch ließ er ganz im Sinne der Aufklärung Glaubensflüchtlinge einwandern, gründete mit ihnen Hunderte von neuen Dörfern, machte das Land urbar, baute Straßen und Kanäle, förderte Handel und Gewerbe, trieb die Industrialisierung voran, zentralisierte noch stärker die Verwaltung, reformierte das Rechtssystem, verbesserte das Schulwesen usw. Außenpolitisch dagegen betrieb er eine rigorose Machtpolitik. Diese begann 1740 nach dem Tod des habsburgischen Kaisers mit dem rechtswidrigen Überfall auf Schlesien, welches nach zwei Kriegen 1745 gewonnen war. Zur gleichen Zeit kassierte er 1744 nach dem Tod des dortigen Landesherrn Ostfriesland. Weiterhin löste er 1756 den Siebenjährigen Krieg aus, um sich auch Sachsen einzuverleiben. Schließlich war er ab 1769 treibende Kraft in einer europäischen Polen-Politik, die 1772 zur ersten Aufteilung des Landes unter Preußen, Österreich und Rußland führte. Friedrich II., der sich selbst als „erster Diener des Staates" verstand, ließ sich diese Politik allein unter seinen Landsleuten eine halbe Million Menschenleben kosten.

▷ S. 289 Erkenntnis: Ihre Bildung und Verbindlichkeit

Tatsächlich auch waren Aufklärung und Absolutismus nicht einfach miteinander zu verbinden, verlangte wirkliche Aufklärung doch eigentlich zweierlei: den Vernunftgebrauch

Das Besondere an **Friedrich dem Großen** (1712-1786) war die Vielschichtigkeit seiner Person. Aus dem Mann, der von seinem Vater mit äußerster Strenge zum künftigen Herrscher erzogen worden war, dessen Herz jedoch vielmehr den schönen Künsten anhing, wurden schließlich mindestens drei Friedriche.

Erstens der Musiker und Kunstliebhaber: Schon als kleiner Junge zog er sich mit seiner Flöte zurück, wenn die Züchtigungen des strengen Vaters zu unerträglich wurden. Später komponierte er auch selbst. Erstaunlich war der Kunstgeschmack, den er ohne jede Anleitung entwickelte. Anders als sein Vater, der in soldatischer Einfachheit lebte, betätigte er sich auf seinem Schloß Sanssouci als Sammler und Mäzen, d. h. als Kunstförderer.

Zweitens der Philosoph und Literat: Geistig war er ein Kind des Vernunftzeitalters und bezeichnenderweise eng mit Voltaire befreundet. Durch diesen ließ er 1740 das erste und wohl berühmteste seiner insgesamt sieben Werke herausgeben, den „Antimachiavell". Hierin widerlegte er ganz im Sinne der Aufklärung Punkt für Punkt die Lehren des Machiavelli, die bisher die theoretische Grundlage des Absolutismus gebildet hatten.

Drittens schließlich der Staatsmann und Feldherr: Innenpolitisch bemühte er sich um die Förderung von Wohlstand und Bildung der Untertanen. Außenpolitisch dagegen betrieb er eine rigorose Machtpolitik, wie sein Verhalten gegenüber Schlesien, Sachsen und Polen zeigt. Den aufgeklärten Absolutismus verwirklichte er, indem er nach innen den Aufklärer und nach außen den Absolutisten darstellte.

Bild: Andy Warhol, Friedrich der Große, Acryl auf Leinwand, Galerie Onnasch, Berlin.

Literatur: J. G. VON HOHENZOLLERN, Friedrich der Große. Sammler und Mäzen, München 1992.

jedes einzelnen und die Freiheit aller. Die Fürsten sahen hiervon nur den ersten Teil. Sie wandten die Vernunft in Form einer stärker rationalen, d.h. vernunftgeleiteten Gestaltung des Staates an. Verwaltung und Heer wurden straffer organisiert, die Stände möglichst ganz ausgeschaltet - das alles aber nicht mit dem Ziel oder Ergebnis größerer Freiheit. Dabei ging die Reformtätigkeit oftmals sehr weit, wie etwa für Österreich festzustellen ist. Im gleichen Jahr, 1740, wie in Preußen Friedrich II. trat in Österreich Maria Theresia (1717-1780) die Regierung an. Ähnlich wie er betrieb sie die innere Siedlung ihres Landes, erarbeitete für Heer und Verwaltung umfassende Reformen und setzte sich für Schulbildung auf breitester Ebene ein. Ihr Sohn, Joseph II. (1741-1790), ging in seinem Bestreben, einen einheitlichen Staat zu schaffen, noch ein ganzes Stück weiter. Kurz nach dem Tod der Mutter 1781 setzte er, von den Gedanken der Aufklärung bis ins Letzte durchdrungen, die Gleichheit aller seiner Untertanen vor dem Gesetz durch, stellte ein Patent über religiöse Toleranz aus und schaffte die Leibeigenschaft der Bauern ab. Wie der Preuße veranlaßte auch der Österreicher unter anderem die Kodifikation des Rechts, die Joseph II. 1786 noch erlebte, während das „Allgemeine Preußische Landrecht" 1794 erst nach dem Tod Friedrichs II. herauskam. Das alles waren Reformen ohne gleichen, doch es blieben Reformen von oben. So mußte der „Aufgeklärte Absolutismus" ein Widerspruch in sich bleiben.

Verbürgerlichung der Gesellschaft.

Mit der Zeit aber wurden durch die absolutistische Herrschaftsform auch Veränderungen innerhalb der gesamten Gesellschaft initiiert, die langfristig den Weg zu den Revolutionen von 1789 oder 1848 bahnen sollten [GERSTEN-

Detailskizze

Die Verbindung von Aufklärung und Reformtätigkeit, so könnte man meinen, habe zu einem immer perfekter verwirklichten Absolutismus geführt. Tatsächlich waren besonders die Verfeinerungen im Bereich der Verwaltung und hier speziell die Einrichtungen für die Erziehung der Untertanen auf eben dieses Ziel hin ausgerichtet. Wo jedoch gerade sie im Detail betrachtet werden, da kann erstaunlich **Unabsolutistisches im Absolutistischen** gefunden werden.

So ist Wolfgang Neugebauer zur Zeit der allgemeinen Ständeforschung sozial- und bildungsgeschichtlich ins Einzelne gegangen und hat die preußische Schulwirklichkeit untersucht. Man weiß, daß das unter Friedrich II. erstellte „Generallandschulreglement" von 1763 den Alphabetisierungsgrad der breiten Bevölkerung deutlich beförderte. Daß es dabei jedoch nicht der lange Arm des Fürsten war, der auch das jüngste Schulkind noch berührte, zeigt ein Vorfall aus dem Jahre 1766. Da nämlich mußte der kurmärkische Schulmeister Johann Dietrich Besenius von seinem Patron, einem Herrn von Sack, eine „derbe Maulschelle" und noch dazu die Beschimpfung als „Reckel und Flegel" einstecken. Und warum dies? Nichts anderes hatte er getan, als sich gegenüber seinem adligen Herrn auf die königliche Schulverordnung zu berufen und seinen Unterricht an den davon vorgesehenen und nicht den von seinem Herrn bestimmten Orten zu erteilen. In einem ersten Schritt bekam so der Lehrer schnell zu spüren, daß die nächsthöhere Herrschaftsebene die für ihn verbindliche sein wollte. Daß sie dies von oben her gesehen auch sein konnte, mußte er dann in einem zweiten Schritt erkennen, nachdem er eine Beschwerde nach Berlin geschickt hatte und von dort keine Deckung bekam.

Wenn aus der Perspektive des einzelnen eine immer stärkere Verdichtung von Herrschaft wahrzunehmen war, dann wird doch durch Studien dieser Art deutlich, daß dazu Fürsten, Zwischengewalten wie – hier bildungsvermittelnde – Bürgerliche gemeinsam beitrugen. Die Verwendung des Begriffs „Absolutismus" verlangt, stärker im Ergebnis allgemeine Disziplinierungsmaßnahmen zu sehen als von der Intention her fürstliche Herrschaftsvorstellungen zu gewichten.

Literatur: W. Neugebauer, Absolutistischer Staat und Schulwirklichkeit in Brandenburg-Preussen, Berlin/New York 1985, S. 151ff.

BERGER]. Zu neuer Bedeutung nämlich war das Bürgertum gekommen, erstens durch die absolutistische Verwaltungsform mit ihrem Bedarf an gebildeten Beamten, zweitens durch die absolutistische Wirtschaftspolitik mit ihrer Förderung von Gewerbe und Handel. Doch was heißt „bürgerlich" und „Bürgertum"? Bisher waren Bürger immer die Bewohner von Städten gewesen, Handwerker und Kaufleute. Bis zum Ende des Dreißigjährigen Krieges hatten die Städte wie die Stände ein politisches Mitspracherecht gehabt, welches mit dem Absolutismus erheblich eingeschränkt wurde. Immerhin verbreitete sich die Vorstellung, daß zu den Bürgern nicht mehr nur die Stadtbürger zählten, sondern alle, d.h. die Staatsbürger. Doch ihre Rechte wurden erst mit der Französischen Revolution erstritten. So erweiterte sich das „Bürger"-Verständnis im gleichen Maße, wie die Bürgerlichen durch Verwaltung und Wirtschaft zu neuer Bedeutung kamen. Es erweiterte sich gerade im gleichen Maße und kein bißchen mehr, denn auf die bürgerlichen Frauen wurde es mangels Notwendigkeit nicht ausgedehnt. Überhaupt entwickelte sich zu ihnen eine zwiespältige Einstellung: Zwar waren sie faktisch Teil der bürgerlichen Gesellschaft, von der bürgerlichen Öffentlichkeit jedoch blieben sie ausgeschlossen. Als es freilich darum ging, der veränderten Gesellschaft auch einen veränderten politischen Raum zu erstreiten, da zogen sie ebenso 1789 nach Versailles wie 1848 in Mannheim hinter die Barrikaden.

▷ S. 196ff.
Geschlechter
geschichte:
Normen und
soziale Praxi

In mehrerlei Hinsicht wurde die Gesellschaft verändert, verbürgerlicht [Gestrich]. Die Erfahrung des Aufstiegs in den Städten machte Selbständigkeit zu einem neuen Wert sowie Ordnung, Fleiß und Sparsamkeit zu besonderen Tugenden. Die Bewegung der neuen Frömmigkeit erbrachte für

▷ S. 347
Themen:
Neuere
Untersuchur
schwerpunk

Zum Schluß ein Bild, ein berühmtes Bild: der **Pierrot von Antoine Watteau**. Es stammt gerade aus der Mitte der hier behandelten Zeit, von 1718, und stellt selbst eine Art Wendepunkt dar. Der Pierrot ist eine Figur aus der französischen Komödie. Nach altem italienischen Vorbild reisten im 17. und 18. Jahrhundert auch in Frankreich kleine Schauspieltruppen von Hof zu Hof und führten ihre Possen auf. Am meisten gelacht wurde dabei über den Pierrot, der immer im gleichen weißen Gewand auftrat und immer die gleiche Mischung aus Dummheit und Pfiffigkeit verkörperte. So wird er auch in vielen Bildern von Watteau dargestellt als einer, der ständig in Aktion ist, die Laute unter dem Arm, einen gewitzten Spruch auf den Lippen. Auf diesem, einem der letzten Gemälde jedoch steht der Pierrot plötzlich still. Er unterhält nicht mehr, sondern schaut den Betrachter unverwandt an.

In der Kunstgeschichte ist man inzwischen ziemlich sicher, daß Watteau hier nicht irgendeinen Pierrot gemalt hat, sondern daß er - überlebensgroß - einen Mann portraitiert hat, der einmal ein Schauspieler war. Und der in diesem Jahr in Paris ein Kaffeehaus eröffnete. Der Pierrot scheint zu sagen: „Und nun?" Sein Modell hat die Zeiten bereits gewechselt. Der ehemalige Pierrot-Darsteller hat die Bühne verlassen, auf der er die höfische Welt unterhielt. Mit dem Kaffeehaus errichtet er selbst eine Bühne, auf der eine neue Welt ihren großen Auftritt haben soll, die bürgerliche Welt. So „gelesen" markiert das Bild das wichtigste Merkmal des 17./18. Jahrhunderts: den Übergang von einer alten adeligen zu einer neuen bürgerlichen Zeit. Wer für das 17./18. Jahrhundert das Bild vom Pierrot und seine Geschichte im Kopf behält, wird sich an vieles erinnern, was mit den Begriffen „Absolutismus" und „Aufklärung" umfaßt wird.

Bild: Antoine Watteau (1684-1721), Pierrot, auch bekannt als Gilles, Ölgemälde, Louvre, Paris.

Literatur: D. Posner, Antoine Watteau, Berlin 1984.

jeden einzelnen die Fähigkeit zur Selbstkritik. Die neuen Erkenntnisse der Wissenschaften hoben das Interesse an der Natur sowie an fremden Ländern und Völkern. Die Aufklärung schließlich schuf das Vertrauen in den Fortschritt. Das alles ging einher mit dem Streben nach Bildung und Austausch. Für die Vermittlung neuen Wissens wurden Zeitschriften gegründet. Da sie in der jeweiligen Landessprache verfaßt waren, konnten sie breiter wirken als sonst die gelehrten Bücher in lateinischer Sprache. Auch die Buchproduktion nahm zu; zu den großen Literaturgattungen der Zeit wurden das Drama und der Roman. Wer nicht lesen konnte, ließ sich vorlesen, und jeder redete über alles mit. Parallel zu dieser neuen schriftlichen wie mündlichen Kultur entstanden auch neue Orte, an denen sie gepflegt wurde. In England waren es die Kaffeehäuser, in denen ab der Mitte des 17. Jahrhunderts erst über Kunst und Literatur, dann auch über Wirtschaft und Politik gesprochen wurde. In Frankreich waren es die Salons, die in den Häusern der Vornehmen abgehalten wurden und damit nicht ganz so offen Zutritt boten. In Deutschland waren es die Tisch- und Lesegesellschaften, zu denen man eigens eingeladen sein mußte. Diese Orte waren zwar nicht alle gleich offen zugänglich, alle aber boten Gleichgesonnenen die Möglichkeit, sich über Bereiche auszutauschen, in denen sie sonst nichts zu sagen hatten. Dieser Austausch allein machte eine bürgerliche Öffentlichkeit aus, die den Rahmen der bürgerlichen Gesellschaft bildete.

Wenn die Behandlung des Zeitraums zwischen 1648 und 1789 hier mit der Formulierung „Verdichtung von Herrschaft" überschrieben ist, dann dient dies wie gezeigt nicht der Verwerfung des Begriffs „Absolutismus". Vielmehr ist damit angezeigt, daß die fürstliche, ständische oder bürgerliche Teilhabe an dem immer fester um den einzelnen und die Gemeinschaft sich schließenden Griff des Staates noch immer nicht genau bestimmt ist. Die Frage außer acht lassend, inwiefern dies je geleistet werden kann, ist es schließlich wohl viel klärender, die europäischen Verhältnisse der besprochenen Zeit einzuordnen in einen umfassenden Prozeß, der unabhängig von einzelnen Zäsuren und epochenbezeichnenden Begriffen als „Wachstum der Staatsgewalt" [REINHARD] zutreffend beschrieben wurde.

Anette Völker-Rasor

Literatur

K. O. v. ARETIN, Das Alte Reich 1648-1806, 3 Bde., Stuttgart 1993-1997.

R. G. ASCH/H. DUCHHARDT (Hrsg.), Der Absolutismus - ein Mythos? Strukturwandel monarchischer Herrschaft in West- und Mitteleuropa (ca. 1550-1700), Köln/Weimar/Wien 1996.

V. BAUER, Die höfische Gesellschaft in Deutschland von der Mitte des 17. bis zum Ausgang des 18. Jahrhunderts: Versuch einer Typologie (Frühe Neuzeit Bd. 12), Tübingen 1993.

P. BAUMGART (Hrsg.), Ständetum und Staatsbildung in Brandenburg-Preußen. Ergebnisse einer internationalen Fachtagung (Veröffentlichungen der Historischen Kommission zu Berlin Bd. 55), Berlin/New York 1983.

J. J. BERNS/TH. RAHN (Hrsg.), Zeremoniell als höfische Ästhetik in Spätmittelalter und Früher Neuzeit (Frühe Neuzeit Bd. 25), Tübingen 1995.

J. BURKHARDT, Die Friedlosigkeit der Frühen Neuzeit. Grundlegung einer Theorie der Bellizität Europas, in: ZHF 24, 1997, 509-574.

J. C. D. CLARK, English Society 1688-1832. Ideology, Social Structure and Political Practice During the Ancien Regime, Cambridge 1986.

CH. DIPPER, Deutsche Geschichte 1648-1789 (Neue Historische Bibliothek), Frankfurt 1991.

H. DREITZEL, Absolutismus und ständische Verfassung in Deutschland. Ein Beitrag zur Kontinuität und Diskontinuität der politischen Theorie in der frühen Neuzeit (Veröffentlichungen des Instituts für europäische Geschichte Mainz Bd. 24), Mainz 1992.

H. DUCHHARDT, Das Zeitalter des Absolutismus (Oldenbourg Grundriß der Geschichte Bd.11), München, 3. Aufl. 1998.

DERS., Altes Reich und europäische Staatenwelt 1648-1806 (Enzyklopädie deutscher Geschichte Bd. 4), München 1990.

M.ERBE, Deutsche Geschichte 1713-1790. Dualismus und Aufgeklärter Absolutismus, Stuttgart/Berlin/Köln/Mainz 1985.

H. GERSTENBERGER, Die subjektlose Gewalt. Theorie der Entstehung bürgerlicher Staatsgewalt (Theorie und Geschichte der bürgerlichen Gesellschaft Bd. 1), Münster 1990.

A. GESTRICH, Absolutismus und Öffentlichkeit. Politische Kommunikation in Deutschland zu Beginn des 18. Jahrhunderts (Kritische Studien zur Geschichtswissenschaft Bd. 103), Göttingen 1994.

N. HENSHALL, The Myth of Absolutism. Change and Continuity in Early Modern European Monarchy, London u.a. 1992.

E. HINRICHS (Hrsg.), Absolutismus, Frankfurt/M. 1986.

B. KROENER/R. PRÖVE (Hrsg.), Krieg und Frieden: Militär und Gesellschaft in der Frühen Neuzeit, Paderborn/München/Wien/Zürich 1996.

J. KUNISCH, Absolutismus. Europäische Geschichte vom Westfälischen Frieden bis zur Krise des Ancien Régime, Göttingen 1986.

DERS., Fürst, Gesellschaft, Krieg. Studien zur bellizistischen Disposition des absoluten Fürstenstaates, Köln 1992.

H. MÖLLER, Fürstenstaat oder Bürgernation. Deutschland 1763-1815 (Das Reich und die Deutschen Bd. 7), Berlin 1989.

DERS., Vernunft und Kritik. Deutsche Aufklärung im 17. und 18. Jahrhundert, Frankfurt/M. 1986.

M. NEUGEBAUER-WÖLK, Literaturbericht: Absolutismus und Aufklärung, in: GWU 9, 1998, 561-578; 10, 1998, 625-647; 11, 1998, 709-717.

H. NEUHAUS, Zeitalter des Absolutismus 1648-1789 (Deutsche Geschichte in Quellen und Darstellungen Bd. 5), Stuttgart 1997.

G. OESTREICH, Strukturprobleme des europäischen Absolutismus, in: DERS., Geist und Gestalt des frühmodernen Staates. Ausgewählte Aufsätze, Berlin 1969, 179-197.

V. PRESS, Kriege und Krisen. Deutschland 1600-1715 (Neue deutsche Geschichte Bd. 5), München 1991.

A. REESE, Europäische Hegemonie versus Weltreich. Außenpolitik in Europa 1648-1763 (Historisches Seminar – Neue Folge Bd. 7), Idstein 1995.

W. REINHARD, Das Wachstum der Staatsgewalt. Historische Reflexionen, in: Der Staat 28, 1992, 59-75.

H. SCHILLING, Höfe und Allianzen. Deutschland 1648-1763 (Das Reich und die Deutschen Bd. 6), München 1989.

W. SCHMALE, Archäologie der Grund- und Menschenrechte in der frühen Neuzeit. Ein deutsch-französisches Paradigma, München 1997.

W. SCHULZE (Hrsg.), Ständische Gesellschaft und soziale Mobilität (Schriften des Historischen Kollegs, Kolloquien Bd.12), München 1988.

Ders., Gerhard Oestreichs Begriff „Sozialdisziplinierung in der Frühen Neuzeit", in: ZHF 14, 1987, 265-302.
M. Stolleis, Staat und Staatsräson in der Frühen Neuzeit. Studien zur Geschichte des öffentlichen Rechts, Frankfurt 1990.
R. Vierhaus, Deutschland im Zeitalter des Absolutismus 1648-1763 (Kleine Vandenhoeck-Reihe Deutsche Geschichte Bd. 6), Göttingen 1984.
G. Vogler, Absolutistische Herrschaft und ständische Gesellschaft. Reich und Territorien von 1648-1790, Stuttgart 1996.
W. Weber, Prudentia gubernatoria. Studien zur Herrschaftslehre in der deutschen politischen Wissenschaft des 17. Jahrhunderts (Studia Augustana Bd. 4), Tübingen 1992.
Ders. (Hrsg.), Der Fürst. Ideen und Wirklichkeiten in der europäischen Geschichte, Köln/Weimar/Wien 1998.
B. Weisbrod, Der englische „Sonderweg" in der neueren Geschichte, in: GG 16, 1990, 233-252.

Um 1789: Zeit der Umbrüche

Zeittafel

1789	Rahmendatum: Französische Revolution.
1789	Am 17. Juni erklärt sich der Dritte Stand zur Nationalversammlung.
1789	Am 26. August Erklärung der Menschen- und Bürgerrechte.
1790	Zivilkonstitution des Klerus.
1790	Am 3. September Verfassung der konstitutionellen Monarchie.
1792	Am 20. April Kriegserklärung an Österreich.
1792	Am 2.-5. September Septembermassaker.
1793	21. Januar Guillotinierung Ludwigs XVI.
1794	Am 9. Thermidor Sturz Robespierres.
1795	Direktoriumsverfassung, juste milieu.
1799	Napoleon Erster Konsul.
1801	Konkordat.
1803-06	Auflösung des Heiligen Römischen Reichs Deutscher Nation
1806	Gründung des Rheinbundes
1810	Germaine de Staëls Schrift „Über Deutschland" erscheint.
Um 1810	Bonapartismus, Cäsarismus
1813	Freiheitskriege gegen Napoleon
1815	Rahmendatum: Wiener Kongreß

Bezeichnung der Epoche. Kaum eine Epochengrenze scheint so fest im allgemeinen historischen Bewußtsein verankert und berechtigt zu sein wie die der Französischen Revolution. Als am 4. Mai 1789 in Versailles zum ersten Mal seit 1614 wieder die Generalstände zusammentraten, ahnten die wenigsten, was auf Frankreich und letztlich ganz Europa zukommen würde. Auf den ersten Blick mochte es scheinen, als ließe Frankreich endlich von seinem Sonderweg ab: in allen europäischen Monarchien gab es ständische Vertretungen, die zwar alle unterschiedliche Bezeichnungen trugen, aber letztlich auf je eigene Weise den Untertanenkörper der Monarchien repräsentierten. In England gab es das Parliament, im Heiligen Römischen Reich deutscher Nation den immerwährenden Reichstag, in Polen die Szlachta, in Spanien die Cortes usw., nur in Frankreich war die Institution der Generalstände ausgetrocknet worden. In Wirklichkeit schickte sich Frankreich an, einen besonderen Weg zu gehen, an dessen 1789 nicht absehbarem Ende von 1815 eine erhebliche Veränderung der europäischen Kultur stand.

Bei genauerem Quellenstudium zeigt sich allerdings, daß sich in Frankreich selbst seit der Mitte des 18. Jahrhunderts Stimmen mehrten, die von einer kommenden Revolution sprachen. Es handelte sich nicht um Prophezeiungen, sondern um den Ausweis einer bemerkenswerten Sensibilität für das wahre Ausmaß von Veränderungen, die heute in Anlehnung an Reinhart Koselleck unter dem Begriff der „Sattelzeit" zusammengefaßt werden [KOSELLECK]. Diese Veränderungen umfaßten das in den Aufklärungsdiskurs einbezogene Europa, reichten also bis nach Rußland. Im – französischen – Westen erfuhren diese Veränderungen eine weltlich-revolutionäre Ausprägung, je mehr sich der Blick nach Osten und Süden

wendet, um so mächtiger blieben religiöse oder konfessionelle Beharrungskräfte. Charakteristisch wurde das Verständnis vom Menschen als Schöpfer der Welt [SCHABERT]. Die französischen Revolutionäre verließen sich ganz auf die menschliche Vernunft und die Gestaltungskraft des Menschen. Staat und Gesellschaft sollten in einer zukünftigen Realität einem Idealbild entsprechen, dessen Grundstruktur in der Verfassung niedergelegt wurde. Der schnelle Wechsel von einer Verfassung zur anderen während der Revolution belegt die Schwierigkeiten mit diesem Unterfangen ebenso wie die Beharrlichkeit, mit der an der Realisierbarkeit von Zukunftsentwürfen festgehalten wurde. Die Stellung des Menschen als Schöpfer der Welt wurde mit der Übertragung biblischer Bilder auf das revolutionäre Parlament der Jahre 1792-95, den Konvent, verdeutlicht: der Konvent als Gesetzgeber wurde zum gesetzgebenden Gott – in den schärfsten Formulierungen; gängig wurde der Vergleich von „der" Verfassung mit Gott [SCHMALE]. Im benachbarten Reich hingegen, in den deutschen Territorien und den habsburgischen Erblanden, wurde sicherlich auch auf die Gestaltungskraft des Menschen kraft Vernunft, verkörpert durch die Fürsten und den Kaiser, gesetzt, aber dies ging nicht soweit, Revolutionen an die Stelle von Reformen zu setzen.
Charakteristisch wurde zum zweiten die Veränderung der Sprache. Seit den 1770er Jahren tauchten neue Wörter auf, altbekannte unterlagen einem dynamischen Prozeß der Bedeutungsveränderung. Ein Großteil der gegenwärtig zentralen Begriffe der politisch-sozialen Sprache stammt aus dieser Sattelzeit. Die Begriffe demokratisierten sich, d.h. ihr Anwendungsbereich, bezogen auf die gesellschaftlichen Gruppen, verbreiterte sich; sie verzeitlichten sich, sie ideologisierten und po-

Aus der Forschung

Zu den wesentlichen Neuerungen der Geschichtswissenschaft nach dem Zweiten Weltkrieg zählt die **Historische Semantik**. Dies bedeutet, daß vorzugsweise die politisch-soziale Sprache als „Faktor und Indikator geschichtlicher Bewegung" verstanden und als historische Quelle genutzt wird. Diesem Ansatz folgt das Lexikon „Geschichtliche Grundbegriffe".

In der Einleitung zum ersten Band formulierte Reinhart Koselleck die Elemente des Epochenbegriffs „Sattelzeit": Es habe sich „seit der Mitte des achtzehnten Jahrhunderts ein tiefgreifender Bedeutungswandel klassischer topoi vollzogen", „alte Worte" hätten „neue Sinngehalte gewonnen (...), die mit der Annäherung an unsere Gegenwart keiner Übersetzung mehr bedürftig sind. Der heuristische Vorgriff führt sozusagen eine ‚Sattelzeit' ein, in der sich die Herkunft zu unserer Präsenz wandelt." Diese Sattelzeit läßt sich an den Prozessen der Demokratisierung, Verzeitlichung, Ideologisierbarkeit und Politisierung konkretisieren: „Im Zuge der sich auflösenden ständischen Welt dehnt sich der Anwendungsbereich vieler Begriffe aus, es handelt sich im Sinne eines aktuellen Schlagwortes um eine Art Demokratisierung." Verzeitlichung: „Überkommene topoi werden gefühlsmäßig aufgeladen, sie gewinnen Erwartungsmomente, die ihnen früher nicht innewohnten. (...) Schließlich tauchen Ausdrücke auf, die die geschichtliche Zeit selber artikulieren (...) – all diese neuen Begriffe zeichnen sich durch Zeitbestimmungen aus, die prozessuale Sinngehalte und Erfahrungen bündeln." Ideologisierbarkeit: „Der Verlust anschaulich hingenommener Zuordnungen von sozialen Gegebenheiten und deren Benennungen charakterisiert eine neuzeitliche Erfahrung. (...) Seitdem häufen sich die Kollektivsingulare: aus den konkreten ‚Geschichten' wird die ‚Geschichte an sich', aus den sachbezogenen einzelnen Fortschritten wird die allen gemeinsame ‚Freiheit' (...)" Politisierung: „Die Standortbezogenheit jeglichen Wortgebrauchs ... vervielfältigt sich entsprechend der Pluralisierung der gesellschaftlichen Welt. (...) Immer mehr Personen werden angesprochen, beteiligt, mobilisiert."

Quelle: R. KOSELLECK, Einleitung in: O. Brunner/W. CONZE/R. KOSELLECK (Hrsg.), Geschichtliche Grundbegriffe. Historisches Lexikon zur politisch-sozialen Sprache in Deutschland, Band 1 [1972], Stuttgart, unveränd. Nachdruck der 4. Aufl. 1994, S. XV-XVIII.

litisierten sich. Wortneubildungen auf -ismus wurden typisch für die Zeit.
Die europäische Durchschlagskraft der Revolution beruhte auf der Tatsache, daß diese Veränderungen einen gesamteuropäischen, aber unterschiedlich stark ausgeprägten Prozeß kennzeichneten, und daß sie eine Politisierung der Untertanen einleiteten oder vielleicht besser: sprachlich artikulierten, die mit der Revolution von 1848 auf ihren Höhepunkt zusteuerte. Die revolutionäre Zuspitzung in Frankreich bereits vor den Revolutionsereignissen läßt sich an der metaphorisch-sprachlichen Zerstörung des Körpers des Königs und der Königin ablesen [De Baecque]. Die Körpermetapher gehörte seit dem hohen Mittelalter zur politischen Bildsprache, in ihr drückte sich die Vorstellung von der Einheit des Gemeinwesens aus, das in sich wegen der hierarchischen Gesellschaftsgliederung und den eindeutigen Untertanenverhältnissen nach heutigen Maßstäben kaum als harmonischer Gesellschaftskörper begriffen werden könnte. Unter rein politischen Gesichtspunkten bildete nur der König den Kopf, den vornehmsten Körperteil, unter dem Gesichtspunkt des Gesellschaftskörpers bildete das Königspaar den Kopf. Die Vorstellung, daß, wenn der Kopf erkranke, das Gemeinwesen erkranke und leide, war tief verwurzelt. Man würde das Ancien Régime und die Revolutionsepoche falsch einordnen, wenn nur auf die Wortsprache, insbesondere die Entwicklung der politischen Philosophie von Jean-Jacques Rousseau (1712-1778) bis Maximilien Robespierre (1758-1794) geachtet würde.
Bevor nämlich Ludwig XVI. (1754-1793) und Marie-Antoinette (1755-1793) guillotiniert wurden, also ihre leiblichen Körper hingerichtet wurden, waren sie auf der metaphorischen Ebene getötet worden. Zuerst wurden die Bilder, die das Ancien Régime verkörperten, entleibt und neue an ihre Stelle gesetzt. Instrument dieser Entleibung war die politische Pornographie [Hunt]. Die leiblichen Körper der französischen Königspaare hatten zwar immer neben dem metaphorischen politischen Körper im Mittelpunkt des Interesses gestanden; der König sollte stark, gewandt, schön, beherrscht und zeugungsfähig sein, die Königin vor allem fruchtbar, keusch und schön. Die Politsatiriker und Untergrundschriftsteller der vorrevolutionären Zeit bewiesen aber ein darüber hinaus gehendes pornographisches Interesse an der angeblichen Impotenz des Königs und der angeblichen sexuellen Untreue der Königin. In Sprachbildern und Bildgravuren wurden eine sexsüchtige Marie-Antoinette und ein schläfriger König mit erektionslosem Penis dargestellt; die Einmischungen der Königin in die Politik wurden mit pornographischen Satiren quittiert. An offener oder versteckter Kritik am König und der Königin hatte es nie gemangelt, aber dies alles war doch neu und unerhört; die Tatsache, daß das Königspaar pornographisch in der politischen Öffentlichkeit dargestellt werden konnte, zeigt, daß die ehemals integrierende Körpermetapher nicht mehr funktionierte. Nur kurz wurde Ludwig XVI. noch einmal auf den Thron der Metapher erhoben, nachdem er Ende Mai 1789 den Zusammenschluß der Generalstände zur Nationalversammlung gebilligt hatte. Es fehlte in der Revolution nicht an Versuchen, einen neuen metaphorischen Körper an die Stelle des alten zu setzen, aber die Versuche schlugen fehl, insoweit sich eine Vielzahl von Metaphern und Allegorien von der „France" über die Mutter „Nature" bis hin zu Herkules als Allegorie des wehrhaften männlichen Volks in der Terreur auf der Bühne behaupteten. Napoleons Versuch,

Die vorrevolutionäre und revolutionäre **politische Pornographie** hob zwei Tabus auf: zum einen wurde das Intimleben des Königspaares zunächst in gedruckten Texten bis ins kleinste – erfundene – Detail in unverschleierter Direktheit dargelegt, zum anderen wurden in der Revolution zu den Texten noch Bilder hinzugefügt, in denen die Geschlechtsorgane von Königin und König gezeigt wurden. Dies war der letzte noch mögliche und prompt begangene Tabubruch, mit dem die altehrwürdige Metapher vom königlichen Körper zum Tod verurteilt wurde. Die Abbildung stammt aus einem als Komödie bezeichneten Dreiakter mit dem Titel „La journée amoureuse de Marie-Antoinette" vom 20. August 1792. Sie zeigt Marie-Antoinette und Ludwig. Die Königin sitzt auf dem Sofa und hat ihre Brust sowie die Geschlechtsteile entblößt und prostituiert sie vor Ludwig. Die Mühe ist vergebens, bei Ludwig stellt sich keine Erektion ein. Ludwig wird im reduzierten Staatsornat mit dem Blauen Band des Ordens vom Heiligen Geist und schlaffem Penis gezeigt.

Bild: Anonym, ohne Untertitel, Kupferstich (Buchillustration), August 1792, Bibliothèque nationale de France.

Literatur: A. De Baecque, Le corps de l'histoire. Métaphores et politique (1770-1800), Paris 1993, S. 74.

sich mit Karl d.Gr. zu identifizieren, sollte ein suggestives, Einheit stiftendes und integrierendes Bild schaffen; auch dieser Versuch verlief im Sande.

Der Verlauf der Französischen Revolution. Seit 1787 hatten sich in Frankreich die Ereignisse überstürzt [Doyle]. In den Provinzen, in denen im Verlauf der Frühen Neuzeit die Landtage abgeschafft worden waren, wurden Provinzialversammlungen und ein Zensuswahlrecht eingeführt. Nicht wenige der künftigen Revolutionäre lernten dort ihr Handwerk. Im selben Jahr wurde eine Notabelnversammlung einberufen, von der realisierbare Vorschläge zur Meisterung der Finanzkrise des Staates erwartet wurden. Sie scheiterte, denn die Notabeln selbst verwiesen auf die Zuständigkeit von Generalständen, die lange nicht einberufen, aber nie abgeschafft worden waren. 1787 begann sich die publizistische Spirale immer schneller zu drehen; der öffentliche Druck, die Generalstände einzuberufen, wuchs und führte zum Erfolg. Im Juni 1788 versammelten sich im Dauphiné kraft eigenen Rechts, d.h. unter Mißachtung der Rechte des Königs, der allein Landständeversammlungen einberief, die Landstände. Sie läuteten damit in gewisser Weise die Revolution ein, denn der Dritte Stand wurde verdoppelt, so daß er nicht weniger Stimmen besaß als der Erste und der Zweite Stand zusammen. Die Diskussionen der zweiten Jahreshälfte 1788 waren von der Frage nach Zusammensetzung der Generalstände und deren sachlichen Zuständigkeiten beherrscht. In diesen Debatten trennte sich die Spreu vom Weizen; die bürgerlichen Schichten des Dritten Standes gewannen die Initiative, publizistisch gestützt von Angehörigen des Klerus wie dem Abbé Émmanuel Joseph Sieyès (1748-1836) und Jean

Paul Rabaut Saint-Étienne (1743-1793), oder von Angehörigen des Adels wie dem Grafen Mirabeau (1749-1791), der schließlich auch als Abgeordneter des Dritten Standes 1789 nach Versailles zu den Generalständen reiste. Unter dem maßgeblichen Einfluß von Sieyès erklärte sich der Dritte Stand am 17. Juni 1789 zur Nationalversammlung, eine Maßnahme, die der König nach anfänglichem Widerstand Ende des Monats wohl oder übel guthieß. Die Nationalversammlung erklärte sich für sämtliche politischen Fragen zuständig, bis hin zur Ausarbeitung einer neuen Verfassung. All dies war bereits in der vorrevolutionären Diskussion und in den Cahiers de doléances angelegt gewesen. Mit dem Sturm auf die Bastille am 14. Juli 1789 und den Bauernunruhen im Sommer gewann das Volk seinen Anteil an revolutionärer Initiative und setzte neben dem König vor allem die Nationalversammlung unter Druck. Ergebnis dieses Drucks waren die – genau besehen halbherzige und unvollständige – Abschaffung des Feudalwesens und die Verabschiedung der Erklärung der Menschen- und Bürgerrechte im August 1789.

Sowohl die krisenhafte Zuspitzung der Finanzlage 1787 wie die Erklärung der Menschen- und Bürgerrechte verweisen auf den Zusammenhang mit der Amerikanischen Revolution [Weis]. Der französische König hatte rund 7000 Soldaten nach Amerika geschickt, die gegen England kämpften; der Sieg und der Vertrag von Versailles 1783 bedeuteten aber nichts anderes als einen sprichwörtlichen Pyrrhussieg. Der Erfolg der Revolution in Nordamerika strahlte auf weite Teile Europas zurück. Für alle, die sich in einer politischen Aufbruchstimmung gegen die alteuropäische Monarchie befanden, hatten die Ereignisse in Amerika den Beweis erbracht, daß eine Demokratisierung von Po-

▷ S. 114
Um 1776/91:
Atlantische
Revolution

Detailskizze

Die Französische Revolution und Südosteuropa. Ende des 18./Anfang des 19. Jahrhunderts trafen in Südosteuropa mehrere Entwicklungen aufeinander, unter denen die Revolution nur eine darstellte. Überall bildeten sich kleinere Gruppen aus den literaten Schichten, die den Nationalgedanken aufgriffen und durch die Förderung einer „nationalen" Geschichtsschreibung und muttersprachlichen Literatur vorantrieben. „Die Völker Südosteuropas rezipierten die Ideen ... der französischen Revolution, sie nahmen an den großen Ideenströmen des 18. Jahrhunderts teil. Ihre politischen Führer versuchten, die Europaidee zu verwirklichen, etwa über den Weg ‚regionaler Völkerbünde'. Zu denken ist dabei an Rhigas Velestinlis, der sich 1795-97 um eine Konföderation der Balkanvölker bemühte, an Ignatie Martinovic und seinen Versuch von 1792-94, einen Bund der Donauvölker der Ungarn, Slowaken, der Serben und der Rumänen des Banats und Siebenbürgens zu bilden, und schließlich an die Jahre 1804-1808, als die Serben und die Rumänen der Donaufürstentümer einen Bund errichten wollten." (Bogdan) Die Machtverschiebung in Südosteuropa öffnete den Weg für eine beschleunigte Aufnahme insbesondere der französischen Aufklärung – Voraussetzung für die Rezeption revolutionärer Ideen, denen wenigstens z.T. Joseph II. durch seine Reformpolitik etwa in Ungarn Vorschub geleistet hatte. Zwar hatte er seine Edikte in Ungarn widerrufen, aber die Gärung unter den Bauern, die offensichtlich vom französischen Beispiel zusätzlich motiviert wurde, veranlaßte den ungarischen Reichstag von 1790/91, die die Bauern betreffenden Edikte postum anzuerkennen. Die Gesellschaften Südosteuropas waren durch innere Gegensätze gekennzeichnet. Die stadtbürgerliche Opposition gegen den Adel in Ungarn nahm die Menschen- und Bürgerrechtserklärung vom August 1789 auf: „Diese Opposition bildete 1793 eine eigene Organisation aus (...) und fand in Professor Belnay aus Preßburg einen fähigen Sprecher. (...) Belnay schöpfte seine Argumente aus Voltaire, Rousseau und der Menschen- und Bürgerrechtserklärung, um das Feudalsystem anzugreifen, dem Adel mit einer Revolution der Bürger zu drohen..." (Sugar). Die nationalen Unabhängigkeitsbestrebungen des 19. Jahrhunderts resultierten aus der Häufung all dieser höchst widersprüchlichen prozessualen Entwicklungen.

Quellen: J. M. Bogdan, Eintritt in die Modernität. Die Rumänen und ihr Schulwesen..., in: W. Schmale/N. L. Dodde (Hrsg.), Revolution des Wissens? ..., Bochum 1991, S. 391; P. F. Sugar, The Influence of the Enlightenment and the French Revolution in Eighteenth-Century Hungary, in: Ders., Nationality and Society in Habsburg and Ottoman Europe, Aldershot 1997, S. I-344.

litik und Gesellschaft auf der Grundlage von Rechte- und Verfassungserklärungen wie der von Virginia 1776 möglich war. Die Folge waren nicht nur intellektuelle, sondern auch politische, physisch erfahrbare Unruhen. So in Irland, wo 1782 die Unabhängigkeit des irischen Parlaments vom britischen erkämpft wurde. Da die Bevölkerungsmehrheit, die Katholiken, jedoch politisch und kulturell diskriminiert blieb, bildete sich 1783 in Dublin der „Große Nationalkonvent", auf dem das Wahlrecht für die Katholiken und eine dreijährige Legislaturperiode für das Parlament gefordert wurden. Die Spannungen und Unruhen hielten bis 1796 an, als sie in einem Blutbad endeten. Selbst in England gärte es; die Gordon Riots von 1780 in London führten zum Sturz der Regierung, Radikale innerhalb der Whig-Partei forderten eine Demokratisierung des gesamten Wahlrechts. In den Generalstaaten kam es ab 1781 zu politischen Agitationen und Unruhen; die Haltungen des Für und Wider den amerikanischen Unabhängigkeitskampf spalteten das Land. Der amerikanische Vertreter, John Adams (1735-1826), beteiligte sich aktiv an den Debatten, während Benjamin Franklin (1706-1790) und Thomas Jefferson (1743-1826) in Frankreich wesentlich mehr Zurückhaltung übten. Die radikalen Patrioten in den Generalstaaten enthoben den Erbstatthalter 1786 seines Amtes und unternahmen erste Schritte zur Republikanisierung des Landes. Eine englische Seeblockade und preußische Truppen verhalfen dem Statthalter 1787 wieder ins Amt, ein von den Patrioten erhofftes Eingreifen Ludwigs XVI. unterblieb. Viele flohen allerdings nach Frankreich, griffen dann in die dortige Revolution mit ein, um schließlich 1795 im Zuge der Revolutionskriege in die nördlichen Niederlande zurückzukehren und einen zweiten Revolutionsanlauf zu nehmen. In den südlichen, den Österreichischen Niederlanden und Lüttich, war es die radikale Reformpolitik Kaiser Josephs II., die das gesamte Land in den Aufruhr trieb. Die Österreicher wurden im Herbst 1789 besiegt, sie mußten das Land verlassen, allerdings herrschte Uneinigkeit, was weiter geschehen solle. Die einen, unter der Führung von Jan Vonck (1743-1792), betrieben die Unabhängigkeit und orientierten sich an den Verfassungen der nordamerikanischen Staaten. 1790 wurden die unabhängigen „Vereinten belgischen Provinzen" gegründet. Die anderen, die sog. Statisten, riefen jedoch die Österreicher zurück und machten die Revolution rückgängig. In der Schweizerischen Eidgenossenschaft hatte es seit den 1765ern schon gegärt, Höhepunkt war der Aufstand 1782 in Genf gegen das Patriziat, der jedoch unter anderem mit Hilfe französischer Truppen erstickt wurde – was nicht verhinderte, daß mancher Revolutionär in Frankreich Zuflucht suchte und dort auf Sinnes- und Leidensgenossen aus den beiden Niederlanden traf. Frankreich befand sich folglich 1789 seit rund einem Jahrzehnt auf vielfache Weise in alle revolutionären Gärungen ständischer oder demokratischer Prägung verwickelt.

Zurück nach Frankreich selbst: Vom Sommer 1789 bis zum Herbst 1791 bewältigte die Nationalversammlung, nunmehr als Verfassunggebende Versammlung – Constituante – ein umfangreiches gesetzgeberisches Werk, mit dem viele Barrieren der Ständegesellschaft niedergerissen wurden [Ploetz]. Es wurden die Grundlagen einer bürgerlichen Gesellschaft, nicht aber die einer Gesellschaft der radikal Gleichen errichtet. Die tiefsten Einschnitte betrafen das Verhältnis von Gesellschaft, Kirche und Staat. Die Kirche besaß rund 10% des Grund und Bodens. Dieser wurde 1789 enteignet und als Nationalgüter zum Verkauf bzw. Versteigerung ausgeschrieben. Den größten Nutzen zogen daraus kapitalkräftige Bürger und Bauern, während Kleinbauern oft leer ausgingen. Dennoch konnten überhaupt zum ersten Mal seit Jahrhunderten Bauern wieder prozentual meßbar ihren Grundbesitz erweitern statt ihn nur zu verlieren. Der Klerus selbst wurde durch eine Zivilkonstitution auf das Staatswesen eidlich verpflichtet und vom Staat besoldet. Dieser Schritt spaltete den Klerus wie die Bevölkerung und führte zur Verurteilung der Revolution durch den Papst. Der Verkauf der Nationalgüter sollte außerdem der Schuldentilgung dienen; es wurde Papiergeld, die sog. Assignaten, gedruckt, das durch die Verkäufe gedeckt sein sollte. Alle Versuche, die aus dem Ancien Régime übernommene und durch die Finanzierung des Gesellschaftsumbaus verstärkte Finanzkrise zu lösen, schlugen fehl; die Druckerpresse wurde betätigt, bis die Assignaten durch die Inflation zu wertlosem Papier geworden waren. Bleibende Leistungen waren die neue Verwaltungsstruktur – Schaffung von Departements – und zahlreiche Gesetze aus den Bereichen Arbeit und Soziales, die z.T. bis Ende des 19. Jahrhunderts Bestand hatten. Die rechtliche Emanzipation der Juden [Badinter] zählt ebenso dazu wie die Einführung des Rechts auf Scheidung [Dessertine], das vor allem als Frauenrecht verstanden, aber bald wieder aufgehoben wurde. Indessen ging die Arbeit an einer neuen Verfassung voran; am 3. September 1791 wurde eine konstitutionelle Monarchie begründet. Die legislative Gewalt lag wie das Budgetrecht und die Entscheidung über Krieg und Frieden bei der Nationalversammlung, der König stand an der Spitze der Exekutive und verfügte über ein begrenztes Vetorecht. Faktisch war die politische Meinung im Land jedoch schon gespalten und z.T. weiter fortgeschritten. In den Reihen der Jakobiner war die Forderung nach der Errichtung einer Republik längst keine Chimäre mehr, und der Fluchtversuch der königlichen Familie im Juni 1791 tat ein übriges. Nicht nur wurde in diesem Zusammenhang eine Intervention der europäischen Monarchen befürchtet, auch die Monarchie als Staatsform schien entseelt zu sein. Die innerfranzösische Propaganda gegen Marie-Antoinette, die als Herz eines „österreichischen Komplotts" angesehen wurde [Hochedlinger], die Agitation der Emigranten vor allem im benachbarten Reich, Unklarheiten in bezug auf die wirklichen Absichten des Kaisers und des preußischen Königs schürten die Angst und stärkten die Position der radikalen Jakobiner. Die im Oktober 1791 zusammengetretene Legislative auf der Grundlage der Verfassung vom September währte nur ein knappes Jahr. Sie kaschierte kaum das faktische Machtvakuum und den Kampf der politischen Faktionen um die Vorherrschaft. In dieser Situation wurde im April 1792 der Krieg gegen Österreich erklärt; die einen wie der Girondist Jacques Pierre Brissot (1754-1793) glaubten, daß es dieser französischen Initialzündung bedürfe, um dem bei allen europäischen Völkern als manifest angesehenen Freiheitswillen zum Durchbruch zu verhelfen, die anderen erhofften sich davon ein schnelles Ende der Revolution im Land selbst. Dort überstürzten sich jedoch die Ereignisse; wieder einmal erhob sich das Volk von Paris, dessen revolutionäre Spitze von den kleinbürgerlichen Sansculotten [Soboul] gebildet wurde; am 10. August 1792 wurde die königliche Familie nach dem Sturm auf die Tuilerien gefangengenommen und in den Temple überführt. Es folgten die Septembermassaker, die das Ende der Legislative besiegelten. Noch im selben Monat wurde nach einem relativ liberalen Wahlrecht gewählt, am

21. September 1792 trat die „Convention", der Nationalkonvent, zusammen, in dessen Zeit die Ausrufung der Republik – 21. 9. = Jahr I –, die Terreur, die Hinrichtung Robespierres fielen, der aber bis 1795 tagte.
Schon der gesellschaftliche und politische Umbau, den die Nationalversammlung 1789 bis 91 ins Werk gesetzt hatte, war von einer politischen Akkulturation der Bevölkerung begleitet gewesen. In Bild, Schrift, Theater, Musik und Fest, in Versammlungen und Klubs, durch Symbole, Allegorien, aber auch Zwang, wurden die revolutionären Inhalte bis in den letzten Winkel des Landes getragen. Völlig einseitig war dieser Prozeß nicht, da die Politisierung breiter Bevölkerungsschichten schon Jahre vor der Revolution begonnen hatte [Schulze]. Im Jahr I der Republik steigerte sich die begonnene Entwicklung zur kulturellen Revolution [Bianchi]. Die von oben betriebene Entchristianisierung des Jahres II, die Einführung des Kults vom „Höchsten Wesen", der neue Kalender, die dekadische Zeiteinteilung und vieles mehr gehörten dazu; allerdings wurde zugleich der Höhepunkt der kulturellen Revolution überschritten, denn die Zeit ab 1794/1795 wurde durch die Suche nach einem „juste milieu" gekennzeichnet.
Obwohl aus der Sicht einer späteren Generation die Hinrichtung Ludwigs XVI. am 21. Januar 1793 als Vatermord interpretiert und als Trauma empfunden wurde, waren die Revolutionäre – nicht nur die radikalen Montagnards, die Bergpartei, um Robespierre – weit entfernt von einer solchen Haltung. Der Konvent vertrat eine revolutionäre Annexionspolitik und sah sich durchaus in der Rolle des bewaffneten Revolutionsmissionars. Im Innern stand das Land vor der Zerreißprobe; der staatlich gelenkte Terror unter Robespierre und dem Wohlfahrtskomitee setzte sich durch. Am

Das Gemälde zeigt **Napoleon** in Galauniform, der die Alpen am Großen Sankt Bernhard überquert. Unten links sind die Namen Bonaparte, Hannibal und Karl d.Gr. in Stein graviert dargestellt. Napoleon stellte sich zunehmend in eine Linie mit Karl d.Gr., verstand sich als Fortsetzer und Vollender eines von Karl d.Gr. begonnenen Werks, zugleich aber auch als der noch Größere von beiden.

Bild: Jacques-Louis David (1748-1825), Le Premier Consul franchissant les Alpes au col du Grand-Saint-Bernard, Ölgemälde, 1800/1801, Châteaux de Malmaison.

Literatur: R. Morrissey, L'empereur à la barbe fleurie. Charlemagne dans la mythologie et l'histoire de France, Paris 1997, Kap. VII.

27. Juli 1794 (Thermidor des Jahres II) erhob sich der Konvent gegen Robespierre, der schon tags darauf ohne Prozeß zusammen mit Louis Antoine Léon de Saint-Just (1767-1794) und anderen hingerichtet wurde. Dies war jedoch nicht das Ende der Revolution, auch nicht des Terrors, der in Südostfrankreich nun als „weißer Terror" gegen die Jakobiner fortgeführt wurde. Mehrere nicht zuletzt wirtschaftlich bedingte Aufstände und weiterhin zahllose Hinrichtungen machten 1795 zu einem blutigen Jahr. Die Suche nach dem Juste milieu äußerte sich am deutlichsten in der per Volksentscheid beschlossenen Direktorialverfassung, die bis 1799 in Kraft blieb.

In der Direktoriumszeit kündigte sich bereits das napoleonische Frankreich an. Nicht nur wegen des aufsteigenden militärischen Sterns Napoleon und der Tatsache, daß die erfolgreiche Kriegführung gegen Österreich, Preußen und England Frankreich zur stärksten kontinentalen Macht befördert hatte, sondern auch aufgrund der Verbürgerlichung der Gesellschaft und ihres Lebensstils. Die Exekutive blieb dennoch instabil, bis Napoleon am 9./10. November 1799 (18./19. Brumaire VIII) mit Hilfe eines Staatsstreiches die Macht übernahm. Schon am 15. Dezember wurde die vierte Verfassung seit Beginn der Revolution erlassen, die Konsulatsverfassung. Napoleon und seine beiden provisorischen Mitkonsuln Sieyès und Pierre-Roger Ducos (1747-1815) erklärten aus Anlaß der Verfassung die Revolution für beendet, betonten aber, daß an den Grundsätzen der Revolution festgehalten werde.

Weit mehr als je ein französischer König bestimmte Napoleon selbst die Innen- und Außenpolitik und führte zugleich noch seine Armeen selber. Das in der Revolution begründete Departement-System wurde reformiert und hatte in der napoleonischen Version bis in die 1980er Jahre Bestand. Der neu geschaffene Staatsrat besteht noch heute. Weiteres wie die Reform des Gerichtswesens, des Schul- und Ausbildungswesens, die Rechtskodifikationen – z.B. Zivilrecht im sog. Code Napoléon –, das Konkordat mit der katholischen Kirche, die Vereinbarung einer Art Verfassung mit der jüdischen Glaubensgemeinde, die Gründung der Bank von Frankreich und die Einführung einer neuen Währung, des Franc, der bis 1926 ungewöhnlich stabil blieb, und vieles mehr schlossen den 1787-89 begonnenen Umbau Frankreichs gewissermaßen im Sinn einer reformierten Revolution ab [Tulard].

Die Französische Revolution wirkte sich in Raum und Zeit von West nach Ost gestaffelt auf Europa aus. Der dichteste Kommunikationszusammenhang bestand mit dem Rheinland und dann weiteren deutschen Ländern, während in Osteuropa vor allem kleinere Gruppen Intellektueller die Revolution rezipierten. Von der Revolution am unmittelbarsten betroffen waren die beiden Niederlande, das Reich und Italien, wo es zur Gründung neuer Staatsgebilde – Republiken und Königtümer – kam. Hier reichte die gesellschaftliche Rezeption der Revolution am tiefsten, kam es zu einem Transfer der Revolutionskultur.

Neue Ordnungskonzepte. Die Epoche gewinnt ihren Umbruchscharakter nicht nur aus der Französischen Revolution samt ihren Auswirkungen, sondern auch aus der Entwicklung und Anwendung neuer Ordnungskonzepte. Diese sind in der Regel kein nur der Revolution zuzuschreibendes Ergebnis, sondern reichen weiter zurück. Zu den folgenreichsten Ordnungskonzepten zählt die „Ordnung der Geschlechter" [Honegger]. Die Frühe Neuzeit war durch die Präsenz

▷ S. 193 Geschlechtergeschichte: Normen und soziale Praxis

recht unterschiedlicher Geschlechterkonzepte gekennzeichnet gewesen. In der Aufklärung setzte sich nunmehr eine Art Modell durch, das auf zwei Denkpfeilern ruhte: aufgrund der inzwischen angehäuften medizinischen und anatomischen Kenntnisse wurden das weibliche und männliche Geschlecht als in der Tat zwei biologische Geschlechter angesehen. Über den Begriff von der Natur als Urgrund allen Seins und aller Sinnhaftigkeit wurden verschiedene kulturelle und soziale Funktionen an das biologische Geschlecht geknüpft. Daraus resultierten theoretisch sehr klare Trennungen weiblicher und männlicher Rollen, theoretisch sehr klare Definitionen von Weiblichkeit und Männlichkeit. Die Stringenz solcher Rollendefinitionen war in den einzelnen europäischen Ländern unterschiedlich. Sie war aber doch so einheitlich, daß sie praktisch überall zur Ausgrenzung homosexueller Männer aus dem Begriff von Männlichkeit führte und daß in den bürgerlichen Schichten das neue „Ideal" der Gattin und Mutter nachhaltige Verbreitung fand. In der Praxis konnte sich die neue Geschlechterordnung kaum überall durchsetzen, aber sie prägte das Bild, das die literaten Sozialgruppen von ihrer Gesellschaft zeichneten.

Das Prinzip der klaren Abgrenzung, das sich in der Geschlechterordnung zeigt, wurde zum beherrschenden Ordnungsprinzip. So auch in bezug auf „Nation", wo sich historische, kulturelle und politische Determinanten treffen. Wiederum bedeutet „Nation" keine Neuerscheinung der Umbruchsperiode, aber der Begriff und die Sache erfuhren eine Umdefinition. Politisch wurde Nation in Frankreich [Nora] mit dem souveränen Volk gleichgesetzt. Die Beiordnung des Herkules als Allegorie des Volks verweist auf die Vorstellung, daß die Politik eine rein männliche Domäne sei. Das „Feindbild" war die absolute Monarchie, zumeist als Despotie kritisiert, nicht die Nachbarnation oder andere Nationen. Im Gegenteil, die Gegnerschaft zur sog. Despotie gebar den Brüderlichkeitsbegriff, mit dem nicht nur die französische Bevölkerung zur Einheit aufgerufen wurde, sondern mit dem auch die Idee von der Verbrüderung der europäischen Nationen verbreitet wurde, die in der ersten Hälfte des 19. Jahrhunderts viele Anhänger auf sich vereinigen konnte. Dessen ungeachtet waren die auch im kulturell-historischen Sinn als Nationen bezeichneten Völker einem inneren Vereinheitlichungsprozeß ausgesetzt, der bei aller Brüderlichkeit die historisch-kulturellen Abgrenzungen nur verstärken konnte. Die Revolution beschleunigte den überall schon eingeschlagenen Weg zu nationaler Spezifik und fügte diesem Prozeß das Element feindlicher Abgrenzung hinzu. Die von Napoleon auf die Spitze getriebenen Hegemonialbestrebungen mochten zwar in der Logik des Ereignisstromes liegen, in den Frankreich geraten war, und insoweit zur Revolution dazugehören, aber sie hatten nur mehr wenig mit den Freiheitszielen und der Idee von der Volkssouveränität zu tun, die seit der Aufklärung in weiten Teilen Europas Fuß gefaßt hatten. Insbesondere die gerade erst im Stadium der literarischen Definition befindliche deutsche Nation [Burgdorf] konstituierte sich deshalb im Konflikt mit dem napoleonischen Frankreich. Sie konstituierte sich bis 1814 weniger gegen die mit der Gründung des Rheinbunds aufziehenden neoabsolutistischen Verhältnisse, die Napoleon im übrigen sehr förderte, als gegen Frankreich. Die „Verbrüderung" der Nation mit ihren Fürsten in den als solchen empfundenen Freiheitskriegen wich sehr schnell den neoabsolutistischen Fakten [Demel].

Neben Geschlechterordnung und Ordnung der Nationen zählt „Grenze" zu den zentralen Ordnungskonzepten [SCHMALE/STAUBER]. Die wenigsten Staaten der Frühen Neuzeit hatten lineare Außengrenzen gekannt. Die Grenzen zwischen Spanien und Frankreich, Frankreich und den südlichen Niederlanden, Deutschland und Frankreich usw. waren durch eine Gemengelage von Exklaven und Enklaven oder wechselnde Loyalitäten der Bevölkerung gekennzeichnet gewesen. Die Revolutionsepoche führte das Prinzip linearer Grenzen zwischen Staaten zum Sieg. Diese linearen politischen Grenzen, linear im geographischen Raum gedacht, wurden zugleich als die Grenzen der nationalen Kultur angesehen. Eine der treffendsten Beschreibungen des Phänomens stammt von Germaine de Staël (1766-1817) in ihrem Buch „Über Deutschland" von 1810. Ihren Übertritt über die Rheingrenze im Jahr 1803 beschrieb sie mit den Worten: „Die Rheingrenze ist feierlich; indem man sie überschreitet, fürchtet man das schreckliche Wort zu hören: jetzt bist du außerhalb Frankreichs. Vergeblich bemüht sich der Geist, mit Unparteilichkeit von dem Geburtslande zu urteilen, unsere Gefühle trennen sich nie davon; und ist man genötigt, es zu verlassen, so hat die Existenz ihre Wurzeln verloren, so fühlt man, daß man sich selbst fremd geworden ist... Man begegnet keinem, der uns von der Vergangenheit etwas sagen könnte, keinem, der imstande wäre, die Identität verlebter Tage mit den gegenwärtigen zu bezeugen..." [STAËL].

Neue Politische Grundlagen: Menschenrechte und Messianismus. Die Revolutionsepoche veränderte die Grundlagen der Politik. „Die einen reduzieren die Revolution auf die Revolution von 1789, die, so wird es gelernt, die Erklärung der Menschen- und Bürger-

Die revolutionäre Familie. In der Revolution wurden durchaus unterschiedliche Ideale der Geschlechterordnung entwickelt. Populär war z.B. der Topos der Zärtlichkeit, der die Familie in der Ikonographie zur Heiligen Familie machte. Das abgebildete Porträt der Familie Lecoq steht jedoch für den Mainstream der Geschlechterordnung: Die Mutter steht für Zärtlichkeit und Kindererziehung sowie Haushaltführung – der Diener, der die Suppe aufträgt, steht links hinter der Frau, ist ihr zugeordnet –, der Mann steht für den strengen aber guten Vater. Die politischen Symbole der Revolution wie Kokarde und Freiheitsmütze – am rechten oberen Bildrand in der Hand des Putto – sind dem Mann zugeordnet. Das Interieur ist bürgerlich. Das Bild vermittelt die Aufteilung der bürgerlichen Welt in die Privatsphäre einerseits und die öffentlich-politische andererseits. Die erstere bezeichnet das Aufgabenfeld der Frau, die zweite das des Mannes. Sitzhaltung der Frau, aufrechtes Stehen des Mannes symbolisieren das Unterordnungsverhältnis. Alle Versuche von Frauen, in der Revolution den Frauen eine politische Position zu erobern, wurden unterdrückt. Die Amazone Théroigne de Méricourt (1762-?) wurde letztendlich in eine Heilanstalt eingewiesen, die jakobinischen Frauenklubs aufgelöst, Olympe de Gouges (1748-1793), die die Déclaration des droits de l'homme et du citoyen von 1789 als Männerrechtserklärung kritisiert und 1791 eine Déclaration des droits de la femme et de la citoyenne dagegen gestellt hatte, wurde von den Revolutionären zurückgestoßen. Das in dem Gemälde dargestellte bürgerliche Ideal der Geschlechterordnung hatte in der Epoche des Directoire weitgehend Gültigkeit erlangt.

Bild: D. Doncre, Le juge. Pierre Lecoq et sa famille, Ölgemälde, 1791, Musée de la Révolution Française, Vizille, Inv.nr. MRF 1984-263.

Literatur: C. MARAND-FOUQUET, La femme au temps de la Révolution, Paris 1989.

rechte gebar. Die anderen reduzieren sie auf die Schreckensherrschaft und die Kriege. Freiheit heißt die eine Revolution – Blut die andere. Für die einen muß den Menschenrechten der Schein der unbefleckten Empfängnis bewahrt bleiben, die sich mit der „guten Revolution" von 1789 vereinbaren läßt, für die anderen nährt das Blut der Revolution die These, daß die Französische Revolution weniger die Mutter der neuzeitlichen Revolutionen denn die Mutter der neuzeitlichen Diktaturen sei. Wenn Reichardt [REICHARDT] seine Geschichte der Revolution als ‚Blut der Freiheit' betitelt, geht es ihm nicht um das Reißerische, wie bei oberflächlicher Aufmerksamkeit vermutet werden könnte, sondern um die Anerkennung einer zentralen Aporie, das heißt eines unauflöslichen Widerspruchs, der nicht nur die Französische Revolution, sondern die Entstehung der neuzeitlichen demokratischen Kultur betrifft. Ein aus der Bretagne stammender Nationalgardist schrieb sich am 11. August 1792 seinen Schmerz von der Seele: ‚Wir sind starr vor Erschöpfung – weniger deswegen, weil wir zwei Nächte unter Waffen verbracht haben, als wegen der Seelenschmerzen. [...] Himmel! Wieviel Blut und Tränen kostet den Franzosen die Freiheit!!' Die großen Redner wie Robespierre oder Georges Danton (1759-1794) formulierten diesen unauflöslichen Widerspruch der Revolution, die Aporie des Bluts der Freiheit, auch nicht besser, als der einfache Nationalgardist." [SCHMALE] Mit der Revolution wurde der Weg zur repräsentativen Demokratie in Europa aufgezeigt. Der englische „Parlamentarismus" der Frühen Neuzeit war kein wirklicher Wegbereiter dieser Entwicklung, während die Amerikanische Revolution Impulse aussendete, die allerdings ohne die Französische Revolution den europäischen Kontinent politisch wohl kaum verändert hätten. Mit dem Schritt von den Generalständen zur Nationalversammlung kraft eigenen Rechts ohne königliche Erlaubnis am 17. Juni 1789 wurde ein kühnes parlamentarisches Experiment in die Wege geleitet. Außenwirksamkeit erlangte dabei vor allem die Menschenrechtserklärung.

In der langen Geschichte der Grund- und Menschenrechte nimmt die französische Déclaration des droits de l'homme et du citoyen eine Sonderstellung ein. Ungeachtet der amerikanischen Erklärungen war es die französische Rechteerklärung, die innerhalb weniger Jahre nicht nur europa-, sondern weltweit, z.B. in Südamerika, rezipiert wurde [GODECHOT]. „Menschenrechte" stieg mit der Französischen Revolution zu einem der Schlüsselworte der internationalen Politik auf, obwohl Frankreich selbst weit davon entfernt war, die Déclaration im eigenen Land einzulösen. Vor der eigentlichen Verfassung verabschiedet, stellte die Rechteerklärung dennoch einen Teil der Verfassung dar. Beide zusammen sollten das Betriebssystem der künftigen Gesellschaft und des künftigen politischen Gemeinwesens darstellen. Hieraus entwickelte sich der Konstitutionalismus des 19. Jahrhunderts; das Prinzip der geschriebenen Staatsverfassung im Sinne eines Staatsgrundgesetzes und Quelle des nationalen Rechts setzte sich dank des revolutionären Experiments durch. In den meisten europäischen Ländern wurde bei der Suche nach Vorbildern auch auf die Déclaration von 1789 rekurriert, allerdings wurde die 1789-91 erarbeitete Kombination von Verfassung mit Menschenrechtserklärung, die Ineinssetzung beider, erst nach dem Zweiten Weltkrieg zum universalen Demokratiestandard.

Der materielle Gehalt der Grund- und Menschenrechte kann auf eine lange Rechtstradition und -entwicklung seit dem Mittelalter

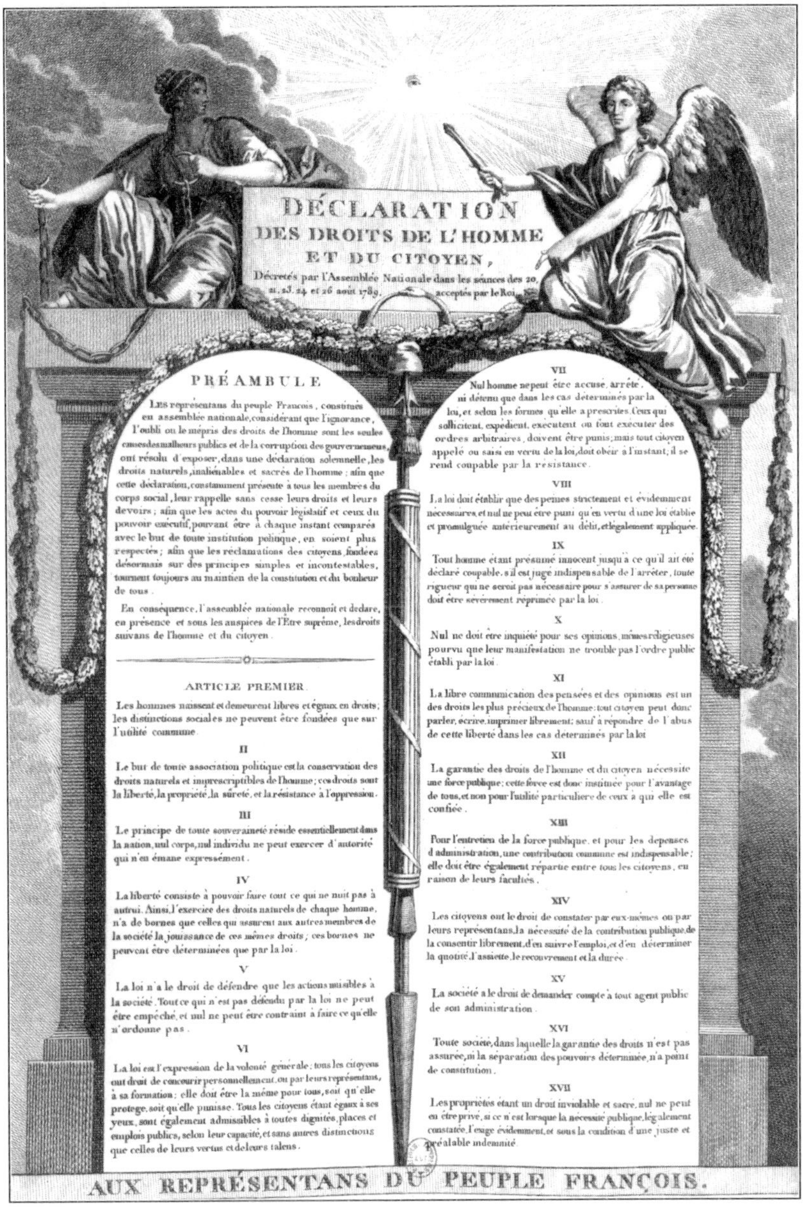

Das Flugblatt zeigt die **Erklärung der Menschen- und Bürgerrechte**. Zu sehen ist ein hoher Steinsockel, „auf dessen Vorderseite die Präambel und die 17 Artikel der Menschenrechtserklärung in Gestalt einer Gesetzestafel eingehauen sind (in anderen Darstellungen ist die Anspielung auf die Geschichte des Moses sehr deutlich herausgearbeitet). Am Fuß des Sockels findet sich die Inschrift ‚Aux Représentants Du Peuple Français', auf der Sockelplattform steht ein weiterer Steinblock mit der Inschrift ‚Déclaration des Droits de L'Homme Et Du Citoyen, Décrétés par l'Assemblée Nationale dans les séances des 20.21.23.24 et 26 aoûst 1789'. Links davon hockt die allegorische Figur des französischen Volks, das die gesprengte Kette, aber auch Krone und Königsmantel als Insignien des neuen Konsenses zwischen Volkssouveränität und Monarchie trägt, rechts von der Inschrift das geflügelte Gesetz, dessen linker Arm auf die Tafeln der Déclaration hinweist, während der rechte das Szepter auf das die Szene überstrahlende Auge des Être Suprême zeigt. Auch hier also Konsens zwischen naturrechtlich fundierter Déclaration und Être suprême, so wie es die Präambel will. Diese Darstellung spiegelt das Konsensbedürfnis des Augenblicks wider, so wie aus demselben Bedürfnis heraus ausgerechnet Ludwig XVI. in verschiedenen Bildvariationen als der Erretter Frankreichs erscheint."

Bild: Anonym, Déclaration des droits de l'homme et du citoyen, koloriertes Flugblatt, Spätsommer/Herbst 1789, Bibliothèque nationale de France.

Zitat und Literatur: W. Schmale, Das Naturrecht in Frankreich zwischen Prärevolution und Terreur, in: O. Dann/D. Klippel (Hrsg.), Naturrecht – Spätaufklärung – Revolution, Hamburg 1995, S. 17f.

zurückgeführt werden. Den Durchbruch zum zentralen politischen Prinzip, zum Gestaltprinzip für Staat und Gesellschaft, erzielte jedoch erst die Naturrechtsphilosophie der Aufklärung. Beide Wurzeln verweisen auf Rationalität in der Politik. Die Revolution legte aber gleichzeitig den Grundstock für durchaus irrationale Momente der Politik. Schon 1789 erschallte der Ruf nach dem Retter des Vaterlands, eine Rolle, in die sich selbst Ludwig XVI. für wenige glückliche Momente in der „guten Revolution" von 1789 katapultiert sah. Mit dem Aufstieg Napoleons begann die eigentliche Formung dessen, was schon im 19. Jahrhundert die Bezeichnung „Messianismus" erhielt. Zusammen mit den Bezeichnungen „Cäsarismus" und „Bonapartismus" gehört der Begriff zu den für die „Sattelzeit" typischen -ismus-Bildungen [Groh]. Auch das moderne Verständnis von „Führer" wurzelt in dieser Zeit. Messianismus bezeichnet eine kollektive Erwartungshaltung, die Erwartung eines Erretters und Führers. Das religiöse Herkommen des Messianismus wird dabei nicht geleugnet, sondern weltlich-politisch adaptiert. Die Französische Revolution zeichnete sich durch eine Übertragung der religiösen Ikonographie und Sprache auf politische Belange in Kombination mit einer Entchristianisierungspolitik aus [Schmale]. Phasenweise bestimmte dies die Politik in ihrer Totalität. Zunächst muß das als Ausdruck der Tatsache gewertet werden, daß die alten christlichen Legitimationsbasen des Ancien Régime weggebrochen waren, daß die Suche nach neuen Legitimationen mit gleicher Verbindlichkeit begonnen hatte. Zuerst wurde ganz abstrakt der Verfassung – „constitution"; „Konstitution" – die Funktion eines rational begründeten, aber religiös überhöhten „Retters" zugewiesen, dann ansatzweise einzelnen Personen wie

▷ S. 45f. Nach 1648: Verdichtung von Herrschaft

Eine Begleiterscheinung des aufkommenden **Messianismus** war der Topos des „neuen Menschen". Schon vor 1789 wurde eine „régénération" von Staat, Gesellschaft und Volk gefordert. In der ersten Republik während der Phase der Terreur übersteigerte sich diese Forderung bis hin zum Glauben, tatsächlich einen neuen, den republikanischen Menschen, schaffen zu können. Zusammen mit messianischen Gedanken fand sich später der „neue Mensch" in der sozialistischen Ideologie ebenso wieder wie im 20. Jahrhundert im Faschismus und Pétainismus.

Bild: Jacques-Louis Perée, Homme enfin satisfait (Die Erneuerung des Menschengeschlechts), Kupferstich, 1794, Bibliothèque nationale de France.

den „Märtyrern der Revolution" und letztendlich der einen Person, Napoleon Bonaparte.

Europa nach der Revolution. Der „Wiener Kongreß", der diplomatische Abschluß der Revolutionsepoche, hat ein zwiespältiges Echo hinterlassen: „In der Tat überbot er mit Liebesromanzen, Hintertreppenaffären und Schlafzimmerintrigen, mit seinem Klatsch, seinen rauschenden Festen, den Schulden der daran Beteiligten und den Ausgaben des österreichischen Staates, der dafür in fünf Monaten etwa zwanzig Millionen Gulden auf Kosten des Steuerzahlers aufbringen mußte, alles bisher Dagewesene. Mit zwei Kaisern, sechs Königen und einem guten Hundert von Fürsten und diplomatischen Vertretern zog eine Unmenge von adligen Schlachtenbummlern, von Händlern, Handwerkern, Bediensteten, Kurpfuschern, Glücksrittern und Kurtisanen in Wien ein; die Bevölkerung der Hauptstadt soll in jenen Monaten um ein Drittel gestiegen sein." [Weis] Dies war um 1815 ebenso europäische Realität wie die oben beschriebenen Veränderungen an den Grundlagen der modernen Politik. Während in Wien ein europäisches Gesellschaftsschauspiel ablief, wurde zugleich politisch auf dem Kongreß eine staatliche Neuordnung ins Werk gesetzt, die die Nationalisierung Europas beförderte. Vermutlich gab es keine Alternative. Nachdem sich das Reich 1803 bis 1806 aufgelöst hatte, war an eine Wiederherstellung dieses politischen Körpers, der einem Rousseau als Garant des europäischen Friedens gegolten hatte, nicht mehr zu denken. Der Dualismus Preußen-Österreich hatte sich schon Jahrzehnte zuvor entwickelt, ebenso wie das „dritte Deutschland" dazwischen. Auf dem Kongreß wurde getan, was in gewissem Sinn getan werden mußte: die großen Linien der Mächteordnung, die sich einschließlich des Aufstiegs Rußlands zur europäischen Macht seit der Mitte des 18. Jahrhunderts angekündigt hatten, wurden zu Ende gedacht. Bis zum deutsch-französischen Krieg, der die Ordnung von 1815 überwarf, wurde durch die Etablierung der Pentarchie – Österreich, Preußen, Rußland, England, Frankreich – ein relativ stabiles Staatsgefüge geschaffen, das Europa für einige Jahrzehnte mehr Frieden bescherte als es im 18. Jahrhundert, von der Revolutionsepoche ganz zu schweigen, erlebt hatte.

In den italienischen und deutschen Staaten begann eine Epoche der Reform und der Modernisierung, deren Prinzipien sich aus dem aufgeklärten Absolutismus, dem Josephinismus und der französischen Revolution ableiteten. In den meisten deutschen Staaten mit einigen, auch wichtigen Ausnahmen wie Preußen und Österreich, setzte sich das Prinzip des Konstitutionalismus durch. Die allgemein akzeptierte Bezeichnung „Restauration" für die Nachkongreßzeit leitet fehl. Sie suggeriert, ein demokratisches Europa sei schon 1815 in greifbarer Nähe gewesen, aber durch die Restauration verhindert worden. Die Demokratie war damals noch nicht in greifbarer Nähe.

▷ S. 46 f.
Nach 1648:
Verdichtung
von Herrschaft

Wolfgang Schmale

Literatur

R. Badinter, Libres et égaux... L'émancipation des Juifs 1789-1791, Paris 1989.
A. De Baecque, Le corps de l'histoire. Métaphores et politique (1770-1800), Paris 1993.
S. Bianchi, La révolution culturelle de l'an II. Élites et peuple 1789-1799, Paris 1982.

W. BURGDORF, Reichskonstitution und Nation. Verfassungsreformprojekte für das Heilige Römische Reich Deutscher Nation im politischen Schrifttum von 1648 bis 1806, Mainz 1998.

W. DEMEL, Vom aufgeklärten Reformstaat zum bürokratischen Staatsabsolutismus, München 1993.

D. DESSERTINE, Divorcer à Lyon sous la Révolution et l'Empire, Lyon 1981.

W. DOYLE, Origins of the French Revolution, Oxford, 2. Aufl. 1988.

J. GODECHOT, L'expansion de la déclaration des droits de l'homme de 1789 dans le monde, in: AHRF, 1978, 201-213.

D. GROH, Art. „Cäsarismus, Napoleonismus, Bonapartismus, Führer, Chef, Imperialismus, in: O. BRUNNER/W. CONZE/R. KOSELLECK (Hrsg.), Geschichtliche Grundbegriffe, Band 1, Stuttgart, unveränd. Nachdruck d. 4. Aufl., 1994, 726–771.

M. HOCHEDLINGER, „La cause de tous les maux de la France". Die 'Austrophobie' im revolutionären Frankreich und der Sturz des Königtums 1789-1792, in: Francia 24/2 (1997), 73-120.

C. HONEGGER, Die Ordnung der Geschlechter. Die Wissenschaften vom Menschen und das Weib, Frankfurt/M. ²1992.

L. HUNT (Hrsg.), Eroticism and the Body Politic, Baltimore, London 1991.

R. KOSELLECK, Einleitung, in: O. BRUNNER/W. CONZE/R. KOSELLECK (Hrsg.), Geschichtliche Grundbegriffe, XIII-XXVII.

C. MARAND-FOUQUET, La femme au temps de la Révolution, Paris 1989.

R. MORRISSEY, L'empereur à la barbe fleurie. Charlemagne dans la mythologie et l'histoire de France, Paris 1997.

P. NORA (Hrsg.), Les lieux de mémoire, Paris, 3 Bände, 1997, Abschnitt „La nation".

PLOETZ/R. REICHARDT (Hrsg.), Ploetz – Die Französische Revolution, Freiburg 1988.

R. REICHARDT, Das Blut der Freiheit. Französische Revolution und demokratische Kultur, Frankfurt/M. 1998.

T. SCHABERT, Der Mensch als Schöpfer der Welt. Formen und Phasen revolutionären Denkens in Frankreich 1762 bis 1794, München 1971.

W. SCHMALE, Besprechung von: R. Reichardt, Das Blut der Freiheit..., Frankfurt 1998, in: Frankfurter Rundschau, Nr. 31, 6. Februar 1999, 9.

DERS., Entchristianisierung, Revolution und Verfassung. Zur Mentalitätsgeschichte der Verfassung in Frankreich, 1715-1794, Berlin 1988.

DERS., Das Naturrecht in Frankreich zwischen Prärevolution und Terreur, in: O. DANN/D. KLIPPEL (Hrsg.), Naturrecht – Spätaufklärung – Revolution, Hamburg 1995, 5-22.

DERS./R. STAUBER (Hrsg.), Menschen und Grenzen in der Frühen Neuzeit, Berlin 1998.

W. SCHULZE (Hrsg.), Aufklärung, Politisierung und Revolution, Pfaffenweiler 1991.

A. SOBOUL, Mouvement populaire et gouvernement révolutionnaire en l'an II, 1793-1794, Paris 1973.

G. DE STAËL/M. BOSSE (Hrsg.), Über Deutschland: mit einem Register, Anmerkungen und einer Bilddokumentation, Frankfurt/M. 1992.

P. F. SUGAR, The Influence of the Enlightenment and the French Revolution in Eighteenth-Century Hungary, in: DERS., Nationality and Society in Habsburg and Ottoman Europe, Aldershot 1997, Beitrag I.

J. TULARD (Hrsg.), Dictionnaire Napoléon, Paris 1987.

E. WEIS, Propyläen Geschichte Europas Band 4: 1776-1847. Der Durchbruch des Bürgertums, Berlin, 2. Aufl. 1981.

Seit 1492: Begegnung der Kulturen

Zeittafel

1492/98 Rahmendaten: Christoph Kolumbus erreicht Amerika, Vasco da Gama Indien.
1493 Bulle „Inter ceterae" Papst Alexanders VI. zur Aufteilung der Welt.
1494 Vertrag von Tordesillas, teilt die Welt durch Linie im Atlantik.
1510 Portugiesen erobern Goa.
1511 Portugiesen erobern Malakka; Antón Montesinos' Adventspredigt.
1511/12 Portugiesen auf den Molukken.
1517 Portugiesen am chinesischen Kaiserhof.
1519-22 Erste Weltumseglung unter Fernando de Magellan und Sebastián del Cano.
1521 Eroberung von Tenochtitlan, der Hauptstadt des Aztekenreichs.
1529 Vertrag von Zaragoza, teilt die Welt durch Linie im Pazifik.
1533 Eroberung von Cuzco, der Hauptstadt des Inkareichs.
1537 Päpstliche Anerkennung der Menschenwürde und -rechte der amerikanischen Indianer.
1542 Gründung von Santiago de Chile; Karl V. erläßt die „Leyes Nuevas".
1552 Las Casas publiziert die „brevísima relación".
1557 Portugiesen in Macao; Francisco de Vitorias „De Indis recenter inventis et de iure belli Hispanorum in Barbaros Relectiones" zur Rechtmäßigkeit der spanischen Eroberung Amerikas, Zusammenfassung 1537-39 gehaltener Vorlesungen.
1563 Beginn britischer Piratenüberfälle auf spanische Schiffe und amerikanische Häfen.
1565 Beginn der spanischen Herrschaft auf den Philippinen.
1569 Portugiesischer Handel in Nagasaki.
1573 Alessandro Valignano als „Visitator des Ostens".
1583 Matteo Ricci in China.
1588 José de Acostas „De procuranda indorum salute", grundlegende missionstheoretische Schrift; Jesuiten beginnen Paraguay-Mission.
1595-97 Erste niederländische Handelsexpedition nach Asien.
1598 Rußland unterwirft das Khanat Sibir und kontrolliert damit weite Teile des nordöstlichen Asien.
1600/02 Gründung der englischen und der holländischen Ostindienkompanien (EIC und VOC).
1605 VOC vertreibt die Portugiesen von den Molukken.
1606 Roberto de Nobili beginnt Madurai-Mission.
1609 Rahmendatum: Hugo Grotius, De mare librum.

Europa erschließt sich Neue Welten. Am 12. Oktober 1492 sichteten Christoph Kolumbus (1451-1506) und seine Leute die kleine Insel Guanahaní in der Karibik, die sie San Salvador nannten [SCHMITT 2]. Sie hatten sie nicht gesucht, denn ihr eigentliches Ziel waren Asien und seine märchenhaften Reichtümer an Gewürzen und Gold. Kolumbus konnte bis zu seinem Tod nicht davon überzeugt werden, daß er auf eine in Europa unbekannte Welt gestoßen war. Der deutsche Kartograph Martin Waldseemüller (1470-ca. 1518/21) nannte sie später „Amerika" – dies zu Ehren des Florentiners Amerigo Vespucci (1451-1512), der als erster von den neuen Ländern als „mundus novus" gesprochen hatte. Im Gegensatz zu Amerika gehörten zumindest der Westen Asiens und der Norden Afrikas zusammen mit Europa zur Alten Welt, und deren drei Teile waren auf vielfältige Weise miteinander verbunden. In ökonomischer Hinsicht etwa fanden asiatische Gewürze oder afrikanisches Gold in Europa einen stets aufnahmebereiten Markt. Diese Waren liefen durch viele Hände, bis sie schließlich ihren Weg vom Produzenten zum europäischen Abnehmer gefunden hatten. Um den preistreibenden Zwischenhandel zu minimieren, bemühten sich europäische Kaufleute und politische Machthaber seit dem Spätmittelalter verstärkt darum, direkte Kontakte zu den Herkunftsgebieten zu suchen. Nach und nach erweiterte Europa seinen geographischen Gesichtskreis und erschloß sich Neue Welten, nicht nur 1492 in Amerika, sondern vorher und nachher auch in Asien und Afrika. Kulturen traten miteinander in Kontakt, die bis dahin keinerlei Kenntnis voneinander hatten, begegneten sich friedlich oder prallten konfliktreich aufeinander.

Zwei Entwicklungslinien und Motivationsstränge, die sich verbanden und verstärkten, brachten Europa dazu, die Grenzen seines Kulturkreises zu überschreiten. Sie wurzelten zum einen in der spätmittelalterlichen Binnengeschichte der iberischen Halbinsel, zum anderen in den Fernhandelstraditionen und -techniken der oberitalienischen Städte. Auf der iberischen Halbinsel war 1492, kurz bevor Kolumbus zu seiner Westfahrt aufbrach, mit der Eroberung Granadas die Reconquista zu Ende gegangen, die Jahrhunderte währende Rückeroberung des Landes von den Arabern. Sie hatte in politischer Hinsicht zwei rivalisierende dynamische Königreiche entstehen lassen: Portugal einerseits und Kastilien-Aragón, später Spanien genannt, andererseits. Beide waren vergleichsweise zentralistisch organisiert, durchschlagskräftig sowie ökonomisch interessiert und hatten den Katholizismus zur identitätsstiftenden, staatstragenden Doktrin gemacht. Gleichzeitig hatte die Reconquista Bevölkerungsgruppen hervorgebracht, in deren Mentalität sich Rittertum, Abenteuerlust und Wagemut mit Kreuzzugsideen paarten und deren Lebensziel im Streben nach Beute und Privilegien, nach Ruhm, Ehre und feudaler Stellung bestand.

Die oberitalienischen Kaufleute handelten traditionell mit asiatischen Waren, die sie in der Levante erwarben und in Europa vertrieben. Der Aufstieg des Osmanischen Reiches verteuerte diese Güter und ließ das Interesse an möglichst direkten Kontakten mit den Erzeugerregionen wachsen. Neuartiges Know-how auf handelstechnischem wie auf seefahrerischem Gebiet, das für diesen Schritt nötig war, hatten Venezianer wie Genuesen entwickelt. Kombiniert gewannen oberitalienische und iberische Expansionsmotive und -voraussetzungen die Durchschlagskraft, die binnen weniger Jahrzehnte zwei europäische Weltreiche hervorbrachte, und der Genuese Kolumbus, der sich in spanischen Diensten auf die Westfahrt nach Asien machte, personifizierte diese Allianz [Reinhard 1983; Schmitt 1].

Zunächst jedoch mußte die portugiesisch-kastilische Rivalität entschärft werden, die zwar den Beginn der Expansion produktiv stimulierte, ihren weiteren Verlauf dann aber durch Reibungsverluste hemmte [Diffie/Winius]. Mit päpstlicher Hilfe wurde die Welt in zwei Interessensphären geteilt. Der Heilige Stuhl als oberste christliche Autorität gewährte im Westen den Spaniern, im Osten den Portugiesen ein Monopol für Seefahrt, Handel und auch für Eroberung. Diese „Schenkung" war allerdings an Bedingungen geknüpft. Hauptaufgabe der Iberer sollte es sein, das Christentum zu verbreiten und die dafür nötigen Voraussetzungen zu schaffen. Die materiellen Vorteile und Gewinne waren als Belohnung für den Dienst an der geistlichen Sache gedacht [Rumeu de Armas; Delgado 1991].

Die Handelsgüter Asiens und die Edelmetalle Amerikas waren jedoch zu verlockend, als daß Spanien und Portugal den Zugriff darauf auf Dauer für sich hätten monopolisieren können. Die machtpolitischen und konfessionellen Auseinandersetzungen im Europa des 16. Jahrhunderts reduzierten weiter die Bereitschaft, päpstlich sanktionierte Interessensphären zu respektieren. Frankreich, England sowie besonders das protestantische Holland, das sich nach und nach militärisch aus dem spanisch-habsburgischen Herrschaftsverband löste und diesen Krieg auch nach Übersee trug, unterliefen oder durchbrachen auf vielfältige Weise die Ansprüche auf Exklusivität, die Spanien für seine Welt bis ins späte 18. Jahrhundert offiziell aufrechterhielt.

▷ S. 27 f.
Seit 1517:
Religion und
Politik

Entdeckungsreisen und spanisch-portugiesischen Weltteilungen

Fünf Jahre nachdem Bartolomeu Dias (ca. 1450-1500) die Südspitze Afrikas umsegelt und ein Jahr nachdem Kolumbus Amerika erreicht hatte, teilte der spanische Papst Alexander VI. 1493 in der Bulle „Inter ceterae" die Welt zwischen den iberischen Mächten auf. Portugal war mit dem Verlauf der Grenzziehung nicht einverstanden. 1494 wurde deshalb in Tordesillas eine Linie vereinbart, die der Neuen Welt näher lag und 370 Meilen westlich der Kapverdischen Inseln verlief. Damit fiel der Osten Südamerikas in die portugiesische Einflußsphäre. Die erste Weltumseglung, die Fernando de Magellan (ca. 1480-1521) und Sebastian del Cano (ca. 1476-1526) vollendeten, führte zur erneuten Interessenkollision Spaniens und Portugals in Südostasien. Im Vertrag von Zaragoza 1529 wurde deshalb auch eine Trennungslinie durch den Pazifik definiert, und zwar 297,5 Meilen östlich der Molukken.

Quelle: D. O'SULLIVAN, The Age of Discovery, London, New York, S. vi, vii

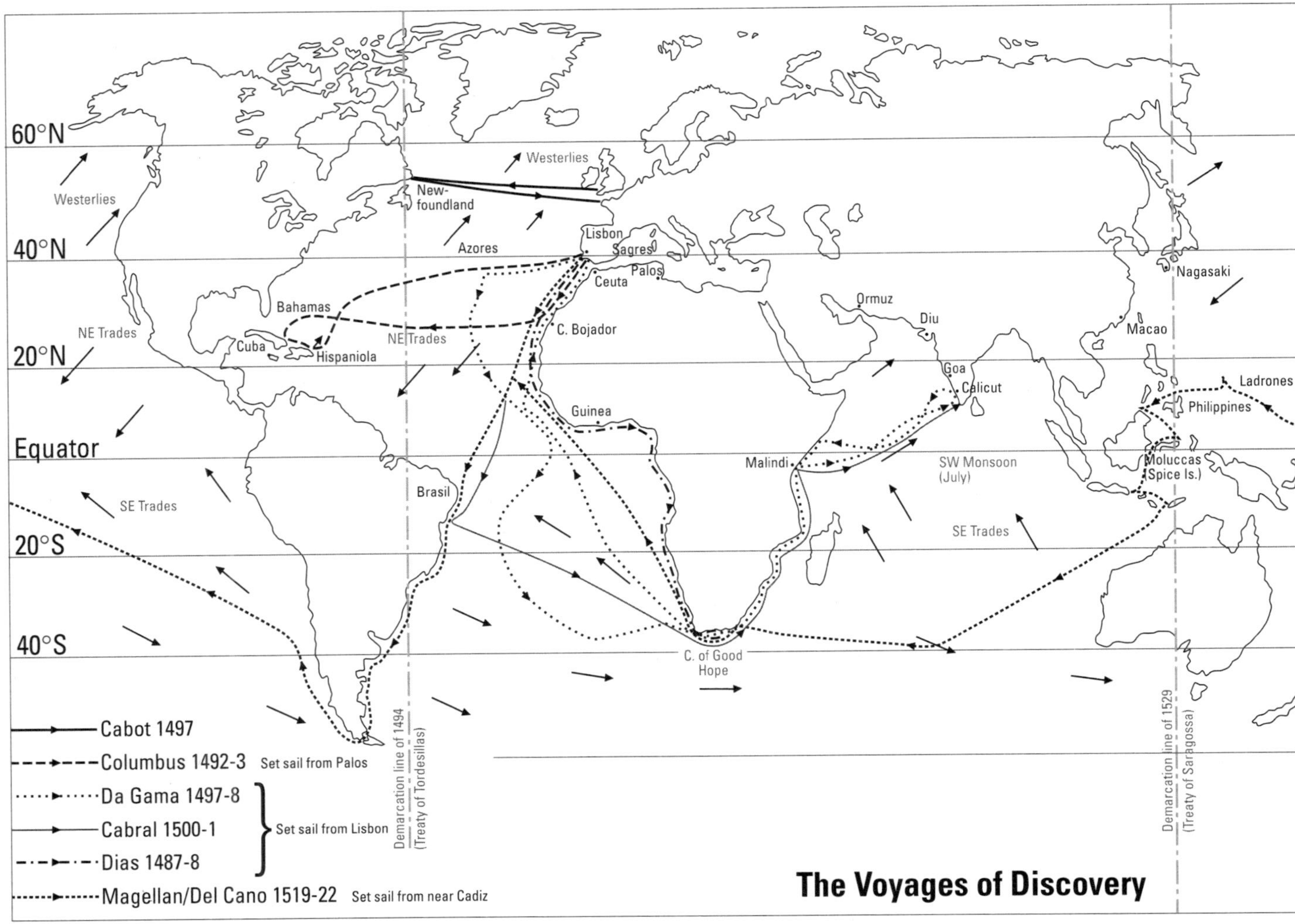

Um einen offenen Konflikt mit den zunächst noch überlegenen Iberern zu vermeiden, suchten nordwesteuropäische Entdecker eine alternative Route nach Indien hoch im Norden des Globus um Asien oder Amerika herum, also eine Nordost- oder eine Nordwestpassage – ein vergebliches Bemühen angesichts der klimatischen Bedingungen in diesen Regionen. Dort, wo Spanien und Portugal ihre Ansprüche nicht mit allen Mitteln verteidigen wollten oder konnten, fanden andere Nationen Entfaltungsmöglichkeiten, so Frankreich und England in der Nordhälfte des amerikanischen Kontinents. Im 16. Jahrhundert allerdings scheiterten noch alle Versuche, zwischen Florida und dem St. Lorenz-Strom Niederlassungen ins Leben zu rufen, an spanischen Gegenmaßnahmen, an Versorgungsproblemen oder am Klima. Risikoärmer und lohnender waren Schmuggel, Plünderungen und Piraterie [ANDREWS]. Verletzlicher als das spanische Kolonialreich war das portugiesische, und so wurde es denn auch durch niederländische Angriffe nach der spanisch-portugiesischen Personalunion von 1580 weitgehend zerschlagen. Schließlich bemühte man Juristen, um die Rechtmäßigkeit der Aufteilung der Welt unter den iberischen Mächten zu bestreiten und die eigenen Zugriffsversuche zu legitimieren.

▷ S. 87
Nach 1609: Freie Meere als Aktionsfeld

Die Kolonialreiche Spaniens und Portugals. In den Jahrzehnten nach 1492 und 1498, nachdem Vasco da Gama (ca. 1469-1524) einen Seeweg nach Indien erschlossen hatte, nahm die europäische Expansion in Amerika wie in Asien einen rasanten Verlauf. Bis zum Ende des 16. Jahrhunderts hatten die Portugiesen in Afrika und Asien und die Spanier in Mittel- und Südamerika Kolonialreiche von gewaltiger räumlicher Ausdehnung aufgebaut. Strukturell unterschieden sich beide Imperien jedoch grundlegend. Verantwortlich dafür waren nicht divergierende Interessen der jeweiligen Mutterländer, sondern die Bedingungen vor Ort [SCHMITT 3, 4; REINHARD 1983, 1985].

1510 eroberten die Portugiesen Goa und machten es zum Herzstück ihrer Asieninteressen. Schon ein Jahr später fiel mit Malakka die Handelsdrehscheibe zwischen Süd- und Ostasien in ihre Hände, und mit der Errichtung von Faktoreien und Forts, d.h. Handels- und Militärstützpunkten auf Ternate, Ambon und im Banda-Archipel etablierten sie sich im Zentrum der Gewürzinseln. Im Fernen Osten faßten sie 1557 in Macao und 1569 in Nagasaki Fuß [SUBRAHMANYAM]. Dieses rasche Vordringen hatte verschiedene Ursachen: Zwischen Ostafrika und Japan konnten sich die Portugiesen in ein gut entwickeltes und funktionierendes Seehandelssystem einklinken. Dank lokaler Rivalitäten und Machtkämpfe fanden sie asiatische Partner, die ihnen aus ökonomischem Eigeninteresse gestatteten, sich in ihrem Herrschaftsbereich niederzulassen. Erleichtert wurde dies durch die portugiesische Bereitschaft, sich in gegebene Rechts- und Machtverhältnisse zu fügen und auch einen Vasallenstatus zu akzeptieren. Unterlegenheit und Unterordnung wurden in China und Japan besonders deutlich. Wo es allerdings möglich und handelsstrategisch erforderlich war, schreckten die Portugiesen keineswegs vor dem Einsatz von Gewalt zurück, wie die Eroberung von Goa und Malakka zeigt oder auch das brutale Vorgehen gegen lokale Machthaber im Bereich der Gewürzinseln. Terror und unmenschliche Grausamkeit waren zudem die Mittel, mit denen sich die Portugiesen gegen die Konkurrenz etablierter – besonders muslimischer – seefahrender Händler durchsetzten. Beweglichere und besser bewaffnete Schiffe verhalfen ihnen besonders im Indischen Ozean zu einer dominierenden Position.

Das portugiesische Imperium in Asien war insgesamt nicht mehr als ein System handelspolitisch und strategisch zwar geschickt gewählter, geographisch aber weit auseinanderliegender Faktoreien und befestigter Stützpunkte, die die Seewege schützten und den Handel kontrollierten. Herrschaft über Territorien und Menschen wurde nur ansatzweise etwa in Goa oder auf Ceylon aufgebaut. Mehr war vor allem im Bereich der Hochkulturen Süd- und Ostasiens nicht möglich, und mehr war auch nicht erforderlich, weil diese Form des Handelsimperiums ausreichte, um die begehrten Waren zu beziehen und gewinnbringend auf europäischen und asiatischen Märkten abzusetzen.

Portugal organisierte sein Überseereich unter der Oberhoheit der Krone des Mutterlandes als Vizekönigtum mit Sitz in Goa. Die übrigen Niederlassungen unterstanden dieser Zentrale. Die Organisation des Handels lag in den Händen der „Casa da India“ in Lissabon. Vor allem der Kauf von Gewürzen in Asien und ihre Vermarktung in Europa wurden in Form von Kronmonopolen abgewickelt, sofern die Kapitaldecke das zuließ oder keine privaten Interessenten gefunden werden konnten. Letzteres gelang seit dem ausgehenden 16. Jahrhundert nicht mehr, da in erster Linie die Angriffe der Niederländer, aber auch Schmuggel und Bestechung unkalkulierbare Risiken mit sich brachten. Asiatische Kaufleute, die regionalen Handel betrieben, mußten sich von den Portugiesen Pässe ausstellen lassen und waren gezwungen, mit ihren Schiffen portugiesisch kontrollierte Häfen anzulaufen und ihre Waren dort zu verzollen. Dafür er-

Detailskizze

„Interkontinentale Handelswaren“. Unter den asiatischen Handelswaren stellte Pfeffer zunächst das ökonomisch interessanteste Gut dar. Er kam von der indischen Malabarküste, aus Sumatra und Java. Muskatnüsse und -blüten wurden im Banda-Archipel bezogen, und Nelken wuchsen zunächst nur auf Ternate und seinen Nachbarinseln. In Ceylon war Zimt heimisch, in Indien Ingwer und Kardamom. Dort erwarben die Portugiesen auch Farbstoffe wie blautönenden Indigo und Sappan- oder Brasilholz, das ein leuchtendes Rot lieferte. Baumwolltextilien wurden ebenfalls auf dem Subkontinent erstanden.

Einen Teil der Waren vertrieben die Portugiesen in Asien, und dieses später „country trade“ genannte Geschäft war eines der zentralen ökonomischen Standbeine der europäischen Handelsorganisationen.
Mit indischen Textilien etwa erstand man auf den Molukken Nelken oder Muskat, die in China zum Kauf von Porzellan oder Seide dienten. Seide wiederum wurde in Japan gegen Edelmetalle, besonders gegen Silber getauscht. Der andere Teil der Güter fand seinen Weg auf die Märkte Europas oder wurde von dort nach Afrika oder Amerika reexportiert.

Indische Textilien waren Zahlungsmittel beim Kauf afrikanischer Sklaven. Asiatische Güter begleiteten die gewerblichen Erzeugnisse und die Nahrungsmittel, die die Alte in die Neue Welt lieferte. Von dort stammte das Silber, mit dem die Europäer einen großen Teil ihrer Einkäufe in Asien tätigten. Doch auch Kakao, Tabak und Vanille wurden bereits im 16. Jahrhundert aus Amerika exportiert. Vieh, das aus der Alten Welt eingeführt worden war, lieferte Häute für das lederverarbeitende Gewerbe Europas. Indigosträucher wurden auch in Mittelamerika und Peru entdeckt, Brasilholz kam im Osten Südamerikas vor, was der Region ihren heutigen Namen gab. Campecheholz lieferte ein blaues Färbemittel, und aus der Scharlachschildlaus, die auf bestimmten Kakteen lebt, wurde Koschenille gewonnen, ein begehrter karminroter Farbstoff.

Amerikanisches Silber floß nicht nur nach Europa, sondern auch nach Asien, von wo im Gegenzug vor allem Seide, aber auch Porzellan oder Gewürze nach Amerika kamen. Damit waren bereits im 16. Jahrhundert die damals bekannten Kontinente mehr oder weniger eng miteinander verflochten.

Literatur: W. Reinhard, Geschichte der europäischen Expansion, Bd. 1: Die Alte Welt bis 1818, Stuttgart u.a. 1983, und Bd. 2: Die Neue Welt, Stuttgart u.a.1985

Detailskizze

Zahlen und Fakten zur Einwanderung nach Amerika im 16. Jahrhundert.

Bis 1600 emigrierten rund 243 000 Menschen aus allen sozialen Schichten in die spanischen Kolonien. Wer auswandern wollte, brauchte eine Lizenz der Krone. Konvertierte Juden, sog. Marranen, oder Mauren erhielten diese ebensowenig wie Zigeuner oder Ausländer. In ihrer Mehrzahl handelte es sich bei den Auswanderern um junge, unverheiratete Männer. Frauen emigrierten zunächst selten in die Neue Welt. Allmählich nahm ihr Anteil unter den Auswanderern jedoch zu und wuchs - vermutlich auch aufgrund offizieller Ermunterung - gegen Ende des Jahrhunderts auf mehr als ein Viertel. Für Brasilien liegen nur Zahlen zur Gesamtentwicklung der weißen Bevölkerung vor. Danach lebten 1549 3 000-4 000 Europäer in Portugiesisch-Amerika, 1584 25 000 und 1600 30 000, wobei natürlicher Zuwachs ebenso zu Buche schlug wie Einwanderung.

Die ersten schwarzafrikanischen Sklaven in der Neuen Welt hatten zuvor in Spanien gelebt oder waren sogar dort geboren. Als kulturell Hispanisierte galten sie den Indios als schwarze Weiße. Erst allmählich wurden Sklaven direkt aus Afrika nach Spanisch-Amerika verschleppt, was in Brasilien von Anfang an der Fall war. Dieses lukrative Geschäft lag in den Händen von Portugiesen, die es aufgrund ihrer alleinigen „Zugriffsrechte" auf Afrika bis ins 17. Jahrhundert monopolisierten. Im 16. Jahrhundert stammten die Sklaven vor allem aus Senegambien, aus Guinea und aus der Gegend um die Mündung des Kongo. Männer überwogen, vermutlich war nur etwa ein Drittel der Sklaven weiblich. Nach Curtin importierte Spanisch-Amerika im 16. Jahrhundert 75 000 afrikanische Sklaven, Brasilien zwischen 1551 und 1600 50 000.

Weiße wie schwarze Männer gingen Beziehungen mit indianischen Frauen ein, und auch zu europäisch-afrikanischen Verbindungen kam es. Die Nachkommen waren Mestizen und Mulatten. Die Interessen der Kolonialherren machten damit aus Amerika auch demographisch eine Neue Welt. Ein buntes Bevölkerungsgemisch entstand, das nach Hautfarbe und Nähe zur dominanten europäischen Kultur geschichtet war und bis heute ist.

Literatur: L. Bethell, The Cambridge History of Latin America, Vol. II: Colonial Latin America, Cambridge u.a. 1984; M. A. Burkholder/ L. L. Johnson, Colonial Latin America, New York, Oxford 2. Aufl. 1994; P. Curtin, The Atlantic Slave Trade, A Census, Madison 1969; H. Pietschmann (Hg.), Handbuch der Geschichte Lateinamerikas, Bd. 1: Mittel-, Südamerika und die Karibik bis 1760, Stuttgart 1994.

hielten sie Sicherheitsgarantien gegen Seeräuber oder rivalisierende Europäer, deren Verläßlichkeit aber zunehmend zweifelhaft wurde.

Nicht einmal ein Jahrhundert benötigten auch die Spanier, um auf den karibischen Inseln Fuß zu fassen, die altamerikanischen Reiche zu unterwerfen und bis in den Süden des Kontinents vorzudringen. Handelsgüter, die den asiatischen vergleichbar gewesen wären, fand man nirgends. Auch die Edelmetallschätze der Indios waren schnell geplündert; neuer Reichtum mußte der Erde mühevoll abgerungen werden, was ein anderes Konzept kolonialer Durchdringung erforderte. An die Stelle des portugiesischen Stützpunktsystems trat die Herrschaft über Land und Menschen. Nur auf diese Weise war es möglich, die mineralischen und pflanzlichen Rohstoffe zu erschließen, die den Reichtum der Neuen Welt ausmachten, und die indianische Bevölkerung zu zwingen, die dazu nötige Arbeit zu leisten.

Eine Handvoll Spanier nur setzte sich gegen Azteken und Inkas durch. Dies gelang, weil sie zu allem entschlossen waren, aber auch weil sie dank interner Rivalitäten einheimische Bundesgenossen fanden. Darüber hinaus verstanden sie es, die Vorteile, die sie hatten – Feuerwaffen, Pferde, Bluthunde –, psychologisch geschickt einzusetzen. Sehr rasch erkannten sie zudem Schwachstellen in der indianischen Welt, nutzten den tiefverwurzelten Glauben an Symbole, Vorzeichen und Prophezeiungen zu ihrem Vorteil, stilisierten sich als die „weißen Götter", die einst vertrieben worden waren und deren Rückkehr Aztekenherrscher Moctezuma nun befürchtete, zeigten sich stark und souverän und lähmten auf diese Weise den Gegner. Nicht die zahlenmäßige Schwäche der Spanier war letztlich entscheidend, sondern ihre Fähigkeit, die Kommunikation zu kontrollieren [TODOROV]. Zudem bahnten ihnen europäische Krankheiten den Weg, gegen die das Immunsystem der Indianer keine Abwehrkräfte besaß [CROSBY].

Der Eroberung folgte die koloniale Durchdringung [PIETSCHMANN]. Die Spanier beuteten den Boden und die Menschen Amerikas aus, die sie mit vielfältigen Formen des Zwangs in ihre Dienste preßten, bevor sich Lohnarbeitsverhältnisse durchsetzten. Auch wenn die Krone den feudalen Ambitionen der ersten Konquistadoren rasch einen Riegel vorschob und eine zentralisierte, von Behörden des Mutterlandes bürokratisch kontrollierte Verwaltung aufbaute, so lockte eine Lebensweise, die sozialen Aufstieg und materiellen Wohlstand ohne eigener Hände Arbeit versprach, doch viele Einwanderer aus den kargen spanischen Provinzen in die Neue Welt. Lateinamerika wurde auch Siedlungskolonie, ein weiterer wesentlicher Unterschied zu Asien. Immigration in die Neue Welt war aber nicht nur die freiwillige Suche nach besseren Lebenschancen. Besonders für die Arbeit auf den Plantagen der Küstenregionen Brasiliens und der karibischen Inseln, der die indianische Bevölkerung nicht gewachsen war, wurden schwarzafrikanische Sklaven über den Atlantik verschleppt [CURTIN].

▷ S. 97 Nach 1609: Freie Meere Aktionsfeld

▷ S. 454 Afrika: Die afrikanisch-europäische Begegnung

An der Spitze des spanisch-amerikanischen Kolonialreichs stand der König. Unter ihm kümmerten sich zwei Zentralbehörden um die amerikanischen Angelegenheiten: der Indienrat war für juristische und administrative Fragen zuständig, die „Casa de la Contratación" für handels- und wirtschaftspolitische. Auf der nächsten Ebene, der höchsten der Neuen Welt, leiteten Vizekönige und Gouverneure Rechtsprechung, Verwaltung, Finanzen und Militärwesen. Wie im portugiesischen Fall betrieb die Krone die einträglichsten Wirtschaftszweige – in erster Linie den Bergbau – als Monopol.

Lateinamerika hatte zwei Randzonen, in denen Bezugspunkte zu Asien bestanden. In Brasilien setzten sich die Portugiesen fest, wichen bald vom Stützpunktsystem ab, nutzten die natürlichen Ressourcen der Region und ließen seit Mitte des 16. Jahrhunderts auf Plantagen von Sklaven Zucker erzeugen. Diese Unterschiede zu ihrem Handelsreich in Asien unterstreichen die Gestaltungskraft der lokalen Gegebenheiten. Von Mexiko griff Spanien nach Asien aus und machte die Philippinen zu einer Art lateinasiatischem Ausläufer Südamerikas. Sibirien, das Rußland sich in einer kontinentalen Expansion aneignete, und die Philippinen sind die einzigen Fälle europäischer Territorialherrschaft im frühneuzeitlichen Asien. Das Fehlen sowohl von Hochkulturen wie von lukrativen Handelswaren unterschied die Philippinen deutlich von den Bereichen, in denen die Portugiesen tätig waren, und stellt sie strukturell an die Seite Amerikas.

Die Rolle von Kirche und Mission. Portugiesen wie Spanier stützten sich auf päpstliche Bullen, um Aufteilung und Monopolisierung der überseeischen Welt juristisch zu legitimieren. Als Gegenleistung verpflichteten sich beide Mächte zur Verbreitung des christlichen Glaubens in ihren Welthälften und zur Finanzierung des Apparats von Kirche und Mission. Diese Pflicht zur Evangelisation, so wurde später vor allem in Bezug auf Amerika argumentiert, war geradezu die Rechtsgrundlage der kolonialen Durchdringung [DELGADO 1991]. Geistliche und weltliche Macht verschränkten sich in den überseeischen Imperien Portugals und besonders Spaniens. Zu deren

Aufbau und Stabilisierung leisteten Kirche wie Mission einen wichtigen Beitrag. Sie gewannen Seelen für die katholische Religion und gleichzeitig Untertanen für den kolonialen Staat, die sie durch Erziehung und Verbreitung iberischer Werte an die neuen Machthaber banden.

So wie die lokalen Verhältnisse die Form bestimmt hatten, in denen Portugal und Spanien ihre Interessen realisieren konnten, so richteten sich auch die Evangelisationsstrategien nach den örtlichen Gegebenheiten. Der Jesuit José de Acosta (1540-1600), führender zeitgenössischer Missionstheoretiker seines Ordens, definierte im ausgehenden 16. Jahrhundert drei Stufen von Zivilisation, die er an ihrer Distanz zur europäischen Norm maß und die jeweils andere evangelisatorische Vorgehensweisen erforderten. Der Grad der Entwicklung staatlicher Organisation sowie der Besitz einer Schrift waren Acostas zentrale Unterscheidungskriterien. In seine oberste Kategorie fielen die asiatischen Hochkulturen, dann folgten die Reiche der Azteken und Inkas, die Schrift im europäischen Sinne nicht kannten, und den letzten Rang schließlich nahmen Naturvölker ein, die ohne Gesetz, Autorität und Verwaltung „nahezu wie Tiere" lebten. Doch auch bei ihnen bestritt Acosta nicht, daß sie vernunftbegabte, bekehrungsfähige menschliche Wesen seien, eine für seine spanischen Zeitgenossen keineswegs selbstverständliche Ansicht [SIEVERNICH].

Im Bereich der asiatischen Hochkulturen war die Mission auf sich selbst gestellt. Sie stützte ihre Evangelisationsbemühungen deshalb auf inkulturierende Strategien, die auf lokale Traditionen eingingen und das Christentum in den Lebenswelten der jeweiligen Gastgesellschaften heimisch machen wollten. Diese Form der Evangelisation wird auch Akkomodation genannt und verbindet sich im asiatischen Kontext vor allem mit den Namen der Jesuiten Alessandro Valignano (1539-1606), Matteo Ricci (1552-1610) und Roberto de Nobili (1577-1656) [SCHÜTTE; ROSS; BACHMANN]. Sie und ihre Nachfolger paßten sich in Kleidung und Alltagsverhalten den Gepflogenheiten ihrer Gastgesellschaften an, suchten den Dialog mit der geistigen Elite und bemühten sich, ein möglichst hohes Maß lokaler kultureller Traditionen mit christlichen Vorstellungen zu harmonisieren. Dazu gehörte auch, Kernbegriffe der christlichen Lehre mit Namen aus den einheimischen Sprachen zu belegen. Besonders dies stieß jedoch auf vehemente Kritik, und zwar nicht nur bei anderen Orden oder in der römischen Zentrale, sondern auch in den eigenen Reihen. Zu groß schien die Gefahr zu sein, daß diese Namen heidnische Vorstellungen transportierten und Götzenverehrung förderten. Dieser „Ritenstreit" endete 1742/44 mit dem päpstlichen Verbot der Akkomodationsmethoden in China und Indien [MUNGELLO; REINHARD 1976]. Im 20. Jahrhundert hob die Kirche diese Entscheidung wieder auf – eine späte Anerkennung der Bemühungen frühneuzeitlicher Jesuiten, die Grenzen des eigenen Kulturkreises weit zu überschreiten.

Von den Missionsbemühungen des 16. Jahrhunderts hatten im wesentlichen nur diejenigen dauerhaften Erfolg, die die Rückendeckung eines kolonialen Apparats besaßen. In Asien galt dies nur ausnahmsweise, in Brückenköpfen wie Goa etwa, vor allem aber auf den Philippinen. Dort wie in der eigentlichen Neuen Welt agierte Mission auch mit Gewaltmaßnahmen, wurden Tempel und Idole zerstört, Priester und Priesterinnen verfolgt, Menschen zwangsgetauft, die christliche Lehre mit Druck und Drohungen durchgesetzt.

Wo territoriale Herrschaft aufgebaut wurde, also in erster Linie in Amerika, hatten Kirche und Mission auch für die innere Bindung der Bevölkerung an die Kolonialmacht zu sorgen. Schwertmission erwies sich dabei als der falsche Weg, und die Mißhandlungen und die Ausbeutung, unter denen die amerikanischen Indianer zu leiden hatten, verhinderten eine wirkliche Evangelisierung ebenso wie eine Akzeptanz der neuen politischen Verhältnisse. Allmählich setzten sich daher auch in der Neuen Welt stärker inkulturierende Missionsmethoden durch, auch wenn es dort nirgends zu einer ähnlich weiten Anpassung an indigene Verhältnisse kam wie in den asiatischen Hochkulturen.

Sollten diese Evangelisierungstechniken überhaupt wirksam sein können, mußten die Indios zuallererst vor dem kolonialen Zugriff geschützt werden. Wortgewaltigster Fürsprecher der einheimischen Bevölkerung wurde der Dominikaner Bartolomé de Las Casas (1474-1566) [Delgado 1995-1997]. Tatsächlich konnte er bei der spanischen Krone mindestens auf formaler Ebene Verbesserungen erreichen, die in den „Leyes Nuevas", den Neuen Gesetzen, von 1542 gipfelten. Da sich unter den Spaniern in Südamerika ein Sturm der Entrüstung gegen sie erhob, mußten sie in wesentlichen Teilen wieder rückgängig gemacht werden, doch gerade im Bereich des Arbeitszwanges wurden Erleichterungen für die Indios wenig später erneut dekretiert.

Am Ende der Entwicklung, die mit den Protesten einzelner Ordensleute gegen die Behandlung der Indios durch die Spanier begann, stand die Trennung ihrer Lebenswelten. In der „República de Indios" sollten sich keine Spanier niederlassen dürfen, sollte die indigene Bevölkerung frei von deren Repres-

Bartolomé de Las Casas (1484-1566) wurde nicht als Verteidiger der Indianer geboren. Erst die Gewalttätigkeiten und Grausamkeiten seiner Landsleute machten ihn vom Täter, der selbst Verfügungsrechte über die Arbeitskraft von Indianern erhalten hatte, zum Mitglied des Dominikanerordens und zum scharfen Kritiker spanischer Unterdrückung.

Einen wichtigen Wendepunkt auf seinem Lebensweg mag der 4. Advent des Jahres 1511 markiert haben. Damals klagte der Dominikaner Antón Montesinos in Santo Domingo auf Hispaniola die Spanier in einer Predigt an, in ihrer unersättlichen Goldgier für das Sterben der Indianer verantwortlich zu sein. Für dieses Leben in Todsünde drohte er ihnen mit der Exkommunikation. „Wer hat euch Vollmacht gegeben, so verabscheuungswürdige Kriege gegen diese Menschen zu führen, die ruhig und friedlich ihre Heimat bewohnten, von denen ihr unzählige durch unerhörte Mord- und Gewalttaten ausgelöscht habt? Wie könnt ihr sie so unterdrücken und plagen, ohne ihnen zu essen zu geben, noch sie in ihren Krankheiten zu pflegen, die sie sich durch das Übermaß an Arbeit, die ihr ihnen auferlegt, zuziehen, und sie dahinsterben lassen, oder deutlicher gesagt, töten, nur um täglich Gold zu graben und zu erschachern? Was tut ihr, um sie zu lehren, daß sie Gott, ihren Schöpfer erkennen, getauft werden, Messe hören, Feiertage und Sonntage halten? Haben sie nicht vernunftbegabte Seelen? Seid ihr nicht verpflichtet, sie zu lieben wie euch selbst?" Las Casas war wohl Zeuge der Predigt, mindestens überlieferte er sie mit diesen Worten in seiner „Historia de las Indias".

Der Schutz der Indianer wurde zu Las Casas' Lebensziel. In seiner politischen Überzeugungsarbeit ebenso wie in seinen zahlreichen Schriften stellte er die Conquista als eine Geschichte der Leiden der amerikanischen Urbevölkerung dar. Er verfaßte Denkschriften, disputierte mit Gegnern, erarbeitete Reformpläne und alternative Missionsmethoden. Um stärkere Wirkung zu erzielen, schilderte er die Grausamkeiten gegenüber den Indios in allen ihren Details. Tatsächlich konnte er mindestens auf formaler Ebene Verbesserungen erreichen. Die Krone und ihre Beamten definierten „Rechtsgrundlagen" für ihre Herrschaft in Südamerika, schafften die Sklaverei für Indianer ab und befreiten sie mindestens auf dem Papier vom Arbeitszwang. Daß der Papst ausdrücklich Menschenwürde und -rechte der Indios anerkannte, war auch ein Verdienst der Arbeit Las Casas'.

Literatur: M. Delgado (Hg.), Bartolomé de Las Casas. Werkausgabe, 4 Bde., Paderborn u.a.1995-1997; E. Schmitt (Hg.), Dokumente zur Geschichte der europäischen Expansion. Bd. 3: Der Aufbau der Kolonialreiche, München 1986.

Roberto de Nobili (1577-1656) stammte aus einer hochrangigen italienischen Adelsfamilie. Sein Wirkungskreis war das südindische Madurai außerhalb des portugiesischen Einflußbereichs. Dort registrierte er bald das geringe Ansehen, das seine Ordensbrüder genossen. Sie hielten sich nicht an die Regeln des Kastenwesens, ließen sich von Parias bedienen, aßen Rindfleisch, tranken Alkohol und trugen Schuhe oder Kleidung aus Leder. Vor allem die gesellschaftliche Elite mied deshalb den Kontakt zu den Missionaren.

De Nobili erlernte die Sprache und machte sich ein Bild von Religion, Philosophie und Kultur seiner Gastgesellschaft. Schließlich entschied er sich, vermutlich nicht unbeeinflußt von Matteo Ricci (1552-1610), für eine neue Missionsmethode und paßte sich lokalen Normen und Lebensformen an, um Mitglieder der hohen Kasten überhaupt ansprechen und für eine Konversion gewinnen zu können. Er trug gelb-rote Gewänder, die Kleider gesellschaftlich respektierter Bettelmönche, legte die Brahmanenschnur mit einem kleinen kreuzförmigen Anhänger an, lief in hölzernen Sandalen, malte sich mit Sandelpaste ein rechteckiges Zeichen auf die Stirn, das ihn als Doktor und Wissenschaftler auswies, ließ auf seinem Kopf nur ein Haarbüschel wachsen und fand als „Raja" aus Italien Zugang zur zweithöchsten Kastengruppe. De Nobili ernährte sich vegetarisch, trank keinen Alkohol, fastete und badete häufig und ging Parias und europäischen Ausländern aus dem Weg. Er richtete sich nach den Spielregeln des Kastensystems und baute eine neue kleine Kirche im Brahmanenviertel von Madurai, die den Konvertiten aus niedrigen Kasten nicht offenstand. Diese Trennung verstand er ausschließlich räumlich. Auch in Europa, so verteidigte er sich gegen seine Kritiker, waren in der Kirche der Klerus vom Volk und die höheren Stände von den niedrigeren getrennt.

So wie Ricci die konfuzianische Ahnenverehrung nicht als geistliches, sondern als ziviles Ritual interpretiert hatte, so sah de Nobili Brahmanenschnur, Haarbüschel oder Sandelholzzeichen auf der Stirn als ausschließlich weltliche Attribute sozialer Stellung. In seiner religiösen Terminologie griff er auf indische Sprachen zurück. Für „Gott" wählte er zunächst den Namen „Xiuen" (Siva). Möglicherweise um nicht mit einer Sivaïten-Sekte verwechselt zu werden, entschied er sich aber später für das tamilische „saruuissuren" (sarvesuren). De Nobili konnte mit seiner Methode tatsächlich Angehörige der hohen Kasten erreichen. Etwa 600 soll er getauft haben.

Literatur: P.R. Bachmann, Roberto de Nobili 1577-1656. Ein missionsgeschichtlicher Beitrag zum christlichen Dialog mit dem Hinduismus (Bibliotheca Instituti Historici S.J. 32), Rom 1972; H. Gründer, Welteroberung und Christentum. Ein Handbuch zur Geschichte der Neuzeit, Gütersloh 1992.

sionen leben, was sich aber nur unvollständig realisieren ließ und Mißbrauch und Übergriffe keineswegs ausschloß. Besonders konsequent setzten die Reduktionen der Jesuiten [Reinhard 1976] diese Gedanken um: von Paraguay im Süden bis in den Nordwesten Mexikos gründeten sie an der Peripherie des spanischen Kolonialreichs autonome Indianergemeinden, die – mit Ausnahme der Missionare – „europäerfrei" waren. Die Jesuiten hofften, mit dieser Form von „Apartheid" die schädlichen Einflüsse der spanischen Zivilisation und ihrer Träger von den Indianern fernzuhalten und so deren Überleben unter christlicher Leitung und in Anknüpfung an indigene Traditionen sicherzustellen. Erneut wird hierbei aber auch die für die iberische Welt charakteristische Verflechtung geistlicher und weltlicher Interessen deutlich: Während die Reduktionen den Indianern einerseits Überlebenschancen boten, dienten diese Siedlungen gleichzeitig der Sicherung unruhiger Grenzen und waren eine Manifestation spanischen Herrschaftsanspruchs.

▷ S. 103
Seit 1609:
Freie Meere
Aktionsfeld

Formen und Folgen westlich-nichtwestlicher Kulturkontakte. Urs Bitterli [Bitterli 1986] definiert vier Grundtypen der kulturellen Begegnung zwischen europäischen und überseeischen Gesellschaften: Berührung, Zusammenstoß und Beziehung, aus der gelegentlich Verflechtung entstehen kann. Berührung und Beziehung assoziiert er besonders mit dem portugiesischen Handelsreich in Asien sowie mit der Mission, während ihm der Zusammenstoß als zentrales Charakteristikum der spanischen Conquista Mittel- und Südamerikas gilt.

Versucht man zu systematisieren, wie die Gesellschaften Afrikas, Asiens und Amerikas

Das Paulus-Motto aus dem 9. Kapitel des 1. Korintherbriefs, „allen alles zu werden, um auf alle Weise einige zu retten", wurde für die Jesuiten zur Leitlinie, die in der Akkomodationsmethode die einzige Möglichkeit sahen, das Evangelium in Asien zu verbreiten. Schon an ihrem äußeren Erscheinungsbild wurde sichtbar, daß sie einen anerkannten Platz in der lokalen Gesellschaft einnehmen wollten. In China präsentierte sich der Italiener Matteo Ricci (1552-1610) als konfuzianischer Gelehrter und versuchte, auf verschiedenen Wegen die Elite des Landes anzusprechen. Um zentrale Begriffe der christlichen Lehre nicht mit Fremdwörtern aus europäischen Sprachen benennen zu müssen, wählte er Termini aus dem Chinesischen. Die für den Konfuzianismus charakteristische Ahnenverehrung interpretierte er nicht als religiöse, sondern als bürgerlich-zivile Zeremonie, die einer Konversion nicht entgegenstand. Um intellektuelle Ebenbürtigkeit oder sogar Überlegenheit zu zeigen, Zugang zu Hof und Kaiser zu finden und so Interesse für religiöse Botschaften zu wecken, trat Ricci als Vermittler technischer und wissenschaftlicher Errungenschaften Europas auf. Gemeinsam mit dem Konvertiten, Gelehrten und Innenminister Paul Xu Guangqi (1562-1633) übersetzte er beispielsweise Euklids Elemente der Geometrie ins Chinesische.

Bedeutender Nachfolger Riccis wurde der gebürtige Kölner **Johann Adam Schall von Bell** (1592-1666). Durch eine Kalenderreform erwarb er sich solche Verdienste, daß ihn der Kaiser zum Mandarin erster Klasse und zum Direktor des Astronomischen Amtes ernannte, und in entsprechender Kleidung zeigt ihn die Abbildung. Da es zu den wichtigsten Verpflichtungen des Kaisers gehörte, die Einheit von Kosmos und Natur sicherzustellen, war exaktes Wissen über die Bewegung der Himmelskörper von zentraler Bedeutung. Schall bekleidete damit eine Schaltstelle am Kaiserhof, konstruierte astronomische Geräte, Uhren und Himmelsgloben, übersetzte – erneut mit Hilfe Xu Guangqis und anderer - europäische Fachliteratur und richtete eine Schule zur Himmelsbeobachtung ein. Ein entscheidender Durchbruch in missionarischer Hinsicht, nämlich die Taufe des Kaisers, gelang ihm jedoch nicht.

Die astronomischen, militärischen oder technischen Kenntnisse Schalls und anderer Jesuiten, so muß man konstatieren, waren geschätzt, ihre Kompetenzen als politische Berater oder Übersetzer wissenschaftlicher Bücher willkommen, doch als Prediger einer neuen Religion hatten sie langfristig keinen Erfolg. Zwar war die Zahl der Taufen nicht unerheblich, doch das chinesische Christentum erwies sich unter veränderten Rahmenbedingungen, zu denen besonders das Verbot der Akkomodation zählte, als nicht lebensfähig. Ein säkulares Erbe blieb jedoch bestehen: Westliche naturwissenschaftliche Methoden wurden rezipiert und hatten bis etwa 1800 beträchtlichen geistigen Einfluß.

Bild: Schall von Bell in der Kleidung eines chinesischen Beamten, Stich, aus: Athanasius Kircher, China monumentis qua sacris qua profanis ... aliarumque rerum memorabilium argumentis illustrata, Amsterdam 1649, Tafel 11.

Literatur: R. Malek (Ed.), „Western Learning" and Christianity in China. The Contribution and Impact of Johann Adam Schall von Bell, 2 vols., Monumenta Serica Monograph Series XXXV/1-2, Nettetal 1998; A.C. Ross, A Vision Betrayed. The Jesuits in Japan and China, 1542-1742, Maryknoll 1994.

mit der europäischen Herausforderung umgingen und welche Konsequenzen sich für sie daraus ergaben, dann läßt sich eine Skala von beträchtlicher Spannweite erstellen. Der weitaus größte Teil der überseeischen Welt allerdings und ganz besonders das Innere der Kontinente lag im 16. Jahrhundert außerhalb europäischer Reichweite. Marginal war – und das markiert den einen Endpunkt der Skala – die Bedeutung des Westens für Länder wie China oder Japan. Allenfalls in politischen oder soziokulturellen Krisensituationen zeigten diese sich punktuell für europäische Erkenntnisse aufgeschlossen, wobei sie bestimmten, in welchen Bereichen und in welchem Ausmaß das geschah. Stets diktierten die einheimischen Machthaber die Bedingungen, zu denen Kaufleute Handel treiben und Missionare die Botschaft des Christentums verkünden konnten.

▷ S. 89 Nach 1609: Freie Meere als Aktionsfeld

Größer war das Interesse zumindest am Handel mit Europa an den Küsten Afrikas und des indischen Subkontinents oder in der Inselwelt Südostasiens. Die Zusammenarbeit mit den Portugiesen brachte lokalen Machthabern militärische oder ökonomische Vorteile, meist ohne ihre politische Unabhängigkeit zu gefährden. Ganz allmählich lassen sich jedoch hier erste Ansätze einer informellen kolonialen Durchdringung beobachten, die auch ohne direkte Kontrolle ihre Ziele durchzusetzen vermochte [Osterhammel; Reinhard 1996].

Ausgeglichenere Kräfteverhältnisse herrschten an den Peripherien der iberischen Kolonialreiche, in der Inselwelt Südostasiens ebenso wie in den Randbereichen des spanisch-amerikanischen Imperiums. Dort konnten lokale Mächte den Europäern Niederlagen zufügen oder sich hartnäckig immer wieder gegen sie auflehnen, aber sie nicht dauerhaft aus der Region vertreiben.

Forschungsstimme

Urs Bitterli hat vier idealtypische Grundmuster interkultureller Begegnung definiert, die sich vor allem nach „Dauer" und „Gewalttätigkeit" unterscheiden.

„Unter Kulturberührung verstehen wir das in seiner Dauer begrenzte, erstmalig oder mit großen Unterbrechungen erfolgende Zusammentreffen einer Gruppe von Europäern mit Vertretern einer überseeischen Kultur... Fast immer standen diese Kulturberührungen im Zeichen freundlicher gegenseitiger Annäherung... Die Europäer haben sich zu Beginn der Kulturberührung in der Regel nicht aggressiv verhalten. Es läßt sich jedoch nicht leugnen, daß es Fälle gab, in denen ohne Not auf die Eingeborenen gefeuert oder gar mit einer derart entfesselten Gewalttätigkeit gegen sie vorgegangen wurde, daß sadistische Motivation vermutet werden muß." [Bitterli 1986, 17, 19, 20]

„Zu Kulturzusammenstößen kam es in allen Weltgegenden, wo der weiße Mann auftauchte... Ausschlaggebend für den Verlauf waren die geographische Situation und das Machtgefälle zwischen den Kulturen. Auf Inseln führte der Kulturzusammenstoß oft zur völligen Liquidation der Urbevölkerung, während er auf dem Festland, wo Fluchtwege offenblieben, den scheinbar milderen Charakter der Verdrängung gewann. Militärisch gut ausgerüstete Hochkulturen... konnten dem Kulturzusammenstoß ausweichen, ihn lokalisieren oder in der Form des 'kalten Krieges' einfrieren." [Bitterli 1986, 27, 28]

„Unter Kulturbeziehung... verstehen wir ein dauerndes Verhältnis wechselseitiger Kontakte auf der Basis eines machtpolitischen Gleichgewichts oder einer Patt-Situation. Bedingung einer Kulturbeziehung war das Spiel von Angebot und Nachfrage; ihre Träger waren auf europäischer Seite Händler und Missionare... Die Kulturbeziehung, wie der Missionar sie pflegte, [war] ein äußerst problematisches Unterfangen, was darin begründet lag, daß der Missionar... im Kern immer Exponent der europäischen Kultur blieb und letztlich von der materiellen Unterstützung kirchlicher Institutionen sowie der Kolonialadministration abhängig war." [Bitterli 1986, 42, 48, 49]

„Für die gemischten Kolonialgesellschaften, die im 19. und 20. Jahrhundert da und dort entstanden sind, müßte ein weiterer Typus, etwa derjenige der Kulturverflechtung, eingeführt werden." [Bitterli 1986, 16] Unter diesen Konstellationen beginnt ein „Akkulturationsprozeß", der „Elemente beider oder mehrerer Kulturen so sehr amalgamiert, daß eine eigenständige Mischkultur entsteht", für die eine „Vermischung der Rassen" ein „gewichtiges Indiz" ist. [Bitterli 1991, 167]

Der Aufbau formeller Kolonialherrschaft wurde immer wieder von Widerstand begleitet. In den Kernzonen war er zwar nicht erfolgreich, doch das Schwarz-Weiß-Bild von den einheimischen Opfern, die der Willkür kolonialer Täter wehrlos ausgeliefert gewesen seien, läßt sich nicht aufrechterhalten. Manche Bevölkerungsgruppen entdeckten durchaus Vorteile in einer Kooperation mit den Europäern. Da die vorkoloniale Zeit keineswegs frei von Gewalt und Unterdrückung war, fanden Spanier und Portugiesen immer wieder Verbündete. Von den ökonomischen Möglichkeiten, die Kontakte mit dem Westen boten, profitierten auch Einheimische. Für manche mag das Christentum plausiblere Antworten auf geistliche Probleme gegeben haben als vorkoloniale Glaubensvorstellungen. Westliches Wissen erwies sich nicht selten auch für einheimische Interessen als nützlich.

Zudem war es keineswegs so, daß die koloniale Situation der indigenen Bevölkerung jeden Handlungsspielraum nahm. Unter der Ebene des gewaltsamen Widerstands etablierten sich innerhalb des Systems der Fremdherrschaft eine Reihe von Formen kultureller Selbstbehauptung. Auf den Philippinen etwa war zwar die Kooperation mit der Kolonialmacht unvermeidlich, doch verstand es die Bevölkerung, den Katholizismus und andere Elemente europäischer Kultur vor allem in den Bereichen anzunehmen, in denen eine Inkulturation in die eigene Lebenswelt möglich war oder sogar vorteilhaft erschien [WENDT]. So läßt sich beobachten, daß die Filipinos in vielen Fällen althergebrachte Traditionen mit neuen Inhalten füllten oder neue kulturelle Praktiken für herkömmliche soziale Verhaltensweisen einsetzten. Bei katholischen Feierlichkeiten transportierten nun vorkoloniale Lieder, Epen oder Tänze christliche Botschaften. Paten, die bei Taufe, Hochzeit und vielen anderen Anlässen gewonnen wurden, halfen mit, den Fortbestand des traditionellen Patron-Klient-Systems zu sichern, und der christliche Festkalender wurde lokalen klimatischen Notwendigkeiten von Regen- und Trockenzeit angepaßt. Aus der Bibel ließ sich die Hoffnung auf eine gerechtere Welt ableiten, in der Reichtum, Macht und Status ohne Bedeutung waren, und der gequälte, geschundene Christus der Karwoche wurde zu einer Identifikationsfigur der benachteiligten Bevölkerung. Aus beiden Quellen speiste sich Widerstand sowohl gegen die Kolonialherren als auch später gegen die einheimische Elite [ILETO]. Auf diese Weise wurden nicht nur vorkoloniale Traditionen bewahrt, – mehr noch: es entstanden neue Formen, Weiterentwicklungen, Synkretismen, und aus Kontakt und Konflikt zwischen ursprünglich Eigenem und ursprünglich Fremdem entwickelte sich – wenn auch nicht ohne Schmerzen– eine neue Identität.

Am anderen Ende der Skala ist das Aussterben amerikanischer Völker zu beklagen, die dem Zusammenstoß mit den Europäern nichts entgegenzusetzen hatten. Versklavung, Arbeitszwang, Ausbeutung in Bergwerken und landwirtschaftlichen Betrieben, der Zusammenbruch gesellschaftlicher und familiärer Strukturen, die eigene Machtlosigkeit und die der Götter, an die man geglaubt hatte – all das trug zur Vernichtung zahlreicher indianischer Ethnien bei. Man nimmt heute an, daß 1492 zwischen 35 und 45 Millionen Menschen auf dem Gebiet des späteren Spanisch-Amerika lebten. Bis 1650 sank die Zahl der Indianer auf etwas mehr als 4 Millionen. Die Zahl der brasilianischen Urbevölkerung wird für 1500 auf knapp 2,5 Millionen geschätzt und für 1570 auf 800 000. Bei aller Unmenschlichkeit, die man Konquistadoren, Grundbesitzern und

Bergwerksbetreibern attestieren muß, läßt sich dieses massenhafte Sterben nicht allein auf Gewalt, Mord oder Krieg zurückführen, zumal die Spanier ein ökonomisch bestimmtes Interesse an der Arbeitskraft und nicht am Tod der Indianer hatten. Entscheidend für die demographische Katastrophe waren Krankheiten wie Pocken, Pest, Typhus, Malaria, Gelbfieber, Grippe, Masern, Mumps oder Diphterie, die Europäer und Afrikaner eingeschleppt hatten und gegen die das Immunsystem der Indianer wehrlos war [COOK/LOVELL].

Die Rückwirkungen auf Europa. Die Kontakte mit der überseeischen Welt bedeuteten für Europa weder Zerstörung noch Überformung. Tiefgreifende Veränderungen jedoch sind sehr wohl auszumachen. Zwischen 1500 und 1800 wurden schätzungsweise 85000-90000 Tonnen Edelmetall von Amerika nach Spanien verschifft, 80-85% der damaligen Weltproduktion. Es floß in den opulenten Schmuck von Kirchen, in staatliche Kassen und in private Taschen, vermehrte die Geldmenge, förderte besonders in Spanien die Inflation, landete letztlich aber zu einem erheblichen Teil in Italien und besonders in den Niederlanden, wo Spanien die überseeischen Reichtümer für seine kostspieligen Kriege ausgab und einen guten Teil der Waren bezog, die es für die Erschließung der Neuen Welt benötigte. Vom Gewürzgeschäft profitierten die Nordwesteuropäer gleichfalls in zunehmendem Maße. Zunächst entwickelte sich Antwerpen zum zentralen Umschlagplatz, und nach der Zerschlagung des portugiesischen Handelsreiches wurden die Niederländer zu den wichtigsten Importeuren.

▷ S. 159 Wirtschafts-/ Sozialgeschichte: Alte Themen, Neue Akzente

Die Nachfrage nach Gewürzen hatte den Prozeß der europäischen Expansion wesentlich beflügelt, und nachdem nun Direktkon-

Detailskizze

Aztekische Stimmen: die Kolonisierten beschreiben die Kolonisatoren. Der Franziskaner Bernardino de Sahagún (ca. 1500-1590) beherrschte Nahuatl, unterrichtete die Söhne aztekischer Adliger, ließ sie aus ihrer Lebenswelt berichten und sammelte ihre Erzählungen. Unmittelbarer und eindrücklicher sprechen die Kolonisierten nur selten zu uns.

In der mexikanischen Lebenswelt, in der Vorzeichen und Prophezeiungen bestimmten, wie Menschen planten, agierten und sich auf die Zukunft einstellten, kündigten ungewöhnliche, unheilvolle Omen wenige Jahre vor Ankunft der Spanier besondere Ereignisse an. Als dann tatsächlich Fremde an den Küsten Mexikos auftauchten, entsandte Aztekenherrscher Moctezuma sofort Boten, um Erkundigungen einzuziehen. Er fürchtete die Rückkehr von Fürst Quetzalcóatl. „Denn so war sein Wille gewesen, daß er wiederkommen wird, daß er herkommt, seinen Thron wieder einnehmen wird, weil er nach Osten gegangen war, als er fortzog."

Die Berichte der Boten über die Spanier erschütterten Moctezuma: „Sehr entsetzte es ihn, als er hörte, wie herabfällt ihr Befehl, das Feuergeschütz, wie er donnert der Schall, wenn er fällt, zum Ohnmächtigwerden, zum Taubwerden. Und wenn der Schuß fällt, wie eine Kugel aus seinem Bauch herauskommt, Feuer regnend, sehr stinkend, nach Schwefel stinkend, daß es einem den Kopf benimmt. ... Lauter Eisen ist ihre Kriegstracht, in Eisen kleiden sie sich, mit Eisen bedecken sie ihren Kopf, aus Eisen besteht ihr Schwert, aus Eisen ihr Bogen, aus Eisen ihr Schild, aus Eisen ihre Lanze. ... Und Moctezuma verzweifelte, er fürchtete sich, ängstigte sich, verzweifelte an der Zukunft der Stadt..."

Mit Erstaunen registriert wurde das beinahe pathologische Interesse der Spanier an Gold. „Sie schenkten den Spaniern Goldfahnen, Fahnen aus Quetzalfedern und goldene Halsketten. Nachdem sie ihnen das Geschenk überreicht hatten, wurde ihr Gesicht heiter, sie freuten sich sehr und waren vergnügt. Wie Affen hoben sie das Gold auf. Es war, als ob sie zufriedengestellt worden seien, als ob ihr Herz neu und erleichtert würde. Wirklich! Sie dürsten mächtig nach Gold, ihr Körper streckt sich, sie werden wie wild vor Hunger danach. Wie hungrige Schweine waren sie gierig nach Gold."

Literatur: M. DELGADO (Hg.), Gott in Lateinamerika. Texte aus fünf Jahrhunderten. Ein Lesebuch zur Geschichte, Düsseldorf 1991; E. SCHMITT (Hg.) Dokumente zur Geschichte der europäischen Expansion. Bd. 1: Die mittelalterlichen Ursprünge der europäischen Expansion, Bd. 2: Die großen Entdeckungen, Bd. 3: Der Aufbau der Kolonialreiche, Bd. 4: Wirtschaft und Handel, München 1984-1988.

Bartolomé de Las Casas wollte mit einer ungeschminkten, besonders pointierten und drastischen, gelegentlich auch überzeichneten Darstellung der alltäglichen Realität der Conquista und der Ausbeutung der Indios durch Schriften wie die „Brevísima relación de la destrucción de las Indias", der ganz kurze Bericht über die Zerstörung Westindiens, eine Änderung der spanischen Politik erzwingen. Hierin rief er den spanischen König dringend auf, Maßnahmen zum Schutz der Indios zu treffen, wenn er sein Seelenheil nicht aufs Spiel setzen wollte und die Zerstörung Amerikas nicht mit der Zerstörung Spaniens enden sollte.

Spaniens nordwesteuropäischen Gegnern lieferte er dadurch unfreiwillig Munition, mit der diese eine weitere Front im Kampf gegen den iberischen Gegner eröffneten: den Medienkrieg, den Krieg mit Flugschriften und Büchern. **„Leyenda negra"**, schwarze Legende, hat sich aus spanischer Sicht als Bezeichnung für diesen Propagandafeldzug etabliert. Las Casas' Darstellungen konnten als antispanische und antikatholische Kampfschrift instrumentalisiert werden und erschienen deshalb in England und besonders in den Niederlanden in zahlreichen Ausgaben, denen es vor allem darum ging, spanische Grausamkeiten anzuprangern. 1598 wurde in Frankfurt die erste lateinische Ausgabe publiziert, die mit 17 Kupferstichen illustriert war. Sie stammten aus der Werkstatt Theodor de Brys, eines protestantischen Glaubensflüchtlings aus Lüttich in den spanischen Niederlanden. Hier wurde nicht nur das gedruckte Wort zum Instrument der Propaganda, sondern auch das gedruckte Bild, wie die hier wiedergegebene Mordszene zeigt.

Bild: Werkstatt von Theodor de Bry, Ermordung von Indios durch Spanier, Stich, aus: Bartolomé de Las Casas, Narration regionum Indicarum per Hispanos quosdam devastatarum verissima, Frankfurt 1598.

Literatur: R. GARCIA CARCEL, La leyenda negra. Historia y opini, Ermordung von; M. DELGADO, (Hrsg.), Bartolomé de Las Casas. Werkausgabe, 4 Bde., Paderborn u.a. 1995-1997.

takte zu den Produktionsgebieten etabliert worden waren, stieg der Import im Laufe des 16. Jahrhunderts um das Doppelte. Da die Suche nach neuen ökonomisch attraktiven Nahrungs- und Genußmitteln zu den konstituierenden Komponenten der Expansion gehörte, spielte sie bei der westlichen Erkundung der überseeischen Welt stets eine wichtige Rolle. Zunehmende Asienkontakte und die fortschreitende Erschließung der Neuen Welt erweiterten die Palette dieser Handelsgüter erheblich. Daneben lernte man bislang unbekannte Feldfrüchte, Gemüse und Obstsorten kennen, die in Europa heimisch gemacht werden konnten. Importierte wie akklimatisierte Nahrungs- und Genußmittel bescherten Europa in den nächsten Jahrhunderten nicht nur neue Konsumgewohnheiten, sondern auch neue Lebensformen, den „five o'clock tea" etwa, die Zigarettenpause oder den Kommunikationsraum „Kaffeehaus" [VIOLA/MARGOLIS].

▷ S. 159 Wirtschafts-/ Sozialgeschichte: Alte Themen, Neue Akzente

Für das europäische Geistesleben gingen von der Erschließung der überseeischen Welt ebenfalls eine Reihe wichtiger Anstöße aus.

Das Wissen über die Welt, ihre geographische Gestalt, ihre naturräumliche Vielfalt, über die Menschen, Kulturen und Religionen der verschiedenen Erdteile nahm zu. Das bedeutete nicht, daß immer ein zutreffendes Bild gewonnen oder traditionelle Mythen entkräftet worden wären, im Gegenteil: auch neue Stereotypen oder Utopien entstanden, der Indianer als Kannibale etwa [PETER-RÖCHER] etwa, die bedrohenden Massen ameisenhafter Asiaten oder auch der edle Wilde.

Die von Missionaren begonnene Debatte um den Schutz der Indianer führte zur Definition von Kriterien, die die Rechtmäßigkeit der Conquista zu begründen suchten und dabei wesentlich zur Entstehung des modernen Völ-

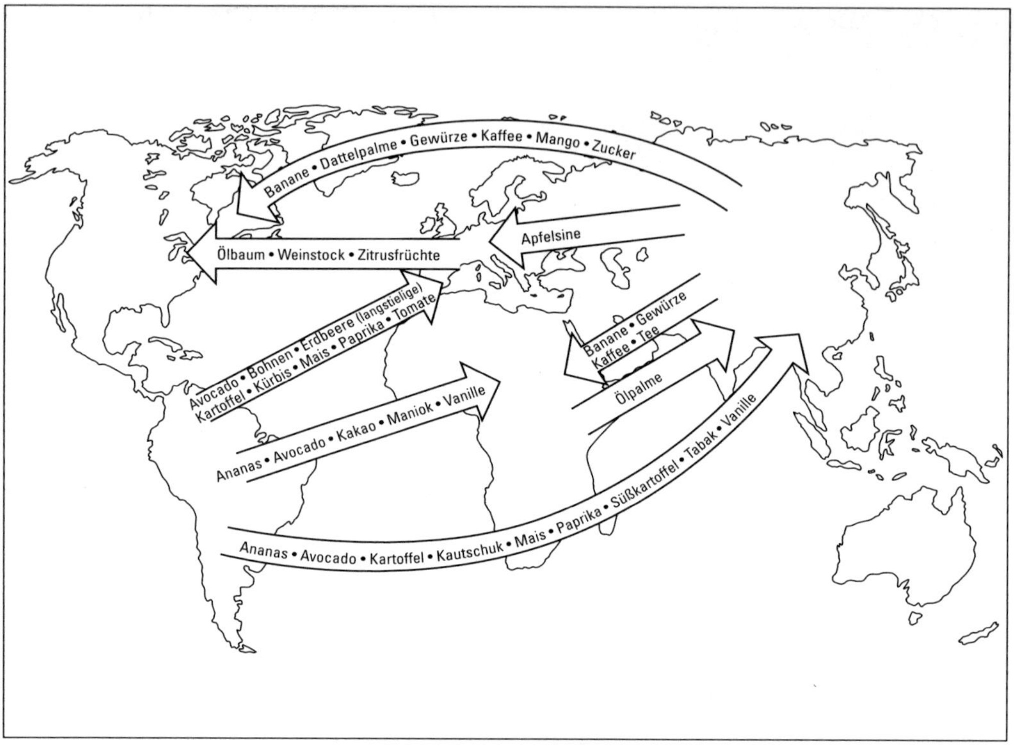

Interkontinentaler Pflanzenaustausch in der Frühen Neuzeit. Im Geschäft mit asiatischen Nahrungs- oder Genußmitteln waren europäische Kaufleute nicht nur am Direkthandel interessiert, um ihre Gewinnspannen zu vergrößern, sondern auch an der Eigenerzeugung, wenn es denn ihre technischen und naturräumlichen Möglichkeiten erlaubten. Mit Zuckerrohr taten dies die Venezianer schon im Spätmittelalter in der Levante, und seitdem begleitete Zucker als eine Art „Leitprodukt" viele Stadien der europäischen Expansion. Es gehörte deshalb wesentlich zur Erschließung der Neuen Welten, nach bislang unbekannten, ökonomisch attraktiven Nutzpflanzen ebenso zu suchen wie nach Möglichkeiten, diese in heimischen oder anderen vom Mutterland kontrollierten Regionen zu kultivieren.

Die Vernetzung der Kontinente führte zu einem erstaunlich raschen botanischen Austausch zwischen klimatisch verwandten Regionen unter kolonialer Kontrolle. Die folgenden Beispiele verdeutlichen das, eine größere – aber gleichfalls unvollständige – Auswahl zeigt die Karte. Kaffee etwa wurde von den Holländern aus dem Jemen geschmuggelt, auf Java und Ceylon kultiviert und dann nach Amerika gebracht, wohin auch Zucker, Bananen, Ingwer und später andere asiatische Gewürze mit den Europäern gelangten. Tabak, Ananas oder Kautschuk nahmen dagegen den umgekehrten Weg. Amerikanische Vanille gelangte nach Java und auf die Inseln des Indischen Ozeans, wo auch die Nelken und Muskatnüsse gediehen, die Franzosen von den Molukken entwendet hatten. Kakao als Plantagenprodukt und Maniok als Grundnahrungsmittel überquerten den Atlantik von der Neuen Welt Richtung Afrika, von wo wiederum die Ölpalme nach Südostasien gelangte. Eine Reihe überseeischer Feldfrüchte, Gemüsearten und Obstsorten konnte auch in Europa heimisch gemacht werden: Kartoffeln oder Mais etwa, Tomaten oder verschiedene Bohnensorten, Kürbisse oder der Apfel aus China, die Apfelsine (Citrus sinensis), die portugiesische Händler in Südostasien kennengelernt hatten.

Allerdings dauerte es in der Regel mindestens bis ins 18. Jahrhundert, bevor sich importierte wie akklimatisierte Ernährungsprodukte einen festen Platz in europäischen Nahrungsgewohnheiten erobern konnten. Gewürze machten Fleischgerichte bekömmlicher und abwechslungsreicher. Soziokulturelle und -ökonomische Veränderungen - Reformation, Aufklärung, Industrialisierung - begünstigten die Verbreitung der stimulierenden „Muntermacher" Kaffee, Tee und Kakao. Die Kalorien, die die Kartoffel lieferte, sicherten die Ernährung für eine wachsende Zahl von Menschen, die ihr Auskommen nicht mehr in der Landwirtschaft fanden. Die Gefahr von Hungerkrisen sank. Bevölkerungsvermehrung, Verbreitung der Kartoffel sowie gewerbliche und industrielle Entwicklung waren Prozesse, die parallel verliefen und sich gegenseitig bedingten.

Literatur: J. Schneider, Die neuen Getränke: Schokolade, Kaffee und Tee (16.-18. Jahrhundert), in: S. Cavaciocchi (Hg.), Prodotti e Technice d'Oltremare nelle Economie Europee, Prato 1998, 541-590; R. Wendt, Überseeische Ernährungsprodukte im frühneuzeitlichen Zentraleuropa, in: S. Cavaciocchi (Hg.), Prodotti e Technice d'Oltremare nelle Economie Europee, Prato 1998, 145-174.

kerrechts beitrugen [Fisch]. Eine zentrale Rolle spielte dabei Las Casas' Ordensbruder Francisco de Vitoria (ca. 1492-1546), der lediglich drei naturrechtliche Grundprinzipien gelten ließ, die die Spanier zur Herrschaftsausübung in der Neuen Welt berechtigten: Es mußte ihnen erlaubt sein, in den indianischen Gebieten frei leben, reisen und Handel treiben zu können. Zum zweiten durfte die Verkündung des Evangeliums nicht behindert werden. War beides nicht gegeben, konnten die Spanier ihre diesbezüglichen Rechte mit Hilfe der Eroberung durchsetzen. Drittens verstießen tyrannische, inhumane Regime gegen das Naturrecht und forderten zur Intervention heraus. Während den Spaniern das Naturrecht prinzipielle Handlungsfreiheit einräumte, konnten sie diese in ihrem Herrschaftsbereich anderen Nationen verweigern, da der päpstliche Missionsauftrag Verpflichtungen mit sich brachte und Kosten verursachte, die gedeckt werden mußten. Der Legitimationscharakter dieser Positionen sowie ihre geringen praktischen Folgen hinterlassen heute einen schalen Beigeschmack. Dennoch ist festzuhalten, daß spätere Kolonialmächte nicht einmal eine solche Diskussion für nötig hielten.

In Asien sahen sich die Europäer mit der Frage konfrontiert, wie indische Brahmanen hochstehende Moralvorstellungen ohne christliche Offenbarung erreichen konnten. Die Lehren des Konfuzius lösten später ähnliche Überlegungen aus. Bei der Beschäftigung mit chinesischer Geschichte entdeckte man, daß die dortigen Annalen zeitlich über die biblische Schöpfungsgeschichte hinausreichten, also die bislang fraglos für gültig gehaltene christliche Zeitrechnung und das damit zusammenhängende Weltbild ernsthaft in Frage stellten. Seit dieser Zeit blieb Asien nicht nur Objekt derjenigen, die dem Erdteil die Segnungen europäischer Religion und Zivilisation bringen wollten. Der Kontinent wurde auch zu einem Element der Beunruhigung, das geeignet war, allzu selbstgewisses europäisches Überlegenheitsgefühl zu erschüttern.

Reinhard Wendt

Literatur

K. R. Andrews, Trade, Plunder and Settlement. Maritim Enterprise and the Genesis of the British Empire 1480-1630, Cambridge 1984.

P. R. Bachmann, Roberto de Nobili 1577-1656. Ein missionsgeschichtlicher Beitrag zum christlichen Dialog mit dem Hinduismus (Bibliotheca Instituti Historici S.J. 32), Rom 1972.

L. Bethell, The Cambridge History of Latin America, Vol. II: Colonial Latin America, Cambridge u.a. 1984.

U. Bitterli, Alte Welt – neue Welt: Formen des europäisch-überseeischen Kulturkontakts vom 15. bis zum 18. Jahrhundert, München 1986.

Ders., Die ‚Wilden' und die ‚Zivilisierten'. Grundzüge einer Geistes- und Kulturgeschichte der europäisch-überseeischen Begegnung, 2. Aufl. München 1991.

M.A. Burkholder/L.L. Johnson, Colonial Latin America, New York, Oxford 2. Aufl. 1994.

N.D. Cook/W.G. Lovell (Hrsg.), Secret Judgements of God: Old World Disease in Colonial Spanish America, Norman 1991.

A.W. Crosby, Die Früchte des weißen Mannes: ökologischer Imperialismus 900-1900, Frankfurt/M. 1991.

P. Curtin, The Atlantic Slave Trade. A Census, Madison 1969.

M. Delgado (Hrsg.), Gott in Lateinamerika. Texte aus fünf Jahrhunderten. Ein Lesebuch zur Geschichte, Düsseldorf 1991.

DERS. (Hrsg.), Bartolomé de Las Casas. Werkausgabe, 4 Bde., Paderborn u.a. 1995-1997.
B.W. DIFFIE/G.D. WINIUS, Foundations of the Portuguese Empire 1415-1580. Europe and the World in the Age of Expansion I, Minneapolis 1977.
J. FISCH, Die europäische Expansion und das Völkerrecht, Stuttgart 1984.
R. GARCIA CARCEL, La leyenda negra. Historia y opinión, Madrid 1992.
H. GRÜNDER, Welteroberung und Christentum. Ein Handbuch zur Geschichte der Neuzeit, Gütersloh 1992.
R.C. ILETO, Pasyon and Revolution. Popular Movements in the Philippines, 1840-1910, Quezon City 1979.
R. MALEK (Hrsg.), „Western Learning" and Christianity in China. The Contribution and Impact of Johann Adam Schall von Bell, 2 Bde., Monumenta Serica Monograph Series XXXV/1-2, Nettetal 1998.
D.E. MUNGELLO (Hrsg.), The Chinese Rites Controversy. Its History and Meaning, Monumenta Serica Monograph Series XXXIII, Nettetal 1994.
J. OSTERHAMMEL, Kolonialismus: Geschichte, Formen, Folgen (Beck'sche Reihe 2002), München 1995.
H. PETER-RÖCHER, Mythos Menschenfresser: ein Blick in die Kochtöpfe der Kannibalen (Beck'sche Reihe 1262), München 1998.
H. PIETSCHMANN (Hrsg.), Handbuch der Geschichte Lateinamerikas, Bd. 1: Mittel-, Südamerika und die Karibik bis 1760, Stuttgart 1994.
W. REINHARD, Geschichte der europäischen Expansion, Bd. 1: Die alte Welt bis 1818, Stuttgart u.a. 1983 und Bd. 2: Die Neue Welt, Stuttgart u.a. 1985.
DERS., Kleine Geschichte des Kolonialismus, Stuttgart 1996.
DERS., Gelenkter Kulturwandel im siebzehnten Jahrhundert. Akkulturation in den Jesuitenmissionen als universalhistorisches Problem, in: HZ 223, 1976, 529-590.
A.C. ROSS, A Vision Betrayed. The Jesuits in Japan and China, 1542-1742, Maryknoll 1994.
A. RUMEU DE ARMAS, El Tratado de Tordesillas. Rivalidad hispanolusa por el dominio de océanos y continentes, Madrid 1992.
E. SCHMITT (Hrsg.), Dokumente zur Geschichte der europäischen Expansion. Bd. 1: Die mittelalterlichen Ursprünge der europäischen Expansion, Bd. 2: Die großen Entdeckungen, Bd. 3: Der Aufbau der Kolonialreiche, Bd. 4: Wirtschaft und Handel, München 1984-1988.
J. SCHNEIDER, Die neuen Getränke: Schokolade, Kaffee und Tee (16.-18. Jahrhundert), in: S. CAVACIOCCHI (Hrsg.), Prodotti e Technice d'Oltremare nelle Economie Europee, Prato 1998, 541-590.
J. F. SCHÜTTE, Valignanos Missionsgrundsätze für Japan, 2 Bde., Rom 1951-1958.
M. SIEVERNICH, Vision und Mission der Neuen Welt. Amerika bei José de Acosta, in: DERS./G. SWITEK, Ignatianisch: Eigenart und Methode der Gesellschaft Jesu, Freiburg 1990, 293-313.
S. SUBRAHMANYAM, The Portuguese Empire in Asia, London 1993.
T. TODOROV, Die Eroberung Amerikas: das Problem der Anderen (Edition Suhrkamp 1213), Frankfurt/M. 1992.
H.J. VIOLA/C. MARGOLIS (Hrsg.), Seeds of Change, Washington, London 1991.
R. WENDT, Fiesta Filipina: koloniale Kultur zwischen Imperialismus und neuer Identität, Freiburg i.Br. 1997.
DERS., Überseeische Ernährungsprodukte im frühneuzeitlichen Zentraleuropa, in: S. CAVACIOCCHI (Hrsg.), Prodotti e Technice d'Oltremare nelle Economie Europee, Prato 1998, 145-174.

Nach 1609: Freie Meere als Aktionsfeld

Zeittafel

1600	Gründung der englischen East India Company (EIC).
1602	Zusammenschluß von mehreren niederländischen Handelsgesellschaften zur Vereinigten Ostindischen Compagnie (VOC).
1607	An der Chesapeake Bay entsteht mit Jamestown die erste dauerhafte englische Ansiedlung in Nordamerika.
1608	Gründung der Siedlung Quebec in Neu-Frankreich, d.h. in Kanada.
1619	Batavia wird Zentrum des niederländischen Handelsreichs in Ostasien.
1621	Gründung der niederländischen Westindischen Compagnie (WIC).
1627	Beginn der englischen Kolonisation von Barbados.
1629	Die Massachusetts Bay Company erhält eine Charter für eine Kolonie in Nordamerika.
1630	Die Niederländer erobern den Norden Portugiesisch-Brasiliens.
1635	Frankreich nimmt die Karibikinseln Guadeloupe und Martinique in Besitz.
1639	Schließung Japans für Ausländer mit Ausnahme der chinesischen und niederländischen Kaufleute.
1641	Die Vereinigte Ostindische Compagnie erobert die portugiesische Festung Malakka.
1655	Eine von Oliver Cromwell (1599-1658) entsandte Flottenexpedition nimmt für England die spanische Karibikinsel Jamaika ein.
1664	Die Engländer erobern im zweiten englisch-niederländischen Krieg die nordamerikanische Kolonie Neu-Niederland, die in New York umbenannt wird.
1681	Der Quäker William Penn gründet in Nordamerika die Kolonie Pennsylvania.
1689-1713	Englisch-französische Kriege in Europa, Nordamerika, der Karibik und Asien.
1754-63	Im „French and Indian War" verliert Frankreich seine nordamerikanischen Kolonien.
1757-65	Beginn der britischen Expansion in Bengalen.

Mare Liberum. An der Wende vom 16. zum 17. Jahrhundert zeigte sich immer deutlicher, daß England, Frankreich und die Niederlande nicht mehr gewillt waren, die Monopolansprüche Spaniens und Portugals auf die überseeischen Gebiete hinzunehmen. Die maritime Vorherrschaft der beiden iberischen Mächte, die in Personalunion miteinander verbunden waren, wurde nun in Frage gestellt: praktisch durch Handels- und Kaperfahrten zu den spanischen und portugiesischen Kolonien, argumentativ durch die Propagierung des Grundsatzes der „freien Meere". Dabei ging es keineswegs um hehre völkerrechtliche Prinzipien, sondern um handfeste Interessen: 1604/5 hatte der Anwalt Hugo Grotius (1583-1645), der in Diensten der niederländischen Ostindienkompanie stand, das Recht der Gesellschaft, portugiesische Schiffe im Indischen Ozean als Prisen, d.h. als Feindesgut in Kriegszeiten, aufzubringen, in einem Gutachten bekräftigt. Als die Niederlande 1609 mit Spanien über einen Waffenstillstand verhandelten, wurde ein Kapitel aus Grotius' Schrift als „Mare Liberum" zur propagandistischen Untermauerung der niederländischen Ansprüche publiziert.

▷ S. 69ff. Seit 1492: Begegnung der Kulturen

Tatsächlich erkannte Spanien 1609 ausgerechnet gegenüber seinen abtrünnigen niederländischen Provinzen erstmals das Prinzip des freien Handels mit überseeischen Gebieten, die nicht unter seiner Kontrolle standen, vertraglich an. Die Niederländer verpflichteten sich im Gegenzug, das Exklusivrecht Spaniens auf den Handel mit seinen Kolonien in Amerika und den Philippinen zu respektieren. An diesem Monopolanspruch auf den Handel seines Kolonialreichs hielt Spanien das ganze 17. und 18. Jahrhundert lang unerschütterlich fest [FISCH].

Daß die Niederländer dennoch dem Kriegsgegner Spanien ein so erhebliches Zugeständnis abringen konnten, ist wohl in erster Linie als Eingeständnis der spanischen Krone zu sehen, daß die Dynamik der niederländischen Expansion nicht durch das Beharren auf eigenen Ansprüchen aufzuhalten war. Der Aufstieg der nördlichen Niederlande zur führenden See- und Handelsmacht hatte sich seit etwa 1590 sehr rasch vollzogen. Entscheidende Voraussetzungen dafür waren der Niedergang der Handelsmetropole Antwerpen im niederländisch-spanischen Krieg und der durch den Krieg ausgelöste Zustrom von Flüchtlingen aus den südlichen Niederlanden. Die holländischen Kaufleute profitierten von den Erfahrungen, die sie bereits im 16. Jahrhundert im Transport von Massengütern wie Getreide, Fisch und Salz gesammelt hatten, sowie von dem Kapital und dem Know-how aus dem Süden. Binnen weniger Jahre nahmen sie im Handel mit hochwertigen Gütern, den sog. rich trades, von der iberischen Halbinsel, aus dem Mittelmeerraum, Rußland, Westafrika, der Karibik und Ostindien eine zentrale Position ein. Die Kaufleute, die in diese rich trades investierten, vermochten nicht nur hohe Gewinnspannen zu realisieren, sondern sie gaben mit den Gewürzen, Seidenstoffen, Edelmetallen und Genußmitteln, die sie importierten, auch Impulse für die gewerbliche und kulturelle Blüte der Niederlande im 17. Jahrhundert. Weitere wichtige Faktoren waren Fortschritte auf den Gebieten des Schiffbaus und der Militärtechnik sowie die Entstehung eines leistungsfähigen Kapitalmarkts in Amsterdam [ISRAEL; PARKER].

▷ S. 27 f. Nach 1517: Religion und Politik

Die Praxis der europäischen Expansion nach 1600 sollte allerdings bald zeigen, daß der Grundsatz der freien Meere nur so lange galt, bis die eigenen Handelsprivilegien und Herrschaftsrechte gesichert waren. Die neuen Seemächte des 17. Jahrhunderts arbeiteten nicht weniger entschlossen als Spanien und Portugal an der Schaffung eigener geschlossener Handels- und Herrschaftsräume. Damit wurden die Ozeane wieder zum „Mare clausum", so der Titel einer Erwiderung auf Grotius [REINHARD 1983].

Die historische Forschung zur europäischen Expansion im 17. und 18. Jahrhundert läßt mehrere Schwerpunkte erkennen. Erstens fanden die Aktivitäten der europäischen Ostindienkompanien und ihr Einfluß auf Wirtschaft und Gesellschaft Asiens starke Beachtung. Dabei wurde die zunächst dominierende wirtschaftshistorische Perspektive durch kultur- und mentalitätsgeschichtliche Fragestellungen und Methoden erweitert: der Fernhandel beeinflußte nicht nur kulturelle Systeme, sondern die Organisation des Handels spiegelt selbst kulturelle Praktiken wider [CHAUDHURI]. Zweitens wurden die kolonialen Aktivitäten im nordatlantischen Raum intensiv erforscht. Die Beobachtung eines sich im 17. und 18. Jahrhundert verdichtenden Austausches von Menschen, Gütern und Informationen zwischen Europa, Afrika und Amerika hat im Konzept einer „atlantischen Geschichte" ihren Niederschlag gefunden [BAILYN; CURTIN]. Drittens wurden die globalen Dimensionen wirtschaftlicher und kultureller Wandlungsprozesse – die Vorstufen des modernen Welthandels, der damit verbundene Wandel von Konsumgewohnheiten oder das Phänomen einer universalen christlichen Mission – thematisiert [BRAUDEL; ISRAEL; GRÜNDER]. Angesichts der Vielschichtigkeit der empirischen Befunde haben zeitweilig populäre Weltsystemtheorien in den letzten Jahren allerdings an Attraktivität verloren.

▷ S. 307 ff. Schlüsselbegriffe und Konzepte: Globalisieru

▷ S. 452 Afrika: Die afrikanisch-europäische Begegnung

Rivalisierende Handelskompanien im Indischen Ozean. Wichtigste Trägerin der europäischen Expansion im asiatischen Raum war nach 1600 die privilegierte Handelskompanie, deren früheste und erfolgreichste Vertreter die englische East India Company (EIC, 1600) und die aus dem Zusammenschluß mehrerer „Vorkompanien" hervorgegangene Vereinigte Ostindische Compagnie in den Niederlanden (VOC, 1602) darstellen. In beiden Kompanien setzte sich nach einiger Zeit das Prinzip der permanenten, nicht personengebundenen Kapitalbasis durch, d.h. der Anleger konnte seine Einlage bei der Kompanie nicht mehr kündigen, aber seine Anteile an der Börse verkaufen oder dort neue Anteile erwerben [Steensgaard]. Damit wurden die Ostindienkompanien zu Vorläufern der modernen Aktiengesellschaft, waren aber enger an den Staat gebunden: so hatte die VOC von den niederländischen Generalstaaten nicht nur ein Handelsmonopol für Asien erhalten, sondern war auch berechtigt, in Übersee Festungen zu bauen, Truppen zu unterhalten, Krieg zu führen und Verträge abzuschließen. Dafür behielten die Generalstaaten eine Art Oberaufsicht über die Gesellschaft. Die Leitung der VOC war oligarchisch: die Geschäftspolitik wurde von einem 60-köpfigen Direktorium bestimmt, aus dessen Mitte auch das oberste Leitungsgremium, die „Heren XVII", ausgewählt wurde. Der größte Teil des Gesellschaftskapitals (6,5 Mio. Gulden) kam aus Amsterdam [Gaastra; Reinhard 1983].

Niels Steensgaard hat für das frühe 17. Jahrhundert, in dem die Ostindienkompanien die Vorherrschaft im europäischen Asienhandel erlangten, von einer „Handelsrevolution" gesprochen: die Anzahl der Schiffe, die zwischen Europa und Asien verkehrten, stieg sprunghaft an, während der Karawanenhandel, über den im 16. Jahrhundert ein Großteil der asiatischen Gewürze für Europa vom Roten Meer bzw. dem Persischen Golf zu den Mittelmeerhäfen transportiert wurde, nun rasch an Bedeutung verlor. Durch eine weitsichtige Geschäftspolitik gelang es den Direktoren der Ostindienkompanien, die Preise für asiatische Gewürze in Europa, die zuvor starken Schwankungen unterworfen waren, zu stabilisieren und ihre Unternehmen auf eine langfristig solide Basis zu stellen. Das Warensortiment im Asienhandel, das zuvor weitgehend auf Gewürze beschränkt gewesen war, wurde nun wesentlich vielfältiger [Steensgaard].

▷ S. 72 ff. Seit 1492: Begegnung der Kulturen

Diese Neuerungen dürfen aber nicht über die Kontinuitäten hinwegtäuschen: auch die niederländischen und englischen Ostindienkompanien schalteten sich zunächst in bestehende innerasiatische Handelsnetze ein, die sie erst allmählich veränderten. Nach wie vor mußten die Europäer für asiatische Waren mit Edelmetallen bezahlen, da andere Güter auf dem asiatischen Markt nicht konkurrenzfähig waren. Ein steigendes Handelsvolumen bedeutete daher vor allem einen wachsenden Edelmetallbedarf [Prakash]. Der dadurch bedingte Edelmetallabfluß von Europa nach Asien widersprach eigentlich der damals verbreiteten merkantilistischen Auffassung, der zufolge möglichst nur Rohstoffe eingeführt, Fertigwaren ausgeführt und Edelmetalle im Land behalten werden sollten. Vor allem in England löste der Asienhandel daher eine lebhafte wirtschaftspolitische Diskussion aus, in der einige Autoren erstmals den Gedanken eines globalen Kreislaufs von Geld und Gütern formulierten [Rothermund].

▷ S. 163 f. Wirtschafts-/ Sozialgeschichte: Alte Themen, Neue Akzente

In den letzten Jahrzehnten haben Wirtschaftshistoriker die Strukturen und Aktivitä-

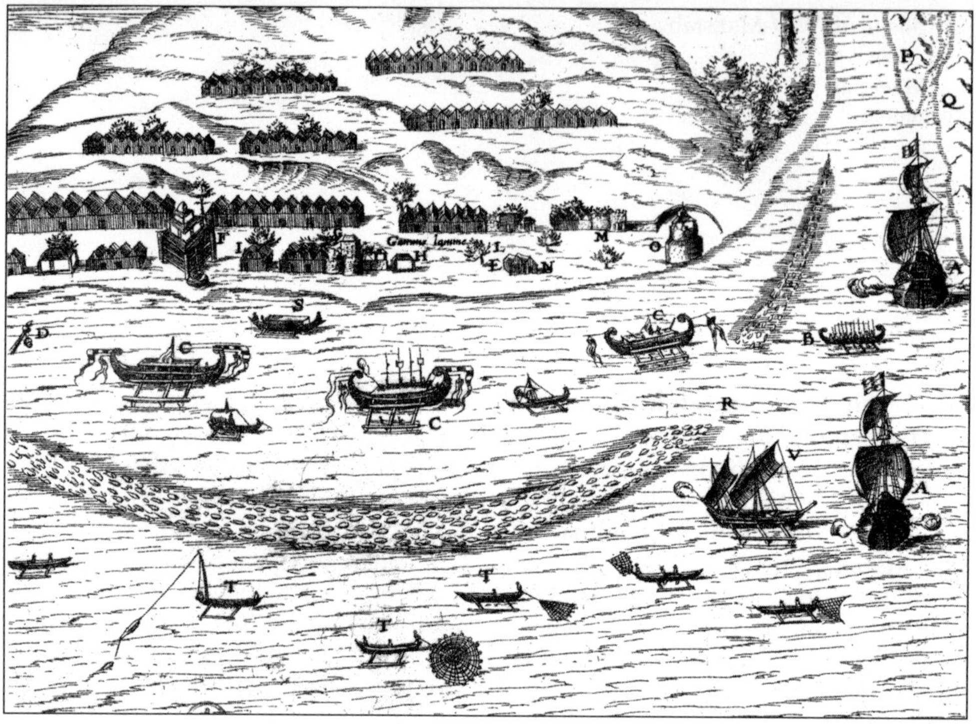

Diese Darstellung zeigt niederländische Schiffe, die im Jahr 1600 vor dem Hafen der Insel Ternate im malaiischen Archipel Salutschüsse abfeuern. Da verschiedene Orte wie die Durchfahrt durch das dem Hafen vorgelagerte Riff (R), die große Moschee (F), der steinerne Palast des Sultans (G), ein von den Portugiesen errichtetes Kloster (L) und ein kanonenbestückter Turm (O) genau markiert sind, konnte der Kupferstecher vermutlich nach einer Vorlage arbeiten, die nach eigenem Augenschein gezeichnet wurde. Das Eindringen der Niederländer in den Machtbereich der damals in Personalunion verbundenen iberischen Reiche Spanien und Portugal dürfte für den protestantischen Frankfurter Verleger Theodor de Bry (1561-1623), der diesen Stich publizierte, ein bedeutsames und durchaus willkommenes Ereignis gewesen sein: de Brys Amerikawerke jedenfalls weisen eine deutlich anti-spanische Tendenz auf.

Die dargestellten Schiffe gehörten wahrscheinlich einer der sog. Vorkompanien, aus deren Fusion 1602 die niederländische Ostindienkompanie entstand. Die erste dieser Vorkompanien, die Compagnie van Verre oder Kompanie für Fernhandel, war 1594 gegründet worden. Neun Amsterdamer Kaufleute brachten 290000 Gulden Kapital auf und rüsteten vier Schiffe aus, die 1595-97 nach Ostasien segelten. Obwohl die Mannschaftsverluste hoch und die Gewinne aus der mitgebrachten Gewürzladung offenbar gering waren, zeigte diese Expedition, daß der Vorstoß niederländischer Handelsschiffe zu den Gewürzinseln Südostasiens möglich war.

Diese und weitere **holländische und seeländische Asienfahrten** profitierten von den Informationen über den Indischen Ozean, die der Geograph und calvinistische Geistliche Petrus Plancius (1552-1622) und Jan Huyghen van Linschoten (1563-1611) publizierten. Linschoten war nach mehrjährigem Aufenthalt im portugiesischen Machtzentrum Goa 1592 aus Indien nach Holland zurückgekehrt. Nachdem die Compagnie van Verre den Weg gebahnt hatte, entstanden in rascher Folge mehrere Konkurrenzunternehmen: bis 1601 hatten bereits acht verschiedene niederländische Gesellschaften 14 Flotten mit insgesamt 65 Schiffen in den Indischen Ozean entsandt.

Da diese Konkurrenz zu einem Überangebot an Gewürzen auf dem europäischen Markt und einem Verfall der Preise zu führen drohte, drängte der damals einflußreichste niederländische Politiker, der Ratspensionär Johan van Oldenbarnevelt (1547-1619), auf einen Zusammenschluß der Kompanien. Nach harten Verhandlungen fusionierten die Vorkompanien schließlich im März 1602 zur Vereinigten Ostindischen Compagnie. Ihre föderalistische Gliederung in sechs Kammern – Amsterdam, Seeland, Delft, Rotterdam, Hoorn und Enkhuizen – spiegelte die Tatsache wider, daß die VOC aus ursprünglich miteinander konkurrierenden Kaufmannsgruppen hervorgegangen war.

Bild: Unbekannter Künstler, Niederländische Schiffe vor Ternate, Kupferstich, aus: J. Theodor de Bry, India Orientalis Quinta Pars, Frankfurt 1601.

Literatur: E. SCHMITT u.a. (Hg.), Kaufleute als Kolonialherren. Die Handelswelt der Niederländer vom Kap der Guten Hoffnung bis Nagasaki 1600-1800, München 1988.

ten der Ostindienkompanien mit quantitativen Methoden analysiert; ihre Forschungen machen es möglich, die Dimensionen des europäischen Asienhandels zwischen 1600 und 1800 recht präzise zu bestimmen. Festzuhalten ist zunächst die Dominanz der Niederländer, die im 17. Jahrhundert 1770, im 18. Jahrhundert sogar 2950 Schiffe in den Indischen Ozean entsandten. Da die Schiffe des 18. Jahrhunderts zudem größer waren, erreichte der niederländische Asienhandel also erst in dieser Zeit seine größte Ausdehnung. Für die finanziell zunächst schwächer ausgestattete englische East India Company liefen im 17. Jahrhundert 811, im 18. Jahrhundert 1865 Schiffe in Richtung Asien aus. Erst in der zweiten Hälfte des 18. Jahrhunderts vermochten die Engländer in dieser Hinsicht mit den niederländischen Konkurrenten gleichzuziehen; im Hinblick auf das Volumen der aus Asien nach Europa importierten Güter hingegen scheint die EIC die niederländische Rivalin bereits vor 1750 überflügelt zu haben. In Frankreich wurde unter der Ägide des Ministers Jean-Baptiste Colbert (1619-1683) im Jahre 1664 die erste Ostindienkompanie gegründet, doch größerer wirtschaftlicher Erfolg im Asienhandel war Frankreich erst im 18. Jahrhundert beschieden. Den lediglich 155 französischen Schiffen, die vor 1700 nach Asien fuhren, stehen 1300 Schiffe nach 1700 gegenüber. Eine viel geringere Rolle spielte der Handel der Portugiesen, der dänischen und schwedischen Ostindiengesellschaften sowie der Ostende-Kompanie, doch konnten sich diese „kleinen" Akteure zum Teil eigene Nischen innerhalb des asiatischen Handelsnetzes erschließen [BRUIJN/GAASTRA].

Die niederländische Vorherrschaft im Asienhandel des 17. Jahrhunderts beruhte vor allem auf drei Säulen: der aggressiven Sicherung von Gewürzmonopolen; der privilegierten Position im Japanhandel; und dem Aufbau eines innerasiatischen Handelsnetzes. Durch eine Reihe von Monopolverträgen mit lokalen Herrschern, die notfalls mit Waffengewalt gegen englische, portugiesische und asiatische Konkurrenten durchgesetzt wurden, sicherten sich die Niederländer bis 1670 eine marktbeherrschende Stellung im Handel mit Muskatblüten, Muskatnuß und Nelken von den indonesischen Gewürzinseln und Zimt von der Insel Ceylon. Höhepunkte dieser Expansionspolitik waren die Eroberung der Banda-Inseln 1621, wo die einheimische Bevölkerung weitgehend ausgerottet wurde und die Niederländer fortan die Produktion von Muskat selbst kontrollierten; die Einnahme der portugiesischen Festung Malakka 1641 und die für das Nelkenmonopol wichtige Eroberung des Sultanats Makassar auf Celebes, die 1669 abgeschlossen war [FURBER; REINHARD 1983; CHAUDHURI].

Zudem hatte die VOC seit Ende der 1630er Jahre als einzige Ostindienkompanie Zugang zu Japan; alle übrigen ausländischen Kaufleute mit Ausnahme der Chinesen waren ausgewiesen worden. Die Handelsbeziehungen waren zwar von japanischer Seite streng reglementiert, und die Niederländer durften sich seit 1641 lediglich auf der Insel Deshima vor Nagasaki aufhalten. Die Präsenz in Japan war jedoch deshalb so wichtig, weil Japan im 17. Jahrhundert nach Spanisch-Amerika der zweitgrößte Silberproduzent der Welt war und der Erwerb japanischen Silbers einen höchst willkommenen Ersatz für Edelmetallimporte aus Europa bildete. Japanisches Silber spielte im Handel der VOC einige Jahrzehnte lang eine größere Rolle als Silber aus Europa, ehe weitere Handelsrestriktionen die Profitabilität des Japanhandels gegen Ende des 17. Jahrhunderts drastisch einschränkten [FURBER; PRAKASH].

Seit 1610 residierte in Bantam auf Java ein niederländischer Generalgouverneur, dessen Sitz 1619 nach Batavia (dem heutigen Djakarta) verlegt wurde. Dort entwickelte der Generalgouverneur Jan Pieterszoon Coen (1587-1629) um 1620 Pläne für ein umfassendes innerasiatisches Handelsnetz. Die VOC war in der Folgezeit die einzige der Ostindienkompanien, die sich dem Handel innerhalb Asiens als Teil ihrer kommerziellen Gesamtstrategie widmete. Bereits vor 1650 setzte die VOC große Mengen an indischen Textilien auf den indonesischen Gewürzinseln ab und importierte umgekehrt Gewürze nach Indien. Die Textilien kamen zunächst vor allem von der Koromandelküste im Südosten Indiens, wo bereits 1606 eine erste niederländische Faktorei entstanden war, und aus Gujarat im Nordwesten des Subkontinents, wo 1618 die Faktorei Surat gegründet wurde. Seit dem späteren 17. Jahrhundert spielten dann bengalische Textilien im innerasiatischen wie im europäischen Handel der VOC eine immer größere Rolle. Um an das japanische Silber heranzukommen, transportierte die VOC chinesische Seide über ihre Niederlassung auf Taiwan nach Japan. Als Taiwan 1662 von Chinesen erobert wurde, wurde die chinesische durch bengalische Seide ersetzt. Von Surat und anderen indischen Häfen aus konnte die VOC überdies an traditionelle Handelsbeziehungen zum Persischen Golf anknüpfen. Dieser innerasiatische Handel, der sog. country trade, war für die VOC mindestens ebenso wichtig wie der interkontinentale Handel, brachte er ihr doch zusätzliche Profite und machte sie unabhängiger von Edelmetalleinfuhren aus Europa. Während die VOC den innerasiatischen Handel weitgehend in eigener Regie betrieb, überließen ihre Rivalen den country trade privaten Händlern. Besonders erfolgreich waren im 18. Jahrhundert die britischen Kaufleute in Bengalen, die von Kalkutta aus einen profitablen Handelsverkehr mit China organisierten [FURBER; GAASTRA; KRIEGER; PRAKASH].

Wie der country trade war auch der Handel von Asien nach Europa zwischen 1600 und 1750 erheblichen Veränderungen unterworfen. Ging es den Europäern um 1600 noch vorrangig um Gewürze, so stellten ein Jahrhundert später indische Textilien und Seide die wichtigsten asiatischen Importgüter in Europa dar, und im 18. Jahrhundert entfiel ein wachsender Anteil der Asienimporte auf Kaffee und chinesischen Tee. Daß die VOC im frühen 18. Jahrhundert den Einstieg in den Chinahandel förmlich „verschlief", gilt neben der Korruption ihrer Angestellten als ein wesentlicher Grund dafür, daß die Niederländer gegenüber der englischen Konkurrenz an Boden verloren [FURBER; PRAKASH; ROTHERMUND].

Welche Auswirkungen hatten die Aktivitäten der europäischen Kompanien und Privatkaufleute auf Wirtschaft und Gesellschaft Asiens? Für den indischen Subkontinent zieht Om Prakash eine durchaus positive Bilanz: die Beziehungen zwischen den Vertretern der Handelskompanien und den indischen Händlern und Herrschern waren vor 1750 relativ frei von politischen Zwängen, da sich die europäische Dominanz zur See und die indische Überlegenheit zu Land die Waage hielten. Durch ihre Nachfrage nach Textilien und Seide, die in der Regel über indische Makler und Zwischenhändler beschafft wurden, gaben die Europäer Impulse für Wirtschaftswachstum und Beschäftigung in diesen Gewerbezweigen, und durch ihre Edelmetalleinfuhren trugen sie zur Ausweitung der Geldwirtschaft in Indien bei. Diese vor allem von den Bedingungen des

Detailskizze

Piraterie im Indischen Ozean. Der rege Handelsverkehr auf dem Indischen Ozean lockte im ausgehenden 17. Jahrhundert auch europäische und nordamerikanische Piraten an, die infolge des verschärften Vorgehens der europäischen Kolonialmächte gegen die Freibeuterei in der Karibik ein neues Betätigungsfeld suchten. In Kriegszeiten war die Piraterie durch Kaperbriefe und Kommissionen der staatlichen und kolonialen Behörden sogar offiziell sanktioniert. Unter den Freibeuterkapitänen, die in den 90er Jahren des 17. Jahrhunderts die Gewässer des Ozeans unsicher machten, befand sich mit dem aus der Umgebung von Hamburg stammenden Richard Sievers (gest. 1700) auch ein Deutscher. Arne Bialuschewski hat die Vita Sievers', anhand derer sich die Chancen und Risiken einer Piratenkarriere exemplarisch illustrieren lassen, auf der Grundlage vornehmlich englischer Quellen rekonstruiert.

Sievers war zunächst Navigator an Bord eines amerikanischen Kaperschiffs, das Ende 1694 von Newport/Rhode Island aus in Richtung Asien auslief. Im Sommer 1695 schloß sich Sievers' Schiff einer kleinen Piratenflotte an, um einen gemeinsamen Überfall auf die sog. Pilgerflotte zu unternehmen, die sich reichbeladen auf dem Rückweg vom islamischen Wallfahrtsort Mekka nach Surat im Nordwesten Indiens befand. Die Piraten machten bei der Kaperung zweier indischer Schiffe reiche Beute, doch ging die Besatzung von Sievers' Schiff bei deren Verteilung leer aus. In den folgenden Jahren war Sievers an einer Reihe von Kaperfahrten zwischen dem Roten Meer, den Küsten Indiens und der Straße von Malakka beteiligt, wobei er zeitweilig ein eigenes Kommando führte. Die von europäischen Handels- und Kriegsschiffen kaum berührten Inseln im westlichen Teil des Indischen Ozeans – vor allem Madagaskar – dienten den Piraten als Rückzugsorte zwischen ihren Kaperunternehmungen. Bei dem Versuch, nach Nordamerika zurückzukehren, wurden Sievers und seine Begleiter schließlich 1699 von Engländern am Kap der Guten Hoffnung gefangengenommen und nach Bombay gebracht, wo Sievers im folgenden Jahr im Gefängnis starb. Zu dieser Zeit unternahm die englische Marine eine großangelegte Offensive gegen die Piraterie, im Zuge derer auch der legendäre Captain Kidd 1701 an einem Londoner Galgen endete. Bialuschewski kommt zu dem Schluß, daß nur eine kleine Minderheit der Piraten im Indischen Ozean ihre Hoffnung auf Reichtum realisieren konnte, und seine Darstellung erhellt die Härten des Lebens auf See, aber auch die brutale Vorgehensweise der Piraten bei ihren Überfällen.

Literatur: A. Bialuschewski, Piratenleben. Die abenteuerlichen Fahrten des Seeräubers Richard Sievers, Frankfurt/New York 1997.

Marktes geprägten, zum beiderseitigen Vorteil gereichenden Beziehungen begannen sich mit der Etablierung der britischen Territorialherrschaft in Bengalen (1757-1765) grundlegend zu ändern: die Briten übernahmen die Finanzverwaltung Bengalens, bezogen das für ihren Handel benötigte Edelmetall fortan aus Indien selbst und diktierten den indischen Händlern und Webern zunehmend ihre eigenen Bedingungen. Binnen weniger Jahrzehnte wurde somit aus den Handelsbeziehungen zwischen Briten und Indern in Bengalen ein koloniales Abhängigkeitsverhältnis [Furber; Prakash].

Indien nahm eine Mittelposition zwischen zwei Extrempolen der europäisch-asiatischen Wirtschafts- und Kulturbeziehungen ein: das eine Extrem bildet Japan, das sich seit Mitte des 17. Jahrhunderts weitgehend gegen europäische Einflüsse abschloß, das andere bilden die Gewürzinseln im malaiischen Archipel, wo die Niederländer unter Einsatz militärischer Gewalt frühzeitig die Produktion kontrollierten. Doch ist es wichtig, sich die Grenzen des europäischen Einflusses in Asien vor 1750 zu vergegenwärtigen: europäische Territorialherrschaft beschränkte sich auf kleinere indonesische Inseln sowie auf Teile Javas und Ceylons. Der Normalfall europäischer Präsenz war ein Netz von Handelsstützpunkten, sog. Faktoreien, die in der Literatur als „Brückenköpfe" bezeichnet werden. Zudem zeigen neuere Forschungen, daß es den Europäern keineswegs gelang, die asiatischen Kaufleute aus dem country trade im Indischen Ozean zu verdrängen: arabische, armenische, indische und chinesische Händler wichen vielfach auf andere Häfen und Handelsrouten aus und trugen weiterhin zur Vielgestaltigkeit des kommerziellen Verkehrs im Indischen Ozean bei [Das Gupta/Pearson; Rothermund].

▷ S. 434 Asien: Geschichte im eurasischen Zusammenhang

Angesichts der Tatsache, daß sich die europäische Präsenz in Asien bis zur Mitte des 18. Jahrhunderts im wesentlichen auf ein System von Handelsknotenpunkten beschränkte, erstaunt der enorme Personalbedarf der Ostindienkompanien. Für die VOC wurde errechnet, daß zwischen 1602 und 1795 fast eine Million Menschen als Seeleute, Soldaten, kaufmännische Angestellte, Verwaltungspersonal und Handwerker auf ihren Schiffen nach Asien fuhren, von denen lediglich ein Drittel wieder zurückkehrte! Verluste auf See waren für diesen „Personalverschleiß" weniger verantwortlich als die hohe Sterblichkeit in Asien selbst, wo vor allem in der von zahlreichen Epidemien heimgesuchten Metropole Batavia unzählige Europäer bereits nach kurzer Zeit den Tod fanden. Zwischen 1720 und 1780 schickte die VOC jedes Jahrzehnt 70 000 bis 85 000 Menschen nach Asien. Ihren Personalbedarf konnte die Gesellschaft nur dadurch decken, daß sie zu einem großen Teil seemännisch unerfahrene Ausländer aus den untersten sozialen Schichten – darunter viele Deutsche – anheuerte, für die der Dienst in der VOC häufig der letzte Ausweg aus einer verzweifelten sozialen und wirtschaftlichen Lage gewesen sein dürfte [Bruijn/Gaastra; Gaastra].

Neue koloniale Gesellschaften in Nordamerika und der Karibik. Im Gegensatz zu Ostasien führte die Migration von Europäern im nordatlantischen Raum zur Etablierung einer ganzen Reihe neuer Siedlungskolonien. Monopolgesellschaften wie die 1621 gegründete niederländische Westindische Compagnie (WIC) spielten bei der Genese der neuen atlantischen Kolonien eine geringere Rolle als im Asienhandel. Im Vergleich mit der VOC fallen vor allem die Defizite der WIC ins Auge: weder gelang es ihr, weiße Siedler in größerer Zahl für ihre Kolonien in Nordamerika, Brasilien, der Karibik und Surinam anzuwerben, noch vermochte sie sich die Konkurrenz privater Kaufleute vom Leibe zu halten. 1654 ging Brasilien wieder an die Portugiesen verloren, und ein Jahrzehnt später eroberten die Engländer die nordamerikanische Kolonie Nieuw Nederland und benannten sie in New York um. Nach ihrer Reorganisation 1674 war die WIC praktisch ein reines Sklavenhandels- und Verwaltungsunternehmen. Anderen Monopolgesellschaften wie der englischen Royal African Company erging es ähnlich; lediglich im Sklavenhandel spielten solche Unternehmen im 17. Jahrhundert eine größere Rolle. Wichtig waren die Niederländer im atlantischen Raum wegen der „Entwicklungshilfe", die sie den englischen und französischen Antilleninseln beim Aufbau der Zuckerwirtschaft leisteten. Hierzu dienten ihr Kapital, ihr Know-how und ihre Sklavenlieferungen sowie ihre Position als Zwischenhändler, Spediteure und Abnehmer englischer und französischer Kolonialwaren [Schnurmann, Welten].

Die französische Kolonisation war vor allem in der Karibik erfolgreicher als die niederländische. 1635 nahm Frankreich die Antilleninseln Guadeloupe und Martinique in Besitz, auf denen in der zweiten Hälfte des 17. Jahrhunderts die Zuckerwirtschaft auf der Basis von Sklavenarbeit einen großen Aufschwung erlebte. Im 18. Jahrhundert wurde die Zuckerproduktion dieser Inseln jedoch von der gewaltigen Expansion der Sklavenwirtschaft auf Saint-Domingue, dem späteren Haiti, in den Schatten gestellt. In Nordamerika hatte Frankreich seit dem frühen 17. Jahrhundert Kanada kolonisiert. Kanada war durch die zentrale ökonomische Bedeutung des Pelzhandels, die wichtige Rolle der katholischen Kirche im Bildungswesen und in den Beziehungen zu den Indianern sowie durch ein seigneuriales System großer Landgüter geprägt; „seigneurial" bedeutet, daß die Pächter des Landes gegenüber ihren Grundherren zu Diensten und Abgaben verpflichtet waren, die wirtschaftlich aber wenig ins Gewicht fielen. Gemeinsame Vorstöße französischer Pelzhändler und Jesuitenmissionare von Kanada aus ins Tal des Mississippi gaben überdies im 18. Jahrhundert den Impuls zur Gründung der Kolonie Louisiana [Pluchon; Reinhard 1985; Gründer].

Was den Umfang des transatlantischen Handels und der Migration in die Neue Welt betraf, entfaltete England zweifellos die größte Dynamik unter den „neuen" Kolonialmächten des 17. Jahrhunderts. Diese war jedoch nicht das Resultat einer zielgerichteten staatlichen Kolonialpolitik, die sich erst im 18. Jahrhundert ansatzweise entwickelte [Wellenreuther]; sie ist vielmehr als Ergebnis vielfältiger Kolonisationsbemühungen – in der Regel von privater Seite –, Handelsaktivitäten und individueller Auswanderungsentscheidungen anzusehen. Die Gestalt der englischen Gesellschaften in der Neuen Welt war abhängig von den Zielen und Plänen der Koloniegründer; den Herkunftsgebieten, lokalen Traditionen und kulturellen Vorannahmen der Auswanderer; dem Umfang und Verlauf der Migrationsbewegungen; den sozialen, ökonomischen und ökologischen Bedingungen, auf welche die Europäer in der Neuen Welt trafen; und der Präsenz von nicht-englischen Bevölkerungsgruppen wie Iren, Deutschen, Indianern und Afrikanern. Aus transatlantischer Perspektive erscheint die Formierung englischer Gesellschaften in Nordamerika und in der Karibik als dynamisches Wechselspiel zweier Prozesse: des Transfers sozialer und kultureller Normen von Europa nach Amerika einerseits, der Anpassung an die Lebensbedingungen in der Neuen Welt andererseits. Die Entwicklung der Kolonien Massachusetts Bay, Virginia und Barbados kann die Bandbreite englischer Kolonisationserfahrungen exemplarisch veranschaulichen [vgl. allgemein Canny; Greene; Mccusker/Menard].

Die Kolonie Massachusetts Bay ging auf eine Charter, d.h. einen Privilegienbrief zurück, die der König einer Gruppe englischer Kaufleute verliehen hatte. Einige puritanisch gesinnte Mitglieder dieser Massachusetts Bay Company entschlossen sich selbst zur Auswanderung und vereinbarten mit den übrigen Teilhabern, daß die Gesellschaft von der Neuen Welt aus geleitet werden sollte. Dadurch besaß Massachusetts von Anfang an ein tatkräftiges, religiös motiviertes Führungspersonal. Der erste Gouverneur der Kolonie, John Winthrop (1588-1649), und andere Puritaner sahen sich selbst als Akteure in einem großen historischen Drama, in dem es um nicht weniger ging als die Rettung des Volkes Gottes und die Bewahrung des Glaubens vor der Korruption und dem moralischen und sozialen Verfall Englands. Ihre Übersiedlung nach Amerika begriffen diese Puritaner als „errand into the wilderness", einen Vorstoß in eine als bedrohliche Herausforderung empfundene Wildnis. Zwischen 1630 und 1642 emigrierten 20000 bis 25000 Engländer nach Massachusetts. Die meisten von ihnen entstammten den mittleren Schichten der englischen Gesellschaft und wanderten in geschlossenen Familienverbänden aus, nur eine Minderheit waren ledige junge Männer. Diese „Great Migration" schuf die wesentlichen Voraussetzungen für die erfolgreiche demographische, soziale und institutionelle Entwicklung der Kolonie.

▷ S. 19
Seit 1517:
Religion und
Politik

Ein zentrales Motiv vieler Auswanderer war ihre puritanische Prägung. Die Puritaner, eine Erneuerungsbewegung innerhalb der anglikanischen Kirche, forderten eine Rückbesinnung auf die Grundsätze der Bibel, deren Gebote als Richtschnur im Alltagsleben dienen sollten; gleichzeitig bekämpften sie weltliche Vergnügungen und unnötigen Luxus im kirchlichen wie im persönlichen Bereich. Nach dem Vorbild des Urchristentums strebten sie eine weitgehende Autonomie der einzelnen Kirchengemeinde an, in der eine strenge Kirchenzucht herrschen sollte. Von zentraler Bedeutung war die Vorstellung, daß Gott einen direkten Bund, einen sog. covenant, mit den Gläubigen geschlossen habe – keinen Vertrag auf Gegenseitigkeit, sondern ein freiwilliges Geschenk Gottes, das den Gläubigen Gnade und Erlösung in Aussicht stellte. Zur Zeit der Great Migration sahen sich die Puritaner in England mit der strengen Kirchenpolitik König Charles I. (1600-1649) und des Erzbischofs William Laud (1573-1645) konfrontiert, die entschlossen waren, die Einheit der englischen Staatskirche wiederherzustellen und die Puritaner zur Konformität zu zwingen. In der Wildnis Nordamerikas, so die Hoffnung der Puritaner, könnten sie frei von obrigkeitlichen Zwängen ihre gesellschaftlichen Ideale verwirklichen [Anderson]. Neben religiösen spielten aber auch wirtschaftliche Motive und der Wunsch nach Bewahrung lokaler Autonomie gegenüber dem Staat, der unter den Stuartkönigen zunehmend stärker in das Leben der Untertanen eingriff, eine wichtige Rolle bei der Entscheidung zur Auswanderung [Breen 1980].

Lokale englische Traditionen sowie die Vermischung religiöser und ökonomischer Motive prägten die Bildung von Gemeinden in Massachusetts Bay. Mit der Gründung einer Gemeinde ging der Abschluß eines covenant zwischen den ersten Siedlern einher, in dem sich diese auf gemeinsame religiöse und politische Ziele verpflichteten. Das aktive Mitspracherecht in Gemeindeangelegenheiten einschließlich des Wahlrechts war zunächst an die Vollmitgliedschaft in der Kirchengemeinde gebunden. Zentrales Organ der Lokalverwaltung war das town meeting, in dem die männlichen Landeigentümer über alle wichtigen örtlichen Angelegenheiten berieten und abstimmten. Die einzelnen Gemeinden genossen ein hohes Maß an Selbständigkeit, und die Abgeordneten der towns waren an der Regierung der Kolonie maßgeblich beteiligt [Breen 1980].

Bei der Verteilung des Landes innerhalb der Gemeinde wurde zwar auf den sozialen Status der Siedler Rücksicht genommen, aber auch darauf geachtet, daß ärmere Siedler genügend Land zur Unterhaltung ihrer Familien erhielten. In den Neuengland-Gemeinden gab es somit durchaus Besitzunterschiede, doch war die Sozialstruktur insgesamt ausgeglichener als in englischen Dörfern. Individuelle Interessen und Gemeindeinteressen wurden sorgfältig gegeneinander ausbalanciert [Anderson].

Die Bewohner einer Gemeinde besaßen ihr Land in der Regel als freies Eigentum, sog. freeholds. Da sich auf den kargen Böden weder große Überschüsse erwirtschaften noch lukrative Exportprodukte anbauen ließen, praktizierten die Farmer eine gemischte Landwirtschaft nach englischem Vorbild. In Küstenstädten wie Boston entwickelten sich darüber hinaus Handel, Schiffbau, Fisch- und Walfang zu wichtigen Wirtschaftszweigen. Im 17. Jahrhundert gelang es nur relativ wenigen Neuengländern, größere Vermögen anzuhäufen. Die überwiegende Mehrzahl erreichte je-

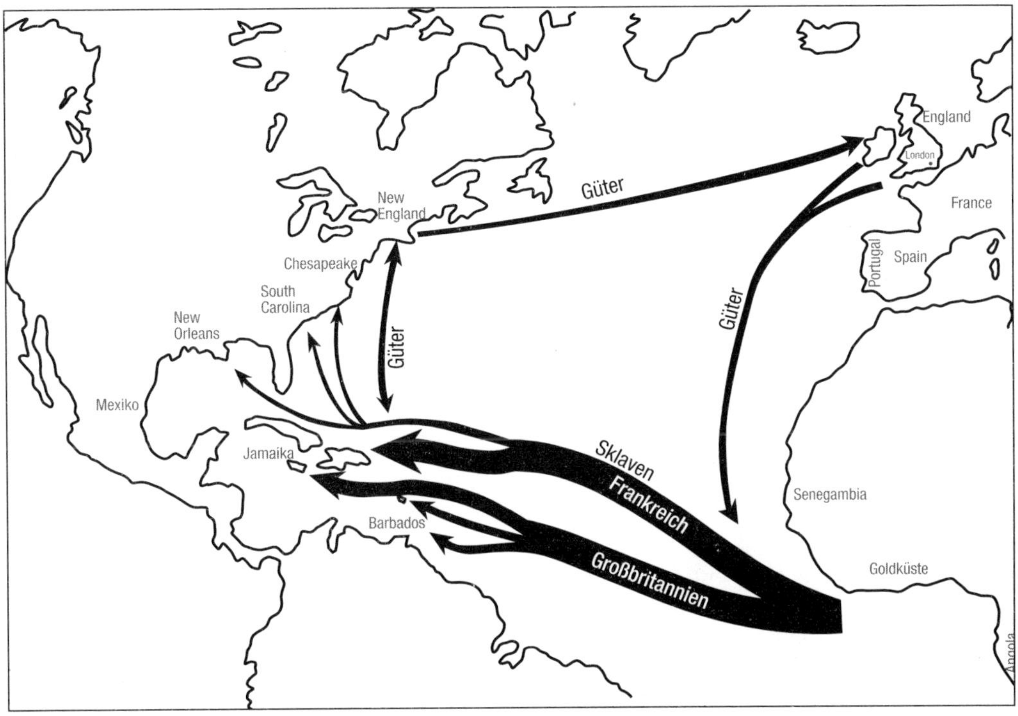

Der atlantische Sklavenhandel. Wie das obenstehende Schaubild verdeutlicht, versorgte der britische und französische Sklavenhandel im 17. und 18. Jahrhundert in erster Linie die karibischen Zuckerinseln beider Mächte, allen voran Jamaika und Saint-Domingue, mit unfreien schwarzen Arbeitskräften. Nur ein relativ geringer Teil der Sklaven gelangte in die nordamerikanischen Plantagenkolonien an der Chesapeake Bay, nach South Carolina und Französisch-Louisiana. Aufgrund der günstigeren Lebens- und Arbeitsbedingungen wuchs die Sklavenbevölkerung in Nordamerika allerdings bereits im 18. Jahrhundert auf natürlichem Wege an, während auf den Karibikinseln die Sterblichkeit der Sklaven die Geburtenrate bei weitem übertraf.

War der atlantische Sklavenhandel um 1600 noch eine Domäne der Portugiesen, die ihre Plantagenkolonie Brasilien und Spanisch-Amerika mit afrikanischen Arbeitskräften belieferten, ging die Führungsrolle im Sklavenhandel Mitte des 17. Jahrhunderts für einige Jahrzehnte an die Niederländer über. Dann übernahmen britische und französische Sklavenhändler – erstere vor allem aus London, Bristol und Liverpool, letztere aus Nantes – gegen Ende des 17. Jahrhunderts die Vorherrschaft.

Im 18. Jahrhundert erlebte der atlantische Sklavenhandel seine größte Ausdehnung: mehr als die Hälfte der neun bis zehn Millionen Afrikaner, die zwischen dem 15. und 19. Jahrhundert nach Amerika importiert wurden, traten ihre unfreiwillige Fahrt über den Atlantik im „Jahrhundert der Aufklärung" an! Importierten die Briten um 1700 noch etwa 10000 Sklaven pro Jahr, waren es zwischen 1780 und 1800 in der Regel 30000 jährlich. Das Bild eines atlantischen „Dreieckshandels" ist insofern etwas irreführend, als im 18. Jahrhundert relativ wenige Schiffe von Europa nach Afrika, von dort aus mit Sklaven nach Amerika und mit amerikanischen Kolonialgütern wieder nach Europa fuhren. Vor allem der Handel zwischen Europa und Nordamerika bzw. der Karibik wurde in der Regel auf dem direkten Weg abgewickelt.

Ohne Zweifel war die „middle passage" von Afrika nach Amerika für die betroffenen Sklaven eine in vieler Hinsicht traumatische Erfahrung. Dennoch ist darauf hinzuweisen, daß die Sklavenhändler vorrangig daran interessiert waren, ihre menschliche Fracht lebend zu den amerikanischen Kunden zu bringen und die Sterblichkeit auf Sklavenschiffen im 18. Jahrhundert in der Regel nicht höher als bei zehn Prozent lag.

Literatur: J.C. Miller, The Slave Trade, in: J.E. Cooke u.a. (Hg.), Encyclopedia of the North American Colonies, New York 1993, Bd. 2, S. 45-66.

doch ihre wichtigsten Ziele: Landbesitz, wirtschaftliche Unabhängigkeit und bescheidenen Wohlstand. Die günstigen Lebensbedingungen führten zudem zu einem starken natürlichen Bevölkerungswachstum. Historisch-demographische Studien zeigen, daß Menschen im Neuengland des 17. Jahrhunderts in der Regel früher heirateten, größere Familien hatten und länger lebten als im damaligen Westeuropa [ANDERSON; GREENE].

Die Kolonialgesellschaft, die im 17. Jahrhundert an der Chesapeake Bay entstand, war von ganz anderem Zuschnitt als Massachusetts Bay. Die Kolonisten und Investoren der Londoner Virginia Company, die 1607 mit Jamestown die erste dauerhafte englische Siedlung in Nordamerika errichteten, hofften auf rasche Profite in Form von Edelmetallfunden oder kostbaren Gewürzen. Diese Hoffnungen erfüllten sich nicht, und die ersten Jahrzehnte der neuen Kolonie waren von geradezu chronischer Instabilität, einer erschreckend hohen Sterblichkeit unter den Siedlern und bewaffneten Konflikten mit den örtlichen Powhatan-Indianern gekennzeichnet. Bei einem indianischen Angriff starben 1622 fast 350 Kolonisten oder ein Viertel der damaligen Bevölkerung Virginias. In der Folgezeit stabilisierte sich jedoch die Kolonie, die weiße Bevölkerung wuchs zwischen 1624 und 1660 von 1200 auf etwa 25000 an, und ein funktionierendes Verwaltungs- und Gerichtswesen entstand. Mit dem Tabak war ein lukratives Exportprodukt gefunden worden, dessen Anbau die Wirtschaft Virginias und die der 1634 gegründeten Nachbarkolonie Maryland bald völlig beherrschte. Anders als in Neuengland siedelten die Engländer in Virginia nicht in Dorfgemeinden, sondern auf einzelnen Plantagen entlang der Flußläufe.

Die große Mehrzahl der Einwanderer in Virginia war ledig, jung und männlich. Die meisten Kolonisten kamen als sog. indentured servants ins Land, d.h. sie hatten sich verpflichtet, eine bestimmte Anzahl von Jahren für einen Dienstherrn zu arbeiten, um die Kosten für ihre Überfahrt nach Amerika zu bezahlen. Die meisten dieser indentured servants kamen aus den untersten Schichten der englischen Gesellschaft; sie waren entwurzelte Farmer und Pächter oder ungelernte, unterbeschäftigte Arbeiter aus den großen Hafenstädten, denen Amerika oft als letzter Ausweg aus materieller Not erschien. Die Migration aus einer ländlichen Region Englands in eine der großen Hafenstädte war häufig die erste Stufe eines Migrationsprozesses, dessen zweite Stufe die Überfahrt nach Amerika darstellte. Sofern sie nicht in den ersten Jahren nach ihrer Ankunft in Virginia an Krankheiten oder Überarbeitung starben, konnten indentured servants nach Ablauf ihrer Dienstzeit ein eigenes Stück Land erwerben. Der Männerüberschuß unter den Einwanderern und die hohe Sterblichkeit erschwerten die Ausbildung stabiler Familienstrukturen. Aus der Minderheit der freien Einwanderer – Gentlemen, Kaufleute, Handwerker, selten Farmer – rekrutierte sich die ökonomische und politische Führungsschicht Virginias, die rege Beziehungen mit dem englischen Mutterland unterhielt. Eine relativ kleine Gruppe von Männern, die sowohl über Land als auch über die notwendigen Arbeitskräfte verfügten, erwirtschaftete seit den 1620er Jahren hohe Profite [HORN].

Bis zur Jahrhundertmitte ließen die Virginia-Pflanzer ganz überwiegend weiße Dienstknechte für sich arbeiten. Um 1650 lebten erst einige hundert Afrikaner in der Kolonie, und ein Teil der Schwarzen war um diese Zeit noch frei. Daß Virginia gegen Ende des 17. Jahrhunderts von der weißen Dienstknechtschaft zur

Sklaverei überging und zwischen 1690 und 1770 rund 100000 afrikanische Sklaven importierte, hatte verschiedene Ursachen: die Forschung verweist auf ein sinkendes Angebot an weißen Arbeitskräften auf dem kolonialen Arbeitsmarkt, ein verbessertes Angebot an Sklaven infolge des Aufschwungs des atlantischen Sklavenhandels, die Furcht der Pflanzerelite vor sozialen Unruhen unzufriedener indentured servants, das Vorbild anderer Plantagengesellschaften und auf tief verwurzelte Vorstellungen von der Minderwertigkeit schwarzer Afrikaner [Wood]. Auf der Basis der Arbeit schwarzer Sklaven bildete sich in Virginia seit dem späten 17. Jahrhundert eine hierarchische Plantagengesellschaft aus: In ihr nahm die Minderheit der großen Pflanzer, die Dutzende von Sklaven besaßen, eine unumstrittene politische, soziale und kulturelle Führungsposition ein [Kulikoff].

Erscheint Virginia im 17. Jahrhundert im Vergleich zu Massachusetts Bay als individualistische und materialistische Gesellschaft, so treffen diese Adjektive noch mehr auf Barbados zu. Die seit 1627 kolonisierte Karibikinsel mit einer Fläche von lediglich 430 Quadratkilometern entwickelte sich im 17. Jahrhundert zur reichsten englischen Kolonie in der westlichen Hemisphäre. Bis 1640 waren die Wälder auf der Insel bereits vollständig abgeholzt und das gesamte kultivierbare Land an insgesamt 764 Pflanzer verteilt. Diese bauten zunächst Tabak, Baumwolle und Indigo an, wobei sie als Arbeitskräfte wie in Virginia englische und irische indentured servants einsetzten. Nach 1640 stellten die Pflanzer auf Barbados auf die Produktion von Zucker um. Die europäische Nachfrage konnte nämlich durch den bisherigen Hauptproduzenten Brasilien, wo sich Niederländer und Portugiesen zu dieser Zeit bekämpften, nicht mehr befriedigt werden. Entscheidenden Anteil an der Etablierung der Zuckerwirtschaft auf Barbados hatten die Niederländer, die das nötige Kapital und Wissen zur Verfügung stellten. Da die Niederländer zudem afrikanische Sklaven zu relativ günstigen Preisen anbieten konnten, während die Preise für indentured servants seit Mitte des 17. Jahrhunderts stiegen, war mit der „Zuckerrevolution" auf Barbados auch der Übergang zur Sklavenarbeit verbunden.

Die Folgen dieser Umstellung auf Zucker und Sklaven waren enorm. Barbados importierte zwischen 1640 und 1700 etwa 135000 afrikanische Sklaven. Die Sterblichkeit der Sklaven war hoch, die Geburtenrate hingegen sehr niedrig, so daß ständig neue menschliche Fracht eingeführt werden mußte. Die kapitalkräftigsten Pflanzer kauften immer mehr Land auf, so daß sich 1680 über die Hälfte des Grund- und Sklavenbesitzes in den Händen von lediglich 175 Pflanzern befand. Um diese Zeit lebten auf Barbados etwa 20000 Weiße und 45000 Sklaven. Während die großen Plantagenbesitzer das wirtschaftliche und politische Leben der Kolonie dominierten, wanderten Tausende von kleineren Pflanzern und ehemaligen indentured servants ab. Die großen Pflanzer stellten den Reichtum, den ihre Sklaven erarbeiteten, in einem verschwenderischen Lebensstil zur Schau, und viele von ihnen kehrten schließlich nach England zurück, um dort die Früchte ihres Wohlstands zu genießen [Curtin; Dunn; Wood].

Die Beispiele Massachusetts Bay, Virginia und Barbados erschöpfen die Vielgestaltigkeit englischer Kolonialgesellschaften in keiner Weise. Hinzuzufügen wären etwa das 1664 eroberte New York, wo sich englische und niederländische Kolonisten in einer bisweilen schwierigen Koexistenz übten; das von dem Quäker William Penn (1644-1718) gegründete

William Penns Vertrag mit den Indianern. Das Gemälde des in Pennsylvania geborenen, zur Entstehungszeit des Bildes aber bereits in England wirkenden Benjamin West (1738-1820) entstand neun Jahrzehnte nach der Gründung Pennsylvanias im Auftrag der Penn-Familie. Es handelt sich somit um ein Historienbild, das die eng mit Penns Namen verknüpfte Vision eines friedlichen Zusammenlebens von Europäern und Indianern festhält. Die Übergabe einer Rolle Tuch an die Indianer sowie die Tatsache, daß die Europäer unbewaffnet sind und auch die meisten Indianer ihre Waffen abgelegt haben, unterstreichen die Harmonie der Szene.

William Penn (1644-1718), Sohn eines Admirals, war 1667 zur Religionsgemeinschaft der Quäker übergetreten, die eine verinnerlichte Form der Religiosität praktizierte und wegen ihres Pazifismus sowie ihrer Ablehnung von Eidesleistungen und Ehrbezeugungen in England verfolgt wurde. Penn setzte sich in mehreren Schriften mit den Problemen von religiöser Toleranz und Gewissensfreiheit auseinander und war nach 1670 an den Planungen prominenter Quäker zur Gründung einer amerikanischen Kolonie beteiligt. 1681 erlangte er eine königliche Charter, die ihn zum Eigentümer des Landes am Delaware River machte.

Nach Penns Vorstellungen sollte Pennsylvania ein „heiliges Experiment" der Harmonie und der Toleranz werden, ihrem Eigentümer aber zugleich ein festes Einkommen an Grundrenten garantieren. Diese Hoffnungen erfüllten sich größtenteils nicht: Pennsylvania wurde anfangs von heftigen inneren Konflikten erschüttert, und die meisten Siedler weigerten sich, Grundrenten an Penn zu zahlen. In anderer Beziehung war die Kolonie allerdings sehr erfolgreich: bis 1685 waren bereits 8000 Einwanderer ins Land gekommen, darunter neben Engländern, Walisern und Schotten auch eine Gruppe von Quäkern und Mennoniten aus dem Rheinland, die 1683 die Siedlung Germantown gründeten.

Penn, der sich selbst nur zweimal in seiner Kolonie aufhielt (1682-84 und 1699-1701), bemühte sich, das Siedlungsland von den Delaware-Indianern zu fairen Preisen und vertraglich fixierten Konditionen zu erwerben. Bei den Landkäufen sollte weder Druck auf die Indianer ausgeübt noch Alkohol an sie ausgeschenkt werden. Ein allgemeiner Freundschaftsvertrag zwischen Penn und den Delaware, wie ihn Wests Gemälde darstellt, ist als Dokument nicht überliefert, gilt aber als wahrscheinlich.

Unter Penns Nachfolgern geriet die weitsichtige Politik des Koloniegründers allmählich aus dem Blick: auch in Pennsylvania kam es nach 1730 zu betrügerischen Landabtretungsverträgen. Die dadurch bei den Indianern geweckten Ressentiments entluden sich schließlich nach 1754 im „French and Indian War" – wie der Siebenjährige Krieg in Nordamerika genannt wird –, in dem auch Pennsylvania Ziel indianischer Überfälle wurde.

Bild: Benjamin West, William Penns Vertrag mit den Indianern, Ölgemälde, 1771/72, Pennsylvania Academy of the Fine Arts, Geschenk von Mrs. Sarah Harrison (The Joseph Harrison, Jr. Collection)
Literatur: R.S. Dunn/M.M. Dunn (Hg.), The World of William Penn, Philadelphia 1986.

Pennsylvania, das im 18. Jahrhundert bevorzugtes Ziel deutscher und irischer Amerikaauswanderer war und sich durch die Vielfalt der dort lebenden ethnischen und religiösen Gruppen auszeichnete; die Plantagenkolonie South Carolina, deren Reichtum auf dem mit Sklavenarbeit betriebenen Reisanbau beruhte; oder das 1655 den Spaniern abgenommene Jamaika, das zunächst englischen Freibeutern als Stützpunkt diente, ehe auch hier ein Zuckerboom einsetzte, der im 18. Jahrhundert sogar denjenigen auf Barbados in den Schatten stellte [Dunn; Greene].

Was hatten diese Kolonien, bei aller Verschiedenartigkeit, gemeinsam? Jack P. Greene argumentiert, daß sich ihre wirtschaftlichen, gesellschaftlichen und politischen Systeme im späten 17. und 18. Jahrhundert immer stärker einander annäherten. Praktisch alle britischen Kolonien in Nordamerika und Westindien erlebten in dieser Zeit ein demographisches und wirtschaftliches Wachstum, einen Anstieg des Lebensstandards der weißen Bevölkerung und eine zunehmende sozio-ökonomische Differenzierung. Sämtliche britischen Kolonien bildeten Rechts- und Verwaltungsinstitutionen aus, in denen englische Rechtsnormen und Traditionen den jeweiligen lokalen Gegebenheiten angepaßt wurden. In den Kolonien entwickelten sich repräsentative Regierungssysteme, in denen Gouverneur, Gouverneursrat und die von den männlichen Grundbesitzern gewählte Assembly mit- und oft auch gegeneinander arbeiteten. Und nahezu überall hatte eine selbstbewußte Elite aus Kaufleuten, Anwälten und Pflanzern eine soziale und politische Führungsrolle übernommen [Greene].

▷ S. 473 Neue Welt: Die beiden Amerika

Eine wichtige Gemeinsamkeit in der Erfahrungswelt der britischen Kolonisten war ferner die immer engere kommerzielle Integration des atlantischen Raums [Mccusker/Menard; Hancock]. Nordamerika war um die Mitte des 18. Jahrhunderts nicht nur ein bedeutender Exporteur von Tabak, Reis, Getreide, Holz und Fisch, sondern auch ein wichtiger Absatzmarkt für britische Waren: in Großbritannien hergestellte gewerbliche Produkte überschwemmten förmlich die kolonialen Märkte, und der Prozeß der immer weiteren Verbreitung standardisierter Konsumgüter, für den angelsächsische Historiker den Begriff der „Konsumrevolution" geprägt haben, hatte um 1750 auch die Kolonien erfaßt. Nordamerikanische und karibische Farmer, Pflanzer, Händler, Handwerker und Gewerbetreibende hatten teil an einem transatlantischen „Empire of Goods" [Breen 1986].

Die Teilhabe an der materiellen, rechtlichen und politischen Kultur Großbritanniens – die Handelsbeziehungen mit dem Mutterland, der Konsum britischer Waren, die Lektüre englischer Bücher und Zeitschriften, die Nachbildung englischer Institutionen – prägte Selbstverständnis und Mentalität der Kolonisten: sie fühlten sich vor allem als Briten in Übersee, und insbesondere den kolonialen Eliten diente der Lebensstil des englischen Landadels als soziales und kulturelles Leitbild. In dieser Orientierung am Mutterland, in der „Anglisierung" der nordamerikanischen und britischen Kolonien, sehen Kolonialhistoriker eine wichtige Vorstufe zur Ausbildung einer genuin „amerikanischen" Identität im ausgehenden 18. Jahrhundert [Breen 1986; Greene].

▷ S. 121 Um 1776/91: Atlantische Revolution

Globale Phänomene. Fügen sich die hier behandelten Phänomene – die Aktivitäten der Ostindiengesellschaften in Asien, der atlantische Sklavenhandel und die Formierung von Siedlungs- und Plantagengesellschaften in Amerika – zu einem weltweiten System mit

▷ S. 308 Schlüsselbegriffe und Konzepte: Globalisierung

Europa im Zentrum zusammen? Läßt sich die europäische Expansion des 17. und 18. Jahrhunderts als Prozeß der „Globalisierung" beschreiben? Einiges spricht dafür: So sind in diesem Zeitraum bereits weltweite Warenströme zu beobachten. Amerikanisches Silber floß in großen Mengen über Europa nach Asien, während ostindische Baumwollstoffe für den europäischen Handel mit Afrika und Amerika zunehmend wichtiger wurden. Amsterdam und London waren Welthandelszentren, in denen Geld- und Warenströme aus allen Teilen des Globus zusammenliefen. Kolonialwaren, die um 1600 als seltene Kostbarkeiten an den Höfen Europas und in den Haushalten der Adeligen und Patrizier konsumiert wurden, erreichten in den folgenden 200 Jahren immer breitere Konsumentenkreise: Zucker, Kaffee, Tee, Kakao, Tabak und bedruckte Baumwollstoffe fanden allmählich in die Haushalte der Mittelschichten Eingang, im 18. Jahrhundert zum Teil sogar in die Häuser der proto-industriellen und der entstehenden industriellen Arbeiterschaft. In der zweiten Hälfte des 18. Jahrhunderts entfiel über ein Drittel der Importe Großbritanniens und Frankreichs auf 'Kolonialwaren'. Schließlich breiteten sich amerikanische Pflanzen wie Mais, Kartoffeln und die Tabakpflanze auch in Europa mehr und mehr aus [Kriedte; Schnurmann, Europa 1998; Walvin].

▷ S. 156 Wirtschafts/ Sozialgeschichte: Alte Themen, Neue Akzente

Die globalen Migrations-, Geld- und Warenströme können gleichsam als Summe der Anstrengungen von Tausenden von Handelsfirmen – von den großen Ostindiengesellschaften bis hin zu spezialisierten privaten Kommissionshändlern – angesehen werden, die ein dichtes Geflecht von interkontinentalen kommerziellen Beziehungen aufgebaut hatten. Im atlantischen Raum etwa hält das Modell eines „Dreieckshandels" zwischen Europa, Afrika und Amerika der empirischen Überprüfung nicht stand. Zutreffender ist das Bild eines Netzwerks von Handels-, Familien- und Kommunikationsbeziehungen zwischen den kommerziellen Zentren. Dies ermöglichte es den beteiligten Kaufleuten, Kapitänen und Finanziers, flexibel auf veränderte Marktgegebenheiten zu reagieren, neue Handelswege zu erschließen und zusätzliche Investitionsmöglichkeiten wahrzunehmen [Hancock; Schnurmann, Welten 1998].

Selbst die christlichen Missionsbestrebungen – die der katholischen Orden wie der protestantischen Kirchen – können als weltweite „Unternehmen" mit wichtigen ökonomischen und administrativen Funktionen angesehen werden. Die Jesuiten etwa verfügten in Indien, Kanada und Südamerika nicht nur über spirituelle Autorität, sondern auch über städtischen und ländlichen Grundbesitz und finanzielle Einkünfte, d.h. sie praktizierten vielfältige Formen wirtschaftlichen Managements. Die Jesuitenkollegien in Brasilien etwa bezogen einen beträchtlichen Teil ihrer Einkünfte im 17. und 18. Jahrhundert aus Zuckerplantagen, die mit Sklavenarbeit betrieben wurden, und von Plätzen wie Goa und Macao aus schalteten sich die Jesuiten auch in den Asienhandel ein. In Spanisch-Amerika hatte die Kirche eine überaus wichtige Funktion als Kreditgeber. In der Missionsarbeit der Francke'schen Stiftungen, die von Halle aus Missionare ins indische Tranquebar und Pfarrer zu den deutschen Lutheranern in Nordamerika sandte, sowie in der Arbeit der Mährischen Brüder, die ein Netz von Missionssiedlungen in Nordamerika, der Karibik, Afrika und Asien aufbauten, verbanden sich pietistischer Glaubenseifer und ausgeprägter Geschäftssinn. Bezeichnenderweise waren die Missionare dort am erfolgreichsten,

▷ S. 75 ff. Seit 1492: Begegnung der Kulture

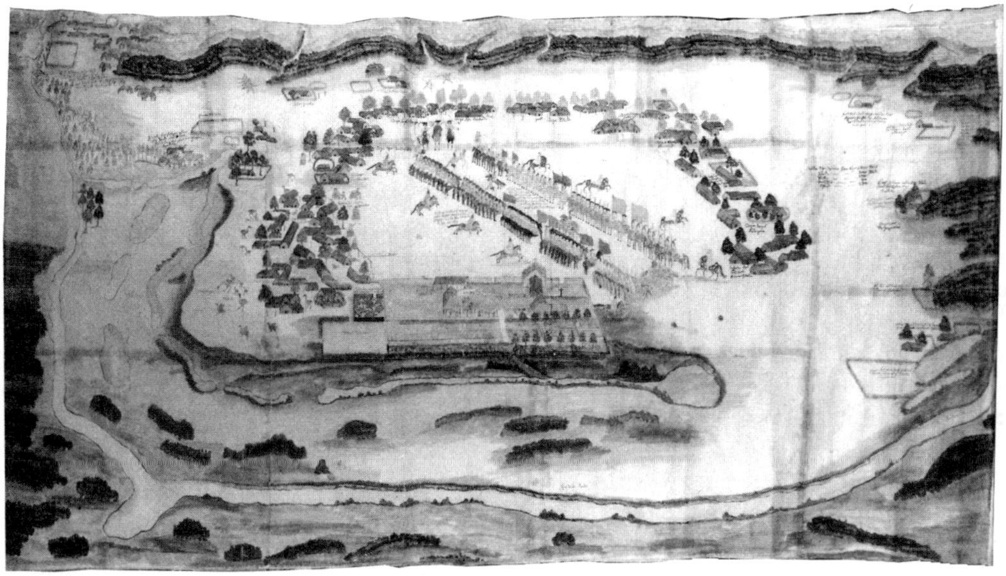

Jesuitenreduktion San Xavier. San Xavier war eine von 30 Siedlungen, sog. Reduktionen, im Grenzgebiet der heutigen südamerikanischen Staaten Paraguay, Uruguay und Argentinien, in denen die Jesuiten die Guaraní-Indianer zusammengefaßt hatten. Um die zentrale Plaza, auf der eine Parade indianischer Soldaten abgenommen wird, gruppieren sich Kirche, Friedhof, Obstgärten, die Wohnungen der Missionare, Werkstätten, Vorratsmagazine und die Häuser der indianischen Häuptlinge, der Kaziken. In der Umgebung befinden sich Pferche für die großen Rinder-, Pferde-, Maultier- und Schafherden der Siedlung.

Der seit Anfang des 17. Jahrhunderts bestehende „Jesuitenstaat", der zu seiner Blütezeit um 1732 etwa 140000 Einwohner zählte, hat zu höchst unterschiedlichen Deutungen Anlaß gegeben. Interpretationen, die in den Jesuitenreduktionen eine christliche oder gar kommunistische Alternative zum spanischen Kolonialismus sehen, führen in die Irre. Die Reduktionen sollten einerseits dem Schutz der Guaraní vor Ausbeutung und Versklavung dienen, sie hatten andererseits jedoch auch eine wichtige militärisch-strategische Funktion im spanischen Kolonialreich. Es ging um eine „conquista espiritual", d.h. um die missionarische „Eroberung" eines Gebiets, dessen Indianer sich zuvor der spanischen Landnahme widersetzt hatten, und um die Sicherung dieses Gebiets gegen Ansprüche der Portugiesen aus Brasilien. Die zuvor halbnomadisch lebenden Guaraní sollten in den Dörfern gesammelt, christianisiert und „zivilisiert" werden. Dies bedeutete Erziehung zu regelmäßiger landwirtschaftlicher oder handwerklicher Arbeit und zur aktiven Teilnahme am religiösen Leben.

Die Jesuitenmissionen genossen keine volle Souveränität, sondern waren von der Krone lediglich mit einer begrenzten Autonomie ausgestattet und blieben in das koloniale Verwaltungssystem eingebunden. So behielt der spanische Gouverneur das Recht, die Siedlungen zu visitieren, d.h. ihnen Kontrollbesuche abzustatten, sowie Pfarrer und indianische Amtsträger zu ernennen bzw. zu bestätigen. Die Indianer waren gegenüber der Krone tributpflichtig und konnten im Bedarfsfall zu Arbeits- und Militärdiensten herangezogen werden. In der nach spanischem Vorbild gestalteten Verfassung der Missionssiedlungen dominierten die Kaziken. Die teils individuell, teils kollektiv betriebene Landwirtschaft diente überwiegend der Selbstversorgung der Reduktionen; Überschüsse – vor allem Matetee aus den Blättern des Yerba-Baums – dienten vorrangig der Bezahlung der Tribute.

Das System der Reduktionen, das seine Schutz- und Versorgungsfunktionen seit der Mitte des 17. Jahrhunderts mit bemerkenswertem Erfolg wahrgenommen hatte, endete 1768 mit der Vertreibung der Jesuiten aus den spanischen Kolonien. Dem aufgeklärten Absolutismus und den kolonialen Eliten war die eigenständige Rolle des Ordens im Inneren Südamerikas gleichermaßen ein Dorn im Auge.

Bild: Anonymer Künstler, Jesuitenreduktion San Xavier, 18. Jahrhundert, Stift Zwettl.

Literatur: H. Gründer, Welteroberung und Christentum. Ein Handbuch zur Geschichte der Neuzeit, Gütersloh 1992.

wo auch der politische und ökonomische Einfluß der Europäer am größten war – vor allem in Lateinamerika –, während ihre Erfolge in den politisch und wirtschaftlich gefestigten Hochkulturen Asiens eher gering blieben [ALDEN; GRÜNDER; REINHARD 1997].

▷ S. 28 ff. Seit 1517: Religion und Politik

Im 17. und 18. Jahrhundert nahmen nicht zuletzt auch die Kriege zwischen den europäischen Mächten globale Dimensionen an. Bereits der Dreißigjährige Krieg (1618-1648) beschränkte sich nicht auf die Schlachtfelder Europas, sondern fand auch in Brasilien, der Karibik, vor der Westküste Afrikas und im malaiischen Archipel statt, wo sich die Niederländer und ihre iberischen Gegner gegenüberstanden. Seit dem ausgehenden 17. Jahrhundert trugen Frankreich und England ihre imperiale Rivalität gleichermaßen in Europa und Übersee aus. So beendete der Frieden von Utrecht (1713) nicht nur den Spanischen Erbfolgekrieg in Europa, sondern auch ein jahrzehntelanges Ringen auf dem nordamerikanischen Kontinent und in der Karibik; in Frankreich heißt diese Auseinandersetzung bezeichnenderweise „La Guerre de Trente Ans en Amérique". Ihren Höhepunkt erreichte die englisch-französische Rivalität in den Jahren 1744-1763: aus globaler Perspektive erscheinen die Konflikte zwischen Preußen und Österreich im Österreichischen Erbfolgekrieg (1740-1748) und im Siebenjährigen Krieg (1756-1763) geradezu als Nebenschauplätze eines weltweit ausgetragenen Kampfes zwischen den westeuropäischen Kolonialmächten. Dessen Ergebnis bestand darin, daß Großbritannien den französischen Rivalen aus Nordamerika verdrängte und seine Position in Indien ausbaute [MARSHALL].

▷ S. 42 ff. Nach 1648: Verdichtung von Herrschaft

Die Auswirkungen dieser globalen Verflechtungen auf die betroffenen außereuropäischen Gesellschaften waren sehr unterschiedlich. Asien zeigte sich bis zur Mitte des 18. Jahrhunderts weitgehend uninteressiert an europäischen Waren außer Edelmetallen und erwies sich zudem als relativ widerstandsfähig gegen Beherrschungs- und Christianisierungsversuche. Die Auswirkungen des atlantischen Sklavenhandels auf Afrika sind in der Forschung umstritten. Doch weist Philip D. Curtin darauf hin, daß die westafrikanischen Gesellschaften in sehr unterschiedlichem Ausmaß am Sklavenhandel beteiligt waren, eine „Unterentwicklung" Afrikas als Folge des Sklavenhandels mithin fraglich erscheint [CURTIN; WIRZ]. Die gravierendsten Folgen hatte die europäische Expansion zweifellos für Amerika. Der in erster Linie durch europäische Krankheitserreger verursachte Rückgang der indianischen Urbevölkerung, der im 16. Jahrhundert die Karibik und Teile Mittel- und Südamerikas entvölkert hatte, setzte sich im 17. und 18. Jahrhundert in Nordamerika fort. Die massenhafte Migration von Europäern und versklavten Afrikanern führte hier zu einer weitreichenden Umgestaltung der Landschaft und zur Entstehung völlig neuer Wirtschafts- und Gesellschaftssyteme. Jenseits der weißen Siedlungsgebiete im Inneren Nordamerikas jedoch, etwa im Ohio-Tal oder im Gebiet der Großen Seen, entstanden kulturelle „Zwischenräume", in denen die Europäer zu Kompromissen mit indianischen Lebensformen und Machtansprüchen genötigt waren. Die Wiederentdeckung der indianischen Ureinwohner als eigenständige Akteure auf der nordamerikanischen Bühne gehört zu den besonderen Verdiensten der jüngeren amerikanischen Kolonialgeschichtsschreibung [WHITE].

▷ S. 430 Asien: Geschichte [...] eurasischen [...]sammenhan[...]

▷ S. 455 Afrika: Die afrikani[...] europäische[...] gegnung

▷ S. 476 Die Neue W[...] Die beiden Amerika

Mark Häberlein

Literatur

D. Alden, The Making of an Enterprise. The Society of Jesus in Portugal, its Empire, and Beyond, 1540-1750, Stanford 1996.

V. D. Anderson, New England's Generation. The Great Migration and the Formation of Society and Culture in the Seventeenth Century, Cambridge u.a. 1991.

B. Bailyn, The Idea of Atlantic History, in: Itinerario 20 (1996), 19-44.

F. Braudel, Aufbruch zur Weltwirtschaft (Sozialgeschichte des 15.-18. Jahrhunderts Bd. 3), München 1986.

T. H. Breen, Puritans and Adventurers. Change and Persistence in Early America, New York/Oxford 1980.

Ders., An Empire of Goods. The Anglicization of Colonial America, 1690-1776, in: Journal of British Studies 25 (1986), 467-499.

J. R. Bruijn/F. S. Gaastra (Hrsg.), Ships, Sailors and Spices. East India Companies and their Shipping in the 17th and 18th Centuries, Amsterdam 1993.

N. Canny (Hrsg.), The Oxford History of the British Empire. Vol. 1: The Origins of Empire. British Overseas Enterprise to the Close of the Seventeenth Century, Oxford/New York 1998.

K. N. Chaudhuri, Trade and Civilization in the Indian Ocean. An Economic History from the Rise of Islam to 1750, Cambridge 1985.

P. D. Curtin, The Rise and Fall of the Plantation Complex. Essays in Atlantic History, Cambridge u.a. 1990 (2. Aufl. 1998).

A. Das Gupta/M. N. Pearson (Hrsg.), India and the Indian Ocean, 1500-1800, Kalkutta 1987.

R. S. Dunn, Sugar and Slaves. The Rise of the Planter Class in the British West Indies, 1624-1713, Chapel Hill 1972.

J. Fisch, Die europäische Expansion und das Völkerrecht. Die Auseinandersetzungen um den Status der überseeischen Gebiete vom 15. Jahrhundert bis zur Gegenwart (Beiträge zur Kolonial- und Überseegeschichte, Bd. 26), Stuttgart 1984.

H. Furber, Rival Empires of Trade in the Orient, 1600-1800, Minneapolis 1976.

F. S. Gaastra, Die Vereinigte Ostindische Compagnie der Niederlande. Ein Abriß ihrer Geschichte, in: E. Schmitt u.a. (Hrsg.), Kaufleute als Kolonialherren. Die Handelswelt der Niederländer vom Kap der Guten Hoffnung bis Nagasaki 1600-1800, München 1988, 1-89.

J. P. Greene, Pursuits of Happiness. The Social Development of Early Modern British Colonies and the Formation of American Culture, Chapel Hill 1988 (5. Aufl. 1992).

H. Gründer, Welteroberung und Christentum. Ein Handbuch zur Geschichte der Neuzeit, Gütersloh 1992.

D. Hancock, Citizens of the World. London Merchants and the Integration of the British Atlantic Community, 1735-1785, Cambridge u.a. 1995.

J. Horn, Adapting to a New World. English Society in the Seventeenth-Century Chesapeake, Chapel Hill 1994.

J.I. Israel, Dutch Primacy in World Trade, 1585-1740, Oxford 1989.

P. Kriedte, Vom Großhändler zum Detaillisten. Der Handel mit ‚Kolonialwaren' im 17. und 18. Jahrhundert, in: Jahrbuch für Wirtschaftsgeschichte 1994/1, 11-36.

M. Krieger, Konkurrenz und Kooperation in Ostindien. Der europäische country-trade auf dem Indischen Ozean zwischen 16. und 18. Jahrhundert, in: VSWG 84 (1997), 322-355.

A. Kulikoff, Tobacco and Slaves. The Development of Southern Cultures in the Chesapeake, 1680-1800, Chapel Hill 1986.

P. J. Marshall (Hrsg.), The Oxford History of the British Empire. Vol. 2: The Eighteenth Century, Oxford/New York 1998.

J. J. McCusker/R. R. Menard, The Economy of British America, 1607-1789, 2. Aufl. Chapel Hill/London 1991.
G. Parker, Die militärische Revolution. Die Kriegskunst und der Aufstieg des Westens, Frankfurt/M. 1990.
P. Pluchon, Histoire de la colonisation française, Bd. 1: Le premier empire colonial. Des origines à la restauration, Paris 1991.
O. Prakash, European Commercial Enterprise in Pre-Colonial India (New Cambridge History of India II.5), Cambridge u.a. 1998.
W. Reinhard, Geschichte der europäischen Expansion. Bd. 1: Die Alte Welt bis 1818, Stuttgart 1983; Bd. 2: Die Neue Welt, Stuttgart 1985.
Ders., Gelenkter Kulturwandel im 17. Jahrhundert. Akkulturation in den Jesuitenmissionen als universalhistorisches Problem, in: HZ 223 (1976), 529-590; wiederabgedruckt in Ders., Ausgewählte Abhandlungen (Historische Forschungen Bd. 60), Berlin 1997, 347-399.
D. Rothermund, Europa und Asien im Zeitalter des Merkantilismus, Darmstadt 1978.
C. Schnurmann, Atlantische Welten. Engländer und Niederländer im amerikanisch-atlantischen Raum 1648-1713 (Wirtschafts- und sozialhistorische Studien, Bd. 9), Köln u.a. 1998.
Dies., Europa trifft Amerika. Atlantische Wirtschaft in der Frühen Neuzeit 1492-1783, Frankfurt/M. 1998.
N. Steensgaard, The Dutch East India Company as an Institutional Innovation, in: M. Aymard (Hrsg.), Dutch Capitalism and World Capitalism, Cambridge/Paris 1982.
J. Walvin, Fruits of Empire. Exotic Produce and British Taste, 1660-1800, Basingstoke/London 1997.
H. Wellenreuther, Der Aufstieg des ersten Britischen Weltreichs. England und seine nordamerikanischen Kolonien 1660-1763 (Historisches Seminar Bd. 3), Düsseldorf 1987.
R. White, The Middle Ground. Indians, Empires, and Republics in the Great Lakes Region, 1650-1815, Cambridge u.a. 1991.
A. Wirz, Sklaverei und kapitalistisches Weltsystem, Frankfurt/M. 1984.
B. Wood, The Origins of American Slavery. Freedom and Bondage in the English Colonies, New York 1997.

Um 1776/91: Atlantische Revolution

Zeittafel

1776	Rahmendatum: Thomas Paine (1737-1809) veröffentlicht Common Sense. Virginia Declaration of Rights. Der amerikanische Kontinentalkongreß in Philadelphia beschließt und erklärt die Unabhängigkeit der USA. Benjamin Franklin (1706-1790) wird amerikanischer Gesandter in Paris.
1777	Schlacht von Saratoga. Articles of Confederation verabschiedet.
1778	Allianzvertrag der USA mit Frankreich.
1779	Beitritt Spaniens zum amerikanisch-französischen Bündnis – ohne Anerkennung der USA – und Kriegserklärung an Großbritannien.
1781	Ratifikation der Articles of Confederation. Schlacht von Yorktown.
1783	Friedensvertrag von Paris: Anerkennung der USA durch Großbritannien.
1785	New York wird Sitz des Kontinentalkongresses. John Adams (1735-1826) wird zum ersten Vertreter der USA in Großbritannien ernannt. Thomas Jefferson (1743-1826) folgt Franklin als amerikanischer Vertreter in Frankreich.
1786	Annapolis Convention zur Vorbereitung einer Verfassungsrevision der Articles of Confederation.
1787	Verfassungskonvent in Philadelphia. North West Ordinance in New York verabschiedet. Erster Artikel der Federalist Papers veröffentlicht.
1788	Die neue Verfassung tritt nach Ratifikation durch New Hampshire in Kraft.
1789	Letzte Sitzung des Kontinentalkongresses in New York und erste Sitzung des First Federal Congress unter der neuen Verfassung. Inauguration von George Washington (1732-1799) zum ersten Präsidenten der USA. – Eröffnung der Generalstände in Versailles. Französische Erklärung der Menschen- und Bürgerrechte.
1790	Philadelphia wird provisorische Hauptstadt der USA. Beschluß über die Gründung der neuen Hauptstadt Washington, Regierungssitz ab 1800.
1791	Rahmendatum: Bill of Rights, d.h. zehn Verfassungszusätze, ratifiziert. Gründung der ersten Bank der USA. – Verfassung Polens und erste französische Verfassung.

Nordamerikas Revolution im Kontext einer transatlantischen Geschichte. „Atlantische Geschichte" bezeichnet zunächst den geographischen Raum, in dem der Austausch zwischen den beiden Küsten im Bereich der Wirtschaft, des Handels, der Ideen und der Kultur stattfindet. Dieser Raum – der Atlantik als Wasserfläche mit seinen Inseln und den diesen Ozean umgebenden Ländern – stellt gleichsam eine Bühne dar, auf der sich das historische Geschehen abspielt. Umfang und Grenzen einer atlantischen Geschichte verändern sich – im späten 18. Jahrhundert umfaßt sie Europa, (West-) Afrika, die Karibik, die atlantischen Küstenregionen Südamerikas sowie die östliche Hälfte Nordamerikas.

Der Begriff der „transatlantischen Geschichte" enthält demgegenüber ein stärker dynamisches Element: eine Dimension, die auf etwas hin bezogen ist und auf wechselseitige Einflüsse und Verflechtungen einschließlich freiwilliger und unfreiwilliger Migrationen verweist [Bailyn 1986; Calloway]. Der Inhalt von „trans-atlantisch" meint immer ein Gegenüber, bezieht sich konkret auf die jeweilige Gegenküste des Ozeans und spricht von der Wahrnehmung dessen, was jenseits des Meeres geschieht.

Ein Blick auf die Gründungsphase der Vereinigten Staaten im letzten Drittel des 18. Jahrhunderts zeigt, wie sehr sich das amerikanische Selbstverständnis vor den Hintergrund solcher transatlantischer Geschichte entwickelte und wie stark die Bezüge zu Europa waren. Denn es ging damals nicht vorrangig um ein Aufzeigen der Unterschiede zwischen Alter und Neuer Welt, auch nicht um den Gegensatz zwischen östlicher und westlicher Hemisphäre, sondern um den Anspruch der Amerikaner, als Teil einer europäischen Zivilisation anerkannt und in den Kreis der alteuropäischen Staatenwelt als neues Mitglied aufgenommen zu werden. Seit Beginn der kriegerischen Auseinandersetzungen mit Großbritannien 1775 haben die Eliten der britischen Kolonien ihr Land als Ort der Erfüllung europäischer Wünsche, Pläne und Verheißungen verstanden [COMMAGER; CALLOWAY].

Der längere Zeit gehegte Zweifel, ob die amerikanischen Ereignisse nach 1776 tatsächlich als Revolution bezeichnet werden können – gerade vor dem Hintergrund eines Vergleichs mit den Umwälzungen in Frankreich nach 1789 –, ist heute keine Frage mehr: Versteht man unter einer Revolution eine dramatische Beschleunigung der historischen Zeit, in deren Ablauf Veränderungen möglich werden, die zu einer Neustrukturierung und Neudefinition im Selbstverständnis des betreffenden Gemeinwesens führen, dann waren sowohl die amerikanische als auch die französische Revolution die beiden wichtigsten Varianten unter den atlantischen Revolutionen des späten 18. Jahrhunderts [GODECHOT]. Auf beiden Seiten des Atlantiks kam es zu neuen Staats- und Regierungsformen, es kam zu Flucht, Vertreibung und Enteignung von Gegnern der Revolution – wobei der Prozentsatz der Revolutionsgegner in den USA, der Loyalisten, sogar höher war als in Frankreich [PALMER].

▷ S. 64 Um 1789: Zeit der Umbrüche

Amerikas Revolutionsprinzipien umfaßten einerseits die universalistisch und kosmopolitisch verstandenen Forderungen nach Freiheit und Gleichheit für alle Menschen; sie enthielten andererseits das Versprechen, auf republikanisch-demokratischer Grundlage ein Regierungssystem zu errichten, in dessen Rahmen die Umsetzung der individuellen Rechte der einzelnen Menschen erfolgen könne. Ferner verstand sich die Revolution in Amerika als Experiment mit offenem Ausgang [BAILYN

Detailskizze

Unabgeschlossenheit der Revolution. Die amerikanische Revolution des Jahres 1776 verstand sich selbst als wesentlichen Schritt zu einer freien und gleichen Gesellschaft. Indem sie die universalistischen und egalitären Prinzipien der europäischen Aufklärung erstmals in die Wirklichkeit umzusetzen suchte, proklamierte sie in der Unabhängigkeitserklärung vom 4. Juli ein Gleichheitspostulat – „All men are created equal" –, das über die USA hinaus eine globale Botschaft formulierte. Dabei war sich die amerikanische Gründergeneration des Gegensatzes zwischen dem Ideal einer Republik freier und gleicher Bürger und der rechtlichen und sozialen Lage eines nicht unerheblichen Teils ihrer Bevölkerung durchaus bewußt: Der Fortbestand des Rechtsinstituts der Sklaverei, der Ausschluß der indianischen Bevölkerungen vom Gesellschaftsvertrag [JENNINGS] und die nur sehr eingeschränkten Rechte der Frauen [KERBER] waren Hinweise auf diesen Widerspruch.

Von diesem Gesellschaftsvertrag ausgeschlossen blieben auch jene (weißen) Männer, die ihre Bindung an die Bürgergesellschaft nicht entsprechend nachweisen konnten, weil sie ohne Eigentum waren. Daher ergänzte z. B. die Virginia Declaration of Rights von 1776 ihre Wahlrechtsgrantie, „that all men, having sufficient evidence of permanent common interest with, and attachment to, the community, have the right to vote." Weil volle Bürgerrechte zunächst nur den (männlichen) Eigentumsbürgern vorbehalten waren, können die USA unter diesem Gesichtspunkt als letzte der antiken Republiken angesehen werden. Erst die Beseitigung dieser Eigentumsqualifikationen in den amerikanischen Einzelstaaten während des frühen 19. Jahrhunderts ebnete den Weg zur modernen, partizipatorischen Demokratie.

Die amerikanische Revolution trug wesentlich zur Erkenntnis bei, daß die Sklaverei ein zutiefst inhumanes Übel darstelle, unvereinbar mit dem Freiheits- und Gleichheitspostulat von 1776. Es war daher nur konsequent, wenn im Zuge der Diskussionen zum ersten Verfassungsentwurf des Staates Massachusetts von 1778 verlangt wurde, den ersten Satz des

Rechtekatalogs – „All men are born free and equal" – zu ergänzen: „All men, white and black, are born free and equal". Zwar verbot die Verfassung von Vermont bereits 1777 die Sklaverei, aber südlich von Pennsylvania blieb sie für fast drei Generationen bestehen. Auch wenn die Sklaverei damals selbst in den sklavenhaltenden Staaten gleichsam schlechten Gewissens erhalten geblieben ist und daher die Worte „slave" bzw. „slavery" in den Verfassungstext von 1787 keinen Eingang gefunden haben, kann das nichts am fundamentalen Widerspruch zwischen Menschenrechten – der Schwarze als Mensch – und Eigentumsvorbehalt – der Sklave als Sache – ändern.

Dieses Spannungsverhältnis zwischen den Versprechungen der Revolutionspostulate und den Wirklichkeiten der amerikanischen Gesellschaft nach 1776 ist gemeint, wenn davon die Rede ist, daß die amerikanische Revolution noch nicht an ihr Ende gekommen sei. In exemplarischer Weise hat darauf bereits 1787 Benjamin Rush (1746-1813) aus Philadelphia hingewiesen: „There is nothing more common than to confound the terms of the American revolution with those of the late American war. The American war is over: but this is far from being the case with the American Revolution On the contrary, nothing but the first act of the great drama is closed." Das aber bedeutet, daß die Forderungen der amerikanischen Gründungsdokumente so lange ihre Wirksamkeit behalten werden, bis die Versprechungen einer gerechten und freien Gesellschaft aller amerikanischen Bürger unabhängig von Geschlecht, Religion, Rasse bzw. sexueller Orientierung eingelöst und im Rahmen der Verfassungsordnung von 1787 gesichert sein werden.

Literatur: B. Rush, C. A. Sheehan/G.L. McDowell (Hrsg.), Friends of the Constitution. Writings of the „Other" Federalists 1787-1788, Indianapolis 1998, S. 1-5; B. Bailyn, Faces of the Revolution. Personalities and Themes in the Struggle for American Independence, New York 1990, S. 200-224.

1990], verbunden mit dem Hinweis, daß in einer demokratischen Regierung die Bürger der USA selbst die Verantwortung dafür trügen, daß die Forderungen der Revolution auch verwirklicht würden – scheiterte das Experiment, wäre das ein Ergebnis des mangelnden Engagements der Bürger für die Sache der Freiheit und der Gerechtigkeit [Wood 1992; Young].

Neben dem Bereich des Rechts gibt es die Sphäre der gesellschaftlichen Anerkennung, und erst beide Elemente zusammen verhelfen zu einem verwirklichten Menschsein [Morgan]. Am Beispiel der Sklaverei wurde deutlich, daß die Ablehnung des Rechtsinstituts keineswegs mit einer sozialen Achtung der Mitbürger schwarzer Hautfarbe einhergehen mußte – die Differenzierung zwischen Sklaverei und Rassismus ist daher entscheidend. Solange „Civil Rights & Social Wrongs" zusammen bestehen, sind die amerikanischen Revolutionsprinzipien erst zum Teil eingelöst.

Weder die Idee der Freiheit noch die Idee der Menschenrechte ist eine amerikanische Erfindung, und doch haben die Gründerväter des Landes die Umsetzung dieser Ideen als eine ihrer entscheidenden Errungenschaften betrachtet. Die Sicherung der Freiheit des religiösen Bekenntnisses und des Gewissens, die Freiheit in der Wahl der Regierungsform, gleiche Rechte und gleiche Partizipationsmöglichkeiten für alle Menschen im demokratischen Prozeß – das steht am Beginn der amerikanischen Nationswerdung, verbunden mit dem Anspruch, Vorbild für die Verwirklichung dieser Ideale in einem weit über die USA hinausreichenden, globalen Kontext zu sein.

Wenn es einen „Chefideologen" der Revolution gibt, dann war das der Engländer Thomas Paine (1737-1809), der in Amerika zum wortgewaltigsten Verkünder einer amerikanischen Mission der Freiheit und der Men-

Das Bild zeigt alle drei Bevölkerungsgruppen Amerikas: Von den Indianern lernten die weißen Europäer den Tabak und seine Kultivierung kennen und etablierten auch in Nordamerika das schon anderswo bewährte Plantagensystem, während die schwarzen Sklaven die für die **Tabakproduktion** benötigte Arbeitskraft zur Verfügung stellen mußten. Zwei euroamerikanische Pflanzer im Vordergrund verzeichnen und überwachen das Verpacken des Tabaks in Holzfässer. Im Mittelgrund des Bildes sind Tabakpflanzungen zu sehen, während im Hintergrund das Haus des Aufsehers und die Masten der Schiffe zu erkennen sind, die den Tabak nach Europa brachten und damit die Einbettung des Plantagensystems in den Transatlantikhandel veranschaulichen.

Tabak war das erste bedeutende landwirtschaftliche Produkt, das seit der Mitte des 17. Jahrhunderts in den englischen Festlandskolonien mit Hilfe von Sklavenarbeit gewonnen wurde. Das geschah auf großflächigen Tabakplantagen, die im Bereich der Chesapeake Bay in Virginia und Maryland zwischen 1675 und 1725 entstanden. Die Tabakproduktion erforderte eine intensive Bewirtschaftung – neun Monate des Jahres waren zur Kultivierung von Tabak erforderlich, von der Aussaat im Januar in den sorgfältig bestellten Boden bis zur Ernte im Spätsommer. Die Bedeutung der Sklaverei für den Tabakanbau belegt die Tatsache, daß Tabak während des 18. Jahrhunderts zum wichtigsten Exportartikel der Festlandskolonien Nordamerikas wurde – zwischen 1725 und 1775 betrug der Zuwachs mehr als 250%. 1770 entfielen vom gesamten Exportwert aller britischen Festlandskolonien einschließlich Bermudas und der Bahamas auf den Tabak als das wichtigste Einzelprodukt fast 30%. Obwohl die Gewinne aus dem Export nach Großbritannien hoch waren, reichten sie nicht an die Profite heran, die aus dem Handel mit karibischem Zuckerrohr zu erzielen waren.

Bild: Darstellung einer Tabakplantage aus einer Landkartenumrahmung. Kupferstich, in: F. W. FAIRHOLT, Tobacco: Its history..., London 1859, Bd. 1, S. 36, The New York Public Library, Arents Collections, Astor, Lenox and Tilden Foundations.

Literatur: P. D. CURTIN, The Rise and Fall of the Plantation Complex, Cambridge/New York, 2. Aufl. 1998.

schenrechte wurde. Die Freiheit, die in seiner Sicht überall auf der Welt vertrieben wurde, sollte in Amerika eine letzte Zuflucht finden, und der Auftrag Amerikas bestehe nun darin, die Fackel der Freiheit wieder zum Leuchten zu bringen und erneut über die ganze Welt zu verbreiten.

Die Entstehung der USA – und in ihrer Folge dann der übrigen amerikanischen Staatenwelt – ist somit in den Kontext einer europäisch-atlantischen Geschichte eingebunden, denn ungeachtet aller Unterschiede verstanden sich die beiden Ufer des Atlantiks als Teil einer einheitlichen Zivilisation. Die Geschichte Nordamerikas ist daher weder als Anhang zur europäischen Geschichte zu sehen noch als eindimensionale Verlängerung Europas über den Ozean hinweg zu begreifen; sie hat vielmehr ihren Ort innerhalb des atlantischen ökonomisch-politisch-kulturellen Systems, in dem Europa, Afrika und die beiden Amerika in vielfältiger Weise aufeinander bezogen waren [Schnurmann; Woodward].

Amerikas Kampf um die Unabhängigkeit als transatlantische Auseinandersetzung. Seit dem Pariser Frieden von 1763 befand sich die gesamte Osthälfte Nordamerikas in britischer Hand – der französische Rivale und die damit verbundene Bedrohung waren verschwunden; der Erwerb Neufrankreichs führte zur Einrichtung lokaler Verwaltungsstrukturen in Québec und sicherte den neuen Untertanen die Ausübung der katholischen Religion, die Verwendung der französischen Sprache und den Fortbestand des Feudalsystems.

▷ S. 104
Nach 1609:
Meere als
ktionsfeld

Für die Kolonisten in Amerika erwuchs daraus die Erwartung des offenen Weges nach Westen – bis zum Mississippi. Doch die Vorstellungen der englischen Metropole zielten in eine andere Richtung: Im Oktober 1763 wurde als Ergebnis der sogenannten „Proclamation" auf dem Appalachenhauptkamm eine Grenze zwischen den britischen Siedlungsgebieten an der Atlantikküste und den ehemals französischen Territorien des Ohio- und Mississippitales gezogen, und nur mit Zustimmung der Londoner Regierung sollte eine Besiedelung dieses Raumes zulässig sein. Der Handel der Kolonisten mit den Indianern dieses Bereichs wurde ebenso der exklusiven britischen Kontrolle unterstellt.

Die Kosten des langen Krieges und die 1763 erfolgte territoriale Expansion in Nordamerika und Indien veränderten die Rahmenbedingungen des Reichsverbandes. London reagierte mit einer Reihe legislativer Maßnahmen, die die Beziehungen zu den amerikanischen Kolonien [Greene/Pole] belasteten. Die zentrale Ursache für die Krise des britischen Reiches nach 1763 war aber die Frage, ob das Parlament in Westminster die letzte Legislativinstanz auch für Nordamerika darstelle. Den Kolonisten erschien eine positive Antwort darauf mit den Prinzipien der englischen Verfassung unvereinbar, weshalb sich die „colonial assemblies" gegen die vermeintliche Anmaßung des Londoner Parlaments aussprachen [Bailyn 1992]. Als Reaktion auf die britischen Maßnahmen kam es zu Solidaritätskundgebungen in ganz Amerika, und am 5. September 1774 trat in Philadelphia der Erste Kontinentalkongreß zusammen; im Oktober riefen die Delegierten in der „Association" zum Boykott britischer Waren auf. Georg III. (1738-1820) sah darin den Beginn einer Rebellion – der Ausbruch militärischer Auseinandersetzungen schien nur mehr eine Frage der Zeit [Maier].

Die Amerikaner dachten über Alternativen innerhalb des transatlantischen Reichsverbandes nach: Eine föderative Lösung mit einem gemeinsamen Monarchen an der Spitze aller Teile des Empire oder die Anerkennung der Parlamentshoheit in klar definierten Konfliktfällen mit dem König als Letztinstanz kamen in Frage. Im Unterschied zu Nordamerika hat England selbst keine Wege zur Lösung des Problems aufgezeigt. So blieben schließlich zwei Optionen übrig: Entweder kam es zur Anerkennung der Parlamentssouveränität, oder die Kolonien beschritten den Weg in die Unabhängigkeit.

In Québec wurde die erste Option verfolgt, weil es dort keine Tradition lokaler Selbstverwaltung gab und die früheren Untertanen der französischen Krone dem Versprechen der Londoner Regierung vertrauten, den für sie wichtigen Schutz der katholischen Religion zu gewährleisten; auch Neuschottland und die beiden Florida nahmen nicht an der Unabhängigkeitsbewegung teil. Alle elf Inselkolonien in der Karibik, die damals ihre eigene „assembly" hatten – Jamaica, Barbados, Antigua, St. Kitts, Nevis, St. Vincent, Montserrat, Grenada, Tortola, Dominica und Tobago –, akzeptierten die Autorität des Parlaments als letzte Instanz in allen Fragen der Gesetzgebung ebenfalls, wofür sie im Gegenzug den Schutz durch die Royal Navy gegen äußere und innere Gefahren in Anspruch nehmen konnten – die Furcht vor Sklavenaufständen stand im Vordergrund, denn die weißen Kolonisten bildeten überall auf den Inseln eine Minderheit. Die zweite Option wurde dann von 13 der 17 Festlandskolonien gewählt, was die Perspektive des Krieges unvermeidlich machte, dessen Ausgang aber nicht vorauszusehen war.

Die Schüsse von Lexington und Concord vom April 1775 eröffneten den Unabhängigkeitskrieg, der ein britischer Bürgerkrieg war und an dessen Ende eine neue Nation innerhalb der atlantischen Welt entstanden ist [Pocock 1982]. Der Ausbruch des Krieges stellte den amerikanischen Kongreß vor große Herausforderungen politischer Art – doch wurde mit dem Aufbau einer kontinentalen Armee begonnen, deren Oberkommando in die Hände George Washingtons (1732-1799) gelegt wurde. Im Mai 1775 trat der Zweite Kontinentalkongreß in Philadelphia zusammen, der bis 1789 das zentrale repräsentative Gremium Amerikas geblieben ist.

Bei der Entscheidung über die Frage der Unabhängigkeit kam den Amerikanern Anfang 1776 ein ideologisches Pamphlet zu Hilfe, das eine der erfolgreichsten Schriften in der Geschichte überhaupt geworden ist – „Common Sense" des nach Amerika ausgewanderten Engländers Thomas Paine. Er plädierte für die Abschaffung der Monarchie, weil Georg III. seine Herrschaft über Amerika verwirkt habe; in Amerika sollte in Zukunft allein das Gesetz regieren: „The Law is King in America!" Schließlich unterstrich Thomas Paine, daß ganz Europa das Mutterland Amerikas sei – und damit sollte auch die Unterstützung aller Nichtengländer für die gemeinsame amerikanische Sache gesichert werden.

Wenige Monate später wurde im Kontinentalkongreß am 2. Juli zunächst die Unabhängigkeit von 13 Kolonien beschlossen, und am 4. Juli 1776 wurde die von Thomas Jefferson (1743-1826) mit Hilfe eines Redaktionskomitees verfaßte Erklärung angenommen, in der die Trennung von Großbritannien ausführlich begründet wird: Ein amerikanisches Volk habe sich nun vom britischen gelöst und in 13 souveränen, wiewohl vereinigten Einzelstaaten organisiert. Auf die Prinzipien der Revolution – d.h. den Gleichheitsgrundsatz „all men are created equal" und die Verheißungen der Sicherheit von Leben und Freiheit sowie das

Um die militärischen Leistungen von **George Washington** (1732-1799) im Krieg gegen Großbritannien anzuerkennen, beschloß der Kontinentalkongreß im August 1783, ein Reitermonument am künftigen Sitz des Kongresses durch den besten Künstler Europas ausführen zu lassen – verbunden mit der Auflage, die Figur Washingtons „in a Roman dress" zu kleiden. Das Aufgreifen europäischer Vorbilder wie des Reitermonuments Ludwigs XV. in Paris oder desjenigen des Großen Kurfürsten in Berlin verweist ebenso wie die Ablehnung zeitgenössischer Kleidung auf eine bewußte Verankerung Amerikas in europäische Kulturtraditionen. Die abgebildete Radierung zitiert zwar den Kongreßbeschluß, zeigt aber nicht den Reiter, sondern eine Standfigur in früneuzeitlicher Rüstung, deren Vorlage im 17. Jahrhundert in England entstand.

George Washington stammte aus der Pflanzeraristokratie Virginias und erwarb erste militärische Erfahrungen im Dienst der kolonialen Milizen. Im Konflikt mit dem britischen Parlament unterstützte er seit 1769 die amerikanische Sache, und nach der Gründung der Kontinentalarmee 1775 wurde er vom Kongreß mit dem Oberbefehl betraut. Washington war kein herausragender Militärstratege – ohne die Hilfe der französischen Flotte vor Yorktown wäre dieser entscheidende Sieg nicht möglich gewesen –, und doch wurde er zur Symbolfigur des amerikanischen Widerstands gegen England. Nach dem Ende des Krieges gab er im Dezember 1783 in einer geschickt inszenierten Zeremonie seine militärische Befehlsgewalt an den Kongreß zurück und zog sich danach auf seinen Landsitz in Mount Vernon zurück.

Der aus diesem freiwilligen Rückzug folgende Prestigegewinn hatte eine kaum zu überschätzende Bedeutung und bestimmte die Richtung seiner weiteren Laufbahn: 1787 wurde er zum Verfassungskonvent nach Philadelphia berufen und im Februar 1789 zum ersten Präsidenten der USA gewählt. In der Ausübung des höchsten Staatsamtes war er sich der hohen Verantwortung bewußt, zumal ihres maßstabsetzenden Charakters für seine Nachfolger. Sein großes Prestige, seine überzeugende Persönlichkeit sowie eine internationale Reputation, die nur noch von Benjamin Franklin übertroffen wurde, kamen ihm bei der Erfüllung dieser Aufgaben zu Hilfe. Die Umsetzung des Geistes der Verfassung von 1787 in gelebte Politik bleibt seine größte Leistung. Nach dem Ende der zweiten Amtsperiode zog er sich 1797 auf seine Plantage zurück, wo er zwei Jahre später starb.

Bild: John Norman (1748-1817), The True Portraiture of his Excellence George Washington Esqr., Radierung, ca. 1783, Yale University Art Gallery, The Mabel Brady Garvan Collection.

Literatur: J. T. FLEXNER, Washington. The Indispensable Man, Boston/Toronto 1974; J. RHODEHAMEL (Hrsg.), George Washington. Writings (Library of America, Bd. 91), New York 1997; J. T. GÖLLER, George Washington. Vom Waldläufer zum Staatsmann, Berlin 1998.

Glücksstreben („the pursuit of happiness") [MATTHEWS] – folgte eine lange Liste von Verfehlungen des englischen Königs; sie dienten als letzte Rechtfertigung der Trennung sowie als völkerrechtliche Legitimation, die in Europa Verbündete im Krieg gegen das Mutterland gewinnen sollte. Erst am Ende des Dokuments wird erklärt: „That these United Colonies are, and of right ought to be, FREE AND INDEPENDENT STATES."

Der Krieg wurde in Nordamerika und in der Karibik mit wechselndem Glück für beide Seiten geführt – doch haben zwei Schlachten den Konflikt entschieden: Im Oktober 1777 siegten die Amerikaner vor Saratoga über die Engländer, so daß nun Frankreich die USA diplomatisch anerkannte und im Februar 1778 einen Allianzvertrag abschloß. Die wichtigere Entscheidung fiel aber in der Schlacht von Yorktown am 19. Oktober 1781 – nun war klar, daß England diesen Krieg verloren hatte.

Nach schwierigen Verhandlungen kam es in Paris am 3. September 1783 zwischen England und den USA zum Friedensschluß: Darin erkannte das ehemalige Mutterland die Unabhängigkeit von 13 seiner Kolonien an, und die neue Westgrenze der USA wurde am Mississippi festgelegt. Großbritanniens transatlantisches Imperium wurde stark reduziert, bestand aber in Kanada und in der Karibik weiter fort. Verlierer des Krieges war auch eine halbe Million von Amerikanern, die nach 1783 der Monarchie und dem Parlament loyal geblieben waren – die Loyalisten, die ein Fünftel aller Einwohner ausmachten und aus allen Gesellschaftsschichten kamen.

Verfassungsentwicklung und Föderativstrukturen in der neuen Republik der USA. Entsprechend der englischen Verfassungsinterpretation war das Parlament in Westminster letzte Instanz – auch in eigener Sache. Im Unterschied dazu schufen die Amerikaner eine geschriebene Verfassung und ein unabhängiges Höchstgericht („Supreme Court"), das die Gesetze und Maßnahmen von Legislative und Exekutive überprüfen konnte [BEEMAN/BOTEIN/CARTER; KAMMEN].

Für die amerikanische Geschichte war es von größter Bedeutung, daß die Verfassungen der Einzelstaaten der ersten gesamtamerikanischen Föderativverfassung zeitlich vorausgegangen waren. Denn kurz vor der Erklärung der Unabhängigkeit hatte der Kontinentalkongreß im Mai 1776 den einzelnen Kolonien empfohlen, neue Fundamentalgesetze zu erarbeiten. Die damit gegebene Unterscheidung zwischen den beiden Ebenen der Einzelstaaten und der Vereinigten Staaten ist kaum zu überschätzen und bildet einen wesentlichen Schlüssel zum Verständnis der Verfassungsgeschichte der USA [LUTZ].

Alle Einzelstaatsverfassungen bestanden aus zwei Teilen: Der eine Teil umfaßte einen Rechtekatalog („Bill of Rights", „Declaration of Rights"), der im wesentlichen die drei fundamentalen Freiheiten der Religions-, Rede- und Versammlungsfreiheit garantierte; am bekanntesten wurde die von George Mason (1725-92) erarbeitete „Virginia Declaration of Rights" vom 12. Juni 1776. Die Sicherung dieser Rechte des Individuums wurde in den frühen Verfassungen in komplementärer Weise ergänzt durch Appelle an die Tugend (virtue) und die einfache Lebensweise („republican simplicity") des Bürgers [SHALHOPE; STOURZH]. Das politische Engagement für die gemeinsame Sache (res publica) konnte nur einem Bürger abverlangt werden, der auch ein Interesse daran hatte, tugendhafte Repräsentanten in die politischen Ämter zu wählen [POCOCK 1975; RICHARD].

Der andere Teil der Einzelstaatsverfassungen enthielt die Rahmenordnung für das politische Verfahren („Frame of Government"). Der republikanische Charakter dieser Verfassungen fand seinen Niederschlag einerseits in der Konzentration der politischen Macht bei der Legislative und andererseits in der Begrenzung der Amtszeiten – meist auf ein Jahr – sowie im Rotationsprinzip.

Ebenfalls noch vor der Erklärung der Unabhängigkeit hatte der Kontinentalkongreß am 12. Juni 1776 beschlossen, eine Verfassung der „American confederation" auszuarbeiten. Im November 1777 war der aus 13 Artikeln bestehende Verfassungstext der „Articles of Confederation and Perpetual Union" fertiggestellt. Die „Articles" organisierten Amerika als Liga und Bündnis für die gemeinsame Verteidigung in einer Einkammerlegislative mit exekutiven Funktionen. Die Abgeordneten wurden jährlich – gemäß dem republikanischen Prinzip – von den Legislativen der Einzelstaaten entsandt [Wood 1969].

Nach dem Frieden von 1783 trat aber das im Krieg gezeigte Engagement für die gesamtamerikanische Sache wieder hinter die Besinnung der Einzelstaaten auf die eigenen lokalen Probleme zurück. Die Union hatte als Folge des Unabhängigkeitskrieges eine hohe Staatsschuld aufgehäuft, die es abzutragen galt. Der Kontinentalkongreß hatte gemäß der Verfassung der „Articles" kein Besteuerungsrecht („taxing power"), das er über die Steuerhoheit der Einzelstaaten hinweg ausüben konnte. Das bewog einige Delegierte, eine Reform der „Articles" wenigstens in diesem Punkt zu verlangen. In den Einzelstaaten formierte sich daraufhin eine als „nationalists" bezeichnete Gruppe, angeführt von Alexander Hamilton (1757-1804) aus New York und James Madison (1751-1836) aus Virginia. Da jede Reform der Verfassung von 1777 einstimmig beschlossen werden mußte, schlugen zunächst alle Reformversuche fehl. Doch im September 1786 trafen in Annapolis auf Anregung von Massachusetts Vertreter von fünf Staaten zusammen, um über eine Revision der Unionsverfassung zu beraten.

Man kam darin überein, für das kommende Jahr eine große Reformversammlung nach Philadelphia einzuberufen – die Ausarbeitung einer neuen Verfassung war nicht geplant [Beeman/Botein/Carter]. Am 25. Mai 1787 wurde der Verfassungskonvent eröffnet: 55 Männer aus 12 Staaten – ohne Rhode Island – nahmen daran teil, meist Anwälte, Kaufleute und Plantagenbesitzer. Neben Hamilton und Madison waren George Washington, George Mason und Benjamin Franklin (1706-1790) die bedeutendsten Persönlichkeiten; Thomas Jefferson und John Adams (1735-1826) befanden sich als diplomatische Vertreter der USA in Europa. Alle Beratungen waren geheim, keine Aufzeichnungen sollten veröffentlicht, keine Zeitungsinterviews gegeben werden. Die Arbeit der Verfassungsväter war am 17. September beendet.

Die entscheidenden Diskussionen begannen am 29. Mai mit der Vorlage des „Virginia Plan" durch Madison; nach diesem Vorschlag sollten die „Articles" durch eine neue Verfassung ersetzt werden. Die Legislative sollte aus zwei Kammern bestehen, wobei die Zahl der Abgeordneten in beiden Häusern proportional zur Bevölkerung der Einzelstaaten festzulegen wäre; der Präsident der USA würde eine Amtszeit von 7 Jahren haben. Die Gegenoffensive der durch diesen Vorschlag bedrohten kleinen Staaten wurde am 15. Juni als „New Jersey Plan" unterbreitet. Um eine Marginalisierung durch die großen Staaten zu verhindern, wurde gefordert, an der Einkammerlegislative der „Articles" mit gleicher Vertretung für alle Staaten festzuhalten und die wesentlichen Grundzüge der Ordnung von 1777 zu bewahren. Im „Great Compromise" wurde dann eine für beide Seiten befriedigende Regelung gefunden: In einem Oberhaus („Senate") waren alle Staaten gleichberechtigt vertreten, während in einem Unterhaus („House of Representatives") die Abgeordneten entsprechend ihrer Bevölkerungszahl repräsentiert waren.

Artikel I der neuen, bis heute gültigen Verfassung behandelt die Aufgaben der Legislative, Artikel II umschreibt das Präsidentenamt, die Exekutive, und Artikel III regelt die richterliche Gewalt, die Judikative. Artikel IV behandelt die Aufnahme neuer Staaten in die Union und garantiert den Einzelstaaten eine republikanische Regierungsform. Der Artikel V legt das (komplizierte) Verfahren für Änderungen im oder Ergänzungen („Amendments") zum Verfassungstext fest, weil notwendige Anpassungen nur behutsam erfolgen sollten. Der Artikel VI erklärt die Verfassung zum „supreme Law of the Land", zum Fundamentalgesetz der USA; dem „Supreme Court" kommt es zu, als Letztinstanz die Verfassung zu interpretieren, indem er die Gesetze des Kongresses an den Vorgaben der Verfassung mißt [Kammen].

Da alle Einzelstaaten mit Rechtekatalogen zum Schutz der Bürger versehen waren, erachtete die Mehrheit der Delegierten die Aufnahme einer eigenen „Bill of Rights" in den Verfassungstext als unnötig. Die Verfassung wurde an den Kontinentalkongreß in New York und von dort an die Legislativen der Einzelstaaten geschickt. Diese hatten eigene Ratifikationskonvente einzuberufen, in denen über die Annahme abgestimmt werden sollte – neun Staaten genügten, um die Verfassung in Kraft zu setzen, wie der abschließende Artikel VII festlegte.

Noch im Vorfeld der Ratifikationsdebatten gelang den Verfassungsbefürwortern ein terminologischer Schachzug größter Tragweite, indem sie sich als „Federalists" bezeichneten. Dieses Wort suggerierte, daß die Anhänger des neuen Regierungssystems für eine Konföderation plädierten, obwohl ihre Gegner, die „Anti-Federalists", tatsächlich stärker föderalistisch orientiert waren [Levy/Mahoney; Storing].

Den „Federalists" ging es um eine handlungsfähige Zentralregierung, die das nötige Instrumentarium zur Regulierung der Wirtschaft und zur Bewahrung der inneren Sicherheit zur Verfügung stellte; zugleich konnte damit das Fundament für die angestrebte Großmachtrolle gestärkt und der Respekt der europäischen Mächte erlangt werden. Die wichtigsten Aussagen der Verfechter des neuen politischen Systems finden sich in den aus 85 Artikeln bestehenden „Federalist Papers", die im Zuge der Ratifikationsdebatten im Staat New York 1787/88 von James Madison, Alexander Hamilton und John Jay (1745-1829) verfaßt wurden [Adams]. Die Argumentation bewegt sich zum Teil auf der höchsten Ebene politischer Theorie, zum Teil in den Niederungen demagogischer Propaganda.

Die Verfassungsgegner verband ein tiefgehendes Mißtrauen gegen jede Form politischer Machtkonzentration, die man als Folge der neuen Verfassung befürchtete. Die Entwicklung zu einem zentralistischen Einheitsstaat verbunden mit dem Verschwinden der Einzelstaaten wäre dann unausweichlich, dachte man. Der Verlust republikanischer Tugenden hätte negative Folgen für die Regierenden selbst, die den Kontakt mit dem einfachen Volk aufgeben würden; eine durch die Verfassungsordnung korrumpierte Regierung würde schließlich die Freiheitsrechte des einzelnen Bürgers beseitigen. Um diesen Gefahren wenigstens begegnen zu können, forderten die „Anti-Federalists" mit Nachdruck eine nationale „Bill of Rights" – was die Federalists in den Ratifikationskonventen dann auch unterstützten [Levy/Mahoney].

Als erster Staat nahm Anfang Dezember 1787 Delaware die neue Verfassung an, und mit der Ratifikation durch New Hampshire im Juni 1788 trat sie in denjenigen Staaten in Kraft, wo sie bis dahin angenommen worden war. Mit der Annahme der Verfassung durch Virginia noch im Juni war der Süden gewonnen, und auch New York stimmte Ende Juli knapp für die Ratifikation. Nach der Annahme der Verfassung kam es im ganzen Land zu großangelegten und meist perfekt inszenierten Ratifikationsfeiern („Federal processions"), deren nationalistische Komponente sowohl integrierenden als auch – gegenüber den Gegnern – ausschließenden Charakter hatte. Die amerikanischen Verfassungsfeiern waren vorbildhaft für die großen öffentlichen Festlichkeiten der Französischen Revolution [Silverman; Waldstreicher].

Im Januar 1789 wurden George Washington zum ersten Präsidenten und John Adams zum ersten Vizepräsidenten gewählt, und die Inauguration des neuen Staatsoberhaupts erfolgte am 30. April 1789 in New York. Der erste Federal Congress trat im März 1789 zusammen und vollendete bis 1791 das Verfassungswerk von Philadelphia [Bickford/Bowling]. Die Federalists standen zu ihrer Zusage, die Verfassung durch einen nationalen Grundrechtekatalog zu ergänzen. James Madison legte dem neuen Kongreß eine Reihe von Artikeln vor, von denen die Einzelstaaten bis Dezember 1791 zehn Verfassungszusätze ratifizierten, die in ihrer Gesamtheit die nationale „Bill of Rights" ausmachen. Das 1. Amendment gilt als wichtigstes: „Der Kongreß darf kein Gesetz erlassen, das die Einführung einer Staatsreligion zum Gegenstand hat, die freie Religionsausübung verbietet, die Rede- oder Pressefreiheit oder das Recht des Volkes einschränkt, sich friedlich zu versammeln und die Regierung durch Petition um Abstellung von Mißständen zu ersuchen" [Adams].

Die zweite wesentliche Leistung des ersten Kongresses bestand in der Entscheidung über den neuen Regierungssitz. Seit 1783 war zwischen den nördlichen und den südlichen Einzelstaaten darüber gerungen worden, ob dafür eine bestehende Stadt – Philadelphia oder New York – ins Auge gefaßt oder eine neue Stadt gegründet werden sollte. Nach schwierigen Verhandlungen kam es im Juni 1790 zum Kompromiß: An der Grenze zwischen Virginia und Maryland wurde am Potomac-Fluß der Hauptstadtbezirk des „District of Columbia" eingerichtet und der Franzose Pierre Charles L'Enfant (1754-1825) mit der urbanistischen Planung beauftragt. Im November 1800 übersiedelten Regierung und Kongreß in die neue, Washington genannte Hauptstadt.

Kontinentale Westexpansion und Vision künftiger Größe des American Empire. Mit der Unabhängigkeit der USA entstand seit 1776 ein neues Machtzentrum an der Ostküste Nordamerikas, das nach Westen und Süden zu expandieren begann und ein Kolonialreich neuer, eigener Prägung hervorbrachte. Noch immer werden die ambitiösen, imperialen Anfänge der amerikanischen Republik im späten 18. Jahrhundert übersehen. Die heutige Weltmachtrolle der USA ist kein Zufall, sondern das Ergebnis eines mächtigen Impulses und einer angestrebten Entwicklung, die in der Grün-

Forschungsstimme

Abgesehen von der gravierenden Ausnahme des Bürgerkriegs (1861-1865), der mehr Amerikaner das Leben gekostet hat als alle übrigen Kriege der USA zusammengenommen, kann der Weg der Vereinigten Staaten seit 1776 durchaus als Erfolgsgeschichte gelesen werden. In der amerikanischen Historiographie hat diese Sichtweise im Konzept des „American exceptionalism" ihren Niederschlag gefunden. Wie **Ian Tyrell** klarstellt, zieht selbst der Antiamerikanismus seine Kraft aus der angeblichen Sonderstellung der Vereinigten Staaten, die daher als Quelle allen Übels in der Welt denunziert werden können.

Jede zu ausschließliche Konzentration auf eine Nationalgeschichte kann zu perspektivischen Verengungen führen; der Kontrast zwischen nationalstaatlicher Geschichtsauffassung und den Herausforderungen globaler Präsenz der amerikanischen Weltmacht ist aber besonders augenfällig. Unter den Versuchen einer Überbrückung dieser Spannung sieht Tyrell den bis jetzt vielversprechendsten Forschungsansatz in einer „Atlantischen Geschichte" des 17. und 18. Jahrhunderts; hierbei wird die Geschichte der USA in einer transnationalen Zusammenschau untersucht, die Europa, Afrika und Lateinamerika einbezieht, wobei das atlantische Phänomen der Sklaverei ein Beispiel darstellt. Da für Tyrell aber die Überzeugung von der eigenen Besonderheit bei den Amerikanern besonders tief verwurzelt ist, dürften alle Versuche einer Einbettung der amerikanischen Geschichte in ein transnationales Projekt nur schwer umzusetzen sein.

Daher unterbreitet er einen konkreten Vorschlag: „The legacy of exceptionalism can only be laid to rest in two ways: by confronting the national focus of exceptionalist analysis, and by dealing with the special conditions of historical production that have shaped and sustained exceptionalism through organization of historical knowledge in national units. This is why exceptionalism must be linked to national history and why the paradigm of national history must be rigorously scrutinized from the perspective of alternative transnational approaches. I do not mean to suggest that American history must be homogenized as part of some amorphous international history. The alternatives to national history I propose would contextualize nationalism and depict U.S. history as a variation on transnational themes."

Quelle: I. TYRELL, American Exceptionalism in an Age of International History. In: The American Historical Review 96 (1991), S. 1038.

dungsphase der amerikanischen Republik ihren Anfang genommen hat.

Von Anfang an sahen sich die USA als „Republican Empire", das die Reihe der historischen Großreiche der Antike ebenso wie die der europäischen Imperien unter veränderten Rahmenbedingungen fortführte [STOURZH; RICHARD]. Im Bewußtsein der amerikanischen Eliten des 18. Jahrhunderts wurde der neue Staat als letztes einer Reihe historischer Großreiche in zeitlicher Abfolge angesehen, wobei die bisherige Westwärtsbewegung der Imperien in Nordamerika zu einem Abschluß gekommen sei [POCOCK 1975]. Mehr noch: Waren bisher Kultur und Zivilisation nach Westen gewandert, so begann nun eine Umkehrung dieser Dynamik – von Amerika, aus dem Westen, führte der Weg der Zivilisation zurück nach Europa, in den Osten [WALDSTREICHER; GODECHOT].

Wenn Alexander Hamilton im ersten der „Federalist Papers" vom Oktober 1787 vor dem Hintergrund der Debatten über die Annahme der neuen Verfassung durch den Staat New York davon sprach, die Entscheidung betreffe das weitere Schicksal eines Imperiums, „in many respects, the most interesting in the world", dann steht diese Aussage im Kontext einer umfassenderen Debatte über den historischen Ort der neuen Republik gegenüber Europa wie im Rahmen der Weltgeschichte.

Den Visionen eines amerikanischen Reiches mußte nun eine konkrete politische Organisationsform folgen, die der im späten 18. Jahrhundert in vollem Gang befindlichen kontinentalen Expansion nach Westen Rechnung tragen würde. Die größte Herausforderung war ein verfassungsrechtliches Problem: Einige Staaten der USA – Virginia, New York, Georgia oder Connecticut – konnten als Rechtsnachfolger der früheren britischen Kolonien entsprechend den Formulierungen ihrer kolonialen Charter unterschiedlich große, manchmal überlappende Landansprüche auf Gebiete westlich der Appalachen geltend machen – zum Teil bis an den Pazifischen Ozean. Virginia hatte den bei weitem größten Landanspruch, und so war es nur eine Frage der Zeit, bis die wachsende Bevölkerung der amerikanischen Ostküste in die Gebiete westlich der Appalachen auswandern und damit Virginia zum bevölkerungsreichsten und wirtschaftlich mächtigsten Einzelstaat aufsteigen würde. Das aber hätte Virginia in die Lage versetzen können, im Rahmen der amerikanischen Union eine vergleichbare Hegemonie auszuüben, wie sie für Holland innerhalb der Niederlande bestand oder für das Haus Österreich innerhalb des Heiligen Römischen Reiches galt. Nach zähen Verhandlungen in Philadelphia stimmte Virginia schließlich zu, seine Ansprüche an den Kongreß abzutreten, und diesem Beispiel folgten auch die anderen betroffenen Staaten.

Der Kongreß erließ zwischen 1784 und 1787 eine Reihe von Landverordnungen („land-ordinances"). Die ersten Vorschläge zur territorialen Gliederung zielten darauf, die an den Kongreß abgetretenen Teile Virginias nördlich des Ohio in zunächst zehn, dann fünf Territorien zu teilen. Ab dem Zeitpunkt, wo eines dieser Territorien die Einwohnerzahl des kleinsten der bestehenden Staaten an der Ostküste erreicht haben würde, sollten die Bewohner das Recht erhalten, einen neuen Staat einzurichten und um Eintritt in die Union nachzusuchen. Die USA waren also bemüht, ihr neu entstehendes „Kolonialreich" unmittelbar und auf gleichberechtigter Ebene in die bestehende Union einzugliedern. Thomas Jefferson sah in dieser von ihm selbst erarbeiteten und mitgetragenen Lösung eine wesentliche Voraussetzung für seine Idee eines „Empire for Liberty" [MATTHEWS; APPLEBY].

Die nach mehreren Zwischenstufen im Juli 1787 in New York verabschiedete „Northwest Ordinance" sah dann vor: Im Gebiet nördlich des Ohio sollten 3-5 Territorien errichtet werden, regiert zunächst von einem durch den Kongreß eingesetzten Gouverneur. Ab der Zahl von 5000 Bewohnern konnte eine Assembly gewählt, ab 60000 Menschen eine Verfassung erarbeitet und um Beitritt zur Union als Staat nachgesucht werden. Der Text der „Northwest Ordinance" ging aber über eine bloß administrative Regelung hinaus und sicherte den künftigen Bewohnern wesentliche Grundrechte, etwa die Religionsfreiheit; von größter Bedeutung war das im Text verankerte Verbot der Sklaverei.

In erster Linie weil die südlichen Staaten der Union keinem weiteren Verbot der Sklaverei mehr zustimmen wollten, gelang es dem Kongreß weder unter den „Articles" noch unter der neuen Verfassung von 1787, eine komplementäre „Southwest Ordinance" für die Gebiete südlich des Ohio zu schaffen. Die Auseinanderentwicklung der Union in zwei Teile hat genau hier ihren Ausgangspunkt – mit dem Scheitern des Sklavereiverbots südlich des Ohio konnte der Süden seine „peculiar Institution" verfassungsrechtlich abgesichert nach Westen ausbreiten.

Alteuropa und die Neue Welt – kulturelle Referenzen einer transatlantischen Begegnung. Seit dem Ende des 15. Jahrhunderts wurde der Atlantik durch das Ausgreifen zunächst Portugals und Spaniens sowie später der übrigen europäischen Nationen nach Westen zunehmend zum Binnenmeer der Neuzeit. Wie sich in der Antike an den Ufern des mittelländischen Meeres eine zusammenhängende Zivilisation entwickeln konnte, so entstand auch in der Neuzeit an den Rändern dieses zweiten „Mittelmeers" allmählich eine atlantische Zivilisation. Ihre Wurzeln liegen in der spätantiken Mittelmeerwelt und verdanken sich dem Judentum bzw. Christentum, der griechisch-arabischen Philosophie und dem Römischen Recht als den Fundamenten der abendländischen Kultur [RICHARD].

▷ S. 74 f. Seit 1492: Begegnung der Kulturen

Im Kontakt zwischen Europa und Amerika traten zwei „alte" Welten miteinander in Beziehung, und beide Welten wurden dadurch verändert, bis sie schließlich in eine gemeinsame Neue Welt integriert wurden [MEINIG; CALLOWAY]. Damit wird nicht nur der Vorstellung einer „american uniqueness" eine Absage erteilt, sondern auch eine Auffassung abgelehnt, derzufolge eine politische, ökonomische und kulturelle „Einbahnstraße" von Europa über den Atlantik zu den beiden Amerika hin führte [TYRELL].

Transatlantischer Austausch innerhalb des atlantischen Systems meint die Aufnahme von Anregungen, den Transfer von Menschen, Gütern und Ideen in beiden Richtungen, und das macht die dynamische Struktur dieser Geschichte aus. So wurde die Französische Revolution in den USA enthusiastisch begrüßt, und nach der Proklamation der ersten Verfassung in Frankreich von 1791 waren die Amerikaner der Meinung, daß die Revolution in Frankreich sozusagen den Freiheitstransfer von Europa – von England – über Nordamerika wieder zurück in die Alte Welt vollendet habe.

Das aber bedeutete, daß Amerika künftig eine Schlüsselstellung bei der Erneuerung Europas aus dem Geist der Freiheit zukomme: Dabei machten die USA aber nichts anderes, als daß sie der Alten Welt und zugleich der

Das Bild zeigt die als hohe Auszeichnung angesehene Krönung einer Büste von **Benjamin Franklin** (1706-1790) mit dem Lorbeerkranz durch die Personifikation der Freiheit („liberty"), erkennbar am Zepter als Herrschaftszeichen und an der Freiheitsmütze („liberty cap"). Der Staatsmann, Politiker und Diplomat Franklin wurde vor allem in Frankreich, wo dieses Bild kurz nach seinem Tod entstanden ist, als Befreier Amerikas gefeiert. Ebenso wurde der Philosoph, Erfinder und Gelehrte Franklin als exemplarisches Beispiel eines Mannes der Aufklärung bewundert.

Auf dieser Darstellung ist ferner ein Genius zu sehen, der eine Weltkarte entrollt und mit einem Stab auf Philadelphia zeigt, den Ort, an dem Franklin mehr als die Hälfte seiner Lebenszeit verbrachte. Auf der Landkarte sind die Kontinente der Alten und der Neuen Welt einander gegenübergestellt, und es finden sich noch London und Paris – zwei weitere wichtige Stationen seines Lebens – sowie Berlin eingezeichnet.

In Boston geboren, kam Franklin mit 17 Jahren nach Philadelphia, das zu „seiner" Stadt wurde, widmete sich dort dem Druckereigewerbe und veröffentlichte Zeitungen und Zeitschriften. Mit 42 Jahren zog er sich aus dem Geschäftsleben zurück, korrespondierte mit Gelehrten aus ganz Europa, erfand den Blitzableiter und veröffentlichte 1751 ein Buch über seine Forschungen zur Elektrizität.

Nach 1757 verbrachte Franklin den größeren Teil seines Lebens in Europa, zunächst in England, wo er lange Zeit als Befürworter eines gemeinsamen britisch-amerikanischen Reiches auftrat. Nach dem Ausbruch des Konflikts mit dem Mutterland solidarisierte er sich mit der Sache Amerikas und wurde 1776 von der neuen Republik in diplomatischer Mission nach Frankreich entsandt. Während des letzten Viertels des 18. Jahrhunderts war Franklin der in Europa, und speziell in Frankreich, bekannteste Amerikaner überhaupt.

Bild: Jean-Henri Lips (1758-1817), Krönung der Büste Franklins durch die Freiheit. Kupferstich, 1790.

Literatur: C. Van Doren, Benjamin Franklin, New York 1938; J. A. L. Lemay (Hrsg.), Benjamin Franklin. Writings (The Library of America Bd. 37), New York 1987; G. Stourzh, Benjamin Franklin and American Foreign Policy, Chicago, 2. Aufl., 1969.

Menschheit das zurückgaben, was sie als Erbe und Auftrag empfangen hatten [Commager]. Hinter dieser Vorstellung stand die tiefe Überzeugung eines kontinuierlichen und wechselseitigen Austausches, einer gegenseitigen Befruchtung und eines intensiven Lern- und Aneignungsprozesses, in dessen Verlauf beide Seiten nur gewinnen konnten [Fröschl].

Im Zuge der immer klarer werdenden Teilnahme Amerikas an der europäischen Aufklärung veränderte sich auch die Wahrnehmung Amerikas durch die europäischen Eliten. So wurde William Penn (1644-1718) in der Encyclopédie, dem bedeutendsten Nachschlagewerk der Aufklärung, zu den großen Geistesheroen der europäischen Kultur gezählt; und Montesquieu (1689-1755) hat ihn den größten Gesetzgeber seit der klassischen Antike. Für Voltaire (1694-1778) verkörperten die Quäker Pennsylvanias am eindringlichsten den Begriff der republikanischen Tugenden. Doch ungeachtet des großen politischen Erfolgs der Amerikanischen Revolution gab es am Ende des 18. Jahrhunderts in den USA selbst keinen ernstzunehmenden Zweifel daran, daß Europa das zivilisatorische, wissenschaftliche und technologische Zentrum der atlantischen Welt geblieben war – die kulturelle Gleichberechtigung und das mögliche Überholen Europas wurden zwar angestrebt, lagen aber noch in der Zukunft.

Um so wichtiger war es daher für das Selbstverständnis der neuen Republik, denjenigen Bereich besonders hervorzuheben, in dem Amerika die Alte Welt bereits überholt hatte und nun seinerseits ein Vorbild für Europa abgeben konnte [Wellenreuther/Schnurmann]: Diese eigenständige Leistung lag in der erfolgreichen Anwendung und Umsetzung des europäischen Aufklärungsprinzips, eine Wissenschaft von der Politik

Kapitol von Virginia. Als die Regierung des Staates Virginia 1785 die Errichtung eines Kapitols plante, das Legislative, Exekutive und Judikative unter einem Dach vereinigen sollte, wurde der damals in Europa weilende Thomas Jefferson (1743-1826) um Architekturentwürfe gebeten. Die Bauaufgabe eines Kapitols – der Name verweist auf das römische Vorbild – stellte für Jefferson auch deshalb eine Herausforderung dar, weil es sich um das erste Regierungsgebäude eines Einzelstaates in den unabhängigen USA handelte; das hatte zur Folge, daß die gewählte Form Vorbildcharakter für künftige Staatsbauten des Landes bekommen würde. Nach zehnjähriger Bauzeit wurde das Kapitol von Richmond 1796 fertiggestellt.

Jefferson war sich der Bedeutung seiner Aufgabe bewußt gewesen und hatte als Modell für Richmond die Maison Carrée in Nîmes gewählt, einen römischer Tempel in Südfrankreich. In der Begründung für diese Wahl wies Jefferson darauf hin, daß sich die jungen USA gerade bei den öffentlichen Gebäuden keine Experimente leisten sollten – denn bei allen Neuerungen verstand sich Amerika als Erbe und Vollender der europäischen Geschichte. Die Architektur der Antike war erprobt und hatte die Zustimmung der Jahrtausende gefunden, und damit konnte Amerika an bewährte europäische Traditionen anknüpfen. Überdies erschienen Jefferson die klassischen Architekturformen geeignet, den künstlerischen Geschmack seiner Landsleute zu verbessern.

Das bedeutendste Kapitol der USA befindet sich naturgemäß in der Hauptstadt Washington: Auch hier haben eine zeitlose Klassik, eine gediegene Monumentalität und eine erprobte Architekturästhetik überzeugenden Ausdruck gefunden. Im Rahmen des Kanons der drei traditionellen Säulenordnungen – dorisch, ionisch, korinthisch – gab es aber dann doch den Versuch einer Amerikanisierung: Benjamin Henry Latrobe (1764-1820), seit 1803 verantwortlicher Architekt für das seit 1793 in Bau befindliche Kapitol in Washington, entwarf zusätzlich drei neue Säulenkapitelle: Die Formen mit Maiskolben, Baumwolle und Tabak sollten die überlieferten Kapitelle wenn nicht ablösen, so doch wenigstens ergänzen.

Bild: Benjamin Henry Latrobe, Blick auf Richmond von Washingtons Insel, 1796, Aquarell, Maryland Historical Society, Baltimore.

Literatur: M. D. Peterson (Hrsg.), Thomas Jefferson. Writings (The Library of America, Bd. 17), New York 1984; W. M. Whitehill, Palladio in America, New York 1978, B. Köster, Palladio in Amerika. Die Kontinuität klassizistischen Bauens in den USA, München 1990.

(„scientific political research") zu entwickeln. Es waren James Madison und die ihm darin folgende amerikanische Gründergeneration, die die Theorie des republikanischen Föderalismus auf die kontinentalen Dimensionen der USA anwandten, und so wurde ein Regierungssystem verwirklicht, nach dem die Philosophen lange gesucht hätten [Wood 1992]. Madison war es auch, der 1792 die spezifische Leistung der USA in der Einrichtung eines Verfassungssystems erblickte, das seine Kraft und Energie ausschließlich aus dem gesellschaftlichen Willen herleitete und im Interesse der Gesellschaft operierte.

Thomas M. Fröschl

Literatur

A. u. W. P. Adams (Hrsg.), Hamilton/Madison/Jay, Die Federalist-Artikel. Politische Theorie und Verfassungskommentar der amerikanischen Gründerväter, Paderborn/München/Wien/Zürich 1994.

J. Appleby, Capitalism and a New Social Order, New York 1984.

B. Bailyn, The Ideological Fulfillment of the American Revolution: A Commentary on the Constitution, in: Ders., Faces of the Revolution. Personalities and Themes in the Struggle for American Independence, New York 1990, 225-278.

Ders., The Ideological Origins of the American Revolution, Cambridge/Mass., 2. Aufl. 1992.

Ders., The Peopling of British North America. An Introduction, New York 1986.

R. Beeman/S. Botein/E. C. Carter (Hrsg.), Beyond Confederation. Origins of the Constitution and American National Identity, Chapel Hill/London 1987.

C.B. Bickford/K.R. Bowling, Birth of the Nation: The First Federal Congress, 1789-1791, New York 1989.

C.G. Calloway, New Worlds for All. Indians, Europeans, and the Remaking of Early America, Baltimore/London 1997.

H.S. Commager, The Empire of Reason. How Europe Imagined and America Realized the Enlightenment, Garden City 1977.

T. Fröschl, Kaiser Joseph II., „Haus Österreich" und das Heilige Römische Reich in der Sicht der Vereinigten Staaten, 1776-1789, in: MIÖG 101 (1993), 328-359.

J. Godechot, Les Révolutions, 1770-1799, Paris 1963.

J.P. Greene/J.R. Pole (Hrsg.), Colonial British America, Baltimore/London 1984.

F. Jennings, The Invasion of America. Indians, Colonialism, and the Cant of Conquest, New York/London 1976.

M. Kammen, A Machine that would go of itself. The Constitution in American Culture, New York 1986.

L.K. Kerber, Women of the Republic. Intellect and Ideology in Revolutionary America, Chapel Hill 1980.

L.W. Levy/D.J. Mahoney (Hrsg.), The Framing and Ratification of the Constitution, New York/London 1987.

D. S. Lutz, The Origins of American Constitutionalism, Baton Rouge/London 1988.

P. Maier, From Resistance to Revolution. Colonial radicals and the development of American Opposition to Britain, 1765-1776, New York/London, 2. Aufl. 1991.

R.K. Matthews, The Radical Politics of Thomas Jefferson. A Revisionist View, Lawrence 1984.

D.W. Meinig, The Shaping of America. Bd. 1: Atlantic America, 1492-1800, New Haven 1986.

E. S. Morgan, American Slavery – American Freedom. The Ordeal of Colonial Virginia, New York/London 1975.
R. R. Palmer, The Age of the Democratic Revolution: A Political History of Europe and America, 1760-1800, 2 Bde., Princeton 1959-1964.
J. G. A. Pocock, The Machiavellian Moment, Florentine Political Thought and the Atlantic Republican Tradition, Princeton 1975.
Ders., The Limits and Divisions of British History: In Search of an Unknown Subject, in: AHR 87 (1982), 311-336.
C. J. Richard, The Founders and the Classics. Greece, Rome, and the American Enlightenment, Cambridge/Mass./London 1994.
C. Schnurmann, Europa trifft Amerika. Atlantische Wirtschaft in der Frühen Neuzeit, 1492-1783, Frankfurt/M. 1998.
R. E. Shalhope, Republicanism and Early American Historiography, in: WMQ 39 (1982), 334-356.
K. Silverman, A Cultural History of the American Revolution 1763-1789, New York 1987.
H. J. Storing, What the Anti-Federalists Were For. The political thought of the opponents of the Constitution, Chicago/London 1981.
G. Stourzh, Alexander Hamilton and the Idea of Republican Government, Stanford 1970.
I. Tyrell, American Exceptionalism in an Age of International History, in: AHR 96 (1991), 1031-1055.
D. Waldstreicher, In the Midst of Perpetual Fetes. The Making of American Nationalism, 1776-1820, Chapel Hill/London 1997.
H. Wellenreuther/C. Schnurmann (Hrsg.), Die amerikanische Verfassung und deutsch-amerikanisches Verfassungsdenken, New York/Oxford 1991.
G.S. Wood, The Creation of the American Republic, 1776-1787, New York/London 1969.
Ders., The Radicalism of the American Revolution, New York 1992.
C. V. Woodward (Hrsg.), The Comparative Approach to American History, New York/Oxford, 2. Aufl. 1997.
A. F. Young (Hrsg.), Beyond the American Revolution. Explorations in the History of American Radicalism, DeKalb 1993.

Technik: Das Lesen der Geschichte

Das Buch. Sie haben sich für ein Seminar in Früher Neuzeit angemeldet, sind bei Ihrem Professor in der Sprechstunde gewesen und haben alle notwendigen Formalitäten für das kommende Semester erledigt. Zusammen mit einigen handouts haben Sie auch eine Themenliste für Referate und Hausarbeiten erhalten. Unter den Themen ist eines, das Sie besonders anzieht: der Hexenwahn im frühneuzeitlichen Europa. Das scheint exotisch und wesentlich interessanter zu sein als eine Arbeit über Kaiser Karl V. oder die Reformation. Sie haben ja schon Filme gesehen, die die Unterdrückungskampagnen der Kirche und der spanischen Inquisition verdammen. Als die Themenliste herumgereicht wird, entscheiden Sie sich also begeistert für dieses Thema. Ihr Professor schlägt Ihnen vor, Ihre Vorbereitung mit einem Klassiker zu beginnen, dem Werk Die Hexe von Jules Michelet, der weithin als einer der größten französischen Historiker angesehen und für seinen intuitiven und dramatischen Stil bekannt ist. Dieses Buch sollte Ihnen folglich alles sagen, was Sie wissen müssen, oder?

Nicht ganz. Im Gegensatz zur Entspannungslektüre verlangt das Lesen auf Universitätsniveau Zielstrebigkeit. Es ist eine weniger passive, eher aktive Beschäftigung, ein Dialog zwischen Leser und Autor, der spezifische Probleme aufwirft. Zunächst, was ist eigentlich ein Geschichtsbuch? Diese rhetorisch banal wirkende Frage ist wichtiger, als es auf den ersten Blick scheinen mag, und es lohnt sich, vor dem Eintauchen in den Text innezuhalten und einen Moment nachzudenken. Der Wert eines Buches ist abhängig vom Beobachter: Archäologen betrachten antike Bücher als Artefakte; Bibliothekare konservieren sie als Kulturgüter; Historiker analysieren ihren Inhalt als Informationsquelle. Die Bücher, mit denen wir uns hier beschäftigen, nämlich Überlegungen späterer Historikergenerationen über die Vergangenheit, sind „Sekundärliteratur" – im Gegensatz zu Augenzeugenberichten oder Darstellungen zeitgenössischer Autoren, sogenannter „Primärliteratur", die ganz anders zu behandeln ist. Über den wissenschaftlichen Gebrauch hinausgehend sind Geschichtsbücher auch Konsumgüter. Sie werden nicht geschrieben, sondern hergestellt: „Was immer die Autoren tun, sie schreiben keine Bücher. Bücher werden überhaupt nicht geschrieben. Sie werden von Schreibern und anderen Handwerkern, von Mechanikern und Ingenieuren, von Druckerpressen und Maschinen hergestellt." [Chartier 1990, 12] Ebenso wie andere Güter, die für den Markt produziert werden, sind sie für den allgemeinen Gebrauch bestimmt, normalerweise, um damit Gewinn zu erzielen – Verlegen ist ein Geschäft.

▷ S. 255 Technik: Die Arbeit mit den Quellen

Als Produkte unterliegen Bücher gewissen von der Druckindustrie gesetzten Normen, und Geschichtsbücher bilden hier keine Ausnahme. Sie haben meist einen festen Einband. Schauen Sie sich den Umschlag genau an: Er ist mit dem Ziel gestaltet, eine bestimmte Leserschaft anzusprechen, sei es durch seinen Titel, durch den Ruf des Verlages, oder auch durch eine eingängige Illustration. Betrachten Sie diese Elemente aufmerksam; es lohnt sich schon, über den Titel des Buches nachzudenken. Viele Autoren ringen lange um einen passenden Titel, da dieser die Essenz ihres Buches in wenige Worte fassen soll. Nach Lektüre des Buches sollten Sie wissen, warum ein Autor einen bestimmten Titel gewählt hat. Auch der Verlag ist wichtig; genau wie manche Zeitungen einen seriöseren Ruf genießen als andere, haben auch Verlage unterschiedliche Niveaus und sprechen verschiedene Zielgruppen an. Es gibt wissenschaftliche und Universitätsverlage. Sie suchen sich ihre Autoren in strengen Auswahlverfahren aus und konzentrieren ihre Produktion auf wissenschaftliche Werke. Die meisten Verlage leben jedoch von der Produktion für den allgemeinen Markt. Gute Verlage verwenden Material von hoher Qualität, z.B. säurefreies, alterungsbeständiges Papier, Schutzumschlag, Leineneinband; sie sparen nicht am Geld, um sicher zu gehen, daß ihr Produkt Jahrzehnte oder sogar Jahrhunderte wiederholten Gebrauchs übersteht. Einige Verlage geben sich viel Mühe mit der Gestaltung attraktiver Buchumschläge, um auf diese Weise den Verkauf zu fördern.

Zwischen den Buchdeckeln enthalten Geschichtsbücher normalerweise eine Titelseite, ein Impressum, ein Inhaltsverzeichnis, ein Abkürzungsverzeichnis, ein Vorwort, eine Einleitung, verschiedene Kapitel, eine Zusammenfassung, eine Bibliographie, einen Index und einen Zitatenapparat, bestehend aus Fuß- bzw. Endnoten. Direkt auf den Buchdeckel folgend, sind Titelei und Impressum vor Umwelteinflüssen geschützt. Diese Seiten enthalten alle Informationen, die Sie brauchen, um das Werk korrekt zu zitieren: Autor, Titel, Erscheinungsort und -jahr, Auflage, Übersetzer und Verlag. Ist das Buch nach 1969 erschienen, enthält es eine ISBN (International Standard Book Number), einen zehnziffrigen Code, der die nationale bzw. sprachliche Zuordnung des Buches, sowie Verlag und Titel enthält. Amerikanische Verlage fügen einen Themenindex der Library of Congress hinzu, um Bibliothekaren die Katalogisierung und Lesern die Suche nach Büchern zu bestimmten Themen zu erleichtern.

Danksagungen geben wertvolle Hinweise, welche Organisationen und Einzelpersonen an der Entstehung des Buches beteiligt waren. In manchen Büchern sind gar keine zu finden, manche Autoren nutzen die Gelegenheit unverfroren, um eine öffentliche Erklärung abzugeben, wiederum andere enthüllen Details ihres Privatlebens. Die meisten Danksagungen enthalten Hinweise darauf, wie das Buch zustande kam, wo der Autor recherchierte, welche Institutionen Unterstützung leisteten und welche Einzelpersonen bei der Korrektur und Überarbeitung früherer Entwürfe halfen. Folglich geben uns Danksagungen wichtige Informationen über die Umstände der intellektuellen Entstehung eines Buches. Wenn ein Autor seiner Mutter dankt, ist das möglicherweise einfach ein Zeichen des Respekts dem Elternteil gegenüber. Dankt er einer politischen Partei, steht er dieser Partei vermutlich nahe. Dankt ein Autor schließlich einem privaten Pharmakonzern für ein großzügiges Stipendium für ein Forschungsprojekt in der Medizingeschichte, ist Vorsicht angesagt.

Das Inhaltsverzeichnis ist eine wertvolle Orientierungshilfe und verdient besondere Aufmerksamkeit. Es enthüllt die Gliederung, mit Hilfe derer der Autor die zu vermittelnde Informationsmenge zu einem kohärenten Ganzen verarbeitet hat. In älteren Werken und solchen aus bestimmten Ländern – z.B. Frankreich –, befindet es sich am Ende des Buches – so auch im Fall unserer 1974er Ausgabe von Michelets Die Hexe. Wo immer es zu finden ist, man sollte es kurz nach dem Öffnen eines Buches anschauen, da die Einteilung des Buches in Kapitel ähnlich wie der Buchtitel mit der Intention gestaltet ist, dem Leser bestimmte Schlußfolgerungen nahezubringen. Ein Blick auf die einzelnen Kapitel und Unterkapitel vermittelt dem Leser die Strategie des Autors für die Präsentation des Inhalts. Nach einer Betrachtung des Inhaltsverzeichnisses wenden sich erfahrene Leser gleich der Bibliographie zu, bevor

▷ S. 385 f.
Technik:
Die Präsent[…]
eines Thema[…]

Betrachten Sie den **Schutzumschlag** des Buches aufmerksam. Trotz seines einfachen Designs vermittelt er durch den kurzen, prägnanten Titel – Die Hexe – eine klare Botschaft. Die Verwendung des weiblichen Singulars hebt hervor, daß dieses Buch von einem historischen Bild von der Frau handelt. Die fettgedruckten Großdruckbuchstaben, unterbrochen von einem blutroten X – zufällig dieselbe Farbe, in der auch der Name des Autors und des Verlages hervorgehoben werden – weisen auf den besonderen Charakter des Buches hin und erzeugen eine gewisse Spannung. Die zusätzliche Ankündigung eines Vorwortes von Roland Barthes soll den Reiz des Buches durch seine Verbindung mit einem prominenten Intellektuellen erhöhen.

Bild: Jules Michelet, Die Hexe, Wien 1988, erste Umschlagseite.

Die Bresche
Herausgegeben von Antje Ellermann und Axel Matthes
Band 2

Für diese Ausgabe wurde die deutsche Übersetzung der
»Hexe« von G. Klose (1863) benutzt. Traugott König hat
die alte Übersetzung überprüft und ergänzt.
Roland Barthes Vorwort stammt aus: R. Barthes. Essais critiques.
Editions du Seuil, Paris 1964.
Deutsch von Traugott König.
Georges Batailles Text erschien erstmals 1946 (Préface zu
der Sorçière, Ed. des Quatre-Vents, Paris).
Deutsch von Gert Bergfleth.

Erste Auflage 3000 Exemplare
Alle Rechte vorbehalten
© 1974 Rogner & Bernhard GmbH & Co.
Verlags KG, München
Gesetzt aus der Times-Antiqua
Buchausstattung: Claus Seitz
Satz: Georg Appl, Wemding
Druck: aprinta, Wemding
Bindung: Conzella, München
Printed in Germany
ISBN 3 8077 0026 9

Auf der **Impressumsseite** befinden sich all diejenigen Informationen, die Sie für Ihre Bibliographie benötigen und mehr. Hier lesen wir, daß Traugott Königs Ausgabe von 1974 eine erweiterte Version von G. Kloses deutscher Originalübersetzung aus dem Jahr 1863 ist und daß das „Vorwort" von Roland Barthes schon 1964 als selbständiger Text erschienen ist. Außerdem ist eine übersetzte Version des tatsächlichen Vorworts aus der Ausgabe von 1946 hinzugefügt. Offensichtlich gab es vor unserer Ausgabe mindestens drei andere: Michelets Originalversion, die ein Jahr später erscheinende deutsche Übersetzung und eine weitere französische Ausgabe direkt nach dem Zweiten Weltkrieg. Die von uns diskutierte Auflage wurde in 3000 Exemplaren verkauft, 1988 wurde ein Nachdruck herausgegeben, der hier allerdings nicht erwähnt ist. Die ISBN ist ein Code; die erste Ziffer, hier eine „3", belegt zum Beispiel, daß das Buch im deutschsprachigen Raum verlegt wurde.

Bild: Jules Michelet, Die Hexe, München 1974, S. 4 (Impressum).

Inhalt

Merkwürdigerweise befindet sich das **Inhaltsverzeichnis** in dieser modernen Ausgabe am Ende des Buches, ein in Deutschland längst veralteter Brauch, möglicherweise veranlaßt durch die Verwendung der Übersetzung von 1863. Der Text ist in zwei Bücher unterteilt, ihre Abfolge ist chronologisch. Die Kapitel des ersten Buches zeigen das Verhältnis zwischen dem Teufel, der Natur und der Macht des Volkes im Mittelalter auf, beispielsweise Kap. IX: Satan als Arzt oder XI: Die Gemeinschaft der Revolte. Im zweiten Buch ist das Ansehen der Hexen im Niedergang begriffen, die Toleranz nimmt ab, und „Satan wird Geistlicher" – die Kirche geht im 17. Jahrhundert in die Offensive über. Interessanterweise handeln viele Kapitel mehr von Besessenheit als von Hexerei, offensichtlich wollte Michelet einen möglichst weitgefaßten Eindruck des Phänomens vermitteln.

Bild: Jules Michelet, Die Hexe, Wien 1988, S. 255 (Inhaltsverzeichnis).

sie weiterlesen – im Prinzip fangen sie mit dem Ende des Buches an. Auch der Anfänger profitiert von dieser Strategie, indem er auf das Alter der Sekundärliteratur achtet, nach Autoritäten Ausschau hält, Werke zur späteren Lektüre notiert und sich einen Überblick darüber verschafft, welche Art Primärquellen – wie z.B. Manuskripte, gedruckte Quellen oder Quelleneditionen – verwendet wurden. Das ist der einfachste Weg, mit der ganzen Spannbreite an Primär- und Sekundärliteratur bekannt zu werden, bevor man sich mit der Interpretation des Autors befaßt.

Der Autor. Wenn Sie schließlich eine Vorstellung davon haben, wovon das Buch handelt, bleibt eine wichtige Frage offen – wer ist sein Autor? Obwohl sie manchmal als objektive Faktensammlungen präsentiert werden, enthalten Geschichtsbücher doch ein beträchtliches Maß an Interpretation. Manche Studenten möchten sich gern mit „ihrem" Buch identifizieren, während andere die im Buch vorgebrachten Thesen sofort ablehnen. Beide Extrempositionen sind die Folge eines ungerechtfertigten Gefühls eigener Unzulänglichkeit, wenn man mit dem Werk eines Spezialisten konfrontiert wird. Lassen Sie sich von Berufsbezeichnungen und Ehrentiteln nicht ohne weiteres einschüchtern. Ein Institut kann aus zwei Personen in einer Dachkammer bestehen, und um als internationale Persönlichkeit zu gelten reicht es, wenn man in Salzburg und Berchtesgaden anerkannt ist. Auf der anderen Seite sollte natürlich die kritische Beschäftigung mit einem Autor nicht mit Verachtung einhergehen. Ihre Aufgabe ist weder das Hochloben noch das Begraben des Historikers, sondern vielmehr das Verstehen und die Kritik an seinem Werk. Ebenso wie Mediziner, Astrophysiker – und Sie – sind auch Historiker nur Menschen. Auch als gut ausgebildete Experten haben sie doch ihre Eigenarten und Steckenpferde. Wenn Sie ein Buch wirklich verstehen wollen, ist es sicher sinnvoll, etwas über die Person, die es geschrieben hat, zu wissen. Durch Beschäftigung mit dem Hintergrund eines Autors können Sie wichtige kritische Einblicke in sein Werk gewinnen. Man darf nicht vergessen, daß das Verfassen eines Buches harte Arbeit ist und wenige Leute sich solche Mühe ohne guten Grund – sei es persönliches Interesse am Thema oder ein gewisser Grad an Eigennutz – machen. Historiker sind in ihrer Arbeit besonders oft von politischen, ideologischen oder moralischen Grundeinstellungen bestimmt.

Kehren wir zu Ihrem Referatsthema zurück und untersuchen, welche Auswirkungen die Überzeugungen eines Autors haben können . In seiner Einleitung zu Die Hexe zeichnet Michelet ein zärtliches, erotisches Bild von Frauen als Trägerinnen geheimnisvollen Wissens und klagt die mittelalterliche machtbesessene Kirche an, sie unrechtmäßig zu verfolgen: „Die Hexe ist ein Verbrechen der Kirche." [MICHELET, 23]. Michelets Biographie enthüllt uns, daß er liberal-demokratisches Gedankengut mit einer tiefen Antipathie gegen die katholische Kirche Frankreichs im 19. Jahrhundert verband. Genaueres Nachforschen bringt zum Vorschein, daß Michelet 14 Jahre vor dem Erscheinen der Hexe von den Jesuiten zensiert wurde und in der Folge seine öffentlichen Vorlesungen einstellen mußte. Da er sich weigerte, dem pro-katholischen zweiten Empire 1852 die Treue zu schwören, verlor er schließlich alle seine Posten. Sein späteres Leben brachte eine weitere grundlegende Verschiebung seines Erkenntnisinteresses mit sich, hin zur Naturgeschichte (L'Oiseau, 1856; L'Insecte, 1858; La Mer, 1861; La Montagne, 1868) und sinnlichen

Jules Michelet (1798-1874) ist vermutlich der bekannteste französische Historiker des 19. Jahrhunderts. Er wurde in Paris als Sohn eines Druckers geboren und war ein herausragender Student. Im Alter von 29 Jahren begann er an der Ècole Normal Supérieure zu lehren und veröffentlichte im selben Jahr eine Übersetzung von Giambattista Vicos historiographischem Meisterwerk, den Scienza nuova. Seine eigenen humanistischen Schriften zeigen den Einfluß liberaler Denker des postrevolutionären Frankreichs. Er selbst sah sich als Schüler Georg Wilhelm Friedrich Hegels (1770-1831) und Leopold von Rankes (1795-1886), war ein Anhänger des Historismus und betrachtete den Nationalstaat als letztes Ziel jeder historischen Entwicklung. Nichtsdestotrotz brachte er bewußt seine eigene Persönlichkeit in seine Texte ein, da er dies für die beste Methode hielt, um die von ihm gewünschte gefühlvolle Geschichtsschreibung zu erreichen. Er kämpfte für nicht weniger als eine Histoire totale, poetisch gegründet in einer allumfassenden interdisziplinären Rekonstruktion der Vergangenheit.

Die Arbeit an seiner monumentalen Histoire de France – die sein ganzes Leben lang andauerte und aufgrund derer er vor allem bekannt ist – begann er nach seiner Ernennung zum Leiter der historischen Abteilung des Nationalarchivs, der erste Band erschien 1833. In einer Phase der Depression, ausgelöst durch den Tod seiner ersten Frau im Jahr 1839, gab er den christlichen Glauben zu Gunsten eines mystischen Glaubens an den demokratischen Fortschritt auf. Der zunehmende Anti-Klerikalismus in Michelets Vorlesungen führte nach einer offenen Konfrontation mit Mitgliedern des Jesuitenordens im Jahr 1848 schließlich zu einem Vorlesungsverbot. Die Revolution desselben Jahres schien ihm zunächst Grund zu neuen Hoffnungen zu geben und wurde von ihm mit Enthusiasmus begrüßt. Seine Zuversicht wurde jedoch schließlich enttäuscht, da er sich aus politischen und religiösen Gründen weigerte, dem zweiten Empire unter Louis Napoleon (1808-1873) die Treue zu schwören, und in der Folge seine Stelle verlor.

Michelets manischer Haß gegenüber der Autokratie, verkörpert von Kaisern und Päpsten, seine Neigung zu intuitiver Interpretation und sein unbekümmerter Umgang mit den Quellen führten schließlich zu einer an manchen Stellen stark verzerrten Darstellung. La Sorcière, eine Rechtfertigung der Hexen, ist zu einem guten Teil ein Produkt dieser Schaffensperiode. Auf der anderen Seite mäßigte seine zweite Heirat mit **Athénaïse Mialaret** diese negativen Einflüsse und inspirierte ihn schließlich zu einigen seiner besten Prosawerke, als sein Interesse sich zu naturwissenschaftlichen und erotischen Werken hin verschob. Der deutsch-französische Krieg von 1870 erschütterte seinen Glauben an den deutschen Idealismus aufs Tiefste. Nach seinem Tod nahm seine Witwe Änderungen in seinen Tagebüchern vor, die schließlich in den 1960ern – teils auf Roland Barthes' Drängen hin – veröffentlicht wurden.

Bilder: Thomas Couture, Jules Michelet, Ölgemälde, 1898; Amandine Parrot, Athénaïse Mialaret, Ölgemälde, 1900, beide Musée Carnavalet, Paris.

Literatur: R. BARTHES, Michelet, Frankfurt a.M. 1980.

Themen mit Frauen im Mittelpunkt (L'Amour, 1858; La Femme, 1860). Die Hexe steht direkt in dieser naturalistischen Tradition der Frauenverehrung. Diese Schaffensphase zeigt den Einfluß seiner zweiten Heirat mit der dreißig Jahre jüngeren Athénaïse Mialaret im Jahr 1849. Betrachtet man seine Ansichten zu Religion und Natur ebenso wie seine spätere Neigung zur Erotik also vor dem Hintergrund seiner politischen Überzeugungen, seines beruflichen Mißgeschicks und seiner Liebschaften, so machen sie wesentlich mehr Sinn. Solcherart biographische Informationen über Autoren finden sich in zahlreichen Nachschlagewerken, von Enzyklopädien und Einzelbiographien bis zum Who's Who. In Michelets Fall kann man beispielsweise die zweibändige Biographie von Gabriel Monod oder auch Editionen seiner eigenen Korrespondenz heranziehen. Zudem enthält die 1974er Ausgabe der Hexe ein Vorwort des bekannten französischen Literaturkritikers Roland Barthes, der Die Hexe im Kontext von Michelets Leben und Werk analysiert. Dennoch sollte man sich auch hier des Charakters der Quelle bewußt sein: Barthes' strukturalistische Interpretation hebt besonders hervor, daß Michelet eine sich verändernde Klassenstruktur und die entmenschlichenden Folgen der Geldwirtschaft anprangere. Hintergrund dieser Interpretation ist Barthes' sozialkritisches Engagement in Frankreich während der Aufstände der 60er Jahre. Natürlich ginge es zu weit, einem der beiden Autoren – Michelet in bezug auf die Hexenjagd oder Barthes in bezug auf Michelet – ein zynisches Verdrehen der Fakten aus politischen Gründen vorzuwerfen. Nur der naive Leser aber würde die Person des Autors ignorieren und annehmen, daß historisches Arbeiten in einem Vakuum stattfindet. Die Gültigkeit eines Argumentes wird nicht

Forschungsstimme

In einer klassischen Anekdote versuchte der britische Historiker **E. H. Carr** in dem ihm eigenen leichtfüßigen Stil zu erklären, warum der Leser den Standpunkt des Historikers kritisch hinterfragen muß:

„Denn wenn ... der Historiker im Geist das, was in den Gedanken seiner dramatis personae vor sich gegangen ist, wiederbeleben muß, so muß der Leser seinerseits das wiederbeleben, was im Geist des Historikers vor sich gegangen ist. Studiere den Historiker, ehe du anfängst, die Fakten zu studieren. Das ist eigentlich nicht sehr schwer einzusehen. Genau das macht ein intelligenter Student, dem nahegelegt wird, das Werk des großen Gelehrten Jones von [dem College] St. Jude's zu lesen; er geht nach St. Jude's zu einem Freund und fragt ihn, was für ein Kerl dieser Jones ist und wo ihn der Schuh drückt. Wenn man ein Geschichtswerk liest, muß man immer auf dieses Drücken aufpassen. Kann man es nicht feststellen, so ist man entweder selber unempfindlich, oder aber der Historiker ist eine taube Nuß. Die Fakten gleichen nämlich in keiner Weise den Fischen auf des Händlers Tisch; viel eher sind sie Fische, die in einem großen und manchmal unzugänglichen Ozean herumschwimmen, und der Fischzug des Historikers hängt z.T. von seiner Geschicklichkeit ab, in der Hauptsache aber doch davon, welchen Teil des Ozeans er sich zum Fischen aussucht und welche Geräte ihm gutdünken – diese beiden Faktoren hängen natürlich ihrerseits wiederum davon ab, welche Art Fische er zu fangen wünscht. So nach und nach erwischt der Historiker die Art Fakten, hinter denen er her ist. Geschichte heißt Interpretation."

Quelle: E. H. Carr, Was ist Geschichte? Stuttgart 1963.

notwendigerweise von der Tatsache beeinträchtigt, daß es auf bestimmte wissenschaftliche Traditionen zurückgreift und von spezifischen Interessensgruppen beeinflußt ist, auch wenn es sicher von diesen gefärbt ist [Novick, Bourdieu].

Mein Anliegen ist es keinesfalls, eine allgemeine Kultur des Mißtrauens der Leser gegenüber Historikern und ihren Beweggründen zu fördern, wie es postmoderne Wissenschaftler versucht haben [Evans, 107f.] – ganz im Gegenteil. Ich will vielmehr Sie als Leser zu kritischen Bewertungen und gesunder Skepsis ermutigen. Ein Geschichtsbuch hat einen jahre- oder sogar jahrzehntelangen Recherche- und Schreibprozeß hinter sich, es muß hohen Ansprüchen im Hinblick auf logische Konsistenz und Quellennachweis genügen – ganz zu schweigen von literarischem Stil – und schließlich einer strengen Beurteilung durch andere Wissenschaftler standhalten, bevor es von einem Verleger akzeptiert wird. Nicht jede Doktorarbeit wird publiziert; viele landen in Trotzkys sprichwörtlicher Mülltonne der Geschichte. Nichtsdestoweniger, scheuen Sie sich nicht davor, Ihrem eigenen Urteilsvermögen zu trauen. Und nutzen Sie jede Gelegenheit, sich eine begründete Meinung zu bilden, anstatt sich ohne weiteres von dem überzeugen zu lassen, was nach einer autoritativen „Fakten"darstellung eines berühmten Autors aussieht. Die Betonung liegt dabei auf begründeter Meinung, und dies bürdet dem Leser die Last der Verantwortung auf, Zeit und Energie aufzuwenden, kritisch zu denken und hinter die „Fakten" zu schauen, um die hinter der Interpretation stehende Person zu entdecken. Der Lohn des Lesers ist ein tiefergehendes Verständnis des Themas und der Handwerkskunst des Historikers [z.B. Bloch].

Die These. Grob gesagt gibt es zwei Arten von Geschichtsbüchern – Nachschlagewerke und darstellende Monographien. Im Unterschied zu einem Nachschlagewerk präsentiert eine darstellende Monographie eine These – eine zugrundegelegte Hypothese – die in dem Buch vertreten bzw. entwickelt wird. Das vielbändige, von Otto Brunner herausgegebene Lexikon Geschichtliche Grundbegriffe beispielsweise ist zweifellos ein großartiges Nachschlagewerk für eine Vielzahl historischer Begriffe, aber genau aus diesem Grund ist zweifelhaft, ob es jemals jemanden geben wird, der es zur Gänze liest. Eine These ist eine Antriebskraft, die zentrale Interpretationsdynamik, die das Werk vorantreibt. Sie verwandelt eine Monographie in ein Stück wissenschaftliche Literatur als dem Gegenteil eines Telefonbuches voller unverarbeiteter Daten. Dies ist der Grund, warum Michelet auch heute noch als historische Monographie gelesen wird. Wenn Sie als Leser die These des Autors nicht erkennen können, stimmt etwas nicht. Jede gute historische Darstellung stellt ihre Intention klar heraus, möglichst in der Einleitung. Ist die These unklar, krankt vermutlich auch der Rest des Buches an mangelnder Klarheit. Brillante Autoren vermitteln ihre Botschaft mit Leichtigkeit, und die genialsten Thesen sind die einfachsten. Natürlich können komplexe oder vielfältige Thesen ebenso nützlich, wenn auch kaum ebenso eingängig sein. Jeder Autor, der etwas taugt, weiß, daß eine unklare oder uninteressante Eingangsthese den cleveren Leser dazu verleiten wird, das Buch wegzulegen.

Die Einleitung kann viele Dinge enthalten, vor allem sollte sie aber das zentrale Argument des Buches offenlegen. Daneben kann sie die Herangehensweise oder die theoretischen Grundlagen, auf denen das Buch basiert, er-

Detailskizze

9 000 000 Hexen. Eine der sich am hartnäckigsten haltenden Thesen über die Hexenverfolgung wurde 1783 von dem Quedlinburger Stadtarchivar Gottfried Christian Voigt aufgestellt. Auf der Grundlage von dreißig Hexenprozessen zwischen 1569 und 1598, die mit dem Todesurteil endeten, berechnete Voigt mit Hilfe einer abstrusen mathematischen Formel, daß über 9 Millionen Personen in Europa als Hexen verbrannt worden seien.

Obwohl Historiker seine Schätzungen zur Kenntnis nahmen, zögerten sie, diese zu akzeptieren, bis im Jahr 1866 der Wiener Professor Gustav Roskoff sie unter dem Einfluß des Kulturkampfes in seiner Geschichte des Teufels wieder aufgriff. Noch im Jahr 1967 erschien eine Neuauflage dieses einflußreichen Buches. In der NS-Zeit wurde der Topos der 9000000 verbrannten Hexen von Alfred Rosenberg in seinem Werk Der Mythus des 20. Jahrhunderts wieder verwendet. Er behauptete, das Hexenwesen sei nicht der „klassisch-nordischen Antike" zuzuordnen, sondern hätte seinen Ursprung unter den „Syrern", d.h. den Juden. Neuheidnische Autoren wie Mathilde Ludendorff bedienten sich Voigts Zahlen, um auf dramatische Weise die Verbrechen gegen „Blonde Frauen und Mütter, die Trägerinnen nordischen Rassenguts", anzuklagen. Heinrich Himmler fand großes Interesse an dem Thema und stellte ein „H(exen)-Sonderkommando" zusammen, eine Gruppe nationalsozialistischer Forscher, die die These beweisen sollten, jedoch nur begrenzten Erfolg hatten: nur 30000 Opfer der Hexenverfolgung konnten sie nachweisen.

Die Neun-Millionen-Theorie ist immer noch ein beliebter Topos in den Medien (etwa im Stern, 2. 9. 1982 und 11. 9. 1986; Spiegel 43/1984), und einige radikale Feministinnen haben die Hexenverbrennung mit Krematorien und Gaskammern verglichen, um anzudeuten, daß die Verfolgung der Frau in der Geschichte sogar den Holocaust im Ausmaß übertroffen habe. Voigts absurde Rechnungen werden heute jedoch allgemein als Unsinn betrachtet, und die Zahl von 9000000 verbrannten Hexen ist als „grenzenlos übertrieben" kritisiert worden. Glaubwürdige Schätzungen ernsthafter Forscher, einschließlich feministischer Historikerinnen, gehen selten über 100000 hinaus – obwohl dies, wenn man die wesentlich geringere Gesamtbevölkerung Europas im 16. und 17. Jahrhunderts betrachtet, eine immer noch riesige Zahl ist.

Literatur: W. Behringer, Neun Millionen Hexen. Entstehung, Tradition und Kritik eines populären Mythos, in: GWU 11 (1998), 664-685.

läutern, oder einen Überblick über den Kapitelablauf geben. Der Textkörper schließlich sollte ausreichend Beweismaterial liefern, um den Leser Schritt für Schritt durch eine die Eingangsthese weiterentwickelnde, logisch aufgebaute Argumentation auf das Fazit hinzuführen. Wenn Sie bei dem Fazit angelangt sind, sollte ein klar und zu Ihrer Zufriedenheit markierter Weg von A bis Z hinter Ihnen liegen. Das Schlußkapitel sollte nun die Eingangsthese und die Belege im Text wiederholen. Manchen Geschichtsbüchern gelingen Übergänge nahtloser als anderen, manche verwenden zur Entwicklung des Arguments eine starrere Argumentationsstruktur. Wie auch immer man es angeht, das Schlußkapitel sollte die verschiedenen Aspekte nochmals zusammenbringen und den Leser für seine Geduld mit klaren Ergebnissen belohnen. Dann ist es an Ihnen zu beurteilen, ob dem Autor sein Anliegen geglückt oder mißlungen ist.

Wenden wir uns nochmals Michelet zu, um dies an einem Beispiel zu illustrieren. Seine zentrale These taucht, als direkte Anspielung auf den Titel, in knappen Worten in der ersten Zeile der Einleitung auf: „Sprenger sagt schon im 15. Jahrhundert: ‚Man sage Ketzerei der Hexen, und niemals der Hexenmeister; diese letzteren sind nicht von großer Bedeutung.' – Ein anderer Schriftsteller unter Ludwig XIII sagt: ‚Auf einen Zauberer kamen zehntausend Zauberinnen" [Michelet, 19]. Im Anschluß hieran preist Michelet Frauen als Trägerinnen natürlicher Magie. Ihr Wissen sei schließlich in der Aufklärung von den Fesseln des Aberglaubens befreit und in der Folge von Physikern und Medizinern, den rechtmäßigen – wenn auch undankbaren – Erben des „Empirismus des Volkes, den man Hexenwesen nannte" [Michelet, 178-183], zu den Naturwissenschaften und der Medizin weiterentwickelt worden. Für Michelet war die Hexenverbrennung ein Ergebnis des neiderfüllten Konkurrenzkampfes zwischen Priestern und Frauen um medizinische Behandlung: „Der Priester ahnt gar wohl, daß die Gefahr, der Feind, die furchtbare Rivalität ihm in derjenigen entsteht, die er sich den Anschein gibt zu verachten, in der Priesterin der Natur ... Tausend Jahre hindurch war die Hexe der einzige Arzt des Volkes" [MICHELET, 20]. In seinem Vorwort verortet Barthes die Quelle weiblichen Wissens in der erotischen Macht der Frauen, die ihren Ursprung in dem männlichen Staunen über den Menstruationszyklus habe. Das Blut der Frau sei – nach Michelet in der Interpretation von Barthes – die mystische Verbindung von männlicher Ergebenheit und natürlicher Magie und damit Grund für die Anbetung von Frauen als Priesterinnen und Muttergöttinnen in Naturreligionen – ein Volksbrauch, der von dem zölibatären christlichen Klerus bekämpfte werde. Der Neid der Kleriker habe bestimmt, daß Frauen dasselbe Schicksal erleiden mußten wie „Millionen" von Häretikern, Juden und Indianern, den anderen nonkonformistischen Märtyrern des Mittelalters [MICHELET, 236].

Die These der Hexe ist eine Antwort auf die auf dauerhaftes Forschungsinteresse stoßende Frage der Hexenverfolgung im frühneuzeitlichen Europa. Zweifellos war Michelet weder der erste, der die Anzahl der Opfer zusammenstellte, noch der letzte, der auf das Überwiegen von weiblichen Opfern hinwies. Schon im 18. Jahrhundert schätzte der Aufklärer Voltaire (1694-1778), daß 100 000 Frauen als Hexen umgebracht worden seien. Der Quedlinburger Stadtsyndikus Gottfried Christian Voigt (1740-1791) kam 1783 auf eine lächerlich übertriebene Anzahl von 9 000 000 Opfern [BEHRINGER 1998, 667]. Seine unsinnige These verfolgt uns bis heute: im 19. Jahrhundert wurde sie von der protestantischen Propaganda des Kulturkampfes aufgegriffen und tauchte im 20. Jahrhundert schließlich im Rahmen der nationalsozialistischen Ideologisierung eines vulgären neuheidnischen Feminismus wieder auf.

Die ernsthaftere Forschung der jüngeren Zeit zeigt wichtige Fortschritte in der Aufstellung plausiblerer Thesen über die sozialen und kulturellen Ängste, die von weiblicher Sexualität ausgelöst wurden und Zeitgenossen beiderlei Geschlechts dazu veranlaßten, Frauen als Hexen anzuklagen. Mehrere neue und wichtige Thesen wurden von Historikern aufgestellt: daß die Hexenprozesse des 16. Jahrhunderts im Unterschied zu ihren mittelalterlichen Vorläufern eine neue Ebene der Schärfe erreichten, die sie als spezifisch moderne Verfolgungen identifizierbar machen; daß das Verbrechen der Hexerei zwar geschlechtsbezogen, aber nicht geschlechtsspezifisch war [LARNER, 87]; daß es große Unterschiede in Verfolgungsmustern verschiedener Perioden gab – so zeigt zum Beispiel die Tatsache, daß eine bedeutende Anzahl junger Landstreicher Anfang des 18. Jahrhunderts einer neuen Anklagewelle zum Opfer fiel [BEHRINGER 1997], eine Verschiebung geschlechtsspezifischer Zuordnungen in manchen Gebieten. Die Schätzungen über die Anzahl der Opfer sind in den letzten Jahren ebenfalls einer genauen Prüfung unterzogen worden. Glaubwürdige Forscher liefern konservative Schätzungen zwischen 30 000 und 100 000 Opfern – obwohl dies, wenn man die geringere Gesamtbevölkerung Europas im 16. und 17. Jahrhunderts betrachtet, immer noch horrende Zahlen sind [WIESNER, 291]. Auch die Rolle der Kirche und der Inquisition wurde von Forschern neu untersucht, da die Quellen darauf hinweisen, daß die überwiegende Anzahl der Hexenverdächtigungen aus dem Volk kam – erstaunlicherweise neigten die Herrschenden dazu, eher bremsend auf illegale Forderungen nach Lynchjustiz in Dorfgemeinschaften einzuwirken [Labouvie; Behringer 1997]. Michelets Ideen über Frauen und Naturmagie müssen im Kontext des breiteren historischen Diskurses über die Beziehungen zwischen Geschlecht, Religion und Hexereiverdacht in verschiedenen Zeitperioden neu betrachtet werden. Eine solche Betrachtung unterstreicht sowohl das Potential wie auch die Schwäche seiner These. Es bleibt zu untersuchen, wie fundiert er tatsächlich seine These mit Beweisen untermauerte.

Theorien und Methoden. Um eine wissenschaftliche These zu belegen, sammeln Autoren Fakten und interpretieren sie als Beweise für ihr Argument. Neueren, gegenteiligen Behauptungen zum Trotz existieren historische Fakten tatsächlich unabhängig von ihrer Interpretation. So ist zum Beispiel die Verbrennung von Frauen als Hexen im frühneuzeitlichen Europa ein Faktum. Was es beweist, ist jedoch abhängig davon, wie der Autor die Fakten interpretiert. Michelet interpretiert eine Anzahl Beispiele als Beweisfälle für die Schuld der Kirche an den Hexenverfolgungen. Seine Interpretation ist zu einem großen Teil abhängig von seinem allgemeinen Geschichtskonzept, also von einer bestimmten Theorie, während die Interpretationsmethoden, mit denen er sich den Quellen nähert, teilweise von den ihm zur Verfügung stehenden Quellenarten selbst abhängig sind. Einer der meistverbreiteten Fehler in der Bewertung einer wissenschaftlichen These ist die Verwechslung von Theorie und Methode, zwei verschiedenen, wenn auch manchmal zusammenhängenden Prinzipien wissenschaftlicher Analyse. Alle Historiker, sei es bewußt oder unbewußt, konsequent oder inkonsequent, dogmatisch oder eklektisch, gehen an die Quellen mit irgendeiner Art theoretischen und methodischen Grundgerüsts heran. Theorie bezeichnet einen Satz philosophischer oder logischer Prinzipien bzw. ein System, auf das der Historiker seine These gründet, z. B. auf eine aristotelische, feministische, malthusianische oder marxistische Theorie. Für Michelet, den romantischen Liberalen des 19. Jahrhunderts, stand die Naturmagie der Hexen für das Aufbegehren des proto-nationalistischen Widerstandes gegen die universalistische römische Kirche. Roland Barthes, der linksintellektuelle Strukturalist der 1960er, interpretiert das Hexenphänomen als das Aufbegehren des egalitären Klassen- und Geschlechtsbewußtseins gegen die kapitalistische Unterdrückung: „... etwas taucht auf in der Geschichte, das die Beziehungen der Menschen verändert, Eigentum in Ausbeutung verwandelt, das Band zwischen dem Leibeigenen und dem Feudalherren jeder Menschlichkeit entleert: das Gold" [Michelet, 6]. Eine Theorie ist ein interessantes und nützliches Werkzeug wissenschaftlicher Analyse, so lange sie nicht bestimmte Schlußfolgerungen erzwingt.

Methode ist etwas anderes als Theorie und für Historiker die wichtigste Vermittlungsinstanz zur Untermauerung der Glaubwürdigkeit jeglicher wissenschaftlichen These. „Die historische Methode gründet sich auf die von Ranke niedergelegten und seitdem auf vielfältige Weise ausgearbeiteten Regeln der Verifikation." [Evans, 127] Methodik ist, einfach gesagt, die konsequente Anwendung gleichförmiger Prinzipien zur Bewertung historischer Quellen. Die angewandte Methodik steht in enger Verbindung mit den zur Untermauerung einer These verwendeten Quellentypen

Quellen

Acta Sanctorum
Acta SS. Ordinis S. Benedicti
Agrippa. von Nettesheim, Cornelius, Opera, Lyon
Anonymus, Factum, chansons, relatifs etc. Ms der Bibliothèque de Toulon
–, Procès du Père Girard et de la Cadière, Aix 1833
–, Pièces relatives à ce procès, Aix 1833
–, Régistres de l'Inquisition (1307–1326)
–, Directorium Eymerici, 1358
–, Histoire de Magdeleine de Bavent, Rouen 1652
Aubin, Histoire des diables de Loudun, 1716
Bernardus, C., Lucerna
Bodin, Jean, De la démonomanie des sorciers, Paris 1587 (deutsch: Vom Ausgelassenen Wütigen Teufelsheer (übersetzt von Fischart) Straßburg 1591
Boguet, Discours des sorciers, Lyon 1605
Calcagnini, Miscell, Magia amatoria antiqua, 1544
Del Rio, Disquisitiones magicae, 1599
Denis, Ferdinand, Sciences occultes, Monde enchanté
Esprit de Bosroger, Pitié affligée
Figuier, Louis, Histoire du merveilleux
Grässe's Bibliotheca Magica et Pneumatica, Leipzig 1843
Grimm, Jacob, Deutsche Mythologie, 1835
Ders. Deutsche Rechtsaltertümer, 1828
d'Heisterbach, César, Illustria miracula (1220)
Lamothe-Langon, Inquisition de France
de Lancre, Inconstance des Démons, 1612
Ders. Incrédulité, 1622
Ders. Du Prince, 1617
Leloyer, Histoire des spectres, Paris 1605
Llorente, Inquisition d'Espagne
Maury, Alfred, Les Fées du Moyen-âge. 1843
Ders. Magie, 1860
Michaelis, Histoire d'une pénitente etc. 1613
Michelet, Jules, Origines du droit français, 1837
Nider, Formicarius
Paracelsus, Werke, 1589/90
Psellus, Michel, Energie des Esprits ou Démons, (1050)
Remigius, Demonolatria, 1596
Salverte, Eugène, Sciences occultes
Soldan, Histoire des procès de sorcellerie, 1843
Soldan u.a., Magie antique
Sprenger, Malleus
Sprenger u.a., Histoire des Sciences au Moyen-âge
Tranquille, Relation de Loudun, 1634
Wright, Thomas, Narratives of sorcery, 1851
Wyer, De Prestigiis daemonum, 1569
Yvelin, Examen de Louviers, Apologie de l'examen, 1643

Heute würde Michelets kurze **Quellenliste** kaum den strengen wissenschaftlichen Ansprüchen, die eine breit angelegte und vollständige Bibliographie fordern, gerecht werden. Sie ist nach mehr oder weniger willkürlichen Prinzipien organisiert, und es ist zweifelhaft, ob sie einem Forscher ermöglicht, zum Zweck der Überprüfung der Zitate die richtige Ausgabe der aufgelisteten Quellen zu finden, da einige Informationen fehlen. Die unter „Sprenger" aufgelistete Quelle „Malleus" zum Beispiel läßt sich zwar eindeutig als das „Malleus Malificarum" der Dominikanischen Inquisitoren Jacob Sprenger und Heinrich Institoris, zuerst 1487 in Straßburg erschienen, identifizieren. Unmöglich ist jedoch festzustellen, welchen der Dutzende von Anhängen Michelet benutzte, da weder Jahr noch Ort der Publikation vermerkt sind. Ist man mit der Literatur zu diesem Thema nicht vertraut, ist es zudem schwierig, zwischen dem Autor dieses Buches und dem des in der Liste folgenden zu unterscheiden. Und schließlich ist diese Literaturliste kaum der geeignete Ort, um nach neueren Werken über Hexerei zu suchen.

Bild: Jules Michelet, Die Hexe, Wien 1988, S. 254 (Quellenverzeichnis).

und geht mit diesen ein Verhältnis wechselseitiger Abhängigkeit ein. Es gibt unendlich viele verschiedene Methoden. Zwei offensichtliche Kategorien sind die der qualitativen Analyse, einer subjektiven Auswertung beschreibender Primärquellen, und die der quantitativen Analyse, der Auswertung serieller Quellen auf statistischer Basis. Diese zwei Kategorien können noch weiter unterteilt werden. Einerseits kann zum Beispiel eine qualitative Analyse, die sich mit normativen Quellen wie Gesetzen, religiösen Geboten oder moralischen Regeln beschäftigt, nicht einfach davon ausgehen, daß normative Verhaltenscodes jemals in praktisches Handeln umgesetzt werden.

Auf der anderen Seite ziehen Sozialhistoriker, die sich mit der Hexenverfolgung beschäftigen, heute regelmäßig Kriminalakten, wie zum Beispiel unter Folter abgelegte Zeugnisse, heran, um die weite Verbreitung normabweichenden Verhaltens aufzuzeigen. Dennoch negieren Kriminaluntersuchungen in sich nicht die Existenz von Normen, sondern weisen vielmehr darauf hin, daß vermutete Normüberschreitungen in der Praxis bestraft wurden. Michelets Analyse ist mit Ausnahme der Erwähnung von „Millionen" Opfern rein qualitativ, da er sich auf normative, gedruckte Primärquellen vor allem theologischer Natur konzentriert. Voigts Rechenexperiment, mit dem er das Ziel verfolgt, eine Gesamtzahl der Opfer der Hexenverfolgung anhand von dreißig Prozeßberichten, die er im Quedlinburger Stadtarchiv gefunden hatte, aufzustellen, ist rein quantitativ. Ob ihre Methoden und folglich ihre Interpretationen sich als fehlerhaft erweisen, ändert nichts an dieser Kategorisierung.

▷ S. 333 f.
Quellen:
Bandbreite heute untersuchter Materialien

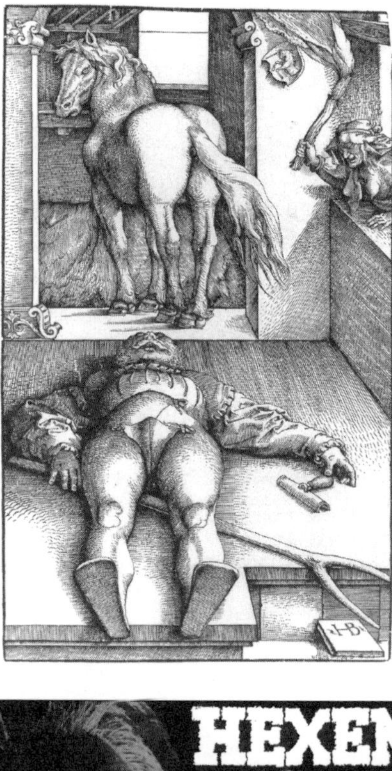

Hierin liegt für den kritischen Leser die Bedeutung des Zitatenapparates, da der Historiker in den Zitaten seine Quellen offenbart. Und hierin liegt auch der Unterschied zwischen historischen Fakten und geschichtswissenschaftlicher Interpretation. Gemäß den Regeln der Geschichtswissenschaft wird von dem Historiker verlangt, mit Hilfe einer bestimmten Methode eine Referenz zu den Fakten, die er oder sie interpretiert, herzustellen. Jedem Leser sollte es möglich sein, den faktischen Inhalt der Information zu verifizieren, indem man die Zitate überprüft. Ebenso wie in anderen Wissenschaften, seien es Naturwissenschaften oder Geisteswissenschaften, kommt es vor, daß Beweismaterial gezielt erfunden oder verfälscht wird, und es ist die Aufgabe der wissenschaftlichen Gemeinschaft, Betrüger zu entlarven. Viel problematischer sind jedoch Fehlinterpretationen, methodisch fehlerhaftes Vorgehen, ungenügendes Beweismaterial für eine These oder ähnliche Probleme, da diese oft auf einer subjektiven Interpretation der Quellen beruhen. Solche Mängel aufzuzeigen ist die Kernaufgabe wissenschaftlicher Kritik, da es keine einzig richtige Interpretation eines vergangenen Ereignisses gibt, sondern verschiedene mögliche Interpretationen. Geschichtswissenschaft ist ein Dialog, und die Historikerzunft führt regelmäßige Debatten in Fachzeitschriften: Geschichte selbst ist ein konstanter, nie endender Dialog. Auch wenn es aber keine einzig richtige Interpretation der Tatsachen gibt, so gibt es doch Interpretationen, die offensichtlich falsch sind. Wissenschaftliche Thesen zu widerlegen ist eine traditionelle Aufgabe der wissenschaftlichen Gemeinschaft.

Was für Quellentypen zieht Michelet heran, um seine These einer klerikalen Verschwörung zum Zweck der Verfolgung weiblicher Aus-

Geschlechterrollen und Hexenkunst. Historische Darstellungen sagen oft mehr über die Zeit ihrer Entstehung aus als über die Ereignisse, die sie angeblich wiedergeben. Das obige Bild 1 ist ein bekannter Holzschnitt von Hans Baldung Grien (1484-1545) aus dem Jahr 1544, „Der behexte Stallknecht". Es reflektiert zeitgenössische Ansichten über Hexen und Frauen im allgemeinen: Die böse Hexe hält eine brennende Kerze in der Hand und späht durch das Fenster auf ihr männliches Opfer herab. Sein Hosensack, ein Symbol männlicher Sexualität, ist exponiert, und er ist auf seine einzige Waffe, eine Heugabel, gefallen, somit unfähig sich zu verteidigen. Die Darstellung zeigt eine rituelle Umkehrung zeitgenössischer Geschlechterrollen; der junge Mann ist praktisch von der alten Hexe kastriert worden, diese ist nun in dominanter Position, kann sein Pferd nehmen und „obendrauf" reiten. Das zweite Bild ist ein Filmplakat aus dem Jahr 1969. Es zeigt eine sado-masochistische Szene, die mit einer modernen Art post-freudianischen Psychohorrors spielt. Die Darstellung des Hexenjägers lenkt unsere Aufmerksamkeit auf seinen Kopf, Sitz eines wahnsinnigen Geistes, angedeutet durch die verrückten Augen, Fenster zu einer pervertierten Seele. Auch er ist in dominanter Position über seinem Opfer, einer angsterfüllten Frau in Ketten, Fesseln und einem zerrissenen Kleid, wodurch sich der anzügliche Eindruck einer kranken sexuellen Gewalt verstärkt.

Bilder: Hans Baldung Grien (1484?-1545), Der behexte Stallknecht, 1545, Holzschnitt; Filmplakat „Hexen bis aufs Blut gequält", 1969, Foto: Deutsches Filmmuseum Frankfurt/M.

Darstellungen von Nacktheit. Die Art und Weise, in der Kulturen bestimmte Dinge darstellen, kann mit der Zeit erheblich variieren. Betrachten Sie zum Beispiel diese zwei Darstellungen von Hexen und Nacktheit. Im ersten Bild, einer Federzeichnung von 1514, wiederum von Hans Baldung Grien, dient die Nacktheit der Hexen als Ausdruck ihres schamlosen Verhaltens. Nackte Frauenkörper jeden Alters sind hier als besessen von einer schrecklichen Macht, Schaden und Zerstörung zu provozieren, dargestellt.

Das zweite Bild, Die Schwarze Messe von Van Maele, stammt aus der Originalausgabe von Michelets La Sorcière von 1862. Es zeigt die enorme erotische Macht des weiblichen Körpers als Objekt der Verehrung; zu diesem Zweck ist die Schwarze Messe in einer vom Vollmond beleuchteten Landschaft dargestellt. Dieses Bild spiegelt Michelets Einstellung zum Körper der Frau wider.

Bilder: Hans Baldung Grien (1484?-1545), kolorierter Holzschnitt, 1514; Van Maele, „Die Schwarze Messe", aus: Jules Michelet, La Sorcière, 1862, Foto: Bibliothèque nationale de France.

übung von Naturmagie zu unterstützen? Auskunft gibt hier ein Blick auf seine Fußnoten, die am Ende des Buches erscheinen. Insgesamt neun detaillierte Fußnoten finden sich, relativ wenig im Vergleich zu neueren historischen Arbeiten, die meist Hunderte enthalten. Der Großteil der Fußnoten ist nicht viel mehr als eine Aufstellung von Vermutungen mit nur vagem Quellenbezug, meist nur auf Sekundärtexte antiklerikaler Autoren der Aufklärung verweisend. Vor diesem Hintergrund ist es nicht erstaunlich, daß Michelet die ganze Periode bis zum 17. Jahrhundert durchgängig als Mittelalter bezeichnet, da dies einem verbreiteten Vorurteil unter Autoren der Aufklärung entspricht. Der eigentliche Quellenbezug ist auf gedruckte theologische Texte beschränkt. Nun ist diese Methode zwar unzweifelhaft vertretbar, aber sie ist sehr stark auf eine theologische Interpretation ausgerichtet. Folglich ist es kaum verwunderlich, wenn seine Untersuchung theologischer Anprangerung der Hexerei und antikirchlicher Traktate zu dem Bild einer in die modernen Hexenverfolgungen verwickelten mittelalterlichen Kirche führt.

Erwähnenswert ist, daß Michelet in der Originalausgabe von 1862 auch Illustrationen als nicht traditionelle, aber gleichermaßen gültige Quellen herangezogen hatte. Dennoch ist auch hier wieder wichtig, daß der Leser den Illustrationen mit Vorbehalt begegnet, sie nicht für das annimmt, was sie zu sein vorgeben, sondern sie kritisch untersucht. In Michelets Fall ist die Verwendung von Illustrationen als Belegmaterial äußerst irreführend, da es sich bei den Illustrationen gar nicht um Primärquellen handelt. Vielmehr hatte Michelet eine Reihe von Zeichnungen zu den Themen seines Buches in Auftrag gegeben und so im Endeffekt im 19. Jahrhundert Belegmaterial geschaffen, um seine Ansichten über Hexereiglauben in zurückliegenden Jahrhunderten zu stützen. Diese – von ihm wohlbedachte – Methode kommt der Erfindung von Belegmaterial gleich und ist völlig fehl am Platz. Die im 19. Jahrhundert entstandenen Illustrationen sagen uns wesentlich mehr darüber, was Michelet und seine Zeitgenossen über Hexerei dachten, als was die Menschen im 16. und 17. Jahrhundert tatsächlich glaubten. Ihre Verwendung ist ein Paradebeispiel für das Überstülpen einer eigenen Lieblingsthese über die Vergangenheit, und diskreditiert diese These, so interessant sie auch sein mag.

Ihr Urteil. Nun da das Buch zu Ende ist, fängt Ihre Arbeit erst wirklich an. Nicht nur ist jetzt der Zeitpunkt gekommen, über den Inhalt des Buches nachzudenken, seine Argumente abzuwägen und zu einem Urteil zu kommen, eine noch wichtigere Aufgabe steht Ihnen bevor – die Erstellung einer Zusammenfassung des Buches für Ihr Referat oder Ihre Hausarbeit. Dieser Schritt muß jedoch nicht entmutigend sein, wenn Sie Ihre eigenen Gedanken ernst nehmen und sich selbst in die Rolle eines professionellen Rezensenten versetzen. Dies wird Ihnen nicht nur helfen, den Text in sinnvoller Weise zusammenzufassen, sondern auch, einen Ordner für zukünftiges Nachschlagen anzulegen. Sind Sie den bisher erläuterten Schritten gefolgt, haben Sie schon ein Grundgerüst für die Rezension. Ziehen Sie als Vorbild irgendeine wissenschaftliche Zeitung heran: zum Beispiel die Historische Zeitschrift, das Flaggschiff der deutschen Historikerzunft, oder die Zeitschrift für historische Forschung, eine auf die Frühe Neuzeit spezialisierte Zeitschrift. Zeitschriftenrezensionen zeigen Ihnen nicht nur, welche Informationen von Historikern als relevant erachtet werden, vielleicht finden Sie sogar eine Rezension des Buches, das Sie gerade gelesen haben. Manchmal ist es nützlich, die zurückliegenden Ausgaben einer Zeitschrift zu durchsuchen. In der Regel sollte man sich die mehr als ein Jahr nach der Herausgabe der betreffenden Monographie erschienenen Bände ansehen. Ein Gesamtverzeichnis der Rezensionen – national wie international – liegt allerdings vor mit der IBR, der Internationalen Bibliographie der Rezensionen wissenschaftlicher Literatur. Halbjährlich erscheinen hiervon vier Bände, die in sich in vier Teile gegliedert sind: Sie finden ein Sachverzeichnis, ein Schlagwortverzeichnis und die Aufgliederung nach besprochenen Werken wie nach Rezensenten [Internationale Bibliographie].

Buchrezensionen beginnen meist mit den grundlegendsten bibliographischen Informationen: Autor, Titel, Erscheinungsjahr und -ort, Seitenanzahl. Ein kurzer Abschnitt beschreibt die technischen Details des Buches: Inhalt, Kapitelanzahl, Titel und zentrale These. In einem weiteren Abschnitt ist der Inhalt der Einleitung, der einzelnen Kapitel und des Fazits kurz zusammengefasst. Im Folgenden beurteilt der Rezensent die Verwendung des Quellenmaterials, Theorie und Methodik des Autors und legt schließlich seine eigene Meinung über das Buch als Ganzes dar. Wie lang sollte Ihre Rezension sein? Eine schwierige Frage, aber: auf keinen Fall zu lang. Konzentrieren Sie sich auf den allgemeinen Eindruck und tappen Sie nicht in die Falle, den Wald vor lauter Bäumen zu übersehen. Oft genug passiert es, daß man ein Buch aus der Bibliothek ausleiht und feststellen muß, daß der vorherige Benutzer so gut wie den ganzen Inhalt des Buches unterstrichen hat, von der ersten bis zur letzten Zeile. Das ist nicht nur Vandalismus, sondern auch eine wirklich sinnlose Aktion. Niemand erwartet von Ihnen, den Inhalt eines Buches unverarbeitet wiederzugeben. Gerade der Schritt der Verarbeitung ist es, der von Ihnen in der Vorbereitung für mündliche und schriftliche Prüfungen erwartet wird. Achten Sie darauf, daß Sie bzw. Ihre Zuhörer sich nicht im Dschungel der Details verlieren, versuchen Sie nicht, den gesamten Inhalt des Buches zu erzählen. Lesen Sie zügig; behalten Sie die Hauptargumente der einzelnen Kapitel im Hinterkopf und konzentrieren Sie sich auf das Buch als Ganzes – seine These, seine Methode, die zugrundegelegte Theorie und das herangezogene Belegmaterial. Natürlich ist es wichtig, bestimmte Informationen zu notieren, wenn Sie aber jede einzelne Seite auflisten, haben Sie den Zweck der Übung verfehlt und kommen womöglich nie zu einem Ende.

Schließlich noch zwei Dinge. Erstens: Wenn Sie das Buch beendet haben, sollte die Bedeutung des Titels einigermaßen klar sein. Den Versuch ist es auf jeden Fall wert, den Inhalt des Buches in ein oder zwei kurzen, den Titel näher erklärenden Sätzen zu umschreiben. Zweitens, und dies ist in der abschließenden Analyse vielleicht sogar am wichtigsten: Hat Ihnen das Buch gefallen? Hat es Sie, als Leser, angesprochen? Warum oder warum nicht? Auch das Lesen hat eine Geschichte, und Historiker des Lesens haben mehrfach gezeigt, daß Lesen eine aktive kulturelle Aneignung darstellt – keine zwei Leser entwickeln genau den gleichen Eindruck von einem Buch [Ginzburg 81f.; Greenblatt 1994, 12-17]. Neben den objektiven Fakten, die Sie erwähnen müssen, ist auch Ihre subjektive Meinung sehr wichtig. Was hat der Autor geschrieben, das Ihnen gefallen hat? Was hätte der Autor sonst noch tun können, um die Lektüre des Buches für Sie lohnender zu machen? Diese Fragen werden Ihre Zuhörer sicherlich interessieren, sowohl Ihre

Kommilitonen, die es möglicherweise von Ihrer Einschätzung abhängig machen, ob Sie das Buch selbst lesen, wie auch gerade Ihren Professor. Vielleicht ist eben dies der Grund, warum man Ihnen Michelets Die Hexe empfohlen hat: um zu wissen, was ein anderer darüber denkt, und ist, wie alle ernsthaften Historiker, sehr daran interessiert, einen kritischen Dialog mit Ihnen, dem Leser, einzugehen.

David Lederer

(Original in deutscher Übersetzung von Sonja Levsen)

Literatur

R. Barthes, Die Lust am Text, aus dem Französischen von T. König, Frankfurt/M. 1974.

Ders., Michelet, Frankfurt/M. 1980

W. Behringer, Hexenverfolgung in Bayern: Volksmagie, Glaubenseifer und Staatsräson in der frühen Neuzeit, München 1997.

Ders., Neun Millionen Hexen. Entstehung, Tradition und Kritik eines populären Mythos, in: GWU 11 (1998), 664-685.

M. Bloch, Apologie der Geschichte oder Der Beruf des Historikers, Stuttgart 1974.

P.Bourdieu, Homo academicus, Frankfurt/M. 1988.

O. Brunner (Hg.), Geschichtliche Grundbegriffe: Historisches Lexikon zur politisch-sozialen Sprache in Deutschland, 9 Bde., Stuttgart 1972-1997.

E. H. Carr, Was ist Geschichte? Stuttgart 1963

R. Chartier, Die unvollendete Vergangenheit: Geschichte und die Macht der Weltauslegung, Berlin 1989.

Ders., Lesewelten: Buch und Lektüre in der frühen Neuzeit, Frankfurt/M. 1990.

M. De Certeau, Das Schreiben der Geschichte, Frankfurt/M.1991.

Ders., Die Kunst des Handels, Berlin 1988.

R. J. Evans, Fakten und Fiktionen: über die Grundlagen historischer Erkenntnis, Frankfurt/M. 1998.

C. Ginzburg, Der Käse und die Würmer, Frankfurt/M. 1979.

S. J. Greenblatt, Schmutzige Riten: Betrachtungen zwischen Weltbildern, Berlin 1991.

Ders., Wunderbare Besitztümer: die Erfindung des Fremden: Reisende und Entdecker, Berlin 1994.

Internationale Bibliographie der Rezensionen Wissenschaftlicher Literatur, hg. von O. Zeller, Osnabrück seit 1971.

ISBN. Internationale Standard-Buchnummer. Leitfaden, hg. vom Börsenverein des Deutschen Buchhandels e.V., Frankfurt/M. 1978.

E. Labouvie, Zauberei und Hexenwerk: ländlicher Hexenglaube in der frühen Neuzeit, Frankfurt/M. 1991.

C. Larner, Witchcraft and Religion. The Politics of Popular Belief, Oxford 1984.

J. Michelet, La Sorcière, Paris 1862; deutsche Ausgabe: Die Hexe, München 1974.

G. Monod (Hg.), Madame Jules Michelet. Les Chats. Avec une introduction et des notes de Gabriel Monod et des lettres inédit de J. Michelet, Paris 1978.

Ders., La Vie et la pensée de Jules Michelet, 2 Bde., Paris 1923.

P. Novick, That Noble Dream: the „objectivity question" and the American historical profession; Cambridge, 1988.

C. E. Schorske, Thinking with History. Explorations in the Passage to Modernism, Princeton 1988.

M. E. Wiesner, Women and Gender in Early Modern Europe, Cambridge 1993.

Zugänge zur Frühen Neuzeit

Einführung. Im Gegensatz zu der chronologischen Betrachtungsweise im ersten Block stellen die „Zugänge zur Frühen Neuzeit" eine systematische vor. Die Auswahl wurde hier so getroffen, daß sich innerdisziplinäre Wege mit Anregungen aus anderen Disziplinen unter einem leitenden Gesichtspunkt verbinden: dem Begriff der Kulturgeschichte als Fokus der Zusammenstellung.

Unter diesem Begriff nämlich wird neuerdings eine Vielzahl von Forschungserträgen der letzten gut zwanzig Jahre zusammengefaßt und diskutiert, in Zeitschriftenaufsätzen wie auch in eigenen Publikationen [HARDTWIG/WEHLER, MERGEL/WELSKOPP]. Die Diskutanten stammen dabei überwiegend aus dem Umfeld der Sozialgeschichte und damit der Erforschung vornehmlich des 19./20. Jahrhunderts. Gesprochen wird über eine „neue" Kulturgeschichte in Abgrenzung von einer „alten": Letztere meint die Sittengemälde, die im ausgehenden 19. und frühen 20. Jahrhundert entworfen wurden. Während diese Form in anderen europäischen Ländern weiterentwickelt wurde, machte sich in Deutschland nach dem Ersten Weltkrieg eine auf Ereignisse fixierte Politikgeschichte breit. Erst die 1960er Jahre brachten mit der Entstehung der modernen Sozialgeschichte eine Wende: Strukturen und Prozessen galt nun das Interesse.

Der damit wachsenden Offenheit für andere Disziplinen – wie etwa für die Soziologie – sowie für methodische Innovationen ist das breite Spektrum der Richtungen zu verdanken, die heute der „neuen" Kulturgeschichte zugerechnet werden: Mentalitäten-, Alltags-, Erfahrungs-, Mikro- und Geschlechtergeschichte, Historische Demographie und Historische Anthropologie zählen hierzu. Ausgangspunkt für sie alle waren die abstrakten Ableitungen der Sozialgeschichte, hinter denen irgendwann die Individuen zu verschwinden drohten; das Handeln von Menschen sollte wieder als geschichtsmächtig anerkannt werden. Und dem Handeln voraus oder mit ihm einher gehen Wahrnehmung, Deutung und Gestaltung von Wirklichkeit, gehen symbolische Aneignungen, kommunikative Strategien und individuelle Empfindungen, Vorstellungen von Leben, Stiftungen von Sinn, Bewußtsein von sich selbst. So haben es all diese Bindestrichgeschichten in umfänglicher Weise mit der Zumessung von Bedeutung zu tun, sei es im Bereich sozialer Praktiken oder im Bereich sprachlicher Konstruktionen [DANIEL].

Die Kulturhistorikerinnen und -historiker verhalten sich zur Sozialgeschichte sehr unterschiedlich. Eine Haltung besteht darin, sich strikt von ihr abzusetzen [VAN DÜLMEN], da nicht unpersönliche Strukturen und Prozesse, sondern Erfahrungen und Handlungen von Menschen die Geschichte bewegten. Einer anderen Haltung nach werden beide Geschichtsrichtungen in ein hierarchisches Verhältnis zueinander gesetzt [VIERHAUS], wobei die Kulturgeschichte als erweiterte Sozialgeschichte angesehen wird. Eine wieder andere Haltung bemüht sich um die Vermittlung der Antipoden [DINGES], indem sie zum Zwecke der Zusammenführung und Weiterentwicklung beider ein ganz neues theoretisches Konzept vorschlägt. – Die Sozialhistorikerinnen und -historiker dagegen haben sich einerseits in der theoretischen Debatte eine federführende Stellung gesichert – andererseits sind sie voller Vorbehalte gegenüber dem hohen Anspruch der anderen Seite. Wenn sie außerdem danach fragen, warum denn ihre alten Autoritäten nicht mehr zur Kenntnis genommen werden, zeigt dies, daß über wissenschaftliche Diskussionen auch Generationenkonflikte ausgetragen werden. Dabei ist die Aufforderung durchaus berechtigt, auch die großen Kulturwissenschaftler der Jahrhundertwende neu zur Kenntnis zu nehmen [OEXLE, KITTSTEINER].

Unter welchen Einflüssen ist nun „die neue Kulturgeschichte" hierzulande zustande gekommen? Auf der einen Seite sind fachinterne, außerdeutsche und auf der anderen Seite fachfremde Disziplinen zu nennen. Unter den innerdisziplinären Wegen trat zunächst die Mentalitätengeschichte französischer Herkunft auf den Plan, die sich im Rückgriff auf die seit den 20er Jahren bestehende „Annales" – Historie in den 1960er Jahren entwickelte. Weiterhin zeigte die Mikro-Historie italienischer Herkunft Wirkung, die auch heute noch immer am besten durch Carlo Ginzburgs Schilderung eines einfachen Müllerlebens um 1600 faßbar ist. Und angelsächsische Einflüsse förderten dann in den 1970er Jahren zum einen die Alltags- und Erfahrungsgeschichte, zum anderen die Frauen- und Geschlechtergeschichte. Unter den anderen Disziplinen ist zunächst die Volkskunde zu nennen, die aufgrund ihrer Ausklammerung von Elitenkultur und Erforschung von einfachen Leuten ab den 1960er Jahren zunehmend beachtet wurde. In den 1970er Jahren kam die Auseinandersetzung mit Ethnologie und Sozialanthropologie hinzu, wodurch die Hermeneutik, die Methode des Verstehens, wieder in die Geschichtswissenschaft eingeführt wurde. Ähnlich wichtig waren die Einflüsse der Sprach- und Literaturwissenschaften sowie der Philosophie, die im Rahmen der Postmoderne auf die sprachlichen Formen der Weltwahrnehmung, die Diskurse, als bewußtseins- und handlungsleitend aufmerksam machten.

Aus diesem Reigen wurden für das Folgende an innerdisziplinären Wegen die Mentalitäten- und die Geschlechtergeschichte und aus der interdisziplinären Arbeit die Volkskunde und die Literaturwissenschaft herausgegriffen. Diesen hinzugefügt wurde im ersten Abschnitt die Sozial- und Wirtschaftsgeschichte, denn ihre Erkenntnisse sind nach wie vor für fast jede Frage heranzuziehen. Hinzugesetzt wurde weiterhin im zweiten Abschnitt die Kunstgeschichte, denn die ihr zugeordneten materiellen Zeugnisse der Vergangenheit werden oft ohne nähere Fachkenntnisse genutzt. Die für Kultur-, aber auch Politikgeschichte höchst hilfreiche Teildisziplin der Rechtsgeschichte wurde als Beispielfeld für den Technikexkurs gewählt, der diesem Kapitel folgt.

Literatur

U. DANIEL, Clio unter Kulturschock. Zu den aktuellen Debatten der Geschichtswissenschaft, in: GWU 48, 1997, 195-218; 259-278.

M. DINGES, „Historische Anthropologie" und „Gesellschaftsgeschichte". Mit dem Lebensstilkonzept zu einer „Alltagskulturgeschichte" der frühen Neuzeit?, in: ZHF 24, 1997, 179-214.

R. v. DÜLMEN, Historische Kulturforschung zur Frühen Neuzeit. Entwicklungen - Probleme - Aufgaben, in: GG 21, 1995, 403-429.

W. HARDTWIG/H.-U. WEHLER (Hrsg.), Kulturgeschichte Heute, Göttingen 1996.

H. D. KITTSTEINER, Was heißt und zu welchem Ende studiert man Kulturgeschichte?, in: GG 23, 1997, 5-27.

TH. MERGEL/TH. WELSKOPP (Hrsg.), Geschichte zwischen Kultur und Gesellschaft. Beiträge zur Theoriedebatte, München 1997.

O. G. OEXLE, Geschichte als Historische Kulturwissenschaft, in: W. HARDTWIG/H.-U. WEHLER (Hrsg.), Kulturgeschichte Heute, Göttingen 1996, 14-40.

R. VIERHAUS, Kulturgeschichte, in: H. LEHMANN (Hrsg.), Wege zu einer neuen Kulturgeschichte, Göttingen 1995, 7-28.

Wirtschafts- und Sozialgeschichte: Alte Themen, Neue Akzente

Der Gegenstand in der Forschung. Wirtschafts- und Sozialgeschichte stellen eigentlich zwei Teilgebiete historischer Forschung dar, die jedoch aus methodisch-inhaltlichen Gründen wie aufgrund der Forschungsgeschichte [MOOSER] gewöhnlich eng verbunden genannt werden. Während sich die Wirtschaftsgeschichte vorrangig der Entwicklung von wirtschaftlichen Strukturen, Prozessen, Institutionen und Theorien zuwendet, wird der Begriff „Sozialgeschichte" in zwei Bedeutungen gebraucht. Im erwähnten Konnex mit der Wirtschaftsgeschichte und damit auch für unsere folgenden Betrachtungen ist der Gegenstand einer Sozialgeschichte im engeren Sinne die Geschichte sozialer Strukturen in ihrer Dynamik, die Entwicklung von sozialen Schichten und Gruppen, von ständischer Gliederung sowie von gesellschaftlichen Bewegungen und Konflikten. Sozialgeschichte im weiteren Sinne meint dagegen eine Form allgemeiner Geschichtsbetrachtung, d.h. die Untersuchung und Darstellung des historischen Verlaufs insgesamt unter sozialgeschichtlichen Aspekten.

Eng verbunden sind beide Gebiete zum einen durch die enge Verknüpfung ihrer Gegenstände: wirtschaftliche und soziale Strukturen existieren in einer für die historische Betrachtung fast unauflöslichen Verbindung; sie bedingen und modifizieren einander. Gemeinsamkeiten resultieren aber zum anderen auch aus Parallelen im wissenschaftlichen Arbeiten; beide Richtungen sind eng mit anderen systematischen Sozialwissenschaften – Soziologie bzw. Ökonomie – verbunden, unterscheiden sich von diesen Nachbarwissenschaften aber durch die primäre Anwendung der historischen Methode, die beide wiederum ebenso miteinander verknüpft wie die quantitativ-strukturelle Analyse als lange vorherrschende Arbeitsrichtung.

In den siebziger und achtziger Jahren erlebte die Wirtschafts- und Sozialgeschichte dann eine vielfältige Ausdifferenzierung hinsichtlich der Forschungsthemen und -methoden [Überblick bei SCHIEDER/SELLIN]. Bereits seit den ausgehenden siebziger Jahren wurde dabei auch allmählich ein interner Differenzierungsprozeß sichtbar, der in den letzten Jahren zunehmend an Bedeutung gewonnen hat. Während die Wirtschaftsgeschichte ihre inhaltlichen Schwerpunkte immer stärker in der Zeit nach 1800 sucht, sich methodisch oft an den Wirtschaftswissenschaften orientiert und damit für die historische Forschung zur Frühen Neuzeit an Relevanz verliert [Diskussion zur Entwicklung des Faches: Wirtschafts- und Sozialgeschichte – Neue Wege?], entfernt sich gerade die auf diese historische Periode ausgerichtete Sozialgeschichte inhaltlich wie methodisch immer weiter aus ihrem ursprünglich engen Verbund mit der Wirtschaftsgeschichte. Sozialgeschichtliche Forschung zur Frühen Neuzeit tendiert deutlicher noch als die des 19. und 20. Jh. zur Verstärkung ihrer traditionellen kulturhistorischen Komponente, zeigt mehr und mehr Merkmale einer „historischen Kulturforschung", die die Behandlung sozialer Strukturen zugunsten kultureller Kontexte und Bedeutungen relativiert [VAN DÜLMEN]. Mit diesen mehr und mehr differierenden Schwerpunktsetzungen beider Teilgebiete wird der methodische und inhaltliche Konnex schwächer, ohne freilich etwa ganz verloren gegangen zu sein [WISCHERMANN].

Stadt und Land. Stadt und Land bildeten in der Vorstellung der Frühen Neuzeit wie der älteren wirtschaftsgeschichtlichen Forschung getrennte Wirtschaftsräume, die einander durch ihre jeweilige Orientierung auf handwerklich-gewerbliche bzw. landwirtschaftliche Produktion ergänzten und gleichzeitig aufeinander angewiesen waren. Diese idealtypische Vorstellung, die den tatsächlichen Gegebenheiten der Wirtschafts- und Sozialstruktur bereits um 1500 keineswegs entsprach, verlor im Laufe der Frühen Neuzeit endgültig ihre Berechtigung: Der Stellenwert gewerblicher Produktion auch auf dem Land nahm tendenziell zu, wurde aber zugleich in verschiedenen Regionen, etwa Bayerns, von einer relativen Zunahme landwirtschaftlicher Betätigung der Stadtbewohner konterkariert. Die Gegenüberstellung der beiden Wirtschaftsräume entspricht also lediglich dem allgemeinen Rahmen zeitgenössischer Vorstellung wie wirtschaftlicher Gegebenheiten, spiegelt jedoch historische Befunde nicht adäquat wider. Da aber Handwerker und Bauern – jeweils im weitesten Sinne des Wortes – die Masse der frühneuzeitlichen Bevölkerung insgesamt darstellen, sollen sie hier als Leitbilder für die beiden wichtigsten Formen frühneuzeitlichen Lebens und Wirtschaftens vorgeführt werden.

Darstellungen zur Entwicklung des Städtewesens gehören zu den klassischen Themen der älteren Wirtschafts- und Sozialgeschichte; besonders das städtische Handwerk und seine charakteristische Organisationsform, die Zunft – auch als Innung, Amt oder Gilde bezeichnet – sind oft Thema von Erörterungen zur städtischen Wirtschaft gewesen [Reininghaus, Reith]. Allerdings hat die bereits von den Zeitgenossen gehegte und vor allem im 18. Jh. publizistisch verbreitete Meinung, daß die Zünfte seit dem 16. Jh. an innovatorischer Kraft und wirtschaftlicher Bedeutung eingebüßt hätten, den Grundtenor der historischen Forschung insgesamt beeinflußt. Gemeinsam mit älteren Auffassungen der Verfassungsgeschichte vom Verfall der mittelalterlichen städtischen „Freiheit" ergab sich bis in die jüngste Vergangenheit ein Bild von Stagnation bzw. Verfall der Städte insgesamt während der Frühen Neuzeit. Neuere Untersuchungen zur wirtschaftlichen und sozialen Entwicklung von Städten haben jedoch erste Modifikationen dieses Bildes erbracht. Neben der Ausdehnung von Handwerk und Gewerbe aufs Land als einer die Epoche der Frühen Neuzeit kennzeichnenden Tendenz ist in Hinsicht auf die Entwicklung des städtischen Handwerks die durchaus vorhandene Offenheit der Zünfte für Veränderung betont worden [Bräuer 1992, Schultz 1997]. Dies zeigte sich etwa an der schnellen Verbreitung technischer Neuerungen im zünftigen Handwerk, wie bspw. des Tretspinnrades, des Schraubstocks und der Drehbank im 16. Jh. Aber auch die wachsende Zahl handwerklicher Berufe als Zeichen von Spezialisierung macht die Weiterentwicklung sichtbar. Daß die Zünfte nicht selten die Marktorientierung ihrer Mitglieder durch Absatzverträge (bes. im exportorientierten Textilgewerbe) förderten, daß Produktpaletten sich im Laufe der Zeit durchaus sichtbar veränderten, daß sich seit der zweiten Hälfte des 17. Jh. neue Formen gegenseitigen sozialen Beistandes in Form der sog. Sterbekassen herausbildeten, wurde ebenfalls lange übersehen.

Nicht zu leugnen sind freilich auch restriktive Erscheinungen wie der Kampf der Bandweber gegen die Einführung der Bandmühle im Alten Reich, in den südlichen Niederlanden und Frankreich bis ins beginnende 18. Jh., um deren Auswirkungen auf den Arbeitsmarkt man sich sorgte. Gleiches gilt für die Benachteiligung von Zunftfremden bei der Aufnahme ebenso wie für das charakteristische Bemühen um die Begrenzung der Zahl potentieller Konkurrenten im Handwerk durch weitgehende Begrenzung der Meisterzahl und das Vorgehen gegen unzünftige Produzenten. Traditionell wurden diese Aspekte in der Forschung als Belege für die Abschottung der Zünfte nach außen und als Hemmnis bei der Entwicklung neuer Handwerke und der Erweiterung der Produktion thematisiert. Es bleibt also ein durchaus widersprüchliches Bild hinsichtlich des Verhältnisses zünftigen Handwerks zu technischer, organisatorischer und sozialer Innovation; von einer gänzlichen Abstinenz gegenüber Neuerungen oder gar deren permanenter Verhinderung kann jedoch keinesfalls die Rede sein.

Gegenüber der in diesem Zusammenhang gern benutzten Formel vom „Herbst des Alten Handwerks", die zumindest das 17. und 18. Jh. einseitig als Niedergangszeit erscheinen läßt, bleibt auch festzuhalten: Trotz des zunehmenden Stellenwertes neuer Produktionsformen wurde die Versorgung der wachsenden Bevölkerung in Stadt und Land ebenso wie die Überwindung der verheerenden Kriegsverluste gerade des 17. Jh. in gewerblicher Hinsicht im wesentlichen vom traditionellen Zunfthandwerk getragen. Die zünftige Handwerksproduktion war in quantitativer Hinsicht vorrangig auf die Arbeit für den Grundbedarf der Bevölkerung an Bekleidung, Wohnung und Nahrung orientiert und gerade deshalb notwendig Träger der vielfältigen Wiederaufbauleistungen nach Kriegen und Naturkatastrophen. Bis weit ins 19. Jh. hinein nahm das Handwerk teil an Wachstum und Spezialisierung der Wirtschaftstätigkeit, und es profitierte nicht zuletzt von einer fortschreitenden Arbeitsteilung und neuen Konsumbedürfnissen, die Handwerksprodukte auch in bäuerlich-ländlichen Haushalten an Bedeutung gewinnen ließ. Die erfolgreiche Wahrnehmung dieser Aufbau- und Versorgungsleistungen spricht ebenfalls für Flexibilität und wirtschaftliches Potential des oft geschmähten alten Handwerks, ohne daß deshalb, dies sei noch einmal betont, die sich abzeichnenden Probleme im Vergleich mit unzünftiger Großproduktion oder die soziale Abschottung durch Erschwernisse beim Zunfteintritt zu leugnen wären.

Diesem Bild vom frühneuzeitlichen Handwerk in gewisser Hinsicht gar nicht unähnlich ist das Bild, das die – in Deutschland allerdings erst später einsetzende – Forschung zur Agrargeschichte der Frühen Neuzeit zeichnete [Dipper]. Lange betonte man auch hier einseitig das zweifellos vorhandene Beharrungsvermögen der Landwirtschaft, für das mittelalterliche Innovationen wie Dreifelderwirtschaft und Wendepflug den weiterhin gültigen Rahmen abgaben. Dabei realisierte sich bäuerliches Wirtschaften nicht nur generell in einem örtlich und saisonal höchst variablen Rahmen, bestimmten Agrarkonjunktur des 16. Jh., Verluste und Krise der Landwirtschaft im Kontext des Dreißigjährigen Krieges sowie ein erneuter Anstieg der Agrarpreise nach 1700 Markt- und damit Existenzbedingungen der ländlichen Bevölkerung wesentlich mit [Abel, Achilles]. Das Auf und Ab der kurzfristigen Krisen und langfristigen Trends relativiert bereits die Auffassung vom statischen ländlichen Wirtschaften. Dazu kommen dann noch die Befunde über regionale Spezialisierungen, etwa die hochentwickelte Viehzucht in Nordsee- und Schweizer Raum. Weiterhin ist auf Agrarimporte in europäischem Maßstab, vor allem den Handel mit polnischem Getreide und ungarischem Vieh zu verweisen. Schließlich sind auch Ansätze landwirtschaftlicher Intensivierung im 18. Jh. sowie das Vordringen neuer Anbaupflanzen, von denen die Kartoffel nur die bedeutendste war, neuer Bewirtschaftungstechniken und Geräte besonders nach 1750 [Bentzien] nicht zu vergessen. Dies alles zeigt bäuerliches Wirtschaften ungeachtet dauerhafter Herrschafts- und Organisationsformen in seiner Dynamik.

Ein weiterer Aspekt dieser Dynamik waren Veränderungen der ländlichen Sozialstruktur, die auch gravierende Wirkungen für Art und Organisation der Arbeit hatten. Eine Grundtendenz war dabei – freilich mit starken regionalen Unterschieden – das Sinken des Anteils der eigenständig wirtschaftenden Bauern. Schon im 16. Jh. gab es in vielen Gebieten neben dem Bauern, der mit der Arbeit auf dem von ihm besessenen Land seine Familie ernähren und ggf. einen Teil der Erträge verkaufen konnte, auch Inhaber kleinerer Güter, die durch Zu- und Nebenerwerbe die wirtschaftliche Existenz gerade sichern konnten, und es gab einen kleinen Prozentsatz von Familienvorständen, die lediglich über sehr geringen oder gar keinen Landbesitz verfügten und deshalb nach Einkommensmöglichkeiten als Tagelöhner oder im gewerblichen Bereich Ausschau halten mußten. Nachdem diese Entwicklung infolge der Bevölkerungsverluste bzw. -verschiebungen des Dreißigjährigen Krieges vorübergehend schwächer ausgeprägt war, verstärkte sich im 18. Jh. der Trend wieder. Bevölkerungswachstum, Erbteilungen, Agrarkrisen, in einigen Gegenden des Reiches östlich der Elbe aber auch das Auskaufen bzw. Enteignen von Bauern durch die Gutsherren waren Ursachen dieser Entwicklung. Für das Ende des 18. Jh. darf man davon ausgehen, daß generell „Bauern" im engeren Sinne des Wortes auf dem Lande nicht länger die Mehrheit der Gesamtbevölkerung stellten.

Diese auffällige Tendenz zur sozialen Differenzierung, zur Ausprägung immer deutlicherer Unterschiede zwischen den sozialen Gruppen und Schichten, war aber auch in den Städten ein Signum der Epoche. Auch hier verringerte sich zwischen dem beginnenden 16. Jh. und der Zeit um 1800 der Anteil selbständig wirtschaftender Haushaltsvorstände in Handwerk, Handel und Gewerbe, während die Zahl der um Lohn Arbeitenden oder gar ganz bzw. zeitweise Beschäftigungslosen ständig stieg. Weit über die Hälfte aller erwerbstätigen Stadtbewohner führte im 18. Jh. eine solche abhängige und damit weitgehend wirtschaftlich ungesicherte und sozial wenig anerkannte Existenz. Das Bild von Statik und Beharrung, das für die traditionellen Lebensformen Handwerk und bäuerliche Wirtschaft gezeichnet worden ist und von dem die oben erwähnten neueren Forschungen deutlich abrücken, wird noch beträchtlich weiter relativiert, wenn man diese quantitative Einschränkung bedenkt. Am Ende der Frühen Neuzeit lebte der größere Teil der Bevölkerung nicht mehr in traditionellen, auf mittelalterlichen Fundamenten ruhenden sozialen Kontexten wie der Zunft oder der bäuerlichen Gemeinde. Die Relativierung und Dynamisierung solcher Ordnungsschemata aufgrund wirtschaftlicher wie sozialer Entwicklungen ist vielmehr hervorzuheben, obwohl zugleich deren Fortwirken und Beharrungsvermögen keineswegs zu unterschätzen ist.

Für alle gesellschaftlichen Gruppen und Schichten vom Bauern bis zum Adligen, vom Großkaufmann bis zum Tagelöhner galt dabei die Familie bzw. Hausgemeinschaft als zentrale soziale Einheit wie als Bezugsgröße wirtschaftlicher Aktivität. Daß Gewinnstreben und Anhäufung von Reichtum als Triebkraft sozialen Aufstiegs nicht unbekannt waren,

Kleidertrachten der Bergstadt Eibenstock. Die aus Bevölkerungswachstum, sozialer Differenzierung und Mobilität resultierende Dynamik versuchten zunächst städtische, später auch staatliche Obrigkeiten im 16. und 17. Jh. unter anderem durch den Erlaß von Kleiderordnungen einzufangen. In ihnen wurde detailliert beschrieben, wie sich die Städter bzw. die Stände durch Erlaubnis bzw. Verbot bestimmter Stoffe, Schnitte und Accessoires optisch voneinander zu unterscheiden hätten. Für die Städte spiegeln sie gewöhnlich drei soziale Hauptgruppen wider: Kaufleute und Beamte, die die Oberschicht bildeten, Handwerker als Mittelschicht und Gesellen, Gesinde, Tagelöhner als Unterschichten.

Soziale Differenzierung hatte jedoch nicht nur mit beruflicher Zuordnung und den daraus resultierenden Erwerbschancen, mit Vermögen und Zugehörigkeit zu bürgerschaftlichen Organisationen zu tun, sondern auch mit Alter, Geschlecht und Familienstand. Die Abbildung zeigt die charakteristische Bekleidung von Bürgern und Bürgerinnen einer kleinen Stadt bei verschiedenen Anlässen: Fest, Trauer, Kirchgang. Hervorgehoben durch spezifische Kleidung waren aber auch die unverheirateten Jungfrauen und Junggesellen. Dies signalisiert dem Betrachter unter anderem die Relevanz der Verehelichung für die Integration in die bürgerliche Gemeinschaft. Für den Mann waren nicht selten der volle Erwerb des Bürgerrechts und damit Ausübung politischer Rechte, sehr lange und fast flächendeckend vor allem auch der Erwerb zünftigen Meisterrechts, an die Gründung eines eigenen Hausstandes gebunden. Frauen sicherte die Verehelichung überhaupt einen Platz in der sozialen Hierarchie, in der sie über ihren Ehemann verortet wurde sowie als „Hausmutter" und Teil des Arbeitspaares eigene Handlungsspielräume erhielten.

Bild: Kleidertrachten der Bergstadt Eibenstock in Kursachsen (um 1720), Sächsische Landesbibliothek, Staats- u. Universitätsbibliothek Dresden, Deutsche Fotothek, Foto: Janering.

Literatur: P. MÜNCH, Lebensformen in der Frühen Neuzeit 1500 bis 1800, Frankfurt a. M./Berlin 1992, S. 65-124

Forschungsstimme

Die Bedeutung der Familie für die ländliche wie städtische, bäuerliche wie handwerkliche Produktion ebenso wie die Aufwertung der Familie im Zuge der Reformation hatte auch Konsequenzen für die historische Forschung: Otto Brunner prägte 1956 den Begriff, **„Ganzes Haus"**, um die gesamte „alteuropäische" Wirtschaftsweise in ihrer Verquickung von hierarchischen Strukturen, persönlichen Bindungen, Geld und Nahrungsgarantie zu charakterisieren. Dieser Begriff bringt den erwähnten komplexen Zusammenhang auf einen scheinbar plausiblen Nenner, ist aber immer wieder und zu Recht in seinem Inhalt, vor allem aber auch in seinen theoretischen Implikationen kritisiert worden:

„Otto Brunner hat die Unterwerfung der Bewohnerinnen und Bewohner seines ganzen Hauses unter die Gewalt des Hausvaters als die Gegenleistung für dessen ‚Schutz' beschrieben – in bewußter Parallel zur Schutz-gegen-Treue-Formel der älteren Verfassungsgeschichte, die er selbst in ‚Land und Herrschaft' auf so erfolgreiche Art neu formuliert hat. Die Brauchbarkeit diese Konzepts für die sozialhistorische Analyse ist zunehmend umstritten. ‚Schutz' beschreibt die damit verbundenen Gewaltverhältnisse in euphemistischer Form: Gegenüber der Vorstellung von Reziprozität, die die Formel Schutz gegen Treue anbietet, ist Vorsicht geboten. In Wirklichkeit kann derjenige, der den Schutz anbietet, die Bedingungen des Austauschs weitgehend selbst bestimmen: Er kann Angebote machen, die man nicht ablehnen kann. Die Mobilität der Gesellschaften des späten Mittelalters und der frühen Neuzeit ermahnt uns außerdem, uns alle derartigen Bindungen und Sicherheiten in erster Linie als temporäre Beziehungen vorzustellen, die von Zeit zu Zeit neu verhandelt werden."

Quelle: V. Groebner, Außer Haus. Otto Brunner und die „alteuropäische Ökonomik", in: GWU 46 (1995), S. 76 f.

bedarf kaum ausdrücklicher Betonung; die Namen der großen Augsburger Handelshäuser des 16. Jh. wie der Fugger und Welser verkörperten wirtschaftliches wie politisches Potential und sozialen Aufstieg. Für die Masse der handwerklichen wie bäuerlichen Bevölkerung darf jedoch davon ausgegangen werden, daß Existenzsicherung erstes Ziel der Arbeit war. Das in den verschiedensten Quellen immer wieder zitierte und auch in juristischen Auseinandersetzungen verfochtene Prinzip der „gleichen Nahrung" als Synonym für die Existenzsicherung der Familie dominierte bis ins 19. Jh. das Selbstverständnis insbesondere der handwerklich geprägten Wirtschaft [Blickle].

Der Begriff „Familie" bezieht sich dabei auch in der Frühen Neuzeit in Mittel- und Westeuropa im wesentlichen auf die sog. Kernfamilie; die in den letzten zwanzig Jahren intensiv betriebene Historische Familienforschung [Sieder] hat das Bild von der vorindustriellen Großfamilie ins Reich der Legende verwiesen. Freilich konnte die Familie als Arbeitsverband sowohl in bäuerlichen Wirtschaften wie in der handwerklichen Werkstatt durch weitere Personen ergänzt werden: Hausgesinde, Knechte und Mägde zur Aufrechterhaltung des landwirtschaftlichen Betriebs, Lehrlinge und Gesellen im Handwerk. Charakteristisch für diese abhängig Beschäftigten war dabei ihr auch familiär abhängiger Status, denn als in der Regel Unverheiratete lebten sie gewöhnlich im Haushalt des „Arbeitgebers" und erweiterten damit die „Familie" zur „Hausgemeinschaft" im wirtschaftlichen Sinne. Allerdings ist davon auszugehen, daß Personal im Haus wie Erwerbsbereich aufs Ganze gesehen nur in einem gewissen, nicht allzu hoch anzusetzenden Anteil aller Haushalte vorkam. Typisch für das zünftig-städtische Handwerk war eher der allein oder eben mit den engsten Familienangehörigen arbeitende Meister, und auch auf dem Land war umfängliches Gesinde auf einem Hof nur in den auf Viehzucht spezialisierten Gebieten bzw. in Gegenden mit wenigen großen Bauernhöfen charakteristisch.

Lohnarbeit im Sinne von abhängiger Beschäftigung war dabei für die erwähnten Personengruppen lange Zeit eher ein Durchgangsstadium als eine Lebensperspektive, denn Gesellen wurden Meister, Mägde verehelichten sich, Knechte übernahmen den Hof des Vaters. Bevölkerungswachstum und Existenzsicherungsstreben der Zünfte, Erbteilungen und Verarmung veränderten jedoch diese Abfolge zunehmend, denn einer nicht selten stagnierenden bzw. schrumpfenden Zahl von Meister- bzw. Bauernstellen stand eine wachsende Zahl von Interessenten gegenüber. Bergwerk, Manufakturen, Verlag und Exportgewerbe sowie große herrschaftliche Güter erweiterten gleichzeitig die Möglichkeiten abhängiger Beschäftigung und damit auch das Spektrum der Arbeits- und Lebensmöglichkeiten für Männer und Frauen.

▷ S. 188 ff.
schlechter-
eschichte:
rmen und
iale Praxis

Insgesamt muß auch der wachsende Stellenwert von nichtprivilegierter Arbeit, von Lohnarbeit als Lebensperspektive, als eine Grundtendenz frühneuzeitlicher Entwicklung betrachtet werden. Die sozialen Folgen einer solchen veränderten Lebensgrundlage in Zeiten extrem schwankender Beschäftigungs- bzw. Absatzmöglichkeiten sowie der Existenzgefährdung durch Hunger, Krieg und Krankheit waren allerdings keineswegs generell positiv. Hatten Zunftmitgliedschaft und Zugehörigkeit zur bäuerlichen Gemeinde trotz begrenzter Möglichkeiten immerhin noch einen grundsätzlichen Anspruch auf gegenseitigen sozialen Beistand mit sich gebracht, wirkten Haus- und Landbesitz des angesessenen Familienvaters als Sicherung im Fall akuter Notlagen, so waren abhängig Beschäftigte mit ihren gewöhnlich geringen Einkünften nur selten in der Lage, selbst Vorsorge zu treffen. Arbeitsverlust, Krankheit, Teuerung führten so schnell zu sozialem Abstieg, das „Herausfallen aus der Gesellschaft" durch Armut und die damit verbundene tatsächliche oder angenommene Kriminalisierung stellten eine latente Gefahr dar.

Mit der Vorstellung von Bauern und Handwerkern haben wir bislang vorrangig der sozialen Mitte der frühneuzeitlichen Gesellschaft Aufmerksamkeit geschenkt. Die städtischen Oberschichten, also vorrangig Kaufleute und gelehrte Berufe, aber auch Amtsinhaber im staatlichen bzw. städtischen Bereich und der Adel als lange Zeit allein herrschaftstragende Schicht stellten die drei wichtigsten Gruppen im oberen Bereich der sozialen Hierarchie dar. Freilich sind sie aufgrund ihrer sehr unterschiedlichen Funktion, wirtschaftlichen Grundlage und sozialen Charakteristik viel schwerer in aller Kürze zu beschreiben.

Eine grundsätzliche Tendenz der Frühen Neuzeit geht dahin, Bildung und sachbezogenem Wissen, die im Zusammenhang der Verdichtung von Herrschaft und der Territorialisierung des Staates wachsende Bedeutung erlangten, einen höheren Stellenwert beizumessen und beides zur Quelle sozialen Aufstiegs werden zu lassen. Nicht mehr nur wenige exzeptionelle Beispiele von gebildeten Geistlichen in hohen politischen Positionen wie im Mittelalter, sondern eine ganze Gruppe von mehr oder weniger hohen Staatsbeamten, Pfarrern und Akademikern machte ihre universitär erworbene Bildung zur Existenzgrundlage. Auf dieser Basis bildete sie eigene soziale und geistige Zusammenhänge und

▷ S. 47 ff.
Nach 1648: Verdichtung von Herrschaft

formierte sich zu einem „Bildungsbürgertum" in dem verschiedene Historiker für Deutschland die wichtigste Traditionslinie des „Bürgers", wie er sich im 19. Jh. herausbildete, sehen [MAURER, 64 ff.].

Über den Adel als Stand existiert zwar eine ausgedehnte Forschung mit verfassungs- und familiengeschichtlichen Schwerpunkten, aber gerade die Wirtschafts- und Sozialgeschichte hat sich seiner nicht mit der gebotenen Aufmerksamkeit angenommen. Einkünfte und Wirtschaftsführung adliger Grundherrschaften bzw. Gutswirtschaften sind wenig bekannt, ebenso das wirtschaftliche Engagement von Adligen im Großhandel oder bei der Gründung von Manufakturen, wie es bspw. für Böhmen und andere österreichische Erblande überliefert ist [SANDGRUBER, 168 ff.]. Erkennbar ist immerhin auch in bezug auf den Adel die oben schon festgestellte generelle Tendenz zu sozialer Differenzierung. Seit dem 16. Jh. vertiefte sich der Graben zwischen dem bescheiden auf und von seinen Gütern lebenden Landadel, dessen Lebensführung stark traditionell bestimmt blieb, und den Adligen, die den Höfen nahestanden, durch Ämter und Apanagen zusätzliche Einkünfte erwarben und einen entsprechenden „höfischen" Lebenstil aufwiesen [Adel im Wandel].

Neben der internen hierarchischen Gliederung in „oben" und „unten" unterschied die frühneuzeitliche Gesellschaft aber auch zwischen „innen" und „außen": Adel, Kaufleute, Beamte, Handwerker, Bauern, Tagelöhner und Gesinde, aber auch unverschuldet Arme und Bedürftige wie Witwen und Waisen gehörten zur Gesellschaft. Religiöse und ethnische Minderheiten, vor allem Juden und Zigeuner, umherziehende Bettler und andere Vaganten, Prostituierte, Kriminelle und Angehörige der sog. unehrlichen Berufe dagegen, um nur die wichtigsten Gruppen zu nennen, bildeten das „Außen", waren Außenseiter bzw. Randgruppen, die nur mehr oder weniger lose der ländlichen bzw. städtischen Gesellschaft verbunden waren [ROECK, HIPPEL].

Neue Wege, neue Güter. Schwerpunkt der bisherigen Ausführungen war mit zünftigem Handwerk und Landwirtschaft eine Charakteristik frühneuzeitlicher Wirtschaft in ihrer Alltäglichkeit und Kleinräumigkeit: Wir sahen Bauer und Handwerker im täglichen Bemühen um die Existenzsicherung der Familie durch Produktion für einen überschaubaren Kundenkreis bzw. für den Eigenbedarf. Ein zentrales Merkmal frühneuzeitlicher Wirtschaftsentwicklung war aber auch und gerade das Aufbrechen dieser Kleinräumigkeit. Immer wichtiger wurden Handelsbeziehungen über lange Distanzen, in deren Rahmen neben den schon im Mittelalter üblichen Luxusgütern wie Gewürzen, Wein, Seide etc. nun zunehmend auch Massengüter wie Leinen- und Baumwollstoffe, Bänder und Wirkwaren, Waffen und Kleineisenwaren an Bedeutung gewannen. Wenden wir uns also dem Woher, Wohin und Wie dieser sich ausweitenden Handelsbeziehungen zu.

Zunächst einmal: Woher stammten die Massengüter, deren Bezeichnung ja bereits besagt, daß sie in großen, qualitativ relativ ähnlichen Mengen verfügbar sein mußten? Bereits im späten Mittelalter hatten sich in und um einzelne Städte und in kleineren Regionen sog. Exportgewerbe entwickelt, in denen vorrangig Webwaren für den Handel produziert wurden. Sie waren lange vorrangig zünftig organisiert, aber Halbfabrikate wie Garn oder ganze Webstuhlbespannungen wurden nicht selten bereits von Nicht-Zunftmitgliedern geliefert, die auf dem Land in durchaus größerer

Entfernung vom städtischen Produktionsstandort ansässig waren. Die Vermittlung dieser Vorprodukte wie der fertigen Textilien auf oft weit entfernte Märkte übernahmen Kaufleute, zum Teil aber auch zünftige Handwerksmeister als Zwischenhändler. Diese in ihren Ursprüngen bereits ins 14. Jh. zurückreichende Form der Massenproduktion erreichte im 16. Jh. einen ersten Höhepunkt, was unter anderem auf die Einführung neuer Organisationsformen für derartige Exportgewerbe zurückging.

Von entscheidender Bedeutung war dabei das zunehmende Engagement kapitalkräftiger Kaufleute, das oft in Form von Verlagsbeziehungen erfolgte. Diese basierten darauf, daß der Kaufmann dem Weber Geld vorstreckte (ihm „Verlag gab"), damit dieser Wolle, Leinen- oder Baumwollgarn als Rohstoffe kaufen konnte. Der Handwerker zahlte dann nach Herstellung und Verkauf des Produktes dieses zweckgebundene Darlehen zurück oder überließ dem Kaufmann das fertige Stück zum Verkauf. Für letzteren hatte dies den Vorteil, daß er auf die Produktpalette Einfluß nehmen und über eine kalkulierbare Menge eines bestimmten Erzeugnisses, über dessen Absatzmöglichkeiten er informiert war, verfügen konnte. Der Handwerker wiederum hatte den Verkauf faktisch aufgrund der Marktkenntnisse des Kaufmanns bereits vor der Herstellung gesichert und Zugang zu räumlich entfernten Märkten gewonnen. Dieses Arrangement zum gegenseitigen Vorteil wurde freilich leicht einseitig, da der Kaufmann nicht nur Abnahme-, sondern oft auch Rohstoffpreise diktieren konnte und dies im Sinne der Gewinnmaximierung auch nicht selten tat. Je größer der Abstand zwischen Handwerker und Rohstoff- bzw. Absatzmarkt, desto essentieller war er auf den Händler als Vermittler

Detailskizze

Die Ursachen dafür, daß in mittelalterlicher Tradition bis weit ins 18. Jh. hinein verschiedene Berufe und Tätigkeiten als „unehrlich" bezeichnet wurden und die sie Ausübenden nicht selten stigmatisiert, auf jeden Fall aber marginalisiert, also an den Rand der Gesellschaft gedrängt wurden, sind bislang nicht völlig geklärt. Mag man aus heutiger Sicht die Randständigkeit von Scharfrichtern, Abdeckern, Totengräbern, Aborträumern aus ihrer Verbindung mit Tod und Schmutz vielleicht noch plausibel erklären können, so scheint die **Unehrlichkeit** von Gefängniswärtern, Turmwächtern, Ziegelstreichern, Spielleuten, Badern, Müllern, Schäfern und Leinewebern auf keinen gemeinsamen Nenner zu bringen. In allen Fällen hatte die Ehrlosigkeit der Betroffenen ihre Rechtlosigkeit zur Folge.

Allerdings ist festzustellen, daß der soziale Stellenwert und die quantitative Bedeutung von Unehrlichkeit während der Frühen Neuzeit zurückgingen; soziale Relevanz behielt das Phänomen dessen ungeachtet, und zwar weil Unehrlichkeit erworben und vererbt werden konnte, also auch das Kind des Abdeckers oder Schäfers als unehrlich galt. Der Kontakt mit dem Scharfrichter, eine Berührung, oder die Beteiligung eines Handwerkers am Bau des Galgens konnten genauso „unehrlich" machen wie bestimmte Leib- und Ehrenstrafen. Dieser Erwerb von Unehrlichkeit hatte dann auch für den Betroffenen die zeitweise oder endgültige Abdrängung aus der Gesellschaft zur Folge.

In wirtschafts- wie sozialgeschichtlicher Hinsicht erlangte das Phänomen der Unehrlichkeit besonders im Kontext des zünftigen Handwerks Bedeutung. Hier wurde Unehrlichkeit bis ins 18. Jh. hinein instrumentalisiert, zum einen, um Mitbewerber um das Meisterrecht zu benachteiligen, denn Kinder unehrlicher Leute hatten gewöhnlich keine Chance, als Zunftmitglied akzeptiert zu werden. Zum anderen war die strikte Abgrenzung der Zunfthandwerker gegen den Zugang und Kontakt mit Unehrlichen aber auch Bestandteil einer ausgeprägten Kultur zünftiger Ehrvorstellungen, die zur Homogenisierung der Handwerkerschaft und zur Abgrenzung gegen andere soziale Gruppen diente. Freilich bleibt hier darauf hinzuweisen, daß derartige Instrumentalisierungen seit dem ausgehenden 17. Jh. immer seltener und für die Zunft schwieriger wurden, nicht zuletzt deshalb, weil städtische Obrigkeiten und Fürsten gegen derartige zünftige Abgrenzungsbemühungen vorgingen.

Literatur: J. Nowosadtko, Scharfrichter und Abdecker. Der Alltag zweier „unehrlicher Berufe" in der Frühen Neuzeit, Paderborn u.a. 1994.

angewiesen, desto stärker konnten sich Abhängigkeiten ausprägen, bis hin zur faktischen Gleichstellung des Handwerkers mit dem unzünftigen Lohnarbeiter.

Ungeachtet dieses Risikos bot das Verlagsverhältnis, das in vielen verschiedenen Stufen und Ausprägungen existierte, einer Vielzahl von handwerklich Tätigen Erwerbsmöglichkeiten, die ihnen ansonsten wegen fehlender Absatzchancen verschlossen geblieben wären. Das Bevölkerungswachstum des 16. Jh. trug zur Ausweitung dieses gewerblichen Sektors bei, indem es den Bedarf an Textilien vergrößerte und in Stadt und Land ein wachsendes Arbeitskräftepotential schuf. Folge dieser Konstellation war eine zunehmende Zahl verlagsgebundener Produzenten in vielen Gegenden des Alten Reiches und Europas. Im 16. Jh. wurde damit die Basis für eine Entwicklung gelegt, die in der zweiten Hälfte des 17. und im 18. Jh. zur Entstehung regelrechter Gewerbelandschaften führte [Ebeling/Mager]; in ihnen erlangte in Stadt und Land handwerklich-gewerbliche Betätigung einen bedeutenden Stellenwert.

Ausgehend vom lange bekannten und untersuchten Phänomen des Verlags und ländlicher gewerblicher Hausproduktion wurde in den siebziger Jahren das Konzept der sog. Protoindustrialisierung entwickelt, das eine langwährende und fruchtbare Debatte innerhalb der europäischen wirtschafts- und sozialgeschichtlichen Forschung auslöste [Kriedte/Medick/Schlumbohm 1977]. „Protoindustrialisierung" meint dabei das Phänomen gewerblicher Warenproduktion auf dem Lande für den Export und deren Wirkungen auf Bevölkerungsentwicklung und soziales Gefüge. Inzwischen darf zwar davon ausgegangen werden, daß sich das Konzept in seinem ursprünglichen Anspruch, eine eigene Entwicklungsepoche zwischen Feudalismus und Kapitalismus auszumachen, nicht aufrecht erhalten läßt [Cerman/Ogilvie; Kriedte/Medick/Schlumbohm 1998]. Dessen ungeachtet bildet die Erkenntnis der – freilich vielfach gebrochenen – Relevanz frühneuzeitlicher Entwicklungen für spätere Ansätze von Industrie eine Bereicherung für das moderne Bild der historischen Entwicklung. Traditionelle Formen des Arbeitens und Zusammenlebens wurden in diesem Zusammenhang dem Einfluß des Marktes unterworfen, den Kaufleute mit ihren Handelsinteressen in ganze Regionen vermittelten. Anhäufung von Kapital, Marktkenntnis, Arbeitsvermögen und -disziplin, Flexibilisierung von Lebensperspektiven und technische Kompetenz sind Aspekte, die die Protoindustrien der Frühen Neuzeit mit der Industrialisierung des 19. Jh. verbinden. Eine direkte Kontinuität als gewerblich-industrieller Standort zählt jedoch zu den Ausnahmen.

Ebenso wie die Entwicklung der Gewerbelandschaften mit der Entwicklung eines europäischen Marktes, aber auch mit zeitgenössischen Vorstellungen von Wirtschaftsförderung und Staatsfinanzen verbunden, gehört in diesen Zusammenhang auch die Entstehung erster großgewerblicher Produktionsstätten, der Manufakturen. Ihr quantitativer Stellenwert ist freilich in der älteren Forschung lange überschätzt worden; ein „Manufakturzeitalter" hat es nur in einzelnen Regionen und allenfalls gegen Ende des 18. Jh. gegeben. In ihrer nicht selten stark arbeitsteiligen und mechanisierten Produktion hat man lange eine Vorstufe der späteren Fabrik gesehen eine Auffassung, die sich wohl nicht mehr aufrechterhalten läßt. Die Manufakturen des 18. Jh., meist mit staatlichem Privileg und nicht selten auf fürstliche Anregung hin gegründet, waren vielmehr ökonomische „Kunstwerke" vor dem Hintergrund breit entwickelten Handwerks in- und außerhalb der Zünfte. Ihre Produktion erreichte im Luxusgewerbe des 18. Jh. nennenswerte Bedeutung, teilweise in der Textilproduktion, vor allem aber im Berg- und Hüttenwesen. Vor allem Hütten und Hammerwerke wurden notwendig und – im Gegensatz zur „normalen" Manufaktur – auch über lange Zeit wirtschaftlich erfolgreich als zentralisierte „Groß"unternehmen betrieben. Die Mehrzahl der anderen Manufakturen dagegen mußte entweder staatlich gestützt werden oder ging bald zugrunde, denn die Produktionskosten waren nicht selten höher als in Handwerk oder ländlichem Heimgewerbe. Trotz dieser Einschränkungen hinsichtlich der wirtschaftlichen Relevanz der Manufaktur ist ihre Bedeutung als Wegbereiter späterer industrieller Großproduktion keineswegs ganz zu leugnen [REININGHAUS, SCHULTZ 1997].

Kommen wir damit auf die Frage nach dem Wohin und Wie des Handels mit Massengütern zurück. Deren Absatz erfolgte vorrangig im Rahmen interregionaler Vermittlungsbeziehungen, die mehr und mehr europäische Dimension erreichten. Als Gründe für die Verdichtung innereuropäischen Austauschs sind wiederum das bereits mehrfach erwähnte Bevölkerungswachstum des 16. Jh. sowie die fortschreitende Arbeitsteilung zu nennen: Die Ausgliederung ehemals im (bäuerlichen) Haushalt selbst ausgeführter Tätigkeiten wie Weben, Backen, Brauen oder Zimmern, durch die relativ günstigen Einkommensverhältnisse des 16. Jh. im Agrarbereich befördert, bewirkte einen wachsenden Bedarf an spezialisierter gewerblicher Arbeit. Damit eng verbunden muß man weniger für das 16. Jh., aber ganz sicher für das 18. Jh. veränderte Konsumbedürfnisse großer Teile der Bevölkerung in Betracht ziehen, die nach billigen, aber modernen und dekorativen Gebrauchsgütern verlangten, welche nicht, wie traditionell vor allem auf dem Lande üblich, im Haushalt selbst hergestellt werden konnten.

Resultat dieser Entwicklung war eine steigende Nachfrage nach gewerblichen Produkten, die aus verschiedenen Gründen nicht flächendeckend befriedigt werden konnte und deshalb eine Intensivierung der Austauschströme bewirkte. Dabei spielte etwa die unterschiedliche Dichte städtischen Handwerks eine Rolle: In Preußen, Teilen Polens und Rußlands aber auch Spaniens und Frankreichs konnte dieses selbst den Grundbedarf kaum decken, geschweige denn speziellere Herstellungs- und Qualitätswünsche befriedigen. Insgesamt intensivierte sich der Austausch zwischen gewerblich verdichteten Regionen und stärker agrar geprägten Gebieten innerhalb der einzelnen Länder wie innerhalb Europas. Vermittelt wurde dieser Austausch von Massenbedarfsgütern und Luxuswaren vorrangig über Messen und spezialisierte Handelsstädte. Messen und große Jahrmärkte überzogen Europa mit einem terminlich weitgehend aufeinander abgestimmten Netz von Stützpunkten des Fernhandels, das immer dichter geknüpft wurde [KAUFHOLD].

Eine weitere Dimension des Absatzes von Massengütern neben den interregionalen Vermittlungsbeziehungen stellte die allmähliche Herausbildung eines weltweiten Handelssystems dar. Verbunden mit vielfältigen Verschiebungen in wirtschaftlicher wie politischer Hinsicht hatte sie bereits in der Periode der großen geographischen Entdeckungen seit dem ausgehenden 15. Jh. begonnen. Dominierte zunächst gewöhnlich einseitig die Abschöpfung von Edelmetall in den Kolonien, so entwickelten sich im 16. Jh. auch andere, den

▷ S. 73 Seit 1492: Begegnung der Kulturen

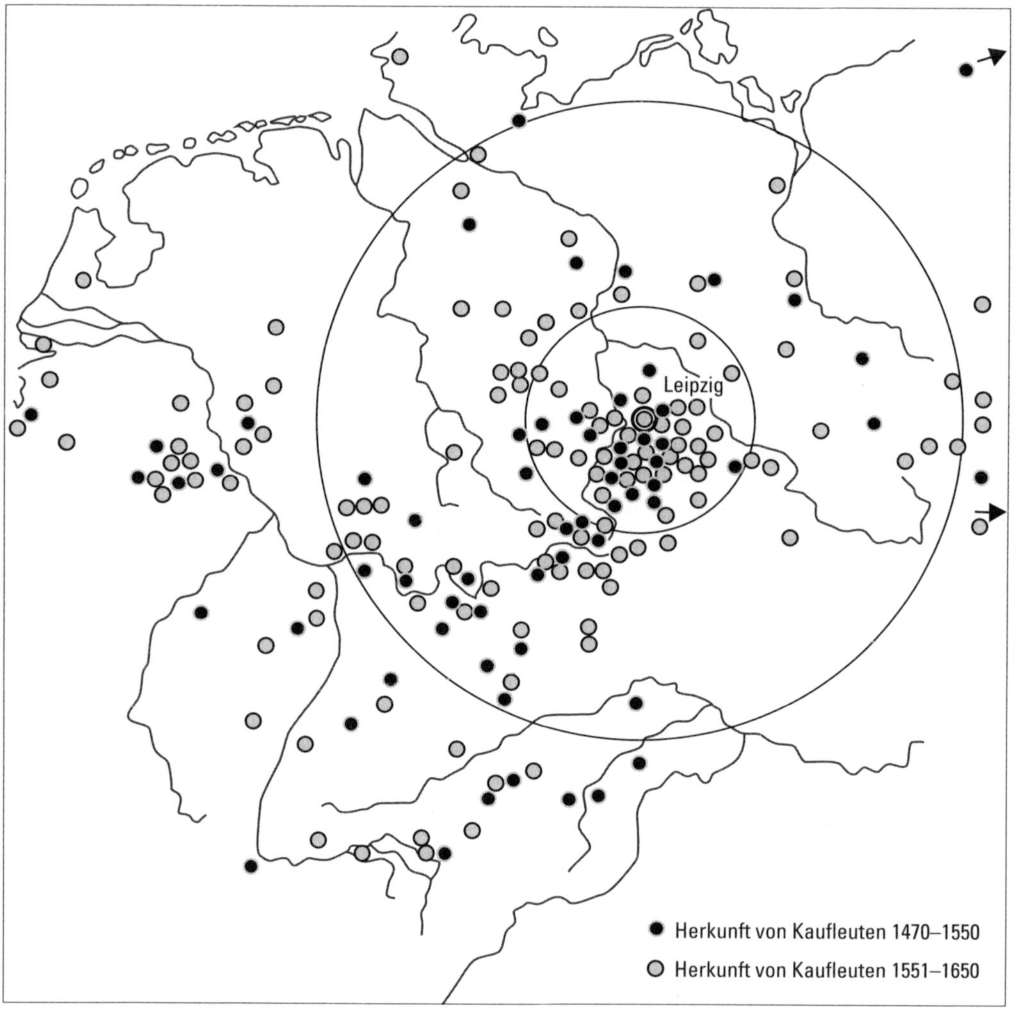

Die Karte zeigt die **Herkunftsorte von nach Leipzig zugezogenen Kaufleuten**, die hier das Bürgerrecht erwarben. Diese Angaben können dabei als Indikator für die Dichte und Ausdehnung wirtschaftlicher Kontakte herangezogen werden, die eine Präsenz in der Stadt für Kaufleute entfernter Regionen lukrativ machen konnten. Während in der ersten Phase Sachsen, Thüringen und süddeutsche Gebiete dominieren – Nürnberg stellte allein 36 der 165 Zuwanderer, deren Herkunftsort ermittelt werden konnte –, wandelte sich in der zweiten Phase das Bild. Deutlich tritt eine stärkere Ost-West-Orientierung in Erscheinung; Zuwanderer aus Schlesien bzw. Polen und dem Rheinland sowie den Niederlanden spielen eine sichtlich größere Rolle. Dieses Bild zeigt den Leipziger Handel in einer Phase der beginnenden Neuorientierung hin zum atlantischen Raum, die eine wichtige Voraussetzung für Leipzigs Aufstieg zur führenden Messe Mitteleuropas im 18. Jahrhundert war.

Quelle: G. Fischer, Aus zwei Jahrhunderten Leipziger Handelsgeschichte 1470-1650. Die kaufmännische Einwanderung und ihre Auswirkungen, Leipzig 1929.

Handel stärker stimulierende Nutzungs- bzw. Ausbeutungsformen wie der Anbau von Baumwolle, Zuckerrohr, aber auch von Tabak und Tee und die Erschließung als Absatzmarkt gewerblicher Produkte. Über Handelshäuser und Handelskompanien vor allem in England und Holland, deren bekannteste wohl die 1602 gegründete Ostindische Kompanie in Amsterdam war, aber auch über Verbindungen zu französischen, spanischen und italienischen Häfen wurden Produkte verschiedenster europäischer Gewerbelandschaften in das weltweite Austauschnetz vermittelt [BRAUDEL].

Bedeutung erlangte der Welthandel der Frühen Neuzeit in wirtschafts- und sozialgeschichtlicher Hinsicht unter verschiedenen Aspekten. Neben der allgemeinen Ausdehnung des Handelsvolumens mit seinen stimulierenden Folgen für die gewerbliche Entwicklung ist vor allem auf die innereuropäischen Gewichtsverlagerungen in wirtschaftlicher wie politischer Hinsicht zu verweisen. Der wachsende Stellenwert des atlantischen Raumes war eine der Wurzeln des Aufstiegs der Seemächte Holland, d.h. der nördlichen Niederlande und Großbritannien; im 17. Jh. waren es die Niederlande und im 18. Jh. England, die Italien aus seiner wirtschaftlichen Führungsrolle des 16. Jh. verdrängten. Dies hatte Folgen auch für die wirtschaftlichen Strukturen Mitteleuropas, wo die traditionelle Hauptrichtung des Handels zwischen Norden und Süden von einer West-Ost-Orientierung abgelöst wurde, die den atlantischen Raum mit Osteuropa und dem von den Türken beherrschten Vorderen Orient verband.

▷ S. 102
Nach 1609:
Meere als
ktionsfeld

Eine weitere Dimension waren schließlich die kulturellen Auswirkungen weltweiten Handels für die europäischen Gesellschaften. Damit sind hier weniger langfristige Wirkungen des Kulturkontakts gemeint als vielmehr der spätestens seit der zweiten Hälfte des 17. Jh. immer deutlicher sichtbare Wandel von Konsumgewohnheiten unter dem Eindruck der verschiedenen „Kolonialwaren": Genußmittel wie Kaffee, Tee und Zucker, neue Nahrungspflanzen wie Kartoffeln und Mais, aber auch neue Textilien wie der zunächst aus Indien importierte Kattun und die wachsende Zahl anderer Baumwollgewebe ließen im 18. Jh. in vielen Teilen Europas eine „Konsumgesellschaft" entstehen, die die traditionellen ständischen Konsumbeschränkungen aushebelte. Wie so oft, ist auch dieses neue Gebiet der Wirtschafts- und Sozialgeschichte zuerst von englischen und amerikanischen Historikern erschlossen worden, während für den deutschsprachigen Raum dazu noch nicht allzu viele Erkenntnisse vorliegen [BREWER/PORTER; SANDGRUBER; LUDWIG; SIEGRIST/KAELBLE/KOCKA]. Hier sind bislang eher die neuen Genußmittel als Verbrauchsgüter in den Blick genommen worden; die Forschung zum Wandel der Konsumgewohnheiten hinsichtlich von Gebrauchsgütern wie Kleidung, die nun bis in die Unterschichten mehr und mehr Modewechseln unterworfen war, Mobiliar, Geschirr und Ausstattungsgegenständen ist dagegen eher aus volkskundlicher Sicht betrieben worden [WIEGELMANN; MOHRMANN]. Vielleicht ergibt sich hier damit eines der Forschungsfelder, die es in Zukunft gestatten würden, Sozial- und Wirtschaftsgeschichte der Frühen Neuzeit wieder enger zusammenzuführen.

▷ S. 212
Volkskunde:
Übergänge
zwischen den
Fächern

Mit den Realitäten und Notwendigkeiten eines sich ausweitenden Austauschnetzes steht schließlich auch die Ausbildung des europäischen Finanz- und Bankwesens in Verbindung. Allerdings ist dies ein Bereich der Wirtschaftsgeschichte, über den, wohl nicht zuletzt

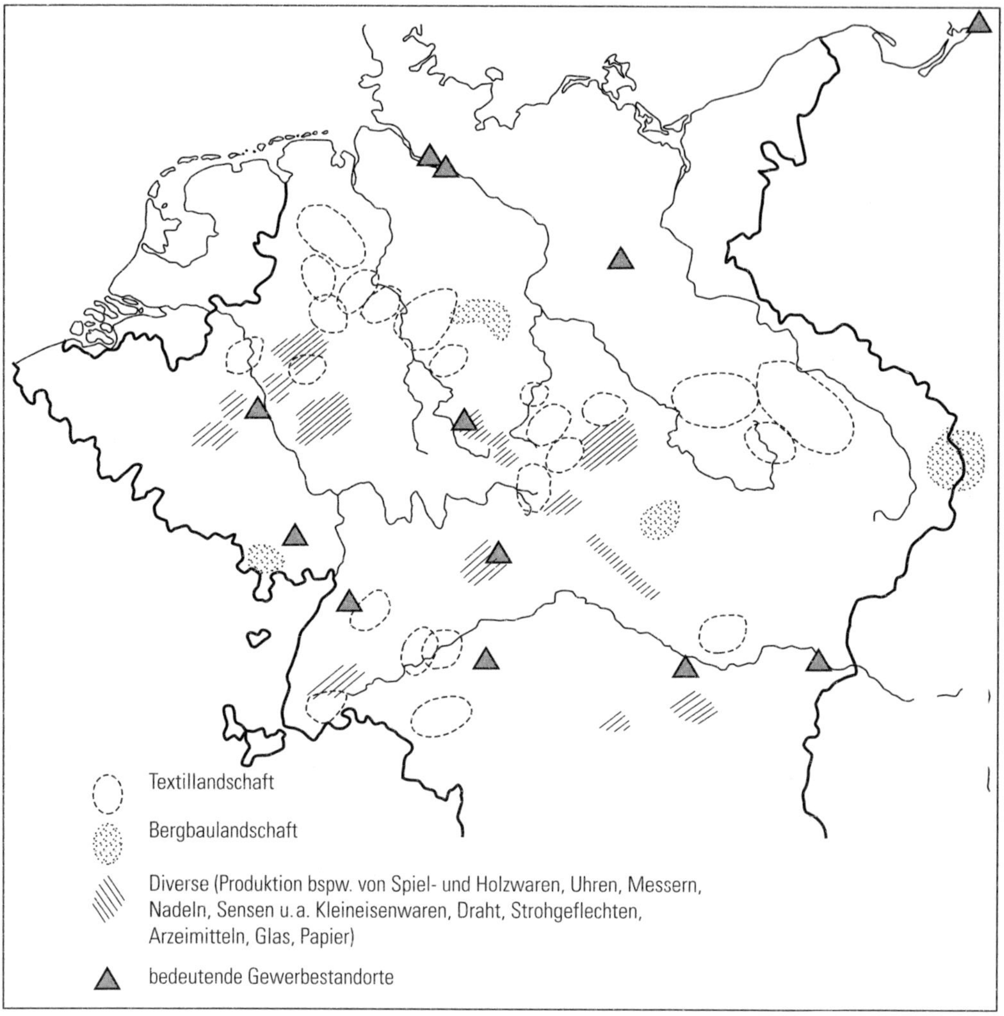

Kartiert wurden sogenannte **Gewerbelandschaften des Alten Reiches** nördlich der Alpen, wobei die angegebenen Umrisse selbstverständlich nur näherungsweise gelten. Das Kartenbild zeigt zum einen Dichte und Vielfalt der gewerblichen Produktion auf dem Land, obwohl Textilien insgesamt den Großteil der Produkte bildeten. Hergestellt wurden diverse Leinensorten, Baumwollgewebe, Wollstoffe und Wollmischgewebe wie Zeuge, Strümpfe und Spitzen. Die Zusammenstellung der wichtigsten Merkmale der Landschaften zeigt zum zweiten auch, daß nur in wenigen Leinen- und Bergbaulandschaften ein einziges Produkt dominierte; die Kombination einer mehr oder weniger großen Zahl von Erzeugnissen war gewöhnlich für eine Gewerbelandschaft ebenso konstitutiv wie die Kombination von zünftigem Handwerk und Gewerbe sowie von städtischer und ländlicher Produktion. Zum dritten sei auf die charakteristische Konzentration der Gewerbelandschaften in Gebirgsgegenden verwiesen; hier lieferten klimatische und geographische Gegebenheiten wie kurze Vegetationszeit, geringe landwirtschaftliche Erträge, Bodenqualität, Flachsanbau, Bodenschätze nicht nur Rohstoffe zumindest in der Entstehungsphase der regionalen Gewerbeverdichtung, sondern verstärkten auch das Interesse der ländlichen Bevölkerung an gewerblichen Zu- und Nebenerwerben.

Literatur: K. H. Kaufhold, Gewerbelandschaften in der frühen Neuzeit (1650-1800), in: H. Pohl (Hrsg.), Gewerbe- und Industrielandschaften vom Spätmittelalter bis ins 20. Jh. (= VSWG Beiheft 78), Stuttgart 1986, S. 112-202.

wegen verschiedener Quellenprobleme, Forschungen bislang eher spärlich vorliegen. Hinsichtlich des Bankwesens bleibt aber immerhin zu bemerken, daß die Vervollkommnung und Erweiterung des bargeldlosen Zahlungsverkehrs eine wichtige Begleiterscheinung der Verdichtung des Handels darstellte. Dazu gehört etwa die Weiterentwicklung des aus dem Mittelalter bekannten Wechsels als Schuldverschreibung zum Inhaberschuldschein, der damit an Dritte weitergegeben und so selbst zum Zahlungsmittel werden konnte. Seit den sechziger Jahren des 16. Jh. entstanden in verschiedenen Handelszentren Wechselbanken als Vermittlungsorte im bargeldlosen Zahlungsverkehr: 1587 Venedig, 1609 Amsterdam, 1619 Hamburg. Der in Amsterdam geschaffene „Taler Banco" als Rechnungseinheit vereinfachte Geschäfte und Transfers über weite Entfernungen. Daneben traten bald auch Leih- und Pfandanstalten in Erscheinung, während das eigentliche Kreditgeschäft im wesentlichen eine Angelegenheit von Privatgeschäften blieb. Das 18. Jh. erlebte dann erste Papiergeldemissionen, in Ländern des Alten Reiches vor allem im Zusammenhang mit der Regulierung der Kriegsschulden nach 1763; das moderne Bankwesen wie das Versicherungswesen sind jedoch ein Produkt erst des 19. Jh.

Die neue Rolle des Staates. Das Phänomen der Armut, des Armseins wie des Umgangs der Gesellschaft damit, ist ebenfalls ein traditionelles Thema der Wirtschafts- und Sozialgeschichte, das seit den ausgehenden sechziger Jahren nicht nur intensiver, sondern oft mit neuen Akzentsetzungen bearbeitet wurde. Im Zentrum des Interesses standen dabei gewöhnlich die Formen institutionalisierter wie nichtinstitutionalisierter Fürsorge und die Grundsätze des gesellschaftlichen und obrigkeitlichen Umgangs mit der sozialen Erscheinung „Armut" [GEREMEK].

Als Wurzeln der frühneuzeitlichen Armenpolitik sind dabei die Bemühungen in vielen größeren Städten des Spätmittelalters herausgearbeitet worden, dem quantitativ schnell wachsenden Problem der Bettler und Bedürftigen Herr zu werden. Diese stammten nicht nur aus der Stadt selbst, sondern strömten in der Hoffnung auf Arbeit oder Almosengabe auch aus anderen Städten und vom platten Land herbei. Schon im 15. Jh. wurde hier mit der Unterscheidung von arbeitsunfähigen Personen als „wirklich Bedürftigen" (Alte, Kranke, Behinderte) und arbeitsunwilligen, Bedürftigkeit nur „vortäuschenden" Personen ein zentraler Grundsatz frühneuzeitlicher Armenpolitik formuliert. Während erstgenannte der christlichen Nächstenliebe teilhaftig werden sollten, wurde für die anderen eine städtische Institution, nicht selten ein Bettelvogt, eingerichtet, der sie vertreiben, bestrafen und damit die Kriminalisierung des „Arbeitsunwilligen" signalisieren sollte.

Die Reformation förderte diese Entwicklung durch die Absage an die Heilsfunktion des Almosengebens und die stärkere Verpflichtung der christlichen Gemeinde zur Fürsorge für ihre bedürftigen Mitglieder. Dieser Grundsatz spielte fortan bei der Entwicklung des Heimatprinzips für die Unterstützung von Bedürftigen eine zentrale Rolle. In der zweiten Hälfte des 16. Jh. wurde – keineswegs nur in protestantischen Gebieten – von obrigkeitlicher Seite das Prinzip vertreten, daß jede Gemeinde in Stadt und Land für die Versorgung der von dort stammenden „wirklichen Bedürftigen" zuständig sein solle; ein Grundsatz, der bis weit ins 19. Jh. Gültigkeit behielt. Spätestens seit der zweiten Hälfte des 17. Jh. waren Armen- und

▷ S. 19 f. Seit 1517: Religion und Politik

Detailskizze

Das **Bettlerproblem** als generelles soziales Problem der Frühen Neuzeit spitzte sich in und direkt um die großen Städte besonders zu, man sprach dort obrigkeitlicherseits nicht selten von regelrechter „Bettelbedrängnis". Aus dem ganzen Land, im Alten Reich mit seiner Vielzahl kleinerer Territorien oft auch aus dem „Ausland", zogen Männer, Frauen und Kinder in die Haupt- und Residenzstädte, weil sie sich aufgrund der dort größeren Zahl vermögender Bürger und der Mildtätigkeit von Adligen und Fürsten ein leichteres Leben erhofften. Mancher mag auch auf Arbeit als Dienstbote in einem der großen Haushalte, als Arbeiter oder Arbeiterin in einer der Manufakturen oder im Falle von Krankheit auf die Möglichkeit einer Aufnahme ins Spital gehofft haben. Gerade in den großen Städten entwickelte man jedoch vielfältige Abwehrmechanismen gegen unerwünschte, bedürftige Fremde und Bettler, die christliche Mildtätigkeit nicht gerade im hellsten Licht zeigen.

So wurde etwa 1670 in Wien auch die 61jährige Soldatenwitwe Maria Eleonora Singerin wegen Bettelei festgenommen und im Spitalkotten verhört, obwohl ihr Mann für den Kaiser über 30 Jahre im Kampf gegen die Türken gestanden hatte und einige Jahre zuvor vor Neuhäusel gefallen war. Sie selbst, die ihren Mann auch während der Feldzüge begleitet hatte, war zeitweise in türkische Gefangenschaft geraten und wegen der dort erlittenen schlechten Behandlung gebrechlich und nicht mehr arbeitsfahig. Immerhin gestand man ihr später ein Stadtzeichen zu, das sie als zum Betteln in Wien berechtigt auswies.

Deutlich schlimmer erging es der erst 15jährigen Veronica Pieringerin aus Wien, die im September 1666 von Stadtgardisten bereits zum fünften Mal beim Betteln erwischt wurde. Nachdem man sie beim ersten Mal verwarnt und beim zweiten Mal öffentlich aus der Stadt hatte führen lassen, war sie beim dritten und vierten Mal dem Richter vorgeführt, zu mehrtägiger Zwangsarbeit in eisernen Ketten verurteilt und schließlich wieder der Stadt verwiesen worden. Daß sie trotz wiederholter Bestrafung erneut und auch später noch mehrfach aufgegriffen wurde, läßt uns ihre Notlage erahnen; über ihre Mutter ist nichts bekannt, und möglicherweise mußte sie nach dem Tod ihres Vaters, eines Reitknechtes, durch Betteln nicht nur sich, sondern auch kleinere Geschwister ernähren.

Literatur: H. Bräuer, „...und hat zeithero gebetlet". Bettler und Bettelwesen in Wien und Niederösterreich zur Zeit Kaiser Leopolds I. Wien/Köln/Weimar 1996, S. 246 f.

Bettlerpolitik integraler Bestandteil staatlicher Politik, die Befugnis zur Entwicklung von Grundsätzen der Verwaltung von Armut, war aus der Kompetenz der Städte und Gemeinden an den Staat übergegangen.

Dieser Prozeß, der sich in den generellen Trend der Verdichtung staatlicher Gewalt einordnen läßt, hatte nicht unbedingt größere Effektivität, aber sicher eine stärkere Kriminalisierung des arbeitsfähigen Bettlers zur Folge. Der Aspekt christlicher Nächstenliebe trat hinter dem der sozialen Disziplinierung der als anmaßend und unverschämt, faul und widerborstig, ungehorsam und leichtsinnig, lasterhaft und unsittlich, müßiggehend und gotteslästernd empfundenen und bewerteten Leute zurück. Außerdem spielte ein wirtschaftlicher Aspekt eine Rolle: Wer sein Brot nicht im Schweiße seines Angesichts verdiente, lebte auf Kosten der anderen, belastete nicht nur gemeindliche und staatliche Finanzen, sondern enthielt dem Staat auch noch seinen notwendigen Beitrag in Form von Steuern und Abgaben vor, führte etwa gar das Almosengeld aus dem Land und schwächte somit in verschiedener Weise die Staatswirtschaft [Bräuer 1996, 63]. Nur teilweise wurde in diesem Zusammenhang das Problem des Arbeitsmangels thematisiert; in der Armenpolitik des 17. und 18. Jh. dominierte vielmehr die bereits angesprochene Kriminalisierung des arbeitsfähigen Bettlers, die nun auch einen neuen Ausdruck fand: das Zucht- und Arbeitshaus. Schon 1557 war in London die erste derartige Anstalt entstanden, 1595/97 folgte Amsterdam, Anfang des 17. Jh. Bremen, Hamburg und Lübeck, 1671 Wien, 1716 Waldheim in Sachsen usw.

▷ S. 39 ff. Nach 1648 Verdichtu[ng] von Herrs[chaft]

▷ S. 294 Schlüsselbegriffe u[nd] Konzepte: Sozialdisziplini[erung]

Ziel war es, hier die Müßiggänger jeden Geschlechts und Alters durch Zwang an Arbeit zu gewöhnen, damit sie nach ihrer Entlassung zu vollwertigen, d.h. produktiven, disziplinierten Mitgliedern der Gesellschaft würden. Diese Kombination von Strafe und gewerblicher Produktion verknüpft das staatliche Armenwesen zugleich mit einem anderen neuen Betätigungsfeld des frühneuzeitlichen Staates, der Wirtschaftspolitik.

Ansätze von obrigkeitlich-fürstlichem Zugriff auf Bereiche der Wirtschaft lassen sich seit dem 15. Jh. erkennen, dürfen aber erst seit der zweiten Hälfte des 17. Jh. als verbreiteter Bestandteil staatlichen Handelns betrachtet werden. Der Ansatz, Bettler in Arbeit zu bringen, um damit städtische und staatliche Budgets zu entlasten und zugleich deren Einkünfte zu erhöhen, entspricht dabei direkt der dominierenden Wirtschaftslehre der Frühen Neuzeit, dem Merkantilismus oder – in seiner Ausprägung in den Territorien des Alten Reiches – dem Kameralismus, der Wirtschaftstheorie und Verwaltung eng miteinander verknüpfte.

Der Merkantilismus erhielt seine Bezeichnung von der dominierenden Rolle, die dem Handel für die Staatswirtschaft zugeschrieben wurde. Er stellte freilich bei weitem kein in sich schlüssiges System theoretischer Prämissen dar, sondern eher die Kombination verschiedener Anschauungen und Reflexionen. Die merkantilistische Wirtschaftslehre war auf die Rolle des Geldes und dessen Kreislauf über den Handel ausgerichtet und argumentierte nicht selten mit dem Bild, daß wie das Blut des Menschen das Geld der Lebenssaft des Staates sei, dessen Abfluß bzw. Verlust man auf alle Fälle unterbinden müsse. Eine aktive Handelsbilanz war das Credo merkantilistischer Ökonomen und das Hauptziel der von ihnen beeinflußten und mit dem gleichen Wort bezeichneten staatlichen Wirtschaftspolitik. Als Grundannahme galt dabei, daß sich die vorhandene Geldmenge nicht vermehren ließe, was die Prämisse zur Folge hatte, daß der wirtschaftliche Zugewinn des Nachbarn sich immer zu den eigenen Ungunsten auswirken mußte, weil zwangsläufig im eigenen Land weniger Geld vorhanden wäre – eine irrige Annahme, in der sich aber die Mentalität eines von der Verfügbarkeit über begrenzte Ressourcen geprägten Zeitalters widerspiegelt.

Daß der Staat bzw. die Fürsten sich überhaupt um eine verstärkte Einflußnahme auf die Wirtschaft bemühten, hatte seine Ursache nicht nur allgemein im Prozeß der Verdichtung von Herrschaft, sondern auch ganz praktisch im wachsenden Finanzbedarf der einzelnen europäischen Staaten. Verwaltung, Heer, aber auch Hof und Repräsentation erforderten rasant steigende Mengen von Geld, welches nicht mehr allein aus den traditionellen Quellen kurzfristig bewilligter Steuern, oder fürstlicher Domänen bereitgestellt werden konnte. Notwendig waren neue Steuern, darunter vor allem die Ausweitung der indirekten Verbrauchssteuern oder „Akzisen", neue Zölle und Abgaben, die das Land und seine Bewohner aber nur dann tragen konnten, wenn zugleich deren Finanzkraft gestärkt wurde. Unruhen um die ständig erhöhte Salzsteuer in Frankreich im 18. Jh. etwa demonstrieren die hier angelegte Gefahr.

Zur Umsetzung der aktiven Handelsbilanz und zur allgemeinen Stärkung staatlicher Wirtschaftskraft bot diese Lehre eine beträchtliche Zahl von Möglichkeiten, die in jeweils unterschiedlichem Ausmaß in die Politik Eingang fanden. Bevölkerungspolitische Maßnahmen zur Sicherung bzw. Erhöhung der Zahl steuerpflichtiger Untertanen, Manufakturgründungen oder Versuche zur Einführung neuer Gewerbezweige bspw. waren wichtige und häufig angewandte Möglichkeiten, die Steuerkraft zu heben sowie die inländische gewerbliche Produktion zu stärken und von Importen unabhängig zu werden. Besonders erfolgreich war damit in Frankreich Jean Baptist Colbert (1619-1683), Wirtschaftsminister Ludwigs XIV. (1638-1715), der Spiegel-, Teppich- und Glasmanufakturen für die Luxusproduktion gründete, die über ein Jahrhundert zu den Stützen des französischen Exports zählten. Die „Peuplierung" des Landes, d. h. die Vermehrung der Bevölkerung, wurde besonders zielstrebig in Brandenburg-Preußen betrieben, wo die Ansiedlung von Religionsflüchtlingen aus Frankreich und dem Salzburger Land oder die Nutzbarmachung des Oderbruchs seit 1747 Bestandteile umfassender Bemühungen waren, die dem Land allein zwischen 1740 und 1786 zu einem Bevölkerungszuwachs von etwa 100 Prozent verhalfen.

Oft wurden auch Einfuhrverbote für gewerbliche Produkte erlassen, um die inländische Produktion zu schützen, oder Ausfuhrverbote für im Land verarbeitete Rohstoffe. Ähnlich wirkten Schutzzölle, die den Import ausländischer Waren verteuerten. Vor allem in großen Flächenstaaten wie Frankreich, den habsburgischen Erblanden und später auch Brandenburg-Preußen resultierte daraus nicht selten ein extremer Protektionismus inländischer Produkte. Preußen führte in den zwanziger Jahren des 18. Jh einen regelrechten Zollkrieg gegen das benachbarte Kursachsen, das bereits viel stärker gewerblich geprägt war und Teile Preußens traditionell zu seinen Absatzgebieten zählte. In diesem Fall wie auch in den harten protektionistischen Maßnahmen Österreichs und Preußens 1765 gegen Sachsen läßt sich jedoch erkennen, daß zeitgleich der Schmuggel zwischen Sachsen, Böhmen und Schlesien wirtschaftsrelevante Ausmaße annahm.

Dies verweist uns auf Grenzen frühneuzeitlicher Wirtschaftspolitik, die ältere Studien zu diesem Problem nur selten thematisierten: Fürst und Regierung sahen und nutzten zwar die Zugriffsmöglichkeiten ihres politischen Instrumentariums, aber die praktische Umsetzung obrigkeitlicher Direktiven scheiterte zumindest bis in die zweite Hälfte des 18. Jh. oft genug an den realen Möglichkeiten staatlicher Verwaltung. So forderte etwa die Theorie die Vereinheitlichung des Wirtschaftsgebietes des einzelnen Staates, also die Abschaffung hergebrachter Zölle und Abgaben zugunsten effektiver Zollschranken an den Außengrenzen, die die Kontrolle von Importen und Ausfuhren erlauben sollten. In der Praxis erwies sich die Kontrolle von Hunderten Kilometern Grenze etwa im Erzgebirge zwischen Böhmen und Sachsen als ebenso unmöglich, wie lange Zeit auch das obrigkeitliche Umstürzen alter Rechtsgewohnheiten bzw. Privilegierungen im Zusammenhang mit Binnenzöllen. Daß schließlich in den habsburgischen Erblanden 1775 viele Binnenzollgrenzen aufgehoben und die Aufwertung der Außengrenze auch de facto betrieben wurden, weist dann schon auf ein neue Zeit und neue Dimensionen staatlicher Wirtschaftspolitik des 19. Jh.

▷ S. 348 Themen: Neuere Untersuch schwerpu

Katrin Keller

Literatur

W. Abel, Agrarkrisen und Agrarkonjunktur. Eine Geschichte der Land- und Ernährungswirtschaft Mitteleuropas seit dem hohen Mittelalter, 1. Aufl. 1935, 3. Aufl. Hamburg 1978.
W. Achilles, Landwirtschaft in der Frühen Neuzeit, München 1991.

Adel im Wandel. Politik – Kultur – Konfession 1500 bis 1700, Wien 1990.

U. Bentzien, Bauernarbeit im Feudalismus. Landwirtschaftliche Geräte und Verfahren in Deutschland von der Mitte des ersten Jahrtausends bis um 1800, Berlin 1980.

R. Blickle, Nahrung und Eigentum als Kategorien in der ständischen Gesellschaft, in: W. Schulze (Hrsg.), Ständische Gesellschaft und soziale Mobilität, München 1988, 73-93.

F. Braudel, Sozialgeschichte des 15. bis 18. Jh., 3 Bde., München 1985-86 (frz. Paris 1979).

H. Bräuer, „...und hat zeithero gebetlet". Bettler und Bettelwesen in Wien und Niederösterreich zur Zeit Kaiser Leopolds I., Wien/Köln/Weimar 1996.

Ders., Handwerk im alten Chemnitz. Studien zur Sozial- und Wirtschaftgeschichte des Chemnitzer Handwerks von den Anfängen bis zum Beginn der industriellen Revolution, Chemnitz 1992.

J. Brewer/R. Porter (Hrsg.), Consumption and the World of Goods. London/New York 1993.

M. Cerman/S. Ogilvie (Hrsg.), Protoindustrialisierung in Europa. Industrielle Produktion vor dem Fabrikszeitalter (= Historische Sozialkunde 5), Wien 1994.

Ch. Dipper, Bauern als Gegenstand der Sozialgeschichte, in: W. Schieder/V. Sellin (Hrsg.), Sozialgeschichte in Deutschland, Bd. 4, Göttingen 1986, 9-33.

D. Ebeling/W. Mager (Hrsg.), Protoindustrie in der Region. Europäische Gewerbelandschaften vom 16. bis zum 19. Jh. (= Studien zur Regionalgeschichte 9), Bielefeld 1997.

B. Geremek, Geschichte der Armut. Elend und Barmherzigkeit in Europa, München 1991.

W. v. Hippel, Armut, Unterschichten, Randgruppen in der Frühen Neuzeit (= EDG 34), München 1995.

K. H. Kaufhold, Messen und Wirtschaftsausstellungen von 1650 bis 1914, in: P. Johanek/H. Stoob (Hrsg.), Europäische Messen und Märktesysteme in Mittelalter und Neuzeit (=Städteforschung A39), Köln/Weimar/Wien 1996, 239-294.

P. Kriedte/H. Medick/J. Schlumbohm, Eine Forschungslandschaft in Bewegung. Die Protoindustrialisierung am Ende des 20. Jh., in: Jahrbuch für Wirtschaftsgeschichte 1998, T. 2: Proto-Industrialisierung, 9-20.

Dies., Industrialisierung vor der Industrialisierung, Göttingen 1977.

J. Ludwig, Amerikanische Kolonialwaren in Sachsen 1700-1850, Leipzig 1994.

M. Maurer, Die Biographie des Bürgers. Lebensformen und Denkweisen in der formativen Phase des deutschen Bürgertums (1680-1815), Göttingen 1996.

R.-E. Mohrmann, Alltagswelt im Land Braunschweig. Städtische und ländliche Wohnkultur vom 16. bis zum frühen 20. Jh., 2 Bde., Münster 1990.

J. Mooser, Wirtschafts- und Sozialgeschichte, in: R. van Dülmen (Hrsg.), Fischer Lexikon Geschichte, Frankfurt 1990, 86-101.

W. Reininghaus, Gewerbe in der frühen Neuzeit (= EDG 3), München 1990.

R. Reith (Hrsg.), Lexikon des alten Handwerks. Vom späten Mittelalter bis ins 20. Jh., München 1990.

B. Roeck, Außenseiter, Randgruppen, Minderheiten. Fremde im Deutschland der Frühen Neuzeit, Göttingen 1993.

R. Sandgruber, Die Anfänge der Konsumgesellschaft. Konsumgüterverbrauch, Lebensstandard und Alltagskultur in Österreich im 18. und 19. Jh., Wien 1982.

Ders., Ökonomie und Politik. Österreichische Wirtschaftsgeschichte vom Mittelalter bis zur Gegenwart, Wien 1995.

W. SCHIEDER/V. SELLIN, Sozialgeschichte in Deutschland, 4 Bde., Göttingen 1986.
H. SCHULTZ, Handwerker, Kaufleute, Bankiers. Wirtschaftsgeschichte Europas 1500-1800, Frankfurt/M. 1997.
DERS., Landhandwerk im Übergang vom Feudalismus zum Kapitalismus. Vergleichender Überblick und Fallstudie Mecklenburg-Schwerin, Berlin 1984.
R. SIEDER, Sozialgeschichte der Familie, 3. Aufl. Frankfurt/M. 1991.
H. SIEGRIST/H. KAELBLE/J. KOCKA (Hrsg.), Europäische Konsumgeschichte. Zur Gesellschafts- und Kulturgeschichte des Konsums (18. bis 20. Jh.), Frankfurt/M./New York 1997.
R. VAN DÜLMEN, Historische Kulturforschung zur Frühen Neuzeit. Entwicklung Probleme-Aufgaben, in: GG 21 (1995), 403-429.
G. WIEGELMANN (Hrsg.), Wandel der Alltagskultur seit dem Mittelalter. Phasen, Epochen, Zäsuren, Münster 1987.
Wirtschafts- und Sozialgeschichte – Neue Wege? Zum wissenschaftlichen Standort des Faches [Diskussionsbeiträge], in: VSWG 82 (1995) H. 3, 387-422, H. 47 497-510.
C. WISCHERMANN, Vom Gedächtnis und den Institutionen. Ein Plädoyer für die Einheit von Kultur und Wirtschaft, in: E. SCHREMMER (Hrsg.), Wirtschafts- und Sozialgeschichte. Gegenstand und Methode (= VSWG Beiheft 145), Stuttgart 1998, 21-33.

Mentalitäten-geschichte: Historiographische Wenden

Zeittafel

1915	Emile Durkheim: „L'Allemagne au-dessus de tout".
1919	Huizinga: Herbst des Mittelalters (dt. 1924).
1922	Lucien Lévy-Bruhl: La mentalité primitive.
1924	Marc Bloch: Les rois thaumaturges.
1932	Georges Lefebvre: La Grande Peur de 1789.
1942	Lucien Febvre: Le problème de l'incroyance au XVIe siècle.
1961	Robert Mandrou: Introduction à la France moderne, 1500-1640.
1969	Wolf Lepenies: Melancholie und Gesellschaft.
1971	Hans-Ulrich Wehler (Hrsg.): Geschichte und Psychoanalyse.
1973	Michel Vovelle: Piété baroque et déchristianisation.
1974	Gerhard Schwarz: „Nahrungsstand" und „erzwungener Gesellenstand".
1975	Philippe Ariès: Essais sur l'histoire de la mort en Occident du moyen âge à nos jours.
1975	Emmanuel LeRoy Ladurie: Montaillou.
1976	Carlo Ginzburg: Der Käse und die Würmer (dt. 1979).
1978	Georges Duby: Les trois ordres ou l'imaginaire du féodalisme.
1982	Michel Vovelle: Idéologies et mentalités.
1985-87	Philippe Ariès/Georges Duby (Hrsg.): Histoire de la vie privée.
1987	Ulrich Raulff (Hrsg.): Mentalitäten-Geschichte.
1988	Wolfgang Schmale: Entchristianisierung, Revolution und Verfassung.
1990	Hans-Jürgen Lüsebrink/Rolf Reichardt: Die Bastille.
1991	Lucie Varga: Zeitenwende.
1993	Peter Dinzelbacher (Hrsg.): Europäische Mentalitätengeschichte.
1995	Edith Saurer (Hrsg.): Die Religion der Geschlechter.
1996	Hans-Henning Kortüm: Menschen und Mentalitäten.
1996	Winfried Schulze (Hrsg.): Ego-Dokumente

Von wundertätigen Königen im Mittelalter und von nachlassender Frömmigkeit im 18. Jahrhundert. *Unter Menschenfressern.* Genüßlich wird immer wieder der französische Mentalitätenhistoriker Michel Vovelle zitiert, der in einem Vortrag 1980 auf den bulimischen Charakter der Mentalitätengeschichte hingewiesen hatte [VOVELLE]. Das war wahr. Kein Thema ließ sich vor dem Zugriff der Mentalitätenfahnder schützen, aus allen geisteswissenschaftlichen Disziplinen wurden Türaufbrüche gemeldet. Was war da passiert? Nichts Neues, denn nach einer Metapher Marc Blochs sind Historiker geradezu Menschenfresser. Dennoch blieb mit der Mentalitätengeschichte nicht alles beim alten, es gesellte sich nicht einfach eine neue Disziplin zu den anderen, vielmehr kroch da etwas in die anderen Disziplinen hinein.

Wendungen: Annales. Die universitäre Geschichtsschreibung hatte ihre Parameter im 19. Jahrhundert entwickelt. Es handelte sich um eine vorrangig politik- und ereignisgeschichtlich orientierte Historiographie, die freilich auch ihre Nuancen besaß. Die Errichtung eines Lehrstuhls für die Geschichte der Französischen Revolution im Zusammenhang des Centenaire (Einhundertjahrfeier der Französischen Revolution 1889) durch die Stadt Paris an der Sorbonne legte in Frankreich den Grundstein für sozial- und wirtschaftsgeschichtliche Annäherungen an die Geschichte. Das Aufblühen der Soziologie um die Jahrhundertwende färbte auf die Geschichtswissenschaft ab. Während in Deutschland Karl Lamprecht für eine Kulturgeschichtsschreibung warb, ohne daß es ihm gelang, diese von der Peripherie ins Zentrum der universitären Wissenschaft hineinzustoßen, öffneten sich französische Historiker leichter neuen Konzepten. Zum Nucleus der historiographischen

Perestrojka in Frankreich fügten sich die Historiker um die seit 1929 erscheinende Zeitschrift „Annales", namentlich Marc Bloch (1886-1944) und Lucien Febvre (1878-1956) [Erbe 1979]. Anfangs drehte es sich um eine sozial- und wirtschaftsgeschichtliche Konzeption von Geschichte, später trat als „dritte" Ebene die Kulturgeschichtsschreibung (civilisations) hinzu. Beide Historiker ebneten, im Grunde bereits vor der Gründung der „Annales", den Weg für die später als solche bezeichnete Mentalitäts- oder, im Plural, Mentalitätengeschichte. Zu den Vorläufern dieser neuen Richtung zählen Marc Blochs Hauptwerke – Les rois thaumaturges (wundertätige Könige) (1924); La société féodale (1939-40) – und Febvres Rabelais-Buch – Le problème de l'incroyance au XVIe siècle. La religion de Rabelais (1942). Beide haben sich umfassend mit den religiösen Einstellungen und Frömmigkeitsformen der Menschen auseinandergesetzt; bei Febvre zieht sich die Thematik von seinem Buch über die Freigrafschaft Burgund und Philipp II. (1912) über sein Lutherbuch von 1928 bis zur kurz nach seinem Tod erschienenen Aufsatzsammlung „Au cœur religieux du XVIe siècle" (1957). Von Febvre schließlich stammt der Begriff „outillage mental".

Die Mentalitätengeschichte hatte also zur Voraussetzung: a) die Wende gegen die im 19. Jahrhundert maßgebliche Historiographie hin zur Wirtschafts- und Sozialgeschichte; b) die Erkenntnis, daß die Erforschung des geschichtlichen Menschen noch mehr erfordert als diese beiden Ebenen, zu denen im übrigen die Humangeographie hinzuzurechnen ist. Abgesehen von Febvres Begriff des „mentalen Handwerkszeugs" stößt man zunächst auf den Begriff der „sensibilité(s)", z.B. bei Pierre Trahard 1936 – La sensibilité révolutionnaire 1789-1794.

Französische Nachkriegswissenschaft. Die Grundlagen der Mentalitätengeschichte wurden vor dem Zweiten Weltkrieg gelegt, ihr eigentlicher Aufstieg begann in Frankreich in den sechziger Jahren. Die französische Nachkriegswissenschaft, die sich nun um die ab 1946 unter dem Titel „Annales. Economies – Sociétés – Civilisations" erscheinende Zeitschrift gruppierte, zeichnete sich durch den Primat der Wirtschafts- und Sozialgeschichte aus – Fernand Braudel war neben Febvre die prägende Persönlichkeit –, gegen den sich mentalitätengeschichtliche Ansätze zur Wehr setzten, obwohl sie deren quantifizierende Methoden zur Voraussetzung nahmen. Das eigentliche Referenzwerk dieser Forschungsrichtung trat in Gestalt von Michel Vovelles „Piété baroque et déchristianisation. Les attitudes devant la mort en Provence au XVIIIe siècle" 1973 auf die historiographische Bühne. In Anlehnung an die Wirtschafts- und Sozialgeschichte nutzte Vovelle serielle Quellen (Testamente), die er quantitativ auswertete. Das Thema der Frömmigkeit verwies auf die Ursprünge der Mentalitätengeschichte bei Febvre, der Begriff der „déchristianisation" auf die Revolutionsgeschichte, in der über den Begriff der „sensibilité(s)" ein zweites Herkommen der Mentalitätengeschichte zu suchen ist – Vovelle forschte schon in den 1960er Jahren über die revolutionäre Entchristianisierung -, das Thema des Todes auf einen von Historikern wie Philippe Ariès und Robert Mandrou geschaffenen psychohistorischen Kontext.

Die Entwicklung der Mentalitätengeschichte ist so sehr mit der französischen Historiographie dieses Jahrhunderts verbunden, daß sie als eine französische „Erfindung" gilt, selbst wenn in der Regel auch Huizingas „Herbst des Mittelalters" (1919) zu den Vorläufern der neuen „Disziplin" gerechnet wird.

Neue Impulse innerhalb des Faches Mentalitätengeschichte: Historiographische Wenden

Doch worum geht es bei der Mentalitätengeschichte?

Definitionen und Abgrenzungen. *Der Student Michel Vovelle.* Mit exakten Definitionen, was Mentalitäts- oder Mentalitätengeschichte sei, hat die Geschichtswissenschaft ihre liebe Last. Die Neigung, methodische und thematische Ansätze zu einer Theorie auszuformulieren oder wenigstens in einem Konzept zu einem gewissen Grad von Objektivierung und Abstrahierung zu verdichten, war in der französischen Historiographie noch nie sehr ausgeprägt – ganz im Gegensatz zur deutschen Historiographie, die sich aber des Vorwurfs erwehren muß, den Theorien zu wenig empiriegesättigte Studien folgen zu lassen. Definitionen, was Mentalitätengeschichte sei, sind eher deutsch, dafür fehlt es aber an einem deutschen Referenzwerk. Die Mentalitätengeschichte ist im Salon der deutschsprachigen Geschichtswissenschaft nach wie vor ein kühl empfangener Gast. Doch ist nicht zu vergessen, daß der Nachkriegsnestor der französischen Revolutionshistoriographie Albert Soboul seinen Studenten Michel Vovelle einmal autoritativ ersuchte, das Wort von der Mentalität nie mehr in seiner Gegenwart zu verwenden [Schöttler, 98]. Der Grund hierfür lag allerdings darin, daß die Mentalitätengeschichte als Attacke auf die marxistische Historiographie französischer Prägung verstanden wurde, obwohl Vovelle selber zu dieser Historiographie-Richtung zählte und deshalb in seiner zitierten Bestandsaufnahme von 1980 ausdrücklich auf das Verhältnis von marxistischer Historiographie und Mentalitätengeschichte einging.

Das „Warum" der Mentalitätengeschichte erhellt sich aus ihrer oben dargestellten Entwicklung. Die Wende gegen die politische Er-

Forschungsstimme

An deutschsprachigen Theoriebeiträgen und historiographischen Aufarbeitungen der Mentalitätsgeschichte herrscht kein Mangel. **Peter Dinzelbacher** versucht in dem von ihm 1993 herausgegebenen Band zur Mentalitätsgeschichte nicht nur das Feld abzustecken, sondern auch für die Zeit seit der Antike bis heute Mentalitätsgeschichte darzustellen. Zur Definition von Mentalitätsgeschichte schreibt er: „Mentalitätsgeschichte konzentriert sich auf die bewußten und besonders die unbewußten Leitlinien, nach denen Menschen in epochentypischer Weise Vorstellungen entwickeln, nach denen sie empfinden, nach denen sie handeln. Sie fragt nach dem sozialen Wissen bestimmter historischer Kollektive und untersucht don Wandel von Kognitionsweisen und Vorstellungswelten, die jeweils historisches Sein auf intersubjektiver Ebene prägen."

Etwas weiter im Text [S. XXI] versucht Dinzelbacher, die Definition noch knapper zu fassen, um sie jedoch anschließend sofort wieder in ihre Einzelteile zu zerlegen und auszuführen: „Historische Mentalität ist das Ensemble der Weisen und Inhalte des Denkens und Empfindens, das für ein bestimmtes Kollektiv in einer bestimmten Zeit prägend ist. Mentalität manifestiert sich in Handlungen."

Dinzelbacher befaßt sich sodann mit dem Verhältnis von Konstanz und Wandel: „Gewiß kann man bei Menschen in aller Welt und Zeit (...) einen anthropologisch konstanten Grundbestand von Denk-, Empfindungs- und Verhaltensweisen feststellen, der dem Homo sapiens in jeder seiner syn- und diachronen Variationen gemeinschaftlich ist. Sexualität z.B. existiert in jedem menschlichen Dasein, jeweils spezifisch ist aber die allgemeine Einstellung zu ihr (Unterdrückung oder Betonung), die Formen ihrer Verwirklichung (übliche und tabuisierte Praktiken), die sich mit ihr verbindenden Konnotationen (Sex als rein physisches Vergnügen, als Zeichen von lebensbestimmender Liebe) usw."

Schließlich verweist Dinzelbacher auf die Relevanz der Mentalitätsgeschichte für uns selbst: „Insofern kann und soll die Beschäftigung mit dem Wandel der Mentalitäten der eigenen Geschichte, deren frühere Formen in uns oft das Gefühl des Fremden auslösen, uns sowohl das Denken, Empfinden und Handeln unserer Vorfahren verständlicher machen als auch das von Menschen unserer Umgebung, die aus anderen Kulturkreisen kommen."

Quelle: P. Dinzelbacher (Hrsg.), Europäische Mentalitätsgeschichte. Hauptthemen in Einzeldarstellungen, Stuttgart 1993, S. IX.

eignisgeschichte war eine Wende gegen die Geschichte der „großen Männer" hin zur Geschichte von sozialen Gruppen und Klassen, hin zur Geschichte von Massen, hin zur Geschichte des „gemeinen Mannes", um einen frühneuzeitlichen Ausdruck aufzugreifen. Die Mentalitätengeschichte wendete sich gegen die Privilegierung materieller Ansätze: zwischen z. B. der Rekonstruktion von Preis- und Lohnentwicklungen in der Frühen Neuzeit, einerseits, und einer philosophisch geprägten Ideen- oder Geistesgeschichte, andererseits, klaffte eine immense Lücke. Was ging in den Köpfen von Bauern vor sich? Was lag dem „Weibergeschwätz" im Waschhaus zugrunde? Was empfanden all die Menschen, die von der Geschichte der „großen Männer" und den ideengeschichtlichen Gipfelwanderungen von Luther bis Rousseau nicht erfaßt wurden, gegenüber Geburt und Tod, was dachten sie über Sexualität und Liebe? Wie kam es, daß Frauen und Männer als Hexen bzw. Hexer denunziert wurden? Warum bekamen französische Frauen im Lauf des 18. Jahrhunderts durchschnittlich weniger Kinder als Frauen in anderen europäischen Ländern? Wie war jugendliche Gewalt zu erklären? Tausend Fragen ohne zufriedenstellende Antworten.

Gegenstände der Mentalitätengeschichte. Gegenstände der Mentalitätengeschichte sind folglich das Denken, Fühlen, Vorstellen oder, wie es oft formuliert wird, das Imaginieren, der vorrationale „Bildapparat", kognitive Strukturen; das Unbewußte, das Unterbewußte, das Vorbewußte; der Habitus, das Ritualisierte; Triebe, Sinn- und Bedeutungsstrukturen, Sinn- und Bedeutungskonstruktionen. All dies und mehr liegt menschlichem Handeln zugrunde. Grundsätzlich ist dies gegenüber den Ideen und Ideologien abzugrenzen, welche eben nicht vorbewußt, sondern bewußt und reflektiert sind. Freilich gibt es in der Praxis Schnittmengen zwischen Ideen, Ideologien und Mentalitäten – die Rousseausche Philosophie von ihren scheinbar originellen individuellen Höhen „herunterzuholen" in das Netz der Mentalitäten ist nicht nur reizvoll, sondern gerechtfertigt, ohne daß dabei die individuelle Leistung Rousseaus verschwinden muß.

Damit ist ein weiteres Kennzeichen der Mentalitätengeschichte angesprochen: sie zielt nicht in erster Linie auf das Individuum, sondern auf Kollektive und dann auf die individuelle Ausprägung kollektiver mentaler Strukturen. Für die meisten Menschen liegen keine ausführlichen Quellenzeugnisse vor, aus denen sich Biographien in einer Dichte wie bei Luther, Ludwig XIV., Marie-Antoinette oder Olympe de Gouges erschlössen. Oft sind es nur kleinere oder größere Mengen statistischer Fakten, faktische Verhaltensweisen, atomisierte sprachliche Äußerungen usf., die zur Verfügung stehen. Rekonstruierbar sind Verhaltensweisen, deren Begründung im Vorbewußten, im vorrationalen Bildapparat, im Habitus etc. zu suchen und zu finden sind. Dieses Suchen und Finden geschieht nicht assoziativ oder impressionistisch, sondern nach strengen Methoden, unter denen die statistische Aufarbeitung, die Quantifizierung von Verhaltensweisen die Basismethode darstellt. Erst die Quantifizierung Hunderter oder Tausender Einzeldaten läßt erkennen, ob es sich um Tausende individuelle Vorfälle oder objektivierte Strukturen, Rituale, um einen Habitus, um eine kollektiv verankerte Vorstellung von der Welt handelt, deren individuelle Ausprägungen als Quellen überliefert sind. Die Quantifizierung von Einzeldaten schafft eine Metaebene von Fakten. Wenn Vovelle etwa zu dem Ergebnis gelangte, daß ab einem be-

▷ S. 63 Um 1789: Zeit der Umbrüch

stimmten Jahrzehnt bei bestimmten Sozialgruppen in der Provence in Testamenten weniger häufig fromme Stiftungen niedergelegt und auch geringere Summen eingesetzt wurden, so handelt es sich um ein Faktum, das als solches nicht einfach im archivalischen Quellenmaterial, dem einzelnen individuellen Testament enthalten ist, sondern erst im Zuge der vergleichenden Auswertung von Tausenden von Testamenten nach vorher festgelegten Kriterien und durch eine vorher entwickelte Fragestellung konstruiert wird. Das durch Quantifizierung ermittelte Faktum zeigt eine in Raum, Zeit und Gesellschaft genau verortbare Verhaltensweise an. Ohne die Ermittlung dieses Metafaktums, dieser aus der einzelnen Quelle nicht unmittelbar als kollektive Verhaltensweise erschließbaren Verhaltensweise, gäbe es nicht die Frage nach den Gründen für die Verhaltensweise. Änderte sich die wirtschaftliche Situation der untersuchten Personen? Änderten sich die Einstellungen zu Glaube und Religion? Mentalitätengeschichte bedeutet, auf diese Fragen nach methodisch strengen Regeln zu antworten – vorausgeht aber die Erforschung von Verhaltensweisen oder Praktiken kollektiver Natur. Dieser enge Zusammenhang liefert den Grund dafür, daß in der Literatur immer wieder darum gestritten wird, ob Verhaltensweisen oder Praktiken Gegenstand der Mentalitätengeschichte seien.

Im Deutschen lautet es zumeist im Singular Mentalitätsgeschichte, im Französischen heißt es jedoch histoire des mentalités. Der Plural zeigt an, daß wir es in der Geschichte in derselben Epoche und in derselben Gesellschaft oft tatsächlich mit Mentalitäten zu tun haben. Es geht um räumliche Differenzierungen – die Provence ist nicht Frankreich –, es geht um soziale Differenzierungen – Stadtbürger sind keine Bauern und keine Hofadligen –, es geht um chronologische Differenzierungen – was 1650 gilt, muß 1680 nicht mehr mit Sicherheit auch noch gelten. Andererseits stellt sich selbstverständlich die Frage, ob es in einer bestimmten Gesellschaft zu einer bestimmten Zeit eine Mentalität im Singular oder nur Mentalitäten im Plural gab.

Zu den Definitionsmerkmalen der Mentalitätengeschichte gehört das der „langen Dauer", der longue durée. Die obige Aufzählung, die vom Denken bis zum Vorbewußten reicht, legt nahe, daß in der Mentalitätengeschichte Phänomene erforscht werden, die sich nicht über Nacht ändern. Dies schließt Brüche nicht aus, wie sie beispielsweise die Französische Revolution verursacht hat, schließt aber ebensowenig das Entstehen neuer Mentalitäten aus, die sich ihrerseits wieder durch eine lange Dauer – bis zum nächsten Bruch! – auszeichnen. Oder Mentalitäten ändern sich langsam, fast unmerklich, wie die religiösen Einstellungen in der Provence, so daß es eines Historikers oder einer Historikerin des 20. Jahrhunderts mit seiner/ihrer spezifisch gegenwartsorientierten Fragestellung bedarf, um den Mentalitätswandel im 18. Jahrhundert zu erkennen.

Verhältnis zu Nachbardisziplinen. Die obige Aufzählung macht ein Weiteres klar: eine scharfe Abgrenzung der Mentalitätengeschichte zur Wissenssoziologie, zur Historischen Semantik, zur Alltagsgeschichte, zur Historischen Anthropologie, zur Kulturanthropologie, zur Ethnologie existiert nicht. Es ist kein Zufall, daß trotz aller Vorbereitung Mentalitätengeschichte als Disziplin erst in der Nachkriegsepoche der Entkolonialisierung formiert wurde. Letztere besaß eine tiefe intellektuelle Bedeutung, kam einer Bruchlinie gegenüber der Geschichte der vergangenen 500 Jahre gleich, so daß es möglich wurde,

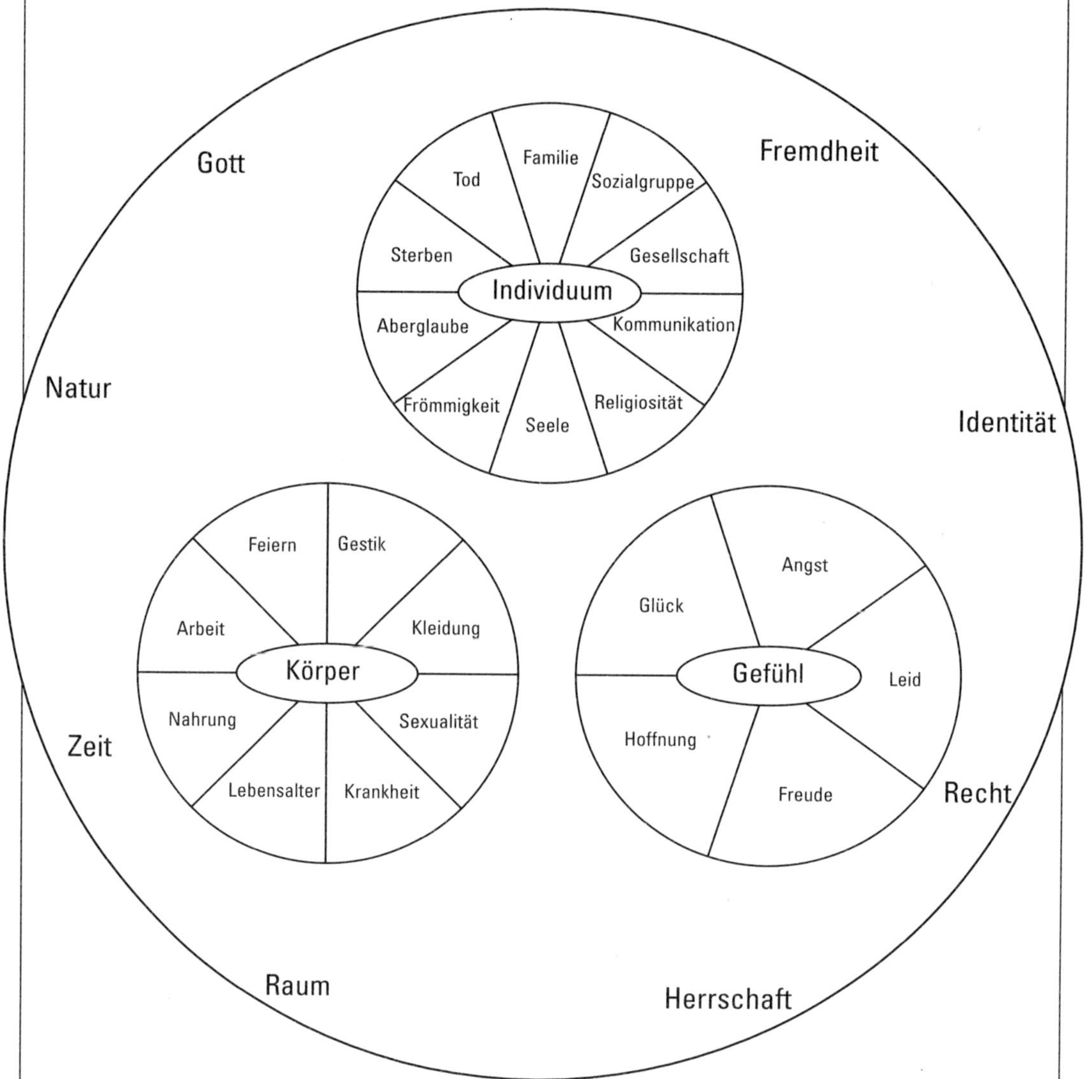

Die Zusammenstellung der Generalthemen folgt überwiegend dem Katalog von Peter Dinzelbacher [DINZELBACHER], wurde jedoch in Übereinstimmung mit diesem Kapitel ergänzt und geordnet.

ganz neue Fragen an diese Vergangenheit zu richten.

Die nunmehr größere Distanz nicht nur zum Mittelalter, sondern auch zur Frühen Neuzeit erleichterte den Brückenschlag zur Ethnologie und Anthropologie; die frühneuzeitlichen Jahrhunderte waren fremder geworden und ließen sich jetzt mit demselben ethnologischen Blick wie eine Gesellschaft im brasilianischen Urwald befragen. Sicher gilt das nicht für alle Problemstellungen: die Ursprünge des modernen Staats und der Grundrechtedemokratie werden in der Forschung zumeist wie eine lange Verkettung historischer Ereignisse und Ideen begriffen, Massenpresse, moderne Öffentlichkeit, Konsumgesellschaft haben ihre eindeutigen Wurzeln in der Frühen Neuzeit, erscheinen uns nicht fremd, sondern verwandt, weil wir deren historische Entwicklung im Grunde wie aufsteigende Linien begreifen, die in die Jetztzeit hineinreichen. Aber je mehr vergangene Zeit und je mehr Bruchlinien sich dazwischenschieben, desto größer wird die Neigung, über die Mentalitätengeschichte auch den – in Relation zu heute – Fremdcharakter der Frühen Neuzeit herauszuarbeiten. Damit sind wir noch lange nicht zum Historismus und der von manchen Historikern des 19. Jahrhunderts angenommenen „Unmittelbarkeit einer jeden Epoche zu Gott" zurückgekehrt, vielmehr dienen solche Grenzziehungen immer der besseren eigenen Verortung und Identitätsbeschreibung.

Die Quellen. *Individuelle und serielle Quellen.* Eigentlich ließe sich dieser Abschnitt mit einem Satz bewältigen: es gibt keine Quellen, die für mentalitätengeschichtliche Forschungen nicht in Frage kämen [LEGOFF]. Die Tagebücher Ludwigs XIV. bezeugen ebenso Mentalitäten wie Zehntausende von Testamenten. Letztlich ist jede Quelle einem Individuum zuzuordnen, und sei es dem Schreiber, was in einer Zeit, in der die wenigsten flüssig schreiben und Gesagtes mitprotokollieren konnten, von eminenter Bedeutung ist. Dennoch bietet es sich an, grundsätzlich zwischen individuellen und seriellen Quellen zu unterscheiden. Bei individuellen Quellen gibt es den jeweiligen „Typ" (z. B. Tagebuch) in einem bestimmten Zeitraum vielleicht nur einmal oder in nur geringer Häufigkeit, während sich serielle Quellen durch ihren seriellen Charakter und eine mehr oder weniger große Quantität in einem kurzen Zeitraum und am selben Ort auszeichnen. Notariats- und Gerichtsakten veranschaulichen sehr gut, was eine serielle Quelle ist: es gibt von diesen Akten vom selben Notar und vom selben Gericht im selben Jahr oder Monat am selben Ort Dutzende, Hunderte oder Tausende. Abgesehen vom arbeitstechnischen Aufwand ist es nicht schwierig, gemeinsame Kategorien, Grundmuster und die Veränderungen in recht kleinen Schritten im Lauf der Jahre auszuweisen. Die Memoiren Ludwigs XIV. hingegen gibt es nur einmal, selbst wenn andere Fürsten zur selben Zeit ähnliche Texte produzierten, aber es fehlt die örtliche und zeitliche Verdichtung wie bei Notariatsakten. Dafür verweisen solche Texte auf komplexe(re) Verhältnisse zurück, lassen sich als Einzeltexte in Hunderte und manchmal Tausende von „Einzeldaten" zerlegen, während sich ein einzelner Notariatsakt nur in ein, vielleicht zwei Dutzend oder viel weniger „Einzeldaten" zerlegen läßt. Ähnliche Verhältnisse gelten auch in der bildenden Kunst: was im einen Fall die Notariatsakten sind, sind im anderen Fall die Votivtafeln, was im einen Fall die Memoiren Ludwigs sind, ist im anderen Fall das Staatsporträt Ludwigs von Hyacinthe Rigaud mit Hunderten von kunstgeschichtlichen, ideengeschichtlichen und aktuell-ereignisgeschichtlichen Bezügen.

Ego-Dokumente. Die Mentalitätengeschichte macht sich vertraute, „traditionelle" Quellen zunutze, ebenso aber „neue" Quellen, die durch die Wucht ihrer Masse neue Erkenntnisse ermöglichen. Dazu tritt ein dritter „virtueller" Typus, der am Beispiel der „Ego-Dokumente" erläutert werden kann. Ego-Dokumente selber sind nicht virtuell, sondern real. Sie „geben Auskunft über die Selbstsicht eines Menschen" [SCHULZE, 14] ; der Begriff stammt von einem Niederländer, Jacob Presser (1958). Klassische Ego-Dokumente sind Autobiographien, Tagebücher, Briefe, Reiseberichte u.ä. Oft gibt jemand aber unbewußt oder ungewollt Auskunft über sich selbst, oder wird dazu gezwungen wie im Inquisitionsprozeß oder im Rahmen einer Aussage bzw. Befragung in einem beliebigen Gerichtsprozeß. Im Vergleich zur Autobiographie handelt es sich nur um Bruchstücke, einzelne Sätze, einige Textabschnitte, die über ein Selbst Auskunft geben. Mit Ego-Dokumenten wird eine Quellenkategorie geschaffen, die durch den gemeinsamen Inhalt, nicht den gemeinsamen Typus der vielen Ursprungsquellen charakterisiert wird. In diesem Sinn handelt es sich um eine virtuelle Quelle und einen virtuellen Typus, der erst durch die wissenschaftliche Konstruktionsarbeit zustandekommt – so wie natürlich auch statistisch ermittelte Konjunkturkurven oder demographische Zahlen, die ohne weiteren Rückgriff auf die Primärquellen interpretiert werden, eine Art virtueller Quelle darstellen.

▷ S. 238f. Kunstgeschichte: Bilder als Quellen gesehen

Ikonographische Quellen. In der Mentalitätengeschichte nehmen ikonographische Quellen einen wesentlichen Platz ein. Es kann sich um Einzelbilder handeln, bevorzugt werden aber Bildquellen seriellen Charakters, weil damit die Möglichkeit größer wird, Erkenntnisse zur breiten Bevölkerung zu gewinnen. Die serielle Ikonographie „untersucht nicht ein Einzelbild (oder eine kleinere Motivgruppe), sondern stellt ein möglichst umfangreiches Bildkorpus, das zudem noch einen möglichst großen Zeitraum abdecken soll, zusammen. Die serielle Auswertung von Bildthemen aufgrund eines festgelegten Fragerasters und Feststellungen über den Wandel von Bildgestaltungen sollen dann Rückschlüsse ermöglichen auf einen generelleren Einstellungswandel der Bevölkerung. Die ‚populären' Bildwelten stehen dabei im Mittelpunkt einer als Beitrag zur Mentalitätsgeschichte verstandenen Bildinterpretation." [TALKENBERGER, 297] Als besonders ergiebig haben sich ikonographische Quellen zur Frömmigkeitsgeschichte erwiesen, aber auch Flugblätter sind eine serielle Quelle, die mentalitätengeschichtliche Studien ermöglicht.

Fleisch und Stein. Neben den zumeist verwendeten Text- und Bildquellen sind ebensogut die Architektur, Musik oder die Archäologie Quellengeber. Der Wandel von Schloß- oder Bauernhausgrundrissen kann in Kombination mit Text- und Bildquellen zur politischen Vorstellungswelt bzw. zu Leben und Arbeiten sowie in Verbindung beispielsweise mit geschlechtergeschichtlichen Fragestellungen mentalitätengeschichtlich erfaßt werden. Richard Sennett hat in dem Buch „Fleisch und Stein" den Zusammenhang zwischen Stadtgrundriß, Städtearchitektur und Körpermetaphern/Körpervorstellungen an ausgewählten Stadtbeispielen von der griechischen Antike bis heute untersucht [SENNETT].

Mentalitäten in der Frühen Neuzeit.

Eine monographische Darstellung der Mentalitäten in der europäischen Frühneuzeit fehlt.

Auch der von Dinzelbacher herausgegebene Sammelband [DINZELBACHER] füllt diese Lücke nicht. Es stehen nicht genug mikrohistorische Studien zur Verfügung, die eine Synthese zuließen. Obwohl der Band von Dinzelbacher in gewissem Sinn den Anspruch einer Synthese erhebt, kann er keine solche darstellen, da die Mehrzahl der Forschungsarbeiten, die zu den einzelnen Themen wie Individuum und Familie, Liebe, Sexualität etc. vorliegen, nicht in mentalitätengeschichtlicher Absicht verfaßt wurden. Aus diesem Grund können hier nur einige Felder skizziert werden.

Denken. Oben wurden Ideologie, Philosophie und Ideen im Sinne der Ideengeschichte von der Mentalitätengeschichte geschieden. Bei „Denken" wird man zumeist vielleicht René Descartes' (1596-1650) „Cogito, ergo sum" assoziieren, also den Versuch, das Phänomen des Denkens philosophisch und naturwissenschaftlich zu erforschen, was zugleich als ein Beitrag zur Konstitution des modernen Individuums zu werten ist. Bei der Mentalitätengeschichte geht es darum, überhaupt zu erfahren, was all die Menschen, die keine Philosophen und Gelehrte oder Literaten waren, über Gott und die Welt dachten. Es geht um Inhalte, es geht um „Meinungen, die ich in meinem Gehirn ausgedacht habe", um Carlo Ginzburgs Müller Domenico Scandella, gen. Menocchio, zu zitieren [GINZBURG]. Der 1532 in dem friaulischen Bergdorf Montereale geborene Mann geriet im September 1583 aufgrund einer Anzeige in die Mühlen der Inquisition; nach Verurteilung und Gefängnis nahm er in seinem Dorf wieder einen Ehrenplatz ein. In letzterem zeigt sich eine typische Mentalität der Frühen Neuzeit. Aus den Verhörprotokollen der Inquisition entsteht nach und nach das Weltbild des Müllers, in dem die kritische Auseinandersetzung mit Gott, dem Glauben und der Kirche eine zentrale Rolle spielt. Ginzburg deutet an, daß es sich nicht um eine rein individuelle Weltsicht handele, sondern um eine objektivierbare, die auch andere Männer wie der Müller bezeugten, da sie, des Lesens kundig, vermutlich dieselben Texte gelesen oder gekannt und mit mündlichen Traditionen vermischt hatten. Quellen wie die zum Bauernkrieg im Alten Reich oder zu den Religionskriegen in Frankreich oder zu den englischen Dissenters lassen die Rekonstruktion eines die Welt und Gott umgreifenden religiösen Denkens im Volk zu. Es handelt sich oft um ein auf charakteristische Weise eigenständiges Denken, in dem sich allgemein verfügbares verschriftlichtes oder nur mündlich tradiertes Wissen mit schöpferischen Anteilen vermischt. Vor allem im 16. Jahrhundert vermitteln die Quellen den Eindruck, daß das Denken im Kontext je der literaten und der oralen Kultur weniger weit auseinanderliegt als im 18. Jahrhundert. Die Aufklärung bedeutete hingegen in vieler Hinsicht eine Revolution des Wissens [SCHMALE 1991]; quer durch alle Wissenssparten in Gestalt eines breitflächig vorgetragenen Angriffs wurde Wissen neu gewonnen. Oft kam es im 18. Jahrhundert zum Konflikt zwischen gesellschaftlichem Erfahrungswissen, das sich mit den Mitteln der oralen oder semi-oralen Kultur weitergeben ließ, und dem mittels rationalistischer Methoden konstruierten – deduzierten oder induzierten – Aufklärungswissen, das schon in seiner Entstehung eng mit den literaten Kommunikationsformen verbunden war und, wie etwa in der Landwirtschaft, oft dem Erfahrungswissen widersprach und gelegentlich tatsächlich einfach falsch war.

Denkprozesse. Die philosophischen, wissenschaftlichen oder literarischen Texte der Frühen Neuzeit machen es zwar nicht leicht,

Die christlichen Gestalten, insbesondere Maria, lieferten die Modelle für das Sterben. Diese Modelle wurden über Bilder und Erzählungen verbreitet. Sie prägten die Mentalität des Sterbens, d.h. der eigene Tod wurde möglichst wie der Tod Marias oder anderer Heiliger gestorben. Zu den mittelalterlichen und frühneuzeitlichen Bildern vom Sterben schreibt Ariès: „Die Inszenierung ist überall die gleiche: direkter Mittelpunkt ist der Kranke auf dem Sterbebett und das stets von Menschen erfüllte Zimmer. Selbst wenn sich diese Schar der Anwesenden auf die Familie beschränkt, hat sie doch immer die Tendenz, geschlossen und zahlreich aufzutreten. Der ‚Tod auf dem Sterbebett' verabscheut die Leere, er ist ein öffentlicher Akt." Die Abbildung zeigt, wie im Tod einer anonymen alten Dame der Tod Mariens als Muster des Sterbens reflektiert wird: „Auf einem 1547 gedruckten Holzschnitt dient der Tod einer alten Dame dazu, die letzte Phase des Lebens und ihre Entsprechung zum letzten Kalendermonat zu verdeutlichen. Die räumliche Anordnung der Personen erinnert noch an die der Jungfrau und der Heiligen. (...) Männer und Frauen drängen sich, aufmerksam, um das Bett..." Bis ins 20. Jahrhundert war das Sterbezimmer kein Privatraum, sondern, so Ariès, ein „Ort der Begegnung und des öffentlichen Gebetes."

Die Abbildungen und Erzählungen formen eine Mentalität, aber sie drücken sie auch aus, da die Modifizierungen im Laufe von Jahrhunderten zwar vorhanden sind, aber begrenzt bleiben.

Bild: Heures à l'usage de Toul, Decembre, Holzschnitt (Buchillustration), 1547, © musée Lorrain, Nancy, Foto: P. Mignot.

Literatur: P. Ariès, Bilder zur Geschichte des Todes, München 1984, S. 100, 105.

aber lassen es mit einiger Aussicht auf Erfolg zu, den Verlauf von Denkprozessen zu analysieren. Gemeint ist damit, auf welche Weise tradiertes, gewußtes Wissen, implizite Voerannahmen und Vorurteile, neu geschaffenes Wissen – zunehmend ab dem 17. Jahrhundert –, das Verstehen lenkende Bilder aus dem vorbewußten oder impliziten Bildapparat sowie Methode – deduktiv, induktiv, assoziativ, chronologisch usw. – miteinander kombiniert werden. In bezug auf das gemeine Volk fällt dies sehr viel schwerer, aber alle denkbaren Quellen lassen letztlich Aussagen zu denselben Elementen des Denkprozesses zu. Durch eine Ausdifferenzierung der Kategorie „Wissen" als wesentlichem Element von Denkprozessen konnte – ad exemplum – das grundrechtliche Wissen und Denken sächsischer und burgundischer Bauern in der Frühen Neuzeit herausgearbeitet werden [Schmale 1997, 325-398]. Im Kern unterschieden sich gelehrter und popularer Diskurs überraschend wenig, die rechtlichen Mentalitäten lagen sehr viel näher zusammen, als zu erwarten gewesen war, auch wenn auf der Ebene der Sprache, der Begriffe, große Differenzen zu bemerken waren. Wenn ein Rechtsanwalt, der die literaten Techniken beherrschte und in dem Sinne zur literaten Welt gehörte, von Freiheit sprach, redete der Bauer von Gewährleistung der Subsistenz, der Nahrung oder der Notdurft. Im 16. Jahrhundert nehmen sich die begrifflichen Differenzen zumeist geringer aus als im 18. Jahrhundert.

Wahrnehmungsmuster. Denken, Fühlen, Vorstellen oder Imaginieren werden durch Wahrnehmungsmuster vorstrukturiert. Wahrnehmungsmuster sind in der Regel vorrational, vorbewußt oder unterbewußt. Gängige Wahrnehmungsmuster waren in der Frühen Neuzeit der menschliche Körper, an dessen Stelle seit dem 17. Jahrhundert vermehrt Maschinen-/Mechanikbilder traten. Das „Urbild" von Maschine/Mechanik war das Uhrwerk, aber auch sog. Automaten oder „Maschinenmenschen" bildeten ein Wahrnehmungsmuster. Es geht dabei nicht einfach um metaphorische Ausdrucksweisen, sondern reale Phänomene wurden als Körper oder Maschine bzw. mechanisches Werk „gesehen". Gerade Körper als Wahrnehmungsmuster gehört zu jenen Mustern, deren sich sowohl der König wie der Bettler bediente, mit denen beide geradezu automatisch die vor ihren „Augen liegende" Welt ordneten und sich verständlich machten.

Bis zu einem gewissen Grad können auch Mythen und mythische Erzählungen zur Kategorie der Wahrnehmungsmuster gerechnet werden. Wiederum im 16. Jahrhundert gingen zumindest städtische Handwerker mit den tradierten landläufigen antiken und biblischen Mythen genauso sicher um wie die Künstler – die ja selber Handwerker waren –, Literaten und der höfische Adel. Städte legten sich genauso mythische Genealogien zu wie die „Nationen", die Herrscher- und die großen Adelsdynastien. Aus heutiger Sicht mag sich die Neigung durchsetzen, das als „Erfindung" im Sinne von Geschichtsklitterung oder schlicht Schwindelei zu bezeichnen; in der Frühen Neuzeit gehörten mythische Erzählungen und Genealogien zu den gängigen Mustern, über die Wirklichkeit wahrgenommen und erzählt wurde. Selbst der Naturwissenschaftler Francis Bacon (1561-1626) benutzte Mythen und die Erzählstruktur von Mythen, um seinen Erkenntnissen sprachlich Ausdruck zu verleihen. Graevenitz schreibt vom Mythos als „Denkgewohnheit" [Graevenitz]. Seit dem Ende des 17. Jahrhunderts wurden die antiken und biblischen Mythen durch neue ersetzt, die im großen und ganzen auf empirisch nachweisbaren vergangenen und gegenwärtigen Geschichten – Helden- und Heldinnentaten – beruhten, die aber „mythisch" überhöht und ausgeschmückt wurden. Dahinter steckte die in Frankreich zur Zeit Ludwigs XIV. repräsentativ geführte Debatte um die „Alten" und die „Neuen", die „Querelle des Anciens et des Modernes", die ihrerseits einer veränderten Wahrnehmung der Welt sprachlichen Ausdruck verlieh.

Allgemein gehört das, was häufig schlicht als Metapher bezeichnet wird, zum vorbewußten Bild- und Wahrnehmungsapparat. Blitz, Donner, Gewitter, Erdbeben und vieles mehr stellten jedoch ebenso wie die Mythen im Grunde Wahrnehmungsmuster bildhaft dar. „Grenze" steht für ein Wahrnehmungsmuster. Damit ist nicht nur die politisch-rechtliche Grenze gemeint, sondern Grenze in allen übertragenen Wortbedeutungen. Im Blick der Menschen des 16. Jahrhunderts wurde die Welt keineswegs durch reale oder imaginäre lineare Grenzen strukturiert, die das Eigene vom Fremden, das Sein vom Wollen, die Gegenwart von der Zukunft usf. trennten. Die Welt wurde über ein punktuelles Muster von Grenze wahrgenommen, erst im Lauf des späteren 17., sodann des 18. Jahrhunderts setzte sich ein lineares Wahrnehmungsmuster von Grenze durch, mit dessen Hilfe nationale Kulturen ebenso voneinander unterschieden wurden wie der Bauerntölpel vom Philosophen.

Habitus. Zum frühneuzeitlichen Habitus der Menschen, wenn nicht des Menschen, gehört Widerständigkeit. Man könnte auch von einer Grundbefindlichkeit reden. Königssöhne waren widerständig, Adelige waren es, Gesellen waren es, Bauern waren es. Von der kleinen Widersetzlichkeit bis zum Bauernkrieg, vom Ungehorsam bis zur Adelsrevolte, vom Individualprozeß bis zur Prozeßwelle findet sich jede Form von Widerstand bei nahezu allen gesellschaftlichen Gruppen und Schichten. Autorität war in der Frühen Neuzeit entgegen einer weitverbreiteten Annahme nicht einfach gegeben, sie mußte erworben werden. Obrigkeit war – trotz Paulus Röm. 13 – nicht einfach legitimiert, sie mußte sich immer wieder von neuem Legitimation erwerben. Das ist der entscheidende Punkt an der Geschichte des Widerstands und was berechtigt, von Habitus zu sprechen.

Das sichtbare Verborgene. Diese etwas paradox klingende Formulierung verweist auf Felder wie Aberglaube, Hexenglaube, Teufelsglaube. Die Welt des Bösen war eine eigene Welt, in vieler Hinsicht eine verborgene Welt, die aber in bestimmten Handlungsweisen, in bestimmten Menschen wie den Hexen und Hexern, vermeintlich sichtbar und greifbar wurde. Die Anstrengungen, die unternommen wurden, diese Welt zu entschlüsseln und zu bekämpfen, waren enorm, zahllose Menschen fielen dem zum Opfer. Wiederum gilt bis ins 17. Jahrhundert hinein, daß die Vorstellungen vom Bösen und seiner Inkarnation in Teufel und Hexen nicht schichtenspezifisch charakterisierbar sind. Literate Leute teilten diese Vorstellungen ebenso wie einfache Leute, einfache Leute verwarfen ebenso wie literate Leute abergläubische Vorstellungen. Seit der zweiten Hälfte des 17. Jahrhunderts befand sich der Hexenglaube auf dem Rückzug, nicht nur bei den literaten, „aufgeklärten" Bevölkerungsgruppen. Hier vollzog sich ein fundamentaler und durchaus gesellschaftsübergreifender Mentalitätswandel.

Von der Angst über die Arbeit bis zum Sterben. Alles, was das Leben eines Menschen bestimmt, kann Gegenstand der Mentalitätengeschichte sein. Im allgemeinen wird das darunter abgehandelt, was weiter oben in dem Schema nach Dinzelbacher zusammengestellt wurde. In der Tat ist es oberflächlich betrachtet nicht allzu schwierig festzustellen, daß unsere Ängste heute, unsere Auffassungen von Arbeiten, Lieben, Essen, Feiern, Leiden und Sterben usw. sich von den Einstellungen der frühneuzeitlichen Menschen in vielem, wenn auch nicht in allem, unterscheiden. Die Unterschiedlichkeit als solche führt zur Annahme eines Mentalitätswandels, dessen Stationen durch demographische Statistiken, veränderte Verhaltensweisen, veränderte Meinungsäußerungen usw. definiert werden. Letztlich lautet die Frage: Um wieviel sind wir anders als Menschen im 16., 17., 18., 19. Jahrhundert?

Grundlinien des Mentalitätswandels. Eigentlich müßte hier ein Fragezeichen stehen. Ist es denn wirklich bewiesen, daß sich unsere Mentalitäten so sehr von der Frühen Neuzeit unterscheiden? Ein Band wie der von Dinzelbacher vermittelt den Eindruck einer in der Neuzeit linearen Veränderung der Mentalitäten von A über B nach C und D. Das wird der Vielfalt der nebeneinander bestehenden Mentalitäten kaum gerecht werden können. Allein der Blick auf die Religiosität, bei deren Erforschung die Mentalitätengeschichte zu Beginn dieses Jahrhunderts ihren Ausgang nahm, würde kaum die Annahme einer linearen Veränderung zulassen. Es geht zudem nicht nur darum, Mentalitätsbrüche als Phänomen anzuerkennen und als wissenschaftliche Kategorie zuzulassen, wie es im Fall der Französischen Revolution diskutiert wurde, sondern darüber hinaus darum, daß sich Brüche womöglich wieder schließen. Zu prüfen wäre das am Fall der Rekatholisierung im 19. Jahrhundert: hat sie die Brüche der revolutionären Entchristianisierung und der älteren latenten Entchristianisierung des 18. Jahrhunderts wieder geschlossen, oder muß sie als Ausdruck

Neue Impulse innerhalb des Faches Mentalitätengeschichte: Historiographische Wenden

einer neuen religiösen und katholischen Mentalität gewertet werden, die mit jener des barock-frommen frühen 18. Jahrhunderts wenig gemein hat?

Schließlich sollte nicht vorschnell der Eindruck erweckt werden, als hätten sich Mentalitäten überall in Europa nach dem gleichen Muster und gleichzeitig oder ggf. mit einer gewissen Zeitverschiebung verändert. Bis in die 1960er Jahre hinein lassen sich zwischen einzelnen Regionen und Orten, zwischen Stadt und Land, nicht nur zwischen Ländern und Nationen, gewaltige Mentalitätsunterschiede diagnostizieren. Der Bruch mit der Frühen Neuzeit ereignete sich oft erst zwischen dem Ende des Zweiten Weltkriegs und der 1968er Revolte.

Mentalitätengeschichte in der Erweiterung. Die Mentalitätenforschung, wie sie bisher zur Frühen Neuzeit geleistet wurde, richtet sich auf kollektive Erscheinungsformen. Nun bestehen auch serielle Quellen letztlich aus Informationen, die sich nicht auf anonyme Kollektive, sondern auf Individuen beziehen. Die individuellen Informationen werden „zusammengezählt", verglichen, zumeist erweist es sich dann, daß Individuen sicher individuell, aber nicht „originell" handeln, sie handeln wie tausend andere Erblasser, Liebhaber, Dienstmädchen usw. auch in einer vergleichbaren Situation. Carlo Ginzburg zeigte an einer sehr individuellen Gestalt, dem Müller Menocchio, wie dies geht: was zunächst sehr originell erscheint, entpuppt sich durchaus als Ausdruck eines auch von anderen geteilten Wissens, als Ausdruck einer Vorstellungswelt, in der neben aller Individualität auch Objektiviertes zum Vorschein kommt. Doch wie legitim ist die Suche nach kollektiven Erscheinungen und Strukturen?

Detailskizze

Von Gaby und Michel Vovelle stammt eine Studie zu Altären aus 128 Kirchen in der Provence vom 15. bis 20. Jahrhundert (1970 publiziert), an Hand derer der „Wandel kollektiver Todes- und Jenseitsvorstellungen" in der Provence analysiert wurde. Das gemeinsame Motiv der Altäre bestand aus Fegefeuer und Jenseits. „Die stärkste Verbreitung fanden Altäre mit dem Motiv ‚Fegefeuer und Jenseits' im 17. und 18. Jahrhundert." Weiter heißt es bei Talkenberger, die diese Arbeit unter dem Gesichtspunkt serieller ikonographischer Quellen für die Mentalitätsgeschichte auswertete: „Die Altäre finden sich als Stiftungen vor allem in den Konventskirchen der Karmeliter und Dominikaner und wurden meist in speziellen Kapellen für die ‚armen Seelen' aufgestellt. (...) Im 18. Jahrhundert sind es dann die Bruderschaften, die diese Altäre bevorzugen. (...) Erst in der zweiten Hälfte des 19. Jahrhunderts ist ein Rückgang der Verbreitung zu verzeichnen. (...) Nicht die Französische Revolution, sondern interessanterweise erst der 1. Weltkrieg bewirkte dann den endgültigen Bruch in den Vorstellungen vom Fegefeuer. Statt der Seelenaltäre sind es jetzt die Plaketten für die im Krieg Verstorbenen, die die Kapellenausstattung bestimmen. Die Fegefeuerikonographie wird z.T. in patriotische Kriegsdarstellungen umgearbeitet." Freilich ergeben sich Rückschlüsse auf Mentalitäten nicht wie von selbst. Talkenberger führt an Kritik zur Untersuchung der beiden Vovelle aus: „Gerade die schwierige Frage der Adaption kirchlicher Vorstellungen durch das Volk wird nicht systematisch verfolgt, was zu unreflektierten Urteilen über die Verankerung der Fegefeuervorstellung in der Mentalität der Bevölkerung führt. Die Bemerkungen zum sozialen Entstehungshintergrund der Verbildlichungen verweisen jedenfalls für das 17. und 18. Jahrhundert zunächst einmal eher auf kirchliche Stifter, während die Bilderproduktion für die Pfarrkirchen nicht näher bestimmt wird. Lediglich die Verbreitung eines Bildthemas ist als Indikator für seine mentale Prägungskraft nicht ausreichend, zeugt sie doch zuallererst von den verstärkten Versuchen der nachtridentinischen katholischen Kirche, das Bewußtsein der Bevölkerung zu beeinflussen."

Literatur: G. u. M. Vovelle, Vision de la mort et de l'au-delà en Provence d'après les autels des âmes du purgatoire, XVe-XXe siècles, Paris 1970. Zusammengefaßt und kritisch ausgewertet von H. Talkenberger, Von der Illustration zur Interpretation: Das Bild als historische Quelle. Methodische Überlegungen zur Historischen Bildkunde, in: ZHF 21 (1994), S. 289-313, hier 297-299.

Ist dies nicht zu sehr den zeitgebundenen Grundlegungen in der Soziologie und Psychologie vor 1930 verpflichtet? Seit einigen Jahren wird der Blick wieder stärker auf das Individuum gerichtet, der oben zitierte „virtuelle" Quellentyp der Ego-Dokumente deutete das schon an, und es läßt sich dies aus einer Vielzahl von Arbeiten zum Individuum in den letzten Jahren ablesen.

Ingrid Gilcher-Holtey hat aus Anlaß der Goldhagen-Debatte eine sehr weitgehende Kritik an der bisherigen Mentalitätsgeschichte – die Autorin benutzt den Singular – geübt [Gilcher-Holtey]. Sie knüpft an umfangreiche Studien Theodor Adornos u.a. in den Vereinigten Staaten über den „autoritären Charakter" an, die Teil des Forschungsprogramms „Studies in Prejudice" [5 Bände, New York 1950] waren. Die Autoren unterscheiden dabei drei Strukturebenen: die „Charakterstruktur, verstanden als eine ‚Struktur im Individuum', die im wesentlichen geprägt wird durch Bedürfnisse (Triebe, Wünsche, emotionale Impulse)"; sodann die „Mentalitätsstruktur der Meinungen, Einstellungen und Wertvorstellungen. Die Gedanken und Vorstellungen auf dieser Ebene können, so die Prämisse, geheim oder unbewußt, vage und unausgesprochen sein, eingestanden und ausgesprochen werden. Geprägt durch die Charakterstruktur, ist die Mentalitätsstruktur zugleich abhängig von ‚ideologischen Trends', dem ‚geistigen Klima' einer Epoche. Die mentalen Strukturen wirken auf die Charakterstruktur zurück, so daß diese nicht als etwas einmalig Fixiertes und Verfestigtes verstanden werden kann"; zum dritten wird unterschieden die „Ebene der Handlungsstruktur. Mentalitäten setzen sich nicht zwangsläufig in Taten um. Die ‚offene' Tat hängt vielmehr ‚weitgehend von der sozioökonomischen und politischen Augenblickssituation' ab sowie von den Kräften im Individuum, welche die Handlung verbieten. Individuen unterscheiden sich, so die These, erheblich in bezug auf ihre Bereitschaft, sich zur Tat provozieren zu lassen. Entscheidende Bedeutung für den Transfer von Denkmustern in Handeln schreibt Adorno der Verstärkung von Einstellungen durch die öffentliche Meinung und der sie beeinflussenden Propaganda zu." [Gilcher-Holtey, 478 f.]

Ein allzu direkter Zusammenhang zwischen Mentalitäten und Handeln oder Verhalten wird also zurückgewiesen. Darin steckt eine Fundamentalkritik der Methode, über die quantitative Auswertung serieller Quellen Verhaltensweisen festzustellen und von dieser Ebene aus Mentalitäten zu rekonstruieren. In der Praxis nimmt sich der Weg allerdings komplexer aus: es werden zunächst kollektive Verhaltensweisen und nicht nur Handlungen oder „Taten" ermittelt. In der Mentalitätengeschichte werden außerdem Verhaltensweisen erhoben, die sich in der longue durée ausdehnen, also oft die individuelle Lebensdauer überschreiten, die Generationen übergreifen. Von einer Abhängigkeit von Augenblickssituationen kann insoweit keine Rede sein. Die Metapher von den frühneuzeitlichen Mentalitäten als „Gefängnis" (nach Braudel) ist zweifellos sehr kräftig, aber nicht ganz falsch. Die Vermittlung von „Charakterstruktur" und „Mentalitätsstruktur" liegt der Mentalitätengeschichte der Frühen Neuzeit durchaus am Herzen. Hier könnte die Erforschung von Gewalt eingeordnet werden; Robert Mandrou hatte die Mentalitätengeschichte grundsätzlich als Psychohistorie verstanden. Interessant ist die von Gilcher-Holtey vorgenommene Charakterisierung von Mentalität als „Potentialität", als „Verhaltenspotential", als „Handeln, welches stets kontextabhängig ist" [480].

Diese Formulierung bleibt offen genug, um im Kontext der Frühen Neuzeit Berücksichtigung finden zu können. Die Vermittlung von Charakterstruktur und Mentalitätsstruktur wird so aufgefaßt, daß „kollektive Mentalitäten individuelle Vorurteile (bestärken), die sich aus psychischen Bedürfnissen der Charakterstruktur herleiten" und daß sie „individuelle Bewußtseinsinhalte (überformen)" [486]. Die Vermittlung von Mentalitäten und Handlungen ist so zu fassen, daß „Mentalitäten Handeln (strukturieren), aber (es nicht) determinieren" [488]. Als unabdingbar sieht die Autorin eine Auseinandersetzung mit der Sozialpsychologie an: „Wer sich mit Sozialpsychologie nicht auseinandersetzen will, sollte keine Mentalitätsgeschichte schreiben." [494]

Wolf Lepenies wertete die Mentalitätengeschichte aus dem Milieu der „Annales" als Antipolitik. Er meint damit den Abschied von der ereignisgeschichtlich orientierten Politikgeschichte. Im Grunde war die Mentalitätengeschichte aber eminent politikgeschichtlich, sie legte die Grundlagen für den Abschied von politischer Geschichte als Geschichte der Großen Männer. „Politisch" war die Mentalitätengeschichte in einer weiteren Hinsicht: „Die Geschichte der Mentalitäten verstand sich von Anbeginn als eine rückblickende Ethnologie. Dies bedeutete eine intellektuelle Wiedergutmachung. Die Ethnologie war auch ein Instrument des Imperialismus und des Kolonialismus gewesen. Den ethnologischen Blick jetzt auf die europäische Vergangenheit und damit auf die Vorgeschichte der eigenen Gegenwart zu werfen, bedeutete endgültig, den Ethnozentrismus aufzugeben..." [Lepenies, 684]. Lepenies fordert allerdings mit Blick auf die Revolution von 1989 eine „Politik der Mentalitäten": die Einsicht in den Charakter der longue durée verwendet er, um deutlich zu machen, daß in der gegenwärtigen Umbruchssituation sehr langfristig angelegte Politiken gefragt sind, die nicht mit Augenblicksentscheidungen auskommen werden, sondern sich auf entsprechende Mentalitäten als gewissermaßen verläßlichen Strukturen der longue durée stützen können sollten: „Der Rückblick auf die ‚verlorenen Lebenswelten' führt letztlich dazu, über radikale Wandlungsprozesse nachzudenken, die uns die Lebenswelt der Zukunft sichern. Vielleicht ist die Geschichte der Mentalitäten, wie einige ihrer Kritiker versichern, bereits am Ende. Ihre Fragestellungen und Antworten aber wirken weiter in einer Politik der Mentalitäten, die versucht, langfristige Einstellungsveränderungen zu befördern." [693] Lassen wir offen, ob es Aufgabe der Politik ist, langfristige Einstellungsveränderungen zu befördern – Lepenies selber liefert die notwendige Kritik mit dazu –, der mögliche Zusammenhang zwischen Entwicklung der Geschichtswissenschaft – hier am Beispiel der Mentalitätengeschichte gezeigt – und der Zukunftsdimension von Politik wird deutlich.

Wolfgang Schmale

Literatur

P. Dinzelbacher (Hrsg.), Europäische Mentalitätsgeschichte. Hauptthemen in Einzeldarstellungen, Stuttgart 1993.

M. Erbe, Zur neueren französischen Sozialgeschichtsforschung. Die Gruppe um die ‚Annales', Darmstadt 1979.

I. Gilcher-Holtey, Plädoyer für eine dynamische Mentalitätsgeschichte, in: GG 24 (1998), Heft 3, 476-497.

C. Ginzburg, Il formaggio e i vermi. Il cosmo di un mugnaio de '500 (1976), dt. Frankfurt/M. 1979 und 1983.

G. von Graevenitz, Mythos. Zur Geschichte einer Denkgewohnheit, Stuttgart 1987.
J. Legoff, Les mentalités, une histoire ambigüe, in: Ders./P. Nora (Hrsg.), Faire de l'histoire, Bd. 3, Nouveaux objets, Paris 1974, 76-94.
W. Lepenies, Von der Geschichte zur Politik der Mentalitäten, in: HZ 261 (1995), 673-694.
W. Schmale, Allgemeine Einleitung: Revolution des Wissens? Versuch eines Problemaufrisses über Europa und seine Schulen im Zeitalter der Aufklärung, in: Ders./N. Dodde (Hrsg.), Revolution des Wissens?..., Bochum 1991, 1-46.
Ders., Archäologie der Grund- und Menschenrechte in der Frühen Neuzeit. Ein deutsch-französisches Paradigma, München 1997.
P. Schöttler, Mentalitäten, Ideologien,Diskurse. Zur sozialgeschichtlichen Thematisierung der „dritten Ebene", in: A. Lüdtke, (Hrsg.), Alltagsgeschichte. Zur Rekonstruktion historischer Erfahrungen und Lebensweisen, Frankfurt/M. 1989, 85-136.
W. Schulze (Hrsg.), Ego-Dokumente. Annäherungen an den Menschen in der Geschichte, Berlin 1996.
R. Sennett, Fleisch und Stein. Der Körper und die Stadt in der westlichen Zivilisation, Berlin 1995.
H. Talkenberger, Von der Illustration zur Interpretation: Das Bild als historische Quelle. Methodische Überlegungen zur Historischen Bildkunde, in: ZHF 21 (1994), 289-313.
M. Vovelle, Idéologies et mentalités [1982]. Paris, éd. revue et augmentée, 1992.

Geschlechtergeschichte: Normen und soziale Praxis

Fragen und Perspektiven. Geschlechtergeschichtliche Fragestellungen sind in den vergangenen Jahren in die Forschung und Diskussion nahezu aller historischen Disziplinen eingegangen. Besonders in ihren Anfängen hat sich die Frauengeschichte auf die „Spurensuche" von Frauen in der Geschichte konzentriert, weibliche Lebensformen, Erfahrungen und Handeln analysiert und die Ungleichheit der Geschlechter in patriarchalischen Gesellschaftsstrukturen zum Thema gemacht. Die jüngere Geschlechtergeschichte geht über diesen komplementären Ansatz hinaus und versteht sich als ein fester Bestandteil der Allgemeinen Geschichte mit dem sich stets neu konstituierenden Verhältnis von Frauen und Männern als Untersuchungsschwerpunkt [Davis 1986].

Eine entscheidende Voraussetzung für diesen Perspektivenwechsel bilden Erkenntnisse der modernen Historischen Anthropologie: Die Geschichte der Menschheit und menschlichen Verhaltens läßt sich nicht auf universell gültige Grundbefindlichkeiten zurückführen, sondern unterliegt dem gesellschaftlichen Wandel [Habermas/Minkmar]. Menschsein und damit Mannsein und Frausein sind nicht konstant und ahistorisch, sondern kulturell bestimmt, Veränderungen unterworfen und so auch historisch relevant. Der Begriff „Geschlecht" – engl. „gender" – steht für die kulturelle Konstruktion von Frau und Mann unter Berücksichtigung von ethnischer, religiöser und sozialer Differenz, der Begriff „sex" umschreibt ihre biologische Determiniertheit. Die ursprünglich klare Trennung von „sex" und „gender" wird inzwischen mit Recht von der Forschung kritisiert, indem sie auf die historische Bedingtheit auch von Körper und Körpererfahrung aufmerksam macht [Roper, Ödipus; Van Dülmen].

Wird nun „gender" als ein Prozeß verstanden, durch den gesellschaftliche Verhältnisse konstituiert und Machtverhältnisse bestimmt werden [Scott], so erwächst hieraus eine Reihe von Herausforderungen an die Geschichtswissenschaft. Die Grundannahme der bisherigen Geschichtsschreibung, Männergeschichte sei Menschheitsgeschichte, ist ins Wanken geraten. Als eine Konsequenz werden Fragen nach Männlichkeit, männlichen Identitäten, Handlungsräumen oder Homosexualität seit einigen Jahren durch die historische Männerforschung erstmals aufgeworfen und untersucht [Dinges; Kühne]. Darüber hinaus werden gängige Kategorien und Periodisierungen in Frage gestellt. So erhält beispielsweise die immer wieder aufkommende Diskussion über die historische Aussagekraft und Gültigkeit von Epocheneinteilungen im Blick auf die weibliche Hälfte der Menschheit durch die mittlerweile klassisch gewordene Frage von Joan Kelly „Did Women Have a Renaissance?" eine neue Dimension [Kelly]. Hinter dieser Frage steht die Erkenntnis, daß die bekannten Epocheneinteilungen, die an politischen Ereignissen, Phänomenen und Prozessen wie Kriegen, Reformation, Modernisierung oder Verrechtlichung festgemacht werden, für Frauen eine andere Bedeutung hatten als für Männer. Auch die gängigen Begriffspaare „Öffentlichkeit/Privatheit" und „Kultur/Natur", mit denen eine vermeintliche Zweiteilung der Gesellschaft in eine öffentliche männliche und eine private weibliche Sphäre aufgrund natürlicher Charaktereigenschaften festgeschrieben wurde, werden heute von der historischen Frauenforschung relativ einhellig als geschlechtsspezifisch konnotierte „gesellschaftspolitische Konstruktion" verstanden und verworfen [Hausen].

Ein **„Skimmington-Ritt"** wurde von einer Dorfgemeinschaft, zumeist den Nachbarn des betroffenen Haushalts, organisiert, wenn eine Ehefrau ihren Mann geschlagen hatte oder anderweitig zeigte, daß sie „die Hosen anhatte". Ein Mann, der von seiner Frau Schläge erhielt, stand allgemein unter dem Verdacht des Ehebruchs. Somit gesellte sich zu dem Motiv weiblicher Dominanz das Motiv männlichen sexuellen Fehlverhaltens, symbolisiert durch die „Hörner". Die „Delinquenten" selbst oder Nachbarn in Verkleidung, manchmal auch Puppen, ritten unter Lärm und mit viel Gefolge durch den Ort. Welche Bedeutung hatte dieses Verhalten, das wir in der Frühen Neuzeit in ganz Europa nachweisen können? Es ging bei diesem Ritt nicht nur um die gesellschaftliche Sanktion von Fehlverhalten. In der ausdrucksstarken Symbolik zeigte sich eine Feindseligkeit, die Anomalien und Grenzüberschreitungen oder generell Abweichungen von akzeptierten Verhaltensweisen entgegengebracht wurde. Der Skimmington-Ritt zählt zu den am weitesten verbreiteten Rügebräuchen.

Bild: William Hogarth, Skimmington-Triumph, Or the Humours of Horn Fair, Radierung aus Samuel Butler, Hudibras, 1726.

Literatur: M. INGRAM, Ridings, Rough Music and Mocking Rhymes in Early Modern England, in: B. REAY (Hrsg.), Popular Culture in Seventeenth-Century England, London 1988, S. 129-197.

Neue Impulse innerhalb des Faches Geschlechtergeschichte: Normen und soziale Praxis

Neben der kritischen Analyse dieser dichotomischen, d.h. gegensätzlichen Denkmuster werden schließlich die Kriterien des historisch Relevanten in Frage gestellt und erweitert, ein Prozeß, in dem sich die Geschlechtergeschichte, Alltagsgeschichte, Kultur- und Mentalitätsgeschichte sowie die Historische Anthropologie gegenseitig befruchten [MEDICK/TREPP]. Dies hat neben einer Erweiterung des Themenkanons – Sexualität, Feste und Bräuche, Angst, Erfahrung, Körper, Geburt – vor allem zu einer Hinwendung zu mikrohistorischen Fragestellungen geführt. Neben die Analyse von Strukturen und Ereignissen tritt die Rekonstruktion vergangener Lebenswelten und die Beziehung der Geschlechter. Menschen werden nicht mehr als Objekte ihrer Umwelt gesehen, die sie nicht beeinflussen können, sondern als handelnde Subjekte, die ihre Zeit unterschiedlich wahrnehmen und deuten und daraus Verhaltensweisen ableiten [LÜDTKE]. Eine inzwischen nur noch schwer überschaubare Zahl von Einzelstudien hat in ihrer Summe die Dynamik und vor allem Mehrschichtigkeit historischer Prozesse und sozialer Praktiken aufgezeigt und die Wechselwirkungen zwischen makrohistorischen Entwicklungen und lokalem Handeln und Erfahren zum Gegenstand ihrer Forschung gemacht. Gerade im Blick auf die Mehrdeutigkeit historischer Phänomene und das Spannungsfeld von Normen und sozialer Praxis hat sich für die Geschlechtergeschichte methodisch die Verknüpfung von Ideen und Normen mit der sozialen Praxis als äußerst fruchtbar erwiesen. Unter der Oberfläche von Gesetzen, Vorschriften, Wertvorstellungen und Bildern zeichnet sich eine komplexe Gesellschaft ab, die sich nicht auf ihre Regeln und Institutionen reduzieren läßt. Orientiert sich die Forschung beispielsweise ausschließlich an einem traditionellen Politikbegriff – Staat, Ämter, Verfassung, Ordnungen usw. –, so wird sie kaum die politische Rolle von Frauen und die geschlechtsspezifische Wahrnehmung von Machtverhältnissen in der frühneuzeitlichen Öffentlichkeit oder in sozialen Protesten erfassen; und sie wird auch nicht die Bedeutung sexuell besetzter politischer Symbolik und Rituale für das politische und soziale Gefüge frühneuzeitlicher Gesellschaften entschlüsseln können [FREIST 1997]. Die Geschlechterhierarchie strukturierte zwar die frühneuzeitliche Gesellschaft, doch sie war nur bedingt verinnerlicht und starr. Innerhalb vorgegebener patriarchalischer Strukturen und Deutungsmuster instrumentalisierten Frauen und Männer Normen, Bilder und Verhaltenserwartungen – z.B. Gefühlsäußerungen und Gestik. So konnten sie sich in unterschiedlichsten Kontexten wie beispielsweise in Nachbarschaftskonflikten – Beschimpfung als Hure – oder vor Gericht – Beweis des „guten Rufs", Unschuld und Besserungsfähigkeit – behaupten [DINGES; RUBLACK 1998]. Das Forschungsinteresse richtet sich auf Erfahrungen und subjektives Handeln.

Es wird die Aufgabe einer zukünftigen Geschlechtergeschichte und verwandter Disziplinen, besonders der Kulturgeschichte, sein, die Verbindung zwischen Verhaltensweisen und der sozialen Konstitution von Werten für das Verhältnis von Wahrnehmung und Bedeutung weiter herauszuarbeiten. Entscheidend für eine solche Kultur- und Geschlechterperspektive ist der Blick auf Beziehungsverhältnisse und ihre symbolischen Repräsentationen.

Ehe und Familie. Zu den klassischen frühneuzeitlichen Topoi zählt der „Kampf um die Hosen", ein Motiv, das sich in vielen bildlichen

Dieses Bild gehört in den **Motivbereich des bösen (Ehe-) Weibes**. Die offenen Haare und die entblößte Brust symbolisieren die Lasterhaftigkeit der ungehorsamen Frau; ihre Dominanz zeigt sich in ihrer Kleidung – Männerhosen – und ihrer Haltung. Die Darstellung der „verkehrten Welt" war ein beliebtes Thema der Frühen Neuzeit und erfüllte unterschiedliche Funktionen. Sie konnte das Wunschdenken über die richtige Welt sichtbar machen; sie konnte vor dem Chaos warnen, das durch die Aufhebung bewährter Hierarchien drohte; und sie konnte auf Veränderungen und Machtverschiebungen verweisen, in diesem Fall zwischen den Geschlechtern. Eine der bekanntesten Formen von „Inversion", d.h. Umkehrung, war der frühneuzeitliche Karneval. Auch hier ist die Rolle der widerspenstigen Frau fester Bestandteil, allerdings in der Regel verkörpert durch Männer in Frauenkleidern.

Bild: Unbekannter Künstler, Das böse (Ehe-) Weib, Holzschnitt, Deutschland, 16. Jahrhundert.

Literatur: C. ULBRICH, Unartige Weiber. Präsenz und Renitenz von Frauen im frühneuzeitlichen Deutschland, in: R. VAN DÜLMEN, (Hrsg.), Arbeit, Frömmigkeit und Eigensinn. Studien zur historischen Kulturforschung II, Frankfurt/Main 1990, S. 13-42.

Dieses Bild unterstreicht das **Züchtigungsrecht des Ehemannes** über seine Frau, das neben der humanistisch beeinflußten Forderung nach Liebe und Zuneigung zwischen den Eheleuten unbestritten fortbestand. Kirchenordnungen, wie beispielsweise die aus Osnabrück (1543), spiegeln diese Auffassung einer (protestantischen) christlichen Ehe wider: der Mann soll die Frau lieben wie sein eigenes Fleisch und umgekehrt dein „will sol deinem mann underworfen sein, und er sol dein herr sein." Die gelösten Haare der Frau symbolisieren ihr untugendhaftes Verhalten, das die Bestrafung legitimiert. Das Gegenbild ist die züchtige, brave und tugendsame Ehefrau, die ehrerbietig zu ihrem Mann im Kreise ihrer Kinder aufsieht.

Bild (Ausschnitt): Paulus Fürst (?), Züchtigung der Frau durch den Ehemann, Kupferstich mit 4 Spalten Text, Nürnberg, Mitte 17. Jhd., Germanisches Nationalmuseum Nürnberg.

Literatur: E. BERGER, Van ehesaken, wertschoppen und tohopegeven – Veränderung von Hochzeit und Ehe am Übergang zur Neuzeit, in: K. G. KASTER/G. STEINWASCHER (Hrsg.), 450 Jahre Reformation in Osnabrück, Osnabrück 1993, S. 413-438.

Neue Impulse innerhalb des Faches Geschlechtergeschichte: Normen und soziale Praxis

Darstellungen der Zeit findet. Frauen und Männer ringen um die Herrschaft im Haus, symbolisiert durch den Besitz der Hose. In populären und gelehrten Schriften wurde eifrig über weibliche Herrschaft und Eigenschaften wie Geschwätzigkeit, unstillbare sexuelle Lust oder Unbeständigkeit debattiert. Diese Auseinandersetzung, an der sich seit dem 15. Jahrhundert auch Frauen beteiligten, ging als „Querelle des Femmes" in die Geschichte ein [Bock/Zimmermann]. Doch nicht nur Texte und Drucke zeichneten ein Bild ständig neu auszuhandelnder Geschlechterbeziehungen in einem grundsätzlich patriarchalisch geprägten Ordnungsgefüge. Lokale Rügebräuche entwickelten ihre eigenen symbolischen Handlungen wie das Abdecken eines Hausdaches oder den demütigenden Ritt eines gehörnten Ehemannes durch den Ort, um die bedrohte soziale Ordnung in Gestalt eines schwachen Ehemannes und einer dominierenden Ehefrau anzuprangern.

Schöpfungstheologisch war die Frau dem Mann untergeordnet, da sie körperlich, geistig und moralisch als minderwertig erachtet wurde, eine Vorstellung, die sich in wissenschaftlichen Diskursen, der rechtlichen Stellung von Frauen und politischem und sozialem Ordnungsdenken widerspiegelte. Hier nahm die Ehe zunehmend eine Schlüsselstellung ein.

War die Ehe ungeachtet der christlichen Idealisierung eines zölibateren Lebens bereits im Mittelalter neben vielen anderen Lebensformen als sittliche Ordnung geschätzt, so wurde sie mit der Reformation als die einzige gottgewollte Lebensform endgültig aufgewertet [Harrington]. An die Stelle sexueller Askese und Spiritualität, wie sie im Mittelalter propagiert wurden, trat nun die „Heiligung" ehelicher sexueller Beziehungen und die natürliche Bestimmung der Frau zur Mutterschaft [Wiesner]. Gleichzeitig wurden alternative weibliche Lebensformen nicht nur moralisch abgewertet, sondern regelrecht durch die Säkularisierung von Frauenklöstern und die endgültige Verdrängung der Prostitution in die Illegalität beseitigt [Roper, Haus]. Charakterisiert durch eine streng patriarchalische Geschlechterhierarchie, wurde die Ehe im Verlauf von Reformation und Konfessionalisierung zum Fundament der politischen Ordnung. Die katholische Kirche hielt zwar an der Vorstellung gottgewollter sexueller Enthaltsamkeit und dem sakralen Charakter der Ehe fest – eine Scheidung wie bei den Protestanten war nicht möglich – verschärfte aber auch die Verfolgung illegitimer sexueller Beziehungen.

Das Gebot gegenseitiger Achtung und Fürsorgepflicht der Eheleute, wie es in frühneuzeitlichen Ehebüchern formuliert wurde, spiegelte die von den Humanisten geforderte geistige Gefährtenschaft von Frauen und Männern wider [Völker-Rasor; Wunder 1992]. Dieses Gebot wurde jedoch mit der Pflicht der Ehefrau verknüpft, sich der Macht des Ehemannes – die sog. patria potestas – zu unterwerfen, wie es beispielsweise in der Hausväter- und Hausmutterliteratur beschrieben wird und sich in der rechtlichen Vormundschaft von Vater und Ehemann und ihrem Züchtigungsrecht niederschlägt [Gerhard]. In der Praxis standen beide Eheleute mit eigenständigen Kompetenzen ihrem „Haus" vor, waren wirtschaftlich aufeinander angewiesen und für die christliche Erziehung der Kinder und den sittlichen Lebenswandel dazugehörender Knechte und Mägde sowie Lehrlinge verantwortlich. Mit ehrbarem Lebenswandel und Sparsamkeit, die in schlichter Kleidung und streng anmutender Kopfbedeckung ihren Ausdruck fanden, bürgte die Ehefrau für das öffentliche Anse-

▷ S. 152 Wirtschafts-/Sozialgeschichte: Alte Themen, Neue Akzente

hen des Ehemannes. Von dem Ehemann wurde die ordnungsgemäße Führung seines Hauses erwartet; er wurde für Fehlverhalten zur Verantwortung gezogen.

Der Begriff der „Familie" läßt sich erst für das 18. Jahrhundert nachweisen. Ältere Forschungen, die auf die mangelnden emotionalen Bindungen zwischen Eheleuten, Eltern und Kindern verwiesen, sind inzwischen besonders durch die Analyse von Ego-Dokumenten revidiert worden [BEER]. Dennoch spielten bei frühneuzeitlichen Eheschließungen materielle Interessen und Notwendigkeiten sowie – je nach sozialer Schicht – Prestige- und Machtgewinn eine große Rolle [MEDICK/SABEAN]. Dies bezeugen nicht zuletzt sorgfältig ausgearbeitete Eheverträge, die Bedingung von wirtschaftlicher Selbständigkeit als Voraussetzung zur Eheschließung für den Mann – Frauen mußten ihre Aussteuer in der Regel selbst erwirtschaften – und die seit der Reformation erforderliche Zustimmung von Eltern oder Vormund vor der Heirat.

▷ S. 336
Quellen:
Bandbreite heute untersuchter Materialien

Arbeit und Lebenswelten. Für das gemeinsame Haushalten und Wirtschaften von Eheleuten seit dem hohen Mittelalter hat Heide Wunder den Begriff des „Arbeitspaars" geprägt, das aufeinander angewiesen war und nur gemeinsam das zum Leben Notwendige erarbeiten konnte [WUNDER 1993]. Produktion und Reproduktion, d.h. die Geburt und Aufzucht von Kindern und die Versorgung der Familie, waren in der Regel unter einem Dach vereint. In dieser wechselseitigen Abhängigkeit wurde weibliche und männliche Arbeit in der Ständegesellschaft als relativ gleichwertig angesehen, und beide Ehepartner genossen die gesellschaftliche Anerkennung ihrer Arbeitsleistung. Durch das eheliche Güterrecht war der Frau ein Anteil an den materiellen Werten des Haushalts, an Grundbesitz und Vermögen garantiert, sie hatte ihre Aussteuer und ihre Arbeitsfähigkeiten mit in die Ehe gebracht. Als Hausmutter war die Ehefrau für die Organisation des gemeinsamen Hauses verantwortlich. Wenn auch oft ohne formale Qualifikation, so arbeiteten Frauen doch gleichzeitig in Handwerksbetrieben, im Handel oder in der bäuerlichen Wirtschaft an der Seite ihrer Ehemänner oder als Mädge. Die Fähigkeit von Frauen, bei Abwesenheit oder im Todesfall ihres Mannes die Geschäfte selbständig weiter zu führen, wurde allgemein anerkannt und praktiziert. Porträts von Eheleuten als Arbeitspaar zeugen von der Selbstverständlichkeit gemeinsamen Wirtschaftens.

Während Haushalten Ausdruck sozialer und wirtschaftlicher Selbständigkeit war und die Beziehungen von Hausvater und Hausmutter als Arbeitspaar egalitär angelegt waren, standen Lohnarbeitende in einem Abhängigkeitsverhältnis zu ihrem Brotherrn. Die Arbeit von Frauen gegen Lohn, besonders als Magd in Haus und Familienbetrieb, wurde niedriger bewertet als die von Männern. Diese Tendenz verstärkte sich durch die Professionalisierung von Arbeit und die Kommerzialisierung agrarischer und gewerblicher Warenherstellung seit dem 11. Jahrhundert und traf schließlich auch die Organisation und Anerkennung von Arbeit im ehelichen Haushalt. Neben der häuslichen Produktion für den Eigenbedarf und den lokalen Markt entwickelte sich im Zuge der Protoindustrialisierung eine fortschreitende Arbeitsteilung und Spezialisierung. Die Wertschätzung und Definition von „Arbeit" hing im Zuge dieser Entwicklungen zunehmend davon ab, ob sie bezahlt wurde; die Aufzucht von Kindern und die Hausarbeit verloren ihre ursprüngliche Bedeutung als Teil gemeinsamer Arbeit.

▷ S. 156
Wirtschaf
Sozialges
Alte Then
Neue Ak

Die Abbildung gehört zu einer Bildergeschichte aus den **Motivkreisen „Brotverweigerung" und „versteinerte Brote"**. Dargestellt ist eine Witwe mit ihren drei Kindern, die einen Müller vergeblich um Brot bittet. Ihr Wunsch wird zurückgewiesen mit der Begründung „ich hab meinen Wagen mit Brodt nicht umb deinethalben zugerüst/ sondern auff die/ die bargelt haben." An die Stelle von Barmherzigkeit, die die Bibel besonders gegenüber armen Witwen anmahnt, stellt der Müller Profit. Im Verlauf der Geschichte ereilt ihn die gerechte Strafe: Sein Brot wird zu Stein, und Teufel reißen den Geizhals in Stücke. Auch wenn sich hier noch die alte Gerechtigkeit gegenüber Armen, zu denen überwiegend auch Witwen zählten, moralisch durchsetzt, deutet sich doch bereits eine veränderte Einstellung zu Armut an, die zunehmend als Selbstverschulden gesehen wurde. Die ursprüngliche Gleichsetzung von Brot mit dem Leib Christi, die keinerlei Frevel gegen das Brot duldete, weicht in der Verweigerungshaltung des Müllers seinem Profitdenken: Das symbolträchtige Brot wird zur Ware. Opfer werden die Ärmsten der Gesellschaft, Witwen und Kinder, die die Bibel besonders unter den Schutz der Gemeinschaft stellt – beispielsweise Ex. 22,21-23 – . Sie werden in einer zunehmend gewinnorientierten Gesellschaft weiter an den Rand des Existenzminimums gedrängt.

Bild: „Warhafftige erbermliche und auch erschröckliche Newe Zeyttung", Holzschnitt, Danzig 1602, Hessische Landes- u. Hochschulbibliothek, Darmstadt.

Quelle: W. Harms (Hrsg.), Deutsche Illustrierte Flugblätter des 16. und 17. Jahrhunderts IV, Tübingen 1987, S. 414-415.

Hand in Hand mit der Abwertung weiblicher Arbeit erfolgte eine verstärkte Trennung weiblicher und männlicher Arbeitsplätze. Diese war außer von wirtschaftlichen Faktoren von politischen und gesellschaftlichen Umwälzungen im Zuge von Reformation, Sozialdisziplinierung und der Entstehung des frühneuzeitlichen Staates beeinflußt. Eine neue männliche Berufsehre und die Aufwertung der Frau als ehrbare Ehefrau, Mutter und Hausfrau führte aus moralischen und gesellschaftlichen Gründen zu einer Verdrängung von Frauen vom Arbeitsmarkt. Auf Druck von Gesellen wurden Frauen seit dem späten 15. Jahrhundert systematisch aus Handwerksbetrieben ausgegrenzt, ein Prozeß, der Ende des 17. Jahrhunderts seinen Abschluß fand. Abgesehen von eigenen wirtschaftlichen Interessen und Konkurrenzdenken, wollten Gesellen sich nicht länger von der Ehefrau des Meisters oder der Meisterwitwe Anweisungen geben oder gar den Lohn auszahlen lassen [WIESNER].

Die Idealisierung der ehrbaren Ehefrau und Mutter, die auf ihr Haus verwiesen war, und die strenge Sittenüberwachung bewirkten im Gegenzug, daß alle Bereiche einer spezifischen weiblichen Arbeitskultur zunehmend mit Unmoral verbunden wurden. Darüber hinaus führte die Professionalisierung von Arbeit, an der Frauen aufgrund des Ausschlusses aus Universitäten und Akademien nicht teilhatten, zu einer Verdrängung von Frauen aus einer Reihe von Arbeitszusammenhängen. Heilkundige Frauen beispielsweise wurden durch Ärzte und Apotheker nicht nur verdrängt, sondern häufig mit dem Vorwurf der Zauberei kriminalisiert. Hebammen sahen sich mit neuen Ordnungen konfrontiert, die ihre Aufgaben bis ins Detail festschrieben. Im Verlauf der Frühen Neuzeit wurden sie von Ärzten in die Rolle der Gehilfin herabgesetzt [LABOUVIE].

Welche Bedeutung diese Veränderungen für Frauen hatten, hing entscheidend von ihrem Alter, ihrem Stand, ihrem Status als Ledige, Verheiratete, Verlassene oder Witwe, von der Kinderzahl und schließlich von regionalen Gegebenheiten ab. Eine adlige Frau, deren Kinder von Ammen aufgezogen und deren Haushalt von Mägden geführt wurde, war weniger unmittelbar von Veränderungen in der gesellschaftlichen Anerkennung von Hausarbeit betroffen als eine Handwerkersfrau oder die Ehefrau eines Juristen im Staatsdienst, die kaum noch an der Arbeit ihres Mannes teilhatte. In der Landwirtschaft blieben weibliche und männliche Aufgabenbereiche noch am engsten verzahnt.

Wie vielfältig die Arbeits- und Lebenszusammenhänge von Frauen in der Frühen Neuzeit waren, zeigt erst ein Blick auf Frauenleben außerhalb der Ehe. Während adlige Frauen relativ jung heirateten oder ins Kloster oder einen Damenstift gingen, konnten Frauen aus anderen Ständen erst heiraten, wenn sie genügend Geld für ihre Aussteuer gespart hatten [HUFTON]. Bis durchschnittlich zum 26. Lebensjahr waren Frauen, bis zum 28. Lebensjahr Männer ledig. Oft schon sehr jung arbeiteten und lebten sie als Mägde, Knechte oder Gesellen in fremden Haushalten oder bei Verwandten [DÜRR]. Die Schulausbildung wurde zwar seit der Reformation von allen Konfessionen forciert, einige Gemeinden richteten auch Mädchenschulen ein, doch aus wirtschaftlicher Not wurde besonders die Bildung von Mädchen vernachlässigt [KLEINAU]. Häufig schlechte Wiederverheiratungschancen – oder mangelnde Bereitschaft zur erneuten Heirat – von Witwen führten dazu, daß eine beträchtliche Zahl von Frauen den größten Teil ihres Lebens alleinstehend war [CAVALLO/WARNER]. Sie gehörten in der Mehrzahl zu den

Ärmsten der Bevölkerung und waren auf Almosen angewiesen. Mit wechselnder niedriger Lohnarbeit als Wäscherin, Spinnerin oder als Tagelöhnerin bei der Ernte fristeten sie ihr Dasein. Einige schlossen sich fahrenden Leuten an oder bewegten sich im Troß der frühneuzeitlichen Heere als Händlerin und Magd [HAGEMANN/PRÖVE]. Der Schritt zu Diebstahldelikten aus Not oder zur Prostitution war oft nicht groß. Deutlich hoben sich selbständige Kauffrauen und Händlerinnen von diesem Schicksal ab, die ungeachtet der allgemeinen Veränderungen auch im 17. und 18. Jahrhundert über Jahre ihrem Geschäft vorstanden und in Wohlstand lebten [DAVIS 1995; WUNDER 1992].

Zucht und Ordnung. Das Bedürfnis nach Ordnung zu Beginn der Frühen Neuzeit, das in populären Drucken, außergerichtlichen Konfliktlösungen, politischer Theorie und sozialen Ordnungsversuchen seitens der Obrigkeit seinen Widerhall fand, speiste sich aus einem ganzen Bündel von Veränderungen [SCHULZE]. Dazu zählen der Verlust der christlichen Einheit durch die Reformation, das politisch-religiöse Widerstandsrecht und Revolten, der Ständedualismus, der weit beklagte ‚Niedergang der Familie' und schließlich tiefgreifende gesellschaftliche und wirtschaftliche Umwälzungen. Der sich formierende frühneuzeitliche Staat reagierte mit einem umfassenden Regulierungsanspruch in bezug auf das moralische und sittliche Verhalten aller Bürger. Zu den Delikten zählten Trunksucht, Gotteslästerung, Spielen oder Übertretung der Kleider- und Luxusordnungen. Sexuelles Fehlverhalten wurde als Bedrohung der gesamten sittlichen Ordnung aufgefaßt. Abweichendes Verhalten wurde mit harten Strafen belegt, ein Prozeß, in dem der Staat immer wieder Rückschläge erlebte und auf die Kooperation der Bevölkerung angewiesen blieb. Schließlich jedoch wurde der Regulierungsanspruch mit der Aufklärung und der Ausformung der bürgerlichen Gesellschaft weitgehend aufgegeben [HULL].

▷ S. 294 Schlüsselbegriffe und Konzepte: Sozialdisziplinierung

Die Verarmung großer Bevölkerungsteile gehörte zu den Ordnungsproblemen der Zeit. Zyklische Subsistenzkrisen, d.h. die Aufeinanderfolge von Bevölkerungswachstum, Nahrungsmittelknappheit, Preisanstieg und Hungersnöten, führten zu einer steigenden Zahl von „meisterlosen" Vagabunden, Hausierern, Tagelöhnern und Söldnern, die auf den Straßen unterwegs waren. Die Frauen unter ihnen wurden verdächtigt, mit Prostitution ihren Lebensunterhalt zu verdienen. Im Alltag und für die Obrigkeit stellten fahrende Leute eine wirtschaftliche, moralische und ordnungspolitische Herausforderung dar. Arbeits- und Zuchthäuser waren die Antwort auf die verbreitete Vorstellung, daß Betteln nicht länger schicksalsbedingt, sondern die Folge von Faulheit sei.

Eng verknüpft mit der Erfahrung von Armut und Entwurzelung war die Sorge der Menschen um die sozialen und wirtschaftlichen Folgen nicht gehaltener Eheversprechen, Bigamie und Bastarde, wie sie vor der Reformation aufgrund der Möglichkeit heimlicher Eheversprechen an der Tagesordnung waren. Die Kontrolle ehelicher Disziplin war nicht nur ein religiöses und politisches Anliegen, sondern auch ein gesellschaftliches, besonders des städtischen Bürgertums: Eheliche Zucht war die Voraussetzung, um die soziale Hierarchie, Eigentum und die Familienehre zu schützen.

Die Reformation verstärkte die Forderung nach einer Versittlichung des alltäglichen Lebens. Ehe und Keuschheit sollten für Frauen der einzige Weg sein, um gesellschaftliche Ach-

Das Zusammentreffen in der **Spinnstube** war eine gesellschaftliche Gepflogenheit besonders junger Frauen und Männer, bot sich doch hier Gelegenheit, bei Tanz und Spiel Kontakte zu knüpfen. Mit der Begründung, daß es bei derartigen Zusammentreffen regelmäßig zu derben Ausschreitungen und lasterhaftem Verhalten käme, wurden Spinnstuben seit Beginn des 16. Jahrhunderts generell verboten. Eine umfangreiche Literatur zeugt von den vielfältigen Verbindungen, die zwischen den Spinnstuben und dem „unsittlichen Verhalten" junger Leute hergestellt wurden. Mit dem Verbot wird eine Tendenz in der Frühen Neuzeit deutlich, das ungezwungene Zusammensein junger Leute beiderlei Geschlechts aus sittlich moralischen Erwägungen einzuschränken. Die Frage, wie weit sich diese Verbote wirklich auf lokaler Ebene durchsetzen ließen, wird die Forschung noch eine Zeit lang beschäftigen.

Bild: „Kurtze Beschreibung der wunderbarlichen Art und Eigenschaften/auch Nutz und Gebrauch der hochberühmten und Wohlbesetzten gebürlichen Spinnstuben", Einblattdruck mit 3 Spalten Text in Typendruck, Nürnberg um 1650, Hessische Landes- u. Hochschulbibliothek, Darmstadt.

Literatur: H. MEDICK, Spinnstuben auf dem Dorf. Jugendliche Sexualkultur und Feierabendbrauch in der ländlichen Gesellschaft der Frühen Neuzeit, in: G. HUCK (Hrsg.), Sozialgeschichte der Freizeit. Untersuchungen zum Wandel der Alltagskultur in Deutschland, Wuppertal 1980, S. 19-49.

tung zu erlangen. Die Unabhängigkeit lediger Frauen und Witwen schien diese Ordnung zu unterlaufen. Formen der Geselligkeit, an denen junge Leute erste sexuelle Erfahrungen sammeln konnten, wie die Spinnstuben oder Feste – z.B. Kirchweihen oder Hochzeiten –, wurden sittlich moralischer Kontrolle unterzogen, eingeschränkt und verboten [Medick]. Während männliche Ehre sich auf die erfolgreiche Herrschaft über das Haus, öffentliches Ansehen und Stärke gründete, wurde weibliche Ehre auf Keuschheit reduziert [Backmann]. Der weiblichen Natur dagegen schrieb man moralische Schwäche und maßlose sexuelle Begierde zu, die es durch den Mann zu bändigen galt. Eine besondere Gefahr stellte die weibliche Fähigkeit dar, ehrbare Männer zu verführen, eine Vorstellung, die Männer in Unzuchts- und Mißbrauchsverfahren vor Gericht entlastete und zur gleichermaßen harten Bestrafung von Opfer und Täter führte [Rublack 1995]. Nicht umsonst gehörten ledige mobile Frauen, die sich als Mägde außerhalb der Ordnung des Hauses bewegten oder ihren eigenen Lebensunterhalt durch Nähen oder Spinnen verdienten, zu denjenigen, die bei Unzuchtsfällen am leichtesten verdächtigt wurden [Dürr].

Anklageverhalten und Urteilssprechung vor Gericht waren von den gesellschaftlichen Erwartungen an weibliche und männliche Verhaltensmuster beeinflußt. Die Verantwortlichkeit für eine Tat wurde daher bei Frauen und Männern unterschiedlich eingeschätzt [Jütte]. Während in der Bewertung vor Gericht das männliche Gewaltpotential die größte Bedrohung der sozialen Ordnung darstellte, waren es bei Frauen illegitime Sexualität und ihre Macht über Geburt und Leben. Diese Erkenntnisse haben gerade in jüngster Zeit zu neuen Fragestellungen und Einsichten über den Zusammenhang von Recht und Konstruktion und Erfahrung von Geschlecht geführt [Gleixner]. So wurde beispielsweise untersucht, welche Bedeutung das Bild weiblicher sexueller Begierde im Alltag hatte und wie es die Stellung von Frauen in Rechtsverfahren wegen sexueller Verfehlungen, die seit der Reformation deutlich zunahmen, beeinflußte [Rublack 1998].

Illegitime sexuelle Beziehungen, uneheliche Schwangerschaften und Kindsmord wurden im Verlauf der Frühen Neuzeit immer intensiver verfolgt und seit dem 17. Jahrhundert mit zunehmend härteren Strafen belegt [Van Dülmen]. Eine unehelich schwanger gewordene Frau wurde ausgewiesen oder vorher von der Familie an einem anderen Ort versteckt. Heiratete sie, so mußte das Hochzeitspaar auf Festlichkeiten verzichten und die Frau ihre Schmach durch Tragen eines Strohkranzes öffentlich bekennen. Auf Kindsmord stand in der Regel die Todesstrafe durch Enthauptung. Die Angst vor Schande wurde übermächtig und führte zu Verzweiflungstaten von Frauen, um nicht Ehre und Heiratschancen zu verlieren und in Armut zu versinken. Sexuelles Fehlverhalten von Männern wurde vergleichsweise mild bestraft. Zeugte ein verheirateter Mann ein uneheliches Kind, so wurden schnell informell Regelungen gefunden, auch wenn Ehebruch von Frauen und Männern seit dem 16. Jahrhundert gesetzlich gleich behandelt wurde. Sexuelle Untreue der Frau wurde primär nicht als Sünde aufgefaßt, sondern als Verstoß gegen die Autorität des Ehemannes und die Ordnung im Haus und entsprechend gesellschaftlich und gerichtlich sanktioniert.

Politische Partizipation und Herrschaft. Die nicht unbeträchtliche Zahl frühneuzeitlicher Herrscherinnen und Mitregentinnen versetzte ihre Zeitgenossen angesichts des verbreiteten Bildes über die unbeständige und zügellose weibliche Natur in einen Zwiespalt. Wie ließ sich weibliche Herrschaft legitimieren? Grundsätzlich positiven Stimmen, wie der von Henricus Cornelius Agrippa von Nettesheim (1486-1535) oder François Poullain de la Barre (1647-1723), traten entschieden ablehnende gegenüber. Jean Bodin (1530-1596) beispielsweise sprach sich gegen die Einmischung von Frauen in die Politik aus, John Knox (1505-1572) bezeichnete weibliche Herrschaft als monströs und unnatürlich.

Daher überrascht es wenig, daß sich Königin Elisabeth I. von England (1533-1603) als unantastbare Jungfrau und Mutter ihres Volkes stilisierte, während böse Zungen ihr uneheliche Kinder und Günstlinge andichteten, die an ihrer Stelle Politik betrieben. Katharina von Medici (1573-1642) präsentierte sich als Regentin Frankreichs in Anlehnung an die Witwe Artemisia als fromme Witwe. Ihre Feinde verurteilten sie als Tyrannin, die ihr Volk mit den Emotionen beherrsche, von denen sie selbst beherrscht werde [Davis 1993]. Die Bedeutung geschlechtsspezifischer Ikonographie und Symbolik für die Selbstdarstellung – und Verurteilung – weiblicher Regentinnen und ihre politische Legitimation harrt noch systematischer Erforschung [Baumgärtel/Neysters]. Die Debatte über 'Differenz und Gleichheit' ist für diesen Bereich bisher kaum geführt worden: unterschied sich „weibliche Herrschaft" grundsätzlich von „männlicher Herrschaft" oder orientierte sie sich eher an männlichen Normen?

▷ S. 19
Seit 1517:
Religion und
Politik

Die vielfältigen Handlungsmöglichkeiten von Frauen in der Öffentlichkeit lassen sich nicht erfassen, ohne daß man den Politikbegriff von Staat und öffentlichem Recht grundsätzlich um den Bereich der politischen Kultur erweitert. Erst so wird das Handeln von Menschen, das Verhältnis der Geschlechter, Kommunikation und die Bedeutung von Symbolen für das Zusammenspiel von politischen und gesellschaftlichen Strukturen und Veränderungen sichtbar. Die frühneuzeitliche historische Frauenforschung hat sich schon früh mit Formen informeller politischer Partizipation von Frauen beschäftigt und besonders die aktive Rolle von Frauen in Revolten und sozialen Protesten sowie neuerdings in der frühneuzeitlichen Öffentlichkeit hervorgehoben [Dekker; Freist 1997]. Daneben kommt Frauen in ihrer Eigenschaft als Autorinnen von politischen und religiösen Schriften Bedeutung zu. Die bekanntesten religiösen Streiterinnen im Zeitalter der Reformation waren Katharina Zell (1497-156) und Argula von Grumbach (?1492-1554). Zwischen Konfession, Religiosität, politischem Handeln und Freiräumen von Frauen bestand ein enger Zusammenhang [Conrad; Wunder, Konfession]

In der politischen Symbolik in Wort, Schrift und Bild waren weibliche Tugenden und Sünden allgegenwärtig, um politische und gesellschaftliche Phänomene positiv oder negativ zu umschreiben: als Friedensgöttin, als lasterhaftes Klatschweib, als Hure, als Jungfrau. Diese Bilder wirkten in den Alltag hinein und in die Politik zurück, ein Prozess, der vor allem durch die Analyse von Rechtsverfahren, politischen Argumentationsmustern und der Dynamik und Vielschichtigkeit von Kommunikation sichtbar wird [Freist 1995; Rublack 1998]. In der sozialen Praxis gelang es Frauen, aus ihrer Weiblichkeit und „körperlichen Schwäche" politisches Kapital zu schlagen, vor allem als Friedensstifterin und Vermittlerin. Schwangere Frauen konnten Gnadenerlasse erwirken [Dinges].

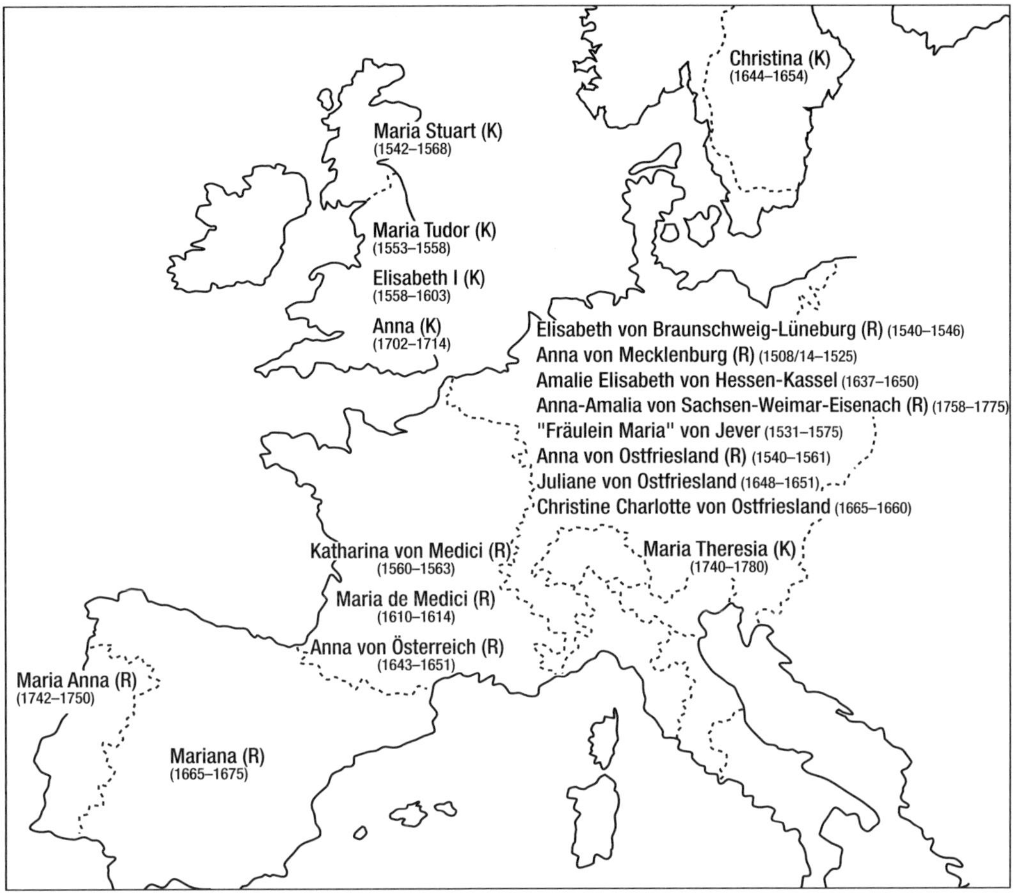

Zu den wenigen Herrscherinnen aus eigenem Recht im frühneuzeitlichen Europa gehören Königin Elisabeth von England (1558-1603), Königin Anna von England (1702-1714), Königin Christina von Schweden (1632-1689) und Kaiserin Maria Theresia (1740-1780). In der Statthalterschaft der Niederlande finden sich eine Reihe von Frauen aus dem Hause Habsburg: Margarete von Österreich (1506-1530), Margarete von Parma (1559-1586) und Erzherzogin Maria Elisabeth (1725-1741). Erst seit einigen Jahren hat die Forschung vermehrt ihr Augenmerk auf die große Zahl von Regentinnen in den deutschen Territorialstaaten des 16. bis 18. Jahrhunderts gelenkt. Als Witwen in Vormundschaft ihrer minderjährigen Söhne führten sie über Jahre hinweg erfolgreich die Regierungsgeschäfte ihres Territoriums. Oftmals fiel es ihnen schwer, die Regierungsgeschäfte wieder abzugeben, wie beispielsweise Fürstin Christine Charlotte von Ostfriesland (1665-1690), die 25 Jahre für ihren Sohn regierte. Zu den hervorragenden Herrscherpersönlichkeiten zählten Amalie Elisabeth von Hessen-Kassel (1637-1650), die ihr Land energisch durch die Wirren des Dreißigjährigen Krieges führte.

Daß die **Herrschaft von Frauen** nicht so ungewöhnlich war, zeigt bereits Veit Ludwig von Seckendorff (1626-1692) in seinem „Teutschen Fürstenstaat" (1656), wo er die Notwendigkeit der Prinzessinnenerziehung mit Blick auf spätere Regierungsaufgaben hervorhob. Auch wenn unter dem Einfluß des Humanismus eine gewisse Bildung für Fürstentöchter in Deutschland während des 16. Jahrhunderts üblich war und besonders die religiöse Bildung eine wichtige Grundlage für die Regentschaft schuf, so standen die meisten Regentinnen ohne rechte Vorbildung vor den Regierungsaufgaben. Anna Amalia, Herzogin von Sachsen-Weimar (1758-1775), erinnert sich im Alter von 33 Jahren in ihren autobiographischen Aufzeichnungen: „In meinem 18ten Jahre fing die größte Epoche meines Lebens an; ich wurde zum zweitenmal Mutter, wurde Witwe, Obervormünderin und Regentin... Nachdem der erste Sturm vorüber war, und ich mit mehr Ruhe und Gelassenheit mich selber fühlen konnte, war meine erste Empfindung, daß meine Eitelkeit und Eigenliebe erwachte: Regentin zu seyn, in solcher Jugend, unabhängig schalten und walten zu dürfen... meine Eigenliebe wurde gedemüthiget durch das Gefühl meines Unvermögens..." Die noch im Entstehen begriffene Erforschung weiblicher Regentinnen in deutschen Territorialstaaten zeigt, daß Frauen ebenso gut – oder schlecht – wie ihre Väter, Brüder und Söhne zu herrschen verstanden.

Literatur: H. Wunder, „Er ist die Sonn', sie ist der Mond". Frauen in der Frühen Neuzeit, München 1992, S. 206-215.

Die Ausübung von Herrschaft verlief in anderen Bahnen. Frauen erhielten auf sehr unterschiedliche Weise Zugang zu politischer Macht. Entscheidend war ihre Zugehörigkeit zu einem bestimmten Stand sowie ihre Rechtsposition als Tochter, volljährige unverheiratete Frau, Ehefrau oder Witwe, verknüpft mit spezifischen verfassungsrechtlichen Voraussetzungen. In England konnte eine Frau zur Königin gekrönt werden, wenn kein männlicher Erbe in direkter Linie vorhanden war. In Frankreich dagegen, wo ebenfalls die dynastische Erbfolge galt, war die weibliche Sukzession, d.h. Nachfolge in der Herrschaft, durch das salische Erbrecht zumindest eingeschränkt. In Deutschland waren Frauen durch die Wahlmonarchie von der Königskrone ausgeschlossen.

Grundsätzlich gab es im Heiligen Römischen Reich drei große Bereiche, in denen Frauen eigenständig Herrschaft ausübten oder an Herrschaft teilhatten: als Äbtissin in geistlichen Institutionen und Territorien; als adlige Regentin an der Landesherrschaft, Grund- und Gerichtsherrschaft; und als Amtsfrauen in verschiedenen Funktionen [WUNDER, Herrschaft]. Äbtissinnen, die Reichsstiften vorstanden – zum Beispiel Quedlinburg, Gandersheim, Gernrode –, zählten durch ihre Reichsunmittelbarkeit zu den mächtigsten Frauen des Reiches. Vergleichbar mit anderen geistlichen Fürsten besaßen sie die Gerichtsbarkeit über ihr gesamtes Herrschaftsgebiet und vergaben Ämter im weltlichen und geistlichen Bereich [WIESNER; KÜPPERS-BRAUN]. In deutschen Territorien waren hochadlige Töchter von der persönlichen Sukzession ausgeschlossen, erlangten jedoch als fürstliche Ehefrauen eine Reihe von herrschaftlichen Befugnissen, die an die Ausübung der Landesherrschaft gebunden waren, wie die Annahme von Petitionen oder die Statthalterschaft bei Abwesenheit des Ehemannes. Besonders in kleineren Territorien erhielten verwitwete Landesherrinnen die Vormundschaft über die unmündigen Kinder sowie die Regentschaft bis zur Volljährigkeit der Erben.

In Stadt und Land besetzten Frauen eine Reihe öffentlicher Ämter, die bislang von der Verwaltungsgeschichtsschreibung weitgehend ignoriert wurden. Dazu zählten das Amt der Hebamme sowie Ämter in den städtischen Fürsorgeeinrichtungen. Die mögliche Bedeutung von Eheleuten als Arbeitspaaren auch für die Ämterstruktur der Frühen Neuzeit ist bislang noch unterbelichtet [WUNDER 1992]. Mit der Ausdifferenzierung von Verwaltung und Bürokratie und mit der zunehmenden Delegation von Herrschaft wurde Frauen der Zugang zu Ämtern verwehrt. Als in den revolutionären Umbrüchen Ende des 18. und zu Beginn des 19. Jahrhunderts die feudale, auf Geburtsprivilegien beruhende Herrschaft weitgehend abgeschafft und das Verhältnis von Staat und Bürger neu geregelt wurde, gab es für Frauen nur noch wenig Anknüpfungspunkte, politisch tätig zu sein. Die Emanzipationsbestrebungen der bürgerlichen Bewegung beschränkten ihre Freiheits- und Gleichheitsforderungen auf das männliche Geschlecht.

▷ S. 43
Nach 1648
Verdichtu
von Herrs

Verbürgerlichung der Gesellschaft und Neue Weiblichkeit. Weder die „Erklärung der Rechte der Frau und Bürgerin", die die Französin Olympe Marie de Gouges (1748-1793) der Pariser Nationalversammlung als Ergänzung der 1789 verabschiedeten Deklaration der Menschenrechte vorlegte, noch das 1792 von Theodor von Hippel (1741-1796) verfaßte Buch „Über die bürgerliche Verbesserung der Weiber" paßten in die universale Fortschritts-

Detailskizze

Querelle des Femmes. Frauen waren in der Frühen Neuzeit grundsätzlich aus den Universitäten ausgeschlossen. Die Frage, ob Frauen ausreichend intellektuelle Fähigkeiten und moralische Qualitäten besaßen, um zu studieren und mit dem erworbenen Wissen sinnvoll umzugehen, wurde europaweit in der sogenannten Querelle des Femmes, d.h. Debatte um die Frauen, diskutiert. Während eine Reihe von Humanisten, darunter Erasmus von Rotterdam (1496-1536), Juan Luis Vives (1492-1540) und Thomas Morus (1478-1535) die Bildung von Frauen verteidigte – und sei es lediglich, um sie vor Untugenden zu bewahren und zur gelehrten Gefährtin ihres Ehemannes zu vervollkommnen –, so verschärfte sich die Debatte um den weiblichen Intellekt im Zeitalter der Hexenverbrennungen – 16./17. Jahrhundert – durch zunehmend frauenfeindliche Argumente besonders in Deutschland. Weitgehend ungehört blieb der Gleichheitsgedanke von François Poullain de la Barre (1647-1723), den er 1675 formulierte: „Geist hat kein Geschlecht". Im 17. Jahrhundert läßt sich dennoch eine, wenn auch eingeschränkte, Tolerierung von Frauen in der männlichen Gelehrtenrepublik erkennen. Frauengelehrsamkeit wurde bewundert, so lange sie keine öffentliche Tragweite beanspruchte und sich auf private Unterweisung gründete; eine Haltung, die sich grundsätzlich in der Aufklärung fortsetzte. Gleichzeitig wurde besonders seit dem 18. Jahrhundert behauptet, daß Frauen durch „zu viel" Bildung von ihrer natürlichen Bestimmung als Ehefrau und Mutter abgelenkt würden.

Frauen äußerten sich selbst wiederholt zu der Frage weiblicher Bildung: Anna Maria van Schurmann (1607-1678) beispielsweise, die in einer vergitterten Loge verdeckt vor dem Anblick der Studenten den Vorlesungen an der Universität Utrecht folgen konnte, forderte den uneingeschränkten Zugang von – adligen und wohlhabenden bürgerlichen – Frauen zum Studium aller Wissenschaften und Künste. Im Jahre 1742 setzte sich Dorothea Christiane Erxleben, geb. Leporin (1715-1762), erstmals in Deutschland für die Öffnung der Universitäten für Frauen ein. In der Praxis allerdings waren die Bildungsangebote für Frauen neben der privaten Unterweisung von Patrizierinnen und wohlhabenden Bürgerinnen auf die überall entstehenden Mädchenschulen, weibliche Lehrorden, Klöster und Stifte beschränkt. Orte weiblicher Gelehrsamkeit im Zeitalter der Aufklärung entstanden mit den Salons, darunter die der Jüdinnen Rahel Varnhagen (1771-1833), Dorothea Mendelssohn (1763-1839) und Henriette Herz (1764-1847) im Berlin des ausgehenden Ancien Regime. Frauen hatten darüber hinaus Zugang zu unterschiedlichen wissenschaftlichen Kreisen. Neben den zumeist privat gelehrten Humanistinnen wie Caritas Pirckheimer (1467-1532) aus Nürnberg, oder hochgebildeten Frauen des 18. Jahrhunderts wie Karoline Schlegel (1763-1809) gab es Wissenschaftlerinnen wie die Entomologin, d.h. Insektenforscherin, Maria Sibylla Merian (1647-1717) aus Frankfurt, oder die Astronomin Maria Margaretha Kirchin, auch Winkelmannin (1670-1720) aus Leipzig. Frauen als Studentinnen allerdings schienen unvorstellbar.

Um so erstaunlicher ist es, daß sich im 18. Jahrhundert vereinzelt Frauen finden lassen, die an deutschen Universitäten einen Abschluß erwerben konnten. Eine von ihnen war Dorothea Christiane Erxleben (1715-1762) aus Quedlinburg. Am 6. Mai 1754 legte sie als erste Frau in Deutschland vor der medizinischen Fakultät in Halle ihr Examen ab. Ihre Promotion zur Doktorin der Medizin bedurfte einer Sondergenehmigung des preußischen Königs Friedrichs II. (1712-1786) und fand schon zu ihren Lebzeiten große Beachtung. Sie gehörte zu den wenigen universitär examinierten Frauen, die ihre Ausbildung auch zur Ausübung eines akademischen Berufs nutzen konnten. In ihrer Dankesrede sagte sie:

„Heute, da ich mich zwischen verschiedene und geradezu gegensätzliche Gefühle gestellt sehe, weiß ich kaum, was ich tun, was ich lassen, wohin ich mich wenden soll. So empfinde ich meine Schwäche, nicht nur die, von der sich kein Mensch frei glauben darf, sondern auch jene, die alle dem schwächeren Geschlecht nachzusagen pflegen. Zugleich aber bewundere ich in demütiger Ehrfurcht die weise Führung des Allmächtigen. ... Dieser Vorsehung gehorsam, nahm ich mir stets zum Vorsatz, nichts ohne Überlegung und nichts mit Überheblichkeit zu tun; doch auch Ängstlichkeit schien mir unpassend."

Literatur: B. NIEMEYER, Ausschluß oder Ausgrenzung? Frauen im Umfeld der Universitäten im 18. Jahrhundert, in: S. KLEINAU/C. OPITZ (Hrsg.), Geschichte der Mädchen und Frauenbildung, Bd. 1. Vom Mittelalter bis zur Aufklärung, Frankfurt/New York 1996, S. 275-294; L. SCHIEBINGER, Wissenschaftlerinnen im Zeitalter der Aufklärung, in: ibid., S. 295-308.

und Freiheitsperspektive des aufgeklärten Bürgertums [FREVERT]. Im Gegenteil, in Anlehnung an die traditionelle geschlechtliche Arbeitsteilung, die der Hausmutter bereits im Zeitalter der Reformation die Kindererziehung und die innere Ökonomie des Hauses zugewiesen hatte, wurde der Wirkungsbereich der Frau ausschließlich auf das Haus beschränkt.

▷ S. 108
Um 1776/91:
Atlantische
Revolution

Mit dem Aufkommen des Familienbegriffs und den daran gebundenen Wertvorstellungen in der zweiten Hälfte des 18. Jahrhunderts veränderte sich jedoch die Erwartungshaltung gegenüber Frauen. Die Familie verlor ihre Funktion als ökonomisch-produktive Einheit und wurde als Ort reiner Menschlichkeit betrachtet, als Raum sozialer Kommunikation und Reproduktion außerhalb der Erwerbssphäre, der ausschließlich den Eheleuten und Kindern vorbehalten war. Neben die traditionellen Tugenden der Hausfrau wie Sparsamkeit, Reinlichkeit, wirtschaftliche Kompetenz und Ehre traten neue emotionale und psychische Aufgaben. Von der Gattin wurde erwartet, einfühlend und liebend ihrem Mann zur Seite zu stehen und ihn in jeder Lebenslage zu stützen.

Ammen wurden aus der bürgerlichen Familie verdrängt. Die leibliche Mutter war nun verantwortlich für die Erziehung der Kinder, um sie auf die unterschiedlichen Anforderungen in der bürgerlichen Welt vorzubereiten; in ihr war Erfolg mit Leistung und mit bestimmten Tugenden wie Arbeit, Fleiß, Ehrgeiz und Sparsamkeit anstatt mit geburtsrechtlichen Privilegien verknüpft. Ein beschränktes Maß an weiblicher Bildung sollte der Erziehung der Kinder und der aufgeweckten Unterhaltung mit dem Ehemann dienen. Mutterschaft wurde soziokulturell aufgewertet, professionalisiert und aufgrund des sinkenden Heiratsalters der Frauen sowie einer hohen Geburtsrate zu einer lebenslangen aktiven Aufgabe.

Mit diesen Vorstellungen grenzte sich das Bürgertum von der Lebensführung des Adels und den Lebensrealitäten im bäuerlichen Sozialmilieu ab. Das moderne Leitbild der bürgerlichen Familie beruhte auf einer neuen Form geschlechtsspezifischer Arbeitsteilung, die nicht länger religiös-ständisch begründet war, sondern sich gewissermaßen von selbst aus einer als natürlich empfundenen Geschlechterdifferenz ergab. Frauen, so das verbreitete Bild, waren „von Natur aus" passiv und emotional veranlagt und damit für familienbezogene Aufgaben befähigt. Männer waren aktiv und rational veranlagt, was sie für sachbezogene und produktive Tätigkeiten in der Erwerbswelt und der gebildeten Öffentlichkeit auszeichnete [FREVERT]. Diese von einem „ewigen Naturgesetz" hergeleiteten Eigenschaften verwandelten auch das Bild weiblicher Sexualität: An die Stelle weiblicher zügelloser Begierde trat nun das Bild von Sanftmut und Passivität. Männer wurden zunehmend als sexuell begierig und als Quelle sozialer Unordnung dargestellt.

Daß dieses Konzept polarer „Geschlechtscharaktere" nicht nur auf eine harmonische Ergänzung weiblicher und männlicher Eigenschaften, sondern auch auf männliche Herrschaftsansprüche angelegt war, zeigen einflußreiche Veröffentlichungen wie das Erziehungsbuch des aufgeklärten Pädagogen Joachim Heinrich Campe (1746-1818), „Väterlicher Rath für meine Tochter" (1789). Die geschlechtsspezifische Arbeitsteilung war eine entscheidende Voraussetzung für den Wandel wirtschaftlicher Strukturen, die zunehmend eine ungebrochene Leistungsbereitschaft in Arbeitszusammenhängen außerhalb des Hauses erforderten und Produktion und Reproduktion endgültig voneinander trennten.

Rahel Varnhagen (1771-1833).

Rahel Varnhagen, geborene Levin, kam am 19. Mai 1771 in Berlin als ältestes Kind des wohlhabenden und weltoffenen Kaufmanns Levin Markus und seiner Frau Chaija zur Welt. Rahel Varnhagen zählt zu dem kleinen Kreis jüdischer Frauen, denen es gelang, aufgrund ihrer geistigen Fähigkeiten und ihrer Persönlichkeit Salons im Berlin des Ancien Regime zu eröffnen, die das intellektuelle und kulturelle Leben über die Grenzen der Stadt nachhaltig beeinflussen sollten. Auch wenn Salons von Frauen bereits auf eine lange Tradition zurückblicken konnten – erwähnt sei nur die Verbreitung von Salons im Zeitalter von Renaissance und Humanismus, ihre Hochblüte im Paris der Aufklärung, die „bluestocking"-Salons in London oder die Salons in Weimar, Jena, Heidelberg und Wien –, so waren die Salons jüdischer Frauen in Berlin dennoch etwas Außergewöhnliches. Sie beherbergten eine religiös, ethnisch und sozial gemischte Gesellschaft von Frauen und Männern, die in ihrer Art in Deutschland einmalig war. Die Gespräche und Diskussionen sowie die Briefwechsel zeugen von einem intensiven gesellschaftlichen und kulturellen Austausch zwischen Juden und Christen lange vor der Emanzipation der Juden mit der Verleihung aller Bürgerrechte im Jahre 1871.

Mit der Eröffnung ihres Salons um 1790 wurde Rahel Varnhagen zu einer der Hauptfiguren des gesellschaftlichen und intellektuellen Lebens von Berlin. Obwohl sie keine formale Bildung genossen hatte und ihre Schriften zu Lebzeiten nur selten die Öffentlichkeit erreichten, beeindruckte sie ihre Umgebung mit ihrer Originalität, Aufrichtigkeit, Ausdrucksfähigkeit, ihrem ästhetischem Urteil sowie ihrem Geschick im Umgang mit Menschen. In ihrem Salon (etwa 1790-1806) in der Dachstube in der Jägerstraße versammelten sich die bedeutendsten Männer des geistigen Berlin nahezu vollständig, darunter Wilhelm (1767-1835) und Alexander (1769-1859) von Humboldt, Johannes Fichte (1762-1814), Ludwig Tieck (1773-1853), Friedrich Schlegel (1772-1829) und Friedrich Schleiermacher (1768-1834). Zu dem eher kleinen Kreis weiblicher Besucher zählten unter anderem Pauline Wiesel (1778-1848) und Germaine de Staël (1766-1817) während ihres Aufenthalts in Berlin im Jahre 1804.

Bei der Beschäftigung mit Rahel Varnhagen faszinieren nicht nur ihre Ausstrahlung im kulturellen Leben Berlins oder ihre schriftstellerische Tätigkeit als Verfasserin unzähliger Briefe, sondern auch ihre Lebensgeschichte als deutsche Jüdin. Trotz ihrer Konversion im Jahre 1814 und der anschließenden Eheschließung mit Karl August Varnhagen von Ense pflegte sie einen engen Kontakt mit jüdischen Freunden und Verwandten. Ihr Leben und Wirken kann nur vor dem Hintergrund ihrer besonderen Erfahrungen und ihrer Selbstwahrnehmung als einer Angehörigen der jüdischen und nichtjüdischen Gesellschaft verstanden und gewürdigt werden.

Literatur: H. Arendt, Rahel Varnhagen. Lebensgeschichte einer deutschen Jüdin aus der Romantik, München 1992 (9. Aufl.); D. Hertz, Jewish Society in Old Regime Berlin, New Haven/London 1988.

Bild (Ausschnitt): Carl Eduard Weber, Punktierstich neu koloriert, 1834, nach Pastell, 1817, von Michael Moritz Daffinger, Foto: AKG Berlin.

Die Frage, wie weit bürgerliche Frauen und Männer diesen Weiblichkeitsentwurf annahmen, beschäftigt die historische Frauenforschung seit einigen Jahren [TREPP]. Dabei interessieren besonders die wechselseitigen Verbindungen zwischen öffentlich und privat, Staat und Familie. Dieses Wechselspiel wird deutlich in der Produktion und Rezeption von Frauenzeitschriften im 18. Jahrhundert [WECKEL], in der bedeutenden Rolle besonders auch jüdischer Frauen in der aufklärerischen Geselligkeit [RICHARZ], oder in der Teilhabe von Frauen an den revolutionären Unruhen zwischen 1789 und 1848 [LIPP].

Dagmar Freist

Literatur

S. BACKMANN/H.-J. KÜNAST/S. ULLMANN/B. A. TLUSTY (Hrsg.), Ehrkonzepte in der Frühen Neuzeit. Identitäten und Abgrenzungen, Berlin 1998.

B. BAUMGÄRTEL/S. NEYSTERS (Hrsg.), Die Galerie der starken Frauen. Die Heldin in der französischen und italienischen Kunst des 17. Jahrhunderts, München 1995.

M. BEER, Eltern und Kinder des späten Mittelalters in ihren Briefen. Familienleben in der Stadt des Spätmittelalters und der frühen Neuzeit mit besonderer Berücksichtigung Nürnbergs (1400-1550), Nürnberg 1990.

G. BOCK/M. ZIMMERMANN (Hrsg.), Die europäische Querelle des Femmes. Geschlechterdebatten seit dem 15. Jahrhundert (= Querelles: Jahrbuch für Frauenforschung, Bd. 2), Stuttgart 1997.

S. CAVALLO/L. WARNER (Hrsg.), Widows in medieval and early modern Europe, London/New York 1999.

A. CONRAD, Zwischen Kloster und Welt. Ursulinen und Jesuitinnen in der katholischen Reformbewegung des 16./17. Jahrhunderts, Mainz 1991.

N. ZEMON DAVIS, Frauen und Gesellschaft am Beginn der Neuzeit, Berlin 1986.

DIES., Women on the Margins. Three Seventeenth-Century Lives, Cambridge/Mass./London, 1995.

DIES., Women in Politics, in: DIES./A. FARGE (Hrsg.), A History of Women in the West Bd. 3: Renaissance and Enlightenment Paradoxes, Cambridge/Mass./London 1993, 167-183.

R. DEKKER, Women in Revolt. Popular Protest and its Social Basis in Holland in the Seventeenth and Eighteenth Century, in: Theory and Society 16, 1987, 337-362.

M. DINGES, Weiblichkeit in Männlichkeitsritualen? Zu weiblichen Taktiken im Ehrenhandel in Paris im 18. Jahrhundert, in: Francia 18, 1991, 71-98.

DERS. (Hrsg.), Hausväter, Priester, Kastraten. Zur Konstruktion von Männlichkeit in Spätmittelalter und Früher Neuzeit, Göttingen 1998.

R. VAN DÜLMEN, Frauen vor Gericht. Kindsmord in der Frühen Neuzeit, Frankfurt/M. 1991.

DERS. (Hrsg.), Körper-Geschichten. Studien zur historischen Kulturforschung V, Frankfurt/M. 1996.

R. DÜRR, Mägde in der Stadt. Das Beispiel Schwäbisch Hall in der Frühen Neuzeit, Frankfurt/New York 1995.

D. FREIST, Governed By Opinion. Politics, Religion and the Dynamics of Communication in Stuart London 1637-1645, London 1997.

DIES., ‚The Kings Crown is the Whore of Babylon'. Politics, Gender and Communication in Mid-Seventeenth-Century England, in: R. BALZARETTI/A. L. ERICKSON (Hrsg.), Special Issue: Presentations of the Self in Early Modern England, Gender&History 7, 1995, 457-481.

U. FREVERT, Frauen-Geschichte. Zwischen Bürgerlicher Verbesserung und Neuer Weiblichkeit, Frankfurt/M. 1986.

U. GERHARD (Hrsg.), Frauen in der Geschichte des Rechts. Von der Frühen Neuzeit bis zur Gegenwart, München 1997.

U. GLEIXNER, „Das Mensch" und „der Kerl". Die Konstruktion von Geschlecht in Unzuchtsverfahren der Frühen Neuzeit (1700-1760), Frankfurt/New York 1994.

R. HABERMAS/N. MINKMAR (Hrsg.), Das Schwein des Häuptlings. Beiträge zur Historischen Anthropologie, Berlin 1992.

K. HAGEMANN/R. PRÖVE (Hrsg.), Landsknechte, Soldatenfrauen und Nationalkrieger. Militär, Krieg und Geschlechterordnung im historischen Wandel, Frankfurt/New York 1998.

J. HARRINGTON, Reordering Marriage and Society in Reformation Germany, Cambridge 1995.

K. HAUSEN, Öffentlichkeit und Privatheit. Gesellschaftspolitische Konstruktionen und die Geschichte der Geschlechterbeziehungen, in: DIES./H. WUNDER (Hrsg.), Frauengeschichte-Geschlechtergeschichte, Frankfurt/New York 1992, 81-98.

O. HUFTON, The Prospect before Her. A History of Women in Western Europe Bd. 1, London 1995.

I. HULL, Sexuality, State, and Civil Society in Germany 1700-1815, New York 1996.

R. JÜTTE, Geschlechtsspezifische Kriminalität im Späten Mittelalter und in der Frühen Neuzeit, in: ZRG/GA, 1991, 86-116.

J. KELLY, Did Women Have a Renaissance? (1977), in: DIES., Women, History and Theory, Chicago 1984, 19-52.

E. KLEINAU/C. OPITZ (Hrsg.), Geschichte der Mädchen- und Frauenbildung, Bd. 1. Vom Mittelalter bis zur Aufklärung, Frankfurt/M./New York 1996.

T. KÜHNE (Hrsg.), Männergeschichte–Geschlechtergeschichte. Männlichkeit im Wandel der Moderne, Frankfurt/M. 1996.

U. KÜPPERS-BRAUN, Frauen des hohen Adels im Kaiserlich-Freiweltlichen Damenstift Essen (1605-1803). Eine verfassungs- und sozialgeschichtliche Studie; zugleich ein Beitrag zur Geschichte der Stifte Thorn, Elten, Vreden und St. Ursula in Köln, Münster 1997.

E. LABOUVIE, Selbstverwaltete Geburt. Landhebammen zwischen Macht und Reglementierung, in: GG 18, 1992, 477-506.

C. LIPP, Frauen und Öffentlichkeit. Möglichkeiten und Grenzen politischer Partizipation im Vormärz und in der Revolution 1848, in: DIES. (Hrsg.), Schimpfende Weiber und patriotische Jungfrauen. Frauen im Vormärz und in der Revolution 1848/49, Moos/Baden-Baden 1986, 270-307.

A. LÜDTKE (Hrsg.), Alltagsgeschichte. Zur Rekonstruktion historischer Erfahrungen und Lebensweisen, Frankfurt/M./New York 1989.

H. MEDICK, Spinnstuben auf dem Dorf. Jugendliche Sexualkultur und Feierabendbrauch in der ländlichen Gesellschaft der frühen Neuzeit, in: G. HUCK (Hrsg.), Sozialgeschichte der Freizeit. Untersuchungen zum Wandel der Alltagskultur in Deutschland, Wuppertal 1980, 19-49.

DERS./D. SABEAN (Hrsg.), Emotionen und materielle Interessen. Sozialanthropologische und historische Beiträge zur Familienforschung, Göttingen 1984.

DERS./A.-C. TREPP (Hrsg.), Geschlechtergeschichte und Allgemeine Geschichte. Herausforderungen und Perspektiven, Göttingen 1998.

M. RICHARZ, In Familie, Handel und Salon. Jüdische Frauen vor und nach der Emanzipation der deutschen Juden, in: K. HAUSEN/H. WUNDER (Hrsg.), Frauengeschichte, 57-66.

L. Roper, Das fromme Haus: Frauen und Moral in der Reformation (aus dem Engl. von Wolfgang Kaiser), Frankfurt/M./New York 1995.
Dies., Ödipus und der Teufel. Körper und Psyche in der frühen Neuzeit (aus dem Engl. von Peter Sillem), Frankfurt/M. 1995.
U. Rublack, Magd, Metz' oder Mörderin. Frauen vor frühneuzeitlichen Gerichten, Frankfurt/M. 1998.
Dies., „Viehisch, frech vnd onverschämpt". Inzest in Südwestdeutschland, ca. 1530-1700, in: O. Ulbricht (Hrsg.), Von Huren und Rabenmüttern. Weibliche Kriminalität in der Frühen Neuzeit, Köln/Weimar/Wien 1995, 171-213.
Dies., Metze und Magd. Krieg und die Bildfunktion des Weiblichen in deutschen Städten der Frühen Neuzeit, in: S. Backmann u.a. (Hrsg.), Ehrkonzepte, 199-222.
W. Schulze, Gerhard Oestreichs Begriff „Sozialdisziplinierung in der Frühen Neuzeit", in: ZHF 14, 1987, 265-302.
J. Scott, Gender. A useful Category of Historical Analysis, in: AHR 91, 1986, 1053-1075.
A.-C. Trepp, Sanfte Männlichkeit und selbständige Weiblichkeit. Männer und Frauen im Hamburger Bürgertum zwischen 1770 und 1840, Göttingen 1996.
A. Völker-Rasor, Bilderpaare-Paarbilder. Die Ehe in Autobiographien des 16. Jahrhunderts, Freiburg 1993.
U. Weckel, Zwischen Häuslichkeit und Öffentlichkeit. Die ersten Frauenzeitschriften im späten 18. Jahrhundert und ihr Publikum, Tübingen 1998.
M. E. Wiesner, Gender, Church, and State in Early Modern Germany, London/New York 1998.
H. Wunder, „Er ist die Sonn', sie ist der Mond". Frauen in der Frühen Neuzeit, München 1992.
Dies., „Jede Arbeit ist ihres Lohnes wert." Zur geschlechtsspezifischen Teilung und Bewertung von Arbeit in der Frühen Neuzeit, in: Dies. (Hrsg.), Geschlechterhierarchie und Arbeitsteilung. Zur Geschichte ungleicher Erwerbschancen von Männern und Frauen, Göttingen 1993, 19-39.
Dies., Herrschaft und öffentliches Handeln von Frauen in der Gesellschaft der Frühen Neuzeit, in: U. Gerhard (Hrsg.), Frauen, 27-54.
Dies./H. Zöttlein/B. Hoffmann, Konfession, Religiosität und politisches Handeln von Frauen vom ausgehenden 16. Jahrhundert bis zum Beginn des 18. Jahrhunderts, in: K. Reichert (Hrsg.), Zeitsprünge. Forschungen zur Frühen Neuzeit 1, 1997, 75-98.

Volkskunde: Übergänge zwischen den Fächern

Zum Fach Volkskunde. An über 20 Universitäten in Deutschland wird heute das Fach Volkskunde gelehrt, mancherorts auch unter einer Bezeichnung wie z.B. Europäische Ethnologie, Kulturanthropologie oder Empirische Kulturwissenschaft [GERNDT 1990]. Die Volkskunde als eigenständige Universitätsdisziplin entwickelte sich seit dem Ende des 19. Jahrhunderts zunächst als Teil der Germanistik. Heute versteht sich das Fach als historisch fundierte und sozialwissenschaftlich ausgerichtete Kulturwissenschaft, die mit ihren Forschungen die Zeitspanne von ca. 1500 bis in die unmittelbare Gegenwart umfaßt [BREDNICH 1994, KASCHUBA 1999].

Aufgrund der vielfältigen Teilbereiche, die der Volkskunde im Laufe der Zeit zugewachsen sind, kann sie gewissermaßen als Fach zwischen den Fächern verstanden werden. Entsprechend verwirrend ist auf den ersten Blick der Gegenstandsbereich. Märchen und Sage, Kleidung und Möbel, populäre Lesestoffe und Musikvideos, Bilderbogen und Fotografien, aber auch Körperlichkeit und Geschlechterforschung, Naturwahrnehmung und Ethnizität gehören u.a. zu dem breiten Spektrum von Themen, die in der Volkskunde behandelt werden. Schon diese Aufzählung deutet die Nähe zu verschiedenen anderen Fächern an, so z.B. zu den Literaturwissenschaften, zur Kunstgeschichte, Geschichte und Soziologie.

Nicht die ästhetische Qualität von Objekten wie in den Fächern, die sich mit hochkulturellen Phänomenen – Musik, Kunst, Literatur – beschäftigen, ist für die Volkskunde entscheidendes Kriterium, sondern „der Sitz im Leben", also die Bedeutung für die Alltagskultur. Die Volkskunde untersucht die kulturelle Praxis von Menschen und die damit verbundene symbolische Aneignung der Welt, oder, um es anschaulicher zu formulieren: „Konkret geht es in Beschreibung und Analyse um die Fragen, wie wir unsere Zeit einteilen und mit Sinn erfüllen, was wir zu bestimmten Anlässen als Nahrung zu uns nehmen und als Kleidung tragen, wie wir unsere Wohnung einrichten, die Massenmedien und die Technik nutzen, die natürliche Umwelt und unseren Körper erfahren, wie wir feiern und uns grüßen, worüber wir miteinander reden und streiten" [LEHMANN, 459]. Alle diese Handlungen, Wahrnehmungsweisen und Dinge, mit denen wir unseren Alltag strukturieren und ordnen, folgen und folgten nicht individuellen Präferenzen, sondern sind kulturell vermittelt.

Bis in die Nachkriegszeit hinein konzentrierte sich die Volkskunde stark auf die vorindustrielle Zeit und die ländliche und besonders bäuerliche Bevölkerung. Im Zuge der während der späten 1960er Jahre geführten Diskussionen um das Selbstverständnis von Wissenschaften, die in der Volkskunde besonders intensiv waren, wandelte sich das Forschungsinteresse. Aus einer historisch ausgerichteten Disziplin wurde eine überwiegend gegenwartsorientierte, aber historisch fundierte Wissenschaft. Verbunden damit fand eine grundlegende Auseinandersetzung mit den bisherigen Kategorien volkskundlicher Forschung statt. Vor allem der Volksbegriff, seit der Romantik Kristallisationspunkt volkskundlicher Identität, wurde einer grundlegenden Kritik unterzogen und seine stets wertenden Implikationen, vom romantisch-nationalen Konzept, bis hin zur völkischen Vereinnahmung, wurden offengelegt. Die Volkskunde öffnete sich wie andere Disziplinen auch verstärkt soziologischen Ansätzen und einer intensiven Methodendiskussion [GERNDT 1988].

Entstehung und Entwicklung des Faches. Schon ihre Entstehung verdankt die Volkskunde dem historischen Engagement des im Laufe des 18. Jahrhunderts entstehenden neuen Bürgertums. Sprachliche Überlieferung wurde als ureigener Ausdruck eines Volkes verstanden. Diesem Verständnis folgend stellte Johann Gottfried Herder seine Liedsammlung „Volkslieder" 1778/79, die 1807 unter dem bekannteren Titel „Stimmen der Völker in Liedern" in der 2. Auflage erschienen, zusammen. In den Volksliedern, so das Verständnis jener Zeit, offenbare sich das, was Georg Wilhelm Friedrich Hegel den „Volksgeist" genannt hatte, was die Eigenart eines Volkes, einer Nation ausmache.

Das der ständischen Gesellschaft entwachsene Bürgertum fand seine Identität in der Idee der Nation, die als politisches Gebilde in Deutschland im Gegensatz zu England und Frankreich nicht existent war. Sprache galt als das gemeinsame Vielfache, über sie ließ sich nationale Identität jenseits trennender Grenzen herstellen. So begannen um 1800 Persönlichkeiten wie Jacob und Wilhelm Grimm mit der Sammlung von Märchen und Sagen, Rechtsaltertümern und mythologischen Zeugnissen. In diesen sprachlichen Formen glaubte man, jene Zeit wiedererstehen lassen zu können, in der Deutschland eine geeinte „Nation" war, nämlich das Mittelalter. Später griff man noch weiter aus, in eine historisch nicht mehr zu verortende germanische Vorzeit. In der „Volkspoesie" sah man die „Volksseele" gespiegelt – daß dabei kräftig durch Überarbeitung nachgeholfen wurde, störte niemanden. Vergangenheit war also nicht Erkenntnisziel, sondern die Vergangenheit wurde an den Bedürfnissen einer als unbefriedigend erlebten Gegenwart ausgerichtet [Bausinger 1970].

Forschungsstimme

Als Resümee seiner archivalischen Arbeiten über Franken hat **Karl-S. Kramer** 1967 den Begriff „Lebensstil" vorgeschlagen, um das Charakteristische der nachmittelalterlichen Lebenswelt zu charakterisieren. Was hier für Franken entworfen wurde, kann als Ansatz der frühen historischen Volkskunde verallgemeinert werden:

„Grundstrukturen des Volkslebens: damit sind die Prinzipien gemeint, die das Leben der Gemeinschaften und der Einzelnen determinierten. Sie sind bestimmbar als formgewordene, an Erfahrungen gereifte, durch Tradition gefestigte, auf die Gemeinschaft bezogene und für den Einzelnen verbindliche Gebärden und Regeln normativen Charakters. Sie manifestieren sich in der Art und Weise, wie das Volk sein Leben führte, wie es Krisen meisterte (oder vor ihnen versagte), wie es sich zu bewähren suchte im Spannungsfeld zwischen eigenem Wollen und den von außen wirkenden Kräften, wie es Feste feierte, Freude und Leid auf sich nahm und zwischen Altem und Neuem wägend schied, wie es arbeitete und seinem Glauben lebte. Aus der Erkenntnis heraus, daß in dem fränkischen Gemeinwesen nicht nur stumpfes Dahinvegetieren und starrer Traditionalismus Trumpf waren, sondern daß aus vielen Einzelheiten eine lebendige geistige Kraft spürbar wird, vor allem dann, wenn es galt, in ungewohnter Situation geschmeidig und wendig zu reagieren, scheint mir der Begriff 'Lebensstil' besonders geeignet zu sein, die spezifischen und untereinander stark variierenden Ausprägungen gemeinschafts- und traditionsgebundener Lebensweise zu charakterisieren.

... Das Moment der Tradition und das Ordnungsbedürfnis sind in der Tat sehr stark entwickelt, so daß sie zu den nicht wegzudenkenden Bestandteilen des Lebensstils fränkischer Gemeinwesen gehören. ... Und doch ist dies eben nicht mehr als ein Teil des Ganzen. ... Die statisch gedachte 'Volkswelt' ist eben in Wirklichkeit keinesfalls starr und undynamisch, sondern sie steht in ständigem Kontakt mit dem Geschehen ringsum und erfährt von den verschiedensten Seiten aus Impulse, die nicht nur 'unbewußt' oder aus prälogischem Imitationsbedürfnis rezipiert, sondern in vielen Fällen mit wachem Interesse verfolgt und aufgenommen werden."

Literatur: K.-S. Kramer, Volksleben im Hochstift Bamberg und im Fürstentum Coburg (1500-1800). Eine Volkskunde auf archivalischen Quellen. Würzburg 1967, S. 279-281.

Dieser Zugang sollte die Volkskunde lange Zeit prägen. Die Suche nach der „Urform", also nach den Anfängen, egal ob man sich Sagen und Märchen, Häusern oder Glaubensformen zuwendete, bestimmte die Forschung bis in das 20. Jahrhundert hinein. Besonders die Versuchung, eine vorchristliche, heidnische Glaubenswelt erstehen zu lassen, inspirierte in der Folgezeit weitere Wissenschaftler. Der Autodidakt und Grimm-Schüler Wilhelm Mannhardt verschickte in den 1860er Jahren Fragebögen in ganz Europa und ließ sich darin die Erntebräuche schildern. Dieses empirisch erhobene Material nutzte er als Steinbruch, um über Jacob und Wilhelm Grimm hinausgehend bis in indogermanische Zeiten vorzustoßen. Bräuche wurden wie Märchen und Sagen als Relikte einer noch geschlossenen vorchristlichen Glaubenswelt verstanden. Solche Deutungen basierten zwar auf empirischem Material, doch dieses wurde nicht in seinen sozialen und kulturellen Bezügen interpretiert, sondern diente lediglich als Materialbasis für mythologische Spekulationen, die historisch nicht zu belegen waren [Weber-Kellermann/Bimmer]. Noch das 1927-1942 von den Schweizern Eduard Hoffmann-Krayer und Hanns Bächthold-Stäubli herausgegebene „Handwörterbuch des deutschen Aberglaubens" verdankt seine Entstehung diesen Ideen. Auch die nationalsozialistische Symbol- und Mythenforschung bediente sich dieser Ansätze, und Volkskundler trugen in jener Zeit dazu bei, daß solche Vorstellungen rassistisch zugespitzt werden konnten.

Erst als sich die Volkskunde um 1900 als akademische Disziplin zu formieren begann, setzten intensive Diskussionen um die seit der Romantik nicht hinterfragten Kategorien ein. John Meier hatte 1896 nachgewiesen, daß sich über 300 der sogenannten Volkslieder auf individuelle Autoren zurückführen ließen und sie beileibe nicht so alt waren, wie seit der Romantik geglaubt wurde. Damit hatte der Mythos einer überindividuell dichtenden Volksseele Risse erhalten. Der Basler Germanist Eduard Hoffmann-Krayer stellte 1902 in seiner Antrittsvorlesung die sogenannte „Zweischichtenlehre" vor, die von einer individuell-schöpferischen Oberschicht und einer bloß passiven und rezeptiven Unterschicht ausging. Das bis dahin historisch und sozial undifferenzierte Konzept einer Volkskultur, das immer noch von den Vorstellungen der Romantik geprägt war, wurde nachhaltig in Frage gestellt. Der Bonner Germanist Hans Naumann griff diesen Ansatz auf und schied die Volkskultur in zwei Teile: Zum einen bestehe sie aus „gesunkenem Kulturgut", d. s. in der Oberschicht entwickelte Formen, die unter Verlust der Qualität in die Unterschicht absinken, und zum anderen aus der „primitiven Gemeinschaft", darunter faßte er jene Bereiche, die die Menschen unter den Zwängen des gemeinsamen Lebens und Wirtschaftens quasi instinktiv ausbildeten [Lutz]. Solche Deutungsmuster, die nicht empirisch untermauert waren, erwiesen sich besonders in der außervolkskundlichen Diskussion als zählebig und wirkten bei den unterschiedlichen Konzeptualisierungen von Volkskultur noch lange nach.

In der unmittelbaren Nachkriegszeit wurde als explizite Antwort auf ein mythologisch-spekulierendes Fabulieren die „archivalisch-historische Methode" entwickelt, die nach dem Ort ihres Entstehens häufig auch als „Münchener Schule" bezeichnet wird. Hiermit verbinden sich die Namen Hans Moser und Karl-S. Kramer. Sie strebten eine „exakte Geschichtsschreibung der Volkskultur" an [Moser 1950] und brachen damit mit den germanistischen Traditionen des Faches. Sie nutzten Quellen, die bisher lediglich in der Heimatgeschichtsschreibung Beachtung gefunden hatten, nämlich die schriftlichen Aufzeichnungen der lokalen und regionalen Verwaltung. Das waren insbesondere die jährlich niedergelegten Rechnungen, in denen über Einnahmen und Ausgaben von Dörfern, kleinen Städten, aber auch Klöstern Rechenschaft abgelegt wurde. Als besonders ergiebig erwiesen sich dabei die Protokolle der unteren Gerichtsbarkeit, denn die knappen Einträge boten eine Fülle von Einblicken in das Alltagsleben und den darin enthaltenen Konfliktstoff. Vor die materialgesättigten Studien war eine umfassende, gründliche und nicht themenbezogene Quellenerhebung gesetzt, in deren Verlauf eine Fülle von Material zusammengetragen wurde. Ziel war nicht die Verifizierung eines volkskundlichen Kanons, sondern die Darstellung der „Grundstrukturen des Volkslebens". [Kramer 1974].

Die damit einhergehende Historisierung erschütterte die Vorstellungen einer von äußeren Einflüssen unberührten und damit über lange Zeit hinweg unverändert andauernden Volkskultur nachhaltig. Besonders wichtig war sowohl Hans Moser [Moser 1985] als auch Karl-S. Kramer der Aspekt des Wandels und der kulturellen Praxis, der nur zu erklären ist, wenn man die Mikrostrukturen, d.h. die lebensweltliche Perspektive, in ihrer Verzahnung mit den Makrostrukturen, d.h. mit der gesamtgesellschaftlichen Ordnung, sieht. Die erstmals durchgeführte systematische Erhebung von Quellen, die nicht von einer thematischen Fragestellung ausging, deckte den Zeitraum von ca. 1500-1800 ab. Dabei folgte diese Einteilung nicht in erster Linie der von Historikern vorgegebenen Zeitspanne der Frühen Neuzeit, sondern sie ergab sich aus der Ergiebigkeit der Quellen für die oben skizzierte Fragestellung [Kramer 1967]. Das Interesse an den kleinen Leuten, das im Zusammenhang mit dem Ausbau des frühneuzeitlichen Territorialstaates aufkam, führte dazu, daß immer mehr Quellen entstanden, die uns heute Auskunft über die Lebenswirklichkeit der kleinen Leute geben können [Köstlin 1984]. So sind die niedergerichtlichen Strafprotokolle gefüllt mit Klagen über Ehrverletzungen, kleine Diebstähle, Schlägereien usw. und geben damit Auskunft über das alltägliche Leben.

Diese Entwicklung wird als die Verrechtlichung der Volkskultur [Köstlin 1976] bezeichnet. Das bedeutet, daß der bis dahin weitgehend rechtsfreie Raum der Volkskultur im Zuge des Ausbaus des frühneuzeitlichen Verwaltung immer stärker rechtlichen Regelungen unterworfen wurde. Landesordnungen, Polizeiordnungen bestimmten streng nach sozialer Position geschieden, d.h. für Bauern, Handwerker, Gesinde jeweils extra den Aufwand, der in Kleidung und bei bestimmten Festen wie Hochzeit, Taufen, Beerdigungen getrieben werden durfte. Damit wurde die Idee einer nach Ständen unterschiedenen Gesellschaft auch auf jene Schichten übertragen, die bisher nicht ständisch gegliedert waren [Köstlin 1977]. Durch diese normierenden Eingriffe in ein von Ritualen und Konventionen geregeltes Leben ergab sich ein weitgestreutes Konfliktfeld, das sich in reichhaltigen Quellenbelegen niederschlägt. Modelle, wie sie von Norbert Elias mit dem Prozeß der Zivilisation [Köstlin 1990] oder Gerhard Oestreich und Michel Foucault mit der Sozialdisziplinierung [Schulze] entwickelt wurden, wurden durch diese dichten Quellenstudien auch für die historische Volkskulturforschung anwendbar. Die Arbeiten zeichneten ein historisches Bild von Volkskultur, das weit ab

Zusammenarbeit mit anderen Fächern
Volkskunde:
Übergänge zwischen
den Fächern

von romantischen Konzeptionen die realen Lebensbedingungen der Bevölkerung in der Frühen Neuzeit veranschaulichen wollte.

Berührung zwischen den Fächern. Obwohl die Volkskunde seit ihren Anfängen historische Fragestellungen verfolgte, gab es kaum Berührungen zwischen ihr und der Geschichtswissenschaft. Selbst als sich die Volkskunde nach 1945 von der Arbeit mit philologischen Texten immer mehr abwendete und andere historische Quellen, so auch Archivalien, in ihrer Bedeutung für die eigene Fragestellung entdeckte, nahm man beiderseits kaum Kenntnis voneinander. Das lag an den völlig voneinander geschiedenen Forschungsfeldern. Das „Volksleben" in seiner historischen Dimension, auf das die Arbeiten v.a. von Moser und Kramer abzielten, hatte im Verständnis der Geschichtswissenschaft, die die „großen" historischen Prozesse und Ereignisse im Auge hatte, kein Gewicht. Das änderte sich erst seit den 1970er Jahren. Auch in der Geschichtswissenschaft nämlich zeitigte die im Umfeld der Studentenbewegung geführte Diskussion Wirkung und weckte Interesse an der Geschichte der Unterschichten. Mit dem Schlagwort „Geschichte von unten" wurde nicht nur die Laienhistoriker-Bewegung aufgewertet, sondern überhaupt die „Geschichte unter der Geschichte" entdeckt. Die Angehörigen jener sozialen Gruppen, die bisher höchstens als statistische Größen Relevanz besessen hatten, wurden nun als Individuen wahrgenommen. Es ging zunehmend um den Beitrag aller Menschen zur historischen Entwicklung. Die Rezeption des Buches „Der Käse und die Würmer", 1979 in deutscher Übersetzung erschienen, des italienischen Historikers Carlo Ginzburg in Deutschland markiert diesen Wendepunkt. Ginzburg hatte

Forschungsstimme

In der Auseinandersetzung um den Begriff „Volkskultur" in der Mitte der 80er Jahre stellte **Konrad Köstlin** noch einmal klar, worin die Schwierigkeit im neuen Umgang mit alten Begriffen in der Volkskunde besteht:

„Wer Volkskultur beschreibt, versucht die Kultur der 'einfachen', 'vielen' und 'unten' georteten Menschen zu beschreiben. Dies geschieht in der Sprache des Landes und vor allem für diejenigen, die in diesem Lande leben. Als Wissenschaft ist die Volkskunde damit auch eines der gesellschaftlichen Instrumente der Selbstvergewisserung. Immer wieder ist in die Rede von der 'fremden Kultur' eine gewisse Exotik im eigenen Lande eingeschlossen. Der Unterschied zur Völkerkunde, die von der Fremdheit lebt, ist so groß nicht. Bei aller Ambivalenz bedeutet das Präfix 'Volk-' eine Ausgrenzung und visiert die prinzipielle Andersartigkeit und unterscheidbare Verfaßtheit der zu beschreibenden Kultur an. Volkskultur wird wie eine fremde Kultur beschrieben, die als exotische Stammesgesellschaft nach anderen Gesetzen auf dem Territorium einer Hochkultur besteht. Dabei werden die Besonderheiten dieser Kultur als Kontrastprogramm betont, die Gemeinsamkeiten vernachlässigt.

Natürlich gab es diese Kultur schon vor ihrer Entdeckung, sie war selbstverständlich und auch thematisiert. Die Polizeiordnungen und Regularien der territorialen Obrigkeiten banden auch das Leben der Mittel- und Unterschichten in das System der Privilegienzuteilung im absolutistischen Staate ein und statteten es mit ständischen Merkmalen aus. Die kameralistische Landesaufnahme um die Wende vom 18. zum 19. Jahrhundert ist Beleg für die auch pragmatische Einbindung der Mittel- und Unterschichten in die Staatsfamilie.

Erst der kontrastiv-segregierende Blick, der das Volk romantisierte und der dann auch von der Wissenschaft übernommen wurde, trieb Volkskultur in die Isolierung der Enklave und führte zur binnenexotischen Verengung. Wo nun Volkskultur derart neu unter dem Aspekt des Kontrastprogrammes thematisiert und separiert wurde, trat sie aus der Normalität der unbefragten Selbstverständlichkeiten heraus. Dies konnte auch für die Volkskultur nicht ohne Folgen bleiben. Sie existierte für den Beobachter vor allem dadurch, daß er sie als Isolat beschrieb, in der Dialektik von 'Fund' und 'Erfindung'. Dies gilt nicht nur für das 19. Jahrhundert, sondern auch für jene neue Entdeckung des Alltags, in der das 'Abenteuer gleich um die Ecke' versprochen wird."

Literatur: K. Köstlin, Die Wiederkehr der Volkskultur. Der neue Umgang mit alten Begriffen, in: Ethnologia Europaea XIV, 1984, 26f.

anhand von Inquisitionsakten die Lebenswelt eines Müllers um 1500 rekonstruiert. Das war auch für die Volkskunde eine neue Perspektive, denn bisher stand immer das „Volksleben", also die Frage, wie Menschen ihr Zusammenleben organisierten, im Mittelpunkt. Der „Einzelne", um einen Begriff von Karl-S. Kramer aufzugreifen, wurde überwiegend im Spannungsfeld von herrschaftlichen und gruppenspezifischen Normen und Regeln thematisiert [Kramer 1968]. Das war letztendlich auch Konsequenz aus der Quellenlage. Denn die Gruppen, denen man sich nun auch außerhalb der Volkskunde vermehrt zuwendete, hatten nur in den seltensten Fällen selbst Quellen hinterlassen, so daß man überwiegend Quellen nutzen mußte, die aus Konflikten zwischen Herrschaft und Untertanen erwachsen waren.

Besonders die Arbeiten aus der angelsächsischen Protestforschung [Thompson, Tilly/Tilly/Tilly] regten die Entstehung eines neuen und sehr fruchtbaren Forschungsfeldes an, das des „sozialen Protestes". Unter sozialem Protest versteht man „ein Widerspruch oder Widerstand artikulierendes, manifestes Konfliktverhalten (...), das durch sozial bedingte Ursachen und Motive hervorgebracht wird und die gesellschaftlichen Normen verletzt" [Giesselmann, 50]. Was für die Geschichte zunächst eine neue Erkenntnis war, nämlich daß „sozialer Protest" nicht „konvulsiv", d.h. nicht instinktiv und planlos, sondern gut organisiert und durch ein ausgesprochen reflektiertes Rechtsverständnis legitimiert verlief, war für die Volkskunde nicht überraschend. Bereits 1954 hatte Hans Moser auf die Bedeutung „tumultuarischer Auftritte" für die Erforschung der Volkskultur hingewiesen [Moser 1954]. Die Bedeutung solcher Widerstandsaktionen gegen die Obrigkeit liegt, so Moser, darin, daß sie „für den gemeinschaftlichen Zusammenhalt gegen die Macht der Obrigkeiten" zeugten. Aber erst gut 20 Jahre später wurde dieser Hinweis auch in der Volkskunde in systematische Forschung umgesetzt. Damit verbunden war ein Blickwechsel, galt es doch nun, die Binnenperspektive der den Protest tragenden Schichten zu untersuchen. Stärker, als das bisher der Fall war, bestimmte nun die „Faszination des Spektakulären", wie es der Historiker Alf Lüdtke formulierte, die Wahl des Forschungsgegenstandes.

Mitte der 1970er Jahre begann ein volkskundliches Forschungsprojekt über die Revolution 1848/49 in Württemberg, das der volkskundlichen Forschungstradition gemäß Revolutionsalltag und Revolutionskultur thematisierte [Kaschuba/Lipp]. Für die Frühe Neuzeit wurde das Widerstandsverhalten leibeigener Bauern im 18. Jahrhundert in Schleswig-Holstein untersucht [Göttsch 1991].

Während die Protestforschung sowohl in der Sozialgeschichte wie auch in der Volkskunde in den 1980er Jahren ein zentrales Forschungsfeld war, wandelte sich seit Mitte der 80er Jahre das Interesse. Widerständigkeit und sozialer Protest unterprivilegierter Bevölkerungsschichten verloren an Bedeutung gegenüber nun stärker lebensweltlich orientierten Fragestellungen, wie sie in der Historischen Anthropologie unterschiedlicher Provenienz schon seit längerem behandelt wurden [Lüdtke]. An diesem Wandel hatten in beiden Fächern die Frauen- und Geschlechterforschung [Göttsch 1995] und die Hinwendung zur Mentalitätsgeschichte großen Anteil. Historische Volkskulturforschung ist seit dieser Zeit auch ein Thema der Geschichtswissenschaft [van Dülmen/Schindler], so daß heute ein reger Austausch zwischen beiden Fächern besteht.

Zusammenarbeit mit anderen Fächern
Volkskunde:
Übergänge zwischen
den Fächern

Volkskundliche Fragestellungen. Aufgrund der bereits erwähnten Diskussionen um Begriffe und Selbstverständnis hat die Volkskunde zum Begriff „Volkskultur" ein sehr viel distanzierteres Verhältnis als die Geschichtswissenschaft. Insbesondere das Wissen um das Spannungsverhältnis von „Fund" und „Erfindung", das seit den späten 1960er Jahren intensiv diskutiert wurde, ließ ihn suspekt werden. Denn vieles von dem, was im 19. und 20. Jahrhundert als „historische Volkskultur" „entdeckt" wurde und zu den Kanongegenständen der Volkskunde gehört wie z.B. Märchen, Trachten, „Volkslieder", „Volkskunst" usw., war „Erfindung". Sie erhielten ihre Spezifik und Wertigkeit erst im 19. Jahrhundert, als sie als Verdinglichung nationaler Eigenart interpretiert und versatzstückhaft zu einer vermeintlich intakten, wenn auch nur noch in der Vergangenheit erfahrbaren Gegenwelt zusammengefügt wurden; damit wurden die eigenen Entfremdungs- und Verlusterfahrungen wie Verstädterung, Industrialisierung usw. kompensiert.

Solche Konstrukte widerlegte die historische Volkskunde mit ihren Untersuchungen, die die Volkskultur der Frühen Neuzeit als ein sozial und historisch differenziertes und komplexes Beziehungsgeflecht analysierten. Die Kritik am Begriff „Volkskultur" jedoch blieb bestehen. Er suggeriere ein homogenes und ahistorisches Gesellschaftsmodell, so der Vorwurf, und ließe sich von den Konnotationen, die diesem Begriff im Laufe der Zeit zugewachsen sei, nicht lösen [Bausinger 1970] und verführe dazu, Volkskultur und Elitekultur als zwei voneinander geschiedene Welten zu sehen [Köstlin 1977, Brückner]. Die Suche nach alternativen Begriffen allerdings war bisher wenig erfolgreich. Für die Volkskunde mit ihrer Frage nach Wahrnehmung, Deutung und Aneignung der Welt durch den Menschen sind gerade die Austauschprozesse zwischen den gesellschaftlichen Schichten, den Auswirkungen von Herrschaftsverhältnissen und den kulturellen Praktiken in traditionalen Lebenswelten, von zentralem Forschungsinteresse.

Neben Archivalien und anderen schriftlichen Quellen zieht die Volkskunde auch die Sachkultur, die von Kleidung über Häuser bis hin zu Bildern und Arbeitsgerät die gesamte materielle Hinterlassenschaft breiter Bevölkerungsschichten umfaßt, systematisch als Material heran. Seit den Anfängen des Faches im 19. Jahrhundert besteht eine enge institutionelle und fachwissenschaftliche Verbindung zu kulturhistorischen und volkskundlichen Museen. So sammelten neben anderen das Germanische Nationalmuseum in Nürnberg, gegr. 1856, oder das Berliner Museum für Deutsche Volkstrachten und Erzeugnisse des Hausgewerbes, das heutige Museum für Deutsche Volkskunde, gegr. 1889, damals unter dem Begriff „Volkskunst" gezielt ihre Objekte: Ihnen war es wichtig, ästhetisch und handwerklich herausragende Produkte der vorindustriellen Zeit angesichts einer industriellen Massenproduktion zu bewahren. Der ebenfalls beliebte Begriff „Bauernkunst" suggerierte, daß diese Gegenstände Ausdruck bäuerlicher Kunstfertigkeit und Kreativität seien [Deneke/Kahsnitz].

Untersuchungen, die die Objekte nicht nur nach Form und Funktion, sondern mit Hilfe archivalischer Quellen auch auf Herstellung, Verbreitung und Gebrauch befragten, haben gezeigt, daß die Bauern zünftig ausgebildete Handwerker für sich arbeiten ließen: Diese stellten die Möbel nach Vorlagenbücher her und orientierten sich dabei am Zeitgeschmack. Das ist ein gutes Beispiel dafür, wie die Ver-

Am Ende des 19. Jahrhunderts wurde die Sachkultur der Frühen Neuzeit in den entstehenden kulturgeschichtlichen Museen als „Volkskunst" zusammengetragen. Man sammelte nur die schönsten Stücke und stellte diese als Beweis für die Kreativität der ländlich-bäuerlichen Bevölkerung aus. Damit sollte v.a. auf die ästhetisch schlechte Qualität industriell gefertigter Objekte hingewiesen werden, eine Dokumentation der ländlichen und städtischen Sachkultur der Frühen Neuzeit war nicht beabsichtigt. Dennoch wurde immer wieder der Eindruck erweckt, als sei „Volkskunst" auch Alltagsgerät. Dieser Eindruck wurde dadurch verstärkt, daß viele der aufwendig gefertigten Gegenstände auch funktional waren, d.h. als Arbeitsgerät verwendbar. Die vorindustrielle Gesellschaft besaß eine erheblich geringere Anzahl an Dingen als wir heute. Viele Gegenstände erfüllten mehrere Funktionen, so konnte Arbeitsgerät durch aufwendigere Verarbeitung zum Prestige- und Schmuckobjekt werden. **„Mangelbretter"** sind ein gutes Beispiel für die vielfältige Verwendung von Gerät in der Frühen Neuzeit.

Sie dienten zum Glätten der Wäsche, die um eine Rolle gewickelt und mit dem Brett hin und her gerollt wurde. Für die alltägliche Arbeit gab es auch einfache, unverzierte Bretter, und man weiß heute nicht, ob nicht auch solche sorgfältig geschnitzten und farbig gefaßten Mangelbretter wie das abgebildete benutzt wurde. Diese Mangelbretter waren Minnegaben, die ein junger Mann seiner Verlobten als materielles Zeichen des Eheversprechens schenkte. Monogramm und Jahreszahl verweisen auf die Besitzerin und das Jahr der Eheschließung. Sie wurden von Handwerkern hergestellt und besaßen ausgesprochenen Repräsentationscharakter. In den Haushalten wurden sie als Schmuckgegenstände aufbewahrt und ausgestellt; deshalb sind sie auch in großer Zahl erhalten geblieben und wohl in jedem volkskundlichen Museum zu finden.

Bild: Mangelbrett, 1779, Kreis Steinburg, Nußbaum und Buche, Schleswig-Holsteinisches Landesmuseen Schloß Gottorf, Museum für Kunst und Kulturgeschichte, Inv. Nr. 1968/69 a+b.

Literatur: R. PEESCH, Volkskunst. Umwelt im Spiegel populärer Bildnerei des 19. Jahrhunderts, Berlin 1978.

In vielen Museen sind solche Kronen ausgestellt, meistens werden sie mit Frauentrachten arrangiert, um auf ihre Funktion als Brautschmuck hinzuweisen. Ohne Wissen um den Zusammenhang, in den dieser Haarschmuck gehört, ist er als bloßes Objekt betrachtet nicht zu verstehen. **Brautkronen** trugen die Bräute zur kirchlichen Trauung. Da es in der Frühen Neuzeit nicht wie heute besondere Hochzeitskleidung gab, sondern die allgemeine Festtagskleidung getragen wurde, war diese aus billigen Materialien gefertigte Krone, das einzige äußerlich sichtbare Zeichen für die Braut. Brautkronen waren nicht in Familienbesitz, sondern gehörten der Kirche. Es gab in der Regel drei mehr oder weniger aufwendige Ausführungen. Reichtum oder Armut einer Braut war also auch an der jeweils ausgeliehenen Brautkrone abzulesen. Sie wurden gegen unterschiedliche gebühren, die zu den Einnahmen des Pastors gehörten, verliehen und sind in den Kircheninventaren verzeichnet.

Aber was auf den ersten Blick wie ein bloßer Schmuck- und Repräsentationsgegenstand aussieht, war darüber hinaus ein Erziehungsmittel der Kirche. Denn sie nutzten die Brautkrone, um ihre Moralvorstellungen zu vermitteln. Während voreheliche Schwängerungen in der frühneuzeitlichen Gesellschaft nicht als unehrenhaft galten und die Aufnahme sexueller Beziehungen in der Regel durch das Eheversprechen legitimiert war, bemühte sich die Kirche darum, durchzusetzen, daß nur eheliche Sexualität als legitim galt. Vor- und außereheliche Schwängerungen waren nicht nur unter Strafe gestellt, sondern schwangere Frauen konnte sogar das Tragen der Brautkrone verweigert werden. In manchen Gegenden wurden sie gezwungen, einen Strohkranz als Schandzeichen zu tragen.

Bild: Brautkrone, Anfang 19. Jht., vermutl. Probstei b. Kiel, Draht, Silberband, Flitter, Gaze, Papier, Stiftung Schleswig-Holsteinische Landesmuseen Schloß Gottorf, Landesmuseum für Kunst und Kulturgeschichte, Inv. Nr. OB 1381.

Literatur: S. GÖTTSCH, „...sie trüge ihre Kleider mit Ehren..." Frauen und traditionelle Ordnung im 17. und 18. Jahrhundert, in: H. WUNDER/C. VANJA (Hrsg), Weiber, Menscher, Frauenzimmer. Frauen in der ländlichen Gesellschaft 1500-1800, Göttingen 1996, S. 199-213.

mittlung städtisch-bürgerlichen Geschmacks in die bäuerliche Gesellschaft vor sich ging. Ähnliches läßt sich auch für Kleidung, Schmuck und selbst Arbeitsgerät nachweisen. Die Auswertung serieller Quellen wie z.B. Inventare, in denen der materielle Besitz einer Person erfaßt wurde, ist in der Volkskunde systematisch vorangetrieben worden und hat für die Frage nach der Einführung neuer Möbel in der Wohnkultur, wie z. B. des Sofas, und ihrer Verbreitung grundlegende Erkenntnisse gebracht [Mohrmann]. Im Laufe unseres Jahrhunderts hat sich entsprechend auch die Sammelpraxis der Museen gewandelt, unter dem Begriff der Alltagskultur werden nun vor allem solche Objekte gesammelt, die etwas über das Verhältnis des Menschen zu seiner dinglichen Umwelt aussagen.

Unter dem Aspekt der kulturellen Vermittlung, des Wertewandels oder der Produktion von Wissen gehören auch Texte und Bildprogramme, die für den massenhaften Gebrauch produziert wurden, zu den gängigen volkskundlichen Quellen. Die Analyse populärer Schriften wie Volksbücher, Einblattdrucke und Flugblätter, aber auch von Predigtliteratur, religiösen Traktaten und aufklärerischen Schriften z.B. gegen den Aberglauben [Schenda, Brednich 1974/75, Moser-Rath] machen die Verflechtungen zwischen gelehrter und volkstümlicher Tradition sichtbar.

Die Volkskunde versucht, durch die Zusammenschau all dieser sehr unterschiedlichen Quellenbereiche unser Wissen über die vormoderne Lebenswelt zu erweitern. Dabei dient die historische Forschung im besonderen Maße der Erklärung unserer heutigen Kultur. Arbeiten zur Alltagskultur der Gegenwart sind in der Volkskunde ohne historische Fundierung nicht denkbar.

Fallbeispiel: Arbeitsgerät und Gebärdensprache. Das abschließende Fallbeispiel, das exemplarisch volkskundliches Arbeiten vorführen soll, entstammt der bereits erwähnten Protestforschung. Die Widerstandsaktionen Leibeigener auf schleswig-holsteinischen Gütern im 18. Jahrhundert [Göttsch 1991], die durch umfangreiche Gerichtsprotokolle sehr gut dokumentiert sind, waren Ausgangspunkt, um nach der Lebenswelt jener Menschen zu fragen, von denen ansonsten aufgrund ihrer starken Abhängigkeit von der Gutsherrschaft und des Fehlens materieller Hinterlassenschaften keine Quellen überkommen sind. Dabei ging es nicht darum, die Sichtweise der Gutsherrschaft und der sie vertretenden Juristen nachzuzeichnen, sondern es sollte die Innensicht des Protestes rekonstruiert werden. Welche Erfahrungen und welches Selbstverständnis führten dazu, daß trotz des Wissens um harte Strafen Widerstand geleistet wurde, welcher Ausdrucksformen bedienten sich die Leibeigenen, und auf welche im Alltag gemachten Erfahrungen und erprobten Verhaltensmuster wurde zurückgegriffen, um den Widerstand zu artikulieren? Um solche Fragen zu beantworten, war es notwendig, die Quellen gegen den Strich zu lesen, um nicht die herrschaftliche Perspektive der Quellen zu verdoppeln, sondern um, mehr zwischen den Zeilen gelesen, die Verstehensweisen der Untertanen herauszufiltern.

Arbeitsgerät und Gebärdensprache sind zwei anerkannte Felder volkskundlicher Forschung. Allerdings wurden sie bislang nie zueinander in Beziehung gesetzt, die in diesem Fall jedoch augenfällig ist. Denn die schleswigholsteinischen Leibeigenen griffen in ihren Konflikten auf non-verbale Kommunikationsmuster, auf Gebärdensprache zurück. Als Ausdrucksmittel dienten dabei die alltäglichen Arbeitsgeräte, die nun als Medium der nonverbalen Kommunikation genutzt, nämlich durch Gebärden zum „Sprechen" gebracht wurden. Die Untersuchung der Widerstandsaktionen zeigt, wie bewußt es den Leibeigenen war, daß Sprache nur wenig taugte, um mit der Herrschaft in einen gleichberechtigten Dialog einzutreten. Denn Sprachkompetenz, die zu einem nicht geringen Teil die gesellschaftliche Position von Menschen definierte und definiert, war und ist in Gesellschaften ungleich verteilt. Diese Ungleichheit suchten die Leibeigenen auszugleichen, indem sie ganz eigene Kommunikationsformen nutzten.

Als 1710 auf dem Gut Breitenburg den Knechten befohlen wurde, die Pferde und Wagen auf dem Hof zu lassen, um am nächsten Morgen Mist aufzuladen, waren sie damit nicht einverstanden, sondern „die wiederspänstigen Leute (stellten sich) alle mit Forcken in der Hand vor Sie" (Hausvogt und Gutsbesitzer). Und als der Gutsherr den Hof verlassen wollte, antworteten ihm die „wiederspänstigen Unterthanen", „da soll niemand herüber, wir wollen unsere Pferde erst wiederhaben und insgesamt mit Forken, Beilen, Exen, Kuhfüsse, auch mit knoppernen Stöcken dagestanden". Arbeitsgerät als angedeutete Waffe also, als Machtdemonstration gegen die vermeintliche oder tatsächliche Willkür des Gutsbesitzers.

Ganz ähnliche Konfliktfälle innerhalb der Gutsherrschaft sind im 18. Jahrhundert in großer Zahl belegt und in fast allen von ihnen spielen Geräte, wie die eben schon erwähnten Forken, Beile, Spaten, Pflugstöcke eine nicht unerhebliche Rolle. So überrascht es nicht, daß ein anderer Gutsherr nach einem Aufruhr unter seinen Bauern folgende Frage in das Verhörsprotokoll aufnimmt: „Wahr, daß Producti Ihr Bauren Gewehr als Forken, Beilen und dergleichen bey sich gehabt?"

Als die Depenauer Bauern 1706 vor dem Hof ihres Gutsherrn erschienen, um sich über die Einziehung von Bauernland zu beschweren, hätten sie, so die spätere Aussage von Augenzeugen, als der Gutsherr sich weigerte, vor ihnen zu erscheinen, „die Beile, Forken und Prügel umb den Kopf gehen laßen und geruffen, sie wollten sich nicht mehr so tribuliren lassen".

Der bewaffnete Zug der Untertanen auf den Gutshof gehörte in das Repertoire jener Verhaltensweisen, mit denen sie sich gegen die als ungerechtfertigt empfundenen Forderungen des Gutsherrn zur Wehr setzten. Die Verhaltensmuster waren nicht beliebig, sondern orientierten sich an einem Muster. Die Möglichkeiten, Verweigerungen zu artikulieren, folgten festgelegten Sprachformen, die auf non-verbale Ausdrucksmittel zurückgriffen und die in ihrer Ausdruckskraft durch den dramaturgischen Einsatz des Arbeitsgerätes verstärkt wurden. Die demonstrierte Präsenz erfuhr durch die mitgeführten Stöcke, Äxte, Forken und Dreschflegel erst ihre augenscheinliche Brisanz.

Der innere Zusammenhang zwischen Widerständigkeit und Gebärdensprache spiegelt sich nicht nur in den Aktionen, sondern wurde von den Betroffenen auch in den Antworten bei den Verhören reflektiert. Als 1730 die Depenauer Knechte zwei auf dem Hof gefangene Mitknechte befreiten, brachten sie ihre Äxte mit; auf die Frage nach dem Grund antworteten sie, daß sie „auch besorget, es möchte ihnen ein gleiches widerfahren". Die Äxte waren also zunächst einmal als Waffe gegen die vermuteten Übergriffe der Gutsobrigkeit gemeint. Doch die in der Frage unterstellte Gewalt wurde zurückgewiesen: „Da hätten sie keine Gewalt mit tun wollen, sondern wann einer so vor sich hinginge, nähme er sein Gerähtschaft wohl mit sich".

Natürlich implizierte die Mitnahme des Arbeitsgerätes die Möglichkeit der Gewaltanwendung, auch wenn die Beteiligten das in den Verhören abstritten und die Forken und Äxte zu ihrer alltäglichen Ausstattung erklärten. Tatsächlich kam es während solcher Aufmärsche nie zu Gewalttätigkeiten von seiten der Untertanen, auch dort nicht, wo sie ihre Forderungen nicht durchsetzen konnten, sondern dem Druck des angeforderten Militärs nachgeben mußten.

So erscheint das Arbeitsgerät eingebunden in ein Kommunikationsritual, das durch non-verbale Formen bestimmt war und die Differenzen markieren sollte. Gewaltsame Lösungen waren zwar angedeutet, aber die Ritualisierung der Auseinandersetzung verweist eher auf ihren kompensatorischen Charakter, auf die sprachliche Unterlegenheit, der die Knechte durch das Ausweichen auf andere Medien als Sprache zu entgehen suchten, ein letztendlich hilfloses Bemühen, denn durch das in solchen Fällen schnell angeforderte Militär war die Gutsobrigkeit ihnen auch in dieser „Sprache" überlegen. Es mag sein, daß in dieser Form der Widerständigkeit die „Bereitschaft zum sozialen Dialog" noch enthalten war, aber die feudalen Herrschaftsstrukturen jener Zeit sahen einen solchen Dialog nicht vor.

Natürlich dienten die Arbeitsgeräte auch tatsächlich als Waffen. Mit Forken und Pflugstöcken wehrten sich einzelne Knechte gegen Drohungen, Beschimpfungen und Schläge. Aber sobald sich mehrere Untertanen solidarisierten, erhielt die Gewalt rituelle Züge.

Der Ahrensburger Feldvogt schlug nach heftigem Wortwechsel einen Knecht, der sich geweigert hatte, die Pflugtiefe zu verstellen. Der Knecht wehrte sich und daraufhin erschienen die anderen auf dem Feld arbeitenden Knechte und schlugen einer nach dem anderen auf den Vogt ein. Jeder mußte einen Schlag tun. Durch die Ritualisierung konnte Gewalttätigkeit domestiziert werden; sie ließ alle gleich schuldig werden, was für den Erhalt der Gruppenidentität nicht unerheblich war.

Aber nicht nur als Verstärkung von Drohhaltungen wurden Geräte instrumentalisiert, sondern sie konnten auch als Sprachgebärde eingesetzt werden. Als die Knechte von Bothkamp gezwungen werden sollten, ein Feld zu pflügen, das bisher an ihre Bauern verpachtet war, aber nun zum Hoffeld des Gutsbesitzers geschlagen werden sollte, erschienen sie am Morgen alle mit einer Forke, obwohl sie die zum Pflügen gar nicht benötigten. Auf die Frage des Vogts, „waß sie mit den Forken tun wollten, ob sie selbige auf ihn oder auf seinen Cameraden oder auf ihren Herrn mitgebracht, einen von ihnen müßt es gelten, weil sonsten niemand etwas mit ihnen zu tun hätte, worauf die Knechte geantwortet, Sie hätten nichts darauf zu sagen, die Forken gehörten ihnen zu, und möchten sie selbige wohl aufs Stücke stecken".

Die Pronstorfer Knechte „präsentierten" ihre Sensen, als sie aufgefordert wurden, anders als bisher geschehen zu mähen, und in Ahrensburg hatten „diejenigen, welche Mist geladen, ihre Forken niedergesteckt", als der Pächter mehr als die bisher üblichen 4 Spanntage von ihnen verlangte. Solche Gebärden wurden ihrer Deutlichkeit und Eindeutigkeit wegen auch auf der anderen Seite verstanden.

Der Rückgriff auf die Sachen fand an jenen Punkten statt, wo die Diskussion mit Worten an den Machtverhältnissen, an der Verteilung von Herrschaft scheitern mußten. Die in Gestik und Gebärden transportierten Informationen vermittelten deutlicher, als sie es sagen konnten oder wollten, wo für sie die Differenzen lagen, wo sie sich verweigerten.

In der Gebärdensprache waren sie kompetent. Das wird noch einmal mehr einsichtig, wenn man bedenkt, daß diese auch als „Sprache des Zusammenhalts" genutzt wurde. Das zeigte sich, als jeder einen Schlag gegen einen Vogt tun mußte, als alle Knechte, die an der Befreiung eines gefangenen Mitknechts beteiligt waren, den als Fessel verwendeten Strick berühren mußten oder als alle Knechte ihre Forken oder Sensen „präsentierten". Gebärdensprache war also nicht nur Ausdruck von Unterlegenheit, sondern wirkte nach innen wie nach außen als Mittel der Verständigung; auch daraus bezog sie ihre Wertigkeit im Dialog mit der Obrigkeit.

Silke Göttsch-Elten

Literatur

H. Bausinger, Formen der Volkspoesie, Berlin 1968.
Ders., Zur Problematik historischer Volkskunde, in: Abschied vom Volksleben (Untersuchungen des Ludwig-Uhland-Institutes in Tübingen Bd. 27), Tübingen 1970, 155-172.
R. W. Brednich (Hrsg), Grundriß der Volkskunde. Einführung in die Forschungsfelder der Europäischen Ethnologie, 2. Aufl., Berlin 1994.
Ders., Die Liedpublizistik im Flugblatt des 15. bis 17. Jahrhunderts, 2 Bde., Baden-Baden 1974-1975.
N. A. Bringeus, Volkstümliche Bilderkunde. Formale Kennzeichen von Bildinhalten, München 1982.
W. Brückner, Popular Culture. Konstrukt, Interpretament, Realität. Anfragen zur historischen Methodologie und Theorienbildung aus der Sicht der mitteleuropäischen Forschung, in: Ethnologia Europea XIV, 1984, 14-24.
B. Deneke/R. Kahsnitz (Hrsg.), Das kunst- und kulturhistorische Museum im 19. Jahrhundert (Studien zur Kunst des 19. Jahrhunderts Bd. 39), München 1977.
R. van Dülmen/N. Schindler (Hrsg.), Volkskultur. Zur Wiederentdeckung des vergessenen Alltags (16.-20. Jahrhundert), Frankfurt/M. 1984.
H. Gerndt (Hrsg.), Fach und Begriff „Volkskunde" in der Diskussion, Darmstadt 1988.
Ders., Studienskript Volkskunde. Eine Handreichung für Studierende (Münchener Beiträge zur Volkskunde Bd. 12), München 1990.
W. Giesselmann, Protest als Gegenstand sozialgeschichtlicher Forschung, in: W. Schieder/V. Sellin (Hrsg.), Sozialgeschichte in Deutschland. Entwicklungen und Perspektiven im internationalen Zusammenhang, Bd. III: Soziales Verhalten und soziale Aktionsformen in der Geschichte (Kleine Vandenhoeck-Reihe Bd. 1523), Göttingen 1987, 50-77.
S. Göttsch, „Vielmahls aber hätte sie gewünscht, einen anderen Mann zu haben" Gattenmord im 18. Jahrhundert, in: O. Ulbricht (Hrsg.), Von Huren und Rabenmüttern. Weibliche Kriminalität in der Frühen Neuzeit, Köln/Weimar/Wien 1995, 313-334.
Dies., „Alle für einen Mann..." Leibeigene und Widerständigkeit in Schleswig-Holstein im 18. Jahrhundert (Studien zur Volkskunde und Kulturgeschichte Schleswig-Holsteins Bd. 24), Neumünster 1991.
W. Kaschuba, Einführung in die Europäische Ethnologie, München 1999.
Ders., Volkskultur zwischen feudaler und bürgerlicher Gesellschaft. Zur Geschichte eines Begriffs und seiner gesellschaftlichen Wirklichkeit, Frankfurt/M./New York 1988.
Ders./C. Lipp, 1848 – Provinz und Revolution. Kultureller Wandel und soziale Bewegung im Königreich Württemberg (Untersuchungen des Ludwig-Uhland-Institutes Bd. 49), Tübingen 1979.

K. Köstlin, Feudale Identität und dogmatisierte Volkskultur, in: ZfV 73, 1977, 216-233.
Ders., Historische Methode und regionale Identität, in: Ders. (Hrsg.), Historische Methode und regionale Kultur. Karl-S. Kramer zum 70. Geburtstag (Regensburger Schriften zur Volkskunde Bd. 7), Berlin/Vilseck 1987, 7-23.
Ders., Die „Historische Methode" der Volkskunde und der „Prozeß der Zivilisation" des Norbert Elias, in: D. Harmening/E. Wimmer (Hrsg.), Volkskultur – Geschichte – Region, Festschrift für W. Brückner zum 60. Geburtstag, Würzburg 1990, 58-76.
Ders., Die Verrechtlichung der Volkskultur, in: Ders./K. D. Sievers (Hrsg.), Das Recht der kleinen Leute. Beiträge zur Rechtlichen Volkskunde. Festschrift für Karl-S. Kramer zum 60. Geburtstag, Berlin 1976.
Ders., Die Wiederkehr der Volkskultur. Der neue Umgang mit einem alten Begriff, in: Ethnologia Europaea XIV, 1984, 25-31.
K.-S. Kramer, Grundriß einer Rechtlichen Volkskunde, Göttingen 1974.
Ders., Volksleben im Hochstift Bamberg und im Fürstentum Coburg (1500-1800). Eine Volkskunde auf archivalischen Quellen, Würzburg 1967.
Ders., Zur Erforschung der historischen Volkskultur. Prinzipielles und Methodisches, in: Rheinisches Jahrbuch für Volkskunde 19, 1968, 7-41.
A. Lehmann, Volkskunde, in: H.-J. Goertz (Hrsg.), Geschichte. Ein Grundkurs (rowohlts enzyklopädie), Reinbek bei Hamburg 1998, 456-472.
A. Lüdtke, Alltagsgeschichte, Mikro-Geschichte, historische Anthropologie, in: H.-J. Goertz (Hrsg.), Geschichte. Ein Grundkurs (rowohlts enzyklopädie), Reinbek bei Hamburg 1998, 456-472.
G. Lutz (Hrsg.), Volkskunde. Ein Handbuch ihrer Probleme, Berlin 1958.
R.-E. Mohrmann, Alltagswelt im Land Braunschweig. Städtische und ländliche Wohnkultur vom 16. bis zum frühen 20. Jahrhundert (Beiträge zur Volkskultur in Nordwestdeutschland Bd. 56), Münster 1990.
H. Moser, Volksbräuche im geschichtlichen Wandel. Ergebnisse aus fünfzig Jahren volkskundlicher Quellenforschung, München 1985.
Ders., Gedanken zur heutigen Volkskunde. Ihre Situation, ihre Problematik, ihre Aufgaben, in: Bayerisches Jahrbuch für Volkskunde 1954, 208-234.
E. Moser-Rath, Predigtmärlein der Barockzeit. Exempel, Sage, Schwank und Witz des 17. und 18. Jahrhunderts in geistlichen Quellen des oberdeutschen Raumes, Berlin 1964.
R. Schenda, Volk ohne Buch. Studien zur Sozialgeschichte der populären Lesestoffe 1770-1910, 3. Aufl., Frankfurt/M. 1988.
W. Schulze, Gerhard Oestreichs Begriff „Sozialdisziplinierung in der Frühen Neuzeit", in: ZHF 14, 1987, 265-302.
E. P. Thompson, Plebeische Kultur und moralische Ökonomie. Aufsätze zur Sozialgeschichte des 18. und 19. Jahrhunderts, Frankfurt/M./Berlin/Wien 1980.
Ch. Tilly/L. Tilly/R. Tilly, The Rebellious Century 1830-1930, Cambridge/Mass. 1975.
I. Weber-Kellermann/A. Bimmer, Einführung in die Volkskunde/Europäische Ethnologie, 2. Aufl., Stuttgart 1985.

Literaturwissenschaft: Quellen als Texte gelesen

Eine elisabethanische Quelle. Im Jahr 1579 veröffentlichte der Jurist John Stubbs ein Pamphlet, mit dem er seine Königin, Elizabeth I. (1533-1603), vor einer Ehe mit dem französischen Prinzen von Anjou warnte. Es trägt den aussagekräftigen Titel „The Discoverie of a Gaping Gulf wherein England is like to be swallowed by an other French marriage, if the Lord forbid not the banes, by letting her Maiestie see the sin and punishment thereof": Die Entdeckung eines gähnenden Schlundes, von dem England durch eine französische Heirat verschlungen werden wird, wenn der Herr nicht das Aufgebot verbietet, indem er Ihrer Majestät deren Sündhaftigkeit und Strafe zeigt. An dieser Quelle läßt sich beispielhaft zeigen, wie sich im Verlauf der letzten Heiratsverhandlung der mittlerweile 46jährigen Königin ein Gefühl der nationalen Identität der Engländer herausbildete. In seinem Zentrum stand ein Bewußtsein von der Einzigartigkeit und Auserwähltheit der protestantischen Glaubensgemeinschaft, gepaart mit einem Abgrenzungsbedürfnis von den katholischen Mächten des Kontinents. Das Ungleichgewicht der Kräfte wie auch die ständige Bedrohung des Inselkönigreichs wurden durch die symbolische Überhöhung des jungfräulichen Körpers der Königin vortrefflich ins Bild gesetzt.

Die Vorstellung, von einem katholischen Franzosen regiert zu werden, war für viele der protestantischen Engländer unannehmbar. Und obgleich die Herrschaft einer unverheirateten Frau und die daraus folgende Unsicherheit der Nachfolge fortgesetzte politische Instabilität bedeutete, zog man diese doch einer katholischen Allianz vor, wie man sie unter der Herrschaft Philipps von Spanien, des Ehemanns von Elizabeths älterer, katholischer Schwester Mary, hatte erleben müssen.

▷ S. 19
Seit 1517:
gion und
Politik

In seinem Text stellt Stubbs die Königin als paradiesische Eva dar, deren Reinheit durch die satanische Schlange Anjou bedroht werde. Gleichzeitig sei sie aber auch Adam und damit Herrscher über den Garten Eden. Sein Pamphlet will nun dafür sorgen, daß der Sündenfall abgewendet und das Paradiesgärtlein England vor dem Eindringen der Franzosen bewahrt wird, daß Elizabeth also gleichzeitig Adam und Eva bleiben kann. Die französische Heirat, das deutet der Titel des Pamphlets an, ist der Abgrund, der die reine Jungfrau England verschlingen wird, wenn sich Elizabeth nicht von Anjou abwendet. Stubbs' polemische Argumentationsweise scheut auch vor expliziten Sexualisierungen nicht zurück, wenn etwa der französische Prinz als menschgewordener Satan dargestellt wird, der seinen Stachel zunächst im Mund trägt, um die Königin mit süßen Worten zu umwerben, dem es aber letztendlich um die Penetration des reinen Königinnenkörpers geht. Der Belagerungscharakter dieser Werbung und die Exilmentalität der protestantischen diasporischen Gemeinschaft sind auch an den zu ihrer Darstellung benutzten Bildern ablesbar: Elizabeth und mit ihr die protestantische Religion werden als bronzene Tür und eiserne Mauer gegen die papistischen Feinde bezeichnet. Schließlich werden noch weitere alttestamentarische Vorbilder, etwa die Geschichte von Jona im Bauch des Wals, angeführt, um zu demonstrieren, wie die Königin über ihre Feinde triumphieren wird – Elizabeth lebte als protestantische Prinzessin während der Herrschaft Mary Tudors in ständiger Lebensgefahr.

Auffällig ist, daß sich die paradiesische Frauengestalt in diesen Darstellungen mit einer räumlichen Gestalt überlagert, die gleichzeitig England und den Garten Eden verkörpern soll. Weiterhin ist bemerkenswert, daß es

Dieses Porträt der Königin entstand aus Anlaß eines „progress", d.h. einer Reise der Königin und ihres Hofstaates durch die verschiedenen Grafschaften. Es zeigt Elizabeth auf einer Landkarte Englands stehend. Es heißt **„Ditchley"-Porträt**, weil die Füße der Königin in Ditchley in der Grafschaft Oxfordshire stehen, wo sie Gast von Sir Henry Lee war, der auch dieses Gemälde anfertigen ließ. Die Darstellung der Königin auf dem englischen Territorium verweist auf eine der zentralen Aussagen in der Verehrung Elizabeths als „jungfräulicher Königin". Im Bild des politischen Körpers (body politic) der Monarchin verschmelzen ihre Körpergrenzen und die territoriale Begrenzung des Inselkönigreichs miteinander, eine Bedrohung der körperlichen Reinheit ist im Fall Elizabeths immer auch eine politische Bedrohung Englands. Diese Identifikation von Königskörper und Reich geht auf die mittelalterliche Vorstellung von den zwei Körpern des Königs zurück, nach der der jeweilige Monarch zwei Körper besitzt: den „natürlichen Körper", der sterblich ist und ein Geschlecht hat, und den „politischen Körper", der unsterblich und geschlechtslos ist. Dieser „body politic" wird in absolutistischen Zeiten häufig mit dem Reich identifiziert. Beim Tod des Königs geht er auf den nächsten Monarchen über und stiftet so dynastische Kontinuität [KANTOROWICZ].

Die Rede von der „Jungfräulichkeit" der Königin bezieht sich also in ihren politischen Implikationen auf den „body politic" der Monarchin. Dieser ist auch im Porträt überlebensgroß ins Bild gesetzt und verweist auf die Stärke der mit Perlen, den Symbolen der Jungfräulichkeit, geschmückten Königin. Bemerkenswert an der Darstellung ist außerdem das Bildmotiv der Landkarte, denn kartographische Vermessungen des Königreichs, d.h. die Erfassung der „tatsächlichen" Gestalt der Insel mit modernen Mitteln, steckten im 16. Jahrhundert noch in den Kinderschuhen. Die darin enthaltene Darstellung des Königreichs als Territorium deutet schon auf die Entwicklung eines nationalen Bewußtseins hin, für das die Loyalität zum Land eine wichtige Rolle spielt.

Bild: Marcus Gheeraerts d.J., Ditchley-Porträt Elizabeths I., Öl auf Leinwand, ca. 1592, National Portrait Gallery London.

Literatur: R. STRONG, Gloriana. The Portraits of Elizabeth I. London 1987.

vorwiegend Vorstellungen von körperlicher und geistig-moralischer Reinheit sind, die hier ins Bild gesetzt werden. Im Verlauf der letzten beiden Lebensjahrzehnte der Königin wurden genau diese Elemente zu den beherrschenden Charakteristika ihrer Ikonographie, des „Kultes", der um sie getrieben wurde.

Stubbs' Text greift in der Darstellung der von Frankreich ausgehenden Gefahr auf bekannte Bilder zurück. In der protestantischen Propaganda wird traditionell der Papst in Rom als satanische Schlange oder als Hure Babylon dargestellt, die die reine Lehre oder Gemeinschaft verführen und verderben will. Ihr wird die bedrohte Gemeinschaft im Bild der Jungfrau entgegengesetzt, ein Bild, das gleichzeitig Schwäche, Bedrohtheit und außergewöhnliche Reinheit symbolisiert. Jungfräulichkeit muß demnach hier als eine politische Metapher verstanden werden, die sowohl die Gefährdung als auch die Unantastbarkeit der jeweiligen Gemeinschaft oder ihres Territoriums verbildlicht.

Für Stubbs vermischen sich Vorstellungen des Paradieses, der wahren Religion, Englands und des Körpers seiner Königin, alle vier können in denselben Bildlichkeiten dargestellt werden. Damit ist sein Text repräsentativ für die Vorstellungen vieler Zeitgenossen Elizabeths über die zu bewahrende, immer gefährdete Reinheit der protestantischen Lehre, die den Kern der nationalen Identität im frühneuzeitlichen England bildet. Da sich dieses Nationalbewußtsein nicht im Rahmen eines Nationalstaats, sondern einer quasi-absolutistischen Monarchie entwickelte, wird nicht das Volk, sondern – zunächst – die Königin zum Fokus der Selbststilisierung der englischen Nation.

Stubbs' Text ist paradigmatisch für Texte der zweiten Hälfte des 16. Jahrhunderts, d.h. er bedient sich verschiedener Elemente, die sich in vielen Quellen der Zeit auffinden lassen. Es ist jedoch schwierig, ihn als Textquelle zu einer einheitlichen Aussage über die Königin zu befragen, ohne gleichzeitig elisabethanische Panegyrik, also literarische Texte, die Elizabeths Herrschaft preisen, zur Kenntnis zu nehmen. Da sein Aussagegehalt eher auf der allegorischen Ebene zu finden ist, man seine Aussagen also im übertragenen Sinn lesen muß, liegt es hier nahe, sich bei der Interpretation eines literaturwissenschaftlichen Instrumentariums zu bedienen. Daneben gilt es aber noch auf der strukturellen Ebene darüber nachzudenken, was es bedeutet, wenn eine Quelle in schriftlicher Form, als Text also, überliefert ist.

Zum Textbegriff. Zunächst ist also einmal zu klären, um was für ein Gebilde es sich bei einem „Text" überhaupt handelt. Literaturwissenschaftlich betrachtet gibt es da verschiedene Merkmale.

Zunächst ist ein Text eine sprachliche Struktur: er besteht aus sprachlichen oder linguistischen Zeichen. Das sprachliche Zeichen wiederum besteht aus Signifikant und Signifikat, also Bezeichnendem und Bezeichnetem oder Wort und Bedeutung. Die Worte oder Signifikanten sind arbiträr, d.h. willkürlich, und stehen in keiner wesenhaften Beziehung zu dem, was sie bezeichnen. Sie beruhen auf Konvention, d.h. auf der irgendwann einmal getroffenen Abmachung, ein bellendes Lebewesen auf vier Beinen etwa mit dem Wort H-U-N-D oder in Lautgestalt [Hund] zu bezeichnen, und zwar wiederholbar: die Laut- oder Buchstabenfolge muß immer dasselbe bedeuten. Das sprachliche Zeichen wird somit nicht durch Eigenschaften definiert, die dem Bezeichneten wesentlich sind, sondern dadurch, daß es sich von anderen Zeichen unterscheidet; ändert

Forschungsstimme

Die Literaturwissenschaft beschäftigt sich seit einigen Jahren mit Problemen der Historizität, d.h. Geschichtlichkeit von Texten und Subjekten und den daraus resultierenden Fragen nach der Interpretation der Literatur früherer Epochen. Ein führender Vertreter des „New Historicism", Louis Montrose, hat diesen Erklärungsansatz auf die prägnante Formel des reziproken Verhältnisses von der Textualität der Geschichte und der Geschichtlichkeit von Texten gebracht, welches bei der Textanalyse jeweils zu bedenken sei. Sowohl die Strukturmerkmale der Kategorie „Text" als auch die Reflexion über die historische Distanz zwischen Text und Lesenden wirken prägend auf die Interpretation historischer Texte und damit auch auf die Textproduktion von Historikerinnen und Historikern:

„Die poststrukturalistische Ausrichtung auf Geschichte, die jetzt in der Literaturwissenschaft aufkommt, kann mit einem Chiasmus bezeichnet werden als ein reziprokes Interesse an der Geschichtlichkeit von Texten und der Textualität von Geschichte. Mit der Geschichtlichkeit von Texten behaupte ich die These von der kulturellen Bestimmtheit, der gesellschaftlichen Einbettung jeglicher Art von Geschriebenem – nicht nur der Texte, die Gegenstand der Literaturwissenschaft sind, sondern auch der Texte, in denen wir diese behandeln. Mit der Textualität von Geschichte behaupte ich die These, daß wir erstens keinen Zugang zu einer vollen und authentischen Vergangenheit haben, zu einer gelebten materialen Existenz, die nicht über die überlebenden textuellen Spuren der betreffenden Gesellschaft vermittelt wäre – Spuren, deren Überleben wir nicht für rein zufällig nehmen können, sondern wenigstens teilweise als Folge komplexer und subtiler Bewahrungs- und Auslöschungsvorgänge ansehen müssen; und daß zweitens diese textuellen Spuren selber weiteren textuellen Vermittlungen unterworfen werden, wenn man sie als „Dokumente" liest, auf die Historiker ihre eigenen, „Geschichten" genannten Texte gründen. Wie Hayden White uns unmißverständlich ins Gedächtnis gerufen hat, konstituieren solche textuellen Geschichten notwendigerweise, aber stets unvollständig, in ihren narrativen und rhetorischen Formen die „Geschichte", die sie zugänglich machen."

Quelle: Louis Adrian Montrose, Die Renaissance behaupten. Poetik und Politik der Kultur. In: New Historicism. Literaturgeschichte als Poetik der Kultur. Hrsg. v. Moritz Bassler. Frankfurt 1996, S. 67-68.

man nur einen Buchstaben, so bedeutet es etwas anderes, etwa H-A-N-D.

Die beschriebene Auffassung von Sprache verdankt sich vor allem den Analysen des schweizerischen Sprachwissenschaftlers Ferdinand de Saussure. Sein *Cours de linguistique générale* (1916) bildete die Grundlage strukturalistischer Erklärungsansätze, die unter dem Stichwort der Linguistisierung der Literaturwissenschaft zusammengefaßt werden können. Der Strukturalismus beschrieb Sprache als ein synchrones System von Zeichen, die kohärente, d.h. in sich stimmige Strukturen bilden, innerhalb derer die Relation der Zeichen zueinander sinngebend ist.

Die poststrukturalistische Weiterentwicklung dieser Vorstellung, etwa durch den französischen Philosophen Jacques Derrida, kritisierte vor allem die wissenschaftliche Anmutung dieses Systems und die angenommene Repräsentationsfunktion des Zeichens. War der Strukturalismus davon ausgegangen, daß eine stabile Beziehung zwischen Signifikant und Signifikat besteht, daß also das Wort Bedeutung bloß transportiere und auf einen stabilen Referenten verweise, so behauptete die poststrukturalistische Literaturwissenschaft die grundsätzliche Instabilität des Referenzbezugs und die Eigenständigkeit des Signifikanten. Sprache ist demnach ein System von Differenzen, innerhalb dessen sprachliche Zeichen immer nur auf andere verweisen und nie von sich aus bedeutungsvoll sind. Wenn Bedeutung aber durch die Differenz zwischen den Zeichen – und nicht durch die Repräsentationsfunktion des Zeichens – festgelegt wird, so beinhaltet das die grundsätzliche Unmöglichkeit der Sinnfestschreibung im Akt des Sprechens oder Schreibens.

Sprache und Schrift sind, auch darauf hat im Gefolge der Sprachphilosophie die poststrukturalistische Literaturwissenschaft hingewiesen, nicht bloß Vermittlungssysteme: Weder kann das Wort das Ding ein für alle Male benennen, noch ist Schrift die direkte Repräsentation von Rede, d.h. es gibt keine unmittelbare Übertragung von Sinn in Rede oder Schrift. Dazwischen steht immer die Sprache als sozial verfaßtes Medium. Sprache ist eine kulturelle Matrix, d.h. ein System gesellschaftlich determinierter Kodierungen. Als solche existiert sie schon vor dem individuellen Sprechakt und wird durch diesen jeweils aktualisiert, ist aber auch schon immer mit Bedeutung aufgeladen. Jede Äußerung innerhalb dieser Matrix muß dem Rechnung tragen: ohne Rückgriff auf ein gesellschaftlich oder kulturell determiniertes Kommunikationsmedium könnten sich Menschen nicht untereinander verständigen. Das hat zur Folge, daß auch der Sinn einer Aussage nicht direkter Abdruck des Bewußtseins des Sprechenden oder Schreibenden sein kann, das in einen Text geronnen und damit fixiert wäre – das würde gleichzeitig bedeuten, daß der Autor bzw. die Autorin den Sinn des Textes ein für alle Male festgelegt hätte. Der Sinn einer Aussage ist vielmehr Ergebnis des Umgangs mit einer kulturellen Matrix, an der auch das Unbewußte seinen Anteil hat. Für den französischen Psychoanalytiker Jacques Lacan fallen der Eintritt in die symbolische Ordnung und der Eintritt in die Sprachgemeinschaft quasi in eins, d.h. das Ich „entsteht" als Effekt der Aneignung einer kulturellen Matrix, die immer auch eine sprachliche ist. Sowohl Sprachphilosophie als auch poststrukturalistische Literaturwissenschaft gehen von der grundsätzlichen sprachlichen Verfaßtheit von Denken und Wahrnehmung aus. Ohne Sprache wären Ereignisse, Phänomene und Bewußtseinsinhalte weder faß- noch vermittelbar, durch sie werden Ereignisse gleichsam erst in die Welt unserer Wahrnehmung transportiert: „Sprachliche Vermittlung bedeutet nicht mehr, daß eine beschreibbare Realität außerhalb der Sprache abgebildet wird, sondern daß Sprache Realität konstruiert" [CONRAD/KESSEL 1994, 19/20].

Im Unterschied zur gesprochenen Rede ist der Text ein schriftlich fixiertes Sprechereignis; er muß daher losgelöst vom pragmatischen Kontext der Rede betrachtet werden. Auch sind der Sprecher oder die Sprecherin nicht anwesend, um sie gegebenenfalls nach dem Sinn ihrer Äußerung zu befragen. Der Text als ein schriftlich fixiertes sinntragendes Sprachgebilde bedarf daher der Auslegung durch die Lesenden. Der Ausgang dieses Rezeptionsprozesses – eines Prozesses des Aufnehmens und Auslegens – hängt von verschiedenen Faktoren ab. Zum einen müssen dabei die persönlichen „Determinanten" der Leserin bzw. des Lesers berücksichtigt werden: Geschlecht, Hautfarbe, Religion, ethnische Zugehörigkeit strukturieren die Wahrnehmung der Welt und eben auch die Wahrnehmung – wie die Produktion – von Sinn im Text. Hinzu kommen unbewußte Prägungen und Vorlieben, die strukturierend auf Textauslegung und -produktion einwirken können.

Für die Frage sprachlicher Bedeutung und Textinterpretation bedeutet dies, daß erstens nicht die Verfasserin oder der Verfasser den Sinn eines Textes determiniert und daß nicht alle von ihr oder ihm bewußt angelegten Aussagen verstanden werden, daß aber auch nicht alle möglichen Interpretationen von der Autorin bzw. dem Autor vorgesehen sind. Wenn das Ich eine Funktion von Sprache ist, dann ist auch die Autorin bzw. der Autor nicht „Herr" über den Text. Zweitens sind Sinn und Bedeutung eines Textes nie ein für alle Male festlegbar, da sie vom jeweiligen Standpunkt abhängen. Die Standortgebundenheit der Interpretation verhindert eine endgültige Sinnfestschreibung, da sich in verschiedenen historischen Epochen, politischen Systemen oder kulturellen Organisationsformen unterschiedliche Rezeptionshorizonte ergeben, mit denen das zu Interpretierende abgeglichen werden muß, um jeweils verständlich zu sein. Daß dabei sehr unterschiedliche Interpretationen entstehen können, ist klar. Unklar ist, ob es unter diesen Voraussetzungen Kriterien zur Ermittlung der zutreffenden Interpretation geben kann.

Als weiterer Faktor kommt dazu die Geschichtlichkeit des Textes. Jeder Text, literarisch oder nicht-literarisch, existiert im Medium der Geschichte. Er wurde an einem bestimmten historischen Punkt produziert, trägt also seine historischen Entstehungsbedingungen eingeschrieben, er wird aber zu anderen historischen Momenten bzw. in anderen historischen Konstellationen gelesen, die auch wieder die jeweilige Interpretation beeinflussen. Zum Verständnis des historischen Textes ist es jedenfalls nötig, die zeitliche Differenz zwischen Textproduktion und -rezeption zu bedenken, d.h. zu verstehen, in welchem historischen Umfeld der Text entstanden ist, welche Art zu denken er reflektiert oder auch produziert hat. Je mehr den Lesenden über das historische Umfeld bekannt ist, desto besser wird es möglich sein, die Textaussage in eine historische Konstellation einzuordnen. Dabei ist es jedoch aus den oben genannten Gründen nicht möglich, diese zeitliche Distanz zu überbrücken und sich vollständig in einen Text hineinzuversetzen, denn die historische Differenz zwischen Lesenden und Verfassenden kann nie ganz ausgeblendet werden. Sowohl Leserin und Leser als auch Autorin und Autor sind historische Subjekte, die den kulturellen Prägungen ihrer Zeit verhaftet sind und ihre symbolischen Ordnungen verinnerlicht haben. Selbst wenn wir alles über eine bestimmte Epoche wüßten, alle ihre Texte aufgenommen hätten, könnten wir doch nicht einen Text dieser Zeit so lesen und verstehen, wie es die Zeitgenossen taten.

Bei allen Quellen in Textform muß daher bei der Auslegung das vermittelnde Medium mit bedacht werden, da es nicht bloß Inhalte transportiert, sondern diese mit konstruiert. Form bzw. Darstellungsmodus und Inhalt sind nicht zu trennen, da die jeweils beschriebenen Inhalte oder Fakten nicht anders als textuell vermittelt werden können. Das Medium „Text" strukturiert Bedeutung vor, nicht nur durch die genannten Aspekte, sondern, davon abgeleitet, auch durch die Auswahl dessen, was überliefert und was weggelassen wird. Das heißt gleichzeitig, daß es unmöglich ist, zu rekonstruieren, wie ein historisches Ereignis wirklich passiert ist: eine Textquelle ist die begriffliche Fassung eines Ereignisses, das eben nicht-begrifflich stattgefunden hat. Seine Niederschrift fixiert es in einer von vielen möglichen Formen, die alle nicht das Ereignis selbst sind, sondern ihm eine bestimmte Form geben, ohne die es nicht verständlich wäre. Zwei der im Medium „Text" strukturell angelegten ordnungs- und sinnstiftenden Modi sollen hier noch näher erläutert werden, die narrative Darstellungsweise mit ihren linear-kausalen Ordnungsmustern und die Formen der Repräsentation, die innerhalb des Textes durch Bildlichkeit und Rhetorik die Sinngebung lenken.

Welt als Text: die linguistische Wende (linguistic turn). Statt den historischen Text als Ausdruck eines individuellen Bewußtseins zu begreifen, schlägt die poststrukturalistische Literaturwissenschaft einen anderen Weg vor,

Zusammenarbeit mit anderen Fächern
Literaturwissenschaft:
Quellen als Texte
gelesen

Detailskizze

Die Rede vom „Diskurs" geht zurück auf den französischen Philosophen Michel Foucault (1926-1984). Die von Foucault entwickelte Methode der **Diskursanalyse** definiert den Text, im Einklang mit poststrukturalistischer Theorie, als eine symbolische Struktur unter anderen, ebenfalls kulturell sinnhaften und sinnproduzierenden Strukturen. Diskurse erscheinen als Texte, Formen des Wissens, Institutionen, Kunstwerke, Rituale und gesellschaftliche Praktiken, Regeln und Gesetze, Denk- und Handlungsweisen, Empfindungen und Emotionen bzw. als Kombinationen all dieser Elemente. Polemisch könnte man diese als „Texte" beschreiben. Doch um klarzustellen, daß Diskurs nicht einfach Reden bzw. Text meint, ist es sinnvoller, umgekehrt den Text als eine symbolische Struktur zu verstehen, die wie andere symbolische Strukturen semiologisch zu begreifen ist, also als eine Zeichenstruktur gedeutet werden muß, der ihre historischen Entstehungsbedingungen und kulturellen Prägungen eingeschrieben sind. Damit wird es möglich, alle genannten Elemente aufeinander zu beziehen, sie als Äußerungen innerhalb einer kulturellen Matrix zu begreifen. Der Begriff des Diskurses unterstellt all diesen Elementen eine gewisse Einheitlichkeit, strukturelle Ähnlichkeiten und eine gemeinsame innere Logik. Damit ist der Diskurs eine räumlich-netzartige, nicht mehr linear-progressive Anordnung, eine Art kultureller Textur, ein polyphones Geflecht von Stimmen, das nicht mehr auf eine einheitliche Aussage festgelegt werden kann. Innerhalb einer Kultur oder einer historischen Epoche – es ist zu bedenken, daß diese Ordnungskategorien selbst wieder diskursiv verfaßt und auch grob vereinheitlichend sind – existiert natürlich nicht nur ein Diskurs, sondern es gibt viele davon, die sich teilweise überlappen, teilweise voneinander absetzen. Einige Diskurse sind hegemonial, d.h. kulturell sinnstiftend und damit Macht ausübend und Machtpositionen produzierend, andere sind erst im Entstehen begriffen. Jede Äußerung innerhalb eines Diskurses produziert „Macht", indem sie den Diskurs reproduziert, auf je eigene Weise, abhängig vom Standpunkt des oder der Äußernden innerhalb des Geflechts. Diese Form der kulturellen Wissensorganisation bedarf keines vereinheitlichenden Subjekts, auch der Autor selbst ist nur eine Position im Diskurs, die durch diesen selbst produziert ist, nicht umgekehrt.

Literatur: H. Fink-Eitel, Foucault zur Einführung. Hamburg 1989; J. Fohrmann/H. Müller (Hrsg.), Diskurstheorien und Literaturwissenschaft. Frankfurt 1988.

den der Diskursanalyse. Die oben vorgestellte poststrukturalistische Auffassung vom Text als einer unabschließbaren, offenen Zeichenstruktur entstand zunächst aus philosophischer Perspektive, eingebettet in das größere Projekt einer Kritik an metaphysischen Ordnungsmechanismen. Als solche werden alle geschlossenen Systeme und Strukturen verstanden, da sie auf einen „zentralen" oder auch „transzendentalen" Signifikanten hingeordnet seien, der als Garant ihrer Ordnung und ihres inneren Zusammenhalts fungiere. Als transzendentale Signifikanten werden z.B. der Logos, der Phallus oder auch Gott identifiziert. Die Kritik poststrukturalistischer Theorien am westlichen Logozentrismus, Phallozentrismus und Idealismus betonte, daß diese Hinordnung eine Reduktion aller Glieder in der Bedeutungskette auf ihre Beziehung zum zentralen Signifikanten beinhalte und andere Bedeutungsmöglichkeiten wegen ihrer ordnungssprengenden Kraft ausblende [Culler; Engelmann]. Auf diese Weise entstünde ein Machtverhältnis, das vom zentralen Signifikanten als strukturierender, ordnender Kraft ausgehe und sich auf alle Bereiche des Systems oder der Struktur erstrecke und das Hierarchiebeziehungen zwischen den einzelnen heterogenen Bedeutungsgliedern erstelle. Die noch vom Strukturalismus angenommene Geschlossenheit des Bedeutungssystems wird vom Poststrukturalismus radikal dekonstruiert, d.h. auseinandergenommen und hinterfragt. In anderen Kontexten wird deshalb der Poststrukturalismus auch als Dekonstruktion, in seinen philosophischen und soziologischen Implikationen auch – häufig polemisch – als Postmoderne bezeichnet.

Anknüpfend an die Erkenntnisse der Psychoanalyse über die Spaltungen des Subjekts beim Eintritt in kulturelle Ordnungen verkündeten poststrukturalistische Theoretiker wie Roland Barthes, Jacques Derrida und Michel Foucault den „Tod des Autors", d.h. der vermeintlich zentralen sinnstiftenden Instanz bei der Textproduktion. War schon Sigmund Freud davon ausgegangen, daß das Ich nicht „Herr im eigenen Haus" ist, so dekonstruierten poststrukturalistische Theorien die Annahme von der Souveränität des Subjekts bei der Produktion von (Text-)Sinn endgültig. Sie beschrieben das Subjekt als gespalten und prozeßhaft, als eine Position im Diskurs ohne stabile, autonome Identität, von der aus Sinn gestiftet werden könnte. Die klassischen Vorstellungen vom rationalen, männlichen, weißen, christlichen Subjekt, an dem sich alle neuzeitlichen Subjektmodelle ausrichten, begriffen sie als Konstruktion, als einen stabilisierenden Machteffekt. Das autonome Subjekt sei das Korrelat, d.h. das Ergänzungsstück einer ganz auf den Logos gerichteten Auffassung von Geschichte, die nur von einem behaupteten Punkt außerhalb des Diskurses erzählt werden könne. So wenig es diesen Punkt schon wegen der Unsagbarkeit dessen, was außerhalb des Diskurses ist, geben kann, so wenig kann es auch einen externen Beobachter geben, der objektiv aufschreiben könnte, „wie es gewesen ist". Jeder Form idealistischer Geschichtschreibung, sei es in Gestalt einer „Geschichte großer Männer" oder auch „großer Erzählungen" von der Entfaltung der Vernunft, der Freiheit, des Proletariats, ist mit dieser Auffassung vom Subjekt der Boden entzogen. Sie wirft aber die Frage nach der Handlungsfähigkeit auf: Wenn das Subjekt eine diskursive Position ist, wie kann es dann handlungsfähig sein, und worauf basiert Agenz, d.h. Handlungsfähigkeit, wenn die Optionen durch den Diskurs immer schon vorgegeben sind? Für die Frage nach historischer Veränderung ist dieses Problem der Agenz zentral, denn wenn alles diskursiv verfaßt ist und nicht durch Subjekte kontrolliert wird, wie kommt es dann zu den Veränderungen, die für uns fast die Essenz von Geschichte ausmachen?

Statt von geschichtsmächtig handelnden Subjekten auszugehen, beschreiben poststrukturalistische Theorien – auch beeinflußt von ethnologischen Methoden – vergangene Epochen als ein Geflecht von „Texten", also als sinnvolle, in sich kohärente Zeichenstrukturen, die man in ihrem gegenseitigen Bezug sehen muß, um zu einem Verständnis vom Ganzen der jeweiligen Kultur zu gelangen. Aber auch hier ergeben sich zunächst Probleme: wenn man alle kulturellen Ereignisse und Phänomene als „Texte" begreift und wenn es, wie Derrida behauptet, kein „Außerhalb des Textes" gibt, wie kommt dann die Realität ins Spiel? Angesichts eines ungeordneten Universums von potentiell gleichberechtigten Texten erscheint dann die von der Geschichtswissenschaft betriebene Sinnstiftung als willkürlich und kaum nachvollziehbar. Und wenn alle wissenschaftlich Arbeitenden ihre eigene Interpretationsleistung als diskursiv begreifen und damit auch jede Erkenntnis als konstruiert, wie kann dann noch irgendetwas erklärt werden? Tatsächlich gelingt es, wenn man poststrukturalistische Ansätze einmal jenseits aller Polemik betrachtet, mit Hilfe ihrer – im weitesten Sinne intertextuellen, d. h. textvergleichenden – Arbeitsweise recht gut, die Realität des Imaginären und die Gemachtheit unserer Lebensumstände, auch unserer persönlichen und kollektiven Mythen und Fiktionalisierungen, zu beschreiben. Daß der hier betriebene Angriff auf gesellschaftliche Kategorien auch auf unsere eigene Weltsicht destabilisierend wirkt, muß dabei ausgehalten werden; und ebenso sind die theoretischen Widersprüche auszuhalten, die sich dadurch ergeben, daß dekonstruktive Kritik innerhalb eines kulturell bestimmten Begriffsrasters mit der Absicht arbeitet, dieses aufzuheben. Die genannten Prägungen und die sprachlich-kulturelle Verfaßtheit unseres Ich erlauben es nicht, einen Standpunkt außerhalb der gesellschaftlichen Diskurse als Ausgangspunkt der Kritik zu wählen; so kann also nur von „innerhalb" subversiv kritisiert werden. Indem wir uns aber das selbstverständlich Erscheinende fremd machen, können wir seine Gemachtheit und Geschichtlichkeit aufzeigen, und das heißt gleichzeitig, es als veränderbar begreifen. Und indem wir die Pluralität der Diskurse als solche gelten lassen und sie nicht mehr in den Dienst einer einheitlichen Lesart stellen, können wir auch marginalisierte Stimmen, d. h. Stimmen gesellschaftlicher Randgruppen, hören.

Dennoch bleibt letzten Endes die Problematik politischer Äußerungen im Namen gesellschaftlich machtloser Gruppen bestehen. Als ein Beispiel mag hier die feministische Wissenschaft dienen, die aus dem Interesse heraus entstand, Frauen als handelnde Subjekte in Text oder Geschichte wiederzufinden. In ihrem Rahmen wurden ganz verschiedene Ansätze entwickelt, die durch die poststrukturalistische Theoriebildung wichtige Impulse erhalten haben und umgekehrt auch zu ihr wesentlich beitrugen [Ecker]. Vertreterinnen einer „weiblichen Geschichtsschreibung" fordern das Wiedereinschreiben der Frauen in die Geschichte und das Sichtbarmachen weiblicher Agenz. Diese Art der „Vervollständigung" herkömmlicher Geschichtsschreibung geht radikaleren Vertreterinnen der Zunft nicht weit genug, da sie weder die Kategorie „Geschlecht" in ihrer gängigen anatomischen Definition noch das phallozentrische bzw. logozentrische Bezugssystem in Frage stelle. Radikal dekonstruktivistisch vorgehenden Kritikerinnen wie etwa der amerikanischen Philosophin Judith Butler wird dagegen vorgeworfen, daß ihr nicht nur das Subjekt verloren gehe, sondern auch die Kategorie „Geschlecht", so daß gesellschaftspolitische Forderungen nach Gleichberechtigung nun überhaupt nicht mehr formulierbar seien [Butler; Maihofer]. Schwarze und lesbische Frauen bemängeln schon seit längerem, aus ganz verschiedenen Perspektiven, daß bereits die Kategorie „Frau" grob homogenisierend sei, da ihr die weiße, westliche, heterosexuelle Frau zugrundeliege. In ihren Theoriebildungen wird genau dieses Phantasma dekonstruiert, mit dem – ebenfalls problematischen – Ergebnis, daß es „die Frau" nicht gibt, daß im Namen von „Frauen" aber auch keine gesellschaftlichen Forderungen mehr gestellt werden können. In dem Spagat zwischen theoretischer Dekonstruktion und gesellschaftlicher Gleichheitsforderung können nur noch strategisch „Subjektpositionen" besetzt werden, ohne jedoch auf ihrer allgemeinen Verbindlichkeit zu beharren.

Narrativität. Hayden White hat in verschiedenen Werken darauf hingewiesen, daß das Ereignis, so wie es uns in der Geschichtsschreibung gegenübertritt, durch den narrativen Modus, d.h. die erzählerische Darstellungsform konstruiert wird. Hier soll nun aufgrund dessen, was vorher über die Textform gesagt worden ist, dasselbe für textuelle Quellen gezeigt werden. Wenn Textproduktion grundsätzlich abhängig ist vom Standpunkt der Verfasserin oder des Verfassers und das jeweils sinnstiftende Raster im Auge der Betrachtenden liegt, dann sind natürlich auch historische Quellentexte diesen Einschränkungen unterworfen.

Zusammenarbeit mit anderen Fächern
Literaturwissenschaft:
Quellen als Texte
gelesen

Jeder Prosatext erzeugt Sinn durch seine narrative Form, seine Erklärungswirkung hängt von der Einfügung der überlieferten Ereignisse in eine bestimmte, kulturell verständliche Matrix (White nennt das „emplotment") ab. Über das Benutzen einer kulturell vorgegebenen sprachlichen Struktur hinaus muß das zu Sagende auch noch in eine bestimmte Plotstruktur, d.h. ein bekanntes Handlungsmuster, verpackt werden, um verstanden werden zu können. Erst das narrative Muster gibt einem Ereignis Gestalt und Bedeutung, macht es zu einem kulturell verständlichen Dokument und damit zu einer Quelle, die uns sinnvolle Aussagen über die Vergangenheit erlaubt.

▷ S. 323 ff. Darstellung: Das Schreiben der Geschichte

Die hier beschriebene Sinnstiftung durch Formgebung betreibt eine Art Vertrautmachen von Neuem oder Fremdem – z.B. weibliche Herrschaft oder die Nation – durch Einbetten in bekannte narrative Muster oder Handlungsstrukturen. Im elisabethanischen England sind dies vor allem die Heilserzählungen, d.h. auf einem apokalyptischen Muster fußende Erzählungen von der Entwicklung des wahren Glaubens hin zur Wiederkunft des Paradieses, oder die Ursprungserzählungen wie etwa Chroniken und Erzählungen von der Herkunft der herrschenden Tudor-Dynastie. Häufig findet man, vor allem im Kontext nationaler Bewußtwerdung, auch eine Verschränkungsform der beiden, wenn es etwa so dargestellt wird, daß die Herrschaft der Tudors in der paradiesgleichen Herrschaft der gegenwärtigen Königin gipfelt. Alle diese Formen bestehen aus einer Folge von Ereignissen, die durch die besondere Hervorhebung und strukturierende Wirkung eines Gliedes dieser Kette sinnvoll wird: bei den apokalyptischen Erzählungen ist es das letzte Element, auf das alle Ereignisse zulaufen, bei Ursprungserzählungen ist es das erste, von dem alle ausgehen. In jedem Fall strukturiert das Zentralereignis die Folge der erzählten Begebenheiten und macht ihre Anordnung in dieser Reihenfolge sinnvoll. Erzählformen und -genres bringen auf diese Weise Ordnung in die chaotische Fülle der Ereignisse. Aufgrund der Tatsache, daß uns bestimmte Ordnungsmuster als „natürlich" erscheinen, erkennen wir auch die Künstlichkeit der Struktur gar nicht mehr. Gerade die Form der Chronik betont sehr stark den zeitlich-linearen Fortgang der Geschichte hin auf ein noch ausstehendes Ziel, dessen Erreichen vom Verhalten der Mitglieder einer Gemeinschaft abhängt. Dabei ist die Form selbst nicht nur kulturell geprägt, sondern auch prägend: sie bildet Normen für das Verhalten der Lesenden oder Zuhörenden, letzteres abhängig vom Grad der Alphabetisierung. Obgleich providentielle Erzählungen heute kein gültiges Muster mehr darstellen – mit Ausnahme marginaler Gruppierungen wie etwa der Zeugen Jehovas –, sind wir mit chronologischen Mustern durchaus vertraut und halten sie für einen „natürlichen" Ordnungsmechanismus. Dem Paradigma der Fortschrittserzählung sind z.B. – zumindest im landläufigen Verständnis – Naturwissenschaften und Medizin verpflichtet: sie entwickeln immer neue, immer bessere Methoden zur Erforschung der Natur und zur Bekämpfung von Krankheiten. Im Rahmen des Erzählten unterstellt Linearität auch immer Kausalität, d.h. die ausgewählten Elemente der Erzählung folgen einander nicht willkürlich, sondern eins folgt aus dem anderen, nur in dieser Reihenfolge sind sie sinnvoll. Folglich birgt die chronologische Erzählung in sich immer auch eine Teleologie, d.h. sie bewegt sich wie auch die genannten Ursprungs- oder Heilserzählungen auf ein Ziel zu, etwa die Wiederkunft Christi oder des Goldenen

Armada-Porträt. Auch bildliche Darstellungen können narrativ sein und der Betrachterin bzw. dem Betrachter eine Geschichte erzählen. Das Porträt Elizabeths, das anläßlich des englischen Sieges über die spanische Armada 1588 angefertigt wurde, erzählt die Geschichte vom Sieg der Engländer als eine Heilsgeschichte, die Gottes Eingreifen für „seine" protestantische Nation preist. Da im Gemälde zeitliche Abfolgen nicht dargestellt werden können, erweckt diese Darstellung den für moderne Augen zunächst einmal befremdlichen Eindruck, alle dargestellten Ereignisse seien gleichzeitig passiert. Die Sehgewohnheiten der Elisabethaner waren sicherlich andere als unsere, sie waren in der Lage, aus der simultanen Darstellung die Abfolge der Ereignisse zu konstruieren. Zudem ist, über die erzählte geschichtliche Begebenheit hinaus, die Bildaussage auch überzeitlich gemeint. Nicht zufällig ist die Königin – als Statthalterin Gottes – zentraler Gegenstand des Bildes: ihre Gegenwart stellt das historische Ereignis in einen universalen, quasi heilsgeschichtlichen Zusammenhang.

Das Gemälde zeigt die Königin inmitten von Attributen maritimer Herrschaft. Ihre Ausschmückung mit Symbolen der Jungfräulichkeit und ihre Alterslosigkeit weisen darauf hin, daß wir eine Darstellung ihres politischen Körpers vor uns haben. In den beiden Fenstern rechts und links hinter der Königin sind zwei Szenen aus dem Kampf gegen die Armada dargestellt, die sich in Wirklichkeit nacheinander abgespielt haben. Das helle Bild zeigt die englische Flotte auf „goldener See", bedroht durch die zahlenmäßig überlegene spanische Armada im Bildhintergrund. Das zweite Bild zeigt den Untergang der Spanier – erkennbar am Andreaskreuz der Flaggen – in Nacht und Sturm: die Mächte des Lichts haben über die Mächte der Finsternis gesiegt. Die Position der Königin vor diesen Ereignissen und ihre Attribute – Kaiserkrone, Globus, Perlen und andere Schätze des Meeres – scheinen über das momentane Ereignis dieses Sieges hinaus einen Anspruch auf die imperiale Macht Englands anzudeuten.

Bild: unbekannter Künstler, Armadaporträt Elizabeths I., Öl auf Tafel, ca. 1588, Foto: AKG Berlin.

Literatur: U. Suerbaum, Das elisabethanische Zeitalter. Stuttgart 1989; R. Strong, Gloriana. The Portraits of Elizabeth I. London 1987.

Zeitalters, die volle Entfaltung der Vernunft oder die Befreiung des Proletariats.

In Stubbs' Pamphlet dient das Muster der Heilserzählung als Vorbild für die Entwicklung der englischen Nation, wobei der jungfräuliche Königinnenkörper doppelt plaziert ist: einmal als Träger einer von Gott gegebenen absolutistischen Macht, zum anderen als symbolischer Garant der territorialen Integrität des Inselkönigreichs. Andere elisabethanische Erzählungen von der Nation bedienen sich der Chronik, um die Herkunft Elizabeths von dem sagenumwobenen König Artus zu beweisen und gleichzeitig die Herrschaft der Königin als Goldenes Zeitalter zu preisen. Hier wird ganz deutlich, daß sie dieses Muster nicht benutzen, um eine Realität darzustellen, sondern daß sie diese mehr oder weniger bewußt konstruieren.

Die Einführung ethnologischer Methoden in die (Literatur-)Geschichte erlaubt einen Blick auf vergangene Epochen, als seien sie fremde Kulturen [Bachmann-Medick; Conrad/Kessel 1998; Hunt]. Diese neue Perspektive unterbindet teleologische Betrachtungsweisen zugunsten eines Entfremdungseffekts. Die Vergangenheit als fremde Kultur zu begreifen erfordert distanzierendes Nachdenken über unsere eigenen Wahrnehmungs- und Beschreibungskriterien. Die Ordnungsmuster, die durch die narrativen Strukturen eines Quellentextes oder einer historischen Erzählung vorgegeben sind, erscheinen dann als kontingent, d.h. aufgrund der jeweiligen Gegebenheiten entstanden und nicht universal gültig: die historische Narration ist das Ergebnis einer historisch jeweils verschiedenen Vertextung. Sie unterliegt damit selbst der Kontingenz dieser Ordnungsmechanismen und steht nicht – als ordnende Kraft – außerhalb derselben. Produzent und Produzentin von Quellentexten wie auch von historischen Narrationen sind Teil der aktiven Vernetzung, die die Ordnungsmuster des Diskurses benutzt, den jeweiligen Gegebenheiten anpaßt und immer wieder neu setzt. Eine historische Analyse in diesem Sinn stellt sich daher nicht die Frage danach, „wie es wirklich gewesen ist", sondern fragt sich, warum bestimmte Äußerungen zu einem bestimmten Zeitpunkt sinnvoll erschienen und unter welchen Bedingungen sie für wahr gehalten werden konnten.

Geht man davon aus, daß jeder kulturelle Text diesen Vertextungsmustern unterliegt, dann ist die Trennung historischer Quellentexte von fiktiven Texten aufgrund der Form unmöglich, und auch aufgrund des Inhalts ist eine Unterscheidung nur bedingt sinnvoll. Unter den Vorzeichen des „linguistic turn" hält die gängige Gleichung von historischen = realen versus literarischen = imaginierten Ereignissen einer kritischen Betrachtung nicht stand. Damit wird aber auch die in der Literaturwissenschaft so liebgewonnene Unterscheidung von Text und Kontext hinfällig: Wenn das historische Ereignis wegen seiner sprachlichen Konstruiertheit genauso instabil ist wie das fiktive, dann existiert der stabile und einheitliche „geschichtliche Hintergrund", vor dem man seinen literarischen Text verstehen möchte, gar nicht mehr. Statt dessen sind wir mit einem Geflecht von Texten konfrontiert, die alle miteinander in Beziehung stehen, die aber alle gleichermaßen sprachlich konstituiert sind und den gleichen „Produktionsbedingungen" unterliegen. Natürlich bleibt ein gewisser Sonderstatus des literarischen Textes aufgrund seiner bewußten Gemachtheit bestehen. Was aber verschwindet, ist der grundsätzliche Realitäts- oder gar Wahrheitscharakter des historischen Quellentextes.

Zusammenarbeit mit anderen Fächern
Literaturwissenschaft:
Quellen als Texte
gelesen

Forschungsstimme

Der amerikanische Historiker **Hayden White** ist einer der führenden Vertreter des „linguistic turn" in der Geschichtswissenschaft. Seine Analysen über das Verhältnis von Inhalt und Form historischer Narrationen betonen die Relevanz literaturwissenschaftlicher Kategorien für die geschichtswissenschaftliche Untersuchung und die realitätsstiftende Wirkung sprachlicher Darstellungsverfahren:

„Die zeitgenössische Literaturtheorie hat für das Verständnis der Geschichtsschreibung sowohl unmittelbare als auch mittelbare Bedeutung. Unmittelbare insofern, als sie – auf der Grundlage der modernen Sprachtheorie – allgemeine Diskurstheorien entwickelt hat, die für eine Analyse der Geschichtsschreibung und die Bestimmung ihrer spezifisch literarischen (d.h. poetischen und rhetorischen) Aspekte hilfreich sind. Indem sie den älteren, aus dem neunzehnten Jahrhundert stammenden Begriff ‚Stil', der als das Geheimnis des ‚guten Schreibens' galt, durch den Begriff einer diskursiven Struktur ersetzte, gelangte die moderne Literaturtheorie zu neuen Auffassungen über das Wesen des Literarischen. Die neuen Konzeptionen erlauben uns, das Verhältnis von Form und Inhalt des historischen Diskurses sehr viel feiner zu bestimmen als die traditionelle Vorstellung, derzufolge die Tatsachen den ‚Körper' des historischen Diskurses bilden und der Stil seine mehr oder weniger reizvolle, aber keineswegs wesentliche ‚Einkleidung' vornahm. Jetzt läßt sich erkennen, daß die Sprache im realistischen ebenso wie im imaginären Diskurs nicht nur Form, sondern auch Inhalt ist und daß dieser sprachliche Inhalt den anderen Arten von Inhalten (faktischen, begrifflichen, gattungsspezifischen) zugerechnet werden muß, die gemeinsam den umfassenden Inhalt des ganzen Diskurses ausmachen. Diese Einsicht befreit die historiographische Kritik von einem unhaltbaren Glauben an die Wörtlichkeit und ermöglicht uns zu erkennen, inwieweit der historische Diskurs seinen Gegenstand konstruiert, während er über ihn spricht. Der Gedanke, daß die sprachliche Form zu den Inhalten gehört, verwischt den Unterschied zwischen wörtlicher und figürlicher Rede und berechtigt uns damit, in der historiographischen ebenso wie in der fiktionalen Prosa nach der Funktion der figürlichen Elemente zu suchen und sie zu analysieren."

Quelle: HAYDEN WHITE, Literaturtheorie und Geschichtsschreibung. In: Der Sinn des Historischen. Geschichtsphilosophische Debatten. Hrsg. v. HERTA NAGL-DOCEKAL, Frankfurt 1996, S. 70-71.

Was ebenfalls verschwindet, ist der Wahrheitsanspruch wissenschaftlicher Texte, denn auch sie werden unter diesen Bedingungen erstellt. Es kann nicht darum gehen, ein einheitliches Bild einer bestimmten Epoche herzustellen. Vielmehr müssen sich auch Historikerinnen und Historiker als Produzentinnen und Produzenten eines selbst wieder historischen Textes begreifen, durch den bestimmte Wertsetzungen unserer Zeit transportiert werden und durch den eine bestimmte Verbindung des gegenwärtigen Moments mit einem historischen Moment erstellt wird.

Auch die Frage, welchen vergangenen Epochen sich die Forschenden zuwenden, ist unter dem Aspekt der Historizität, d.h. Geschichtlichkeit des eigenen Forschungsinteresses zu betrachten. Das Muster der Fortschrittserzählung verknüpft uns Gegenwärtige gleichsam als vorderes Ende der Geschichte mit dem historischen Ereignis, über das wir berichten. Häufig motivieren dabei die vermeintlichen Ähnlichkeiten zu unserer gegenwärtigen Situation eine Beschäftigung mit bestimmten früheren Epochen. Hier besteht die Gefahr, daß wir es sind, die die Vergangenheit der Gegenwart ähnlich machen, daß wir Kontinuitäten erstellen, die aus anderer Perspektive oder einer anderen Zeit gar nicht zu sehen wären, und Ereignisse, schon indem wir sie in unserer Sprache benennen, unserem kulturellen Horizont anpassen. Genauso problematisch ist es aber, die zu untersuchende historische Epoche als eine unüberbrückbar fremde Zeit anzusehen, d.h. keinerlei Ähnlichkeiten und Kontinuitäten zu erkennen. Wäre eine vergangene Epoche tatsächlich so fremd, dann könnten wir über sie nicht sprechen, weil uns die Wahrnehmungskategorien fehlten, wir könnten keins der Ereignisse als sinnvoll identifizieren. Irgendwo zwischen diesen beiden

Polen, der Vorstellung einerseits, alle Wahrnehmungskategorien und sozialen Gegebenheiten seien gleich geblieben, so daß wir sie mühelos verstehen und in unseren Mustern beschreiben können, und der Annahme andererseits, alles habe sich so verändert, daß es unmöglich sei, in unseren Mustern über die vergangene Zeit zu sprechen, muß sich die historische Analyse ansiedeln.

Repräsentation. Die Analyse der Textualität historischer Quellen beschränkt sich nicht auf die Entdeckung narrativer Muster, sondern widmet sich auch den figurativen Elementen der Sprache, d.h. den rhetorischen Strategien und bildlichen Elementen eines Textes. Unsere Beispielquelle sagt ja z.B. nicht, daß Elizabeth I. wirklich ein Turm oder eine Festung gewesen sei, noch nicht einmal, daß sie wirklich ihr Leben lang jungfräulich gewesen sei. Ihre Aussage muß sich anders erschließen, und dazu bedarf es wiederum literaturwissenschaftlicher Mittel. Bildliche Redefiguren, sogenannte Tropen, sind Formen uneigentlicher Rede, sie sind im übertragenen Sinn zu lesen. Die Kompetenz, diese Bilder richtig zu deuten, hängt von der Kenntnis der jeweiligen historischen Bilderarsenale ab: nur wenn wir wissen, wofür ein bestimmtes Bild in einer bestimmten Zeit stehen konnte, können wir seine Bedeutung in einem Text dieser Zeit identifizieren. Metapherntheoretiker sprechen von einem „System assoziierter Gemeinplätze" [Black] – man könnte es auch als kulturelles Archiv bezeichnen –, das beim Publikum aufgerufen wird und das es ermöglicht, figurative Rede im Text zu verstehen. Handelt es sich um festgelegte Kombinationen von Attributen zur Darstellung einer historischen, mythischen oder biblischen Person, so spricht man in der Kunstgeschichte von der Ikonographie dieser Person. Bilder sind aber nicht bloß abrufbare Versatzstücke, die als schmückendes Beiwerk in einen Text eingehen und dort etwas illustrieren, was auch begrifflich hätte formuliert werden können. Häufig transportiert die Metapher eine Aussage, für die es ein begriffliches Äquivalent nicht gibt. Bildliche Rede erzeugt im Gegensatz zur begrifflichen immer einen Bedeutungsüberschuß, der nicht im Begrifflichen aufgeht und der die Festlegung einer einzigen Bildbedeutung unmöglich macht. Hier muß noch einmal an die oben dargelegte sprachliche Verfaßtheit von Wahrnehmung erinnert werden: als figuratives Element der Sprache gestaltet die Metapher Realität, sie ist quasi ein Filter, der nur bestimmte Sehweisen durch- bzw. zuläßt und so unsere Perspektive auf das bildlich beschriebene Ereignis strukturiert. So macht es einen entscheidenden Unterschied, ob man eine kriegerische Auseinandersetzung in Schlachtermetaphorik oder in Schachspielmetaphorik darstellt: Was im ersten Fall als Gemetzel erscheint, wird im zweiten als Strategieleistung dargestellt; Blutvergießen, Tod und Verwundung werden ganz ausgeblendet.

Der unkontrollierbare Bedeutungsüberschuß figurativer Rede erschien Vertretern der Wissenschaft häufig bedenklich, da er die rationale Erfassung von Sinn und Bedeutung unmöglich macht. Bei allen Versuchen der aufkommenden Naturwissenschaften vom 17. Jahrhundert an, bildhafte Sprache durch einen präzisen Sprachgebrauch, eventuell auch durch eine Fachsprache zu ersetzen, hat sich aber erwiesen, daß Sprache ohne Metaphorik in der Regel nicht funktioniert. Die kulturwissenschaftliche Beschäftigung mit gesellschaftlichen Mythenbildungen – etwa den Mythen um die Nation – hat gezeigt, daß Kulturen und Gesellschaften zu ihrem Funktio-

Instrumentalisierung von Geschichte. Das vorliegende Bild ist häufig als allegorische Darstellung eines historischen Ereignisses interpretiert worden: des Auftritts Elizabeths vor den Truppen bei Tilbury am Vorabend der Armadaschlacht. Auf dem Bildmotiv von der Wahrheit als Tochter der Zeit fußend, imaginiert diese posthume, d.h. nach ihrem Tod geschaffene Darstellung die Königin als Beschützerin der wahren Religion. Ihre wehrhafte Ausstattung wird durch die Übergabe der Waffe durch die Allegorie der Wahrheit vervollständigt. So gerüstet zertritt sie den höllischen Drachen unter ihren Füßen; sein weltliches Äquivalent, die spanische Armada im Bildhintergrund, hat sie bereits besiegt. Obgleich Elizabeths amazonenhafte Erscheinung und die berühmte Rede anläßlich der Armadaschlacht historisch nicht nachweisbar sind, hat deren symbolisch hochgradig aufgeladene Repräsentation bis in historische Darstellungen neueren Datums hineingewirkt. Die Herrschaft der „Virgin Queen" hat die Imagination nicht nur von Elizabeths Zeitgenossen, sondern erst recht die späterer Generationen fasziniert. Für ihre vom Bürgerkrieg gebeutelten Nachkommen Mitte des 17. Jahrhunderts wurde Elizabeth zur Ikone der nationalen Einheit und der Größe Britanniens. Hier setzten bereits Überhöhungen der harmonischen Herrschaft von „Good Queen Bess" an, die ihre Herrschaftszeit als Projektionsfläche für die Sehnsucht nach dem Goldenen Zeitalter erscheinen lassen. Noch bis in die fünfziger Jahre unseres Jahrhunderts galt das Elisabethanische Zeitalter als eine Epoche der sozialen Stabilität. Aber nicht nur die harmoniebedürftige Nachkriegswissenschaft blickte nostalgisch auf ein vermeintlich einheitliches, stabiles Weltbild zurück, auch feministische Historikerinnen besannen sich auf die große Königin und instrumentalisierten sie für ihre Forderungen nach gesellschaftlicher Gleichberechtigung. Gegen diesen unhistorischen Umgang mit der Vergangenheit wurde von der Literatur- wie der Geschichtswissenschaft das Programm einer historischen Kritik formuliert, die auch die Historizität der Analysekategorien einbezieht.

Bild: Thomas Cecil, Die Wahrheit reicht der Königin eine Lanze, Kupferstich, ca. 1625, National Portrait Gallery London.

Literatur: S. Frye, The Myth of Elizabeth at Tilbury, in: Sixteenth-Century Journal 23 (1992), S. 95-114; R. Strong, Gloriana. The Portraits of Elizabeth I. London 1987.

nieren bestimmter Leitmetaphern bedürfen. Diese führen den Mitgliedern Ziele und Ideale der jeweiligen Gemeinschaft als Vor-Bilder vor Augen und erzeugen so einen Konsens über gemeinsame Werte. So funktioniert z.B. der menschliche Körper in vielen Kulturen und historischen Epochen als kulturelle oder politische Leitmetapher, die sowohl die Abgrenzung einer Gemeinschaft nach außen als auch die Normen und Regeln nach innen strukturiert. Das Bild spiegelt damit nicht nur den Ist-Zustand der jeweiligen Gemeinschaft, sondern auch ihren Idealzustand, auf den hin sich ihre Mitglieder orientieren sollen. Je weiter die Tradition eines solchen Bildes zurückreicht, desto höher ist seine kulturelle Wirkmächtigkeit, selbst wenn sich seine Inhalte unter gesellschaftlichen Vorgaben immer wieder verändern.

Die genannten Untersuchungspunkte kann man im Rahmen der Diskursanalyse unter dem Begriff „Repräsentation" zusammenfassen. Mit der Repräsentation ist die Ausformung gemeint, die ein Diskurs in einem bestimmten Text, einem Gemälde, einer Skulptur oder auch einer gesellschaftlichen Praxis erfährt. Sie gibt uns wertvolle Hinweise auf die historische Einordnung und die kulturelle Aussagekraft des jeweiligen Untersuchungsgegenstands. Die zentrale Fragestellung hierbei lautet nicht: wie ist es gewesen? sondern: wie wird etwas oder jemand dargestellt, oder wie stilisiert er oder sie sich selbst? Daran schließen sich Fragen nach dem Interesse einer solchen Repräsentation an: wem war damit gedient, eine Begebenheit oder Person so und nicht anders darzustellen, an welche bekannten Muster knüpft das an, was wird mit dieser Darstellung behauptet, was ausgeblendet? Alles zusammen dient dazu, herauszufinden, wie Menschen ihre Lebenswelt sinnvoll interpretieren, wie Kollektive Konsens erzeugen und wie Institutionen „denken".

Bei der Betrachtung der Bilder im elisabethanischen Quellentext fällt zunächst einmal ihre fast schon paradoxe Überfülle auf. Die Jungfräulichkeit der Königin steht ohne Zweifel im Mittelpunkt aller Repräsentationen, und damit auch ihr Körper, der zugleich auf den territorialen „Körper" des Inselkönigreichs verweist. Gleichzeitig ist die Königin angesprochen als Mutter aller Engländer, und diese Metapher erscheint uns mit der der Jungfräulichkeit ganz und gar unvereinbar; der einzige Präzedenzfall ist der der Gottesmutter Maria. Man könnte nun sagen, daß hier Elemente der Marienikonographie übernommen und protestantisch gewendet wurden. Doch damit haben die Paradoxien noch kein Ende: im selben Text wird Elizabeth außerdem als Adam und Eva dargestellt, sie vereint damit nicht nur beide Geschlechter, sondern auch die damit verbundenen gesellschaftlichen Positionierungen.

Bei der Analyse dieser Bilder muß jedoch im Blick behalten werden, daß alle Kategorien, die um den Körper der Königin kreisen – Mutterschaft, Jungfräulichkeit, Männlichkeit und Weiblichkeit – Metaphern sind, die auf vermeintliche „Natur"konzepte verweisen, deren Bedeutung unumstößlich festzuliegen scheint. Hier ist zu bedenken, daß ja nicht nur der Bildinhalt, also das, was das Bild vom Körper jeweils ausdrücken soll, historischen Veränderungen unterworfen ist, sondern auch der Bildspender selbst, der menschliche Körper. Wenn wir auf die grundsätzliche Historizität der Analysekategorien hinweisen, dürfen wir das Subjekt und seinen Körper nicht ausblenden. So hat sich z.B. gezeigt, daß man bis ins 17. Jahrhundert Jungfräulichkeit nicht als ein körperliches Phänomen definierte und auch

Zusammenarbeit mit anderen Fächern
Literaturwissenschaft:
Quellen als Texte
gelesen

den Unterschied der Geschlechter nicht anhand der Anatomie bestimmte [LAQUEUR]. Unter diesen Gesichtspunkten bedeuteten „Männlichkeit“ und „Weiblichkeit“ ganz andere Dinge als heute. Wie die schon besprochenen narrativen Muster dienen auch Metaphern dem Vertrautmachen von Fremdem, denn die Benutzung traditioneller Bilder ermöglicht es, neue Konzepte einzuführen, ohne sie als fremdartig erscheinen zu lassen. Die elisabethanische Wiederaufnahme der Ikonographie von den zwei Körpern des Königs etwa diente in zunehmendem Maße der Repräsentation eines nationalen Bewußtseins in den Bildvorlagen einer mittelalterlichen Königsvorstellung. Der Körper der Königin wurde allmählich ersetzt durch den Körper der Nation, deren Reinheit bewahrt werden mußte. Hier kommt wieder die Frage nach der Realität des Imaginären ins Spiel: das Bild vom Körper in der Rede über die entstehende Nation, so imaginär es auch sein mag, strukturiert durch seine Einbettung in gesellschaftliche Diskurse von Reinheit und Keuschheit umgekehrt die Lebenswelt der in dieser Gemeinschaft lebenden Menschen; dies gilt besonders für die Frauen, da sie stärker mit Körperlichkeit identifiziert werden. Die Reinheit der protestantischen Gemeinschaft und die Uneinnehmbarkeit des Inselkönigreichs, die im jungfräulichen „Idealkörper“ der Königin symbolisiert werden, sind nur durch die Bestrebungen aller Mitglieder nach Reinheit in der individuellen Lebensführung zu erreichen, so die innere normenbildende Logik dieser Bildlichkeiten.

▷ S. 193
…schlechter-
geschichte:
…ormen und
…ziale Praxis

Wenn Elizabeth in Stubbs' Text als Eva und Adam, als vollkommene, weil beide Geschlechter vereinigende Herrscherin über das englische Paradies dargestellt wird, wenn sie auf bildlichen Darstellungen die Hand auf den

Detailskizze

Die Bezeichnung **„New Historicism“** markiert eine Absetzung vom nicht historisch ausgerichteten „New Criticism“ und soll nicht programmatisch für eine Erneuerung des Historismus stehen. Im Gegenteil: der „New Historicism“ verabschiedet sich von der Vorstellung, man könne aus einem Text rekonstruieren, „wie es wirklich gewesen ist“, und setzt dagegen die Annahme der historischen und kulturellen Eingebettetheit jeder Äußerung. In Abgrenzung von der Ausrichtung seiner literaturwissenschaftlichen Vorgänger auf ästhetische und formale Aspekte des Textes begreift sich der „New Historicism“ als Poetik der Kultur. Obgleich als literaturwissenschaftliche Strömung entstanden, deprivilegiert der „New Historicism“ den poetischen Text: Innerhalb des „texte général“ einer Kultur habe Literatur wie auch Geschichte ihren Ort, als ein „Text“, eine Zeichenstruktur bzw. ein Ordnungsmuster unter vielen. An diese Erkenntnis anschließend ergaben sich unter den unterschiedlichen Vertreterinnen und Vertretern dieser Richtung Debatten über die Frage, in welchem Maß ein historisches Ereignis, eine Schrift oder sonstige Äußerung noch subversiv sein kann, wenn alle Optionen vom Diskurs vorgegeben sind. Ausgehend von der Shakespeareforschung wurde immer wieder das Vorhandensein von Subversivität durch Widersprüchlichkeiten in der homogenen Oberfläche der Texte und durch die Hereinnahme der Vielstimmigkeit kultureller Diskurse aufgezeigt, wobei letztere jeden Versuch einer einheitlichen Lesart zunichte mache. Vielmehr geht es darum, historische Texte mit den gesellschaftlichen Energien aufzuladen, die sie in ihrer Entstehungssituation besaßen, und so zu einem Verständnis der kulturellen Praktiken und sozialen Strategien zu gelangen, die auf den Text eingewirkt haben.

In den Lesarten der „New Historicists“ und „Cultural Materialists“ fällt nicht nur die stärkere Ausrichtung auf die kulturelle und historische Einbettung der untersuchten Texte auf, sondern auch eine Historisierung der eigenen Position, des eigenen Erkenntnisinteresses und der Kategorien unserer Wahrnehmung. Durch diese Standortbestimmungen, die auf die Kontingenz der eigenen Lesart verweisen, dekonstruiert der „New Historicism“ auch den Objektivitäts- und Wahrheitsanspruch der Wissenschaft.

Literatur: M. BASSLER (Hrsg.), New Historicism. Literaturgeschichte als Poetik der Kultur. Frankfurt 1996; H. A. VEESER (Hrsg.), The New Historicism. London 1989.

Globus legt und überlebensgroß über England thront, so dient dies der Zurschaustellung ihrer Macht. Auch die schon erwähnten panegyrischen Texte erfüllen diesen Zweck. Unter den Vorzeichen von „Repräsentation" betrachtet, verweisen sie jedoch nicht bloß auf die tatsächliche Verehrung der Königin durch ihre Untertanen, sondern auch auf ihre Stilisierung und Selbstdarstellung. Der Elizabethkult macht besonders deutlich, daß Herrschaft nicht durch direkte Machtausübung, sprich Repression, befestigt wird, sondern durch die Inszenierung der Mächtigen. Elizabeths überwältigende Präsenz in allen gesellschaftlichen Diskursen zeigt, daß ihr diese Mechanismen durchaus klar waren. Als weibliche Monarchin in einer extrem patriarchal ausgerichteten Gesellschaft mußte sie ihre Legitimation zu herrschen ständig neu demonstrieren. In diesem Kontext trägt die Selbststilisierung der Königin als Mutter und Braut Englands, als ewige Jungfrau und Garant der territorialen Integrität des Inselkönigreichs zu ihrer Machtsicherung bei. Sie verweist aber auch auf die Gemachtheit, auf die Inszeniertheit ihrer Macht, und darauf, daß sie sich keinesfalls auf eine von Gott verliehene Machtvollkommenheit stützen konnte. Ihren Machterhalt betrieb die Königin nicht durch äußeren Zwang, sondern auf der Ebene des Imaginären, durch ihre Präsenz in den Vorstellungen und im Unbewußten ihrer Untertanen. So gerne sie aber die zu ihrem Lob benutzten Bilder auch kontrolliert hätte, so hatte sie doch auf ihre kulturelle Verbreitung keinen Einfluß. Gerade die Paradoxien in dieser Bilderflut begünstigten gegensätzliche Lesarten und ermöglichten so auch implizite Kritik an der Monarchin. Auch dafür ist Stubbs' Pamphlet ein Beispiel: in den Bildvorlagen des Herrscherlobs kritisiert er die Heiratspolitik seiner Königin, er wendet die Muster ihrer Selbstrepräsentation für seine eigenen Zwecke. Nicht ohne Folgen: Das Exemplar der Druckfassung in der British Library trägt den handschriftlichen Vermerk, daß man seinem Verfasser dafür die rechte Hand abgehackt hat. Es ist unklar, ob dies tatsächlich geschehen ist; jedenfalls wurden sowohl er als auch sein Drucker für die Einmischung in die Angelegenheiten der Königin zu dieser Strafe verurteilt.

Susanne Scholz

Literatur

D. Bachmann-Medick (Hrsg.), Kultur als Text. Die anthropologische Wende in der Literaturwissenschaft, Frankfurt/M. 1996.

M. Bassler (Hrsg.), New Historicism. Literaturgeschichte als Poetik der Kultur, Frankfurt/M. 1996.

M. Black, Die Metapher, in: A. Haverkamp (Hrsg.), Theorie der Metapher, Darmstadt 1983, 55-79.

J. Butler, Das Unbehagen der Geschlechter, Frankfurt/M. 1991.

Ch. Conrad/M. Kessel (Hrsg.), Geschichte schreiben in der Postmoderne. Beiträge zur aktuellen Diskussion, Stuttgart 1994.

Dies. (Hrsg.), Kultur und Geschichte. Neue Einblicke in eine alte Beziehung, Stuttgart 1998.

J. Culler, Dekonstruktion. Derrida und die poststrukturalistische Literaturtheorie, Reinbek bei Hamburg 1988.

G. Ecker, Poststrukturalismus und feministische Wissenschaft. Eine heimliche oder unheimliche Allianz?, in: R. Berger u.a. (Hrsg.), Frauen – Weiblichkeit – Schrift, Berlin 1985, 8-20.

P. Engelmann (Hrsg.), Postmoderne und Dekonstruktion. Texte französischer Philosophen der Gegenwart, Stuttgart 1990.

H. Fink-Eitel, Foucault zur Einführung, Hamburg 1989.
J. Fohrmann/H. Müller (Hrsg.), Diskurstheorien und Literaturwissenschaft, Frankfurt/M. 1988.
S. Frye, The Myth of Elizabeth at Tilbury, in: Sixteenth-Century Journal 23 (1992), 95-114.
L. Hunt, Psychologie, Ethnologie und „linguistic turn" in der Geschichtswissenschaft, in: H. J. Goertz (Hrsg.), Geschichte. Ein Grundkurs, Reinbek bei Hamburg 1998, 671-93.
E. H. Kantorowicz, Die zwei Körper des Königs. Eine Studie zur politischen Theologie des Mittelalters, München 1990.
Th. Laqueur, Auf den Leib geschrieben. Die Inszenierung der Geschlechter von der Antike bis Freud, Frankfurt/M./New York 1992.
A. Maihofer, Geschlecht als Existenzweise. Macht, Moral, Recht und Geschlechterdifferenz, Frankfurt/M. 1995.
L. A. Montrose, Die Renaissance behaupten. Poetik und Politik der Kultur, in: M. Bassler (Hrsg.), New Historicism. Literaturgeschichte als Poetik der Kultur, Frankfurt/M. 1996, 60-93.
H. Nagl-Docekal (Hrsg.), Der Sinn des Historischen. Geschichtsphilosophische Debatten, Frankfurt/M. 1996.
R. Strong, Gloriana. The Portraits of Elizabeth I., London 1987.
U. Suerbaum, Das elisabethanische Zeitalter, Stuttgart 1989.
H. A. Veeser (Hrsg.), The New Historicism, London 1989.
H. White, Der historische Text als literarisches Kunstwerk, in: Ch. Conrad/M. Kessel (Hrsg.), Geschichte schreiben in der Postmoderne. Beiträge zur aktuellen Diskussion, Stuttgart 1994, 123-157.
Ders., Literaturtheorie und Geschichtsschreibung, in: H. Nagl-Docekal (Hrsg.), Der Sinn des Historischen. Geschichtsphilosophische Debatten, Frankfurt/M. 1996, 67-106.

Kunstgeschichte: Bilder als Quellen gesehen

Das Fach und sein Gegenstand. Die Kunstgeschichte hat sich in der zweiten Hälfte des 19. Jahrhunderts zu einem selbständigen universitären Fach ausgebildet. Sie hat sich in dieser Zeit eines allgemeinen Ausdifferenzierungsprozesses der Wissenschaften von der Archäologie und der Geschichtswissenschaft getrennt. Anschließend bestimmte sie in mehreren Entwicklungsphasen ihre eigenen methodischen Zugänge sowie unterschiedliche Vorstellungen von ihrem Gegenstandsfeld. Nach heutigem Verständnis bearbeitet das Fach europäische und von Europa beeinflußte Kunst vom Ausgang der Spätantike bis zur Gegenwart. Die Konzentration auf Europa hat ihren Grund zum einen in der auf Europa fixierten Kulturvorstellung zur Entstehungszeit des Fachs, zum anderen im Kunst-Begriff selbst, der so in anderen Kulturen kaum anzutreffen ist. Beide Einschränkungen werden heute kritisch reflektiert. In den letzten Jahren ist unter dem Stichwort Ethnozentrismus an einem ausschließlich aus dem westlichen Selbstverständnis heraus entwickelten Blick auf andere Kulturen Kritik geübt worden. Die Folgen dieser Kritik für die Arbeitsweisen der Kunstgeschichte sind noch nicht absehbar. Es muß zunächst festgehalten werden, daß sich die „Kunstgeschichten" der außereuropäischen Kulturen meistens in den diesbezüglichen Länderkunden oder aber der Ethnologie etabliert haben. Dagegen hat die besonders seit den frühen 70er Jahren formulierte Kritik an einem engen Kunst-Begriff innerhalb des Faches Wirkung gezeigt: Die Vorstellung von der künstlerischen Einzelleistung in den Gattungen Architektur, Skulptur und Malerei wurde zunehmend als eine Konstruktion begriffen, die wichtige Bereiche ästhetischer Produktion ausschließt. Als allgemeinste Umschreibung kann heute festgehalten werden, daß sich das Fach mit ästhetisch gestalteten Gegenständen befaßt.

Parallel zu dieser Entwicklung veränderten sich auch die Fragestellungen: Es wurde nicht mehr nur nach dem Künstler in bezug auf sein Werk gefragt, sondern ebenso nach der Funktion des Werks oder nach dessen Rezeption, d.h. nach seiner Wahrnehmung durch zeitgenössische Betrachter und Betrachterinnen. Hinzu kam das Interesse an der Rolle der Werke in einem gesamtgesellschaftlichen Verständigungsprozeß, der auch die Produktion und Reproduktion geschlechtergebundener Stereotypen einschließt. Es ist aus dieser vielgestaltigen offenen Anlage des Fachs leicht zu erkennen, daß die Kunstgeschichte heute viele Berührungspunkte mit anderen Fächern hat. In bezug auf die Werke der Frühen Neuzeit bedeutet dies, daß Architektur, Skulptur, Tafelgeschirr, Buchillustrationen etc. ebenso zum Arbeitsbereich der Kunstgeschichte gehören wie die Bilder, die im Folgenden im Zentrum stehen. Es ist aber zu bedenken, daß diese Gegenstände teilweise unter anderen Fragestellungen auch in weiteren Fächern untersucht werden. Die Einführungen in die Kunstgeschichte können hier eine Orientierung über die Grundfragen des Fachs geben [Halbertsma/Zijlmans, Belting, Baumgartner], einen funktionsorientierten Zugriff präsentiert das Funkkolleg Kunst [Busch].

Der Begriff „Frühe Neuzeit" ist keine Epochenbezeichnung der Kunstgeschichte, die statt dessen mit Bezeichnungen wie Renaissance, Manierismus, Barock und Rokoko arbeitet, welche den angesprochenen Zeitraum in etwa ausfüllen. Diese Bezeichnungen sind zugleich Stil- und Epochenbegriffe, d.h. die in einer bestimmten Zeitspanne wahrnehmbaren Formcharakteristika der Kunstwerke – die Stile – sind im Laufe der kunsthistorischen

Forschung zu Epochenbezeichnungen geprägt worden. Die Grenzen einer solchen, aus ästhetischen Kriterien gewonnenen Periodisierung der Geschichte der Kunst sind unscharf, da die Stile sich nicht abrupt verändern, sondern in zeitlichen Abläufen. In der Kunstgeschichte wird trotz mehrfacher kritischer Überprüfung weiterhin mit den genannten Begriffen gearbeitet, da sie eine schnelle Verständigung über bestimmte Zeitabschnitte ermöglichen.

Für den gesamten Zeitraum der Frühen Neuzeit ist auf dem Gebiet der Kunstproduktion eine überwältigende Ausweitung des Themen- und Gestaltungsrepertoires festzustellen. Seit der Renaissance trat das auch im späten Mittelalter schon spürbare Interesse an der Antike und an den Lebensäußerungen des einzelnen Individuums in eine neue Phase. Die Antike wurde in ihrer literarischen Überlieferung und ihren materiellen Kulturzeugnissen intensiv erforscht. Gleichzeitig zog die wissenschaftliche Erschließung der den Menschen umgebenden Welt in der Kunstproduktion eine Systematisierung der Raum- und Körperdarstellung nach sich. Die mathematisch korrekte Perspektive und die anatomisch angemessene Körperdarstellung wurden zu wichtigen Gestaltungsmitteln der Kunst, welche über mehrere Jahrhunderte hinweg eine an der Wirklichkeitserfahrung orientierte Darstellung der Welt prägten. Parallel dazu wurden die im Mittelalter auf religiöse Inhalte konzentrierten Darstellungen um mythologische und historische Themen erweitert. Es entwickelten sich von der Mitte des 15. bis ins 17. Jahrhundert hinein neue, der weltlichen Darstellung gewidmete Bildgattungen wie das Porträt, das historische Ereignisbild, die Genremalerei, die Landschaft und das Stilleben. Eine breitere Vermittlung von Bildung in adeligen und stadtbürgerlichen Schichten machte die Verständigung über komplexe theoretische Sachverhalte mit Hilfe der Allegorien möglich, die abstrakte Begriffe in festgelegte Bildzeichen umsetzten. Gleichzeitig förderten sowohl die Auseinandersetzung mit den antiken Vorbildern als auch die Frage nach der Rolle des religiösen Bildes in der Reformation das Entstehen einer kunsttheoretischen Diskussion. Bilder erfüllten in der Frühen Neuzeit also nicht nur eine Vielfalt von neuen – und alten – Aufgaben, sondern es wurde nun auf einer intellektuell anspruchsvollen Ebene über sie gesprochen und geschrieben.

Sind Bilder Quellen? Die Frage kann mit gleicher Berechtigung bejaht wie auch verneint werden. Jedes einzelne Detail im Bild, die Zusammenstellung der Bildpersonen zu Themen oder das Vorhandensein einer Künstler- oder Künstlerinnensignatur kann der Beantwortung historischer Fragestellungen dienen. Als Grundvoraussetzung ist jedoch zu bedenken, daß Bilder die Wirklichkeit nicht abbilden, sondern diese auf vielfältige Weise kommentieren. Die historische Realität und das zeitgleiche historische Bild sind nicht deckungsgleich. Bilder können also nur dann ein tragfähiges Arbeitsmaterial bilden, wenn ihr besonderer Quellencharakter ausreichend bedacht wird.

Im konkreten Umgang mit den Bildern bereitet unsere zeitliche Distanz zum ursprünglichen Rezeptionszusammenhang älterer Kunstwerke Schwierigkeiten. Zwei Aspekte sind hier von besonderer Wichtigkeit: Bilder werden heute überwiegend im Museum betrachtet, einem Aufbewahrungsort, für den sie in der Regel nicht angefertigt worden sind. Der Zusammenhang etwa einer Raumausstattung, einer fürstlichen Kunstkammer-Sammlung

Kunstgeschichte:
Bilder als Quellen
gesehen

oder eines barocken Altarensembles müssen gedanklich rekonstruiert werden. Die Bedeutung der Bilder erschließt sich oft erst im Zusammenwirken verschiedener, räumlich benachbarter Mitteilungsebenen. Der zweite Aspekt betrifft unsere heutige Distanz zu den Darstellungs-Konventionen der Frühen Neuzeit, d.h. zu der festgelegten bildlichen Gestaltung bestimmter Inhalte. Der zeitgenössische Bildungshorizont, der die Themen und deren symbolische Ausdeutung entschlüsselbar machte, muß erarbeitet, und die Geläufigkeit oder die Besonderheit eines Themas im Rahmen bildlicher Standardformeln müssen bestimmt werden. Die Untersuchung der Interessen des Auftraggebers und der vorgesehenen Betrachtergruppen helfen dann weiter, das Bild in seiner historischen Rolle zu verstehen. – Die kunsthistorische Arbeit fragt in der Regel nicht nach dem direkten Quellenwert der Bilder für allgemeine historische Fragestellungen. Sie beschäftigt sich vielmehr gerade mit dieser räumlichen und ideellen Kontextualisierung, da sie an den Funktionen des Bildes in einem historischen Kontext interessiert ist. Dazu bedient sie sich u.a. der Ergebnisse der Geschichtswissenschaft, so daß beide Fächer gegenseitig auf ihre Forschungserträge angewiesen sind. Mittlerweile hat die Geschichtswissenschaft unter der Bezeichnung „Historische Bildkunde" selbst begonnen, sich mit Bildern zu befassen, ein methodischer Austausch über den historisch angemessenen Umgang mit den Bildern hat aber gerade erst begonnen. Grundsätzliche Überlegungen zum Quellencharakter von Bildern bieten aus geschichtswissenschaftlicher Perspektive Wohlfeil, Tolkemitt/Wohlfeil und Talkenberger; einen spezifisch auf die Erforschung der Sachkultur mit Hilfe der Bilder ausgerichteten Zugang vertritt das Institut für Realienkunde in Krems [Jaritz].

In welcher Art und Weise können Bilder für historische Erkenntnis Quellen sein? Auf einer ersten Ebene kann etwa nach der zeitgenössischen Kleidung, der Beschaffenheit des städtischen oder bäuerlichen Lebensraums sowie nach dem Ablauf historischer Ereignisse – Feste, Kriegsgeschehen oder politische Zusammenkünfte – gefragt werden. Ein Beispiel soll deutlich machen, daß das Bildmaterial ohne eine Analyse seiner Herkunft und seiner Wirkungsabsicht aber auch auf diese einfachen Fragen problematische Antworten gäbe: Die nebenstehende Abbildung zeigt eine Darstellung der durch viele außerbildliche Zeugnisse belegten Verlesung der „Confessio Augustana", des protestantischen Glaubensbekenntnisses, vor Kaiser Karl V. 1530 auf dem Reichstag in Augsburg. Der Kupferstich gibt Einblick in einen gewölbten Innenraum, in dem sich eine große Anzahl gut gekleideter Männer befindet. Sie umgeben mit ihren Stühlen im Vorder- und Mittelgrund der Szene einen freien Raum, in welchem zwei Männer an einem Tisch schreiben, während zwei andere stehend von einem Blatt lesen. Der situative Charakter der Szene wird mit der lebhaften Anteilnahme aller Dargestellten durch Gesten der Betroffenheit oder des erregten Diskutierens betont. Ein Blick auf stilistische Eigentümlichkeiten und die Auftragsvergabe belegen allerdings, daß der Kupferstich nicht 1530, sondern erst 1630 angefertigt wurde und deshalb auch kaum Auskunft über das wirkliche Aussehen der Personen oder die Stimmung auf dem Reichstag geben kann. Wenn wir das Blatt dennoch als historische Quelle ernst nehmen, dann als Zeugnis des Interesses an diesem zurückliegenden Ereignis um 1630, als an verschiede-

▷ S. 21
Seit 1517:
Religion und
Politik

Dieser Kupferstich ist nur eines der 1630 zum hundertjährigen Jubiläum der **Verlesung des Augsburger Bekenntnisses** angefertigten Bildzeugnisse. Er wurde 1630 in Nürnberg in Auftrag gegeben, der Zeichner Michael Herr (1591-1661) entwarf die Szene und bemühte sich nach eigenen Angaben um eine möglichst genaue Rekonstruktion des Ereignisses anhand schriftlicher Aufzeichnungen. Gestochen wurde der Kupferstich von Georg Köler, dessen weitere Identität unbekannt ist. Beide Künstler werden in der Schriftzeile unterhalb der Darstellung genannt: „Mich. Herr Figurau[it]. Georg Köler Sculpsit. Norimb." – „Michael Herr hat es gezeichnet. Georg Köler hat es gestochen. Nürnberg." Die Darstellung legt großen Wert darauf, alle über die Textüberlieferung faßbaren wichtigen Personen ins Bild aufzunehmen; deshalb wurden die Figuren auch mit Nummern versehen, sie waren über eine zugehörige Legende identifizierbar.

Bild: Georg Köler, Verlesung der Confessio Augustana, Kupferstich, 1630, Stadt- und Staatsbibliothek Augsburg.

Literatur: Welt im Umbruch. Augsburg zwischen Renaissance und Barock. 28.6.-28.9.1980, Ausstellungskatalog, Augsburg 1980.

nen Orten Jubiläumsfeiern zur Verlesung der Confessio Augustana inszeniert wurden. Fragen über die Bewertung des Ereignisses zur Zeit der Anfertigung des Kupferstichs, über die Motivation zu seiner Herstellung und über die Vorstellungen, die sich Menschen um 1630 von der ersten Hälfte des 16. Jahrhunderts machten, können das Blatt als historische Quelle nutzen.

In diesem Beispiel ist durch die nachprüfbare zeitliche Distanz zwischen dem Ereignis und der Anfertigung seiner Darstellung offensichtlich, daß der Kupferstich kein Zeitzeugnis des abgebildeten Geschehens sein kann. Aber auch bei Bildern, deren Aussagen sich in ihre Entstehungszeit einordnen lassen, ist von einer perspektivischen Wahrnehmung des jeweiligen Themas auszugehen. Fragen wir also genauer und kritischer nach, dann sind Bilder eher Quellen für unterschiedliche Ansichten über die Wirklichkeit. Im besten Fall sind sie perspektivische Ausschnitte der Lebenszusammenhänge der zeitgenössischen Betrachter und Betrachterinnen, oft sind sie aber auch bewußt zu Zwecken der Meinungsbildung angefertigte Bildprogramme, die die Wahrnehmung der Verhältnisse im Sinne ihrer Auftraggeber beeinflussen sollen. Damit ist eine zweite Ebene des möglichen Quellenwertes von Bildern skizziert, die deren grundsätzlich fiktionalem Charakter gerechter wird als die Suche nach dem historischen Aussehen von Gegenständen und Personen. An wenigen Beispielen soll im Folgenden gezeigt werden, wie individuelle und kollektive geistige Haltungen und Gesinnungen als Aussagen der Bilder herausgearbeitet und diese als Quellen für weitere historische Forschungsinteressen zu Verfügung gestellt werden können.

Der adelige Lebensraum Das Schloß als repräsentativer adeliger Lebensraum der Frühen Neuzeit entwickelte sich schon im 15. Jahrhundert aus der wehrhaften Burganlage heraus. Mit der Etablierung eines absolutistischen Herrschaftsverständnisses wurde es zu einem prächtigen Architekturensemble, dessen Ausstattung alle Gattungen der Kunst involvierte [Wagner-Rieger, Prinz/Kecks]. Es hatte die Aufgabe, die Macht und den Rang seiner Bewohner sichtbar zu repräsentieren und zugleich den Rahmen für demonstrative herrscherliche Lebensformen zu bieten. Zu letzteren gehörten z.B. ein Hofstaat mit Ämtern für alle Bedürfnisse des Lebens und eine im Zeremoniell geregelte Inszenierung des Herrschers sowie die vielen zeitlich begrenzten Ereignisse wie Feste, Jagden, Konzert-, Opern- und Theateraufführungen. Die Größe der Anlage, ihre Prachtentfaltung und die Orientierung an Schloßbauten anderer angesehener Fürsten waren Kriterien, an denen zeitgenössische Betrachter den Rang des Erbauers und seiner Dynastie maßen.

▷ S. 39f.
Nach 1648: Verdichtung von Herrschaft

Bilder spielen in solchen Schlössern eine wichtige Rolle. Sie schmücken zusammen mit Stuckausstattungen, Tapisserien, Spiegeln und Mobiliar die Räume. Neben der Prachtentfaltung haben sie aber auch die Aufgabe, mit der Darstellung von Personen und Erzählungen aus Mythologie und Geschichte komplexe Aussagen über das Herrschafts- und Weltverständnis der Fürsten an die Betrachtenden zu vermitteln.

Am Beispiel einer Raumausstattung – dem Festsaal des Rastatter Schlosses – soll gezeigt werden, welche Informationen diese Bilder bieten können. Die Rastatter Anlage ist in sehr kurzer Zeit errichtet worden (1697-1705), so daß sie weitestgehend den Plänen und Ab-

Festsaal im Schloß Rastatt. Die Abbildung zeigt die nordwestliche Ecke des Saals mit dem Portal zum Treppenhaus (links) und den Türen zum Trakt der Markgräfin (im Hintergrund).

Sowohl der Architekt Domenico Egidio Rossi (1659-1715) als auch der verantwortliche Stukkateur Giovanni Battista Artario (ca. 1660-1730) und der Maler Giuseppe Roli (1645-1727) wurden speziell für den Bau und die Ausstattung von Rastatt angestellt. Künstler wie die Genannten reisten oft von Auftrag zu Auftrag quer durch Europa und trugen so zur Verbreitung einer internationalen Architektur- und Malerei"sprache" bei. – In Rastatt hatte der Architekt Rossi die gesamte Bauleitung in den Händen und war an der Auswahl geeigneter Stukkateure und Maler beteiligt, die er selbst in Italien aussuchte. Diese brachten ihre eigenen Gehilfen mit, so daß mit einem eingespielten Team in kurzer Zeit auch große Flächen stuckiert und bemalt werden konnten.

Bild: Schloß Rastatt, Festsaal, zwischen 1702 und 1705 stuckiert und ausgemalt, Foto: Landesbildstelle Baden

Literatur: Allgemeine Nachschlagewerke zu den Künstlern sind U. THIEME/F. BECKER und das AKL; Informationen zum Schloß bieten GRIMM und MÖHLENKAMP.

Das Bild der **„Apotheose des Herkules"** „öffnet" die Decke des Festsaals zum Himmel. Mehrere auf Wolken sitzende Personengruppen scheinen nach „oben" dem hellen Lichtschein entgegenzuschweben. Dicht an der Lichtquelle sitzt Zeus, erkennbar an dem Flammenbündel, welches er in der erhobenen Rechten hält. Zu seinen Seiten sind Gruppen weiterer Himmelsbewohner schräg zum Bildrand hin gestaffelt. Diese Linie durchbricht auf gewaltigen, von unten rechts zur Mitte nach oben drängenden Wolken die Figur des aufrecht stehenden Herkules, zu dessen Füßen Fortitudo lagert. Justitia mit Waage und Schwert nimmt oben zwischen Zeus und Herkules eine Mittlerrolle ein. Damit sind Herkules im Deckenfresko zwei wichtige Herrschertugenden – Stärke und Gerechtigkeit – zugeordnet. Im unteren Teil des Bildes, wo kräftigere Farben dominieren, weist die fliegende Fama, die den Ruhm des Helden mit der Fanfare verkündet, Venus in der unteren linken Ecke auf das Geschehen hin. Putten mit Pfeil und Bogen umgeben die Gestalt der Venus.

Herkules wird in der antiken Erzählung als Sohn des Zeus von einer sterblichen Frau, der Alkmene, geboren. Er muß aus verschiedenen Gründen eine Reihe von heldenhaften Aufgaben erfüllen, darunter auch die Bekämpfung von wilden Tieren und Fabelwesen. Am Lebensende des sterblichen Halbgottes wird dieser durch Zeus unsterblich gemacht und in den Götterhimmel aufgenommen. – Herkules avancierte schon in der Antike zum Vorbild der Herrscher, eine Tradition, die im 15. Jahrhundert wieder aufgenommen und bis ins 19. Jahrhundert fortgeführt wurde.

Bild: Giuseppe Roli, Apotheose des Herkules, Deckenspiegel des Festsaals von Schloß Rastatt, Fresko, 1704/5, Foto: Landesbildstelle Baden.

Literatur: R. Vollkommer, Herakles – Die Geburt eines Vorbildes und sein Fortbestehen bis in die Neuzeit, in: Idea. Jahrbuch der Hamburger Kunsthalle VI, 1987, 7-29.

sichten ihres Erbauers – Ludwig Wilhelm (geb. 1655, 1677-1707 Markgraf von Baden-Baden) entspricht; sie wurde deshalb in der Forschung auch immer auf seine Person bezogen [Grimm, Möhlenkamp]. Rastatt ist als Dreiflügelanlage um einen annähernd quadratischen Hof errichtet, dessen vierte, offene Seite auf die Stadt weist. Der Festsaal des Schlosses befindet sich im Mitteltrakt im ersten Stockwerk. Man betritt ihn über eine aufwendige Treppenanlage und einen Vorraum in der Mitte seiner Längsseite. Die gegenüberliegende Wand wird von hohen Fenstern zum Garten hin eingenommen, und auf den kurzen Seiten befinden sich je ein Kamin und die Zugänge zu den Herrscherappartements.

Die Wände und die Decke des zweigeschossigen Raumes sind mit Wandmalereien, eingesetzten Gemälden, Architektur- und Stuckformen fast vollständig überzogen. Dennoch gibt es eine ordnende Struktur: Vom Boden bis zum Deckenansatz gliedern rote Pilaster – flache, pfeilerartige Wandvorlagen – die Wände. Die dazwischenliegenden Wandabschnitte werden im unteren Geschoß von Türen – teilweise sind es nur fingierte Spiegeltüren – durchbrochen. Darüber wechseln Gemälde in rechteckigen und ovalen Stuckrahmen einander ab, während auf der Höhe des zweiten Stockwerks Gemälde und Binnenfenster wechseln. Über den Pilastern sehen wir vollplastisch gestaltete weiße Stuckfiguren, die sich in einer Übergangszone von der Wand zur Decke befinden. Letztere zeigt in schweren Rahmungen mehrere Fresken. Der bunte Stuckmarmor der Türen und der Pilaster, die farbig gefaßten und teilweise vergoldeten Rahmungen, die Fresken und die Gemälde erzeugen den Eindruck reicher Prachtentfaltung und festlicher Grundstimmung. – Heute weiß man, daß der Sohn des Erbauers, Ludwig Georg (geb. 1702, 1727-1761 Markgraf von Baden), die Rahmungen zwischen 1747 und 1752 mit den damals moderneren Rokoko-Ornamenten nachstuckieren ließ und daß die Gemälde an den Wänden auch erst in dieser Zeit eingesetzt wurden [Grimm, 38-41]. Damit komplettierte der Nachfolger allerdings eine Konzeption, die von Anfang an feststand und die nun inhaltlich gelesen werden muß.

Die Gemälde zwischen den Pilastern zeigen Porträts der Markgrafen von Baden-Baden aus mehreren Jahrhunderten Familiengeschichte. Über den Kaminen befanden sich Inventaren und alten Fotografien zufolge noch ein Bild Ludwig Wilhelms mit seiner Familie und eins seines Sohnes mit dessen Familie. Die Gemälde bilden eine Ahnengalerie, wie sie in vielen Schlössern des 16. bis 18. Jahrhunderts zu finden war. Solche Ahnengalerien hatten die Aufgabe, die vornehme Abstammung des Regenten darzulegen und gleichzeitig auf das – möglichst hohe – Alter der Dynastie hinzuweisen. Berühmte Vorfahren mit herausragenden Fähigkeiten erhöhten dann noch das Prestige der Familie. Gleichzeitig belegten diese Porträtreihen in einer Zeit, in der Herrschaft in der Regel erblich war, die Rechtmäßigkeit der Nachfolge. Hier präsentierte sich also die Baden-Badener Dynastie ihren adeligen Besuchern.

Während die Ahnengalerie bis zu Ludwig Wilhelms Sohn fortgeführt ist, bezieht sich das übrige Programm sehr deutlich auf den Erbauer des Schlosses: Die Stuckelemente oberhalb der Pilaster erinnern mit den dargestellten Waffen und Kriegstrophäen an dessen lange Tätigkeit als Feldherr im kaiserlichen Heer. Vor diesen Kriegstrophäen hocken Gestalten, die gefesselte Türken darstellen. Damit wurde auf speziellere Aspekte der Militärkar-

Zusammenarbeit mit anderen Fächern
Kunstgeschichte:
Bilder als Quellen
gesehen

Detailskizze

Ikonographisches Arbeiten. Die Ikonographie, eine wichtige Arbeitsmethode der Kunstgeschichte, fragt im Unterschied zu Stil- oder Materialuntersuchungen nach der Bedeutung des Dargestellten. In der klassischen Formulierung von Erwin Panofsky (1892-1968) vollzieht sich die inhaltliche Deutung eines Bildes in drei Schritten: Von der ersten Etappe des Erkennens der dargestellten Bildgegenstände ausgehend wird in einem zweiten Arbeitsgang die Identifizierung der Personen bzw. der erzählten Geschichte durch Hinzuziehung von weiteren Bildern und zeitgenössischen Texten geleistet; in einer dritten Stufe wird versucht, die in den Bildern enthaltenen allgemeineren weltanschaulichen Gedanken sichtbar zu machen.

Woran erkennt man Herkules? Hier genügt es, Schritt eins und zwei nachzuvollziehen: Es ist zunächst wichtig zu wissen, daß Nacktheit in barocken Bildern häufig bei der Darstellung von Themen aus der Antike oder von abstrakten Begriffen eingesetzt wird. Die aufmerksame Beobachtung der Figuren kann also schon erste Hinweise geben. Einigen Personen sind Gegenstände zugeordnet, die in einem zweiten Schritt als Attribute auf ihre Identität verweisen. Bei Herkules sind es die Keule und das Löwenfell, bei der Justitia ist es z.B. die Waage.

Die Kunstgeschichte hat Handbücher zum Nachschlagen solcher „Zeichen" entwickelt. Dabei ist die christliche Ikonographie besser aufgearbeitet worden als die weltlichen Themen. Wird man also in einigen für religiöse Themen sehr nützlichen Handbüchern [LCI, oder SACHS] nur knapp über Herkules informiert, so bieten das allgemeinere Lexikon der Kunst oder Spezialpublikationen wie DAVIDSON REID mehr Informationen. Dort werden auch Textquellen und Bildbeispiele genannt, mit denen man die eigene, zur Identifizierung anstehende Darstellung vergleichen kann. Zumeist wird auch eine chronologische Übersicht gegeben, denn Ikonographie ist ebenso wie die Deutung von Ereignissen historischen Wandlungen unterworfen.

Literatur: E. PANOFSKY, Studien zur Ikonologie. Humanistische Themen in der Kunst der Renaissance, Köln 1980, Einleitung, 30-61.

riere des Hausherrn angespielt, nämlich auf seine Beteiligung an den Auseinandersetzungen Leopolds I. mit dem Osmanischen Reich. So war der Markgraf im Dienst des Kaisers bei der Rückeroberung türkisch besetzter Gebiete in Ungarn erfolgreich, was ihm den Ehren-Spitznamen „Türkenlouis" einbrachte. Ehre und Ruhm im Krieg zu erringen, gehörte noch vor der Rolle als Mäzen der Künste und Wissenschaften zu den Eigenschaften, mit denen ein Herrscher seine Bedeutung demonstrieren konnte. Die spezifische Charakterisierung der besiegten Feinde als heidnische Türken stellte Ludwig Wilhelm allerdings nicht nur als Kriegshelden, sondern auch als Retter des Reiches und als Retter des Christentums heraus. – Mit den Stuckfiguren in den Ecken des Saales, die in weiblicher Gestalt Pax, Honor, Fortuna und Majestas darstellen, leitet das Programm zu einer allgemeineren Ebene über, nämlich dem der guten Herrschaft. Dieser Aspekt wird in den freskierten Deckenmedaillons fortgeführt, wo weitere Anforderungen an einen guten Landesherrn abgebildet sind: Magnamitas, Nobilitas, Auctoritas und Gloria princeps. Das Programm findet seinen Höhepunkt im großen Deckenspiegel, in dem die Aufnahme des Herkules (Herakles) in den Götterhimmel gezeigt wird. Was hat diese Szene aus der Mythologie mit den anderen Bildern zu tun? Herkules wird in der antiken Legende auf Grund seiner Heldentaten von Zeus unsterblich gemacht und galt in der Folge als Sinnbild des vorbildlichen – und erfolgreichen – Herrschers. Die antiken Themen und ihre allegorische Ausdeutung sind uns heute nicht mehr vertraut, sie waren den zeitgenössischen Adressaten der Bilder aber geläufig, so daß diese hier nicht nur Herkules' Aufnahme unter die Götter identifizieren, sondern die Szene

▷ S. 27f.
Seit 1517:
Religion und Politik

▷ S. 44
Nach 1648:
Verdichtung von Herrschaft

auch ohne Mühe als eine Verklärung des Ruhms Ludwig Wilhelms begreifen konnten.

Verschiedene Bildzyklen, die in anderen Schlössern auch getrennt vorkommen, wurden hier zu einem komplexen Programm zusammengesetzt: Bildnisse der Ahnen des Markgrafen von Baden demonstrieren seine vornehme Abstammung und den Rang seiner Familie. Die explizit auf das Leben Ludwig Wilhelms zugespitzten Verweise auf die „Türkenschlachten" im Dienst des Kaisers feiern den Erbauer des Schlosses als siegreichen Kriegshelden, der – von der historischen zur allegorischen Argumentation fortschreitend – die aufgezählten Herrschertugenden innehat, welche zusammen mit seinen kriegerischen Taten dazu führen, daß er Herkules-gleich unsterblichen Ruhm genießt. Die an wichtiger und hochrangiger Stelle mit großem ästhetischen Aufwand plazierten Bilder sind als Quelle für das Herrschaftsverständnis eines Landesherrn interessant, der versuchte, bestimmte historische Situationen und Handlungen aus seiner Perspektive auszudeuten. Die vollständige Ausblendung der Rolle der Markgräfin Sibylla Augusta aus dem Bildprogramm zeigt zugleich, wie stark die Vorstellungen von Dynastie und Regentschaft auf einen männlichen Herrscher zugeschnitten waren.

Der bäuerliche Lebensraum – oder: Wer blickt hier auf wen? Die Darstellungen aus dem Leben der unteren Schichten sind weit von den geschilderten ehrgeizigen Ansprüchen fürstlicher Auftraggeber und deren Repräsentationszwängen entfernt. Genre-Szenen greifen in der Regel in ihrer Ikonographie und Motivik nicht auf historische Ereignisse oder mythologische Schilderungen zurück. Deshalb ist diesen Bildern oft eine größere Nähe zur historischen Realität zugesprochen worden. Am Beispiel der Darstellung eines ländlichen Festes soll hier gezeigt werden, daß mit der Vorstellung einer Widerspiegelung bäuerlicher Lebensrealität in diesen Bildern differenziert umgegangen werden muß.

Als selbständige Bildthemen erschienen Figuren von Bauern, Dienstboten, Zigeunern oder Bettlern seit der zweiten Hälfte des 15. Jahrhunderts in Deutschland im Medium der Druckgraphik. Blieben solche Themen in der Tafelmalerei noch lange Zeit auf Nebenszenen beschränkt, so gewannen sie in der Druckgraphik der 20er und 30er Jahre des 16. Jahrhunderts schon soviel Raum, daß sie zu szenischen Gesamtdarstellungen weiterentwickelt wurden. Es ist nicht immer einfach zu entscheiden, ob die Darstellung der Armut, der von Arbeit und Entbehrung gezeichneten Körper und des wenig eleganten Auftretens dieser Personen einer diskriminierenden oder anteilnehmenden Darstellungsabsicht der Künstler entsprachen. Den Blättern kann auch eine sozialkritische Absicht unterlegen haben, jedoch hat die Untersuchung von H.-J. Raupp [Raupp], gezeigt, daß die These einer direkten Solidarisierung der Künstler mit den unteren Schichten von falschen Voraussetzungen ausgeht. Darüber hinaus ist die Beurteilung von Druckgraphik ganz allgemein schwieriger als diejenige eines Gemäldes oder einer Raumausstattung, da es hier in der Regel keinen einzelnen Auftraggeber gab, dessen Interessen zur Bestimmung der Funktion des Werks herangezogen werden könnten. Die Künstler produzierten für einen Markt, und den jeweiligen Gebrauchzusammenhang bestimmten die stadtbürgerlichen oder adeligen Käufer selbst [Hyatt Mayor, Schilling].

Die abgebildete Bauernkirmes von Barthel Beham (1502-1540) scheint ein typisches bäuerliches Fest darzustellen, auf dem Frauen und Männer in mehreren, über die Bildfläche verteilten Gruppen tanzen, trinken und spielen. Das langgestreckte Querformat des Blattes legt eine Betrachtung von Szene zu Szene nahe: Im linken Teil des Holzschnitts sind Bauernpaare zu sehen, die um einen aufgepflanzten Baum herumtanzen; zwei Musiker stehen am Rand des Kreises auf einer Holzbank. Im Hintergrund befindet sich das Dorf, und rechts neben den Spielleuten ist ein Wirtshaus zu erkennen, vor dessen Tor Personen an einem gedeckten Tisch sitzen. Noch weiter nach rechts schließt sich ein zweites Haus an, vor dem Zuschauer ein Paar beobachten, welches über blanke, am Boden liegende Schwerter balanciert. Im Vordergrund sind mehrere Männer quer über den gesamten Plan mit einem Kegelspiel beschäftigt. Zwischen den beiden Szenen hängt an einer hohen Stange ein Käfig mit einem Hahn, der als Preis für die Spiele ausgesetzt ist. Unmittelbar hinter dem Haus ist ein weiteres solches Spiel, nämlich ein Wettrennen zwischen Frauen, zu sehen. Breiten Raum nimmt in der rechten Hälfte der Darstellung eine heftige Schlägerei ein.

Präsentiert wird also ein recht ausgelassenes Festgeschehen mit teilweise etwas derben Späßen. Die Darstellung der Gebäude, der Kleidung oder etwa des Radkreuzes als Zeichen eines Wirtshauses werden der zeitgenössischen Erfahrung entsprochen haben. Sie können unter kontrollierender Hinzuziehung weiteren Bild- und Textmaterials als Quellen für die Sachforschung, eventuell auch für die Brauchtumsforschung genutzt werden. Deutlich ist dem Holzschnitt ein Interesse des Künstlers an überzeugenden Figurenschilderungen und ausdrucksstarken Gebärden anzusehen. Ist deshalb aber auch das festliche Treiben als Ganzes realistisch? Anders gefragt: Wollte Barthel Beham den Eindruck eines Festes, wie er es selbst außerhalb Nürnbergs auf dem Land erleben konnte, wiedergeben? Verschiedene Bild-interne Verweise lassen an einer solchen Absicht zweifeln. Die tanzenden Bauern mit ihren herausfordernd nach oben gerissenen Armen und den aufgerissenen Mündern lassen diese Personen im Vergleich zu zeitlich naheliegenden Darstellungen von Städtern nicht gerade gesittet erscheinen. Diese Gesten sind ein Bildtopos der Bauerngraphik und damit nicht der Tanzsituation zuzurechnen, sondern ikonographisch als anmaßende, großsprecherische Gesten zu lesen. Das aus der Tanzreihe ausgescherte Paar hinter den Musikern zeigt am ehesten, woher diese enthemmte Gestik rührt: Dort hält der Mann einen großen Becher in der Hand, während er den linken Arm hochreißt und schreit. Getrunken wird auch in der Tischszene, die extremen Folgen übermäßigen Alkoholgenusses demonstriert die Szene am vorderen Rand des Blattes: Dort sieht man einen von der Bank gesunkenen Mann, der sich übergibt. Verfolgt man die Bildverweise über den links daneben liegenden Krug und den umgestürzten Becher bis zur Bank der Musiker zurück, dann entdeckt man hinter diesen einen weiteren Mann, der das Genossene von sich gibt. Andere Folgen demonstriert die halb versteckte Szene zwischen den Häusern: Dort ist ein Rücken und ein blankes Hinterteil in den Büschen zu sehen, ein dickes Häufchen liegt auf der Erde. Aber auch die Wettspiele führen zu keinem guten Ende. Aus ihrem Zusammenhang entstand die Rauferei, die, sich zum Zentrum der Gruppe steigernd, mit blanken Waffen durchgefochten wird. Die Folgen des bewaffneten Raufens verdeutlichen eine abgeschlagene Hand und ein im Getümmel am Boden liegender Mann mit einer Kopfwunde.

Der unter dem Namen **„Bauernkirmes"** bekannte Holzschnitt wird Barthel Beham zugeschrieben, eine Signatur oder ein Monogramm trägt er nicht. Barthel Beham (1502-1540) gehörte mit seinem Bruder Sebald (1500-1550) und Georg Pencz (ca. 1500-1550) zu einer Gruppe von Nürnberger Künstlern, die neben traditionellen Themen auch Verhältnisse und Personen darstellten, die sonst nicht als Bildthemen geläufig waren, wie etwa die Bauern, die Landsknechte, das fahrende Volk – die Nichtseßhaften – und die ländlichen Feste. Die „Bauernkirmes" gilt in diesem Zusammenhang als eine der ersten szenischen Darstellungen dieses Themas.

Der Holzschnitt wurde wegen seines breiten Formats von vier einzelnen Druckstöcken gedruckt, eine der senkrechten Ansatzstellen ist z.B. rechts neben der Stange mit dem Hühnerkäfig gut zu erkennen. Alle Blätter sind als aufeinander folgender Szenenfries zu lesen. Das arbeitsteilige Verfahren des Holzschnittes ermöglichte es, Entwurf, Übertragung auf die Holzplatte und Druck von verschiedenen Handwerkern ausführen zu lassen, eine Tatsache, die die stilistische Zuordnung von Holzschnitten zu bestimmten Künstlern u.U. schwierig macht. Auch im Fall der „Bauernkirmes" vermutet man, daß Barthel Beham an der Umsetzung der Zeichnung in den Druck nicht beteiligt war.

Bild: Barthel Beham, Die Bauernkirmes, Holzschnitt, zwischen 1530 und 1534, Museum Schloß Friedrichstein, Gotha.

Literatur zu B. Beham: AKL
Literatur zu den druckgraphischen Techniken: W. Koschatzky, Die Kunst der Graphik. Technik, Geschichte, Meisterwerke, Salzburg 1972, München 1975.

Daß sich Verstümmelung und Totschlag tatsächlich aus einem Streit über den Spielpreis entwickelten, führen die Hunde im Vordergrund vor, deren einer den Hahn zwischen den Pfoten hält, während der andere ihn angreift. Aber auch im friedlicheren Bereich des Kreistanzes deutet sich die Agressivität schon an. Direkt unter dem Maibaum prügeln sich zwei kleine Jungen, und vorn neben dem Betrunkenen gehen zwei Hähne in Analogie zum menschlichen Treiben aufeinander los. Die Bildverweise verspannen so quer über das gesamte Blatt hinweg die einzelnen Szenen mit einer negativen inhaltlichen Grundaussage, nämlich den schlechten Folgen des übermäßigen Trinkens. Von angeberischem Verhalten und enthemmter Gestik führt die Argumentation zur drastischen Darstellung der physischen Folgen des Trunks bis zu den tödlichen Konsequenzen des nicht mehr zu steuernden Zorns.

Das auf den ersten Blick „nur" etwas derbe Bauernfest wurde für eine Warnung vor den Folgen des Alkoholismus genutzt. Exemplifiziert wurde dieser Appell zur Mäßigung am Beispiel der unmäßigen Bauern, die weder ihren Hang zur Völlerei noch die daraus entstehenden Leidenschaften zu beherrschen wissen. So realistisch die Darstellung des Ortes und die situative Gestik der Gruppen anmuten, so wenig kann hier von einer nur schildernden Wiedergabe eines ländlichen Festes die Rede sein. Es ist also deutlich zwischen einem auf die Gegenstandsschilderung konzentrierten Detailrealismus und der Zusammenstellung dieser realistisch dargestellten Personen und Detailszenen zu einer Gesamtszene zu unterscheiden. Letztere dient dabei nicht der Dokumentation eines Festes, sondern der sittlichen Ermahnung.

Blätter wie die „Bauernkirmes" waren auf ein städtisches Käuferpotential berechnet [Schilling, 40-53] und wandten sich nicht an die Bauern selbst. Ihre Argumentation benutzte nur die Vorstellung vom ungehobelten und unbeherrschten Bauern, welche dem städtischen Publikum durch Literatur und Fastnachtsspiele schon geläufig war [Moxey; Raupp]. Über den bäuerlichen Lebensraum geben solche Blätter deshalb nur sehr vermittelt Auskunft, sie sind eher als Quellen für die angestrebten Verhaltensnormen der Stadtbevölkerung nutzbar zu machen.

Bilder im Dienst der Kirche Zu Beginn dieses Beitrags wurde auf die deutliche Zunahme weltlicher Bildthemen in der Frühen Neuzeit hingewiesen. Gleichzeitig muß aber auch festgehalten werden, daß weiterhin ein großer Teil der gesamten Kunstproduktion religiösen Aufgaben diente. – Die religiöse Malerei hatte über das lange Mittelalter hinweg viele Funktionen zu erfüllen: Sie war mit ihrer Darstellung der Heilsgeschichte und der Heiligenleben sowohl Information – „Bücher für die Ungebildeten" – als auch Aufforderung zur Nachahmung vorbildlichen Verhaltens. Weiterhin diente sie der Kontemplation, d.h. sie war konkreter Gegenstand der persönlichen Versenkung in die hinter den erzählten Geschichten liegenden Heilswahrheiten. Mit der Kritik der Reformatoren an den religiösen Praktiken der Kirche geriet dieses Selbstverständnis in eine Krise [Stirm, Scribner/ Warnke, Schnitzler]. Die katholische Kirche antwortete in ihrer Verteidigung der Bilder zunächst theologisch: Dem Hauptvorwurf der Idolatrie, d.h. der Götzenverehrung, setzte sie das Argument entgegen, daß nicht die Bilder, sondern die mit ihrer Hilfe nur dargestellten Heiligen verehrt würden. Und auf den Vorwurf, daß die Finanzierung kostspieliger Kunstwerke dazu führe, die

▷ S. 24f.
Seit 1517:
Religion und
Politik

barmherzigen Werke zu vernachlässigen, antwortete sie mit der Notwendigkeit der Bilder zur Belehrung der Gläubigen und zur Motivierung ihrer Andacht. Daraus entwickelte sich eine weit ins 17. Jahrhundert hineinreichende theoretische Diskussion über den angemessenen Umgang mit Bildern im religiösen Kontext. – In der Kunstgeschichte stehen neben einer auf diesen theologischen Schwerpunkt konzentrierten Forschung [Scavizzi, Hecht, Göttler] Untersuchungen der gemalten Bilder und deren langfristiger Themen- und Stilveränderungen [Wittkower, Haskell, Freedberg]. Das begründungsbedürftig gewordene religiöse Bild veränderte im Zusammenhang mit dem allgemeinen Stilwandel von der Renaissance zum Barock Themenschwerpunkte, Bildaufbau und stilistische Gestaltung. In den Vordergrund trat nun insbesondere eine bewußt aus der älteren Tradition wieder aufgenommene und gesteigerte bildliche Marien- und Heiligenverehrung. Eng damit verbunden waren Bildthemen, die symbolisch die Kirche als Institution repräsentierten, wie z.B. Maria als Himmelskönigin, die Versammlung der Heiligen, die erfolgreiche Missionsarbeit oder der Kampf der Engel mit den Teufeln. Gestalterisch kam es zu einer räumlichen Verunklärung der Bildszenen, zu starken Hell-Dunkel-Kontrasten, die die Szenen dramatisierten, und zu einer emotionalen Steigerung der Gestik und Mimik der Bildpersonen.

Vor diesem Hintergrund sollen Inhalt und Gestaltung eines Altarbildes von Guido Reni (1575–1642) aus dem Jahr 1635 vorgestellt werden. Das hochformatige Bild zeigt vor lebhaftem grauen Hintergrund die Gestalt eines jungen Mannes, der sich mit Kopf und linkem Arm nach rechts hinabneigt, wo ein älterer nackter Mann auf dem Bauch liegt und sich mühsam mit den Händen auf dem Felsgrund abstützt. Die stehende Gestalt hat ihren Fuß in einer Siegerpose auf den Kopf des Mannes gesetzt, mit dem Schwert in der erhobenen Rechten bedroht sie ihn. In der linken Hand hält sie den Ring einer langen Eisenkette, mit der der Unterlegene gefesselt ist. Beide Figuren sind geflügelte Wesen, ein Umstand, der deutlich macht, daß man es hier nicht mit einem gewöhnlichen Zweikampf zu tun hat. Dargestellt ist der Sieg des Erzengels Michael über Luzifer. Kleine Flammenbündel zwischen den Felsen machen deutlich, daß wir uns am Eingang der Hölle befinden.

Dem Erzengel Michael sind in der christlichen Vorstellung unterschiedliche Aufgaben zugeordnet worden: göttlicher Bote, Begleiter der verstorbenen Seelen, Paradieswächter und Seelenwäger beim Jüngsten Gericht [LCI, Sachs, Lexikon der Kunst]. Eine weitere seiner Aufgaben besteht in der Vertreibung der rebellischen Engel aus dem Paradies. Im Laufe des 16. und 17. Jahrhunderts nahm die Darstellung dieser Aufgabe Michaels – sei es als Einzelkämpfer gegen Drache oder Teufel, sei es als Anführer himmlischer Heerscharen bei einem vielfigurigen Engelsturz – an Häufigkeit zu. Der Sieg über Luzifer wurde in dieser Zeit konkret als ein Sieg der Kirche über die Häresien interpretiert, zu denen aus katholischer Sicht auch die reformatorischen Bewegungen gezählt wurden. Die bevorzugte Darstellung gerade dieser Rolle des Erzengels aus mehreren zur Verfügung stehenden ikonographischen Bildvorlagen ist demzufolge inhaltlich motiviert. So gesehen ist das Bild ein historisches Dokument für das Selbstbewußtsein der katholischen Kirche, die zwar den reformierten Glauben nicht vernichten, ihre eigene Position aber behaupten konnte und nun daran ging, das verlorene Terrain in der Gegenrefor-

Das Altarbild **„Der Erzengel Michael besiegt Luzifer"** von 1635 befindet sich in der römischen Kirche S. Maria della Concezione, die zwischen 1626 und 1636 von Kardinal Antonio Barberini (gest. 1646) für den Kapuziner-Orden errichtet und ausgestattet wurde.

Der Maler des Werkes, Guido Reni (1575-1642), lebte und arbeitete zeitweilig in Rom und hatte sich dort als Maler im Dienst des Papstes und der hohen Kurie Ansehen erworben. Als fähiger Maler bekannt, arbeitete er später von Bologna aus für weltliche und geistliche Auftraggeber in ganz Europa. Auch das Bild des Erzengels Michael wurde in Bologna angefertigt und nach Rom transportiert. Seine Wirkung auf die Zeitgenossen kann man neben einer breiten literarischen Besprechung an der großen Anzahl von Gemäldekopien und Stichen nach dem Gemälde ablesen.

Bild: Guido Reni, Der Erzengel Michael besiegt Luzifer, Ölgemälde auf Seide, 1635, Santa Maria della Concezione, Rom.

Literatur: S. PEPPER, Guido Reni. A complete catalogue of his works with an introductory text, Oxford 1984; Guido Reni und Europa. Ruhm und Nachruhm. 2.12.1988 – 26.2.1989, Ausstellungskatalog, hrsg. v. S. EBERT-SCHIFFERER, A. EMILIANI, E. SCHLEIER, Frankfurt 1988.

mation nördlich der Alpen zurückzugewinnen.

Im Vergleich zu früheren Darstellungen des Michael als Drachenkämpfer, etwa zu Raffaels Bild von 1518 im Musée du Louvre in Paris, hat sich bei Guido Reni die Bildsprache deutlich verändert. Dargestellt wird nicht die überlegene Macht des Engels, sondern der schon errungene Sieg. Die instabile Haltung Michaels, seine zum Flug ausgebreiteten Schwingen und der sich locker um seine Hüfte bauschende Mantel vermitteln den Eindruck einer schwebenden Figur, die ohne Kraftanstrengung Gewalt über den am Boden hingestreckten Luzifer hat. Dieser liegt mitten in den Felsbrocken, während sich die Gestalt des Erzengels von einem zartgelb durchschimmernden dunklen Wolkenhimmel abhebt. Das Bild-interne Licht fällt von oben rechts auf die Personen und läßt den Körper des Engels aufleuchten. Der hellrote Mantel, der in mehreren Blaustufen gemalte Panzer, die weißen Ärmel und die rosa Schärpe harmonieren mit dem rosigen Teint der Figur und rücken sie – gerade da dem Bild jegliche Räumlichkeit fehlt – in die Nähe einer Lichterscheinung. Luzifer bildet mit seiner bräunlichen Hautfarbe, den groben heraustretenden Muskeln und dem verschatteten Gesicht das negative Gegenstück dazu. Seine Gesichtszüge sind dem Häßlichen angenähert. Der Maler führte den angestrebten Gegensatz zwischen der zarten lichten Erscheinung des Erzengels und dem finsteren Luzifer bis in die Pinselführung fort, die in der Gestaltung des Teufelkörpers deutlich grober und skizzenhafter gehalten ist als im übrigen Bild. Der Dualismus von oben und unten, hell und dunkel, zarter Farbigkeit und stumpfer Erdfarbe, von Schönheit und Häßlichkeit, von feiner und groberer Malweise steigert die Bildaussage zu einer unmittelbar wahrnehmbaren Offenba-

Detailskizze

Stilkritik als Arbeitsmittel der Kunstgeschichte. Die Stilkritik befaßt sich mit der Formgebung des Kunstwerks und der Geschichte dieser Formen. Sie versucht, mit der Analyse vieler einzelner Werke Kriterien für ein chronologisches und regionales Ordnungssystem zu schaffen. Bilder, deren Entstehungsjahr, Produktionsort und Künstler oder Künstlerin bekannt sind, bilden den Ausgangspunkt für Vergleiche mit Bildern, zu denen keine externen Daten vorliegen. Über die Bestimmung der Nähe oder Ferne von deren formaler Gestaltung zu den gut dokumentierten Bildern kann bei entsprechender Erfahrung eine „Zuschreibung" oder zumindest eine „Datierung" vorgenommen werden. – Sollte etwa das Bild des Erzengels Michael erst heute an die Öffentlichkeit gelangen, so würde eine erste örtliche und zeitliche Annäherung wahrscheinlich lauten: Italien, erste Hälfte des 17. Jahrhunderts. Über Vergleiche würde man es in die bolognesische Malerei einordnen; Vergleiche mit Werken aus Bologna könnten eine Zuschreibung an Guido Reni nahelegen, dann würde eine Datierung in dessen Spätwerk der 30er Jahre erfolgen. – Diese vergleichende Methode hat eine relative Gültigkeit, denn die Annahme einer linearen Stilentwicklung der Kunst ist nur bedingt richtig.

Stil wird in der Kunstgeschichte aber nicht nur als ein Handwerkszeug zur Systematisierung benutzt, sondern auch als weltanschaulicher Ausdruck einer Zeit interpretiert. Hier sind einer willkürlichen Interpretation schnell Tür und Tor geöffnet, insbesondere in generalisierenden Charakterisierungen wie etwa vom „Geist der Gotik" oder dem „Wesen des Barocken". Die Vorstellung, daß der formalen Gestaltung eine bestimmte Geisteshaltung als Inhalt anhänge, ist deshalb im Fach heftig kritisiert worden, andererseits beeinflußt die formale Gestaltung des Werks ohne Zweifel das Verständnis seines Inhaltes. Eine angemessene Verfahrensweise zur Verknüpfung der unterschiedlichen Beobachtungen wird bis heute kontrovers diskutiert, das Problem steht aber längst nicht mehr im Zentrum kunsthistorischer Forschung.

Literatur: W. Sauerländer, Alterssicherung, Ortssicherung und Individualsicherung, in: Belting, 117-145; G. Willems, Erklären und Ordnen. Stilanalytische Ansätze in der Kunstgeschichte, in: Halbertsma/Zijlmans, 83-111.

rung. Der kirchenpolitisch zu deutende Sieg himmlischer Mächte über den Teufel wurde mit einem Appell an die emotionalen Aspekte von Wahrnehmung in Szene gesetzt. Diese Beobachtungen sollen nicht dazu verführen, den Stil Guido Renis verkürzt als ein Resultat gegenreformatorischer Theorie zu verstehen; sie soll aber darauf aufmerksam machen, daß Renis Malweise hier den werbenden und überredenden Absichten einer gegenreformatorischen Bildpropaganda besonders entgegenkam. Fragen nach dem historischen Quellenwert der Bilder sollten also neben dem Bildthema auch die Form der Mitteilung so weit wie möglich in Betracht ziehen – auch wenn es dazu einer geduldigen Einübung in differenziertes Sehen bedarf.

Iris Grötecke

Literatur

AKL = Allgemeines Künstlerlexikon. Die bildenden Künstler aller Zeiten und Völker, hrsg. K.G. Saur-Verlag, München/Leipzig 1992ff. (Neubearbeitung von Thieme/Becker).

M. Baumgartner, Einführung in das Studium der Kunstgeschichte, Köln 1998.

H. Belting u.a.(Hrsg.), Kunstgeschichte. Eine Einführung, Berlin 1985, 5. erw. Aufl. 1996.

W. Busch (Hrsg.), Funkkolleg Kunst. Eine Geschichte der Kunst im Wandel ihrer Funktionen, München/Zürich 1987, 2. Aufl. 1997.

J. Davidson Reid, The Oxford Guide to classical mythology in the arts, 1300-1990's, 2 Bde., New York/Oxford 1993.

S.J. Freedberg, Circa 1600. A revolution of style in Italian painting, Cambridge/Mass. 1983.

Chr. Göttler, Die Kunst des Fegefeuers nach der Reformation. Kirchliche Schenkungen, Ablaß und Almosen in Antwerpen und Bologna um 1600, Mainz 1996.

U. Grimm, Die Dekorationen im Rastatter Schloß, 1700-1771, Dissertationsdruck Karlsruhe 1978.

M. Halbertsma/K. Zijlmans (Hrsg.), Gesichtspunkte. Kunstgeschichte heute, Berlin 1995.

F. Haskell, Patrons and painters. A study in the relations between Italian art and society in the age of the Baroque, London 1963, durchges. u. erw. Aufl. London 1980.

Chr. Hecht, Katholische Bildertheologie im Zeitalter von Gegenreformation und Barock. Studien zu Traktaten von Johannes Molanus, Gabriele Paleotti und anderen Autoren, Berlin 1997.

A. Hyatt Mayor, Prints and people. A social history of printed pictures, Princeton/N.J. 1971.

G. Jaritz (Hrsg.), Pictura quasi fictura. Die Rolle des Bildes in der Erforschung von Alltag und Sachkultur des Mittelalters und der frühen Neuzeit, Wien 1996.

LCI = Lexikon der christlichen Ikonographie, hrsg. E. Kirschbaum u.a., Rom/Freiburg/Basel/Wien, 8 Bde., 1968-1976.

Lexikon der Kunst. Architektur, bildende Kunst, angewandte Kunst, Industrieformgestaltung, Kunsttheorie, neubearb. Auflage, 7 Bde., Leipzig u.a. 1987-1994.

A. Möhlenkamp, Form und Funktion der fürstlichen Appartements im deutschen Residenzschloß des Absolutismus, Microfiche, Marburg 1991.

K. Moxey, Sebald Beham's church anniversary holidays: Festive peasants as instruments of repressive humor, in: Simiolus 12, 1981/82, 107-130.

W. Prinz/R. Kecks, Das französische Schloß der Renaissance. Form und Bedeutung der Architektur, ihre geschichtlichen und gesellschaftlichen Grundlagen, Berlin 1985.

H.-J. RAUPP, Bauernsatiren. Entstehung und Entwicklung des bäuerlichen Genres in der deutschen und niederländischen Kunst ca. 1470-1570, Niederzier 1986.
H. SACHS/E. BADSTÜBNER/H. NEUMANN, Christliche Ikonographie in Stichworten, Leipzig 1973, München 1975.
G. SCAVIZZI, The controversity on images from Calvin to Baronius, Frankfurt/M. 1992.
M. SCHILLING, Bildpublizistik der frühen Neuzeit. Aufgaben und Leistungen des illustrierten Flugblatts in Deutschland bis um 1700, Tübingen 1990.
N. SCHNITZLER, Ikonoklasmus – Bildersturm. Theologischer Bilderstreit und ikonoklastisches Handeln während des 15. und 16. Jahrhunderts, München 1996.
B. SCRIBNER/M. WARNKE (Hrsg.), Bilder und Bildersturm im Spätmittelalter und in der frühen Neuzeit (Wolfenbütteler Forschungen, 46), Wiesbaden 1990.
M. STIRM, Die Bilderfrage in der Reformation, Gütersloh 1977.
H. TALKENBERGER, Von der Illustration zur Interpretation. Das Bild als historische Quelle. Methodische Überlegungen zur Historischen Bildkunde, in: ZHF 21, 1994, 289-313.
THIEME/BECKER = U. THIEME/F. BECKER, Allgemeines Lexikon der bildenden Künstler von der Antike bis zur Gegenwart, 37 Bde., Leipzig 1907-1950.
B. TOLKEMITT/R. WOHLFEIL (Hrsg.), Historische Bildkunde. Probleme – Wege – Beispiele (Zeitschrift für Historische Forschung, Beiheft 12), Berlin 1991.
R. WAGNER-RIEGER, Zur Typologie des Barockschlosses, in: Europäische Hofkultur im 16. und 17. Jahrhundert (Wolfenbütteler Arbeiten zur Barockforschung, 8), 3 Bde., Hamburg 1981, Bd. 1, 57-67.
R. WITTKOWER, Art and architecture in Italy. 1600 to 1750, Baltimore 1958, 2. korr. Aufl. 1965.
R. WOHLFEIL, Das Bild als Geschichtsquelle, in: HZ 243, 1986, H. 1, 91-100.

Technik: Die Arbeit mit den Quellen

Quellen und historische Forschung. Die Quellenarbeit zählt zwar zu den recht zeitaufwendigen, aber auch besonders interessanten geschichtswissenschaftlichen Tätigkeiten. Nicht zuletzt das gestiegene Interesse an Mentalitäten und Wahrnehmungsmustern hat in den letzten Jahren eine Aufwertung dieses Arbeitsfeldes bewirkt. Dabei haben besonders anthropologische Ansätze, die das „Fremde" am Menschen der Frühen Neuzeit problematisieren und Phänomene wie etwa Geburt, Kindheit, Sexualität, Krankheit und Tod zu erforschen versuchen, eine genauere Beschäftigung mit unmittelbaren Zeugnissen aus der Vergangenheit nahegelegt. Die auf Alltag und Lebenswelten zugeschnittenen Fragestellungen haben darüber hinaus das Spektrum der ausgewerteten Quellen sowohl erheblich verbreitert als auch verschoben. So sind lange Zeit vernachlässigte Bestände in den Blickpunkt getreten. Wurden im 19. Jahrhundert noch zahlreiche frühneuzeitliche Akten aus dem Rahmen der gerichtlichen Überlieferung als historisch irrelevant betrachtet und teilweise sogar vernichtet, so bilden heute gerade Gerichtsakten und -protokolle eine zentrale Grundlage der Erforschung von Lebensbedingungen und Wertvorstellungen der Menschen, insbesondere auch der einfachen Untertanen.

▷ S. 170 [...]alitätengeschichte: Historiographische Wenden

S. 332 f. Quellen: [...]ndbreite heute [...]rsuchter [...]terialien

Bevor auf die Erkenntnischancen, die die Quellenarbeit Ihnen bietet, anhand einer Gerichtsakte näher eingegangen wird, haben jedoch einige begriffliche Klärungen zu erfolgen: Was genau ist eine Quelle, und welche Arten von Quellen sind zu unterscheiden?

Eine Antwort auf den ersten Teil der Frage ist hier bereits über eine Umschreibung angedeutet worden: Man könnte demnach Quellen als unmittelbare Zeugnisse bzw. Überreste aus der Vergangenheit bezeichnen [Borowsky/Vogel/Wunder, 120]. Diese Definition ist allerdings problematisch, weil viele Ereignisse nicht wirklich durch „unmittelbare" Zeugnisse, sondern über Hinweise aus späterer Zeit überliefert sind. Das Attribut „unmittelbar" ist daher hier nicht unbedingt wörtlich zu verstehen, sondern soll vor allem den Unterschied zur „modernen" geschichtswissenschaftlichen Fachliteratur hervorheben. Ausdruck dieser traditionsgemäß scharfen Trennung ist das „Quellen- und Literaturverzeichnis", das in der Regel im Anhang einer schriftlichen historischen Arbeit auftaucht.

Um eine Antwort auf die zweite Frage zu erhalten, kann die Quellendefinition des Historikers Paul Kirn herangezogen werden: „Quellen nennen wir alle Texte, Gegenstände oder Tatsachen, aus denen Kenntnis der Vergangenheit gewonnen werden kann." [Kirn, 29] Diese Umschreibung dürfte nun wiederum mit Blick auf die Fachliteratur zu wenig konturenscharf ausgefallen sein. Sie führt jedoch bereits zu konkreteren Vorstellungen vom „Rohmaterial", mit dem geschichtswissenschaftlich gearbeitet wird: Aus der Vergangenheit überlieferte Texte stellen die am häufigsten verwendeten Erkenntnisgrundlagen dar. Dabei wird heute, ausgelöst durch vermehrte interdisziplinäre Arbeit, der Text als Ergebnis sprachlicher Konstruktion viel subtiler wahrgenommen als noch zur Entstehungszeit der angeführten Definition. Bei der zweiten Gruppe, den Gegenständen, ist etwa daran zu denken, daß Waffen, Schmuckstücke oder Eßgeschirr, sogenannte Realien, vielschichtige Informationen, u.a. sozialgeschichtlicher Art, vermitteln können. Innerhalb der Geschichtswissenschaft ist ein zunehmendes Bemühen erkennbar, sich neben den Texten stärker dieser Art von Gegenständen zuzuwenden und etwa auch Bildquellen einer bestimmten Zeit unter historischen Fragestellungen zu beleuchten [Imhof]. Demgegenüber von eher untergeordneter Bedeutung ist schließlich die dritte von Paul Kirn benannte Gruppe der Tatsachen, mit der er darauf aufmerksam machen wollte, daß sich z.B. über die Verbreitung einer Sprache in der Gegenwart Rückschlüsse auf kulturelle Einflüsse in der geschichtlichen Entwicklung von Ländern und Regionen ziehen lassen. Solche „Tatsachen" vermitteln oft lediglich begrenzte Erkenntnisse und bieten für sich genommen kaum Erklärungen. In der Praxis des Historikers werden sie allenfalls beiläufig eingebracht, um der Bedeutung bestimmter Prozesse rhetorisch Nachdruck zu verleihen.

Basierend auf einer weiteren in der Geschichtswissenschaft vorgenommenen Typisierung soll im folgenden mit Hilfe von Textbeispielen ein noch genauerer Eindruck von der Überlieferung aus der Vergangenheit vermittelt werden. Allerdings ist das Schaubild zu den sogenannten Überresten und Traditionsquellen [hier basierend auf Borowsky/Vogel/Wunder, 125], das ohnehin keinen Anspruch auf vollständige Erfassung jeglicher Arten von Quellen erheben kann, keineswegs der Weisheit letzter Schluß, sondern vielmehr einer besonders kritischen Betrachtung zu unterziehen:

Zunächst ist zu bemerken, daß die in der Grafik wiedergegebene Aufteilung der Quellen in Überreste und Traditionsquellen auf methodische Überlegungen des 19. Jahrhunderts zurückgeht [Bernheim]. Sie wurde in später erschienenen geschichtwissenschaftlichen Einführungswerken [v. Brandt] immer wieder neu aufgegriffen. Hintergrund dieser Differenzierung ist aber ein Quellenverständnis, dem man sich heute nicht mehr ohne weiteres anschließen kann [W. Schulze]: Mit dieser

Überreste und Traditionsquellen. Die herkömmliche, nicht unproblematische Unterteilung der Quellen in „Überreste" und „Traditionsquellen" ist hier anhand zweier mit verschiedenen Arten von Textquellen gefüllter Kisten dargestellt. Das Schaubild beschränkt sich auf einige wenige Quellensorten. Neben den hier verzeichneten Textgruppen existiert eine Vielfalt an für die Erforschung der Frühen Neuzeit wichtigen Quellen. Zu denken ist etwa auch an Gesetzessammlungen, Traktate, Predigten, Kaufmannsrechnungen, Geschäftstagebücher, Einwohnerlisten und vieles mehr.

Texte:
a) Überreste

Urkunden
Akten
Briefe
Zeitungen (bzw. Flugschriften)
schöne Literatur

Texte:
b) Traditionsquellen

Annalen
Chroniken
Lieder, Sagen
Biographien
Autobiographien

Unterscheidung wurde nämlich versucht, schematisch den Wert von Quellen im Hinblick auf die Rekonstruierbarkeit von Fakten zu beschreiben. Dabei wurde argumentiert, den Traditionsquellen, also etwa Annalen bzw. Chroniken, läge das Bemühen eines Verfassers zugrunde, der Nachwelt eine bestimmte historische Sicht zu vermitteln, so daß ihnen nur ein untergeordneter Rang bei der Gewinnung von Erkenntnissen über geschichtliche Tatsachen zukommen könne. Dagegen seien die Überreste als Quellen zu betrachten, die „unabsichtlich" historische Kenntnis vermittelten [v. Brandt, 56f.] und daher die wichtigere Grundlage für die Erforschung der Vergangenheit.

Greift man nämlich zunächst in die Kiste der „Überreste", um die dem Schaubild zugrundeliegende Vorstellung zu überprüfen, wird man sehr schnell mit Schwierigkeiten konfrontiert. Bereits ein Blick auf die Gattung der Urkunden, die im übrigen nicht nur für das Mittelalter, sondern auch noch für die Frühe Neuzeit wichtige Quellen darstellen, sorgt für Irritationen. In nicht wenigen Kaufbriefen und Schuldverschreibungen befinden sich Erklärungen, die ganz offensichtlich der Nachwelt zugedacht waren: Der Hinweis auf die „schweren Kriegszeiten", in denen eine Güterverpfändung vorgenommen wurde, läßt sich z.B. vielfach dahingehend interpretieren, daß man seinen Nachkommen erklären wollte, nicht leichtfertig mit dem Familienbesitz umgegangen zu sein. Hinter solchen Aussagen, die unter richterlicher oder notarieller Mitwirkung in derartige Dokumente einflossen, stecken somit durchaus Motive zur Beeinflussung der „historischen" Sicht späterer Generationen.

Entnehmen wir weitere Proben: Frühneuzeitliche Akten können sehr heterogenes Material enthalten, von Tagungsprotokollen politischer Institutionen – Regierungsräten, Landständen etc. – bis hin zu privaten Aufzeichnungen oder der Darstellung eines Sachverhaltes vor Gericht. Auch innerhalb dieser Überlieferungsformen finden sich immer wieder Hinweise darauf, daß man bei der Abfassung solcher Texte nicht nur daran dachte, Selbstinszenierungen gegenüber seinen Zeitgenossen zu betreiben, sondern darüber hinaus auch daran, der Zukunft gewisse Informationen zu vermitteln bzw. vorzuenthalten. In diesem Zusammenhang ist auf eine besonders hohe Empfindlichkeit gegenüber allem hinzuweisen, was schriftlich niedergelegt wurde, gerade weil alle auf das Papier gebrachten Informationen „über die Zeiten" überliefert werden konnten. Aus den Unterlagen gerichtlicher Verfahren gehen häufig Versuche hervor, bestimmte Textstellen aus den Akten streichen zu lassen, um ihre Überdauerung in „Ewigkeit" zu verhindern.

Anhand einer Gegenprobe aus der Kiste der „Traditionsquellen" werden schließlich weitere Ungereimtheiten des Schemas deutlich: Wenn ein wesentliches Kennzeichen dieser Gattung in ihrer „erzählenden Qualität" [v. Brandt] bestünde und somit Autobiographien als persönliche Chroniken mit inbegriffen wären, dann stellte sich unwillkürlich die Frage, wie mit einer den Autobiographien verwandten Quellengattung, den Tagebüchern, zu verfahren sei. Bei ihnen kann es sich unter Umständen um sehr private Aufzeichnungen handeln, bei denen eine Überlieferung an spätere Generationen keineswegs im Sinne des Verfassers gelegen haben mag. In der Frühneuzeitforschung hat es sich jedoch gerade als fruchtbarer Ansatz erwiesen, Autobiographien und Tagebücher nicht als grundverschiedene Quellengattungen zu betrachten, sondern gemeinsam unter sozial- und wahrnehmungsgeschichtlichen Fragestellungen zu untersuchen [BERNHEIDEN, PASTENACI, VÖLKER-RASOR; im Hinblick auf die Zusammenführung dieser Quellen unter dem Begriff der Selbstzeugnisse siehe V. KRUSENSTJERN]. Letztlich verliert eine Unterteilung der Quellen in „Überreste" und „Traditionsquellen" damit immer mehr ihren Sinn. Als alternative Grundregel ist hier entsprechend zu formulieren: Jede Quelle setzt eigene, besondere quellenkritische Überlegungen voraus.

Die Suche nach gedruckten und ungedruckten Quellen. Bevor wir die quellenkritische Arbeitsweise konkret an einem Beispiel vorführen, muß zunächst auf eine weitere grundlegende Frage eingegangen werden: Wie finden wir Quellen?

Die Antwort muß natürlich zunächst beim Thema ansetzen, das ich bearbeite. Will ich mich über die Politik der Reichsstände im 16. Jahrhundert informieren, so benötige ich hierzu andere Quellen als z.B. zur Erörterung der Frage, wie der Dreißigjährige Krieg sich in einem bestimmten Territorium ausgewirkt hat. In der Regel ergeben sich erste Hinweise zur Quellensuche aus der Fachliteratur, die ich zur Erarbeitung meines Themas benutze. Es mag lohnend sein, einzelne der dort im Anhang und in den Fußnoten gegebenen Quellenhinweise aufzugreifen. Handelt es sich dabei um gedruckte Quellen, so können Sie sich diese Texte relativ schnell über eine Bibliothek zugänglich machen. Unter Umständen werden Sie feststellen, daß sie eine Vielzahl an interessanten Einzelheiten enthalten, die bislang noch gar nicht thematisiert worden sind, so daß sich hieraus bereits Ansätze zu weiteren Forschungen ergeben.

Weitere Hilfen bei der Suche nach Quellen stellen Bibliographien und Quellenkunden dar. Einen guten Überblick über die wichtigsten Sammlungen gedruckter Quellen zur Frühen Neuzeit bietet das Bücherverzeichnis von Winfried Baumgart [BAUMGART, 140ff]. Das Spektrum der Angaben reicht von themenorientierten Quellensammlungen, etwa zur Geschichte des Bauernkriegs, bis zu personenbezogenen Textausgaben, wie etwa den Schriften einzelner Reformatoren. Ebenso sind dort politische Korrespondenzen und Quellen, die die Tätigkeit bestimmter Institutionen widerspiegeln, aufgeführt, wie etwa die Deutschen Reichstagsakten. Von Fall zu Fall werden Sie hier das eine oder andere Quellenkorpus finden, das sich im Hinblick auf das eigene Thema für gezielte Recherchen eignet. Allerdings ist zu bemerken, daß kein Bücherverzeichnis und keine Quellenkunde einen Anspruch auf Vollständigkeit erheben kann. Ständig erscheinen neue, von Philologen oder Historikern bearbeitete Quellenausgaben auf dem Buchmarkt. Über Fachzeitschriften und Verlagsprospekte kann man versuchen, sich über aktuelle Projekte von Quellenpublikationen auf dem laufenden zu halten.

▷ S. 331 Quellen: Bandbreite heute untersuchter Materialien

Soviel zum gedruckten frühneuzeitlichen Quellenmaterial. Wie bereits erwähnt, werden Sie bei der Arbeit feststellen, daß Sie eine beträchtliche Menge an Zeit investieren müssen. Dies gilt noch mehr für die Arbeit mit Quellen in Archiven, deren Benutzung mit besonderen Schwierigkeiten verbunden ist. Dennoch ist der Anteil an Archivbesuchern in der letzten Zeit stetig gestiegen. In den Archiven finden wir behördliche Handschriften, Urkunden, persönliche Nachlässe, altes Kartenmaterial und vieles mehr. Hier haben wir wirklich einen unmittelbaren Zugang zum frühneuzeitlichen Schrifttum, was freilich ebenfalls auf die über Bibliotheken zugänglichen Drucke des 16., 17. und 18. Jahrhunderts zutrifft.

Auch für die Arbeit im Archiv gilt der Grundsatz, daß die richtige Wahl von unserem jeweiligen Thema abhängig ist, wenngleich immer wieder auch der Fall eintreten mag, daß wir nach dem genaueren Kennenlernen der Bestände eines Archivs unsere Fragen überdenken und umformulieren. Als erster grober Überblick hinsichtlich der Quellen zur Frühen Neuzeit läßt sich festhalten: In staatlichen Archiven, die von den heutigen Bundesländern unterhalten werden, befindet sich vornehmlich das Schrifttum aus den Behörden der ehemaligen Territorialstaaten. Kommunale Archive enthalten, sofern eine Kommune bereits in der Frühen Neuzeit Stadtrechte hatte, Schriftzeugnisse aus städtischer Verwaltung und Rechtssprechung. In privaten Archiven wie Adelsarchiven befindet sich familienrelevantes Material, darüber hinaus jedoch auch, sofern eine Adelsfamilie etwa eine Grund- oder Gerichtsherrschaft innehatte, Dokumente, die viel über den wirtschaftlichen und rechtlichen Alltag bäuerlicher Untertanen in der Frühen Neuzeit vermitteln können. Quellen aus diesem Zeitraum befinden sich aber auch etwa in kirchlichen Archiven oder Universitätsarchiven.

Die Voraussetzungen für die Benutzung von Archiven sind unterschiedlich. Der Zugang zu einem privaten Archiv kann unter Umständen verweigert werden. Problemlos ist dagegen in der Regel der Besuch eines staatlichen oder kommunalen Archivs. Obwohl die Hauptaufgabe dieser Einrichtungen nicht unbedingt in der Publikumsbetreuung liegt, finden sich dort zumeist Mitarbeiter bzw. Referenten, die wichtige Hilfestellung bei der Auswahl von Quellen geben können. Allerdings ist es ratsam, sich bereits vor dem Besuch klare Vorstellungen von der eigenen Forschungsstrategie zu machen und eine Liste mit konkreten Fragen zu erstellen.

Hilfreich können in diesem Zusammenhang Veröffentlichungen des Archivs sein, das Sie aufsuchen wollen: Vor allem die größeren, staatlichen Archive haben in den letzten Jahren zunehmend Übersichten über einzelne Teilbestände erstellt und publiziert. So ist es möglich, sich bereits vor einem Archivbesuch z.B. grob über die Aktenüberlieferung aus einem Territorium zu informieren und unter Umständen bereits die Bestellnummern bestimmter Akten zu notieren, die für die eigene Arbeit in Frage kommen. Das gleiche gilt für die Überlieferung des Reichskammergerichts, die wir später noch genauer anhand einer exemplarischen Quelle betrachten werden. Viele der Staatsarchive, auf die die Akten des Reichskammergerichts im 19. Jahrhundert verteilt worden sind, haben bereits die Unterlagen der einzelnen Prozesse über Findbücher erschließbar gemacht. Über diese Findbücher können Sie sich anhand von Personen-, Orts- und Sachregistern eine Liste mit wichtigen Quellen für Ihr Thema zusammenstellen. Ähnliche Arbeitsgrundlagen bilden Findbücher zu Urkunden und Akten aus Stadtarchiven, die zum Teil ebenfalls im Druck vorliegen. Die gezielte Suche nach solchen Findbüchern über Bibliothekskataloge führt Sie somit bereits schrittweise an die konkrete Archivarbeit heran. Allerdings werden Sie bei der Durchsicht der gedruckten Findbücher und Bestandsinventare, sogenannter Repertorien, feststellen, daß größere Unterschiede hinsichtlich der Erschließungstiefe bestehen. Ein Bestand kann sehr ausführlich oder lediglich summarisch verzeichnet sein.

Bei der Suche nach Archivquellen über Findbücher und Repertorien wird sich zudem sehr schnell herausstellen, daß Sie Ihre Recherchen den archivischen Prinzipien anpassen müssen. Ziehen wir zunächst einen Vergleich zur Arbeit

Der Lesesaal im Archiv. Im Archiv werden die bestellten Quellen dem Benutzer in einem Lesesaal vorgelegt. Dort befindet sich in der Regel, wie hier im Staatsarchiv Münster, eine Handbibliothek mit Wörterbüchern und anderen Hilfsmitteln. Zudem können weitere Bücher aus Magazinbibliotheken am Arbeitsplatz benutzt werden.

Waren Archivbesuche früher hauptsächlich eine Angelegenheit von „Experten", so hat sich die Bedeutung der Archive zunehmend gewandelt. Laut Auskunft des Staatsarchivs Münster ist die Zahl der Benutzer in den 1980er Jahren etwa um das Dreifache gestiegen. Neue Benutzerschichten haben ihr Interesse an der Archivarbeit angemeldet. Zu ihnen gehören Mitarbeiter von alternativen Geschichtswerkstätten wie auch Schüler, die etwa im Rahmen von Schülerwettbewerben Forschungen durchführen. Dem steigenden öffentlichen Interesse kommen die Archive zunehmend mit gezielten Angeboten wie Führungen und Ausstellungen entgegen.

Foto: Staatsarchiv Münster.

Archivarbeit

Phase 1: Vorbereitung

a) Literaturrecherche: Hierbei ist zu überprüfen, welche Arten von Quellen bereits von anderen Forschern benutzt wurden, und zu überlegen, welche Typen von Quellen für Sie unter Umständen interessant sein könnten, um Fragen zu klären, die für Sie offen bleiben.

b) Räumliche Orientierung: In der Regel sind bei der Themenstellung regionale Eingrenzungen vorzunehmen, indem Sie Ihre Fragen auf bestimmte Territorialstaaten oder auch Städte ausrichten.

c) Suche nach Archivadressen: Von der sachlichen und regionalen Schwerpunktsetzung ist abzuleiten, in welchen Archiven sich Material für Ihr Thema befinden könnte. Mittlerweile kann man sich im Internet Überblicke über Archive verschaffen und Archivadressen ermitteln.

d) Suche nach Archiv-Kurzführern und gedruckten Repertorien in einer Bibliothek.

Phase 2: Orientierung im Archiv

a) Beratung durch einen Referenten im Archiv: Der erste Kontakt kann oftmals bereits vor dem Archivbesuch hergestellt werden, indem Sie schriftliche Anfragen an ein Archiv richten. In der Regel ist aber das persönliche Gespräch vor Ort nicht nur hilfreich, sondern unerläßlich.

b) Arbeit mit „Findmitteln" vor Ort: Jedes Archiv enthält von Archivaren erstellte Findmittel. Über solche Beständeübersichten, Findbücher und Karteien können Sie die Bestellsignaturen der Archivalien ermitteln.

Phase 3: Die Arbeit mit den Archivalien

a) Bestellung der Archivalien.

b) Ansicht am Arbeitsplatz: Die bestellten Dokumente werden Ihnen, soweit keine konservatorischen Vorbehalte bestehen, in den Lesesaal gebracht. Oftmals ist zudem die Arbeit mit Mikrofilmen von stark beschädigten Archivalien an Lesegeräten möglich.

c) Erstellung von Exzerpten: Für Ihre Aufzeichnungen sind auch tragbare Computer zugelassen.

d) Erstellung von Fotokopien, Mikrofilmen etc.: Grundsätzlich sind Reproduktionen möglich. Einzelheiten sind mit dem Archivpersonal abzuklären.

Phase 4: Quelleninterpretation

Die Archivarbeit beginnt bereits vor dem Archivbesuch. Das hier vorgestellte Vier-Phasen-Modell beschreibt die wichtigsten Elemente. Zur vierten Phase ist zu bemerken, daß sich die Interpretation ungedruckter und gedruckter Quellen grundsätzlich nicht unterscheidet. Allerdings ist es bei Archivalien besonders wichtig, genauer darauf einzugehen, in welchen Zusammenhängen das interpretierte Schriftstück auftaucht. Wichtig ist es z.B., unter Umständen auf zugehörige Papiere wie ausgedehnte Schriftwechsel oder vorausgegangene Beschwerden einzugehen, die das Zustandekommen „Ihrer" Quelle erklären können.

in Bibliotheken: Dort finden wir von Bibliothekaren erarbeitete Systematiken, die uns den Zugriff auf die Literatur, die wir brauchen, ermöglichen. Suche ich Hintergrundwissen zum Schulwesen im 18. Jahrhundert, so werde ich mich über bibliothekarische Ordnungskategorien wie „Geschichte", „Zeit nach dem Westfälischen Frieden bis 1806", eventuell „Kultur", vielleicht auch „Bildungswesen", Schritt für Schritt auf die Literatur zubewegen, die mich über die Schulgeschichte informiert. Wenngleich sich die Klassifikationen von Bibliothek zu Bibliothek unterscheiden können, läßt sich doch als grundlegendes Prinzip die Ordnung nach Sachbegriffen festhalten. Wir sprechen in diesem Zusammenhang vom Pertinenzprinzip.

Zwar hat es auch unter Archivaren zwischenzeitlich Anstrengungen gegeben, die Quellenbestände nach dem Pertinenzprizip zugänglich zu machen und den Zugang zum Material unter Klassifizierungen wie etwa „Reformation" oder „Dreißigjähriger Krieg" zu ermöglichen. Weitgehend durchgesetzt hat sich jedoch die Ordnung und Verzeichnung der Quellen nach dem Provenienzprinzip. Nicht der Betreff, sondern die Herkunft der Quellen sind dabei entscheidend. Die Behörden und Institutionen, innerhalb deren Verwaltungstätigkeiten jeweils ein Schriftstück produziert wurde, und deren innerer Aufbau bilden die Ordnungskategorien. Um einige Beispiele zu nennen: Die Regierungsräte, das oberste Gericht, die Landstände, die organisierte Ritterschaft eines bestimmten frühneuzeitlichen Territoriums, konnten Akten „produzieren". Im Hinblick auf die Frage nach dem Schulwesen werden wir feststellen, daß wir umfangreiches Material in den Aktenbeständen der kirchlichen Verwaltung finden können. Hierbei kann es sinnvoll sein, direkt ein kirchliches Archiv wie etwa ein Diözesanarchiv aufzusuchen. Doch auch im Rahmen der Überlieferung einer territorialen Regierungsbehörde, die mit kirchlichen Angelegenheiten befaßt war und die sich in einem Staatsarchiv befindet, kann ich Erfolg bei der Suche nach Quellen haben.

So ist zu betonen, daß die Arbeit mit Archivalien den Erwerb von Kenntnissen über frühneuzeitliches Behördenwesen und andere Institutionen voraussetzt. Diese Kenntnisse ergeben sich aber zum Teil zwangsläufig aus der konkreten Arbeit mit den Findmitteln, die ein Archiv bereitstellt. Von ersten groben Übersichten über den Gesamtbestand ausgehend, können wir uns zu gedruckten wie auch ungedruckten, vor Ort einsehbaren Findbüchern vorarbeiten. In der Regel befinden sich in diesen Findbüchern kurze, von Archivaren erstellte Einführungstexte zu Struktur und Geschichte jener Behörde bzw. Institution, deren Quellenbestand jeweils die Grundlage für unsere Forschungen bilden soll.

Wege zur Entschlüsselung archivischer Quellen. Was finden wir konkret in den Akten eines Archivs? Es ist naheliegend, daß an dieser Stelle allenfalls ein sehr kleiner Ausschnitt präsentiert werden kann. Am Beispiel eines Zeugenverhörprotokolls soll aber versucht werden, einen konkreten Eindruck von einer archivischen Quelle zu vermitteln und damit zumindest eine erste Einführung in die Praxis historischen Arbeitens mit ungedrucktem Material zu geben.

Vorweg einige knappe Informationen zur Provenienz der Quelle: Sie entstammt dem Aktenbestand des Reichskammergerichts, das 1495 auf dem Reichstag zu Worms gegründet wurde und das gemeinsam mit dem Reichshofrat zu Wien bis 1806 an der Spitze der Gerichtsbarkeit im Alten Reich stand. Zuständig war das Reichskammergericht in erster Instanz für reichsunmittelbare Personen und Institutionen. Vor allem als Appellationsgericht kam es für zahlreiche reichsmittelbare Untertanen in Betracht, die im Rahmen des Instanzenzuges zur Reichsgerichtsbarkeit gelangen konnten. Die Bedeutung der Textüberlieferung dieses Gerichts – man schätzt die Zahl der erhaltenen Akten auf 77 500 [Battenberg, 179] – ist gerade in den letzten Jahrzehnten zunehmend über Forschungen gewürdigt worden [Diestelkamp; Scheurmann]. Die einzelnen Prozeßakten spiegeln zahlreiche Aspekte des Rechtslebens und des Alltags der Frühen Neuzeit. Streitigkeiten wegen Landfriedensbruchs, aber auch um Erbschaftsangelegenheiten, materielle Besitztümer, Steuern, Weiderechte, bäuerliche Abgaben und Dienste etc. sind überliefert [Ranieri]. Darüber hinaus wurde in beschränktem Maße auch über kriminalrechtliche Angelegenheiten prozessiert, so daß z.B. Unterlagen über Totschlags-, Diebstahls- und Hexereiverfahren ebenfalls im Bestand zu finden sind [Sellert/Oestmann; Fuchs; Oestmann].

Das Protokoll des Verhörs von insgesamt 13 Zeugen stammt aus dem Aktenbestand des Reichskammergerichts im Bayerischen Hauptstaatsarchiv München. Wie in zahlreichen weiteren Archiven, in denen sich Reichskammergerichtsakten befinden, ließ sich die Signatur der Akte, „RKG 349", über ein gedrucktes Inventar ermitteln [Hörner/Gebhardt]. Diesem Verzeichnis kann man bereits eine Reihe wichtiger Einzelheiten entnehmen. So lassen sich z.B. zwei Territorien, das Hochstift Bamberg und die Markgrafschaft Brandenburg-Ansbach, als Streitparteien des Prozesses ausmachen. Ebenso kann man das Jahr 1548 als Jahr des Prozeßbeginns bestimmen und darüber hinaus erkennen, daß der Prozeß – was auf Prozesse des Reichskammergerichts durchaus häufiger zutrifft – zum Zeitpunkt der Auflösung des Alten Reiches im Jahre 1806 noch nicht beendet war. Auch der Prozeßgegenstand ist benannt: Es ging um die Wahrnehmung obrigkeitlicher Rechte in einigen strittigen Gebieten wie z.B. das Recht, Steuern einzuziehen, Verhaftungen vorzunehmen, Strafen zu vollziehen und einiges mehr. Darüber hinaus finden wir eine ausführliche Liste verschiedener Schriften, die die Parteien als Beweis vorgelegt hatten, u.a. Teilungsverträge aus dem Spätmittelalter, eine Fürther Gerichtsordnung und – neben verschiedenen Zeugenverhören – zahlreiche weitere Quellen.

Wie man bereits über die Angabe im Inventarband, insbesondere aber im Anschluß an die Bestellung und Ausgabe in den Benutzersaal sehr anschaulich nachvollziehen kann, spiegelt sich diese Reichhaltigkeit im Umfang der Akte. Stapelt man die in insgesamt sechs Einheiten von Aktenbänden zusammengefaßten Schriftstücke, so ergibt sich eine Höhe von 79 Zentimetern. Da wir uns auf ein Zeugenverhör des Jahres 1561 konzentrieren wollen, können wir uns aber eine langwierige Durchsicht des gesamten Materials ersparen. Über den Inventarband, in dem der Inhalt der Akte sehr genau verzeichnet ist, läßt sich ein numeriertes, zusammengebundenes Aktenstück ermitteln, in dem sich das Protokoll befindet.

Ein erster Blick auf das Pergament, das den Umschlag dieses Aktenstückes bildet, läßt einige fremdartige, aber für uns noch ohne gravierende Schwierigkeiten lesbare Schriftzeichen erkennen: „Rotulus der Zeugen Sage. Auch der fürgelegten Briefflichen Urkunden und Lanndtgerichts Buecher" ist dort zu lesen. In kleinerer Schrift findet sich ein Hinweis auf den Anlaß für die Anfertigung dieses

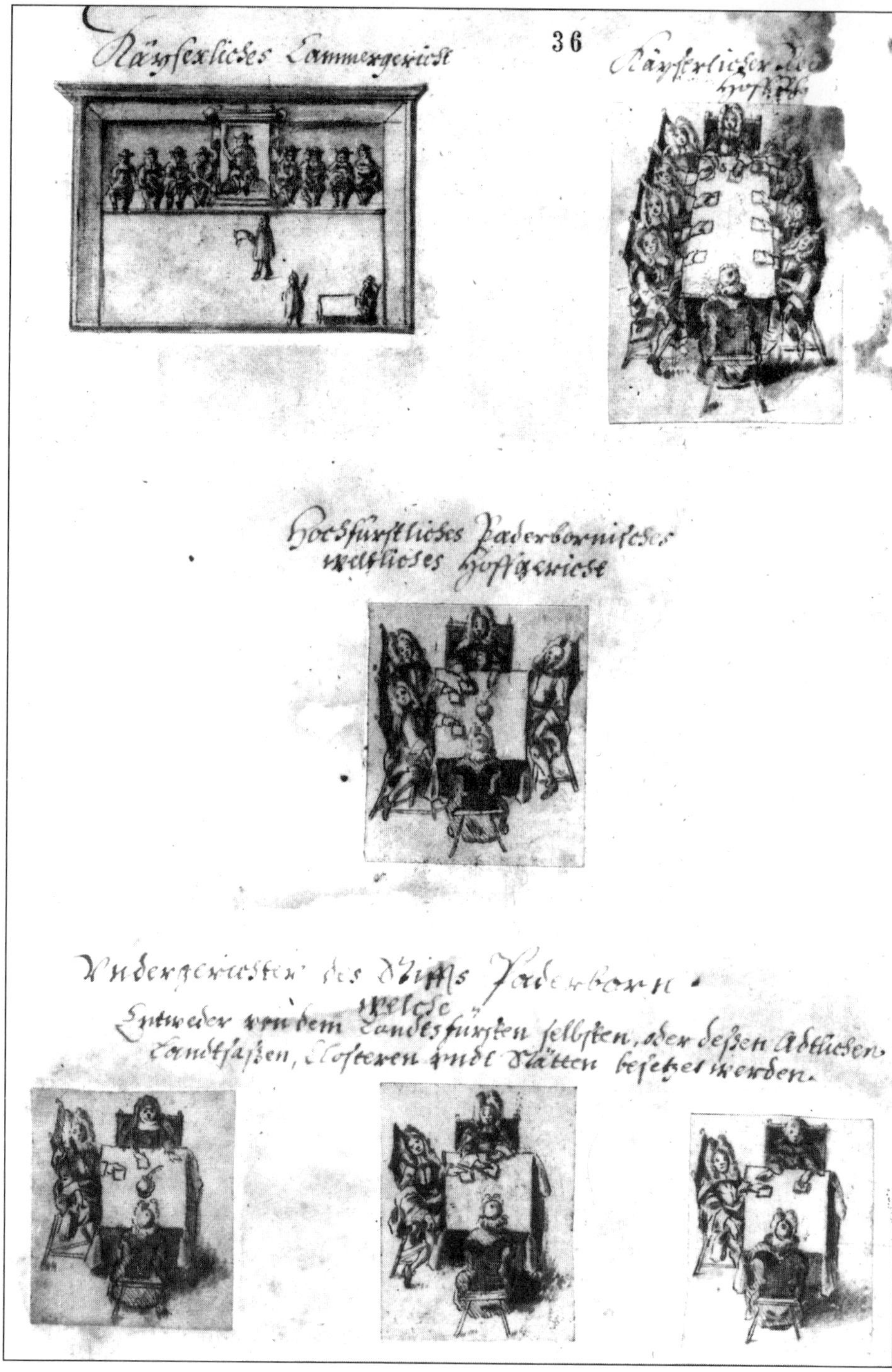

Der frühneuzeitliche Instanzenzug, dargestellt in einer Prozeßschrift aus dem 18. Jahrhundert. Das Reichskammergericht – das zur Zeit jenes Prozesses seinen Sitz bereits in Wetzlar hatte – und der Reichshofrat zu Wien stehen an der Spitze der Reichsgerichtsbarkeit. Auf mittlerer Ebene ist ein territoriales Hofgericht dargestellt, nämlich das Weltliche Hofgericht zu Paderborn. Drei Arten von Untergerichten, die jeweils die ersten gerichtlichen Instanzen für mittelbare Untertanen bildeten, sind ebenfalls abgebildet. Es handelt sich, von links nach rechts, um klösterliche, adelige und städtische Gerichte. Die hier dargestellte hierarchische Ordnung des Justizwesens spiegelt sich in vielen Reichskammergerichtsakten. Häufig befinden sich in ihnen die Verfahrensschriften der Vorinstanzen.

Bild: unbekannter Künstler, 18. Jh., Staatsarchiv Münster, Bestand Reichskammergericht, Nr. 1934.

Literatur: I. Scheurmann (Hrsg.), Frieden durch Recht. Das Reichskammergericht von 1495 bis 1806, Mainz 1994.

Aktenbündels, das in lateinischer Amtssprache als „Rotulus" bezeichnet wird: „In Puncto Den Verstricktenn Ambtknecht zu Fürth betreffendt" deutet darauf hin, daß ein untergeordneter Beamter, ein Amtsknecht, „verstrickt" d.h. verhaftet wurde. In einem Viereck befindet sich zudem die Ziffer 30. Diese „Quadrangeln" bildeteten ein spezielles Ordnungssystem der Kanzlei des Reichskammergerichts. Daneben befinden sich noch einige stark abgekürzte Informationen in Kursivschrift, zu denen hier nur bemerkt werden soll, daß es sich um eine weitere Betreffangabe und den Datumsvermerk des Gerichtstermins handelt, an dem der„Rotulus" zu Speyer „präsentiert" wurde.

Beim Öffnen des sogenannten Rotulus beginnen die größeren Probleme: Die Schriftzeichen, die ein Schreiber des 16. Jahrhunderts dort hinterlassen hat, entsprechen nicht mehr den uns bekannten Zeichen, wenngleich sie ihnen durchaus ähneln.

Bevor man mit diesem Protokoll etwas anfangen kann, muß man eine Transkription vornehmen, d.h. den Text in uns vertraute Buchstaben überführen. Dafür stehen uns eine Reihe von Werken aus der Paläographie, d.h. Schriftkunde, zur Verfügung, die wesentliche Erleichterungen bringen können: So haben Paläographen z.B. Tafeln zusammengestellt, auf denen Texte mit den typischen Schriftzeichen des 16. – 18. Jahrhunderts – und darüber hinaus – abgedruckt sind [DÜLFER/KORN]. Über beigegebene Transkriptionen läßt sich das Lesen dieser Schriftzeichen anhand von Texten einüben und kontrollieren. Daneben lassen sich als Hilfsmittel komplette Schriftenalphabete, die z.T. bereits in der Frühen Neuzeit als Grundlage für den Schreibunterricht dienten [RIBBE/HENNING, 172ff.], heranziehen. Wesentliches Fundament einer erfolg-

Vor dem Reichskammergericht zu Speyer im Jahre 1562 eingereichter Pergamenteinband der Beweismittel im **Prozeß Brandenburg-Ansbach gegen Bamberg**. Der Übersichtlichkeit halber wurde der „Rotulus" von einem Schreiber in gut leserlicher Schrift betitelt.

Bayerisches Hauptstaatsarchiv, Bestand Reichskammergericht, Nr. 349 VI, Quadrangel 30.

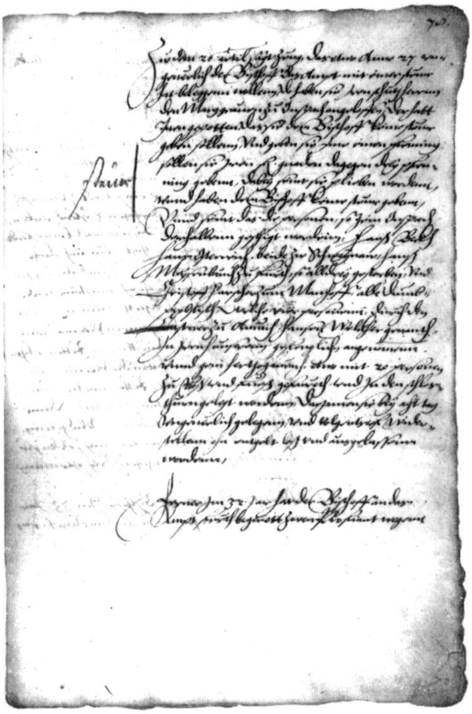

Auszug aus dem Verhörprotokoll der Aussage des Zeugen Hans Ebersberger aus Unterfarrnbach von 1561 [Bayerisches Hauptstaatsarchiv, Bestand Reichskammergericht, Nr. 349 VI, Quadrangel 30]. Am Rande des Papiers befindet sich ein später hinzugefügter Hinweis auf die Steuern als Hauptpunkt dieser Aussage des Zeugen. Die ersten neun Zeilen des Textes sehen in der Transkription folgendermaßen aus:

„Zw dem 20. articul sagt zeug, das etwo anno 27. ungeverlich der Bischoff das ampt mit einer stewr hat beleggen wollenn, do haben sie Jren schutzherrnn den Marggraven zu Onsbach angeloffen, der hatt Inen gebotten, das sie dem Bischoff keine stewr geben sollenn, vnd geben sie Jme einen pfenning sollen sie Iren fl. gnaden dagegen drey pfenning gebenn, dabey seint sie plieben wordenn,vnnd haben dem Bischoff keine stewr gebenn".

reichen Quellenarbeit im Archiv stellen angesichts zahlreicher für uns ungewohnter Schriftkürzel überdies Abkürzungsschlüssel dar [Grun, Capelli].

Unter Umständen ist es notwendig, sich mit weiteren Disziplinen vertraut zu machen, die uns eine Hilfe bei der Arbeit mit Archivquellen sein können: Grundlagenwerke der Chronologie ermöglichen z.B. eine Übertragung von Zeitangaben auf der Basis von Heiligentagen in die heute übliche Form der numerierten Monatstage [Grotefend]. Namenkundliche Werke können uns eine Hilfe bei der Entschlüsselung schwer lesbarer und heute ungebräuchlicher Eigennamen sein [Ribbe/Henning, 249ff.]. Das gleiche gilt für Ortsverzeichnisse in bezug auf Ortsnamen [Müller]. Schließlich gehören Wörterbücher, die uns die sprachlichen Voraussetzungen zum Lesen einer frühneuzeitlichen Quelle liefern, zu den wichtigsten Nachschlagewerken [Grimm, v. Lexer, Demandt].

Die ersten konkreten Schritte zur Entzifferung der für mich wichtigen Archivtexte setzen sinnvollerweise bei jenen Wörtern an, die häufiger in der Quelle auftauchen. Zunächst fallen Zeichenfolgen auf, die uns vertraute Wörter, wenngleich nicht selten in ungewohnter Schreibweise, erkennen lassen. Dazu gehören in der Regel „unnd", „vnd" oder „vndt" sowie die Artikel „der", „die", „das" und weitere sehr häufig gebrauchte Wörter. Auch in unserer Quelle finden wir „vnd", „vnnd" sowie – jeweils zweimal – „das" und „der". Darauf läßt sich wiederum aufbauen, denn sie liefern uns zugleich Buchstabenmaterial für das Lesen weiterer Wörter: „den", „sie", „einen" usw.

Obwohl hier kein kompletter Lesekurs durchgeführt werden kann, wird doch deutlich, daß Sie sich den Zugang zu einer Schrift, die auf den ersten Blick unleserlich wirken mag, mit relativ einfachen Mitteln erarbeiten können. Bereits das kurze Schriftstück, das hier als Beispiel dient, liefert eine Reihe von Ansätzen. Neben den genannten Wörtern läßt sich z.B. ein insgesamt dreimal auftauchendes Wort erkennen: Hat man dieses als „Bischoff" entziffert, läßt sich unter Umständen weiter voranschreiten, indem man sich dem zweimal erscheinenden „pfenning" zuwendet. Das Buchstabenmaterial, mit dem Sie arbeiten können, erweitert sich auf diese Weise immer mehr. Es versteht sich, daß für solcherlei Leseübungen nach unserer Methode generell zunächst längere Texte zu empfehlen sind, da die Ansatzmöglichkeiten, einzelne Wörter zu lesen, mit der Zunahme des Textumfangs entsprechend vielfältiger werden.

Zwei besondere Probleme, die sich beim Lesen unserer Quelle ergeben, sollen hier ebenfalls kurz angerissen werden: Zum einen schlägt sich in ihr die in der Frühen Neuzeit übliche Praxis nieder, häufig gebrauchte Wörter abzukürzen, und dies gleich in zwei Fällen. Hinter dem „artil." verbirgt sich ein „articul", d.h. ein Artikel, und hinter „jren fl. gnaden" die hoheitliche Bezeichnung „jren fürstlichen gnaden". In längeren Texten finden wir oftmals derartige Wörter und Begriffe sowohl in abgekürzter als auch in vollständiger Form, so daß sich die Abkürzungen, sogenannte Abbreviaturen, die in der Regel durch besondere Zeichen kenntlich gemacht wurden, eindeutig auflösen lassen. Ist dies nicht der Fall, muß auf die bereits erwähnten Abkürzungsschlüssel zurückgegriffen werden. Zuweilen können darüber hinaus Überlegungen zum Sinn des Textes weiterhelfen.

Dies führt letztlich zur Feststellung, daß das Lesen eines Textes bedeutet, die Entschlüsselung von Zeichen und Sinn zusammenzubringen. Dies ist gerade bei frühneuzeitlichen Quellen alles andere als einfach. Die konkreten Hindernisse bestehen nicht nur in der Fremdheit der Schrift, sondern auch in der für uns ungewöhnlichen Orthographie und Sprache, wie sich bei der Transkription der ersten neun Zeilen zeigt: „Zw dem 20. articul sagt zeug, das etwo anno 27. ungeverlich der Bischoff das ampt mit einer stewr hat beleggen wollenn, do haben sie Jren schutzherrnn den Marggraven zu Onsbach angeloffen, der hatt Inen gebotten, das sie dem Bischoff keine stewr geben sollenn, vnd geben sie Jme einen pfenning sollen sie Iren fl. gnaden dagegen drey pfenning gebenn, dabey seint sie plieben wordenn, vnnd haben dem Bischoff keine stewr gebenn ...".

Daß wir unter „stewr" eine „Steuer", hier konkret eine Geldsteuer, zu verstehen haben, ergibt sich nicht zuletzt aus dem Kontext der Befragung des Zeugen. Das „ampt", von dem hier die Rede ist, bezeichnet einen Amtsbezirk, dessen Steuerpflichtigkeit im Verhör erörtert wurde. Mit zunehmender Erfahrung im Lesen von Quellen werden solche Erkenntnisse sich immer leichter einstellen. Durch Übung wird sich der Zeitaufwand verringern und einen angemessenen Umfang erhalten. So mühselig die Arbeit mit Archivalien im ersten Moment erscheinen mag, so lohnend ist der Erwerb von Kenntnissen auf diesem Gebiet. Die Transkriptionen können vielfach als eigenständige Ergebnisse angesehen werden, insofern sie über Editionen einer breiteren Öffentlichkeit zugänglich gemacht werden. Für die Druckfassung solcher transkribierter Quellen kann man sich an Grundregeln orientieren [J. Schulze]. Darüber hinaus – und dies ist ein noch wichtigerer Punkt – bietet ein intensives Aktenstudium dem Historiker sehr schnell viele Ansatzpunkte für neue Interpretationen und führt ihn auf geradem Wege in den Bereich der Forschung.

Wege der Quelleninterpretation. „Zum 26. Artikel sagt der Zeuge, daß etwa anno (15)27 ungefähr der Bischof das Amt mit einer Steuer belegen wollte. Da sind sie (einige Untertanen) zu ihrem Schutzherren, dem Markgrafen zu Ansbach, gegangen. Der hat ihnen geboten, sie sollten dem Bischof keine Steuer geben, und gäben sie ihm einen Pfennig, so sollten sie seiner Fürstlichen Gnaden (dem Markgrafen) dafür drei Pfennige geben. Dabei sind sie verblieben und haben dem Bischof keine Steuer gegeben."

Diese Aussage wurde also bei der Befragung eines Bauern namens Hans Ebersberger aus dem fränkischen Unterfarrnbach bei Fürth im Jahre 1561 protokolliert. Obwohl dieser Text nur einen ganz kurzen Auszug aus dem Verhör darstellt, läßt sich an ihm der rechtliche Kontext zumindest grob noch einmal nachvollziehen. Zwei Obrigkeiten, der Bischof zu Bamberg und der Markgraf von Brandenburg-Ansbach, befinden sich im Streit. Hier geht es konkret um das Recht, Steuern von bestimmten Untertanen einzuziehen. Hans Ebersberger erzählt uns in diesem Zusammenhang eine Geschichte, die er ins Jahr 1527 datiert und die uns vermitteln soll, daß der Markgraf von Ansbach ihm und einigen weiteren Bauern mit sehr klaren, eindeutigen Worten verboten haben muß, Steuern an den Bischof zu entrichten.

Daß wir den Inhalt einer solchen Erzählung nicht per se als historische Faktizität ansehen dürfen, ergibt sich bereits daraus, daß der Zeuge aus seiner Erinnerung über ein Ereignis berichtete, das schon geraume Zeit zurücklag. Wir haben es somit mit einer Überlieferung zu tun, die zwar durchaus die Annahme zuläßt, daß ein wahrer Kern darin enthalten ist. Immerhin war man als Zeuge dazu verpflichtet, einen Wahrheitseid abzulegen. Im Vergleich zu den Aussagen weiterer Zeugen der Befragung fällt jedoch auf, daß auf das Ereignis von 1527 ähnliche Vorkommnisse gefolgt sein müssen und daß Verschmelzungen und Verdichtungen im Erinnerungsvorgang nicht ausgeschlossen werden können: Der Bauer Christoph Harscher berichtete davon, gemeinsam mit Hans Ebersberger und zwei weiteren Bauern im Jahre 1544 wegen der Steuerforderungen des Bischofs in Ansbach gewesen zu sein. Dort sei ihnen von den markgräflichen Räten der Bescheid erteilt worden, wenn sie dem Bischof einen Pfennig gäben, sollten sie dem Markgrafen dafür zehn Pfennig geben. Weitere Zeugen gaben im Zusammenhang mit der ebenfalls vom Bischof eingeforderten Pflicht, Pferde für Kriegszüge zur Verfügung zu stellen, an, von markgräflicher Seite mitgeteilt bekommen zu haben, sollten sie dem Bamberger ein Pferd stellen, so hätten sie dem Markgrafen drei Pferde zu stellen. Man kann daran sehen, daß die Geschichte von der Drohung des Markgrafen zwar im Kern recht fest im Gedächtnis des „gemeinen Mannes" verankert war. Zweifelhaft ist jedoch, ob sie über Jahrzehnte, zudem nach einem Herrscherwechsel im Jahre 1543, bei jeder Gelegenheit aufs Neue unter die Leute gebracht wurde. Es läßt sich zumindest nicht ausschließen, daß einzelne Informationen der Zeugen zuweilen auf Irrtümern und Täuschungen beruhen und damit in jene Sphäre hineinreichen, die die amerikanische Historikerin Natalie Zemon Davis [Davis] mit dem Begriff „fiction in the archives" umschrieben hat.

Es mag auf den ersten Blick vielleicht bedauerlich erscheinen, daß wir heute kaum noch in der Lage sind, exakt zu ermitteln, wann und wie genau jene Belehrung über die Steuerfreiheit erfolgt ist und ob irgendein Markgraf sie jemals persönlich abgegeben hat. Über eine Verlagerung der Fragen läßt sich jedoch selbst

Forschungsstimme

Der britische Historiker **Richard J. Evans** wendet sich in seinem Buch „Fakten und Fiktionen" gegen die postmoderne Kritik an geschichtswissenschaftlichen Methoden, „Wirklichkeit" und „Wahrheit" jenseits der historischen Texte zu ergründen. Evans versucht, einem „Hyperrelativismus" entgegenzutreten und macht deutlich, daß er die Geschichtswissenschaft nach wie vor als als eine empirische Wissenschaft betrachtet:

„Kritische Stimmen haben behauptet, es sei den Historikern nicht möglich, die Vergangenheit dazu zu bringen, 'für sich selbst zu sprechen', da sich die Vergangenheit, um sich ausdrücken zu können, selbst wiederbeleben müßte. Dem liegt offenbar die Überzeugung zugrunde, daß wir, wenn wir meinen, uns mündlich oder schriftlich auszudrücken, dies in Wirklichkeit gar nicht tun, sondern bloß eine willkürliche Ansammlung von Wörtern produzieren, die überhaupt keine feststehende Beziehung zu uns besitzen. [...]

Sprache und Grammatik besitzen keineswegs völlig willkürliche Bedeutungen, sie haben sich vielmehr im Kontakt mit der wirklichen Welt entwickelt, im steten Bemühen, reale Dinge zu benennen. In gleicher Weise hat sich der historische Diskurs oder die historische Interpretation entwickelt, im Kontakt mit der wirklichen historischen Welt, im Bemühen, diese zu rekonstruieren. Der Unterschied besteht allerdings darin, daß dieser Kontakt ein indirekter ist, weil die wirkliche historische Welt unwiderruflich vergangen ist. Sie muß daher rekonstruiert werden, durch die Lektüre von Quellen und mit Hilfe anderer Überreste, die die Vergangenheit hinterlassen hat. Beide Hilfsmittel sind keineswegs willkürlich geformte Diskurse, sondern aus der direkten Interaktion mit der vergangenen Wirklichkeit hervorgegangen. Die Sprache ist letzten Endes nicht bloß selbstreflexiv. [...] Würde die Sprache die Vergangenheit nicht beschreiben und uns nicht über sie in Kenntnis setzen, dann könnten wir überhaupt nicht sicher sein, daß die Vergangenheit überhaupt wirklich existierte. Gesteht man jedoch zu, daß die Vergangenheit als eine Wirklichkeit jenseits des Textes bestanden hat, dann erkennt man damit zugleich an, daß Sprache Dinge beschreiben kann, die außerhalb ihrer selbst liegen."

Quelle: R. J. Evans, Fakten und Fiktionen. Über die Grundlagen historischer Erkenntnis, Frankfurt/M./New York 1998, 112f.

dem hier vorgestellten kleinen Bruchstück einer Erzählung ein nicht unbeträchtlicher Erkenntniswert abgewinnen. Exemplarisch läßt sich etwa die Art und Weise der Zeugen, Wirklichkeiten über Erzählungen zu konstruieren, thematisieren. Dabei kann man Antworten auf die Fragen erhalten, welche gesellschaftlichen Wissensbestände in der Frühen Neuzeit eine Grundlage für die Argumentation vor Gericht bilden konnten und wie einfache Untertanen sich an bestimmte Ereignisse erinnerten:

So lassen sich dem Bericht des Hans Ebersberger und weiteren Aussagen entnehmen, daß es bei einer Auseinandersetzung mit einem Fürsten sehr sinnvoll war, sich auf einen weiteren mächtigen Herrn zu berufen und diesen argumentativ als einen energischen Befehlsgeber in Szene zu setzen. Die Erzählung vom Machtspruch des Markgrafen läßt zudem anklingen, daß man Steuerfreiheiten gleichzeitig mit einer Verpflichtung verband, sich für deren Bewahrung einzusetzen. Weiterhin vermitteln zahlreiche Hinweise auf die durchgehende Weigerung, dem Bischof zu Bamberg Steuern zu bezahlen, etwas von den Gefahren, die einem gelegentlichen oder einmaligen Einlenken auf solcherlei Forderungen innewohnten: So hätte der Bischof dadurch die Chance erhalten, gewohnheitsrechtliche Ansprüche für die Zukunft daraus abzuleiten. Im Hinblick auf die Struktur der Erinnerung einfacher Bauern bestätigt sich über die Markgrafengeschichte schließlich die Beobachtung, daß in breiten Schichten ein „anekdotisches Gedächtnis" vorherrschte [Marchal, 300]. Dem scheinen die Obrigkeiten wiederum insoweit Rechnung getragen zu haben, als sie sprachliche und weitere Mittel zur Erzeugung von Bildhaftigkeit einsetzten [Wenzel] und damit darauf hinwirkten, bestimmte für sie nutzbringende Wissenselemente im Langzeitgedächtnis der Untertanen zu verankern.

Andererseits muß Quellenarbeit keineswegs zwangsläufig darauf beschränkt bleiben, sich ausschließlich der gesellschaftlichen Konstruktion von Wirklichkeit [BERGER/LUCKMANN] zuzuwenden. Selbst über Erzählungen und Behauptungen von Zeugen und Parteien läßt sich auf die Ebene des Faktischen immerhin in Annäherungsschritten hinarbeiten. Auf den „wahren Kern" der Aussagen ist bereits hingewiesen worden: Viele Zeugenangaben überschneiden sich im Hinblick auf die mehrfache Entsendung bäuerlicher Delegationen aus Unterfarrnbach und Umgebung nach Ansbach und zeigen, daß die Untertanen sich tatkräftig gegen die bambergischen Ansprüche wehrten. Die Faktizität der Steuerforderungen des Bischofs in diesen Jahren ist wohl ebenfalls kaum in Zweifel zu ziehen. Es gibt darüber hinaus keinen Grund anzunehmen, daß das Zeugenverhör unter Teilnahme des Bauern Hans Ebersberger nicht stattgefunden hätte. Über weitere Texte in der Akte läßt sich nachvollziehen, daß die Befragung seit dem 24. März 1561 in der Ratsstube zu Cadolzburg unter der Leitung eines kaiserlichen Kommissars namens Johannes Klöde aus Dinkelsbühl durchgeführt wurde. Letztlich wäre es absurd, davon auszugehen, daß der komplette Reichskammergerichtsprozeß zwischen den Fürstbischöfen zu Bamberg und den Markgrafen von Brandenburg-Ansbach nicht wirklich stattgefunden hätte. In dem riesigen, über Jahrhunderte angesammelten Textkorpus, den man im Archiv einsehen kann, befinden sich Dokumente mit unterschiedlichsten Schriftzügen in unterschiedlichen Stilformen quer durch die Jahrhunderte. Über die Eingabedatierungen, die seitens der Kanzlei des Reichskammergerichts beigefügt wurden, sowie über die Verfahrensprotokolle läßt sich die Geschichte des Prozesses selbst rekonstruieren; eine lohnende Aufgabe im Hinblick auf die Fragen, wie man in der Frühen Neuzeit gerichtliche Verfahren durchführte und auf diesem Wege versuchte, Konflikte – häufig auch gerade politische Konflikte – friedlich beizulegen.

Das Problem der „Fakten und Fiktionen" [EVANS], das in der Geschichtswissenschaft zunehmend diskutiert wird, könnte man im Zusammenhang mit der Quellenarbeit als ein permanentes Spannungsverhältnis umschreiben. Über ein quellenkritisches Vorgehen, das oftmals ein sehr dichtes Herangehen voraussetzt, lassen sich einzelne Informationen unter Umständen mehr der einen als der anderen Ebene zuordnen. Hierbei wird jeder, der Quellen interpretiert, von seinen Fragestellungen her bereits unterschiedliche Interessensschwerpunkte setzen. Von diesen Forschungsinteressen hängt es letztlich auch ab, wie intensiv die Beschäftigung mit einzelnen Texten sein muß. Längst nicht in jedem Fall macht die akribische Analyse einzelner Passagen Sinn. Aber zuweilen können wir schon aus wenigen überlieferten Sätzen sehr viel über die Frühe Neuzeit lernen.

▷ S. 325 Darstell… Das Sch… der Gesc…

Ralf-Peter Fuchs

Literatur

J. F. BATTENBERG, Reichskammergericht und Archivwesen. Zum Stand der Erschließung der Reichskammergerichtsakten, in: B. DIESTELKAMP (Hrsg.), Das Reichskammergericht in der Deutschen Geschichte. Stand der Forschung, Forschungsperspektiven, Köln [u.a.] 1990

(= Quellen und Forschungen zur Höchsten Gerichtsbarkeit im Alten Reich 21).

W. BAUMGART, Bücherverzeichnis zur deutschen Geschichte. Hilfsmittel, Handbücher, Quellen, 12. Aufl., München 1997.

P. BERGER/T. LUCKMANN, Die gesellschaftliche Konstruktion der Wirklichkeit. Eine Theorie der Wissenssoziologie, Frankfurt/M. 1980.

I. BERNHEIDEN, Individualität im 17. Jahrhundert. Studien zum autobiographischen Schrifttum, Frankfurt/M. 1988.

E. BERNHEIM, Lehrbuch der historischen Methode und der Geschichtsphilosophie, mit Nachweis der wichtigsten Quellen und Hilfsmittel zum Studium der Geschichte, Bd. 1, 5. u. 6. Aufl., New York o.J.

P. BOROWSKY/B. VOGEL/H. WUNDER, Einführung in die Geschichtswissenschaft, 1. Grundprobleme, Arbeitsorganisation, Hilfsmittel, 4. Aufl., Opladen 1980.

A. v. BRANDT, Werkzeug des Historikers. Eine Einführung in die historischen Hilfswissenschaften, 15. Aufl., Stuttgart [u.a.] 1998.

A. CAPPELLI, Lexicon Abbreviaturarum – Dizionario di Abbreviature Latine ed Italiane. Usate nelle carte e codici specialmente del medio-evo riprodotte con oltre 14000 segni incisi, 6. Aufl., Mailand 1985.

N. ZEMON DAVIS, Fiction in the archives. Pardon Tales and their Tellers in Sixteenth-Century France, Stanford 1987.

K. E. DEMANDT, Laterculus Notarum. Lateinisch-deutsche Interpretationshilfen für spätmittelalterliche und frühneuzeitliche Archivalien. Mit 4 Tafeln spezieller Zahlenschreibungen des 14. – 16. Jahrhunderts, 4. Aufl., Marburg 1986.

B. DIESTELKAMP (Hrsg.), Das Reichskammergericht in der deutschen Geschichte. Stand der Forschung – Forschungen und Perspektiven, Köln [u.a.] 1990 (= Quellen und Forschungen zur Höchsten Gerichtsbarkeit im Alten Reich 21).

K. DÜLFER/H. E. KORN, Schrifttafeln zur deutschen Paläographie des 16. – 20. Jahrhunderts, 2 Teile, 2. Aufl., Marburg 1967.

R. J. EVANS, Fakten und Fiktionen. Über die Grundlagen historischer Erkenntnis, Frankfurt/M./New York 1998.

R.-P. FUCHS, Hexerei und Zauberei vor dem Reichskammergericht. Nichtigkeiten und Injurien. Erw. Fassung des Vortrags vom 22. Oktober 1993 im Stadthaus am Dom zu Wetzlar, Wetzlar 1994 (= Schriftenreihe der Gesellschaft für Reichskammergerichtsforschung 16).

J. GRIMM/W. GRIMM, Deutsches Wörterbuch, Leipzig 1854 ff.

H. GROTEFEND, Taschenbuch der Zeitrechnung des deutschen Mittelalters und der Neuzeit, 13. Aufl., Hannover 1991.

P. A. GRUN, Schlüssel zu alten und neuen Abkürzungen. Wörterbuch lateinischer und deutscher Abkürzungen des späten Mittelalters und der Neuzeit mit historischer und systematischer Einführung für Archivbenutzer, Studierende, Heimat- und Familienforscher u.a. Nachbildungen der Originale, Limburg/Lahn 1966.

M. HÖRNER/B. GEBHARDT (Bearb.), Bayerisches Hauptstaatsarchiv. Reichskammergericht, Bd. 2: Nr. 429-868 (Buchstabe B), München 1996.

A. E. IMHOF, Im Bildersaal der Geschichte oder Ein Historiker schaut Bilder an, München 1991.

P. KIRN, Einführung in die Geschichtswissenschaft, 6. Aufl., bearb. v. Joachim Leuschner, Berlin [u.a.] 1972.

B. v. KRUSENSTJERN, Was sind Selbstzeugnisse? Begriffskritische und quellenkundliche Überlegungen anhand von Beispielen aus dem 17. Jahrhundert, in: Historische Anthropologie 2, 1994, 462 – 471.

M. v. LEXER, Mittelhochdeutsches Taschenwörterbuch. Mit d. Nachtr. von Ulrich Pretzel, 38. Aufl., Stuttgart 1992.

G. P. MARCHAL, Memoria, Fama, Mos Maiorum. Vergangenheit in mündlicher Überlieferung im Mittelalter, unter besonderer Berücksichtigung der Zeugenaussagen in Arrezzo von 1170/80, in: J. UNGERN-STERNBERG/H. REINAU (Hrsg.), Vergangenheit in mündlicher Überlieferung, Stuttgart 1988.

J. MÜLLER (Bearb.), Müllers großes deutsches Ortsbuch: Bundesrepublik Deutschland. Vollständiges Gemeindelexikon; enthält alle Städte und Gemeinden sowie die nicht selbständigen Wohnplätze, die für Verkehr, Wirtschaft und Verwaltung von einiger Bedeutung sind; 125000 Ortsnamen, 26. Aufl., Wuppertal 1996.

P. OESTMANN, Hexenprozesse am Reichskammergericht, Köln [u.a.] 1997 (= Quellen und Forschungen zur höchsten Gerichtsbarkeit im Alten Reich 31).

S. PASTENACI, Erzählform und Persönlichkeitsdarstellung in deutschsprachigen Autobiographien des 16. Jahrhunderts. Ein Beitrag zur historischen Psychologie, Trier 1993.

F. RANIERI, Recht und Gesellschaft im Zeitalter der Rezeption. Eine rechts- und sozialgeschichtliche Analyse der Judikatur des Reichskammergerichts im 16. Jahrhundert, 2 Teilbände, Köln/Wien 1985.

W. RIBBE/E. HENNING, Taschenbuch für Familiengeschichtsforschung, begr. v. Friedr. Wecken, 8. Aufl., Neustadt a. d. Aisch 1975.

I. SCHEURMANN (Hrsg.), Frieden durch Recht. Das Reichskammergericht von 1495 bis 1806, Mainz 1994.

J. SCHULZE, Grundregeln für die äußere Textgestaltung bei Herausgabe von Quellen zur neueren deutschen Geschichte, in: Blätter zur deutschen Landesgeschichte 98, 1962, 1 – 11.

W. SCHULZE, Einführung in die Neuere Geschichte, 3. Aufl., Stuttgart 1996.

W. SELLERT/P. OESTMANN, Hexen- und Strafprozesse am Reichskammergericht, in: I. SCHEURMANN (Hrsg.), Frieden durch Recht. Das Reichskammergericht von 1495 bis 1806, Mainz 1994, 328 – 335.

A. VÖLKER-RASOR, Bilderpaare – Paarbilder. Die Ehe in Autobiographien des 16. Jahrhunderts, Freiburg 1993.

H. WENZEL, Hören und Sehen. Schrift und Bild. Kultur und Gedächtnis im Mittelalter, München 1995.

Vorgehen der Forschung

Einführung. Die Betrachtungsweisen des ersten und des zweiten Blocks, die chronologische und die systematische, ergeben sich erst aus der Erforschung der Epoche; deshalb gilt der dritte Block dem „Vorgehen der Forschung". Dabei wird in einem ersten Durchgang allgemein der Prozeß von Erkenntnisgewinnung und -wiedergabe in den Blick genommen, während in einem zweiten Durchgang ganz konkret den Forschenden über die Schulter geschaut wird. Damit ist auch der für diesen Block leitende Gesichtspunkt benannt: Lernen und Forschen setzen voraus, ganz genau hinzusehen, was die Lehrenden und die Vorangegangenen tun oder getan haben.

Für dieses genaue Hinsehen hat die Geschichtswissenschaft mit der Historiographiegeschichte eine eigene Disziplin entwickelt, die leider in der Lehre ein Schattendasein fristet. Doch gerade sie, die Geschichte der Geschichtsschreibung, vermag Mitglieder des Fachs am besten über die eigene Tätigkeit aufzuklären, indem sie die Bedingungen, Möglichkeiten und Entscheidungen ihrer Vorgänger erhellt [SIMON]. Ein erster Schritt besteht darin, sich ein grobes Bild davon zu machen, wie es seit dem 18. Jahrhundert zu Verwissenschaftlichung und Verfachlichung der Geschichte kam und welche Erkenntnisziele und Arbeitsweisen in diesem Zusammenhang entwickelt wurden [HARDTWIG]. Ein zweiter Schritt besteht dann darin, selbst die Fachliteratur zu studieren. Und hierzu gehört sowohl die Auseinandersetzung mit Schlüsselwerken, die bereits eine längere Wirkungsgeschichte haben, als auch die vergleichende Lektüre von neuesten Arbeiten, die einen Forschungszweig auf seinem letzten Stand zeigen.

Über die Schüsselwerke gibt von der Antike bis ins 20. Jahrhundert ein neueres und sogleich unverzichtbar gewordenes Nachschlagewerk Auskunft [REINHARDT]. Einige der Arbeiten jedoch, die für die Frühneuzeitforschung der letzten Jahrzehnte bedeutsam waren, können hierin nicht gefunden werden, da es mit dem Ende der 1950er Jahre schließt. Nun geht aus der aufmerksamen Lektüre des vorliegenden Buches hervor, daß man sich mit den Werken eines Gerhard Oestreich und eines Michel Foucault vertraut machen sollte, um die von ihnen stammenden und danach stetig weiterentwickelten Konzepte zu Disziplin und Macht begreifen zu können. Erst die weitergehende Lektüre aber zeigt dann, daß etwa ein Norbert Elias hier nicht mit einer eigenen Kurzbiographie oder Detailskizze gewürdigt wurde.

Dabei hatte Elias ebenso wie die beiden anderen Autoren ab den späten 1960er Jahren eine starke Wirkung auf die Geschichtswissenschaft – obwohl seine Zivilisationstheorie da bereits dreißig Jahre alt war [BURKE]. Daß die Befassung mit ihm stark abgenommen hat, mag eben in der Faszinationskraft seiner Theorie begründet sein: Eine ganze Generation hat sich mit dem Zusammenhang von Trieben und Zwängen im Hinblick auf den Prozeß der Zivilisation auseinandergesetzt – und schließlich mehrheitlich die Vorstellungen von Elias in Frage gestellt [SCHWERHOFF]. So kann er für die neuere Kulturgeschichte kaum vereinnahmt werden, und er wird auch in einem Lehrbuch wie diesem nur noch am Rande erwähnt, weil keine breite Forschung auf ihm aufbaut. Und doch wird niemand in Abrede stellen dürfen, daß sein Werk für die Frühneuzeitforschung eine große intellektuelle Herausforderung darstellte – und mithin auch weiterhin zu lesen ist.

Für eine vergleichende Lektüre jüngster Arbeiten stellen Jahrestage und Jubiläen am besten Material bereit – ja, sie produzieren geradezu Literatur. In dieser Hinsicht besonders ertragreich war die Zweihundertjahrfeier der Französischen Revolution. Auf das Ereignis hin wurde die Erforschung von Vor-, Ereignis- und Wirkungsgeschichte der Revolution intensiviert, und die Ergebnisse gaben ihrerseits oft den Impuls für weitere Forschung. Das so entstandene Literaturdickicht läßt sich nur mit Hilfe eines umfassenden Forschungsberichts durchdringen [SCHMALE]. In solcher Zusammenschau zeitlich nahe beieinander liegender Werke läßt sich erkennen, wie es zu neuen Erkenntnissen kommt und welche Theorien dabei genutzt oder entwickelt werden; und es läßt sich konkret beobachten, welche Quellen neu erschlossen werden und wie sich damit einhergehend Themen wandeln.

Die einzelnen Aspekte dieses dritten Blocks scheinen hier bereits auf. Dabei ist am wenigsten spezifisch für die Frühe Neuzeit der jeweils dritte Punkt in den beiden Teilen gestaltet. Doch auch hier mag man sich auf der Basis notwendig allgemeiner gehaltener Ausführungen wieder durch eigenes Lesen fortbilden. Um nochmals einen Jahrestag und seine Literatur aufzugreifen: Im Jahr 2000 erinnert man sich an die fünfhundert Jahre zurückliegende Geburt Kaiser Karls V. Aus diesem Anlaß hat Alfred Kohler eine neue große Biographie vorgelegt [KOHLER], und als „Geschichte eines übergroßen Wirkungsbereiches" erschien auch von Ernst Schulin eine Biographie [SCHULIN]. Die Darstellungen könnten unterschiedlicher nicht sein. Bei Kohler wächst Karl V. gewissermaßen heraus aus den familiären und herrschaftlichen Hintergründen zu einer der größten europäischen Herrscherpersönlichkeiten auf; der chronologische Durchgang durch sein Leben läßt den Kaiser immer mehr als Phänomen erscheinen. Bei Schulin dagegen werden in drei Durchgängen die einzelnen Teile seines Wirkungsbereiches – Burgund/Spanien, das Reich und Europa – unter den jeweils bestimmenden thematischen Aspekten aufbereitet, und Karl V. wird gleichsam in die so bereiteten Beete immer wieder neu hineingesetzt; auf ganz andere Weise wird hier der mit seinen Umfeldern Konfrontierte zum Studienobjekt. – Von solcher vergleichenden Lektüre profitiert am Ende auch die eigene Präsentation von Ergebnissen – ihr gilt der letzte der drei Technikexkurse.

Literatur

P. BURKE, Zivilisation, Disziplin, Unordnung: Fallstudien zu Geschichte und Gesellschaftstheorie, in: N. BOŠKOVSKA LEIMGRUBER (Hrsg.), Die Frühe Neuzeit in der Geschichtswissenschaft. Forschungstendenzen und Forschungserträge, Paderborn/München/Wien/Zürich 1997, 57-70.

W. HARDTWIG, Die Verwissenschaftlichung der neueren Geschichtsschreibung, in: H.-J. GOERTZ (Hrsg.), Geschichte. Ein Grundkurs (rowohlts enzyklopädie 55576), Reinbek bei Hamburg 1998, 245-260.

A. KOHLER, Karl V. 1500-1558. Eine Biographie, München 1999.

V. REINHARDT (Hrsg.), Hauptwerke der Geschichtsschreibung (Kröners Taschenausgabe 435), Stuttgart 1997.

W. SCHMALE, Das Bicentenaire. Ein Forschungsbericht, in: Historisches Jahrbuch 113, 1993, 447-481 und 114, 1994, 135-174.

E. SCHULIN, Kaiser Karl V. Geschichte eines übergroßen Wirkungsbereiches, Stuttgart/Berlin/Köln 1999.

G. SCHWERHOFF, Zivilisationsprozeß und Geschichtswissenschaft. Norbert Elias' Forschungsparadigma in historischer Sicht, in: HZ 266, 1998, 561-606.

CH. SIMON, Historiographie. Eine Einführung (Uni-Taschenbücher 1901), Stuttgart 1996.

Erkenntnis: Ihre Bildung und Verbindlichkeit

Geschichtswissenschaftliche Erkenntnisbildung. Aufgabe der Geschichtswissenschaft ist es, durch Forschung unter Anwendung wissenschaftlicher Methoden aus der Überlieferung, den Quellen, historische Erkenntnis zu gewinnen. Das angestrebte historische Wissen erschöpft sich jedoch nicht in der Kenntnis objektiver historischer Tatsächlichkeit, die aus methodischen Gründen ohnehin nie vollständig erreicht werden kann. Es geht vielmehr insofern darüber hinaus, als es auch Vorstellungen über die Bedeutung geschichtlicher Gegebenheiten und Geschehnisse für die jeweilige Gegenwart einschließt. „Geschichte" erweist sich damit als Produkt eines komplexen Rekonstruktionsvorgangs, der notwendig sowohl von der Gegenwart des Historikers ausgeht als auch zu ihr zurückführt und sich mit dieser Gegenwart unaufhörlich wandelt [Lorenz; Rüsen].

Vier in der Praxis ineinander übergehende bzw. wechselnd gewichtete Komponenten oder Phasen dieses Rekonstruktionsvorgangs lassen sich unterscheiden. In einem ersten Schritt formt der Historiker im Rahmen der Heuristik, d.h. der Festlegung seiner Erkenntnisperspektiven, die historischen Orientierungsbedürfnisse seiner Gegenwart, die er zur Kenntnis nimmt und akzeptiert, zu methodisch erforschbaren geschichtswissenschaftlichen Fragestellungen um. Dabei kann die Erfassung von Zuständen – unter systematisch-strukturellem Aspekt – oder von Wandel – unter chronologischem Aspekt – im Vordergrund stehen. Zur Bearbeitung einer auf diese Weise entwickelten Fragestellung sind weiter geeignete Quellenbestände auszuwählen und ist zu klären, welche Methoden zur angemessenen Auswertung der Quellen angewendet werden müssen. Im zweiten Schritt werden im Rahmen der Quellenkritik der grundsätzliche Aussagewert, also die Echtheit, sowie die Informationsqualität, d.h. Zeitnähe, Wahrnehmungsperspektive, Wertungstendenz, Vollständigkeit, Widerspruchsfreiheit usw., der Quellen geprüft. Im dritten Schritt muß der Historiker im Rahmen der Interpretation als des Hauptstücks der Rekonstruktionsarbeit seine Fragestellungen und die aus den Quellen gewonnenen Befunde entsprechend sinnstiftend miteinander verknüpfen. Dabei muß zur Herstellung einer solchen Verknüpfung nach moderner Wissenschaftsauffassung ausdrücklich auf einschlägige Theorien zurückgegriffen werden. Im vierten Schritt schließlich stellt sich die Aufgabe, die Interpretation in eine entsprechende Darstellung – Analyse oder Erzählung – umzusetzen. Die Form der Darstellung hat dabei nicht nur dem historischen Inhalt, sondern auch der angestrebten Orientierungsleistung zu genügen.

▷ S. 256 ff. Technik: Die Arbeit mit den Quellen

▷ S. 315 ff. Darstellung: Das Schreiben der Geschichte

Die Schwierigkeiten dieser komplexen Vorgehensweise liegen auf der Hand. Heuristisch kann die Umsetzung der Gegenwartsbedürfnisse in historische Fragestellungen mißlingen, sei es, daß die Fragen zu gegenwartsverhaftet und damit 'unhistorisch' ausfallen, sei es, daß zu spezielle historische Perspektiven keine Orientierung für die Gegenwart mehr zu bieten vermögen [Rüsen]. Diese Gefahr ist gewachsen, seit Geschichtswissenschaft als akademische Profession betrieben wird, die ihre Themenauswahl und Untersuchungsziele selbst bestimmt. Weitere Fehler geschehen auf der Ebene der Quellenauswahl – das herangezogene Material enthält die gesuchten Daten nicht in ausreichendem Maße – und der Methoden der Quellenerschließung. Daß Historiker Fälschungen für Quellen halten, kommt angesichts der mittlerweile hoch entwickelten

▷ S. 401 Deutschland: Prozeß der Institutionalisierung

Techniken der Quellenkritik seltener vor. Zu den seit jeher heftig debattierten Problemen der inneren Quellenkritik gehört demgegenüber die Frage nach der Bewertungstendenz, d.h. der Standortgebundenheit oder der Parteilichkeit insbesondere von erzählenden Quellen. In jüngster Zeit in den Vordergrund gerückt ist u.a. die Problematik des Lesens von Quellen „gegen den Strich", also der Erschließung und Deutung des nicht Gesagten, des stillschweigend Vorausgesetzten oder bewußt Verschwiegenen [FRIED].

Im Hinblick auf den Akt der Interpretation waren bis vor kurzem die methodischen Kategorien des Verstehens und Erklärens besonders kontrovers [GOERTZ; MERGEL/WELSKOPP; MOMMSEN]. Denn diese als gegensätzlich aufgefaßten Erkenntnisverfahren sind jeweils sowohl mit Vorteilen als auch mit Schwächen verbunden, die entsprechend unterschiedlich gewertet werden können. „Verstehen" gilt als „intuitives Einfühlen" des Historikers in das Weltbild und die Intentionen eines historischen Akteurs mit dem Ziel, dessen äußeres Verhalten von den inneren Motiven her nachvollziehen und so „verstehen" zu können. Diesem Erkenntniszugang, der bis heute gerne mit der Annahme verbunden wird, daß der Perfektionsgrad des Verstehens mit der Affinität des Historikers zu seinem Erkenntnisobjekt steige, halten Kritiker entgegen, daß Geschichte nicht in dem aufgehe, „was die Menschen wechselseitig intendieren" [HABERMAS, 116]. Man müsse vielmehr auch die über die Köpfe der Akteure hinweg sich vollziehenden Prozesse und Strukturen berücksichtigen. Der intuitive Nachvollzug des Zusammenhangs von Motiven und Handeln sei im Übrigen nicht mit kausaler Erklärung identisch, auf die es sowohl bei der empirischen Rekonstruktion von Geschichte

▷ S. 387 f. Technik: Die Präsentation eines Themas

Forschungsstimme

Historische Erkenntnis setzt die Existenz entsprechender Quellen voraus. Welche historischen Nachrichten ihnen entnommen werden können, muß jedoch immer wieder neu geprüft werden. Dabei geht es auch um grundsätzliche Fragen, wie die folgende Passage aus der Feder des Frankfurter Mediävisten **Johannes Fried** belegt:

„‚Quelle' ist, darüber darf sich niemand einer Illusion hingeben, eine in die Irre führende Metapher. Sie assoziiert sprudelndes Leben, Unmittelbarkeit, Ursprung reinen Wissens, lautere Wahrheit. Die Texte, Gegenstände oder Sachverhalte aber, die mit diesem Namen belegt werden, führen von sich aus keinerlei Erkenntnis mit sich, keine Wahrheit, kein Leben, so daß Geschichte aus ihnen quölle wie frisches Wasser aus dem Boden. Sie sind nichts weiter als beschriebener Schreibstoff, Tonscherbe, Sprachgebilde, Tradition, eine Sammlung von Fakten oder – als erzählender Text – isoliertes und statisch erscheinendes Erinnerungsbild. Hunderte von Historikern haben sich mit ihnen befaßt, jedes überlieferte Wort zumal der Antike oder des Mittelalters Hunderte von Malen gelesen, umgedreht, ausgepreßt. So traktiert, müßten diese ‚Quellen' längst erschöpft sein, ausgetrocknet, leer. Warum sind sie es nicht? Die Antwort ist einfach: Weil Historiker sie immer wieder mit ihren Fragen wie mit Wasser füllen und auf diese Weise zum Sprudeln bringen. Oder genauer: Weil es keine Quellen, sondern bloße Artefakte (und damit handgreifliche Gegenwart), Hinterlassenschaften menschlicher Schöpferkraft, sind, tote Dinge, die Wert und erneuertes Leben erst gewinnen, wenn ihnen Aufmerksamkeit geschenkt wird, und in der Weise sowie dem Maße, in denen es geschieht. Wenn etwas tatsächlich sprudelt, dann dieses fragende Interesse, das jene Hinterlassenschaften umspült, freilegt, zusammenführt, zu etwas macht, zum Sprechen bringt und ihnen Sinn verleiht; das mit ihnen zu bauen beginnt wie Kinder mit Bauklötzen oder Ingenieure mit Werkstoffen. Nun denn, setzen Sie fünf Kinder vor die nämlichen Klötze, sie errichten Ihnen fünf Türme. Welcher aber wäre der wahre?"

Während die Geschichtswissenschaft des 19. Jahrhunderts durch förmliche Quellenehrfurcht geprägt war und in der Quellensicherung und Quellenerschließung ihre eigentliche Legitimität fand, besteht die Aufgabenstellung der heutigen Historie wesentlich darin, bereits bekannten Zeugnissen durch neue Fragestellungen neue Erkenntnis abzugewinnen.

Quelle: J. FRIED, Wissenschaft und Phantasie. Das Beispiel der Geschichte, in: Historische Zeitschrift 263, 1996, S. 294-295.

als auch bei deren Fruchtbarmachung für Orientierungsbedürfnisse der Gegenwart eigentlich ankomme. Die entsprechenden sozialwissenschaftlich-kausalen Erkenntnisverfahren gelten dem Verstehen aus dieser Sicht mithin als überlegen. Sie erklären historische Zustände und Abläufe mittels nomologischem Wissen, d.h. einem Wissen, welches im Hinblick auf menschliches Verhalten und soziale Prozesse als gesetzmäßig aufgefaßt und mit Hilfe von Theorien formuliert wird. Analog bevorzugt diese Position eine analytisch-diskursive Darstellungsweise, während die Verfechter des Verstehens die Erzählung für die angemessene, ja einzig mögliche Darstellungsform halten. Praktisch hat sich mittlerweile allerdings eine Art Arbeitsteilung und damit ein Nebeneinander auch von Geschichtserzählung und analytischer Erörterung durchgesetzt; die Einsicht in die Unverzichtbarkeit und gegenseitige Ergänzungsfähigkeit der beiden Ansätze ist gewachsen [OEXLE/RÜSEN; STRAUB].

Neue Herausforderungen sind über die Mikrohistorie, die neue Kulturgeschichte und den postmodernen Dekonstruktivismus entstanden, die sich in erster Linie aus der Kritik an der theoretisch-analytischen Geschichtswissenschaft speisen [JENKINS; LÜDTKE; TOPOLSKI; CAPLAN]. Deren Konzentration auf Strukturen und Prozesse lasse den historischen Menschen verschwinden; moderne Theorien Vergangenheiten aufzuzwingen, die ungleich vielfältiger und widersprüchlicher als das Heute seien, bedeute deren Vergewaltigung und mache historische Erkenntnis unmöglich. Die analytisch-erklärende Darstellungsform werde weder der narrativen Grundstruktur der menschlichen Kommunikation und damit der Verständigung über Geschichte gerecht noch sei sie zur historischen Sinnstiftung und Vermittlung historischer Orientierung fähig. Die radikale Richtung des Dekonstruktivismus, der aus der Linguistik stammt, verneint nicht nur die Möglichkeit der Erfassung von Empirie über oder durch Text; sie sieht vielmehr angesichts des „ungerichteten Allzusammenhangs der Texte" Kausalität bzw. die Möglichkeit textlicher Herstellung von Kausalität „ganz aufgelöst" [WELSKOPP in: GOERTZ, 156]. Was die Geschichtswissenschaft zu leisten hat und lediglich leisten kann, ist danach letztlich die Herstellung von Geschichten, die historische Erfahrung und historischen Sinn für gegenwärtige Erfahrungs- und Sinnbedürfnisse möglichst befriedigend literarisch-narrativ aufbereiten [IGGERS].

▷ S. 223 f. Literaturwissenschaft: Quellen als Texte gelesen

Relativität der Erkenntnis. Wenn es richtig ist, daß der Gültigkeitsanspruch und Verbindlichkeitsgrad wissenschaftlicher Aussagen vom Perfektionsgrad der Methoden abhängen, die zur Hervorbringung dieser Aussagen eingesetzt worden sind, dann können geschichtswissenschaftliche Aussagen im Vergleich zu den Aussagen der sog. „exakten" Wissenschaften generell nur reduzierte Geltung beanspruchen. Tatsächlich legen bereits die Perspektivität der Heuristik und die Komplexität und Abhängigkeit von pragmatischen Entscheidungen, welche den historischen Erkenntnisbildungsprozeß unvermeidlich auszeichnen, eine derartige Einschätzung nahe. Auch die verschiedenen Varianten der Geschichtswissenschaft, welche die Probleme der historischen Erkenntnisbildung und damit der Gültigkeitssicherung ihrer Aussagen unterschiedlich zu lösen versuchen, sind sich ihrer Probleme bewußt. Die historistische Geschichtswissenschaft, die auf die Methode des Verstehens setzt, sucht ihre Ergebnisse im

Detailskizze

Zu den fast ebenso häufig benutzten wie unterschiedlich aufgefaßten Begriffen der Geschichtstheorie und der Historiographiegeschichte gehört der des **Historismus.** Gerade eine moderne Frühneuzeitforschung, die sich als nach- oder nichthistoristisch begreift, kann solche kategoriale Unsicherheit jedoch nicht hinnehmen, sondern muß sich um entsprechende Begriffsklarheit bemühen.

Das Wort Historismus stammt aus dem 19. Jahrhundert. Es meint zunächst nichts anderes als eine bestimmte Form des Denkens oder Bewußtseins, nämlich die, welche sich auf Geschichte konzentriert, d.h. in den Blick genommene Phänomene primär oder ausschließlich über ihr historisches Gewordensein erfassen und deuten möchte. In diesem allgemeinen Sinne sind alle Historiker Historisten; worauf sich der geschichtswissenschaftliche Begriffsgebrauch bezieht, sind jedoch zumeist spezifischere, kulturhistorisch und theoretisch-konzeptionell vertiefte Verständnisse. Vor allem der beschleunigte historische Wandel Europas seit der Französischen Revolution und die damit einhergehende Industrialisierung, aber auch die Romantik, welche die Sensibilität für das Geschichtliche entscheidend verstärkte, wirkten zusammen: Unter diesen Einflüssen wurde die historistische Denkform bis in die 1880er Jahre in allen Kulturbereichen – vgl. Historismus als Stilepoche – europaweit so dominant, daß das ganze Jahrhundert im Rückblick als „saeculum historicum" bzw. „Jahrhundert des Historismus" gilt. Aus dieser Vorherrschaft des Historismus als Weltanschauung, der sich in historisch weniger wirksamer Weise aber auch für andere Epochen nachweisen läßt, erwuchsen ebenfalls im 19. Jahrhundert die übrigen, zumeist allerdings erst später mit dem gleichen Begriff benannten Varianten. Der Historismus als Konzeption und Methode der Geschichtswissenschaft stellt die unmittelbare fachwissenschaftliche Weiterentwicklung bzw. Umsetzung der historistischen Weltanschauung dar. Die Form, die dieser geschichtswissenschaftliche Historismus im Deutschland des 19. Jahrhunderts insbesondere über seine Verknüpfung mit der Nationalstaatsidee annahm, wird häufig als klassisch bezeichnet. Seine theoretisch-methodischen Lösungen – Politik- bzw. Staatsgeschichte als eigentliches Betätigungsfeld, Verstehen als Erkenntnisverfahren, Erzählung als Konstitutions- und Vermittlungsform forschend gewonnenen Wissens – gelten vielfach bis heute als vorbildlich und nachahmenswert. Entsprechend können mit dem fachbezogenen Begriff des Historismus sowohl die abgeschlossene klassische Periode der wissenschaftlichen Historiographie als auch an diesem Modell anknüpfende gegenwärtige historiographische Richtungen angesprochen werden. Radikalisierte Versionen des Historismus als Weltanschauung stellen demgegenüber einige historistische bzw. historizistische Ideologien dar, die sich seit dem Ausgang des 19. Jahrhunderts zunehmend Raum schaffen: Sie beanspruchen, aus dem geschichtlichen Geschehen historische Gesetzmäßigkeiten ableiten und auf dieser Grundlage Prognosen künftiger geschichtlicher Entwicklung erstellen zu können. Sowohl ihnen als auch dem Historismus als allgemeiner Weltanschauung stehen schließlich entschieden negative Auffassungen des Historismus aus der Philosophie entgegen: Historismus als übertriebene Orientierung an der Geschichte, welche die Erkenntnis der Gegenwart und die Bewältigung der Gegenwartsprobleme erschwere oder gar verhindere; Historismus als kulturzerstörendes, weil die Geltung überzeitlicher Werte und Prinzipien historisch relativierendes und deshalb unterminierendes ‚falsches' Denken.

Literatur: O. G. Oexle u.a. (Hrsg.), Historismus in den Kulturwissenschaften. Geschichtskonzepte, historische Einschätzungen, Grundlagenprobleme, Köln u.a. 1996; Ders. u.a. (Hrsg.), Geschichtswissenschaft im Zeichen des Historismus. Studien zur Problemgeschichte der Moderne, Göttingen 1996; F. Jaeger/J. Rüsen, Geschichte des Historismus. Eine Einführung, München 1992.

Grunde professionell-genialistisch abzusichern: Sie können Verbindlichkeit beanspruchen, weil sie von berufenen und höchst begabten Experten nach allen Regeln der Kunst erarbeitet worden seien. Die moderne analytisch theoretische Richtung, die ihre Schwächen und Bedürfnisse entschiedener öffentlich diskutiert, verweist ebenfalls auf ihre Professionalität, betont aber ihren interdisziplinären und kommunikativen Charakter: Ihre Ergebnisse können Verbindlichkeit beanspruchen, weil sie professionell nach den besten Standards der Sozialwissenschaften zustande gekommen und im Fach wie im interdisziplinären Diskurs erhärtet worden sind. Die angesprochenen postmodernen Richtungen hingegen verweigern sich letztlich der Zumutung, Professionalität als legitimen Grund höherer Aussagenverbindlichkeit anzunehmen: Ihre methodische Kritik läuft auf die Behauptung einer fast völligen Unmöglichkeit sowohl intersubjektiv kontrollierbarer historischer Erkenntnisakte als auch rational diskutierbarer historischer Ergebnisse hinaus; verbindlich erscheinen Arbeit und Arbeitsergebnisse nur noch insoweit, als sie entsprechenden Bedürfnissen der Gegenwart entgegenkommen. Der modernen Gesellschaft wurde immer unterstellt, daß sie eine hinreichende Kohärenz und deshalb Identität der Bedürfnisse aufweise, um als beschreibbarer Adressat geschichtswissenschaftlicher Orientierungsangebote dienen zu können. Dagegen erscheint die postmoderne Gesellschaft als unübersichtliches Wahrnehmungs- und Aktionsfeld wechselnder Individuen und Gruppen, deren Orientierungsbedürfnisse zersplittert und widersprüchlich sind. Nicht mehr eine Geschichte werde daher benötigt, sondern eine unbestimmte Vielzahl von Geschichten, deren Qualität sich ausschließlich am Grad der über sie erreichten Bedürfnisbefriedigung bemißt, aber nicht mehr an einem in Wirklichkeit ohnehin nicht meßbaren empirischen Wahrheitsgehalt [Windshuttle; Rüsen/Straub]. D.h. unter anderem, daß der Unterschied zwischen Mythos und Geschichte bzw. Mythographie und Geschichtswissenschaft aufgehoben wäre [Völker-Rasor/Schmale].

Besonderheiten der Frühneuzeitforschung. Jede der im Übrigen vornehmlich aus pragmatischen Gründen entwickelten historischen Teildisziplinen sieht sich in ihrer Erkenntnisarbeit mit eigenen Problemen konfrontiert. Besondere Herausforderungen ergeben sich jedoch für die Frühneuzeitforschung, und zwar auf jeder Stufe ihrer Bemühungen. Die im Vergleich zur späten Neuzeit höhere Distanz zur Gegenwart und der angenommene Übergangscharakter der Teilepoche erschweren die Aufgabe, aktuelle Orientierungsbedürfnisse in angemessene Fragestellungen umzusetzen. Im Vergleich zum Mittelalter hat der Quellenbestand quantitativ zwar erheblich zugenommen. Dennoch bleiben zumal aus spätneuzeitlicher Sicht massive Lücken, sowohl, weil keine Überlieferung produziert worden ist, als auch durch quellenzerstörende Ereignisse wie z.B. Kriege. Die Gattungsspezifik und sonstigen Erscheinungsformen der Quellen sind variabler und unvertrauter; äußere Bedingungen wie z.B. die regionale und soziale Vielfalt der Sprachen und Schriften schlagen stärker zu Buche. Sind deshalb bereits Heuristik und Quellenkritik mit gesteigertem Aufwand verbunden, so erhöht sich der methodische Bedarf nochmals in der entscheidenden Phase der Interpretation. Die Fremdheit der Quellen und ihrer Kontexte erschwert die Erfassung der von ihnen vermittelten Wahrnehmungen und

▷ S. 331 Quellen: Bandbreite heute untersuchter Materialien

Was sich zuerst im wirtschaftlich fortgeschrittenen Oberitalien, dann in Holland schon früh zu formieren begann, bevor ganz Europa von diesen Zentren des Frühkapitalismus aus ergriffen wurde, hat dieser Künstler in einem Berufsporträt festgehalten: der **homo oeconomicus,** der in erster Linie an materiellem Gewinn interessierte, nüchtern kalkulierende, auf religiöse Bezüge weitgehend verzichtende und seine Welt – beginnend bei Kleidung und Wohnung – gemäß diesen Prinzipien gestaltende Menschentyp.

Bild: Marinus van Reymerswaele, Ein Geldwechsler mit seiner Frau, Öl auf Eichenholz, 1538, Alte Pinakothek, München.

Literatur: P. DEMEULENARE, Homo oeconomicus. Enquete sur la constitution d' un paradigme, Paris 1986.

Befunde. Die Anwendung von Theorien muß besonders reflektiert und behutsam erfolgen, weil diese Deutungshilfen wie erwähnt ihre Herkunft der Gegenwart verdanken: Formal und inhaltlich sind sie spätneuzeitlich geprägt, und die Gefahr von Fehlwahrnehmungen ist deshalb besonders groß. Zu den wesentlichen inhaltlichen Problemen auf dieser Ebene zählt vor allem, von welcher Anthropologie man in der Frühneuzeitforschung ausgehen soll, wenn man die Motive und das Verhalten von Akteuren der Epoche erfassen bzw. erklären möchte. Der als dominant betrachtete historisch-kulturelle Menschentyp der Gegenwart ist der homo oeconomicus, der materiell orientierte, rational kalkulierende, autonom wählende und seine Welt gemäß diesen Prinzipien strukturierende Typ [Demeulenaere]. Dieses Modell darf nicht einfach auf die Frühe Neuzeit zurückprojiziert werden. Vielmehr spricht viel dafür, daß es in dieser Teilepoche erst entstanden ist. Bei der Interpretation der Wahrnehmung, des Sinn- und Wertehorizonts sowie des Handlungswissens und Verhaltens frühneuzeitlicher Individuen und Gruppen sind deshalb auch Alternativen und Varianten zu erwägen. Vor allem der alternative Typ des homo religiosus, von dem man annehmen kann, daß er durch die spätmittelalterliche Frömmigkeit, Reformation und Konfessionalisierung hervorgebracht wurde [Alberigo], ist ernst zu nehmen: ein Menschentyp, der sich primär von religiösen Überzeugungen und gegebenenfalls vorbehaltlosem Vertrauen in seine Kirche leiten läßt, der sein diesseitiges Leben lediglich als Vorbereitung für ein jenseitiges sieht, dem materielle Vorsorge und sozialer Aufstieg deshalb kaum bedeutsam erscheinen. Einen weiteren Problemkomplex markiert der Sachverhalt erst teilweiser bzw. gegebenenfalls andersartiger Ausdifferenzierung der lebensweltlichen Totalität in die Subsysteme Kultur, Politik, Wirtschaft und Gesellschaft; eine andere wesentliche Dimension bilden Privatheit und Öffentlichkeit, deren analytische Unterscheidung freilich aus der Sicht der Moderne hervorgeht [Melville]. Makrotheorien wie z.B. Konfessionalisierung und Sozialdisziplinierung oder Staatsbildung isolieren notwendigerweise Aspekte und behaupten aus ihrer jeweiligen Perspektive beschränkte Kausalzusammenhänge; sie unterliegen ganz besonders der Gefahr, eigentlich bestehende historische Zusammenhänge zu durchschneiden. Untersuchungen von Fragen wie z.B. derjenigen nach den Formen und Funktionen von Symbolen oder Ritualen können in mehrere derartige Problemkomplexe fallen und die entsprechenden Interpretationsschwierigkeiten noch potenzieren. Auf die enormen heuristischen, quellenkritischen und interpretatorischen Herausforderungen, welche die Erforschung etwa des europäischen Kulturkontakts bzw. der europäischen Kulturoktroyierung seit der Zeit der Entdeckungen mit sich bringt, kann nur verwiesen werden. Aber auch die Anfertigung entsprechender erzählender oder erörtender Darstellungen muß als besonders schwierig gelten – und dies keineswegs nur, weil der Abstand zwischen Quellen- und Darstellungssprache besonders groß ist und der historische Kontext ausdrücklicher und ausführlicher dargelegt werden muß. Gerade diese erhöhten Erfordernisse haben freilich dazu geführt, daß sich die Frühneuzeitforschung zu einer methodisch und inhaltlich besonders anregenden, lebendigen und fruchtbaren geschichtswissenschaftlichen Teildisziplin entwickelt hat.

▷ S. 294, 299 ff. Schlüsselbegriffe und Konzepte: Konfessionalisierung, Sozialdisziplinierung

▷ S. 77 ff. Seit 1492: Begegnung der Kulturen

▷ S. 315 ff. Darstellung: Das Schreiben der Geschichte

Die diesseitige Existenz des Menschen ist düster, gefahrvoll und unsicher wie das schäumende Meer. Nur der christliche Glaube vermag ihr Halt und Licht zu verleihen. Der Christ hat sich deshalb mit allen seinen Kräften unablässig um Erfüllung der Gebote zu bemühen, auch wenn ihm diese Forderungen Gottes manchmal felsenschwer vorkommen mögen. Dieses unablässig verbreitete und eingeübte Welt- und Menschenbild brachte in der Epoche zwischen dem 'frommen' Spätmittelalter und der Reformation bzw. der Konfessionalisierung zumal in Mitteleuropa den historisch-anthropologischen Typ des **homo religiosus** hervor, der uns heute äußerst fremdartig erscheinen muß.

Bild: Johann Heinrich Roos, Selbstbildnis des Malers und seiner Frau, Öl auf Lindenholz, um 1650, Städelsches Kunstinstitut, Frankfurt/M., Foto: Ursula Edelmann, Frankfurt/M.
Literatur: G. ALBERIGO (Hg.), Homo religiosus; autour de Jean Delumeau, Paris 1997.

Drei Beispiele historischer Erkenntnisbildung. Im vorliegenden Rahmen ist eine Veranschaulichung der angesprochenen theoretisch-methodischen Aspekte nur sehr selektiv möglich. Dennoch sei sie gewagt, und zwar an je einer im 16., 17. und 18. Jahrhundert entstandenen Textquelle je verschiedener Gattung, die sich auf je unterschiedliche Sachverhalte und damit Problembereiche bezieht. Daß für die gesamte Frühe Neuzeit auf drei unterschiedliche Quellengattungen Bezug genommen wird, bedeutet allerdings nicht, daß die Verteilung der Quellen dieser Periode auf derartige Gattungen als objektiv vorgegeben, unveränderlich und trennscharf angesehen wird. Vielmehr muß man sich gerade im Bereich der Frühneuzeitforschung darüber im Klaren sein, daß auch die Klassifizierung historischer Quellen ein Element der heuristischen Strukturierungsleistung des Historikers ist und jede Quellenlandschaft eigene Muster und Tendenzen aufweist, die beachtet werden müssen.

Akten: 16. Jahrhundert, Reformationsgeschichte. Der Auszug aus den Straßburger Ratsprotokollen kann für eine Untersuchung der Ursachen und Anfängen des Bauernkriegs herangezogen werden. Hinter einer solchen Untersuchung kann das Bedürfnis nach Orientierung hinsichtlich des Zusammenhangs zwischen Religion und Herrschaft stehen. Die Echtheit der Quellen ist durch den Abdruck in einer modernen Edition bestätigt. Die genannten Akteure, Orte und Sachen sind fast durchweg aus anderen Quellen und dann aus Darstellungen bekannt [Brady; Blickle]. Die neuhochdeutsche Schriftsprache ist gegebenenfalls unter Benutzung einschlägiger Sprachlexika gut verstehbar. Der Verfasser schreibt aus persönlicher Anwesenheit und in seiner Eigenschaft

▸ S. 18 ff.
eit 1517:
ion und
Politik

Auszug aus dem Straßburger Ratsprotokoll

Straßburg, [18. April] 1525

Bauernempörung und ufstand maxime wider die pfaffen, haben hiesige bürger aufgewickelt, und uffrürisch gemacht, sonderlich an die Gartner geschriben zu inen zu ziehn; haben die neue lehr defendirt. [...]

Dr. Capito, Butzerus und Mstr. Mathis Zellen legen in ein geschrifft so inen von der versammlung zu Altdorf zugeschickt, daß sie uff hüt zu acht uhren by inen zu Altdorf erschinen und mit christlichem trost und wort trosten etc. und daruff bitten sie inen zu erlauben, daß sie zu inen hynauss ziehen wollen, sie ihnen nichts anders dann was das wort Gottes vermag fürhalten, und daß sie von solchem rotten abston underwißen, und sunst ihrer artikel sich nit annemen, und nichts handeln dann mit wissen und willen h. Martin Herlin und Bernhard Ott Friedrichs als der Gesandten, dann wo sie jetzt nit sollten herüs kommen, über und daß sie sich allwegen erboten die ware Geschrifft zu predigen, mocht es inen zu nachteil dienen, wer inen auch verwisslich. Erkannt: Inen erlauben, doch zuvor h. Martin Herlin und B. Ottfridrich ein copie des schribens zuschicken und inen bevehlen, sich mit des Bischoves und Capittels reten zu underreden, ob sie gut bedücht, daß die Predicanten zu dem hüffen kommen und wider anheimsch keren. Und inen darzu sagen, daß sie das volk zu christl. einigkeit und der Oberkeit zu gehorsamen wissen, doch nichts anfangen, auch nit zu inen kommen on wissen, willen und rat der verordneten Gesanten m(einen) H(ohen) H(erren).

Erasmus Gerber von Molsheim, von wegen des hüffens zu Altdorff versammlet, zeigt an daß sie sich darumb empört, daß der abt zu Altdorff, Lütpriester zu Dachstein und Wolxheim, ire Predicanten, auch sie ketzer gescholten, sie empfangen den tüfel wenn sie das nachtmal begehen. Item sie sollen nur kommen, dann sie in überziehen wollten, so woll er sie empfangen. Zu dem hätten die 2 Lütpriester beym Vogt zu Dachstein verschafft, daß ein Priester und sonst einer so by Wolxheim in einer cappellen gepredigt, gefangen worden etc.

Quelle: R. Kastner (Hrsg.), Quellen zur Reformation 1517-1555 (Ausgewählte Quellen zur Geschichte der Neuzeit Bd. 16), Darmstadt 1994, S. 163 (Nr. 52ii).

als amtlicher Protokollant, d.h. aus einer obrigkeitlichen Perspektive. Geschildert wird eine Episode aus dem Frühjahr 1525. Die Prädikanten, d.h. reformatorischen Prediger Straßburgs beantragen im Rat, vor der Stadt lagernde aufrührerische Bauern, die ihnen ein Einladungs- und Bittschreiben zugesandt hatten, besuchen zu dürfen, um sie mit Hilfe des Evangeliums zur Besonnenheit und Beendigung ihrer aufrührerischen Versammlung zu bringen. Diese Vermittlungsmission wird ihnen unter Auflagen erlaubt. Interpretiert werden kann diese Geschichte u.a. als Beispiel und Beleg für äußerst vorsichtige, konservative Politik städtischer Obrigkeiten und für die im Zweifelsfall ebenso konservative Haltung von Reformatoren in diesem revolutionären Moment deutscher Geschichte; dabei erscheint das präventive Anerbieten der Prädikanten, sich mit den Artikeln der Bauern überhaupt nicht zu beschäftigen, als besonders bedeutsam. Die Begebenheit wirft jedoch außerdem die grundsätzliche Frage nach der Motivation der Bauern auf: Sind sie homines religiosi, denen es ausschließlich um ihre jenseitige Erfüllung durch Sicherstellung gottgefälligen Glaubens und Lebens im Diesseits, gegen falsche Pfaffen, geht, oder verhüllen diese religiösen Motive lediglich handfeste soziale Interessen?

Gutachten: 17. Jahrhundert, Staatsbildung. Das Gutachten des bedeutenden deutschen Politikwissenschaftlers Hermann Conring (1606-1681) kann als Beitrag zur politischen Ideengeschichte und damit zur Herkunft heutiger politischer Theorie aufgefaßt werden; es kann aber auch als Beispiel für jedenfalls intendierte wissenschaftliche Optimierung frühmoderner Staatsbildung stehen. Daß es echt ist, ergibt sich mittelbar aus seiner Aufnahme in eine anerkannte

▷ S. 39 ff. Seit 1648: Verdichtung von Herrschaft

Conringii Consilium an Friederich Wilhelm Churfürsten zu Brandenburg wegen seiner Laender.

Ob zwar insgemein I(hrer) C(hurfürstlichen) D(urchlaucht) estat beruhet in guter glückseliger conservation dero dignitaet und Gerechtigkeiten, und dannenhero scheinen koente, ohn schwer zu determiniren, wie zu solchem Zweck zu gelangen. Wenn jedoch ad speciem zu gehen I. C. D. mit vielen gantz unterschiedenen und weit von einander liegenden Laendern und dahero dependirenden Gerechtigkeiten von Gott dem allmaechtigen begabet, muss nothwendig auff alle und jede Stücke absonderlich eine reflexion gemachet, und ein jedes a part in consideration gezogen werden. Welcher gestallt nemlich ein jegliches sich jetzo befünde, und wie es entweder erhalten, oder in einen besseren Stand koenne gesetzet werden.

Findet sich demnach anfaenglich die Churfürstliche Würde an ihr selbsten als das vornehmste Kleinodt aller Hoheit so I. C. Durchl. zustehet, welche wie sie in kurtzen absonderl. bey denen Friedens-Tractaten zu Münster und Ossnabrück geschmelere ist bekand, und giebet auch solches jedermaenniglich gnugsam zu verstehen, wird auch ohne Zweiffel bey bevorstehenden Reichstag dahin starck gearbeitet werden, dass je mehr und mehr moege dem Churfürstl. Collegio die Federn beschnitten werden, wozu vermuthlich man so wol an Kayserl. Majest. als der Staende Seiten starck wird cooperiren [...]

Vors andere stehet in acht zu nehmen, der estat dar Marck Brandenburg und deroselben nunmehr incorporirten Bißthümer. Ob zwar allda die Leute etwas schwührig, weil sie doch gantz gewohnet sind einer ziemlich harten Regierung und durch den langwürigen Krieg der Muth einem jeden benommen, auch durch die benachbarte die Leute nicht leicht zu einer revolt koennen angefrischet werden, zumahl dieselbe I. C. D. theils wohl gewogen, theils von geringeren Kraefften, und also nichts tentiren dürffen, theils aber bey dero Leute gehaessig seyn. Dessen nun ungeachtet, ist einmahl gewiss, dass nunmehr der Marck Brandenburg ein maechtiger Nachbar, als jemahls vorhin mag gewesen seyn, an die Seite gesetzet, und dannenhero sich jederzeit ein und das andere muss befahren, absonderlich weil das Land an Pommerschen Seiten ziemlich offen, und wenig Kraeffte vorhanden seyn, einem solchen starcken Nachbahr, da über verhoffen ein Unwille solte entstehen, das Haupt zu bieten [...]

Mit denen Clevischen und andern anhangenden Laendern (fünfftens) stehet es nicht zum besten, denn einmahl auch dieselbe an Aufkunfften sehr geringert worden. So seint vors die Unterthanen an dem Orte gar leicht zur Rebellion zu bringen, indeme sie keiner schwehren Fürstlichen Regierung in vielen Jahren gewohnet, und nicht allein durch das Exempel der Niederlaendischen freyen Provincien, sondern auch durch einen heimlichen Antrieb, indem die F(ürstlichen) H(erren) Staaten General die Maintenue der Privilegien des Landes auf sich genommen, und die beste Festungen allermeist besetzet, dann auch durch das grosse Glück der parlamentarischen Engelaender, hin zu nebens der Lieblichkeit der Libertaet angemahnet und angeführet worden. Bey denen Benachbahrten haben diese Lande auch keine grosse Freundschafft zu vermuhten. So hat man sich nunmehr auch vorzusehen für einer unversehen hostilitaet abseiten Pfaltz Neuburg; denn ob zwar dessen Kraeffte von sich selbst geringe, jedoch koente er leicht andere mit in das Spiel ziehen, und unverwarnter Sachen etwas tentiren [...] Was sonsten noch andere hohe Fürstl. Haeuser an diese Lande interessiret, ist bekandt, wird ipsa summa rei bey bevorstehenden Reich-Tag vermuthlich in controversum gezogen, und also diesen Laendern schwere difficultaeten moviret werden [...]

Der Preussische Estat (zum siebenden) stehet nicht in geringer Gefahr, zumahlen, durch der Polen Antrieb, die Unterthanen das Haupt mehr als gevvoehnlich empor heben, bevorab aber man sich befürchten muss einen neuen Krieg zwischen Polen und Schweden, worbey das Hertzogthum Preussen hoechlich interessiret, so seint auch die Churfürstl. Aempter allda nicht vvenig beschvveret und also die Intraden ziemlich geringe.

Diesem allen nach ist klar, dass I. C. D. Estat insgemein einer guten conservation, damit dieselbe nicht weiter verfalle, theils auch einer Hülffe, damit dasselbe, was etwa in decadence gerathen, hinwieder in guten Stande gesetzet werde, hoechlich benoethiget. Solche Mittel aber bestehen eines theils in eigenen Kraefften, andern theils aber müssen sie bey auswertigen gesuchet werden. Zweiffels ohne aber seit die eigenen die allerbesten und gewissesten, denn auch allhie wahr ist das alte: Hoc erit tibi argumentum semper in promtu situm: Ne quid expectes amicos quod tute agere possis, und pfleget ein jeglicher auswaertiger sein privat interesse am meisten zu beobachten, und nichts einem andern zu Gefallen zu thun, worbey er selbst keinen sondern Nutzen zu gewarten, dannenhero vornemlich dahin muss gesehen werden, wie I. C. D. durch eigene Mittel ihren estat zum guten Stande setzen und folgends anderer fremden Hülffe sich bester massen gebrauche.

Dass nun zuforderst Gottes Gnade und Beystand durch fleissiges Gebet, gottseligen Wandel Recht und Gerechtigkeit muss gesuchet werden, ist ausser Zweiffel. Vors andere aber muss dahin gearbeitet werden, damit der Unterthanen Gemüther, absonderlich an denen Orten da eine revolte zu befürchten, gewonnen, jedoch darbey der Churfürstliche respect erhalten werde. Beydes kan man erlangen, einmal wenn denen Unterthanen zur Ungebühr nichts wird aufgebürtet, und der lieben justitz ihr freyer Lauff gelassen wird, nemlich durch rechtmaessige Bestraffung wird ein jeglicher in schuldiger Gebühr gehalten, achte auch dannenhero, dass so wol in Preussen als an den Clevischen absonderlich, weil allda die Unterthanen ziemlich aus den Schrancken treten, eine severitaet zu gebrauchen, jedoch nur in privatis delictis singulorum, dann in publicis multorum man der Schaerffe gelindere Mittel vorziehen muss. Wo auch der respect und Gerechtigkeiten gefallen, müssen dieselbe, jedoch sensim und nicht auf einmal oder mit einer vehements, hin wieder redressiret werden, welches durch verstaendige Diener allerseits ohnschwer stehet zu repariren, zumalen ihnen dasselbe in geheim ernstlich wird anbefohlen, wie man denn auch in geheim eines jeglichen Orts Gebrechen am allerbesten kan erkundigen und gute Anstalt pro rei cujusque statu & conditione machen, und ist diese Vorsehenheit am allermeisten nöthig in denen Clevischen und Preussischen Laendern, absonderlich in jenen [...]

Insgemein aber allen so den Gerichten beywohnen, oder sonsten die Aemter verwalten, durch ein scharffes offentliches edict, nam hoc incurrit in oculos, & quid peccatur, culpa omnis in ministrum derivatur, waere anzubefehlen, einen jeden bey Recht und Gerechtigkeiten zu schützen und zur Ungebühr keinen zu beschweren, bey vermeidung hoechster Ungnade und schwerer Straffe, da auch einer solte betreten werden, dass alsdenn derselbe exemplariter bestraffet würde. Hisce sane remediis ad animos subditorum conciliandos nihil est melius aut efficacius.

Vors dritte ist bekand, quod nervus rerum gerendarum sit pecunia, nicht weniger ist bewust, was für ein Mangel sich befinde, wie auch die Aemter allerseits ruiniret und hingegen der status aulae alles consumire, welches gewiss zur hoechsten disreputation I. C. D. und zu dessen vilipendentz bey allen benachbarten, absonderlich denen, so derselben nicht allerdings gewogen, hinaus schlüge, solte diesen nicht geholffen werden, sehe ich warlich kein Mittel, nicht allein zur Erhoehung des verfallenen, sondern auch zur Erhaltung des annoch in etwas bestehenden estats [...]

Da mit diesen eigenen Mitteln I. C. D. wird wohl ausgerüstet seyn, hat Sie fremder Hülffe um so viel weniger von noethen, kan aber auch dieselbe jedesmal viel eher bemaechtiget seyn, weil ihr respect groesser, und andern ihre Hülffe lieber einem, der selber maechtig und hinwieder ihnen kan gutes erzeigen, als einem schwachen mittheilen, dessen ungeachtet ist einmal gewiss und ausser allen Zweiffel, dass fremde Freundschafft nicht auszuschlagen, zumalen kein Potentat so maechtig ist der keine Freundschafft solte bedürffen und bloss für sich selbst bestehen koennen. Wird dannenhero, so viel immer müglich, mit allen benachbarten, ja auch auswertigen Kronen, Spanien, Franckreich, Dennemarck, Schweden, Polen, den Niederlaendern gute correspondentz gepflogen werden, zumalen solches nicht alleine verhindert, viele feindselige Anschlaege so leicht erwachsen koennen, sondern auch bey vielen eine Furcht erreget, bevorab ein ander nicht eben weiss, wohin jedesmal eine correspondentz ist gemeinet. Moechte wünschen, dass mit Pfaltz – Neuburg koenne gleichfalls hinwieder gute auffrichtige Freundschafft gestifftet, und alle suspicion aus dem Wege geraeumet werden, weil ja beyde Haeusser communem causam müssen contra tertium führen, und da sie uneins, leichtlich der tertius ihnen beyderseits koenne beschwerlich fallen, zu geschweigen, dass ohne Hinwiederbringung guter auffrichtiger Freundschafft man im Clevischen nimmer wird sicher seyn koennen, und immerzu Volck auff die Beine muss gehalten werden, worzu große spesen werden requiriret mit der Unterthanen hoechsten Beschwerung und Unwillen [...]

Die groesseste Gefahr ist nunmehr zwar in Preussen und Hinter-Pommern zu befahren, allem Ansehen nach aber will eine confoederation deren Laender conservation vielmehr schaedlich als zutraeglich seyn, bevorab weil dadurch die Kron Schweden leichtlich koente in die Waffen gebracht werden wider Brandenburg, welches, im Betracht die Marck offen und Preussen dem Lieffland so nahe lieget, zur aeussersten ruin leichtlich koente hinaus schlagen, so findet sich auch keiner, mit dem Behuf Preussen, koente ein confoederation gemachet werden, ausserhalb Polen, weil Dennemarck sich nicht darf regen, und andere Potentaten gar zu weit abgelegen; Mit Polen aber in eine neue Alliantz zu treten, ist eben so viel als der Kron Schweden einen offenbaren Krieg ankündigen. Solte ja eine confoederation wollen von nöhten seyn, etwa nach geendeten Reichs-Tage des Roemischen Reichs, will es die Zeit geben, und stehet alsdenn zur weitern deliberation.

Inzwischen ist höchlich zu wünschen, dass der Allerhoechste I. C. D. wolte mit einem jungen Erben beseligen, bevorab, weil dadurch der respect I. C. D. um ein grosses würde gestaercket werden. Liberi siquidem sunt robora domus, orbitas autem ipsos potentissimos Principes reddit contemtos, & rerum novarum est magnum incitamentum.

Quelle: Hermann Conring. Opera omnia, ed. J. W. Goebel, Bd. I, Braunschweig 1730, S. 984-989.

Edition, die allerdings erst rund 80 Jahre nach der Abfassung des undatierten Stücks erfolgt ist, also eine Überprüfung des Originals notwendig macht. Das Lesen der gedruckten Fassung bereitet kaum Schwierigkeiten, ebenso das technische Verständnis der benutzten Sprachen. Der Adressat des Gutachtens und die angesprochenen historischen Sachverhalte sind hinlänglich bekannt [SCHEEL]. Der Autor schreibt aus seiner neuaristotelischen, d.h. anhand der überkommenen einschlägigen Schriften des griechischen Philosophen Aristoteles (gest. 322 v. Chr.) entwickelten Politikkonzeption heraus. Ziel des Gutachtens (consilium) ist es, dem brandenburgischen Kurfürsten, dessen Position in einer Wetterecke des baltisch-nordeuropäischen Mächtetheaters um 1650 als durchaus prekär einzuschätzen ist, praktische Vorschläge zur Erhaltung und möglichst wirksamen Verbesserung seines Staates (estat) zu machen. Conring mustert dazu die einzelnen Rechte und Verhältnisse des Kurfürsten durch und wägt deren Chancen und Gefährdungen ab. Eine Reihe zentraler Aspekte und Probleme des Übergangs von der wechselhaften dynastischen Herrschaftsakkumulation zum dauerhaften, einheitlichen frühmodernen Territorialstaat kommen zur Sprache: das mit der Kurwürde verbundene Kaiserwahlrecht als Herrschaftschance im Reich; der Tatbestand der geographischen Streuung und rechtlich-politischen Uneinheitlichkeit des Länderbesitzes; die hohe Bedeutung etwaiger Rebellion von Untertanen bei erst neu erfolgter Herrschaftsübernahme, Bestehen besonderer Freiheitsrechte oder Infizierung durch benachbarte republikanische Traditionen; die gewachsene Mächtekonkurrenz als Antrieb eigener entsprechender Machtsteigerung; Interessenidentität als einzige tragfähige Voraussetzung für Bündnisse; deshalb die Erfordernis eigenständiger Machtsteigerung, um als Bündnispartner interessant zu werden; die Herstellung und Sicherung des Gehorsams und der Treue der Untertanen einerseits noch mit Hilfe Gottes, andererseits durch taktisch kluge Handhabung von Steuer- und Subventionspolitik; Gewährung von Recht und Gerechtigkeit sowie Steigerung des Respekts vor der herrscherlichen Autorität nicht zuletzt durch möglichst frühe Hervorbringung eines Thronfolgers. Was vermittelt wird, ist mithin ein direkter Einblick in die Wahrnehmung politischer Verhältnisse durch einen bestqualifizierten zeitgenössischen Beobachter. An ihn läßt sich z.B. die Hypothese knüpfen, daß die Dynastien ihre Herrschaft maßgeblich einer besseren Diagnose der soziopolitischen Verhältnisse ihrer Zeit, mithin einem Vorsprung in empirischem und handlungsrelevantem Wissen, verdankten.

Zeitungsanzeige: 18. Jahrhundert, Leibeigenschaft. Die Verkaufsanzeige im offiziösen Periodikum „Wöchentliches Nachrichten- oder Intelligenzblatt" kann z.B. aus dem Bedürfnis nach Orientierung hinsichtlich sozioökonomischer Abhängigkeitsverhältnisse in das Blickfeld des Historikers gelangen. Über Fragen wie z.B. die nach den Formen und der staatlichen Behandlung von Leibeigenschaft im ‚Jahrhundert der Aufklärung' kann sie erschlossen werden. Ihre Echtheit ist editorisch-fachwissenschaftlich verbürgt [FRANZ]; Lesbarkeit und Sprachverständnis machen noch weniger Schwierigkeiten. Der Verfasser bleibt zwar anonym; alle Anzeichen deuten jedoch auf die Übernahme und gegebenenfalls anzeigen- bzw. werbetechnische Angleichung eines vorgegebenen, primär auf Information ange-

▷ S. 150
Wirtschafts-/
Sozialgeschichte:
Alte Themen,
Neue Akzente

▷ S. 45 ff.
Seit 1648:
Verdichtung
von Herrschaft

Zeitungsanzeige

Öffentliches Verkaufsangebot bäuerlicher Leibeigener in Ostpreußen und Friedrichs des Großen Stellungnahme dazu

a) Anzeige im Wöchentlichen Nachrichten- oder Intelligenzblatt 1744 vom 2. Mai (Nr. 18).

Personen, so verkaufet werden sollen in Königsberg. Es hat jemand folgende Untertanen zu verkaufen: 1. Einen Koch, etliche 40 Jahre seines Alters, welcher wol kochen kann, auch nicht nur mit der Küche, sondern auch mit Gärten guten Bescheid weiß, und zur Aufwartung auf Reisen sehr wol zu gebrauchen. 2. Sein Weib eben von etliche 40 Jahren, welche gut Linnen wirken kan. 3. Eine Tochter von 13 Jahren. 4. Eine dito von 12 Jahren, und 5. Eine dito von 9 Jahren, welche alle zu Diensten gebräuchlich, 6. Noch ein Mensch von 20 Jahren, welcher das, was zur Jagd gehöret, bei einem Königl. Förster lernet. Wer nun die vorspecifizierten 6 Personen an sich zu kaufen Willens ist, derselbe wolle sich bei dem Canzeleiboten bei der hiesigen geheimen Canzelei Abraham Ernst Müller, so Vor- und Nachmittage daselbst zu treffen ist, beliebig melden, und wegen des Preises der Leute zu einigen.

b) Friedrich der Große an den Fiskal in Königsberg, undatiert

Demnach wir aus den Intelligenz-Blättern vom 2. Mai a. c. nicht ohne besonderes Befrembden ersehen, daß in dem 8. Articul einige Personen als Untertanen zum Verkauf ausgeboten wurden; so hast du den Canzelei-Boten Müller, bei welchem die Käufer sich melden sollen, ad Recessum zu vernehmen, auf wessen Veranlassen er diesen Articul in das Intelligenzwerk setzen lassen, auch wem diese Untertanen zugehören, und auch sodann den aufgenommen Rezeß, sambt deinem pflichtgemäßigen Gutachten in dieser Sache zu unserer ferneren Verfügung einzureichen.

Quelle: G. FRANZ (Hrsg.), Quellen zur Geschichte des deutschen Bauernstandes in der Neuzeit, Wien 1963, S. 213-214 (Nr. 105a und b).

legten Textes. Gerade die Art öffentlicher Zurverkaufstellung von Menschen, die namenlos bleiben, deren Altersangabe zur Berechnung ihrer noch zu erwartenden Arbeitsjahre erfolgt, die ausschließlich nach ihrer Arbeitsleistung bewertet werden und deren Wert in Geld ausgedrückt werden kann, macht jedoch die Brisanz dieser Quelle aus: Noch um die Mitte des 18. Jahrhunderts ermöglichten es feudale Abhängigkeitsverhältnisse in bestimmten europäischen Regionen, Menschen wie Sklaven öffentlich zum Verkauf anzubieten, ohne daß die mit dem Angebot befaßten Personen moralische Bedenken entwickelt hätten. Die sich an diese Anzeige anschließende Intervention Friedrichs II. von Preußen (1712-1786), des Großen, [SCHIEDER] als des zuständigen Landesherrn und Modellfürsten der Aufklärung bezieht sich bezeichnenderweise primär auf den Sachverhalt eines derartigen öffentlichen Verkaufs: Dieser sollte nur insofern eingeschränkt sein – und war es rechtlich bereits seit 1733 –, als der separate Verkauf von zu Gütern gehörenden Leibeigenen nicht mehr zulässig sein sollte.

Zusammenfassung. Unser Wissen über frühneuzeitliche Geschichte geht aus einem komplexen Rekonstruktionsprozeß hervor, dessen wesentliche Komponenten oder Phasen sich zwar idealtypisch beschreiben lassen, in der Praxis aber nicht gleichgewichtig, trennscharf und in fester Reihenfolge abgearbeitet werden können. Jede Komponente ist zudem mit eigenen Problemen verbunden. Während über die Erfordernis und Handhabung der ersten beiden weitgehende Einigkeit besteht, sind im Hinblick auf die letzten beiden Komponenten derzeit grundsätzliche Kontroversen im Gange. Die radikalsten Angriffe gegen die etablierten Lösungen einerseits des Historismus, der über ein Konzept des Verstehens narrative Geschichtsdarstellung anzielt, andererseits der kausalanalytischen sozialwissenschaftlichen Historie, die erörternde Darlegungen bevorzugt, laufen letztlich auf eine Aufhebung des professionellen und wissenschaftlichen Status von Geschichtsbefassung hinaus. Demgegenüber versprechen integrierende und vergleichende, die Kritik der neuen Ansätze produktiv aufnehmende methodische Erkenntnisbildungsverfahren nicht nur eine Differenzierung und Vertiefung unseres historisch-empirischen Wissens. Auch eine Erweiterung des historischen Orientierungshorizontes, um dessentwillen zumal frühneuzeitbezogene geschichtswissenschaftliche Anstrengungen überhaupt unternommen werden, steht vielmehr zu erwarten.

Wolfgang E. J. Weber

Literatur

G. Alberigo (Hrsg.), Homo religiosus; autour de Jean Delumeau, Paris 1997.

P. Blickle, Die Revolution von 1525, 3. Aufl. München 1993.

Th. A. Brady, Ruling class, regime and reformation at Strasbourg 1520-1555, Leiden 1978.

J. Caplan, Postmodernism, Poststructuralism and Deconstruction: Notes for Historians, in: Central European History 22, 1989, 260-278.

P. Demeulenaere, Homo oeconomicus. Enquete sur la constitution d' un paradigme, Paris 1986.

G. Franz (Hrsg.), Quellen zur Geschichte des deutschen Bauernstandes in der Neuzeit, Wien 1963.

J. Fried, Wissenschaft und Phantasie. Das Beispiel der Geschichte, in: HZ 263, 1996, 291-316.

H.-J. Goertz (Hrsg.), Geschichte. Ein Grundkurs, Reinbek bei Hamburg 1998.

J. Habermas, Zur Logik der Sozialwissenschaften, Frankfurt/M. 1970.

G. G. Iggers, Historiography in the twentieth Century. From scientific objectivity to the postmodern challenge, Hanover/London 1997.

F. Jaeger/J. Rüsen, Geschichte des Historismus. Eine Einführung, München 1992.

K. Jenkins (Hrsg.), The Postmodern History Reader, London 1997.

Ch. Lorenz, Rekonstruktion der Vergangenheit. Eine Einführung in die Geschichtswissenschaft, Köln/Weimar/Wien 1997.

A. Lüdtke (Hrsg.), Alltagsgeschichte. Zur Rekonstruktion historischer Erfahrungen und Lebensweisen, Frankfurt/M./New York 1989.

G. Melville u.a. (Hrsg.), Das Öffentliche und das Private in der Vormoderne, Köln u.a. 1998.

Th. Mergel/Th. Welskopp (Hrsg.), Geschichte zwischen Kultur und Gesellschaft. Beiträge zur Theoriedebatte, München 1997.

W. J. Mommsen, Wandlungen im Bedeutungsgehalt der Kategorie des ‚Verstehens', in: Ch. Meier/J. Rüsen (Hrsg.), Historische Methode, München 1988, 200-226.

O. G. Oexle u.a. (Hrsg.), Geschichtswissenschaft im Zeichen des Historismus. Studien zur Problemgeschichte der Moderne, Göttingen 1996.

Ders. u.a. (Hrsg.), Historismus in den Kulturwissenschaften. Geschichtskonzepte, Einschätzungen, Grundlagenprobleme, Köln u.a. 1996.

J. Rüsen, Grundzüge einer Historik, 3 Bde., Göttingen 1983-1989.

Ders., Zeit und Sinn. Strategien des historischen Denkens, Frankfurt/M. 1990.

Ders./J. Straub (Hrsg.), Die dunkle Spur der Vergangenheit. Psychoanalytische Zugänge zum Geschichtsbewußtsein, Frankfurt/M. 1998.

G. Scheel, Hermann Conring als historisch-politischer Ratgeber der Herzöge von Braunschweig und Lüneburg, in: M. Stolleis (Hrsg.), Hermann Conring (1606-1681). Beiträge zu Leben und Werk, Berlin 1983, 271-301.

TH. SCHIEDER, Friedrich der Große. Ein Königtum der Widersprüche, Frankfurt/M. u.a. 1983.
J. STRAUB (Hrsg.), Erzählung, Identität und historisches Bewußtsein. Die psychologische Rekonstruktion von Zeit und Geschichte, Frankfurt/M. 1998.
J. TOPOLSKI (Hrsg.), Historiography between Modernism and Postmodernism, Amsterdam/Atlanta 1994.
A. VÖLKER-RASOR/W. SCHMALE (Hrsg.), Mythen Mächte – Mythen als Argument, Berlin 1998.
K. WINDSHUTTLE, The Killing of History. How a Discipline is Being Murdered by Literary Critics and Social Theorists, Sydney 1994.

Deutung: Durch Schlüsselbegriffe und Konzepte

Vier Schlüsselbegriffe der Frühneuzeitforschung. Ein wesentlicher Schritt historischer Erkenntnisbildung besteht in der Verknüpfung von Fragestellungen und Quellenbefunden zu sinnvollen historischen Interpretationen. Dieser Schritt kann auch in der Frühneuzeitforschung nicht ohne entsprechende Deutungsmodelle auskommen. Solche Deutungsmodelle oder Konzeptionen stellen Systematisierungen von theoretischen und empirischen Erklärungen und Befunden dar, die zuvor – innerhalb oder außerhalb der Geschichtswissenschaft – erarbeitet wurden. Ihre unaufhebbare Problematik besteht dementsprechend darin, daß ihre Angemessenheit und Anwendbarkeit stets neu bestimmt werden müssen.

Zu den im geschichtswissenschaftlichen Alltagsgeschäft zumeist zu Schlüsselbegriffen geronnenen aktuellen Konzeptionen der deutschen Frühneuzeitforschung gehören die nachfolgend vorgestellten Ansätze der Sozialdisziplinierung und der Konfessionalisierung. Beide Ansätze zielen auf die Erklärung gesellschaftlichen Wandels in der Frühen Neuzeit, und zwar des als Veränderung hin zur modernen Gesellschaft erkennbaren Wandels. Sie benennen Instanzen, Betreiber, Prozesse und Wirkungen dieses Wandels. Dabei herrschte auch quellenbedingt zunächst der Blick von „oben" vor, also von den spätestens seit dem Spätmittelalter in Ausbildung begriffenen Institutionen der Kirche und des Staates bzw. deren Betreibern her. Mittlerweile rückt demgegenüber die Perspektive von „unten" in den Vordergrund; auch individuelle, gruppenspezifische und auf dieser Ebene kommunale, d.h. gemeindliche Selbstdisziplinierungs- und Konfessionalisierungsvorgänge werden also beachtet und ernstgenommen. Gleichzeitig wird die Uneinheitlichkeit und Widersprüchlichkeit der Ergebnisse des unter der jeweiligen Perspektive beobachteten Wandels stärker berücksichtigt. Obwohl die Wirksamkeit der erfaßten Prozesse im Hinblick auf die Prägung der Individuen und die Strukturierung der frühneuzeitlichen Gesellschaft heute also sehr viel differenzierter und zurückhaltender eingeschätzt wird als früher, bestehen jedoch keine Zweifel, daß beide Konzepte zentrale historische Aspekte benennen und zu deren Erklärung wichtige Beiträge liefern.

Über wissenschaftliche Erprobung und gegebenenfalls Erhärtung können demgegenüber die beiden weiteren im folgenden vorgestellten Konzeptionen der Pluralisierung und der Globalisierung noch nicht verfügen. Es handelt sich vielmehr um neue Ansätze, die erst noch der Anwendung harren. Ihre Entwicklung geht nichtsdestotrotz auf unbestreitbare Erkenntnisse über frühneuzeitliche Sachverhalte zurück: Im Falle der Pluralisierung auf die Vervielfachung und Verkomplizierung der historischen Erscheinungen, denen eine entsprechend komplexe Dynamisierung des geschichtlichen Ablaufs zugeschrieben werden kann; im Falle der Globalisierung empirisch noch klarer faßbar auf den Ausgriff Europas in die übrigen Weltregionen und den Einbezug dieser Räume in die eigenen Strukturen. Wie bei den Modellen „Sozialdisziplinierung" und „Konfessionalisierung", so sind es auch bei „Pluralisierung" und „Globalisierung" jeweils Prozeßbegriffe, die die jeweilige Deutungsperspektive benennen. Auch mit ihnen also sollen Abläufe und Formen von Wandel untersucht werden. Das zeigt, daß in den Namen von Ansätzen bereits programmatische Vorentscheidungen enthalten sind, die man sorgsam zur Kenntnis nehmen muß.

Für alle Schlüsselbegriffe und Konzepte – hier werden nur vier von einzelnen Vertretern der jeweiligen Richtungen vorgestellt – ist es bezeichnend, daß sie im Abstrakten verbleiben. Sie müssen ein gewisses Abstraktionsniveau wahren, um ihre Anwendbarkeit auf wechselnde historische Erscheinungen sowie eine übergreifende Diskutierbarkeit sicherzustellen. Außerdem aber haben Begriffe nicht nur einen Sach-, sondern auch einen je nach den Umständen ihrer Benutzung wechselnden Wertgehalt – gerade durch die Abstraktion kann dieser immer relativiert werden. Der in der Frühneuzeitforschung bis heute gerne benutzte Begriff „Modernisierung" z. B. war ungeachtet seiner Abstraktheit bis vor kurzem unzweifelhaft stark positiv aufgeladen; daß er zunehmend eben durch die hier vorgestellten spezifischeren Konzeptionen ersetzt wird, bedeutet mithin auch einen Sachlichkeitsgewinn.

Wolfgang E. J. Weber

Sozialdisziplinierung. Mit dem Aufschwung der Frühneuzeitforschung entstand ein verstärkter Bedarf nach Theorien, die soziale, wirtschaftliche, politische und kulturelle Wandlungsprozesse und damit den Übergang von der traditionalen zur modernen Gesellschaft beschreiben helfen. Neben soziologischen Ansätzen hat besonders der Sozialdisziplinierungsbegriff des Historikers Gerhard Oestreich diese Lücke gefüllt und sich zu einem „Leitkonzept der frühneuzeitlichen Geschichte Europas" entwickelt [Schulze, 298]. Allerdings handelt es sich nicht um eine völlig durchkonstruierte Theorie, sondern der Begriff ist aus der Antrittsvorlesung Oestreichs von 1962 hervorgegangen, die erstmals 1968 gedruckt wurde [Oestreich 1969]. Winfried Schulze und jüngst Kersten Krüger haben dann auf der Grundlage nachgelassener Papiere das Konzept präzisiert und fun-

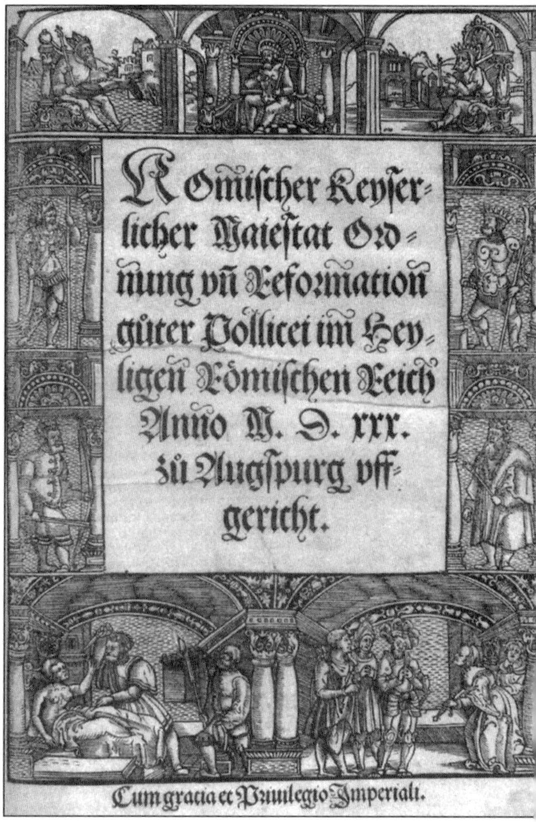
Römischer Keyserlicher Maiestat Ordnung vñ Reformation güter Pollicei im Heyligen Römischen Reich Anno M. D. xxx. zu Augspurg uffgericht.

Cum gratia et Privilegio Imperiali.

Reichspoliceyordnung von 1530, Titelblatt der ersten Druckausgabe sowie Inhaltsverzeichnis aus der 1747 publizierten Sammlung der Reichsabschiede. Die auf dem Augsburger Reichstag verabschiedete Reichspoliceyordnung war Vorbild für viele städtische und territoriale Ordnungen und wurde von Oestreich ebenfalls als Quelle für die frühneuzeitliche Sozialdisziplinierung herangezogen. Die in den Summarien genannten Regelungen machen deutlich, in welchen Bereichen die gute Ordnung hergestellt und gesellschaftliche Verhaltensweisen diszipliniert werden sollten. So werden Gotteslästerung, Fluchen und übermäßiger Alkoholkonsum – das sog. „Zutrinken" – verboten, eine nach Ständen differenzierte Kleiderordnung erlassen, sexuell abweichendes Verhalten wie Ehebruch und

Erkenntnis gewinnen und wiedergeben
Deutung:
Durch Schlüssel-
begriffe und Konzepte

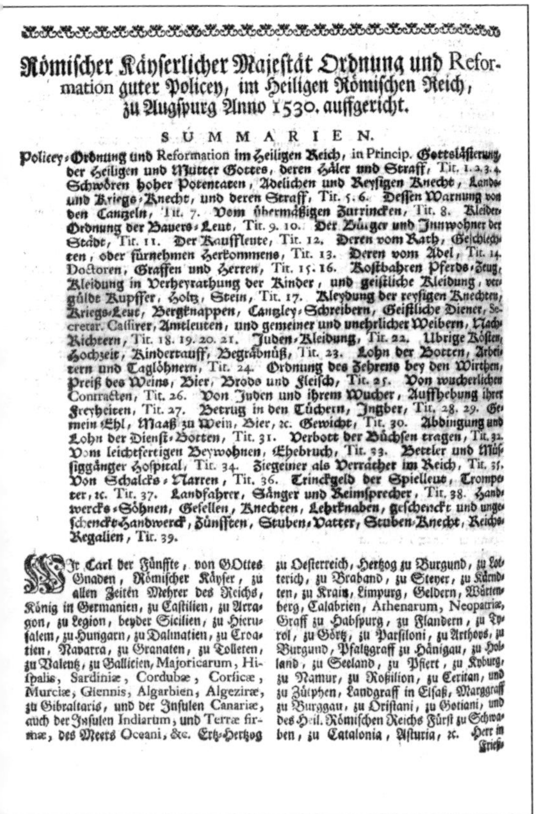

Römischer Käyserlicher Majestät Ordnung und Reformation guter Policey, im Heiligen Römischen Reich, zu Augspurg Anno 1530. auffgericht.

SUMMARIEN.

Policey-Ordnung und Reformation im Heiligen Reich, in Princip. Gottslästerung der Heiligen und Mutter Gottes, deren Häler und Straff, Tit. 1. 2. 3. 4. Schwören hoher Potentaten, Adelichen und Reysigen Knecht, Lands- und Kriegs-Knecht, und deren Straff, Tit. 5. 6. Dessen Warnung von den Canzeln, Tit. 7. Vom übermäßigen Zutrincken, Tit. 8. Kleider-Ordnung der Bauers-Leut, Tit. 9. 10. Der Bürger und Innwohner der Städt, Tit. 11. Der Kauffleute, Tit. 12. Deren vom Rath, Geschlechten, oder fürnehmen Herkommens, Tit. 13. Deren vom Adel, Tit. 14. Doctoren, Graffen und Herren, Tit. 15. 16. Kostbahren Pferds-Zeug, Kleidung in Verheyrathung der Kinder, und geistliche Kleidung, vergülde Kupffer, Holtz, Stein, Tit. 17. Kleydung der reysigen Knechten, Kriegs-Leut, Bergknappen, Canzley-Schreibern, Geistliche Diener, Secretar. Cassirer, Amtleuten, und gemeiner und unehrlicher Weibern, Nach-Richtern, Tit. 18. 19. 20. 21. Juden-Kleidung, Tit. 22. Ubrige Kösten, Hochzeit, Kindertauff, Begräbnüß, Tit. 23. Lohn der Botten, Arbeitern und Taglöhnern, Tit. 24. Ordnung des Zehrens bey den Wirthen, Preiß des Weins, Bier, Brods und Fleisch, Tit. 25. Von wucherlichen Contracten, Tit. 26. Von Juden und ihrem Wucher, Auffhebung ihrer Freyheiten, Tit. 27. Betrug in den Tüchern, Ingber, Tit. 28. 29. Gemein Ehl, Maaß zu Wein, Bier, &c. Gewicht, Tit. 30. Abdingung und Lohn der Dienst-Botten, Tit. 31. Verbott der Büchsen tragen, Tit. 32. Vom leichtfertigen Beywohnen, Ehebruch, Tit. 33. Betler und Müssiggänger Hospital, Tit. 34. Ziegeiner als Verräther im Reich, Tit. 35. Von Schalcks-Narren, Tit. 36. Trinckgeld der Spielleut, Trompeter, &c. Tit. 37. Landfahrer, Sänger und Reimsprecher, Tit. 38. Handwercks-Söhnen, Gesellen, Knechten, Lehrknaben, geschenckt und ungeschenckt-Handwerck, Zünfften, Stuben-Vatter, Stuben-Knecht, Reichs-Regalien, Tit. 39.

Wir Carl der Fünffte, von GOttes Gnaden, Römischer Käyser, zu allen Zeiten Mehrer des Reichs, König in Germanien, zu Castilien, zu Arragon, zu Legion, beyder Sicilien, zu Hierusalem, zu Hungarn, zu Dalmatien, zu Croatien, Navarra, zu Granaten, zu Tolleten, zu Valentz, zu Gallicien, Majoricarum, Hispalis, Sardiniæ, Cordubæ, Corficæ, Murciæ, Giennis, Algarbien, Algeziræ, zu Gibraltaris, und der Insulen Canariæ, auch der Insulen Indiarum, und Terræ firmæ, des Meers Oceani, &c. Ertz-Hertzog zu Oesterreich, Hertzog zu Burgund, zu Lotterich, zu Braband, zu Steyer, zu Kärndten, zu Krain, Limpurg, Geldern, Wärtenberg, Calabrien, Athenarum, Neopatriæ, Graff zu Habspurg, zu Flandern, zu Tyrol, zu Görtz, zu Parsiloni, zu Arthois, zu Burgund, Pfaltzgraff zu Hänigau, zu Holland, zu Seeland, zu Pfiert, zu Kyburg, zu Namur, zu Roßilion, zu Ceritan, und zu Zütphen, Landgraff in Elsaß, Marggraff zu Burggau, zu Oristani, zu Gotiani, und des Heil. Römischen Reichs Fürst zu Schwaben, zu Catalonia, Asturia, &c. Herr in Fries-

leichtfertige Beiwohnung unter Strafe gestellt, Bettler, Müßiggänger und Zigeuner mit Ausweisung bedroht und auch Handel und Gewerbe einer disziplinierenden Reglementierung unterworfen.

Bilder: Reichspoliceyordnung von 1530, Matthäus Auerbach, Aschaffenburg 1531, Institut für Stadtgeschichte der Stadt Frankfurt/M., Titelblatt; Johann J. Schmaus/Heinrich C. Freiherr v. Senckenberg, Neue und vollständigere Sammlung der Reichsabschiede ..., Frankfurt/M. 1747, Tl. 2, S. 332.

Literatur: K. Härter, Entwicklung und Funktion der Policeygesetzgebung des Heiligen Römischen Reiches Deutscher Nation im 16. Jahrhundert, in: Ius Commune 20, 1993, S. 61-141.

diert [Schulze; Krüger]. Seither fand Sozialdisziplinierung als Forschungsparadigma und Schlüsselbegriff in vielen historischen Arbeiten zu Themen wie Armen- und Jugendfürsorge, Zuchthäuser, Arbeitsdisziplin, Kirchenzucht, Volks- und Festkultur sowie in anderen Forschungskonzepten – vor allem Konfessionalisierung, Kriminalitätsforschung und Policey – Verwendung. Auch die Literaturwissenschaft, die Soziologie und die Rechtsgeschichte haben den Begriff rezipiert [Sachsse/Tennstedt; Bogner/Müller].

In Auseinandersetzung mit der älteren Absolutismusforschung beschrieb Oestreich mit Sozialdisziplinierung gesamtgesellschaftliche Wirkungen des Absolutismus und damit Zielvorstellungen und Praxis frühneuzeitlicher Herrschaftsausübung. Anknüpfend an Max Webers Disziplin-Begriff ordnete er Sozialdisziplinierung zwar den Prozessen der Verstaatlichung und Rationalisierung zu, wollte damit aber über den politisch-administrativen Wandel hinaus auch die geistig-moralischen Strukturveränderungen des frühneuzeitlichen Europa erfassen. Als „Fundamentalvorgang", „Grundtatsache" und „Leitidee" soll Sozialdisziplinierung die „Grundstrukturen des politischen und gesellschaftlichen Lebens" umgestaltet und fundamentale Veränderungen von „Staat, Gesellschaft, Volk" und „Individuum" bewirkt haben. Wesentliches Kennzeichen ist folglich eine langfristige Änderung sozialer Einstellungen und Verhaltensweisen aller gesellschaftlichen Gruppen: Der Disziplinierungsprozeß „formte, bestimmte und reglementierte Haltung und Handlung auch des einfachsten Untertanen". Nicht nur die ökonomischen Eliten, die Verwaltung und das Militär, wo die Durchsetzung einer rationellen Disziplin besonders deutlich erkennbar wird, sondern der „Mensch

▷ S. 43
Nach 1648: Verdichtung von Herrschaft

wurde in seinem Wollen und seiner Äußerung diszipliniert". Ziel und Ergebnis dieses gesamtgesellschaftlichen Prozesses war die Unterwerfung aller „unter eine Disziplin im Interesse des Gemeinwesens" [OESTREICH 1969, 195, 187, 193, 191]. Dies bedeutete sowohl einen höheren Grad an „Selbstbeherrschung" bzw. den Übergang von der Fremd- zur Selbstdisziplinierung, führte aber auch – zumindest tendenziell – zu einem einheitlichen Untertanenverband, zu einer rationaleren Ordnung des Zusammenlebens und damit zu moderneren Formen von Vergesellschaftung und Herrschaft. Insofern war die „Fundamentaldisziplinierung" auch Voraussetzung für die Überwindung des Absolutismus und die im 19. Jahrhundert einsetzende „Fundamentaldemokratisierung".

Den entstehungsgeschichtlichen Hintergrund verortete Oestreich in den sozialen und wirtschaftlichen Verdichtungen, Krisenphänomenen und Ordnungsproblemen der Frühen Neuzeit wie z.B. Bevölkerungswachstum, Seuchen, Türken- und Religionskriege oder Preisanstieg, aber auch in einem geistesgeschichtlichen Wandel. Die theoretische Neubegründung staatlicher Gewalt und die besonders in der Philosophie des Neustoizismus verkörperte Wiedererweckung der römischen Staats- und Rechtsvorstellungen und der Werte der Disziplin und Autorität waren für ihn Ausdruck einer sich wandelnden, neuen Herrschaftsauffassung. Sie bildeten gleichsam die mentale Basis der Sozialdisziplinierung. Hinsichtlich der sozialen und wirtschaftlichen Prozesse bezog Oestreich auch die spätmittelalterlichen Städte ein, für die er den Begriff der Sozialregulierung als Vorstufe der Sozialdisziplinierung einführte, ohne allerdings eine klare theoretische Definition zu geben [OESTREICH 1980]. Davon ausgehend versuchte auch Werner Buchholz nachzuweisen, daß der Prozeß der Sozialdisziplinierung bereits in den Städten des Mittelalters einsetzte [BUCHHOLZ]. Er stützt sich wie Oestreich vorwiegend auf städtische Ordnungen wie z.B. die Nürnberger Gesetzgebung oder die Straßburger Policeyordnung von 1628, die teilweise als Vorbilder der im 16. Jahrhundert einsetzenden Policeygesetzgebung des Reiches und der Territorien bewertet werden.

Sozialdisziplinierung realisierte sich folglich insbesondere auf der normativen Ebene, d.h. über die Ordnungsgesetzgebung von Stadt, Kirche und Staat, die umfassende Regulierungen und Vorschriften für das tägliche Leben enthielt. Besonders in den Landes- und Policeyordnungen verbanden sich nach Oestreich „gemeine Wohlfahrt" und „gute Ordnung" mit der Idee der Disziplin; sie drückten den „Disziplinierungswillen" der Obrigkeiten aus und gaben mit „Erziehungsanweisungen" und „Vorschriften" neue Verhaltensweisen für „Privatleben" und „Arbeit" vor [OESTREICH 1969, 193; HÄRTER 1994]. In vielen Policeyordnungen wurden dann auch neben der „guten Ordnung des Gemeinwesens" „Zucht und Correction", „christliche Zucht und Ehrbarkeit" oder die Herstellung eines gleichmäßigen Handels und Wandels als wesentliche Ziele genannt; das Volk sollte sich „züchtig, ehrlich, christlich und gehorsam" zeigen, so die hessischen Landes- und Policeyordnungen von 1526, 1572 und 1587. „Zucht" ist der in vielen zeitgenössischen Texten gebrauchte deutsche Begriff für Disziplin. Deutlich erkennbar wird auch die Verschränkung von Ordnung, sozialer Disziplinierung und Kirchenzucht, und insofern fand der Sozialdisziplinierungsbegriff rasch in das Forschungskonzept „Konfessionalisierung" Eingang.

Abb. 121. Im Halseisen. — Frondienst im Schanzenbau. Kpfr. 17. Jahrhundert. Hamburg, Stadtbibliothek.

Der Kupferstich zeigt typische, öffentlich vollzogene **Arbeits-, Ehren und Policeystrafen**, mit denen „abweichende" bzw. „kriminelle" Untertanen diszipliniert werden sollten. Die Frau links im Bild trägt eine „Halsgeige" und wird durch die Stadt „getrieben", wobei ein Geistlicher sie mit Ermahnungen begleitet. Deutlich zeigt sich hier die Verschränkung von Strafe, sozialer Disziplinierung und Kirchenzucht. Solche Disziplinierungsmaßnahmen waren vor allem bei sexuell abweichendem Verhalten wie der „Unzucht" üblich. Rechts im Bild die sogenannte Karrenstrafe, eine Arbeitsstrafe, die insbesondere gegen „Müßiggänger", Bettler und Vaganten verhängt wurde. Die disziplinierende Wirkung der dargestellten Strafen zielte nicht nur direkt auf den „Delinquenten". Vielmehr sollten alle Untertanen durch den öffentlichen Vollzug solcher entehrenden Sanktionen abgeschreckt und damit ebenfalls diszipliniert werden.

Bild: unbekannter Künstler, Kupferstich, 17. Jh., Mittelalterliches Kriminalmuseum Rothenburg o.d.T.

Literatur: K. Härter, Soziale Disziplinierung durch Strafe? Intentionen frühneuzeitlicher Policeyordnungen und staatliche Sanktionspraxis, in: ZHF 26, 1999 S. 365-379.

Über die normative Ebene hinaus lassen sich in der Frühen Neuzeit eine Vielzahl von Institutionen und Verwaltungsmaßnahmen unter dem Aspekt der Disziplinierung betrachten: So sollte das Zuchthaus mittels Freiheitsentzug, Arbeit und Prügelstrafe Angehörige von Randgruppen und Unterschichten wie z.B. Vaganten und Bettler, aber auch „Straftäter" in ihrer Arbeitshaltung disziplinieren und zu „nützlichen" Untertanen umerziehen. Auch die Armen- und Arbeitshäuser, die Schulen, die Fabriken und Manufakturen, das Militär oder die Strafjustiz können als Disziplinarinstitutionen beschrieben werden. In ihnen sollten durch „Zwang und Übung" die „verwilderten Menschen" in ihrem „äusseren und inneren Zustand" diszipliniert werden, wie zwei bekannte Policeywissenschaftler des 16. und 18. Jahrhunderts, Johann Oldendorp (1488-1567) und Günther Heinrich von Berg (1765-1843), hervorhoben. Die Disziplinierungsbemühungen erstreckten sich auf Arbeit und Beruf, das Sexualverhalten – ein typisches Delikt war die „Unzucht", der voreheliche Geschlechtsverkehr -, die Festkultur und die Eß- und Trinkgewohnheiten, die Kleidung sowie auf bestimmte soziale Gruppen wie Arme, Bettler, Juden, Zigeuner, Umherziehende oder „Müßiggänger" und viele weitere Bereiche. „Undisziplinierte" und „unzivilisierte" Verhaltensweisen und Einstellungen wurden damit aber auch als abweichend bzw. „kriminell" etikettiert und mit Sanktionen wie z.B. Arbeits- und Ehrenstrafen oder Zuchthaus bedroht.

Es waren nach Oestreich also vorwiegend die Herrschafts- und Funktionseliten, die Inhalte und Ziele des Disziplinierungsprozesses bestimmten und mittels Gesetzgebung, Verwaltung, Strafjustiz, Heer, Kirche, Schule und Wirtschaftspolitik Disziplinierung ins Werk setzten. Während sich der Disziplinierungsprozeß im 16. und 17. Jahrhundert auf Behörden, Kirche und Militär als „Stabsdisziplinierung" konzentrierte, erfaßte er im 18. Jahrhundert stärker Gesellschaft, Wirtschaft, Kultur und sogar die Natur, so etwa in den barocken Schloßparkanlagen und Gärten. Die Sozialdisziplinierung wird insofern als „das politische und soziale Ergebnis des [...] Absolutismus" bewertet [Oestreich 1969, 188].

Ob allerdings Sozialdisziplinierung nur als Produkt staatlicher Normen und Maßnahmen beschrieben werden kann und vorwiegend mittels Zwang und Strafe durchgesetzt wurde, erscheint fraglich und empirisch kaum „meßbar". Das Konzept hat auch bezüglich der ungenauen zeitlichen Struktur, seiner staatszentrierten Perspektive, der Nichtbeachtung von Widerständen und horizontaler Disziplinierung, der Gleichsetzung von Norm und Realität und der geringen Effektivität und Wirkung der Disziplinierungsmaßnahmen Kritik erfahren. Daß sich eine völlig disziplinierte Gesellschaft nicht nachweisen läßt, daß abweichendes Verhalten, Kriminalität, Eigensinn und Widerstand existierten und staatliche Institutionen nicht immer „effektiv" agierten, macht jedoch Sozialdisziplinierung als idealtypisches, analytisches Modell nicht überflüssig. Oestreich selbst warnte davor, soziale Disziplinierung nur als Wirkung oder Nichtwirkung von Institutionen und Behörden zu verstehen. Er hatte keinen „totalitären" Absolutismus vor Augen, der die „volle Erfassung" des Einzelnen erreichte oder eine totale Kontrolle des privaten und öffentlichen Lebens ausübte [Oestreich 1969, 180 f.]. Sozialdisziplinierung sollte nicht als empirisch meßbares Ergebnis, sondern als ein Prozeß verstanden werden, der durchaus Wandlungen von Herrschafts- und Vergesellschaftungsformen beschreibt. Allerdings bedarf das Konzept einer

Einbettung in eine allgemeine Theorie Sozialer Kontrolle, und es müssen auch „nicht-staatliche" Institutionen und soziale Gruppen wie z.B. Kirche, Familie und Dorfgemeinschaft einbezogen werden, die nicht nur Disziplinierungsobjekt waren, sondern sich durchaus aktiv an sozialer Disziplinierung beteiligten.

Karl Härter

„Konfessionalisierung" dient als sozialhistorisches Alternativkonzept für das, was aus kirchen- und politikgeschichtlicher Perspektive früher „Gegenreformation" hieß. „Konfession" bedeutete ursprünglich nur „Glaubensbekenntnis", bezeichnet aber seit dem 19. Jahrhundert außerdem eine „Glaubensgemeinschaft", die auf einem solchen Bekenntnis beruht. Der Entstehungsprozeß neuer sozialer Großgruppen dieser Art in wechselseitiger Konkurrenz seit dem 16. Jahrhundert soll „Konfessionalisierung" heißen.

▷ S. 24 Seit 1517: Religion und Politik

Nicht zuletzt im Zeichen konfessioneller Gegensätze war im 19. Jahrhundert eine quasidialektische Dreigliederung der frühneuzeitlichen Geschichte geschaffen worden: auf die innovative „Reformation" folgte die reaktionäre „Gegenreformation", bis der zu blutigen Konflikten ausartende Gegensatz der beiden im konfessionsneutralen Staat des „Absolutismus" aufgehoben wurde. Nach dem heutigen Forschungsstand ist aber eine eindeutige Charakterisierung dieser Vorgänge oder gar der nach ihnen benannten Epochen als innovativ, reaktionär oder konfessionsneutral ebensowenig zu halten wie die Dialektik des Ablaufs.

Ernst Walter Zeeden hat seit 1956 ein ganz anderes Bild entworfen, das er durch Vergleiche landes- und landeskirchengeschichtlicher Untersuchungen gewonnen hatte. Danach war das angebliche Zeitalter der katholischen Gegenreformation mindestens ebensosehr eines des expandierenden Calvinismus. Das heißt aber, statt eines dialektischen Dreischritts handelte es sich um sachlich und bis zu einem gewissen Grad sogar zeitlich parallele Vorgänge bei Calvinisten, Katholiken und Lutheranern, „die geistige und organisatorische Verfestigung der seit der Glaubensspaltung auseinanderstrebenden verschiedenen christlichen Bekenntnisse zu einem halbwegs stabilen Kirchentum nach Dogma, Verfassung und religiös-sittlicher Lebensform", was Zeeden als „Konfessionsbildung" bezeichnete. Dies blieb aber ein primär kirchen-, sekundär ein politikgeschichtliches Konzept [ZEEDEN].

Angeregt durch H. O. Evennett, John Bossy und die aufkommende Sozialgeschichte hat Wolfgang Reinhard 1977 dargelegt, wie auch die Gegenreformation, oft ohne es zu wollen, Beiträge zur Modernisierung Europas geleistet hat. So ersetzten etwa die Jesuiten in ihrer psychologischen Menschenführung ungeachtet ihrer konservativen Ziele die Fremddisziplinierung durch das neuartige Konzept der Selbstdisziplinierung. Modernisierung bezeichnete im Sinne sozialwissenschaftlicher Theorien der 1970er Jahre den Weg in die moderne Welt industrieller Marktwirtschaft, bürgerlicher Klassengesellschaft, partizipatorischer Politik, empirischer Wissenschaft und säkularer Kultur [REINHARD 1977].

▷ S. 76 ff. Seit 1492: Begegnung der Kulturen

1981 haben Reinhard und Heinz Schilling dann anstelle der „Konfessionsbildung" nach Zeeden den Begriff „Konfessionalisierung" eingeführt, zum Teil unter ausdrücklichem Rückgriff auf die Systemtheorie Niklas Luhmanns und die Identitätspsychologie Erik H. Eriksons [REINHARD 1981; SCHILLING 1981]. Denn jetzt war nicht mehr wie bei Zeeden ein bloß kirchen- und politikgeschichtlicher Vorgang gemeint, sondern ein gesamtgesellschaftlicher Wandlungsprozeß, der von Religion und Kirche ausgehen konnte, weil diese damals im Mittelpunkt des menschlichen Lebens standen. Ohne daß es beabsichtigt gewesen wäre, lief dieser Prozeß langfristig auf gesamtgesellschaftliche Modernisierung hinaus. So soll z.B. die Notwendigkeit zu wissen, was man glauben mußte, und der Zwang zu konfessionell korrektem Verhalten indirekt zur bewußten und disziplinierten Lebensführung des modernen Menschen geführt haben, während die Kontrolle durch Kirchen, die sich zunehmend der Schriftlichkeit und bürokratischer Verfahren bedienten, den Menschen auf das Leben im modernen Staat vorbereiten konnte.

Für Heinz Schilling bedeutet Konfessionalisierung demnach „nicht nur die Entstehung der neuzeitlichen Konfessionskirchen als Institutionen, auch nicht nur die ‚Konfessionsbildung' im Sinne eines Hervortretens von religiös-kulturellen Systemen, die sich bekenntnismäßig in der Lehre, im Ritus, in der Spiritualität und nicht zuletzt in der religiösen Alltagskultur deutlich voneinander unterscheiden. ‚Konfessionalisierung' meint einen gesellschaftlichen Fundamentalvorgang, der in meist gleichlaufender, bisweilen auch gegenläufiger Verzahnung mit der Herausbildung des frühmodernen Staates, mit der Formierung einer neuzeitlich disziplinierten Untertanengesellschaft, die anders als die mittelalterliche Gesellschaft nicht personal-fragmentiert, sondern institutionell-flächenmäßig organisiert war, sowie parallel zur Entstehung des modernen kapitalistischen Wirtschaftssystems das öffentliche und private Leben in Europa tiefgreifend umpflügte" [Reinhard/Schilling 4].

Ein Zusammenhang mit dem Konzept „Sozialdisziplinierung" ist nicht zu übersehen, vor allem weil Konfessionalisierung einerseits nur mit Hilfe des ganz und gar nicht konfessionsneutralen frühmodernen Staates möglich war, andererseits aber selbst erheblich zu dessen Aufstieg beigetragen hat. Sie bescherte ihm die Verfügung über kirchliche Ressourcen, eine wirkungsvolle Legitimations- und Identitätsideologie und disziplinierte Untertanen [Reinhard 1983; Schilling 1988, 1989].

Wolfgang Reinhard hat seit 1981 ein Kategorienraster zur konkreten Erfassung des Konfessionalisierungsprozesses vor Ort entwickelt. Bei den sieben wichtigsten Verfahren entsprechen sich jeweils positive und negativ-repressive Maßnahmen: Erstens: Grundlegend war die Schaffung eines klaren Glaubensbekenntnisses („Confessio") als Maßstab alles weiteren, auf das bestimmte Mitglieder einer Kirche regelrecht vereidigt wurden. Dem stand ein tiefes Mißtrauen gegen individuelle religiöse Erfahrung und theologische Innovation gegenüber, das oft eine intellektuell sterile Atmosphäre hervorbrachte. Zweitens: Vor allem mußten zuverlässige Multiplikatoren der eigenen Konfession herangezogen werden, Pfarrer, Lehrer, aber auch Juristen für den Dienst im Konfessionsstaat. Als Abwehrmaßnahme wurden Prüfungen eingeführt, zur Absicherung die erwähnte Vereidigung. Drittens: Planmäßige Propaganda begann bei einer standardisierten Theologie und endete bei der methodischen Indoktrination der Menschen mittels Predigten, Katechismen, Bildern, Liedern und dergleichen. Gezielte Buchproduktion und verschärfte Zensur ergänzten einander. Viertens: Zur Produktion von Multiplikatoren wie zur Indoktrination wurde das Bildungswesen auf allen Ebenen ausgebaut, besonders die Universitäten und Lateinschulen. Ausbau bedeutete zugleich Monopolisierung; oft genug wurde das Studium an auswärtigen Universitäten vorsichtshalber gleich ganz verboten. Fünftens: Je nach ihrem institutionellen Charakter entwickelten die Konfessionen unterschiedliche, aber funktional äquivalente Kontroll- und Repressionsverfahren von der weitverbreiteten Kirchenvisitation durch geistliche und weltliche Obrigkeiten über die katholische Inquisition in Spanien und Rom zur reformierten Kirchenzucht durch die Gemeinde selbst. Zum Flankenschutz wurden Andersgläubige verfolgt, vertrieben und der Kontakt mit ihnen unterbunden. Sechstens: Wegen der Wichtigkeit symbolischer Repräsentation und Integration für eine Gemeinschaft erhielten die Riten eine zentrale Bedeutung. Das begann mit der Teilnahmekontrolle an Beichte und Abendmahl und führte vor allem bei den Katholiken zu großartigem Ausbau der sinnlichen Seite des Gottesdienstes, der aber bis in die letzte Gebärde reguliert wurde. Suspekte Riten wurden ausgemerzt wie der Laienkelch durch die Katholiken und die Bilderverehrung durch die Reformierten, Unterscheidungsriten hingegen betont, so der Sakraments-, Heiligen- und Reliquienkult durch die Katholiken. Noch im 20. Jahrhundert konnte man Katholiken und Protestanten an der Art des Händefaltens beim Gebet unterscheiden. Siebtens: Auch die konfessionelle Sprachregelung wirkt bis heute nach, obwohl sprachliche Tabus wie das Verbot bestimmter Taufnamen längst verblaßt sind [REINHARD/SCHILLING].

Das mikrohistorische Potential zu landesgeschichtlicher Detailforschung, das in diesem Raster steckt, wurde freilich kaum genutzt. Statt dessen wurde das Konfessionalisierungsparadigma überwiegend in makrohistorischer Absicht zur Deutung gesamtgesellschaftlicher Prozesse rezipiert und dadurch kritikanfällig.

▷ S. 161 ff. Wirtschafts-/Sozialgeschichte: Alte Themen, Neue Akzente

Soweit die Kritik allerdings ihrerseits makrohistorisch argumentiert, beruht sie weitgehend auf bloßen Mißverständissen. So mag zwar modernisierend wirken, was selbst relativ modern ist, wie z.B. säkulare Wirtschaftspraxis. Aber auch nicht intendierte Wirkungen höchst unmoderner Maßnahmen können sehr modern ausfallen, wie am Beispiel der Jesuiten gezeigt wurde. Auf der anderen Seite hieße es kurzschlüssig argumentieren, wollte man die neuartige Pluralität von Konfessionen zu einer automatischen Ursache des modernen Pluralismus machen. Langfristig verloren zwar die Konfessionen und dadurch die Religion überhaupt an Glaubwürdigkeit, so daß sich in der Tat Toleranz und schließlich Beliebigkeit durchsetzen konnten. Historisch kam es aber zunächst zur gegenteiligen Wirkung. Der Schock der neuen Pluralität produzierte Verunsicherung und das Bedürfnis, sich im Kreise der Rechtgläubigen zusammenzuschließen, sich des eigenen Glaubens zu vergewissern und mit gesteigerter Aggressivität nach außen abzusichern.

Das gilt nicht zuletzt für den werdenden modernen Staat, für den Intoleranz sogar eine Kraftquelle war. Aus theoretischer Perspektive wird allerdings gerne übersehen, daß von Jean Bodin im späten 16. Jahrhundert zwar eine konfessionsneutrale Politik gefordert wurde, die politische Praxis aber fast überall bis weit ins 18., ja 19. Jahrhundert hinein ausgesprochen konfessionellen und häufig intoleranten Charakter hatte [STOLLEIS]. Konfessionalisierung dürfte ja ihre Ziele oft genug überhaupt erst 18. Jahrhundert erreicht haben, so daß man mit etwas einprägsamer Zahlenspielerei von einem „Konfessionellen Zeitalter" der europäischen

▷ S. 45 Nach 1648: Verdichtung von Herrschaft

Geschichte 1530-1730 sprechen könnte, von der „Confessio Augustana", mit der die evangelische Bewegung anfing, zur Konfession zu werden, bis zum Vorabend der Vertreibung der Salzburger Protestanten, der letzten spektakulären Konfessionalisierungsmaßnahme. Daß Religion seit der Mitte des 17. Jahrhunderts allmählich an relativer Bedeutung verliert, will nicht besagen, daß wir damit schon eine säkulare Gesellschaft und Politik vor uns hätten.

Merkwürdigerweise könnte auch die mikrohistorische Kritik indirekt zu einem ähnlichen Ergebnis führen, obwohl sie häufig das Konfessionalisierungsparadigma als solches grundsätzlich in Frage stellt. Schließlich stammt es ebenso wie die „historische Sozialwissenschaft", zu deren Varianten für die Vormoderne es gehört, aus einer Zeit, die an die Machbarkeit von Gesellschaft mit sozialwissenschaftlichen Techniken glaubte. Dadurch erklärt sich die zentrale Rolle der Modernisierungsperspektive mit ihrer Vorstellung von einer Art von gesetzmäßigem Fortschritt in der Geschichte. Demgemäß fand die Wissenschaft auch in der Geschichte die Herstellung einer neuen, konfessionalisierten, disziplinierten und teilmodernisierten Gesellschaft wieder, samt einem Repertoire entsprechender Sozialtechnologien. Demgegenüber gehören die verschiedenen Varianten der postmodernen Mikrohistorie in den Zusammenhang gegenteiliger Grunderfahrungen, daß nämlich in Politik und Gesellschaft nichts zu „machen" ist und daher nur der Rückzug auf die Gestaltung der eigenen kleinen Lebenswelt bleibt. Umgehend findet die Wissenschaft daraufhin auch in der Geschichte das Subjekt und seine kleine Lebenswelt wieder, die sich erfolgreich gegen ihre „Kolonisierung" durch kirchliche und staatliche „Fremdherrschaft" zur Wehr setzen.

▷ S. 350 Themen: Neuere Untersuchungsschwerpunkte

Dadurch wurde der Sinn dafür geschärft, daß frühneuzeitliche Geschichte sich nicht vollständig auf eine Vorlaufphase der Moderne reduzieren läßt. Und auch soweit sie dies geblieben ist, wird Moderne heute nicht mehr selbstverständlich positiv bewertet, sondern infolge ihrer unbestreitbaren negativen Elemente durchaus ambivalent, wie die meisten historischen Gegenstände. Möglicherweise ist sie ja bereits in dem Sinne „historisch", daß wir sie hinter uns haben und in einer wie immer gearteten „Postmoderne" leben.

Weiter hat vor allem Heinrich Richard Schmidt nicht ohne Zusammenhang mit der konflikttheoretischen Sozialgeschichte der 1960er Jahre dem Konfessionalisierungsparadigma Obrigkeitslastigkeit vorgeworfen. Es befasse sich nur mit den Aktivitäten der Obrigkeiten und sehe das Volk als passives Objekt obrigkeitlicher Einwirkung. In Wirklichkeit sei dieses aber durch seine Gemeinden selbständiger Gestalter seines religiösen Lebens gewesen. Neuere Forschungen zur gemeindlichen Kirchenzucht würden sogar zeigen, daß die Gemeinde und nicht der Staat Träger der Konfessionalisierung und Disziplinierung gewesen sei [Schmidt 1992; Schmidt 1997]. Daran ist vieles richtig, obwohl der Gegensatz bis zu einem gewissen Grad nur durch eine unterschiedliche Quellengrundlage zustande kam: Schmidt arbeitete empirisch über reformiertes Gemeindechristentum, Reinhard über die Maßnahmen der römischen Kirche. Aber der Gegensatz Volk-Obrigkeit ist empirisch inzwischen nicht mehr zu halten. Am Beispiel des schwedischen Luthertums läßt sich zeigen, wie Konfessionalisierung zwar durch die Gemeinde betrieben wurde, aber im keineswegs antagonistischen Zusammenspiel mit Vertretern des Staates und der Staatskirche. Sinnvoller als ein ideologisch hochstilisierter Gegensatz von Makro- und Mikrohistorie erscheint daher eine Kombination beider Perspektiven, die zeigen kann, was aus den Absichten der Obrigkeiten vor Ort wurde und welche möglichen gesamtgesellschaftlichen Auswirkungen sich aus dem Handeln einzelner Subjekte ergeben konnten.

Verschiedene neue Detailstudien kommen sogar zu dem Schluß, die „Konfessionalisierung" wie die „Sozialdisziplinierung" durch die Obrigkeiten seien vor Ort weitgehend gescheitert. Genaueres Zusehen ergibt freilich auch hier ein differenzierteres Bild. Auch widerspenstige Untertanen haben häufig diejenigen Maßnahmen von Kirche und Staat akzeptiert, die ihren eigenen Interessen entsprachen. Auf diese Weise scheint ein beträchtlicher Grundbestand nicht an politischer, wohl aber an konfessioneller Konformität zustande gekommen zu sein. Immerhin glaubte man, das eigene Seelenheil könnte auf dem Spiel stehen. Außerdem waren die Europäer unserer Zeit bis vor kurzem in Selbstverständnis und Verhalten fast immer konfessionell geprägt und legten ein relativ diszipliniertes Sozialverhalten an den Tag. Wenn diese soziale Prägung nicht im 16./17. Jahrhundert stattgefunden hat, dann muß es im 18./19. Jahrhundert geschehen sein, als die obrigkeitlichen Zwangsapparate weit höher entwickelt waren. Der Wandel von Sozialverhalten braucht ohnehin länger als andere historische Veränderungen. Gerade aus mikrohistorischer Perspektive erweist sich Konfessionalisierung als ein jahrhundertelanger Prozeß, als ein „Konfessionelles Zeitalter" der europäischen Geschichte.

Wolfgang Reinhard

Pluralisierung. Von „Pluralismus" sprach man bisher vor allem im Hinblick auf moderne Gesellschaften und deren Vielzahl von politischen, wirtschaftlichen, religiösen und ethnischen Interessengruppen, die miteinander in Konkurrenz stehen und um politischen Einfluß ringen. Dabei wird Pluralismus meist als positiver politischer Wert gesehen und gegen den Staat ausgespielt, der gegenüber einer solch vielschichtigen Gesellschaft obrigkeitliche Ansprüche geltend machen will. Der Begriff selbst ist noch nicht besonders alt: 1915 prägte ihn H. Laski, um den Staat lediglich als einen „Verband unter Verbänden" zu kennzeichnen; 1945 redete E. Fraenkel von „Neo-Pluralismus", um den pluralistischen Rechtsstaat als Gegentyp zur totalitären Diktatur darzustellen.

Gegenüber „Pluralismus" enthält „Pluralisierung" als beschreibende Kategorie für die Frühe Neuzeit keine Wertung. Der Begriff bildet nicht einmal einen Parallelbegriff zu „Modernisierung" hinsichtlich der fortschreitenden Differenzierung frühneuzeitlicher Gesellschaften. Vielmehr versucht die neue historische Forschung, sich mit Hilfe des Begriffs „Pluralisierung" gerade von den teleologischen, d.h. auf die Gegenwart als Ziel gerichteten Grundannahmen der bisherigen Modernisierungstheorie zu befreien. Der Nachteil einer vom modernen Status quo ausgehenden rückblickenden Analyse von Vorläuferschaften, Entwicklungsschüben und Lernprozessen liegt nämlich darin, in der Frühen Neuzeit „Neues" und „Altes", „Fortschrittliches" und „Rückständiges" zu sehr voneinander zu trennen, statt die enge Verbundenheit vieler aus heutiger Sicht in sich widersprüchlicher Erscheinungen anzuerkennen.

„Pluralisierung" stellt mithin ein Kürzel für eine komplexe, dialektische Struktur dar; genauer gesagt ein Kürzel für das Gegen- und Miteinander von Prozessen einerseits, in denen die Vervielfältigung von Erfahrungen, Traditionen, Normen sowie Wahrheits- und Glaubensansprüchen zu einer Vielfalt von Formen des Erlebens und Auslebens führt, und dem Versuch andererseits, dieser Vielfalt durch Kanonisierungen, Neuordnungen und neue Autoritäten Schranken zu setzen. Nur in dieser Doppelung ist es möglich, die für die Frühe Neuzeit so typische Gleichzeitigkeit des Ungleichzeitigen, das Nebeneinander ganz unterschiedlicher Formen von Wissen und Erfahrung zu beschreiben. Im Gegensatz zum modernen positiven Verständnis von „Pluralismus" wurde die Vielfalt in der damaligen Welt nur selten als lustvoll befreiend, vielmehr meistens als schmerzlich und bedrohlich wahrgenommen, da sie traditionelle Muster der Welterklärung und Handlungsanleitung in Frage stellte.

Drei Beispiele können die in ganz unterschiedlichen Bereichen stattfindenden Pluralisierungsprozesse und ihre Folgen verdeutlichen. Zunächst sei der soziale und politische Bereich angeführt. Das 16. Jahrhundert brachte im Alten Reich eine ungewöhnlich hohe soziale Mobilität hervor; ständisch gebundene Erwerbsformen wurden durch frühkapitalistisch organisierte Unternehmungen überlagert und feste Standeszuweisungen aufgeweicht. Man hat von einem Ringen um Stabilität gesprochen [Rabb], bei dem der Staat durch Interventionen und „Policey"-Verordnungen stabilisierend eingegriffen habe. Damit war die Ausgangslage für die Verdichtung von Herrschaft durch absolutistische Lösungen gegeben. Auf der anderen Seite hatten gerade diese Lösungen mit ihrer Förderung von Beamtenapparaten, Wissenschaft und Manufakturen wieder modernisierende Wirkung [Schulze 1987].

▷ S. 40 f.
Nach 1648: Verdichtung von Herrschaft

Für den Bereich der Religion springt die Pluralisierung besonders ins Auge: Seit der Aufspaltung des Christentums in mehrere einander bekämpfende Konfessionen durch die Reformation war der Monopolanspruch des katholischen Christentums gebrochen – mit weitgreifenden Auswirkungen auf Weltanschauung und Handeln der Menschen. Die Ausbildung neuer Orthodoxien auch auf seiten des Protestantismus schon gegen Ende des 16. Jahrhunderts läßt sich als Versuch deuten, ein Zuviel an religiösem Wandel und individualisierter Bibellektüre zu bewältigen. Auf der anderen Seite jedoch schritt die Aufspaltung in unterschiedliche Orientierungen danach auch innerkonfessionell fort: So kann man etwa von einer Pluralisierung der lutherischen Konfessionskultur im Laufe des 17. Jahrhunderts sprechen [Kaufmann].

▷ S. 17 ff
Seit 1517 Religion Politik

Auch der Bereich des Wissens und seiner Ordnungen war der Dynamik der Pluralisierung unterworfen. Die technologische Revolution des Buchdrucks [Eisenstein] im Zusammenwirken mit der Aufwertung empirischer Forschung rief ein Nebeneinander von unterschiedlichsten Traditionen und Wissensbeständen hervor. Dabei war nicht das Problem von Kanon und Dekanonisierung vorrangig, das Problem also, daß einzelne ältere Lehrmeinungen oder vorherrschende Auffassungen verworfen wurden; die Frage lautete vielmehr, wie die einzelnen Richtungen miteinander in Konkurrenz treten und welche Beziehungen sie untereinander bilden würden. Insofern konzentriert sich die Pluralisierungsforschung anders als die traditionelle Wissenschaftsgeschichte nicht auf Fortschritt und Entdeckung, sondern sie beschreibt die Versuche, neue Ordnungen zu etablieren und der Wissensvielfalt Herr zu werden. Das geschah etwa durch bibliographische Kompendien

[ZEDELMAIER] oder durch universale „Topiken“ und „Systeme“ [SCHMIDT-BIGGEMANN], in denen alle verfügbaren Kenntnisse nach ihren jeweiligen „Orten“ – ein Begriff aus der antiken Rhetorik – im Gebäude des Wissens angeordnet wurden. Es spielte oft keine Rolle, ob diese sogenannten Kenntnisse aus empirischer Beobachtung oder aus schriftlicher Überlieferung, d.h. aus Bibel, antiker Gelehrsamkeit oder mittelalterlicher Allegorese, stammten [HARMS]. Sie wurden harmonisiert oder auch einfach aneinandergereiht und als Kompilationen – Zusammenstellungen – auf den Markt gebracht.

> S. 82 ff.
Seit 1492:
…gegnung
…Kulturen

Wie in einem Vergrößerungsglas lassen sich außer für die drei genannten Bereiche solche Pluralisierungsprozesse auch für das Problem der Neuen Welt beobachten. Die im Laufe des 16. und 17. Jahrhunderts stetig wachsende Kenntnis des amerikanischen Kontinents und seiner Kulturen – parallel zur ebenfalls wachsenden Kenntnis fernöstlicher Kulturen – verlieh den politischen, religiösen und kognitiven (wissensbezogenen) Pluralisierungen in Europa eine zusätzliche Brisanz. Denn hier tauchten Kulturen, Sprachen, Pflanzen und Tiere auf, die nicht mehr ohne weiteres in die europäischen Überlieferungen zu integrieren waren. Um sich all das Neue aneignen und es somit einordnen zu können, bedurfte es enormer Anstrengungen, die aber auch scheitern konnten oder – wie im Fall der umstrittenen Akkomodationspolitik der jesuitischen Missionare – zu Zugeständnissen an die neuen Kulturen führten.

▷ S. 102
…ach 1609:
…ie Meere
…tionsfeld

Für die Pluralisierungsprozesse in all diesen Bereichen lassen sich Merkmale feststellen, die für die Frühe Neuzeit charakteristisch sind. Es gab weder vorher ein solches Ausmaß von Vervielfältigung noch nachher eine so „schroffe“, nicht durch Institutionen abgefederte Auswir-

Forschungsstimme

Michel de Montaigne(1533-1592) hat mit seinen Essais (1580-1588) so intensiv wie kaum ein Zeitgenosse die Erfahrung von Pluralisierung verarbeitet. **Karlheinz Stierle** beschreibt diese Erfahrung im Zusammenhang mit der Verbreitung des Buchdrucks:

„Montaigne ist zunächst und vor allem ein Leser. Er verkörpert paradigmatisch jenen Typ des Lesers, wie er erst durch das Medium des gedruckten Buchs möglich geworden ist. Die Koexistenz der vom Buch gegenwärtig gehaltenen kulturellen Welten der Antike, des Mittelalters und des italienischen und französischen Nachmittelalters, die Sinn- und Diskurswelten der Philosophie, der Geschichte, der Dichtung, aber auch der Beschreibung der neu entdeckten Erdteile rücken für den Leser Montaigne zu einem reichen, unübersehbaren Panorama der Vielheit zusammen. Erst ein Leser, der nicht mehr an eine Institution des Wissens gebunden ist, sondern gleichsam frei in den vielfältigen, sich immer weiter ausdifferenzierenden Gebieten des Wissens vagiert, kann die Erfahrung der Vielheit so intensiv machen wie Montaigne, dem in seinen Lektüren alle räumliche und zeitliche Differenz sich zur prinzipiellen Differenz der Vielheit verwandelt. Montaignes Essais aber sind Versuche, dieser Vielheit mit der Kraft der Reflexion zu begegnen, ihr in gelassener Unruhe und unruhiger Gelassenheit standzuhalten. Die Essais sind Einübungen in die Wahrnehmung der Vielheit und Einübungen in die Kunst, die Wahrnehmung der Vielheit selbst wahrzunehmen. So situiert sich ihre Schreibart in einer Art von diskursivem Niemandsland, jenseits einer jeden diskursiven Ordnung wissenschaftlicher oder philosophischer Argumentation, aber auch jenseits jedes Versuchs, der Vielheit durch die Evidenz der ästhetischen Einheit Herr zu bleiben. Montaignes Essais sind weder bloß in Vielheit verstrickt, noch können sie diese ästhetisch außer Kraft setzen; das Nachsinnen über die Dimensionen der Vielheit folgt vielmehr einer ‚allure poétique', die das Denken selbst, das der Vielheit antwortet, zur Darstellung zu bringen sucht.“

Quelle: K. STIERLE, Montaigne und die Erfahrung der Vielheit, in: Die Pluralität der Welten. Aspekte der Renaissance in der Romania, hrsg. von W.-D. STEMPEL und K. STIERLE, München 1987, S. 417-448; hier S. 424.

kung dieser Vervielfältigung. Dabei ist zu beachten, daß die Pluralisierungsforschung keine traditionellen Epochendiskussionen führt; sie beschreibt ja gerade die Vermengung von „alt" und „neu", nicht die Ablösung des Alten durch das Neue. Gleichwohl lassen sich spezielle für die Frühe Neuzeit geltende Mischungsverhältnisse erforschen und darstellen.

So kann man als Folge der Pluralisierung – paradoxerweise – oft gerade eine Verstärkung scheinbar „mittelalterlicher" Momente beobachten – wenn man unter „mittelalterlich" einmal, grob vereinfachend, solche Tendenzen versteht, die nicht auf Vielheit und Freiheit, sondern auf Einheit und Zwang gerichtet sind. So gab es in der Frühen Neuzeit einen Nezessitarismus, ein Notwendigkeitsdenken, demzufolge in der Politik das Handeln der Staatsraison als Naturnotwendigkeit legitimiert wurde; in der Theologie wurde entsprechend ein Prädeterminismus, ein Vorherbestimmungsglaube, eingeführt, der in einigen religiösen Richtungen einen von Gott notwendig festgelegten Ablauf des Weltgeschehens oder der Heilsbestimmung verkündete. Die Entstehung des neuzeitlichen Gesetzesbegriffes in seinen Aspekten von Naturgesetz, göttlichem Gesetz und juristischem Gesetz läßt sich in diesem Zusammenhang einer neuen Betonung von Autorität und Regelhaftigkeit begreifen. Auch die Bemühungen um Sozialdisziplinierung haben hier ihren Ort.

Eine andere Strategie, mit der auf Pluralisierung reagiert wurde, lag in der paradoxen Neulegitimierung durch Alter. Neue im Zuge der Mobilität und der Vervielfältigung aufgekommene Ansprüche durften sich gerade nicht durch ihre Neuheit legitimieren: „Novatio", Neuheit, wurde nicht geschätzt. Also konstruierte man Genealogien, mit denen eine Anbindung an älteste Ursprünge nachgewiesen und so der Anschein der Neuerung getilgt werden konnte. Das war bei neu zur Herrschaft gekommenen Adelshäusern ebenso der Fall wie bei frühen nationalstaatlichen Ansprüchen oder bei Neuentwicklungen in Philosophie und Wissenschaft. In der Renaissance verstand sich das neue Wissen gern als Rekonstruktion einer „prisca sapientia", einer ursprünglichen, von Ägyptern, Chaldäern und Persern entwickelten Weisheit. Das konfessionelle Zeitalter bevorzugte dann Anbindungen an sakrale Ursprünge, nämlich eine „mosaische Physik" oder eine „biblische Policey". Eng damit verbunden war das Bemühen um Harmonisierung von Traditionen und um Dialogisierung von Darstellungen, um Verbindungen zu schaffen oder doch wenigstens Vielseitigkeit herauszustellen. Dabei wurde aber immer deutlicher, daß eine echte Einheit verschiedener Traditionen oder Darstellungen nicht mehr zu realisieren war. Unter den Zwängen der praktischen Politik wurde etwa der Begriff der „concordia", der Eintracht, so aufgespalten, daß sich im Bereich der Religion neben der geforderten Glaubenseintracht ein immer größerer Bereich etablierte, in dem legitime Abweichungen zugelassen waren. Der Augsburger Religionsfriede von 1555 regionalisierte nicht nur die Konfessionsfrage, er stellte auch die Regel auf, daß konfessionelle Angelegenheiten nicht per Mehrheit entschieden werden durften. Diese Regelung wurde dann auch auf andere politische Fragen ausgedehnt [Schulze 1998].

Überhaupt läßt sich für die Folgezeit feststellen, daß immer stärker die Bereitschaft und die Einrichtungen entwickelt wurden, Differenzen auf dem Weg des Verhandelns beizulegen. So entstanden mit der Zeit Institutionen und Ideen, die die schroffe Pluralisierung auffingen und sich im Zeitalter der Aufklärung durchsetzten: neben Toleranz und politischem Kompromiß auch die Kritik an dogmatischer Metaphysik und Theologie, weiterhin Skepsis, Eklektik, Wahrscheinlichkeitsdenken und historische Relativierung. Auch die Umstellung des Denkens auf eine gewisse Selbstbezogenheit und auf die Legitimität der jeweiligen Perspektive (Selbsterhaltung, Interesse, Eigennutz) lassen sich als Antworten auf Pluralisierung und somit als deren Wirkungen verstehen.

Martin Mulsow

Globalisierung. Die weltpolitische Wende des Jahres 1989 mit dem Fall der Mauer und dem Ende der bipolaren Weltordnung hat die Rahmenbedingungen für Politik, Wirtschaft, Gesellschaft und Kultur stark verändert. Manche der seitdem deutlich werdenden Umwälzungen waren allerdings bereits vor diesem Epochenjahr spürbar. So hat nicht erst das Ende der Blockkonfrontation die Einsicht wachsen lassen, daß am Ende des 20. Jahrhunderts keine Macht mehr den Anspruch erheben kann, kulturelle Standards mit universalem Anspruch definieren zu können. Statt dessen müssen wir heute erkennen, daß die gegenwärtige Welt in eine Reihe von Kulturräumen mit jeweils eigenen historischen Erfahrungen aufgefächert ist.

Verbunden sind diese Weltregionen durch einen die Kontinente umspannenden Austausch von Kapital und Gütern, der von den Nationalstaaten kaum mehr zu kontrollieren ist und für den man heute den Begriff „Globalisierung" verwendet. Er bezeichnet aber nicht nur rein ökonomische Erscheinungen. Dieser Prozeß erfaßt die Individuen selbst, die von der raschen Ausbreitung von Informationen und sich angleichenden Lebensstilen betroffen sind. Die transnationale, d.h. über die Staaten hinweggreifende Vernetzung der Weltregionen hat in solchem Maße zugenommen, daß heute immer häufiger von der Entwicklung einer Weltgesellschaft gesprochen wird.

Sich mit den Problemen von Multipolarität, Globalisierung und Internationalisierung zu befassen, gehört zu den drängenden Aufgaben unserer Zeit. Dieser Herausforderung muß sich auch die Geschichtswissenschaft stellen. Dies gilt insbesondere für die Frühneuzeitforschung, die hier eine besondere Rolle spielen kann, wirft doch die aktuelle Auseinandersetzung mit den Erscheinungen und Folgen der globalen Weltordnung die Frage nach deren Ursprüngen auf.

▷ S. 73
Seit 1492:
Begegnung der
Kulturen

▷ S. 101
Nach 1609:
Freie Meere
als Aktionsfeld

Die Anfänge der Globalisierung reichen bis ins Spätmittelalter zurück, als sich der Prozeß der Europäischen Expansion anbahnte, der am Ende des 16. Jhs. einen ersten Abschluß fand [Chaunu]. Die europäischen seefahrenden Nationen – v.a. Portugal, Spanien, Holland, England sowie in geringerem Maße Frankreich – segelten nunmehr regelmäßig auf den Weltmeeren und verbanden damit die Kontinente. Diese Fahrten und die Begegnungen mit den als fremdartig empfundenen Kulturen hatten unmittelbare geistige und materielle Folgen für das frühneuzeitliche Europa. So entstand aus der Debatte um die Natur des amerikanischen Ureinwohners das moderne Völkerrecht, das die spanischen Dominikaner Francisco de Vitoria (1483-1546), Domingo de Soto (1495-1560) und Francisco Suarez (1548-1617) („Schule von Salamanca") entwickelten. Dabei erkannten sie unter Verweis auf antike Vorbilder an, daß auch nichteuropäische, „heidnische" Völker prinzipiell eine sittliche Ord-

Delfter Porzellan – made in China. Porzellan, dessen Herstellung in Europa erst am Beginn des 18. Jhs. gelang, gehörte seit der Europäischen Expansion und der festeren Etablierung des Seehandels zwischen Europa und Asien zu den wichtigen Exportgütern Chinas. Hatten zunächst die Portugiesen mit dem Handel der Tongefäße begonnen, so rückten im 17. und 18. Jh. Holländer und Engländer nach, die die Stücke direkt in der Hafenstadt Canton oder durch den Zwischenhandel an anderen Faktoreiplätzen in Südostasien erwarben. Die Waren stammten aus der Porzellanstadt Jingdezhen, wo sich auch die ergiebigen Tonlagerstätten befanden. Ein Teil der Ware wurde noch im Inneren Chinas bemalt, ein anderer Teil wurde gebrannt und unbemalt über Land von Trägern, mitunter auch auf Dschunken, ins über 2000 km entfernte Canton transportiert und dort verziert.

Zwar erfreuten sich die asiatischen Motive stets großer Beliebtheit bei den Europäern, aber sehr bald stellten sich die Chinesen auch auf Auftragsarbeiten ein, bei denen sie aus rein kommerziellen Gründen auch christliche Motive, wie z. B. Kruzifixe, ins Bildrepertoire aufnahmen. Was die Qualität anging, so erreichte die Exportware nie die Ansprüche, die z. B. der chinesische Kaiserhof an gut verarbeitetes Porzellan stellte.

Die Porzellanherstellung ist mithin ein frühes Beispiel für internationale Auftragsarbeit über die Kontinente hinweg. Ferner ist der Handel mit Porzellan ein Beispiel für den bereits existierenden internationalen Zahlungsverkehr, beglichen doch die Europäer häufig die Rechnungen für die Töpferware mit amerikanischem Silber.

Bild: aus Ancient Chinese Porcelain. Appreciation Companion, [China] 1992, Abb. 81.

Literatur: T. Volker, Porcelain and the Dutch East India Company as recorded in the Dagh-Registers of Batavia Castle, those of Hirado and Deshima and other contemporary papers 1602-1682 (Mededelingen van het Rijksmuseum voor Volkenkunde), Leiden 1954.

nung aufwiesen. Religiöse Minderheiten, denen Europa keine oder kaum Entfaltungsmöglichkeiten eingeräumt hatte, wie etwa Juden, Hugenotten und Quäker, sahen in den jenseits des Atlantiks liegenden Ländern das ihnen von Gott verheißene gelobte Land. Die Welt „außerhalb Europas" galt den Philosophen der Aufklärungszeit stets auch als Ort für utopische Staats- und Gesellschaftsentwürfe, die nicht selten mit einer Kritik an den gesellschaftlichen und politischen Zuständen in der „Alten Welt" einhergingen, so etwa bei Montesquieu und seinen „Persischen Briefen".

Die in der Frühen Neuzeit einsetzende Vernetzung wurde sehr stark von wirtschaftlichen Aspekten beeinflußt. Im ökonomischen Bereich ist z.B. die Edelmetallproduktion aus dem kolonialen Iberoamerika zu nennen – Silber aus Mexiko und Peru/Bolivien sowie v.a. zwischen 1690 und 1750 brasilianisches Gold; Iberoamerika war der größte Edelmetallproduzent der Frühen Neuzeit. Das aus Amerika stammende Silber und Gold verblieb aber nicht vollständig in der europäischen Wirtschaft, vielmehr benötigten die europäischen Überseehändler das amerikanische Edelmetall zur Bezahlung asiatischer Waren, z.B. für Gewürze und Textilien. Ferner gelangte über die sog. Manilaflotte amerikanisches Edelmetall von Mexiko aus nach Asien. Insbesondere in China wurde der mexikanische Silberpeso seit dem 17. Jh. zur Leitwährung. So entstand bereits in der Frühen Neuzeit ein erster Handels- und Kapitalaustausch über die Kontinente hinweg, der an die wirtschaftliche Vernetzung von heute denken läßt [Wallerstein].

▷ S. 452 Afrika: Die afri europäis Begegnu

Aber auch im Bereich der materiellen Kultur finden wir Beispiele für die Zunahme der Kontinente umfassenden Austauschbezie-

Erkenntnis gewinnen und wiedergeben
Deutung:
Durch Schlüssel-
begriffe und Konzepte

hungen. Hier sind beispielsweise die aus Asien nach Europa eingeführte Porzellantasse sowie indische und chinesische Stickereien ebenso zu erwähnen wie Felle und Pelze, die man aus Sibirien und Nordamerika nach Europa brachte. Aus Übersee stammende Warmgetränke, insbesondere Tee und Schokolade, die freilich zunächst vor allem dem Adel vorbehalten blieben, sowie neue Nahrungspflanzen – Kartoffeln, Mais, Tomaten – veränderten die Ernährungs- und Lebensgewohnheiten in Europa [SCHMIDT 1995]. Die Zunahme der weltweiten Handelsbeziehungen hatte allerdings auch negative Effekte für die europäische Wirtschaft. So ersetzte z.B. der Blaufarbstoff Indigo, den man in Zentralamerika gewann, die Waidproduktion, die bis dahin in Europa floriert hatte. Die Konkurrenz des überseeischen Produktes führte zum Niedergang dieses Gewerbes, so z.B. im Erfurter Raum.

▷ S. 84
Seit 1492:
…ung der
Kulturen

Der seit der Frühen Neuzeit angelegte, erst in jüngster Zeit aber für alle sichtbar werdende Prozeß der Globalisierung zwingt dazu, sich mit der Geschichte und Kultur anderer Weltregionen auseinanderzusetzen. Dabei lehrt ein Blick in die Geschichte der Europäischen Expansion, daß einige Regionen dem westlichen Zivilisationsmodell mit großer Skepsis begegneten oder es sogar ablehnten; häufig adaptierte man es in Ansätzen. So waren z.B. den Christianisierungsversuchen portugiesischer oder spanischer Jesuiten in Asien nur sehr begrenzte Erfolge beschieden.

Zwar stellte und stellt das „okzidentale Modell der Moderne", das durch Menschenrechte, Industrialisierung, Demokratie und Individualisierung gekennzeichnet ist, eine Herausforderung dar, doch ging man in den einzelnen Kulturräumen sehr unterschiedlich mit diesen Errungenschaften um. Während sich Asien zu einem großen Teil dem europäischen Einfluß verschloß – und heute noch eine eigenständige Entwicklung und vom Westen unterschiedliche Werte für sich reklamiert –, wurde Amerika von den Europäern in Besitz genommen. Auch sind Entwicklungen des Westens nur bedingt auf andere Regionen bzw. Erdteile übertragbar. Statt von einer „vorbildhaften" okzidentalen Moderne zu sprechen, gibt es überaus unterschiedliche „Wege in der Moderne" [EISENSTADT].

Folgt man Winfried Schulze, so haben wir zwar mit der Frühneuzeit ein „Musterbuch der Moderne" vor uns aufgeschlagen [SCHULZE]. Die Prozesse der jüngsten Zeit stellen jedoch dieses europäische Selbstverständnis in Frage, und die europäische Modernisierungserfahrung ist nur sehr begrenzt auf andere Kulturräume übertragbar. Ein Beispiel aus der Entwicklungsländerforschung, deren Annahmen auf der Abstraktion historischer Prozesse in Europa seit der Frühen Neuzeit basierten, zeigt dies: So erwies sich die Frage, wieviel Prozent an Nettoinvestitionen nötig sind, um ein nachhaltiges wirtschaftliches Wachstum zu erreichen, als nicht immer auf Lateinamerika, Afrika und Asien anwendbar. Traditionelle Lebensformen wandelten sich häufig langsamer, als dies nach den Vorstellungen der Modernisierungstheoretiker hätte der Fall sein dürfen. Zwar bestehen heute in den sog. Entwicklungsländern oder auch Schwellenländern z.T. sehr hohe Armutsraten; diese Staaten verfügen jedoch gleichzeitig oft über Hochtechnologie, differenzierte Dienstleistungs- und Kommunikationsstrukturen und z.T. moderne individualisierte Lebensstile. Auch wenn letztere in Zukunft vielleicht eine immer uniformere Lebensführung entstehen lassen, so stellt sich doch für die historische Forschung über die einzelnen Kulturräume die Frage nach dem jeweils spezifischen Weg in die moderne Welt.

Dies einzufordern war nicht immer selbstverständlich. Die Zeit, in der sich die Geschichte zu einer Wissenschaft entwickelte und an den Universitäten etabliert wurde, war auch die Zeit des beginnenden Imperialismus und damit ganz von der Vorstellung bestimmt, daß Europa eine zivilisatorische Vorreiterrolle zukomme. Dementsprechend galten „außereuropäische" Völker zunächst einmal als „Völker ohne Geschichte" und wurden als Wissenschaftsobjekt der Ethnologie, der Völkerkunde, zugewiesen. Für die überwiegende Mehrheit der vor 1945 tätigen Historiker oder historisch arbeitenden Kulturwissenschaftler galt somit, daß sie vornehmlich bei der Ethnologie, bei den Philologien oder in den sogenannten Auslandsinstituten angesiedelt waren und nicht in historischen Seminaren. Ein Gedankenaustausch mit den „richtigen Historikern" fand praktisch nicht statt.

Das fachwissenschaftliche Interesse an einzelnen Weltregionen nahm nach dem Zweiten Weltkrieg zu. Allenfalls in der Osteuropäischen Geschichte lassen sich schon vor dem Zweiten Weltkrieg erste Institutionalisierungen registrieren. Die Zunahme des fachwissenschaftlichen Interesses an „außereuropäischer" Geschichte nach 1945 hatte seinen Grund vor allem in den politischen Konstellationen der Nachkriegsordnung, als insbesondere die Geschichte der Sowjetunion die Aufmerksamkeit von Öffentlichkeit und Wissenschaft auf sich zog. Erstaunlicherweise genoß die Geschichte der USA, deren Politik und Kultur das 20. Jahrhundert – Stichwort „Amerikanisierung" – so maßgeblich geprägt haben, nicht im selben Maße die Aufmerksamkeit der deutschen historischen Seminare. Vor allem aber angesichts der Dekolonisation in den 1950er und 1960er Jahren erfolgte eine Ausweitung des Gesichtsfeldes in bezug auf Lateinamerika, Asien und Afrika. Nunmehr betraten mit der Bewegung der Blockfreien neue Akteure die weltpolitische Bühne – ein wichtiger Schritt in Richtung Multipolarität war hier angelegt [Hoffmann]. Die gerade durch den Umsturz auf Kuba (1959) geschürte Angst vor Revolutionen in der „Dritten Welt" tat ein übriges, die Aufmerksamkeit von Politik, Wissenschaft und Öffentlichkeit auf die „außereuropäische" Welt zu lenken. Damit wuchs aber auch das Bedürfnis nach historischem Verständnis für die Entwicklung dieser Regionen und ihrer Kulturen. Wichtige Impulse hierfür kamen v.a. aus den USA, Großbritannien und Frankreich, wo neu gegründete Zeitschriften und Institutionen gleichermaßen ideale Bedingungen für den wissenschaftlichen Austausch schufen.

Zum Ende des Jahrhunderts hin wurden auch bei uns politische Forderungen nach einer Ausweitung des historischen Gesichtsfeldes laut. So rief etwa auf dem Historikertag 1996 in München der damalige Bundespräsident Roman Herzog angesichts der „Krise des Nationalstaats" und der weltweiten Vernetzung zu einer bewußten Öffnung der Geschichtswissenschaft für alle Weltregionen auf.

Damit ist nun auch die Frage angesprochen, welche neuen Perspektiven sich aus der derzeitigen Debatte über „Globalisierung" für die Beschäftigung mit der Frühen Neuzeit ergeben. Zunächst wäre die bislang gebrauchte Begrifflichkeit der „außereuropäischen" Geschichte zu verabschieden, da sie viel zu eurozentrisch ist. „Außer-Europa" – das ist im Grunde die gesamte Welt! Daher wäre diese Bezeichnung, die bislang gleichsam als Dach gebraucht wurde, durch

▷ S. 431: Asien: Geschich eurasisc Zusamm

den Begriff „Weltgeschichte" zu ersetzen, in dem freilich Europa nur noch einen Teil darstellt.

Zeitlich zeigt diese Skizze bereits auf, daß zwar die Frühneuzeitforschung hier in besonderer Weise angesprochen ist, daß sie jedoch über übliche Periodisierungsgrenzen hinweg in sehr viel engeren Verbund mit der Erforschung der nachfolgenden Jahrhunderte tritt. Gleichzeitig erhebt sich aus einer stärker weltgeschichtlichen Perspektive generell ein Periodisierungsproblem. So wurden die Kulturen Altamerikas ohne eigentlichen – in unserem Verständnis mittelalterlichen – Übergang an die frühmoderne Welt Europas angeschlossen. Wie eine globale Periodisierung einer zukünftigen, weltgeschichtlich orientierten Historiographie aussehen könnte, ist allerdings gegenwärtig noch nicht abzusehen. Die vornehmlich in den USA aufgekommene Debatte um die Datierung „vor" bzw. „nach Christi Geburt", die von Angehörigen nichtchristlicher Religionen längst nicht mehr unkritisch verwandt und zunehmend hinterfragt wird, deutet an, welche Probleme sich zukünftig bei der zeitlichen Einordnung in globaler Perspektive ergeben könnten. Die alternative Bezeichnung „nach unserer Zeitrechnung" bleibt allerdings bislang der christlichen verhaftet.

Bei der Beschäftigung mit anderen Weltregionen kann es nicht mehr nur um den Kulturkontakt als solchen gehen, der seit den 1970er Jahren besonders intensiv behandelt wurde. Vielmehr wird es zukünftig auch darauf ankommen, die Entwicklung der Kulturräume in vergleichender Perspektive zu erforschen. Dabei ist man inzwischen auch von der anfangs etwas triumphalistischen Darstellung der Europäischen Expansion unter dem Stichwort „Europäisierung der Erde" abgerückt. Ebenso vermeidet man die Verurteilung, wie sie zum Beispiel in den Begriffen der „Ausbeutung" und des „Kolonialismus" enthalten ist, letzterer ein Terminus, der ohnehin äußerst problematisch für die Frühe Neuzeit ist. Statt dessen wird man sich vielmehr den Widerständen gegen die Europäer widmen, oder aber man fragt – wie im Falle Amerikas – nach dem Fortleben der indianischen Kulturen unter den Bedingungen der europäischen Kolonialherrschaft. Insgesamt richtet sich heute das Augenmerk vor allem auch auf die mitgestaltende und eigenständige Rolle der Völker, mit denen die Europäer seit dem 15. und 16. Jh. in Kontakt kamen.

Inhaltlich ist z.B. generell danach zu fragen, warum einige Kulturen eine gewisse Resistenz gegenüber westlichen Werten entwickelten. Welche Faktoren erweisen sich im interkulturellen Vergleich als modernitätsfördernd und welche als hemmend? War die Individualisierung, die wir für die okzidentale Welt als so zentral diskutieren, wirklich nur ein auf Europa und die USA beschränktes Phänomen? Welche sozialdisziplinierenden Mechanismen entwickelten andere Kulturen, für die diese Debatte in Auseinandersetzung mit dem US-amerikanisch-europäischen Muster noch nicht erfolgt ist?

Für die Frühneuzeitforschung, die sich gerade in den letzten Jahrzehnten verstärkt um eine europäische Perspektive bemüht hat, ergibt sich hiermit ein weiteres Spannungsfeld: Dieses entwickelt sich zwischen lokal- und regionalgeschichtlich orientierten Studien einerseits, wie sie z.B. die Annales-Schule, die deutsche Landesgeschichtsforschung oder neuerdings die Historische Anthropologie einfordern, und der Einbeziehung globaler Strukturen andererseits. Sicherlich muß sich die künftige Forschung weiterhin der eigenen, insbesondere der lokalen und regionalen Geschichte widmen. Dieses Bedürfnis tritt gerade auch angesichts der Zunahme weltgeschichtlicher Institutionen und Strukturen im Hinblick auf die Entwicklung und Stabilisierung der eigenen Identität in kultureller und politischer Hinsicht sehr deutlich hervor. Des weiteren muß die Forschung sich vergegenwärtigen, daß dabei kaum „allgemeine" Ergebnisse zu erwarten sind. Bei generalisierenden Aussagen zur Entwicklung der frühneuzeitlichen Gesellschaft und dem daraus folgenden Weg in die Moderne muß einem klar sein: Der Allgemeinheitsanspruch, der aus der ausschließlichen Beschäftigung mit der eigenen nationalen Geschichte abgeleitet wird, läßt sich nicht mehr halten.

Ursula Lehmkuhl / Peer Schmidt

Literatur

zu: Sozialdisziplinierung

R. G. Bogner/C. Müller, Arbeiten zur Sozialdisziplinierung in der Frühen Neuzeit. Ein Forschungsbericht für die Jahre 1980-1994, in: Frühneuzeit-Info 7, 1996, 127-142 und 240-252.

W. Buchholz, Anfänge der Sozialdisziplinierung im Mittelalter. Die Reichsstadt Nürnberg als Beispiel, in: ZHF 18, 1991, 129-147.

K. Härter, Disciplinamento sociale e ordinanze di polizia nella prima età moderna, in: P. Prodi (Hrsg.), Disciplina dell'anima, disciplina del corpo e disciplina della società tra medioevo ed età moderna, Bologna 1994, 635-658.

K. Krüger, Policey zwischen Sozialregulierung und Sozialdisziplinierung, Reaktion und Aktion – Begriffsbildung durch Gerhard Oestreich 1972-1974, in: K. Härter (Hrsg.), Policey und frühneuzeitliche Gesellschaft, Frankfurt/M. 2000.

G. Oestreich, Strukturprobleme des europäischen Absolutismus, in: Ders., Geist und Gestalt des frühmodernen Staates. Ausgewählte Aufsätze, Berlin 1969, 179-197.

Ders., Policey und Prudentia civilis in der barocken Gesellschaft von Stadt und Staat, in: Ders., Strukturprobleme der frühen Neuzeit. Ausgewählte Aufsätze, hrsg. von B. Oestreich, Berlin 1980, 367-379.

C. Sachsse/F. Tennstedt (Hrsg.), Soziale Sicherheit und soziale Disziplinierung. Beiträge zu einer historischen Theorie der Sozialpolitik, Frankfurt/M. 1986.

W. Schulze, Gerhard Oestreichs Begriff „Sozialdisziplinierung in der Frühen Neuzeit", in: ZHF 14, 1987, 265-302.

zu: Konfessionalisierung

W. Reinhard, Gegenreformation als Modernisierung? Prolegomena zu einer Theorie des konfessionellen Zeitalters (1977), in: Ders., Ausgewählte Abhandlungen, Berlin 1997, 77-101.

W. Reinhard, Konfession und Konfessionalisierung in Europa (1981), in: Ders., Ausgewählte Abhandlungen, Berlin 1997, 103-125.

Ders., Zwang zur Konfessionalisierung? Prolegomena zu einer Theorie des konfessionellen Zeitalters (1983), in: Ders., Ausgewählte Abhandlungen, Berlin 1997, 127-147.

Ders./H. Schilling (Hrsg.), Die katholische Konfessionalisierung, Gütersloh/Münster 1995.

H. Schilling, Konfessionskonflikt und Staatsbildung. Eine Fallstudie über das Verhältnis von religiösem und sozialem Wandel in der Frühneuzeit am Beispiel der Grafschaft Lippe, Gütersloh 1981.

DERS., Die Konfessionalisierung im Reich. Religiöser und gesellschaftlicher Wandel in Deutschland zwischen 1555 und 1620, in: HZ 246, 1988, 1-45.

DERS., Sündenzucht und frühneuzeitliche Sozialdisziplinierung. Die calvinistische, presbyteriale Kirchenzucht in Emden vom 16.-19. Jahrhundert, in: G. SCHMIDT (Hrsg.), Stände und Gesellschaft im Alten Reich, Stuttgart 1989, 265-302.

H. R. SCHMIDT, Konfessionalisierung im 16. Jahrhundert, München 1992; dazu aber die Rezension von W. REINHARD in: ZHF 22, 1995, 267-269.

DERS., Sozialdisziplinierung? Ein Plädoyer für das Ende des Etatismus in der Konfessionalisierungsforschung, in: HZ 265, 1997, 639-682.

M. STOLLEIS, Religion und Politik im Zeitalter des Barock. „Konfessionalisierung" oder „Säkularisierung" bei der Entstehung des frühmodernen Staates, in: D. BREUER (Hrsg.), Religion und Religiosität im Zeitalter des Barock, Wiesbaden 1995, 232-42.

E. W. ZEEDEN, Grundlagen und Wege der Konfessionsbildung in Deutschland im Zeitalter der Glaubenskämpfe (1956), in: DERS., Konfessionsbildung, Stuttgart 1985, 67-112.

zu: Pluralisierung

E. EISENSTEIN, The Printing Press as an Agent of Change, 2 Bde., Cambridge 1979.

W. HARMS, Bedeutung als Teil der Sache in zoologischen Standardwerken der frühen Neuzeit (Konrad Gesner, Ulisse Aldrovandi), in: H. BOOKMANN/B. MOELLER/K. STACKMANN (Hrsg.), Lebenslehren und Weltentwürfe im Übergang vom Mittelalter zur Neuzeit, Göttingen 1989, 310-327.

TH. KAUFMANN, Dreißigjähriger Krieg und Westfälischer Friede. Kirchengeschichtliche Studien zur lutherischen Konfessionskultur, Tübingen 1998.

TH. RABB, The Struggle for Stability in Early Modern Europe, New York 1975.

W. SCHMIDT-BIGGEMANN, Topica Universalis. Eine Modellgeschichte humanistischer und barocker Wissenschaft, Hamburg 1983.

W. SCHULZE, Kanon und Pluralisierung in der Frühen Neuzeit, in: A. und J. ASSMANN (Hrsg.), Kanon und Zensur. Beiträge zur Archäologie der literarischen Kommunikation II, München 1987, 317-325.

DERS., Pluralisierung als Bedrohung, Toleranz als Lösung, in: H. DUCHHARDT (Hrsg.), Der Westfälische Friede, München 1998, 115-140.

H. ZEDELMAIER, Bibliotheca universalis und Bibliotheca selecta. Das Problem der Ordnung des gelehrten Wissens in der frühen Neuzeit, Köln 1992.

zu: Globalisierung

E. ANGERMANN, Was heißt und zu welchem Ende studiert man anglo-amerikanische Geschichte. Eine akademische Abschiedsrede, in: HZ 256 (1993), 637-659.

P. CHAUNU, L'expansion européenne du XIIIe au XVe siècle (Nouvelle Clio 26), 2. Aufl., Paris 1983.

DERS., Conquête et exploitation des nouveaux mondes: 16e siècle (Nouvelle Clio 26bis), 4. Aufl., Paris 1991.

S. EISENSTADT, Multiple Modernities, in: Canadian Journal of Sociology 24, 2 (1999), 283-295.

F. FERNÁNDEZ-ARMESTO, The Global Opportunity (An Expanding World, 1), Aldershot 1995.

R. HERZOG, Kann man aus der Geschichte lernen? Rede des Bundespräsidenten auf dem Deutschen Historikertag in München 1996, Bamberg 1998.

S. Hoffmann, Gulliver's Trouble oder die Zukunft des internationalen Systems, Bielefeld 1970 (amer. Orig. 1968).

Chr. Meier, Die Welt der Geschichte und die Provinz des Historikers, in: GG 15 (1989), 147-163.

J. Osterhammel, Sozialgeschichte im Zivilisationsvergleich. Zu künftigen Möglichkeiten komparativer Geschichtswissenschaft, in: GG 22 (1996), 143-164.

H. Pietschmann, Lateinamerikanische Geschichte als historische Teildisziplin. Versuch einer Standortbestimmung, in: HH 248 (1989), 305-342.

P. Schmidt, Der Anbau amerikanischer Nahrungspflanzen in Europa (16.-19. Jh.), in: Jahrbuch für Geschichte von Staat, Wirtschaft und Gesellschaft Lateinamerikas 32 (1995), 57-104

Ders., Tobacco: its trade and consumption in early modern Europe, in: Prodotti e tecniche d'Oltremare nelle economie europee. Secc. XIII-XVIII. XXIX Settimani Datini des Istituto Internazionale di Storia Economica Francesco Datini. Prato 14.-19. April 1997, Firenze (1998), 591-616.

W. Schulze, Von den großen Anfängen des neuen Welttheaters. Entwicklungen, neuere Ansätze und Aufgaben der Frühneuzeitforschung, in: GWU (1993), 3-18.

I. Wallerstein, The Modern world-system (Studies in social discontinuity), 3 Bde., New York 1974-1989.

Erkenntnis gewinnen und wiedergeben

Darstellung: Das Schreiben der Geschichte

Daraus muß man einen Film machen! Als die amerikanische Historikerin Natalie Zemon Davis 1997 in einem Vortrag auf ihr Leben zurückblickte, ließ sie ihre Zuhörerinnen und Zuhörer auch an der Entstehung eines Buches teilhaben, das fünfzehn Jahre zuvor erstmals erschienen war: „Die Wiederkehr des Martin Guerre". Eine Studentin habe sie 1976 auf die gedruckten Aufzeichnungen des Richters und Rechtsgelehrten Jean de Coras hingewiesen, der Mitte des 16. Jahrhunderts am Gerichtshof von Toulouse mit einem Fall befaßt war, der großes Aufsehen erregte – und den Humanisten so faszinierte, daß er ihn zu Papier brachte: 1548 hatte der wohlhabende Bauer Martin Guerre aus dem Pyrenäendorf Artigat Frau, Kind und Hof verlassen. Acht Jahre später schien er zurückgekehrt zu sein; Zweifel an seiner Identität jedenfalls wurden nicht laut. Seine Frau Bertrande de Rols akzeptierte den Heimkehrer ebenso wie sein Onkel, seine Schwestern und das Dorf. Nach drei Jahren friedlichen Zusammenlebens und der Geburt einer Tochter aber kam es zum Streit. Der Mann, der da als Martin Guerre unter ihnen lebe, sei gar nicht Martin Guerre, sondern ein gewisser Arnaud du Tilh alias Pansette, ein Betrüger aus einem Dorf in der Gascogne, behauptete der Onkel. Und wenig später beschuldigte auch die Ehefrau den Mann, mit dem sie Tisch und Bett teilte, er sei nicht der, für den er sich ausgebe. Es kam zum Prozeß, den der Angeklagte wohl gewonnen hätte, wenn nicht im letzten Augenblick der wahre Martin Guerre vor Gericht erschienen und von Bertrande de Rols sofort als ihr verlorener Ehemann identifiziert worden wäre. Arnaud du Tilh war schließlich geständig. Er wurde in Artigat gehängt und auf dem Scheiterhaufen verbrannt.

Ihr erster Gedanke sei gewesen: „Daraus muß man einen Film machen!", fuhr Natalie Zemon Davis fort, um sich gleich darauf zu fragen, wie denn diese Reaktion erklärt werden könne. Ihre Antwort weist weit über die eigene intellektuelle Biographie hinaus: Hatte sie ursprünglich Themen und Motive über längere Zeiträume hinweg verfolgt – Katzenmusiken zum Beispiel und Trauerrituale – und dabei Quellen in den Blick genommen, die aus ganz Frankreich, oft genug aus ganz Westeuropa stammten, so war es zum Zeitpunkt ihrer Lektüre der Aufzeichnungen Jean de Coras' die Mikroperspektive ethnographischer Feldforschung, die ihr Interesse fand. Im Unterschied zu Ethnographinnen und Ethnographen aber hatte sie es mit Toten zu tun. Sie konnte die Menschen nicht beobachten, die sie verstehen wollte; sie konnte sie nicht befragen; sie konnte ihren Geschichten nicht zuhören, ihre Sorgen nicht teilen. Kurz: Sie mußte versuchen, die Erfahrungen ethnographischer Forschungspraxis auf andere Weise einzufangen. Was aber lag da angesichts einer spannenden Betrugsgeschichte mit nahezu perfekter Erzählstruktur näher, als einen Film zu machen! Vier Jahre später arbeitete Natalie Zemon Davis mit Jean-Claude Carrière und Daniel Vigne an dem Drehbuch für „Die Wiederkehr des Martin Guerre". Sie versuchte sich vorzustellen, wie Dorfbewohner des 16. Jahrhunderts Fremde begrüßen, wie sie erzählen und streiten; sie diskutierte mit den Schauspielerinnen und Schauspielern und lernte, wie ein Satz seine Bedeutung verändern kann, wenn er auf unterschiedliche Weise intoniert wird. Mehr und mehr erschien ihr die imaginierte Vergangenheit, die vor ihren Augen im Licht der Scheinwerfer entstand, als historiographisches Laboratorium, das es erlaubte, geschichtliche Möglichkeiten zu erproben. Gleichzeitig aber zog es sie schon während der Dreharbeiten in den Pyrenäen in die nahege-

Lebende, die Tote spielen: Nathalie Baye als Bertrande de Rols und Gérard Depardieu als Arnaud du Tilh alias Pansette alias Martin Guerre in Daniel Vignes Film **„Die Wiederkehr des Martin Guerre"** von 1982. Auch ihre Zweifel, Fragen, Kommentare und Interpretationen trugen dazu bei, die Film-Arbeit für die Historikerin Natalie Zemon Davis zu einem Laboratorium geschichtlicher Möglichkeiten werden zu lassen.

Bild: „Le Retour de Martin Guerre", Filmszene; Foto: Cinetext Bildarchiv, Frankfurt

legenen Archive, wo sie für ein Buch über den Fall zu recherchieren begann – waren ihr inzwischen doch auch die engen Grenzen des Mediums bewußt geworden, für das sie sich so spontan begeistert hatte. Nicht immer konnte der Film der historischen Überlieferung folgen. Mehr als einmal mußte gekürzt, ausgeblendet, verändert werden. Martin Guerre verlor seine baskische Herkunft, Bertrande de Rols ihre dramatische Komplexität – und der Film jene „vielleicht", jene „möglicherweise", ohne die Historikerinnen und Historiker in aller Regel nicht auskommen.

Als „Die Wiederkehr des Martin Guerre" 1982 in die Kinos kam, erschien auch das Buch zum Fall, in das Natalie Zemon Davis ihre Film-Erfahrungen so eingeschrieben hatte, daß sie im Vorwort sagen konnte, es verdanke diesen Erfahrungen, Geschichte zu erzählen, seine Entstehung, und 1997 im Rückblick sogar festhielt: „Ich kam zur Mikrogeschichte über den Film." Man könnte hinzufügen: als Drehbuchautorin, die Historikerin war; als Beobachterin von Lebenden, die Tote spielten; als Schriftstellerin schließlich, die kinematographischen Erzähltechniken soweit folgte, daß sie die Geschichte gleich zweimal präsentierte: zunächst in ihrem ursprünglichen Ablauf, wie die Bauern sie wahrgenommen hatten; und dann aus der Sicht all derer, die sie nacherzählten [Zemon Davis, Ad me ipsum, 95-98; Dies., Schwindler in neuem Gewand; Dies. 1989; Ginzburg].

Gewiß: Nicht viele Historikerinnen und Historiker werden von sich behaupten können, einen Film gemacht zu haben – und wohl noch weniger, seitdem ethnographisch zu denken oder Geschichte in ihren Texten „anders" darzustellen als zuvor. Wenn hier einleitend dennoch eine Historikerin zu Wort gekommen ist, für die all das gilt, dann zuerst einmal deshalb, weil Natalie Zemon Davis über die Frage, wie sie zu ihren Themen und Methoden, wie zu ihren Darstellungsformen gekommen ist und kommt, einen Prozeß der wissenschaftlichen Selbstbestimmung zu skizzieren versteht, der all das sichtbar werden läßt, was vor dem Text liegt, den wir schließlich lesen. Hinzu kommt, daß sie uns gleichzeitig leise daran erinnert, wie vielfältig die Möglichkeiten sind, Geschichte zu präsentieren, was wiederum die Augen für Berufsperspektiven öffnet, die jenseits des Textes liegen. Vor allem aber gibt sie den Blick auf das schwierige Verhältnis von Geschichte, Geschichtswissenschaft und Geschichtsschreibung frei, von Darstellung und Erkenntnis, von Theorie und Erzählung, von Sinnbildung und Imagination – und damit auf jenes weite Feld, das auf den folgenden Seiten näher zu bestimmen ist.

▷ S. 390 f. Technik: Die Präsentation eines Themas

Geschichte schreiben. Obwohl es gewiß nicht an Historikerinnen und Historikern fehlt, die sich zumindest zeitweilig mit dem Gedanken tragen, ihren Schreibtisch als Ort historischen Arbeitens, Denkens und Darstellens gegen Kamera und Set einzutauschen, wird doch geschichtliche Erkenntnis immer noch weitgehend in Form von Texten präsentiert. Ja, „Geschichte darstellen" und „Geschichte schreiben" erscheinen häufig sogar als Synonyme. In anderen Worten: Wer Geschichte wissenschaftlich darstellen will, der filmt für gewöhnlich nicht, der spielt nicht – der schreibt. Was aber heißt das: „Geschichte schreiben"?

Nimmt man die Entwicklung des historischen Denkens in den Blick, so läßt sich zuerst einmal beobachten, daß bis weit in die zweite Hälfte des 18. Jahrhunderts hinein die Geschichtsschreibung als literarisches Problem im Mittelpunkt geschichtstheoretischen Nachdenkens stand: „Die Präzeptistik diskutierte die Leistungen und Grenzen, die Techniken und Funktionen der Historie nicht unter dem Gesichtspunkt einer Methodik der Forschung, sondern unter dem Signum literarischer Gattungseigenschaften" [HARDTWIG 1998, 170]. „Geschichte schreiben" – das hieß „Geschichten erzählen". Wie diese „Geschichten", diese „Historien" zu erzählen waren, wie die Techniken ihrer Darstellung auszusehen hatten, darüber entschied die Rhetorik. Die Rhetorik orientierte sich dabei an der Funktion der Historien, die Normen eines tugendhaften Lebens zu vermitteln: „historia magistra vitae" – und rückte den Historiker in die Nähe des Dichters und Erziehers [HEITMANN; GÜNTHER, vor allem 642; KOSELLECK 1975; KOSELLECK 1989]. In dem Maße aber, wie sich das historische Denken seit der Wende vom 18. zum 19. Jahrhundert verwissenschaftlichte und professionalisierte – und das hieß in erster Linie: in dem Maße, wie die historische Forschung, die Quellenkritik vor allem, methodisch kontrolliert, differenziert und reflektiert wurde –, traten die Gattungsgesetze der „rhetorischen Historie" zurück. Wer jetzt von „historischer Methode" sprach, sprach nicht mehr von Darstellungsformen, die dazu dienten, menschliche Vergangenheit zu vergegenwärtigen, sondern von Regeln der historischen Forschung. Gleichzeitig begann die Geschichtswissenschaft, sich mehr und mehr von der Rhetorik zu distanzieren – die der Historiker nicht brauche, die er sogar zu meiden habe, weil sie die Wissenschaftlichkeit seiner Darstellung gefährde –, um nicht zuletzt auch begrifflich und semantisch neue Wege zu gehen. So verdrängte etwa der Kollektivsingular „Geschichte" die Pluralform „Geschichten", die bislang die Summe einzelner historischer Exempel bezeichnet hatte. Als ebenso ab-

Forschungsstimme

Leopold Ranke (seit 1865: von Ranke) (1795-1886) – einer der Väter der modernen Geschichtswissenschaft und nicht zuletzt auch Interpret frühneuzeitlicher Geschichte – hielt bereits während seines Studiums zwischen 1814 und 1818 Gedanken fest, die er sich zum Verhältnis von Kunst und Wissenschaft gemacht hatte: „Man hat gesagt, die Alten haben die Historie durchaus künstlerisch behandelt, und in dieser Kunst der Geschichtschreibung bestehe eben ihr unerreichtes, ja unerreichbares Verdienst. Wiederum hat man gesagt, Livius sei der vollendetste, wenn nicht unter allen, doch unter den römischen Geschichtschreibern. Aber eben Livius' Beispiel zeigt, wie wenig stand jener Gegensatz hält. Denn es ist offenbar, daß er gerade der war, der von den Quellen sorgfältige Rechenschaft sowie Zweifeln und vernünftiger Entscheidung überall Raum gibt, die wissenschaftliche Art der Geschichtsbehandlung hauptsächlich anbaut. Der Gegensatz zwischen Kunst und Wissenschaft ist hier ebenso wenig fest und genau als irgendwo, und auch hier muß eben beides zusammenfallen: weil Wissenschaft erkundet, was je geschehen ist, Kunst aber das Geschehene gestaltet und gegenwärtig vor das Auge führt."

Quelle: L. V. RANKE, Tagebücher, hrsg. v. W. P. FUCHS (Aus Werk und Nachlaß Bd. 1), München/Wien 1964, 102f.

So deutlich wie Leopold von Ranke trennte **Wilhelm von Humboldt (1767-1835)** in seiner 1821 gehaltenen Rede „Über die Aufgabe des Geschichtschreibers" Ermittlung und Darstellung historischer Erkenntnis nicht: „Mit der nackten Absonderung des wirklich Geschehenen ist aber noch kaum das Gerippe der Begebenheit gewonnen. Was man durch sie erhält, ist die notwendige Grundlage der Geschichte, der Stoff zu derselben, aber nicht die Geschichte selbst. Dabei stehen bleiben, hiesse die eigentliche, innere, in dem ursachlichen Zusammenhang gegründete Wahrheit einer äusseren, buchstäblichen, scheinbaren aufopfern, gewissen Irrthum wählen, um noch ungewisser Gefahr des Irrthums zu entgehen. Die Wahrheit alles Geschehenen beruht auf dem Hinzukommen jenes oben erwähnten unsichtbaren Theils jeder Thatsache, und diesen muss daher der Geschichtschreiber hinzufügen. Von dieser Seite betrachtet, ist er selbstthätig, und sogar schöpferisch, zwar nicht indem er hervorbringt, was nicht vorhanden ist, aber indem er aus eigner Kraft bildet, was er, wie es wirklich ist, nicht mit blosser Empfänglichkeit wahrnehmen konnte. Auf verschiedene Weise, aber ebensowohl, als der Dichter, muss er das zerstreut Gesammelte in sich zu einem Ganzen verarbeiten."

Quelle: W. v. HUMBOLDT, Über die Aufgabe des Geschichtschreibers, in: DERS., Schriften zur Anthropologie und Geschichte, hrsg. v. A. FLITNER/K. GIEL (Werke in fünf Bänden Bd. 1), Darmstadt 1960, S. 585-606, hier S. 586.

Wie Humboldt ging auch **Georg Gottfried Gervinus (1805-1871)** davon aus, daß der Historiker die Ideen bestimmen müsse, die vergangenes menschliches Handeln als geschichtliches Handeln konstituieren; im Unterschied zu Humboldt aber erscheint die Geschichtsschreibung in seinen „Grundzügen der Historik" von 1837 als poetische Praxis: „Sobald der Geschichtschreiber das Werden und Wachsen solcher Ideen zum Faden seines Geschichtswerkes nimmt, ist diesem die schönste Einheit gegeben. Er trägt nicht diese Idee in seinen Stoff hinein, sondern indem er sich unbefangen in die Natur seines Gegenstandes verliert, ihn mit rein historischem Sinne betrachtet, geht sie aus diesem selbst hervor und trägt sich in seinen betrachtenden Geist über. Und nun gruppiert er um diesen Faden herum mit viel mehr Freiheit und dichterischem Verfahren, als der Chronist denkbar geglaubt hätte, aus der Fülle der Tatsachen das, was jene Ideen und ihren Verlauf anschaulich zu machen dient, was aus diesem Gesichtspunkte als charakteristisch, als wichtig erscheint."

Quelle: G. G. GERVINUS, Grundzüge der Historik, in: DERS., Schriften zur Literatur, hrsg. v. G. ERLER. Berlin 1962, S. 49-102, hier S. 88.

Zwanzig Jahre später kritisierte **Johann Gustav Droysen (1808-1886)** in einer Vorlesung, daß Gervinus die Geschichtsschreibung „nicht aus dem Wesen und Begriff unserer Wissenschaft und ihrer Methode" hergeleitet habe, um gleich darauf noch weiter auszuholen: „Wenn ich recht sehe, so ist der Gesichtspunkt der historischen Kunst derjenige, welcher in diesem Gebiet alles verwirrt und schief gemacht hat. Auch wir haben in schärfster Weise anerkannt, daß es sich in der Geschichte um Wirklichkeiten, d.h. um das Verhältnis von Ideen und dem Stoff, in dem sie sich realisieren, handle, auch wir werden mit Humboldt sagen dürfen: das Geschäft des Geschichtsschreibers in seiner letzten, aber einfachsten Auflösung sei Darstellung des Strebens einer Idee, Dasein in der Wirklichkeit zu gewinnen. Aber wir sind weit entfernt, zuzugestehen, daß die historische Wissenschaft darum in den Bereich der schönen Literatur gehört; es wäre nur eine Verwirrung der Begriffe, zu sagen, daß hier notwendig künstlerische, ästhetische Formungen eintreten müßten, weil von Ideen und von Darstellung die Rede ist. Man müßte denn den Begriff des Künstlerischen in einer Weite fassen, wie er wenigstens nicht der übliche ist."

Quelle: J. G. DROYSEN, Historik, Bd. 1, hrsg. v. P. LEYH. Stuttgart-Bad Cannstatt 1977, 217.

strakter wie komplexer „Inbegriff alles in der Welt Geschehenen" umschloß „die Geschichte" jetzt „die Geschichten" und nahm sie in sich auf; das aber hatte zur Folge, daß der exemplarische Charakter der „Geschichten" zurücktrat und damit auch ihre narrative und pädagogische Komponente an Bedeutung verlor [Koselleck 1975, 647-653; Rüsen/Schulze; Hardtwig 1982; Rüsen, 15-17].

Schon die „frühhistoristischen" Protagonisten dieser Entwicklung des historischen Denkens aber wußten: Forschen ist nicht schreiben – und: Geschichtsschreibung bleibt auch ohne die Richtlinienkompetenz der Rhetorik eine literarische Praxis und damit ein Problem, das über die historische Forschung und ihre Methodik hinausweist. So fragte Wilhelm von Humboldt 1821 in seiner Rede „Über die Aufgabe des Geschichtschreibers", wie das „wirklich Geschehene", das der Historiker quellenkritisch ermittelt habe, zu einer kohärenten Geschichte zu verknüpfen sei. Seine Antwort: Eine solche Verknüpfung müsse sich an den ideellen Triebkräften orientieren, die vergangenes menschliches Handeln als geschichtliches Handeln konstituieren, indem sie es als Sinnzusammenhang, als kontinuierliche kulturelle Schöpfung erscheinen lassen. Diese Ideen gilt es zu ermitteln. Da die ideellen Triebkräfte der menschlichen Weltveränderung und Selbstdefinition zugleich aber auch die historische Erkenntnis bestimmen, in der sie als leitende Interessen wirksam sind, verbinden sie Subjekt und Objekt dieser Erkenntnis: „Auf diese Assimilation der forschenden Kraft und des zu erforschenden Gegenstandes kommt allein alles an" [v. Humboldt, 588]. Was aber heißt das für die Geschichtsschreibung? Da die geistigen Operationen, die diese Assimilation leisten – Operationen, deren Inbegriff das „Verstehen" ist –, die Tatsachen der Vergangenheit nach den Sinnkriterien des schöpferischen Subjekts ordnen und vergegenwärtigen, kann Humboldt den Geschichtsschreiber mit dem Dichter vergleichen: „Denn wenn der erstere ... die Wahrheit des Geschehenen durch die Darstellung nicht anders erreicht, als indem er das Unvollständige und Zerstückelte der unmittelbaren Beobachtung ergänzt und verknüpft, so kann er dies, wie der Dichter, nur durch die Phantasie." Im Unterschied zum Dichter aber muß der Historiker seine Phantasie „der Erfahrung und der Ergründung der Wirklichkeit" unterordnen. Phantasie ist also für Humboldt ein Mittel dieser Ergründung – oder, moderner formuliert: ein Mittel der Erforschung vergangener Wirklichkeit. Zu betonen bleibt allerdings, daß dieses Mittel die Geschichtsschreibung auch für Humboldt zu einem kreativen Prozeß werden läßt, in dessen Verlauf das bloße „Geschehen" überhaupt erst den Charakter einer sinnvollen „Geschichte" annimmt [v. Humboldt, 586; Muhlack 1982; Rüsen, 17-18; Muhlack 1997].

Eine Theorie der Darstellung war das noch nicht, aber doch eine Theorie der historischen Erkenntnis, die im Laufe des 19. Jahrhunderts zu Theorien der Darstellung weiterentwickelt wurde. Eine dieser Theorien arbeitete Johann Gustav Droysen 1857 in seinen Vorlesungen aus. Sie sollte das Nachdenken über das Schreiben der Geschichte besonders nachhaltig prägen. Wie Humboldt und nach ihm vor allem der „Literarhistoriker" Georg Gottfried Gervinus geht auch Droysen davon aus, daß die historische Erkenntnisoperation, die aus den Tatsachen des vergangenen menschlichen Handelns „Geschichte" macht, darin besteht, die ideellen Triebkräfte dieses Handelns zu ermitteln. Im Unterschied aber zu Humboldt und Gervinus bestimmt Droysen diese Operation als methodisch kontrollierten Vollzug der Forschung, so daß die historische Interpretation bei ihm nicht mehr als „dichterisches Verfahren" erscheint, wie noch bei Gervinus, sondern als Forschungsleistung. In anderen Worten: Droysen beschränkt die ästhetische Freiheit des Geschichtsschreibers, indem er sie eng an die methodischen Regeln der historischen Forschung bindet, die für ihn den Erkenntnisfortschritt der Geschichtswissenschaft verbürgen [Gervinus; Droysen, vor allem 217-283; Rüsen, 19-20].

Das aber hatte weitreichende Folgen. Indem nämlich Droysen die historische Interpretation weitgehend von der Geschichtsschreibung löste, forcierte er eine Entwicklung des historischen Denkens, in deren Verlauf das Schreiben der Geschichte mehr und mehr den Charakter einer bloßen Funktion der historischen Forschung annahm und damit auch als theoretisches Problem marginalisiert wurde. Wenn Ernst Bernheim 1889 in seinem „Lehrbuch der historischen Methode" festhielt, daß die Geschichtsschreibung keine andere Aufgabe habe, als „die gewonnenen Forschungsresultate möglichst unentstellt zur Mitteilung zu bringen", dann gab er einem breiten fachwissenschaftlichen Konsens Ausdruck. Dieser Konsens wirkt bis heute selbst dort nach, wo das Schreiben der Geschichte als ästhetische Praxis wiederentdeckt wird [Bernheim, 512; Meier].

Geschichte erzählen. So entschieden das Nachdenken über die Funktionen der Darstellung sowohl im Prozeß der historischen Erkenntnis als auch im Prozeß der Vermittlung historischen Wissens seit der zweiten Hälfte des 19. Jahrhunderts zurücktrat, so entschieden setzte dieses Nachdenken in den sechziger und siebziger Jahren des 20. Jahrhunderts wieder ein, um sich bald schon auf den Begriff der „Erzählung" zu konzentrieren. Konkret: Nachdem bereits der Wissenschaftstheoretiker Arthur C. Danto 1965 die Bedeutung des Begriffs Erzählung von einem Prinzip der Darstellung zu einem Verfahren der Erkenntnis verschoben hatte, präsentierte der Geschichtsphilosoph Hans Michael Baumgartner 1972 eine „transzendentale Historik", die den Begriff noch einmal ausdehnte: „Erzählung" – das ist für Baumgartner zuerst einmal eine ursprüngliche Sprachhandlung, die der Mensch als Ausdruck seiner Freiheit immer schon vollzieht, und damit eine anthropologisch fundierte Form der Auslegung von Wirklichkeit; „Erzählung" konstituiert aber auch historische Probleme und Zusammenhänge; „Erzählung" kennzeichnet die Struktur historischer Texte; und „Erzählung" benennt schließlich die spezifische Darstellungsform historischer Erkenntnis. Kurzum: keine historische Theorie ohne Erzählung; keine historische Aussage ohne narrative Struktur [Danto; Baumgartner, 1972; Baumgartner 1997; Megill].

Wenn diese Überlegungen erheblich dazu beitrugen, daß die Geschichtswissenschaft das Schreiben der Geschichte als theoretisches Problem wiederentdeckte, dann vor allem deshalb, weil der „neue" Begriff von Erzählung der Geschichtswissenschaft erlaubte, ihre methodische Eigenständigkeit gegenüber den Sozialwissenschaften zu bestimmen, deren analytische Verfahren seit den sechziger Jahren in die historische Forschung Einzug hielten. Das aber hatte für das Schreiben der Geschichte einen erheblichen Bedeutungszuwachs zur Folge: „... mit der Erzählung als dem fundamentalen Schema, das Aussagen über die menschliche Vergangenheit als genuin historische qualifiziert, wird die Geschichtsschreibung als der Vorgang thematisch, in dem die

Wer Golo Manns „Wallenstein" aufschlägt, ahnt schon nach den ersten Zeilen, was der Verfasser meint, wenn er „erzählen" sagt: „Das Dorf Hermanitz liegt im Osten des schönen Landes Böhmen, an der Elbe oder Labe, dort, wo sie nach Süden fließt. Die Gegend, mit Wiesen, bewegtem Wasser und buchenwaldumzogener Höhenkette, ist lieblich noch heute, obgleich nicht ganz so, wie vor Zeiten ..." 1971 erstmals erschienen, avancierte dieser „wahre Roman mit Lücken" rasch zum Bestseller, um 1994 eine Auflagenhöhe von über 260 000 Exemplaren zu erreichen. Ein „Triumph erzählender Historie", so heißt es immer wieder; ein Paradigma aber auch für die Grenzen dieser Historie, wird man hinzufügen dürfen. Die Abbildung zeigt die Vorderseite des Schutzumschlags der 7. Auflage der gebundenen Ausgabe, die 1997 erschien: das obligatorische Ölporträt des Feldherrn und Kriegsunternehmers von Christian Kaulfersch, gemalt 1631. Übrigens: Ältere Ausgaben präsentieren Titel und Verfasser noch in Fraktur-Schrift.

Bild: erste Umschlagseite von Wallenstein. Sein Leben erzählt von Golo Mann, 7. Aufl., S. Fischer: Frankfurt/M. 1997

Geschichtswissenschaft diese ihre Eigenart als Wissenschaft realisiert" [Rüsen, 23-24].

Damit entstanden allerdings auch neue Probleme – und nicht zuletzt begriffliche Mißverständnisse. Wenn etwa führende Vertreter der historischen Sozialwissenschaft in Deutschland seit der zweiten Hälfte der siebziger Jahre immer wieder gegen das Narrativitätskriterium Stellung bezogen, dann vor allem deshalb, weil ihnen die Argumente, mit denen die narrative Struktur der historischen Erkenntnis begründet wurde, als Plädoyer für eine theorieferne Geschichtsschreibung alten Stils erschienen [Hardtwig 1979; Wehler]. Hinzu kam, daß sich der „neue" Begriff von Erzählung, der ja die traditionelle Unterscheidung zwischen Erkenntnisproblemen der Forschung und Vermittlungsproblemen der Darstellung weitgehend aufhob, keineswegs gegen den „alten" Erzählbegriff durchsetzte. Im Gegenteil: Wenn Golo Mann 1979 für die historische Erzählung plädierte, wenn er seine Wallenstein-Biographie mit Paul Veyne einen „wahren Roman mit Lücken" nannte, so ging es ihm nicht um Erkenntnis, jedenfalls nicht primär, sondern um jenes Prinzip der Darstellung, für das die zeitliche Abfolge von beschreibbaren Ereignissen und verstehbaren Handlungen zentral ist [Mann 1979; Lenz]. Und wenn Lawrence Stone im selben Jahr auf einen Prozeß aufmerksam machte, den er „The Revival of Narrative" nannte, so verstand er unter „Narrative" zwar mehr als Golo Mann unter „Erzählung", aber doch auch in erster Linie eine Form „kunstvoller" Präsentation vergangener Wirklichkeit: „The two essential ways in which narrative history differs from structural history is that its arrangement is descriptive rather than analytical and that its central focus is on man not circumstances. It therefore deals with the particular and specific rather than the collective and statistical" [STONE, 3-4].

Vor allem aber ist hervorzuheben, daß der analytische Begriff von Erzählung dazu beitrug, das Nachdenken über das Schreiben der Geschichte noch einmal in eine Richtung zu lenken, die lange Zeit fast vergessen war: Da die Narrativitätsthese davon ausgeht, daß die historische Forschung immer schon auf die Form einer „Geschichte" hin angelegt ist, einer „Geschichte" als Struktur historischer Aussagen, stellt sich die Frage nach den narrativen Voraussetzungen dieser Forschung; denn die Ausrichtung der Forschung auf eine erzählbare Geschichte muß ja in ihnen beschlossen liegen. Wer aber nach den narrativen Voraussetzungen der historischen Forschung und ihrer Verfahren fragt, fragt nach einem konstitutiven Akt historischer Erkenntnis, der sich als geistige Aneignung der menschlichen Vergangenheit in der „Erzählung" fassen läßt – und der sowohl der Forschung als auch ihrer Darstellung zugrunde liegt. Die Frage nach diesem konstitutiven Akt historischer Erkenntnis aber führt den Blick zurück zu jenen schöpferischen Sinnbildungsleistungen des „Geschichtschreibers", die schon Humboldt thematisiert und Gervinus sogar in den Mittelpunkt seiner „Grundzüge der Historik" gestellt hatte.

Geschichte dichten. Obwohl außer Frage steht, daß historische Erkenntnis ohne Einbildungskraft nicht denkbar ist und jeder, der wissen will, was das eigentlich sei – das Schreiben der Geschichte, die Phantasie nicht ignorieren kann, scheint es doch wenig sinnvoll zu sein, all jene, die Geschichte schreiben, zu Künstlerinnen und Künstlern zu machen und die Geschichtsschreibung ausschließlich als Problem einer Theorie des Erzählens in den Blick zu nehmen. Wer akzeptiert, daß historische Darstellung auf historische Einbildungskraft angewiesen ist, steht vielmehr vor der Aufgabe, das Schreiben der Geschichte als eine Form des Erzählens von anderen Erzählformen abzugrenzen, die als poetische Erzählformen im engeren Sinne gelten dürfen; das aber bedeutet, mindestens zwei Fragen beantworten zu müssen: In welchen sprachlichen Formen kann sich die historische Einbildungskraft überhaupt artikulieren? Und was gibt dabei den Ausschlag für welche Form? [RÜSEN, 28-30; Historische Sinnbildung]

Soviel steht fest: Wer diese Fragen beantworten will, wird sich heute kaum noch auf Humboldt oder Gervinus und das heißt: auf Konzeptionen eines ästhetischen Subjektivismus berufen, in denen der Historiker als sinnstiftender Genius erscheint. Aber auch Droysen hilft nicht weiter. Sein Weg, die Formen der Geschichtsschreibung von den Strategien der historischen Forschung abzuleiten, ist schon deshalb nicht zu gehen, weil die Vorgaben der historischen Einbildungskraft diesen Strategien ja bestimmend zugrunde liegen. Was also bleibt? Eine Antwort, die in den vergangenen beiden Jahrzehnten besonders intensiv diskutiert wurde und bis heute das Nachdenken über das Schreiben der Geschichte prägt, ist der Versuch, sich den sprachlichen Formen der Geschichtsschreibung selbst zu nähern, um sie mit Hilfe des methodischen Instrumentariums der Textlinguistik zu untersuchen. Der wohl einflußreichste Vertreter dieses sogenannten „linguistic turn" ist der amerikanische Historiker Hayden White. Indem sich White die Aufgabe stellt, die in Geschichtswissenschaft und Geschichtsphilosophie eingesetzten spezifischen poetischen Elemente und rhetorischen Strategien aufzudecken, gelingt es ihm, die Narrativi-

▷ S. 225 f., 229
Literaturwissenschaft:
Quellen als
Texte gelesen

„Hätte Shakespeare Mommsen gekannt, hätte er den Cäsar nicht geschrieben, weil ihm in diesem Augenblick notwendigerweise die Souveränität abhanden gekommen wäre, mit der er über seine Stoffe schrieb." Was aber, so könnte man diesen Satz von Friedrich Dürrenmatt fragend weiterführen, wenn Shakespeare auch Hayden White gelesen hätte? Daß „auch Klio dichtet", hätte ihn jedenfalls wohl weniger erstaunt als seinen Kollegen Georg Büchner, der am 28. Juli 1835 in einem Brief an die Familie sein eben erst als stark zensierte Buchausgabe erschienenes Drama **„Dantons Tod"** kommentierte und dabei auch die Aufgabe des Dichters umriß: „Der dramatische Dichter ist in meinen Augen nichts, als ein Geschichtsschreiber, steht aber über Letzterem dadurch, daß er uns die Geschichte zum zweiten Mal erschafft und uns gleich unmittelbar, statt eine trockne Erzählung zu geben, in das Leben einer Zeit hinein versetzt, uns statt Charakteristiken Charaktere, und statt Beschreibungen Gestalten gibt. Seine höchste Aufgabe ist, der Geschichte, wie sie sich wirklich begeben, so nahe als möglich zu kommen. Sein Buch darf weder sittlicher noch unsittlicher sein, als die Geschichte selbst". Ob „Dantons Tod" so sittlich oder unsittlich geworden ist wie die Geschichte selbst, sei dahingestellt. Fest steht jedenfalls, daß Büchner trotz gewissenhafter Literaturrecherchen, trotz der Zitate, die er aus Reden der Nationalversammlung und anderen Quellen wörtlich in sein Drama übernahm, sehr viel höher über dem „Geschichtsschreiber" zu stehen kam, als seine Zeilen vermuten lassen. Die Abbildung zeigt Bernd Kaftan als Robespierre in der zweiten Szene des ersten Akts einer Inszenierung des Deutschen Theaters in Göttingen, die am 21. Oktober 1989 Premiere hatte: „Armes, tugendhaftes Volk! Du tust deine Pflicht, du opferst deine Feinde. Volk, du bist groß!"

Foto: Kaspar Seiffert Theaterfotografie.

Zitate nach H. Hinck, Historie und Literatur. Hat Geschichtsdichtung Zukunft?, in: Ders., Geschichtsdichtung, Göttingen 1995, S. 11-60, hier S. 11, 23.

tätstheorie der historischen Erkenntnis zu einer Theorie der Geschichtsschreibung weiterzuentwickeln, die der Untersuchung konkreter Formen historischer Darstellung als Interpretationsrahmen dienen kann. In anderen Worten: Whites Theorie der Geschichtsschreibung, die sich auch als Rhetorik oder allgemeine Poetik der Geschichtsschreibung bezeichnen ließe, fragt nicht nach der Subjektivität des Historikers als Quelle seiner Sinnbildungskompetenz, sondern nach denjenigen Grundformen sprachlicher Präsentation historischer Erfahrungen, die das Schreiben der Geschichte konstituieren. White hat diese Grundformen, diese „Plotstrukturen", als „Romanze", „Tragödie", „Komödie" und „Satire" identifiziert. Kurzum: Whites Theorie der Geschichtsschreibung thematisiert nicht die Phantasie des Historikers in Analogie zu der des Dichters, sondern den historischen Text als literarisches Kunstwerk [White 1994, 1991, 1990].

Nicht, daß diese Theorie auf allgemeine Zustimmung gestoßen wäre. So lassen sich zum Beispiel Interpretinnen und Interpreten ausmachen, die monieren, daß White die Geschichtsschreibung dem alteuropäischen Verständnis von „poeisis" zuordnet und damit einem kontemplativen Erkenntnisideal, dessen Ziel es war, das „Wesen" einer Welt zu erfassen, die man für mehr oder weniger unveränderlich hielt. Kaum weniger problematisch erscheint vielen Kritikern Whites Typologie der Plotstrukturen, die keineswegs zwingend sei. Hinzu kommt, daß White zwar einen Spielraum historischer Darstellungsformen eröffnet, aber keine Kriterien benennt, die es erlauben würden, die Nähe oder Ferne einer Form der Geschichtsschreibung zu den jeweiligen Standards der Geschichtswissenschaft zu bestimmen. Vor allem aber stellt sich die Frage, ob nicht die Wiederentdeckung der Rhetorik als Bezugsrahmen einer Theorie der Geschichtsschreibung mehr Probleme aufwirft, als sie zu lösen vorgibt – schließlich ist die Verdrängung der Rhetorik das Ergebnis einer Rationalisierung des historischen Denkens gewesen. Wenn an Hayden White heute dennoch kein Weg vorbeigeht, dann in erster Linie deshalb, weil seine Theorie wie wohl keine andere die Geschichtswissenschaft für ihre „Sprachen" sensibilisiert hat. Indem White die metaphorischen Strategien freizulegen versucht, die uns zur Verfügung stehen, um Vergangenheit in eine Sprache zu übersetzen, die verstanden werden kann, um Unvertrautes also vertraut zu machen, führt er allen, die darum bemüht sind, Geschichte wissenschaftlich zu schreiben, deutlich vor Augen, daß ihre Arbeit ohne Mittel der Fiktion nicht möglich ist [Kellner, 193-227; Hanisch, 224-225; Simon, 276-282; Lorenz, 170-187; Hardtwig 1998, 175-179].

Mehr noch: Wie die analytischen Narrativitätstheorien haben auch die poetologischen Theorien des „linguistic turn" dazu beigetragen, die alte Vorstellung zurückzudrängen, die Darstellung verhalte sich zu den Fakten wie die Form zum Stoff. Wohl kaum jemand, der heute noch davon ausgeht, daß sich „Tatsachen" in einem ersten, autonomen Schritt historischer Erkenntnis objektiv ermitteln ließen, um dann in einem zweiten, ebenfalls autonomen Schritt dargestellt zu werden. Wohl kaum jemand, der heute noch daran festhält, daß sich „res factae" und „res fictae" grundsätzlich und damit auch unversöhnlich gegenüberstehen. Zugespitzt formuliert: Wer heute versucht, Geschichte wissenschaftlich zu schreiben – und das heißt: die „res factae" wissenschaftlich angemessen zu präsentieren –, der weiß in aller Regel, daß er „dichten" muß, um schreiben zu können, was er schreiben will.

Und der weiß auch, daß er deshalb noch lange kein Dichter ist [SEAMON; GOERTZ, 101-104; HINCK; EVANS, 78-103].

Geschichte schreiben nach der Postmoderne. Wer vor dem Hintergrund der skizzierten Entwicklung des Nachdenkens über das Schreiben der Geschichte einen Blick auf den wissenschaftlichen Buchmarkt der vergangenen Jahre wirft – und insbesondere Publikationen zur frühneuzeitlichen Geschichte in Augenschein nimmt, wird rasch feststellen, daß jene Tendenz zum „Narrativen", die der bereits erwähnte Lawrence Stone schon 1979 beobachtet hat, auch weiterhin die Darstellung historischer Erkenntnis bestimmt. Wie ist die Nachhaltigkeit dieses „Revival of Narrative" zu erklären? Will man sich nicht mit einem Hinweis auf die Publikumswirksamkeit erzählender Geschichtsschreibung begnügen, so liegt vor allem eine Antwort nahe: Da die Wiederbelebung des „Narrativen" eng mit der Wiederentdeckung des Menschen in der Geschichte verbunden war – seines Alltags, seines Körpers, seiner Wahrnehmungen, Symbole, Erfahrungen und Gefühle –, spricht viel dafür, die ungeschwächte Anziehungskraft des „Narrativen" darauf zurückzuführen, daß diese Wiederentdeckung trotz mancher Richtungsänderung und Akzentverschiebung immer noch anhält [BURKE 1992; Geschichte schreiben in der Postmoderne].

▷ S. 193 ff. Geschlechtergeschichte: Normen und soziale Praxis

▷ S. 352 Themen: Neuere Untersuchungsschwerpunkte

Angesichts der Nachhaltigkeit des „Narrativen" ist es wenig erstaunlich, daß viele, die heute über die Zukunft der Geschichtsschreibung nachdenken, Formen narrativer Darstellung zum Ausgangspunkt ihrer Reflexionen machen. Der englische Kulturhistoriker und Renaissance-Experte Peter Burke zum Beispiel empfiehlt seinen Kolleginnen und Kollegen

Ein Geschichtsschreiber – Spezialgebiet: „Frühe Neuzeit" –, Geschichtsdramatiker und Geschichtsphilosoph bei der Arbeit: Friedrich Schiller am Schreibpult.

Bild: Scherenschnitt, Schiller-Nationalmuseum, Marbach am Neckar

Kaum im Besitz einer Schreibmaschine, wechselte Friedrich Nietzsche von der Philosophie zur Literatur, vom Argument zum Aphorismus. Hier ein Modell seiner „Schreibkugel", die der Däne Hans Rasmus Johann Malling Hansen 1865 hatte patentieren lassen.

Bild: Die Schreibmaschine ist im Besitz der Stiftung Weimarer Klassik, Goethe-Nationalmuseum, Foto: Sigrid Geske.

Eine Nachricht: http://wiesbaden-online.de/old/97/05/28/topnews/imhof.html

Berliner Historiker Imhof verlegt Wissenschaftsbetrieb in den Cyberspace

"Ich publiziere nicht mehr auf Papier!"

Mainz (AP) - Der Berliner Historiker Arthur E. Imhof war immer einer der fleißigsten seiner Zunft. Mehr als 30 Bücher und über 220 Artikel in Fachzeitschriften führt die Liste seiner Veröffentlichungen auf, deren Umfang traditionell das Prestige eines Professors bestimmt. Aber inzwischen hat der gebürtige Schweizer eine radikale Kehrtwende vollzogen und sagt: "Ich publiziere nicht mehr auf Papier!" Seine neuen Forschungsarbeiten gibt es nur noch im Internet.

In der Verlegung des Wissenschaftsbetriebs in den Cyberspace sieht Imhof viele Vorteile. Am Rande eines Fachkolloquiums über "Landesgeschichte und Historische Demographie" verwies der Professor kürzlich in Mainz auf die Vorteile der Vernetzung mit anderen Wissenschaftlern oder interessierten Privatleuten in aller Welt. Auch ermöglicht der Hypertext, also die Einbindung direkt anklickbarer Querverweise, ein ökonomischeres Arbeiten. Anstatt in einer Einführung immer wieder den Stand der Forschung darzulegen, genügt ein Link auf die entsprechenden Inhalte. "Mit Links versehene Web-Seiten sind geballte Ladungen", sagt Imhof. Zumindest auf sein eigenes Internet-Angebot (http://userpage.fu-berlin.de/~aeimhof) trifft dies zu.

„Unser Schreibzeug arbeitet mit an unseren Gedanken". Obwohl viel für die Richtigkeit dieses Satzes spricht, den Friedrich Nietzsche Ende Februar 1882 – auf der Schreibmaschine – an Peter Gast schrieb, fällt auf, daß die Fragen, die er im Zeitalter des Computers aufwirft, noch weitgehend offen sind – und daß vor allem Historikerinnen und Historiker, die über das Schreiben der Geschichte nachdenken, diese Fragen immer noch gern weitläufig umgehen.

schon seit Jahren Akira Kurosawas „Rashomon", um sie für kinematographische Erzähltechniken einzunehmen – und vergißt dabei in aller Regel nicht, auch Natalie Zemon Davis und ihre Filmerfahrungen zu erwähnen: „Flashbacks, cross-cutting, and the alternation of scene and story; these are cinematic (or indeed literary) techniques which may be used in a superficial way, to dazzle rather than to illuminate, but they may also help historians in their difficult task of revealing the relationship between events and structures and presenting multiple viewpoints" [BURKE 1991, 246].

Was Peter Burke da präsentiert, dürfte wohl selbst Historikerinnen und Historikern mit cineastischen Neigungen fremd und reichlich experimentell erscheinen. Führt man sich allerdings vor Augen, daß die Zahl derer, die Geschichte mit dem Computer schreiben, stetig zunimmt und daß nach allen Erkenntnissen, die bislang vorliegen, der Einsatz des Computers auf das Schreiben selbst zurückwirkt, spricht einiges dafür, Burkes Plädoyer für kinematographische Techniken historischen Erzählens – und das heißt auch: für ein „neues Erzählen" – aufzugreifen, zu diskutieren und weiterzuentwickeln [KITTLER, 270-380; MARSISKE]. Denn soviel scheint festzustehen: Wenn es stimmt, daß unser Schreibzeug an unseren Gedanken mitarbeitet, dann haben die genannten Erzähltechniken schon deshalb eine Zukunft, weil sie einem Schreiben entsprechen, das weniger auf Linearität als auf Komplexität hin angelegt ist und das damit Gesetzen des Erzählens folgt, die der Computer zumindest mitbestimmt.

▷ S. 366 Historische Arbeit im Zeitalter des Computers

Peter Burschel

Literatur

H. M. BAUMGARTNER, Kontinuität und Geschichte. Zur Kritik und Metakritik der historischen Vernunft, Frankfurt/M. 1972.

DERS., Narrativität, in: Handbuch der Geschichtsdidaktik, hrsg. v. K. BERGMANN u.a., Seelze-Velber 5. Aufl. 1997, 157-160.

E. BERNHEIM, Lehrbuch der historischen Methode, Leipzig 1889.

P. BURKE, History of Events and the Revival of Narrative, in: New Perspectives on Historical Writings, hrsg. v. DEMS., Cambridge 1991, 233-248.

DERS., Historiker, Anthropologen und Symbole, in: Das Schwein des Häuptlings. Sechs Aufsätze zur Historischen Anthropologie, hrsg. v. R. HABERMAS/N. MINKMAR, Berlin 1992, 21-41.

A. C. DANTO, Analytische Philosophie der Geschichte, Frankfurt/M. 1974, zuerst englisch 1965.

N. ZEMON DAVIS, Die wahrhaftige Geschichte von der Wiederkehr des Martin Guerre, Frankfurt/M. 1989.

DIES., Schwindler in neuem Gewand: Remakes von Betrugsgeschichten von Martin Guerre bis Sommersby, in: DIES., Lebensgänge, Berlin 1998, 57-74.

DIES., Ad me ipsum. Ein (nicht nur) wissenschaftlicher Lebenslauf, in: DIES., Lebensgänge, Berlin 1998, 75-104.

J. G. DROYSEN, Historik, Bd. 1, hrsg. v. P. LEYH, Stuttgart-Bad Cannstatt 1977.

R. J. EVANS, Fakten und Fiktionen. Über die Grundlagen historischer Erkenntnis, Frankfurt/M./New York 1998.

G. G. GERVINUS, Grundzüge der Historik, in: DERS., Schriften zur Literatur, hrsg. v. G. ERLER, Berlin 1962, 49-103.

Geschichte schreiben in der Postmoderne. Beiträge zur aktuellen Diskussion, hrsg. v. C.

CONRAD/M. KESSEL, Stuttgart 1994.
C. GINZBURG, Beweise und Möglichkeiten. Randbemerkungen zur „Wahrhaftigen Geschichte von der Wiederkehr des Martin Guerre", in: N. ZEMON DAVIS, Die wahrhaftige Geschichte von der Wiederkehr des Martin Guerre, Frankfurt/M. 1989, 185-213.
H.-J. GOERTZ, Umgang mit Geschichte. Eine Einführung in die Geschichtstheorie, Reinbek bei Hamburg 1995.
H. GÜNTHER, Geschichte, Historie IV: Historisches Denken in der frühen Neuzeit, in: Geschichtliche Grundbegriffe. Historisches Lexikon zur politisch-sozialen Sprache in Deutschland, hrsg. v. O. BRUNNER/W. CONZE/ R. KOSELLECK, Bd. 2, Stuttgart 1975, 625-647.
E. HANISCH, Die linguistische Wende. Geschichtswissenschaft und Literatur, in: Kulturgeschichte Heute, hrsg. v. W. HARDTWIG/ H.-U. WEHLER (Geschichte und Gesellschaft. Sonderheft Bd. 16), Göttingen 1996, 212-230.
W. HARDTWIG, Theorie oder Erzählung – eine falsche Alternative, in: Theorie und Erzählung in der Geschichte, hrsg. v. J. KOCKA/T. NIPPERDEY (Beiträge zur Historik Bd. 3), München 1979, 290-299.
DERS., Die Verwissenschaftlichung der Historie und die Ästhetisierung der Darstellung, in: Formen der Geschichtsschreibung, hrsg. v. R. KOSELLECK/H. LUTZ/J. RÜSEN (Beiträge zur Historik Bd. 4), München 1982, 147-191.
DERS., Formen der Geschichtsschreibung: Varianten des historischen Erzählens, in: Geschichte. Ein Grundkurs, hrsg. v. H.-J. GOERTZ, Reinbek bei Hamburg 1998, 169-188.
K. HEITMANN, Das Verhältnis von Dichtung und Geschichtsschreibung in älterer Theorie, in: AKG 52, 1970, 244-279.
H. HINCK, Historie und Literatur. Hat Geschichtsdichtung Zukunft?, in: DERS., Geschichtsdichtung, Göttingen 1995, 11-60.
Historische Sinnbildung. Problemstellungen, Zeitkonzepte, Wahrnehmungshorizonte, Darstellungsstrategien, hrsg. v. K. E. MÜLLER/J. RÜSEN, Reinbek bei Hamburg 1997.
W. v. HUMBOLDT, Über die Aufgabe des Geschichtschreibers, in: DERS., Schriften zur Anthropologie und Geschichte, hrsg. v. A. FLITNER/K. GIEL (Werke in fünf Bänden Bd. 1), Darmstadt 1960, 585-606.
H. KELLNER, Language and Historical Representation. Getting the Story Crooked, Madison 1989.
F. KITTLER, Grammophon Film Typewriter, Berlin 1986.
R. KOSELLECK, Geschichte, Historie V: Die Herausbildung des modernen Geschichtsbegriffs, in: Geschichtliche Grundbegriffe. Lexikon zur politisch-sozialen Sprache in Deutschland, hrsg. v. O. BRUNNER/W. CONZE/R. KOSELLECK, Bd. 2, Stuttgart 1975, 647-691.
DERS., Historia Magistra Vitae. Über die Auflösung des Topos im Horizont neuzeitlich bewegter Geschichte, in: Natur und Geschichte. Karl Löwith zum 70. Geburtstag, hrsg. v. H. BRAUN/M. RIEDEL, Stuttgart 1967, 196-219. (Wiederabdruck in: R. KOSELLECK, Vergangene Zukunft. Zur Semantik geschichtlicher Zeiten, Frankfurt/M. 1989, 38-66.)
S. LENZ, Geschichte erzählen – Geschichten erzählen, in: DERS., Über das Gedächtnis. Reden und Aufsätze, München 1996, 21-37.
C. LORENZ, Konstruktion der Vergangenheit. Eine Einführung in die Geschichtstheorie (Beiträge zur Geschichtskultur Bd. 13), Köln/ Weimar/Wien 1997.
G. MANN, Wallenstein, Frankfurt/M. 1971, 7. Aufl. 1997.
DERS., Plädoyer für die historische Erzählung, in: Theorie und Erzählung in der Geschichte, hrsg. v. J. KOCKA/T. NIPPERDEY (Beiträge zur Historik Bd. 3), München 1979, 40-56.

H.-A. MARSISKE, Software für Zeitmaschinen: Film und Computersimulation, in: Geschichte. Ein Grundkurs, hrsg. v. H.-J. GOERTZ, Reinbek bei Hamburg 1998, 189-200.
A. MEGILL, Does Narrative Have a Cognitive Value of Its Own?, in: Dimensionen der Historik. Geschichtstheorie, Wissenschaftsgeschichte und Geschichtskultur heute. Jörn Rüsen zum 60. Geburtstag, hrsg. v. H. W. BLANKE/F. JAEGER/T. SANDKÜHLER, Köln/Weimar/Wien 1998, 41-52.
C. MEIER, Narrativität, Geschichte und die Sorgen des Historikers, in: Geschichte – Ereignis und Erzählung, hrsg. v. R. KOSELLECK/W.-D. STEMPEL (Poetik und Hermeneutik Bd. 5), München 1973, 571-585.
U. MUHLACK, Theorie oder Praxis der Geschichtsschreibung, in: Formen der Geschichtsschreibung, hrsg. v. R. KOSELLECK/H. LUTZ/J. RÜSEN (Beiträge zur Historik Bd. 4), München 1982, 607-620.
DERS., Geschichtsschreibung als Geschichtswissenschaft, in: Geschichtsdiskurs, Bd. 3: Die Epoche der Historisierung, hrsg. v. W. KÜTTLER/J. RÜSEN/E. SCHULIN, Frankfurt/M. 1997, 67-79.
L. v. RANKE, Tagebücher, hrsg. v. W. P. FUCHS (Aus Werk und Nachlaß Bd. 1), München/Wien 1964.
J. RÜSEN, Geschichtsschreibung als Theorieproblem der Geschichtswissenschaft. Skizze zum historischen Hintergrund der gegenwärtigen Diskussion, in: Formen der Geschichtsschreibung, hrsg. v. R. KOSELLECK/H. LUTZ/J. RÜSEN (Beiträge zur Historik Bd. 4), München 1982, 14-35.
J. RÜSEN/W. SCHULZE, Methode, historische, in: Historisches Wörterbuch der Philosophie, hrsg. v. J. RITTER/K. GRÜNDER, Basel/Stuttgart 1980, 1345-1355.
R. G. SEAMON, Narrative Practice and the Theoretical Distinction between History and Fiction, in: Genre 16, 1983, 197-218.
C. SIMON, Historiographie. Eine Einführung, Stuttgart 1996.
L. STONE, The Revival of Narrative. Reflections on a New Old History, in: P & P 85, 1979, 3-24.
H.-U. WEHLER, Anwendung von Theorien in der Geschichtswissenschaft, in: Theorie und Erzählung in der Geschichte, hrsg. v. J. KOCKA/T. NIPPERDEY (Beiträge zur Historik Bd. 3), München 1979, 17-39.
H. WHITE, Metahistory. Die historische Einbildungskraft im 19. Jahrhundert in Europa, Frankfurt/M. 1994.
DERS., Auch Klio dichtet oder Die Fiktion des Faktischen. Studien zur Tropologie des historischen Diskurses (Sprache und Geschichte Bd. 10), Stuttgart 1991.
DERS., Die Bedeutung der Form. Erzählstrukturen in der Geschichtsschreibung, Frankfurt/M. 1990.

Quellen: Bandbreite heute untersuchter Materialien

Traditionelle Quellenbenutzung. Seit Menschen über vergangenes Geschehen berichten, benutzen sie Quellen. In der griechischen Antike oder im vorkolonialen Afrika wurde Geschichte im wesentlichen nach mündlicher Überlieferung in Sagen, Erzählungen und Ritualen weitergegeben, die für uns heute selbst wieder Quellen sind. Im lateinischen Europa und in Asien besteht hingegen schon eine lange Tradition der künstlerischen und schriftlichen Fixierung vergangener Ereignisse in Bildern und Texten. Die herkömmlichsten Mittel der schriftlichen Überlieferung, manchmal auch mit Abbildungen versehen, sind die chronikalische Aufzeichnung und die einen juristischen Akt bestätigende Urkunde.

Mit der Entstehung der modernen europäischen Geschichtswissenschaft im 18. Jahrhundert standen diese beiden Überlieferungsformen zunächst im Mittelpunkt der Quellensuche und -auswertung. Im 19. Jahrhundert haben es die Historiker als ihre wichtigste Aufgabe angesehen, Chroniksammlungen und große Urkundeneditionen zu schaffen, die vor allem die mittelalterliche Geschichte betreffen und bis heute eine wichtige Grundlage geschichtswissenschaftlicher Forschung darstellen. Bei der Erforschung der Frühen Neuzeit spielen diese beiden Quellengattungen zwar auch heute noch eine Rolle, doch treten sie in ihrer Bedeutung gegenüber den Akten zurück. Die durch den im 16. Jahrhundert entstandenen frühneuzeitlichen Behördenapparat geschaffenen Akten galten der Forschung besonders in der zweiten Hälfte des 19. Jahrhunderts als herausragende Quellen zur Geschichte von Nation, Staat und Politik. Die in Deutschland traditionell starke Landesgeschichte suchte, aus dem Aktenmaterial der landesherrlichen und auch der unteren Behörden, der Kirchengemeinden und der Dorfgemeinschaften die regionale und lokale Geschichte zu rekonstruieren, zumeist jedoch ohne ihr einen übergreifenden Wert zuzuerkennen [Buchholz].

▷ S. 258 Technik: Arbeit mit Quellen

Zwei für die deutsche Geschichte des 16. und 17. Jahrhunderts wichtige Quelleneditionen, die die Tradition der verwendeten Quellen widerspiegeln, werden bis heute fortgeführt: Die Ende des 19. Jahrhunderts begonnene Sammlung der „Deutschen Reichstagsakten" hat eine vollständige Präsentation aller auf den Reichsversammlungen entstandenen Verhandlungstexte und darauf Bezug nehmender Korrespondenzen des Kaisers und der Reichsstände zum Inhalt. Die zweite ähnlich verfaßte Quellenedition sind die in den späten 1950er Jahren begründeten „Acta Pacis Westphalicae", die die Verhandlungsmaterialien im und am Ende des Dreißigjährigen Krieges im Wortlaut wiedergeben [Repgen].

Serielle Quellen. Die seit dem 19. Jahrhundert vorwiegend genutzten Quellengattungen wurden seit den 1920er Jahren zuerst in der französischen Geschichtswissenschaft durch eine Heranziehung statistischer Zahlenreihen zur Wirtschafts- und Sozialgeschichte ergänzt. Darin spiegelt sich eine wichtige Wandlung des historischen Interesses von der Politik- zur Strukturgeschichte wider, wie sie die französische „Annales"-Schule betrieb. Auch in Deutschland hatte es um 1900 Ansätze zu einer quantifizierenden Geschichtswissenschaft gegeben, die jedoch nicht die Bedeutung wie in Frankreich gewannen [Elsas]. Erst in den 1970er Jahren wurden die Untersuchungen der Annales-Schule stärker rezipiert, und das Interesse an der Analyse historischer Datenmengen wuchs.

▷ S. 167 f. Mentalitätengeschichte: Historiographische Wenden

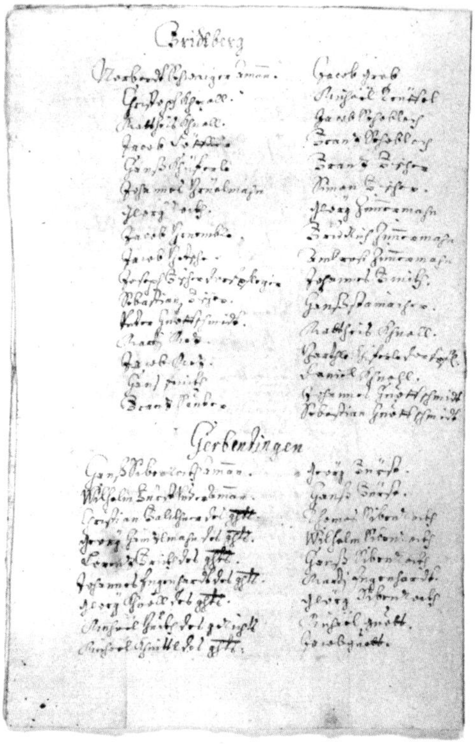

Der Hang frühneuzeitlicher Verwaltungen, über herrschaftliche Rechte Verzeichnisse aufzustellen und damit über Jahrhunderte verfestigte Verhältnisse erstmals schriftlich zu dokumentieren, stellt die Grundlage für viele serielle Quellen dar. Die hier abgebildete Auflistung von **Untertanen der Herrschaft Friedberg-Scheer** von 1682 resultiert aus einem Rechtsstreit. Die vormals österreichischen Untertanen dieses Gebiets weigerten sich, den Erbtruchsessen von Waldburg, denen die Habsburger diese Herrschaft pfandweise überlassen wollten, zu huldigen, da sie eine Verschlechterung ihrer Rechts- und Sozialverhältnisse unter den neuen Herren befürchteten. Daher wandte sich ein Untertanenausschuß an einen Notar und ließ den Willen von 574 männlichen Gemeindeangehörigen, den Hausvorständen, dokumentieren, als österreichische Untertanen die Pfandsumme selbst abzulösen. Aus dieser Liste können also für das Ende des 17. Jahrhunderts fast alle Familien der Herrschaft identifiziert werden. Dies stellt, verbunden mit anderen Quellen wie etwa Kirchenbüchern, eine hervorragende Basis für demographische und soziale Untersuchungen dar.

Bild: Untertanenliste der Grafschaft Friedberg-Scheer, 1682, Staatsarchiv Sigmaringen, Sign. Dep. 30/1 T 1 U 970.

Literatur: R. Kretzschmar, Zurück zur österreichischen Freiheit! Die renitenten Untertanen der Reichserbtruchsessen von Waldburg und ihre Liebe zum Doppeladler, in: Vorderösterreich – nur die Schwanzfedern des Kaiseradlers?, hg. vom Württembergischen Landesmuseum Stuttgart, Stuttgart 1999, S. 196-209.

Zur Aufdeckung wirtschaftlicher und sozialer Verhältnisse benutzen die Historikerinnen und Historiker dieser Forschungsrichtung massenhaft überlieferte Einzeldaten, die aus der jeweiligen Quellenüberlieferung entnommen und zu langen Zahlenkolonnen – heute in einer Datenbank – zusammengestellt werden. Der französische Historiker Pierre Chaunu hat berichtet, wie er in den 50er Jahren von seinem akademischen Lehrer Fernand Braudel, der eine Vermutung über die Bedeutung des Atlantikhandels in einem wirtschaftshistorischen Werk näher untersucht sehen wollte, dazu verleitet wurde, sich für mehrere Jahre ins Archiv nach Sevilla zu begeben; dort erhob er in mühevoller Arbeit aus Rechnungsbüchern, Schiffsladungsangaben, Hafenberichten, Zollübersichten und Handelsakten eine riesige Menge von Daten und entwarf mit den gewonnenen Statistiken und deren Interpretation in einem dreibändigen Werk ein neues Bild des spanisch-kolonialamerikanischen Handels [Chaunu, 32].

▷ S. 159 Wirtsch Sozial- geschic Alte Th Neue A

Nicht nur im Bereich der Wirtschaftsgeschichte, auch in der Historischen Demographie und der Sozialgeschichte erlebte die Analyse großer Datenmengen eine Hochkonjunktur, die erst Ende der 1980er Jahre etwas abklang, aber trotzdem immmer noch bedeutungsvoll ist. Die Suche nach auswertbaren Quellen rückte bisher vernachlässigte Überlieferungstypen in den Vordergrund, die oft keine zusammenhängenden längeren Texte bilden, sondern lediglich kurze Angaben enthalten. Für die Bevölkerungsgeschichte beispielsweise sind die Kirchenbücher, ein Verzeichnis der Heiraten, Geburten und Todesfälle in der Kirchengemeinde, eine unverzichtbare Grundlage für die sogenannte Familienrekonstruktion, d.h. eine Übersicht über die wichtigsten Lebensdaten der Personen einer Familie. Die aus den Kirchenbüchern gewonnenen Angaben über Geburtenrate, Heiratsverhalten und Sterblichkeit in einer Gemeinde über einen langen Zeitraum hinweg wurden zur Erarbeitung eines Modells des demographischen Verhaltens der Bevölkerung genutzt. Typisch für die Methode der quantitativen Analyse ist das Vorhandensein von schriftlich fixierten Daten, die in eine der Fragestellung angepaßte Relation zueinander gebracht werden. Daher nennt man den Quellentypus, dem die Daten entnomen werden, serielle Quellen, da eine große Masse (Serie) von ihnen die Grundlage zur Gewinnung analoger Daten darstellt. Dies unterstellt, daß die in den Quellen aufgeführten Daten in einer gleichen Art und Weise erhoben worden sind, damit sie tatsächlich ohne Verfälschungen vergleichbar sind.

Eine besondere Anwendung dieses Konzeptes auf schriftliche Quellentexte, die keine Zahlenangaben enthalten, hat Michel Vovelle vorgestellt. Er hat eine quantitative Analyse vom Wortgebrauch in französischen Testamenten des 18. Jahrhunderts vorgenommen und dabei eine langfristige Entsakralisierung festgestellt, die eine mentale Voraussetzung für die Durchsetzung aufklärerischer Kirchenkritik im Vorfeld der Französischen Revolution schuf [Vovelle].

> S. 168
.litäten-
:hichte:
.istorio-
phische
Venden

Gerichtsakten. Der Alltag der Rechtspraxis in der Frühen Neuzeit stand lange im Schatten der traditionellen Verfassungsgeschichte. Diese untersuchte die Institutionen und Verfassungsgrundsätze des Reiches in Hinblick auf das Verhältnis von Macht, Politik und Recht. Die Unterlagen der unteren Gerichtsinstanzen der Territorien galten hingegen noch an der Wende zum 20. Jahrhundert als so unwichtig, daß die damaligen Archivare viele von ihnen

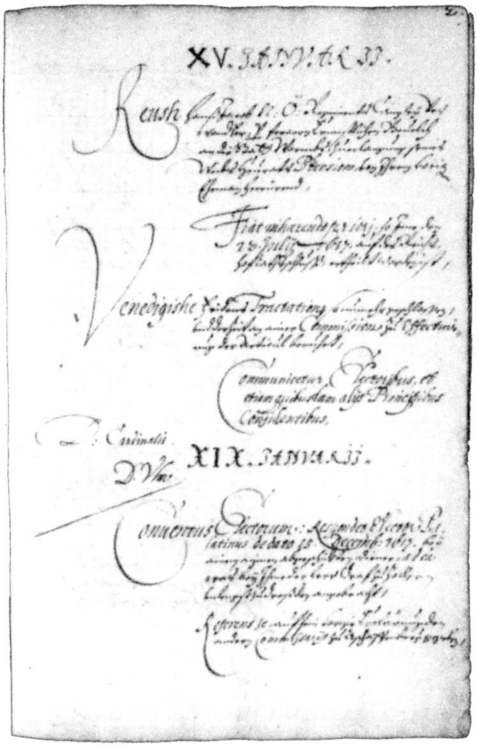

In zahlreichen Institutionen des Rechts und der Politik der Frühen Neuzeit wurden Protokollbücher geführt, in die Beschlüsse eingetragen und damit für die Nachwelt dokumentiert wurden. Für lokale Gerichte und Verwaltungsinstanzen sind dies oft die einzigen überlieferten Quellen, aus denen wir die Arbeit der Institutionen rekonstruieren können.

Im vorliegenden Fall, einem **Protokoll des kaiserlichen Geheimen Rates** von 1618, handelt es sich jedoch um ein Dokument des höchsten Amtes des Reiches, des Kaisers. Sein Geheimer Rat bestand aus einer kleinen Gruppe der fünf bis sechs engsten Ratgeber, meist Juristen und verdiente österreichische Adlige. Dieses Kollegium koordinierte die Arbeit aller anderen kaiserlichen Hofbehörden und diskutierte alle von diesen getroffenen wichtigen Entscheidungen.

Die Führung des Protokolls durch den Sekretär ist die in der Frühen Neuzeit allgemein übliche Form und findet sich in allen Institutionen von der Ebene des Kaisers bis hinab zu der des städtischen Gerichts: Zuerst wird das Sitzungsdatum notiert. Nach einer knappen Beschreibung der beratenen Angelegenheit folgt graphisch abgesetzt ebenso kurz die Entscheidung. Der Diskussionsverlauf findet leider meist keine Erwähnung; das Protokoll ist ganz auf die funktionale Seite der Erledigung konzentriert.

Bild: Protokoll des kaiserlichen Geheimen Rats, 1618, Haus-, Hof- und Staatsarchiv Wien, Reichshofrat, Resolutionsprotokoll XVII/47b fol. 2r.

Literatur: H. O. Meisner, Archivalienkunde vom 16. Jahrhundert bis 1918, Leipzig 1969.

vernichteten. Die Auswirkungen des frühneuzeitlichen Rechtssystems auf die Untertanen traten erstmals durch die Arbeiten des Rechtshistorikers und Volkskundlers Karl-Sigmund Kramer nach 1945 in den Mittelpunkt der deutschen Forschung [KRAMER].

▷ S. 204 ff. Volkskunde: Übergänge zwischen den Fächern

Die erst seit den 1970er Jahren in ihrem Erkenntniswert breit gewürdigten Prozeßakten gerichtlicher Herkunft unterscheiden sich – je nach Art des Gerichts – außerordentlich. Aus dem Materialbestand der höchsten Gerichtsbarkeit im Reich, des Reichskammergerichts und des Reichshofrats [SCHEURMANN], erfahren wir Einzelheiten über Verfahren, die in einem hochpolitischen Kontext standen, etwa über die Erbschaftsansprüche eines Fürsten oder die Legitimität der Machtverteilung zwischen Landesherren und Ständen in einem Territorium. In die Zuständigkeit der beiden Reichsgerichte fielen alle Klagen gegen Reichsunmittelbare, so daß Untersuchungen zur Stellung des Adels hier eine fruchtbare Basis haben. Ein weiterer großer Bereich umfaßt die Appellationen, die von einem landesherrlichen Gericht an Reichskammergericht oder Reichshofrat erfolgen konnten, wenn eine bestimmte Streitsumme überschritten wurde. Daher lassen sich zahlreiche Verfahren nachweisen, die von Kaufleuten und anderen wohlhabenden Personen um Kredite und umfangreiche Warenlieferungen geführt wurden. Die Prozeßakten umfassen nicht nur Beschreibungen von Delikten wie Mord, Totschlag, Körperverletzung oder Beleidigungen, sondern enthalten als Beweismaterial Verträge, Testamente, Warenlisten oder Rechnungen.

▷ S. 255 Technik: Die Arbeit mit den Quellen

Auf der Ebene der landesherrlichen und der lokalen Gerichte finden sich demgegenüber viele Verfahren, die etwas über Mentalität und Alltag der einfachen Menschen aussagen, die in die Fänge obrigkeitlicher Verfolgungen gerieten, etwa der Hexenprozesse. Zahlreiche Prozesse entstanden allerdings auch durch Klagen von Untertanen gegeneinander. In den zahlreich überlieferten städtischen Gerichtsunterlagen, die meist in Form von gut geführten Protokollbüchern erhalten sind, ist der Alltag einer Gemeinschaft mit verschiedensten materiellen, sozialen und politischen Konflikten überliefert. Klagen um Ehrverletzungen – eine für die Frühe Neuzeit typische Erscheinung – erlauben einen Einblick in die sozialen Beziehungen zwischen Nachbarn, Verwandten und sogar Eheleuten [FUCHS]. Insbesondere die soziale Stellung und Rolle von Frauen spiegeln sich in Beleidigungsklagen [RUBLACK].

▷ S. 353 Themen Neuere suchung schwerp

▷ S. 193 Geschle geschic Normen soziale

Kirchliche Akten und Registraturen.

Ähnlich wie die Gerichtsakten geben kirchliche Registraturen einen Einblick in die zentralen und lokalen Ebenen kirchlicher Verwaltung, die in der Frühen Neuzeit in keinem europäischen Land von der staatlichen Bürokratie zu trennen ist. Ebenso wie die landesherrlichen Akten lassen die im kirchlichen Bereich entstandenen Quellen Rückschlüsse auf die obrigkeitliche Kontrolle des Alltagslebens zu, allerdings sind auch hierbei die Formen der Quellenentstehung zu berücksichtigen.

Das Verhältnis von Staat und Kirche war seit der Reformation vielfältigen Wandlungen unterworfen, die auch den Aufbau der Leitungsorgane der Konfessionskirchen beeinflußten. In starkem Ausmaß kontrollierten die Landesherren mittels neu geschaffener Behörden die Ausübung der konfessionellen Kirchlichkeit in ihren Territorien [ECKHARDT]. Die Stellung der zentralen Kirchenbehörden zu den kirchlichen Pfarrgemeindeverwaltungen

Quellen: Bandbreite heute untersuchter Materialien

vor Ort war dabei unterschiedlich: in der katholischen Kirche ebenso wie bei den Lutheranern ein hierarchisches Prinzip, obwohl unter den gegebenen Verhältnissen viele Pfarrer einen großen Handlungsspielraum bei der Leitung ihrer Gemeinde besaßen; bei den Reformierten hatten die Gemeinden eine größere Autonomie und wählten aus ihren Reihen die Vertreter der Landessynode, die das höchste beschlußfassende Gremium bildete.

Die kirchlichen Zentralakten nahmen analog zu diesen verschiedenen Leitungssystemen unterschiedliche Formen an. Im katholischen Bereich wurden regelmäßig Visitationskommissionen in die Pfarrgemeinden entsandt, die die Amtsführung und den Lebenswandel der Geistlichen, die Seelsorge und die Spendung der Sakramente, aber auch die Einkünfte der Pfarrkirchen und den baulichen Zustand der Kirchengebäude und der Schulen mittels Zeugenaussagen und Augenschein kontrollieren sollten. Im Luthertum wurden ähnliche Visitationen durch die landesherrlichen Konsistorien durchgeführt. In den reformierten Landeskirchen sind hingegen die Versammlungsprotokolle der Synoden als wichtige Quellen hinzuzuziehen.

In der Forschung haben neben diesen Materialien die überlieferten Quellen aus den lokalen Kirchenverwaltungen an Relevanz gewonnen. Diese umfassen kirchliche Registraturen wie etwa die Kirchenbücher, aber auch Einkünfte- und Zehntverzeichnisse, Schulakten oder Testamente. Eine besondere Fundgrube für das Gemeindeleben bilden die Unterlagen von kirchlichen Gerichten. Bei den katholischen Sendgerichten, den lutherischen Gemeindeverhören und den reformierten Presbyterialsitzungen verhängten Geistliche und Gemeindeälteste über Pfarrangehörige Kirchenstrafen, die sich Verfehlungen gegen

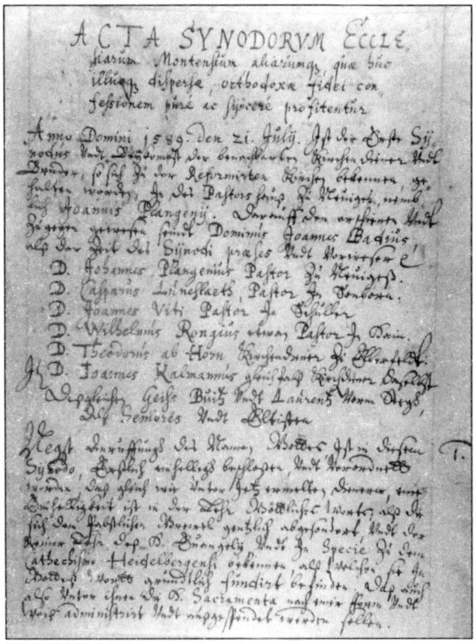
ACTA SYNODORVM ECCLE

Die reformierten Synoden waren die obersten Leitungsgremien der reformiert-calvinistischen Landeskirchen. Die Mitglieder wurden von den einzelnen Gemeinden gewählt, auch die Landesherrschaft entsandte Vertreter. Die regelmäßigen Synodalversammlungen fällten Beschlüsse über theologisch-dogmatische Fragen, besonders aber über die Maßnahmen der Kirchenzucht, d.h. der Regelungen zur sittlichen Lebensführung der Gläubigen und ihrer Überwachung im Alltag der Gemeinden. Die Protokolle der Synodalversammlungen zeigen sowohl die Problemsicht der Gemeindevertreter zur Umsetzung religiös-kirchlicher Normen als auch die Widerstände, die die Gemeinden der Durchsetzung sozialdisziplinierender Kontrolle entgegensetzten. Die hier abgebildete **Titelseite des Protokolls der ersten reformierten Synode des Herzogtums Berg** 1589 entstand in einer besonderen Situation: Die Reformierten am Niederrhein richteten sich bis 1610 nach den Beschlüssen der benachbarten Niederländischen Synode. Mit einem eigenen Synodalverbund, dessen Gründung 1589 in Velbert-Neviges vor der katholischen Obrigkeit des Herzogtums geheimgehalten werden mußte, demonstrierten die bergischen reformierten Gemeinden den Willen zur Weiterverbreitung ihrer Konfession gegen den vorherrschenden Katholizismus. Die Synodalbeschlüsse erhielten daher besondere Funktionen zur Festigung der Lage einer konfessionellen Minderheit.

Bild: Protokoll der ersten Synode der Reformierten des Herzogtums Berg, 1589, Archiv der Evangelischen Landeskirche im Rheinland, Düsseldorf.

Literatur: A. ROSENKRANZ (Hrsg.), Die reformierten Bergischen Synoden während des jülich-klevischen Erbfolgestreits, 3 Bde., Düsseldorf 1963-67.

▷ S. 294 Schlüssel begriffe und Konzepte: Sozialdisziplinierung

die kirchlich kontrollierte Sittenzucht hatten zuschulden kommen lassen. In Ergänzung der weltlichen Gerichtsakten lernen wir hier die Welt der städtischen und dörflichen Nachbarschaften kennen. Insbesondere die kirchliche Kontrolle der Sexualität, des Alkoholkonsums und der Feste läßt sich dadurch erschließen [SCHILLING].

Ein großes Forschungsfeld öffnete Papst Johannes Paul II. durch die Entscheidung für die freie Zugänglichkeit der Inquisitionsakten, die besonders anläßlich einer wissenschaftlichen Tagung im Vatikan 1998 erstmals einer systematischen Durchsicht unterzogen wurden. Die Untersuchung dieser Quellengruppe, die für die Sicht auf die katholische Zentralbehörde entscheidende Neuerungen verspricht, beschränkt sich nicht auf einzelne berühmte Prozeßfälle wie der des Galileo Galilei, sondern erstreckt sich auch auf das Verfahrensrecht der Glaubensbehörde und dessen Vorbildfunktion für die weltliche Gerichtsbarkeit in ganz Europa. Dieses Beispiel zeigt musterhaft, wie auch heute noch wichtige neue Erkenntnisse durch Erschließung bisher weitgehend unbenutzter Quellengruppen ermöglicht werden.

Ego-Dokumente. Mit den Überlegungen über die Aussagekraft von Zeugenverhören haben wir ein Feld beschritten, das zum Bereich der Geschichte des Individuums gehört. Seit den 1980er Jahren interessiert sich die Geschichtswissenschaft zunehmend für die Wahrnehmung historischer Ereignisse oder Wandlungsprozesse durch die Zeitgenossen selbst. Diese Sicht ergänzt die Erklärungsmodelle der Politik-, Wirtschafts- und Sozialgeschichte, die – so die Kritik – als Analysen überpersönlicher Strukturen die historischen Subjekte nicht mehr angemessen

▷ S. 174 Mentalitätengeschichte: Historiographische Wenden

Forschungsstimme

In Anwendung der Wortschöpfung **„Ego-Dokumente"** des niederländischen Historikers Jacob Presser von 1958 begann sein Landsmann Rudolf Dekker mit zwei Kollegen in den 1970er Jahren eine systematische Sammlung von niederländischen Quellen aus der Zeit zwischen 1500 und 1814, in denen Menschen etwas über ihr eigenes Handeln und Fühlen aussagen. Dazu gehören insbesondere Autobiographien, Memoiren und Tagebücher. Dekkers Team konnte in Bibliotheken und Archiven über 1100 Texte finden, die in den folgenden Jahren unter verschiedenen Gesichtspunkten verglichen und ausgewertet wurden. Die Berücksichtigung unterschiedlichster Quellentypen, die über die traditionelle deutsche Bezeichnung „Selbstzeugnisse" hinausgehen, soll die vollständige Erfassung und Zusammenschau aller Texte ermöglichen, die etwas über Individualität und Subjektverständnis aussagen – Bereiche, die zentral für heutige Fragestellungen der Mentalitätsgeschichte sind. Die von Dekker publizierten methodischen Überlegungen und Ergebnisse bewogen den deutschen Frühneuzeithistoriker Winfried Schulze 1992 zu einem europäischen Tagungsprojekt, das die Abgrenzung des Begriffs „Ego-Dokumente", den Quellenwert und die besonderen Erkenntnismöglichkeiten dieser Quellengattung diskutieren sollte. Ansatzpunkt der Tagung und des 1996 aus ihr hervorgegangenen Sammelbandes war es, neben den von Presser und Dekker berücksichtigten Quellentypen noch andere Erscheinungsformen aufzufinden: So sind auch solche Texte miteinzubeziehen, die auch in einer Zwangssituation entstanden sind wie Gerichtsaussagen oder Zeugenverhöre, die von jemand anderem als dem aussagenden Individuum aufgeschrieben wurden; auch Lebenslaufbeschreibungen und Reiseberichte werden aufgeführt. Schulze definiert diesen erweiterten Begriff von Ego-Dokumenten folgendermaßen: „Es sollen darunter alle jenen Quellen verstanden werden, in denen ein Mensch Auskunft über sich selbst gibt, unabhängig davon, ob dies freiwillig – also etwa in einem persönlichen Brief, einem Tagebuch, einer Traumniederschrift oder einem autobiographischen Versuch – oder durch andere Umstände bedingt geschieht."

Quelle: W. SCHULZE, Ego-Dokumente: Annäherung an den Menschen in der Geschichte? Vorüberlegungen für die Tagung „Ego-Dokumente", in: DERS. (Hrsg.), Ego-Dokumente. Annäherung an den Menschen in der Geschichte, Berlin 1996, S. 21.

berücksichtigt hätten. Die Einbeziehung der Wahrnehmungsperspektive hingegen verschafft die Möglichkeit der Rekonstruktion vergangener Weltbilder und Denkstrukturen, die handlungsleitend gewesen sind.

Die in der älteren Forschung als Selbstzeugnisse bezeichnete Quellengruppe stellt eine hervorragende Möglichkeit dar, sich der subjektiven zeitgenössischen Wahrnehmung zu nähern. Besonders die Autobiographien interessieren schon seit langem die Historiker, sind aber zumeist nur als Quellen zur Alltagskultur herangezogen worden. In der jüngeren Forschung finden sie eher als Gesamttexte Beachtung, die in subjektiver Perspektive Lebensentwürfe, Familienvorstellungen oder Ereignisverläufe erzählen und damit in eine Erklärungstruktur gebracht werden, die einer Nachwelt vermittelt werden sollte.

Über den engeren Bereich der Autobiographien und Tagebücher hinaus bilden vor allem Briefe eine wichtige Quellengruppe. So gibt es eine enorme Fülle von politischer, theologischer und wissenschaftlicher Korrespondenz aus der Frühen Neuzeit; Privatbriefe dagegen sind deutlich seltener und in größerer Zahl nur aus der städtischen Oberschicht und aus Adelsfamilien [BASTL] erhalten. Sie erlauben einen Einblick in die privaten Beziehungen zwischen Eheleuten [OZMENT], Eltern und Kindern [BEER] oder Freunden und liefern damit Material zu einer Geschichte der Emotionen.

Daneben treten zur Geschichte von Ideen und Mentalitäten die amtlichen oder wissenschaftlichen Quellen der Gelehrten, Theologen, Militärs und Politiker, deren Briefkorrespondenzen, Gutachten und Schriften oft auch persönliche Eindrücke und Emotionen schildern [BAUMGART].

Die Forschung hat in den letzten Jahren methodische Überlegungen angestellt, um den Mangel an überlieferten persönlichen Lebensäußerungen auszugleichen. Die Berücksichtigung von zusätzlichen Quellen, in denen Menschen der Frühen Neuzeit etwas von ihren Kenntnissen und Meinungen preisgeben, hat zu einer Ausweitung des Untersuchungsfeldes geführt [SCHULZE]. Dazu gehören beispielsweise Zeugenaussagen vor Gericht, bei denen Individuen als Träger allgemeinen Wissens erscheinen.

▷ S. 268 ff. Technik: Die Arbeit mit den Quellen

Historische Karten. In den vergangenen Jahrzehnten haben die Historiker nicht nur neue Textzeugnisse, sondern auch das weite Feld der Abbildungen als historische Quellen entdeckt. Dies betrifft vor allem Kunstwerke, aber auch alltägliche Gebrauchsabbildungen wie geographische Zeichnungen, Baupläne und insbesondere alle Arten von Karten. Bis zum Ende des Zweiten Weltkriegs blieb die Bearbeitung historischen Kartenmaterials eine Domäne der Denkmalschützer und Militärhistoriker. Die Darstellungen von Landschafts- und Stadtplänen, von landwirtschaftlich genutzten Flächen, von Wäldern und Flußverläufen bieten durchaus mehr als die Veranschaulichung vergangener Wirklickeit: mit ihnen besteht auch eine Zugriffsmöglichkeit sowohl auf die historische Realität als auch auf deren Deutung in Funktionalität, Bild-Text-Relation, Objektauswahl und Perspektive [EBELING].

Einen wichtigen sozial- und wirtschaftsgeschichtlichen Aspekt beleuchten die historischen Stadtpläne. Mit der Übertragung der Planungshoheit von den Baumeistern auf die Festungsingenieure im 17. Jahrhundert änderten sich auch die Karten, die nun weniger topographische Verzeichnungen als ideale Planungsentwürfe präsentieren [FISCHER]. Bis weit ins 19. Jahrhundert hinein blieb die Stadt-

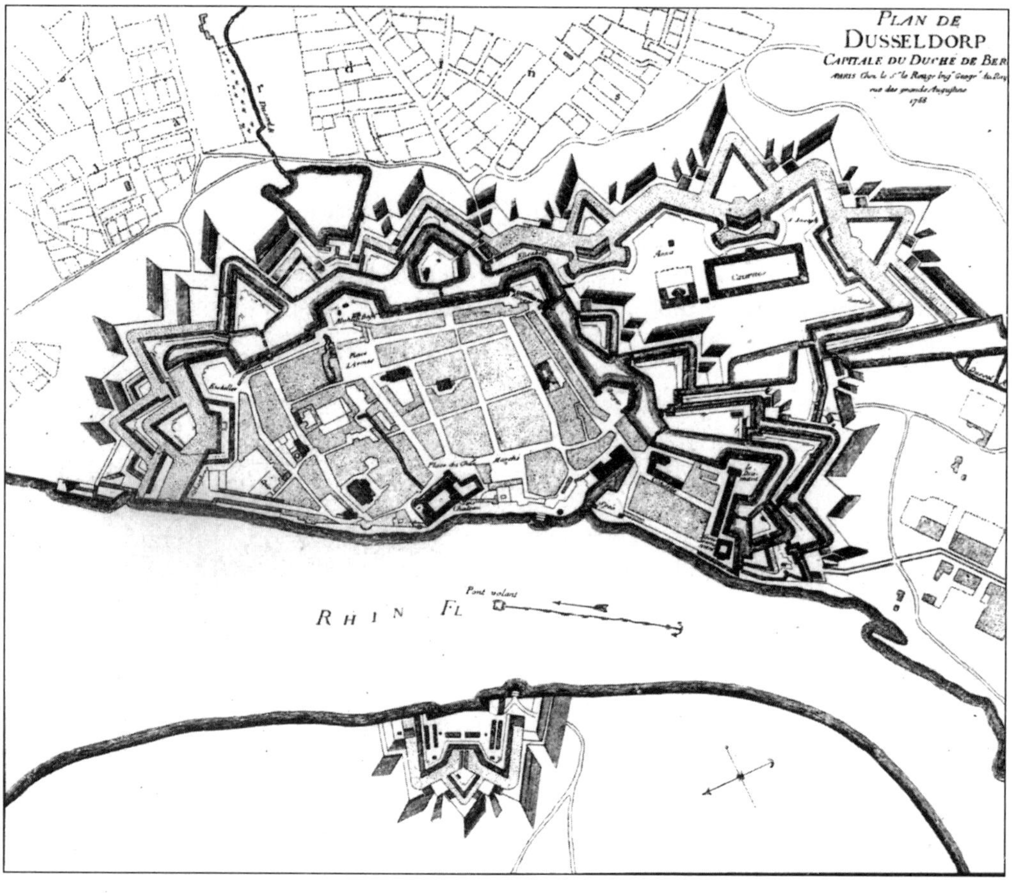

Die durch Festungsbauingenieure des 17. und 18. Jahrhunderts angefertigten Stadt- und Festungspläne dienten oft der militärischen Spionage: Auf ihrer Grundlage wurden Angriffsmöglichkeiten erwogen. Der durch einen unbekannten französischen Ingenieur nach Vorlagen entstandene **Festungsplan von Düsseldorf** aus dem Jahr 1760 hatte eine doppelte Funktion. Zum einen sollte er die günstigste Angriffsstellung identifizieren helfen, falls französische Truppen im Verlauf des Siebenjährigen Krieges die Stadt einnehmen wollten. Zum zweiten zeichnete der Ingenieur Verbesserungsvorschläge für die Festungswerke ein, um die Stadt nach der Einnahme sichern zu können. Der Plan ist für die Düsseldorfer Stadtgeschichte von hohem Interesse, zeigt er doch die Altstadt vor der Anlage der südlich anschließenden sogenannten „Karlstadt" und auch die Schloßgebäude am Rhein, die in den Revolutionskriegen 35 Jahre später fast vollständig zerstört wurden.

Bild: Grundrißplan Düsseldorfs von La Rouge-Paris, Radierung, 1760, Stadtarchiv Düsseldorf.

Literatur: C. von Looz-Corswarem/K. Wehofen (Bearb.), Düsseldorf im Kartenbild. Die Entwicklung der Stadt vom 16.-19. Jahrhundert in Karten und Plänen, Düsseldorf 1998.

Mit Quellen, Themen, Instrumenten arbeiten
Quellen:
Bandbreite
heute untersuchter
Materialien

planung durch militärtechnische Erfordernisse bestimmt, die sich im Kartenmaterial als realitätsnahe Wiedergabe baulicher Zustände oder Entwürfe städtischer Zukunftsmodelle widerspiegeln. Darüber hinaus regten die Planungen der Festungsingenieure auch andere Entwürfe städtischer Modellsiedlungen an. Die in Kartenwerken und Atlanten vervielfältigten Pläne geben Auskunft über die Vorstellungen vom sozialen Raum, der das Zusammenleben der Bewohner prägen sollte. Ein Musterbeispiel ist etwa die planmäßige Anlage der Kolonialstadt Recife in Brasilien durch den holländischen Gouverneur Johann Moritz von Nassau-Siegen (1604-1679) in den 1640er Jahren. Der geometrische Grundriß der Siedlungsanlage zeigt einerseits Tendenzen der reformiert-calvinistischen Sozialdisziplinierung, die Menschen und Räume kontrollieren wollte. Andererseits spiegelt sich hier eine frühneuzeitliche Rationalität, die den Aufbau städtischer Infrastruktur erleichterte. Nach seiner Rückkehr nach Europa trat Johann Moritz in brandenburgische Dienste und schuf eine Gartenanlage in Kleve am Niederrhein, deren Flaniermeile ein direktes Vorbild für die Straße „Unter den Linden" in der Residenzstadt Berlin wurde.

Andere Funktionen hatten die zu besonderen Gelegenheiten angefertigten topographischen Karten, die in Gerichtsprozessen als Beweismittel vorgelegt wurden oder in der Landesverwaltung Verwendung fanden. Sie dienten zur Bestimmung von Landes- und Besitzgrenzen, zur räumlichen Darstellung von Waldflächen oder Bergwerken sowie zur herrschaftlichen Orientierung über Wirtschaftsverhältnisse und Straßenverbindungen. Sie sind wichtige Quellen, die dem noch jungen Forschungsfeld der frühneuzeitlichen Umweltgeschichte Daten liefern [Abelshauser]. Die Veränderung der Landschaft im historischen Verlauf, der Wechsel von natürlicher und menschengestalteter Fläche oder auch die Beeinflussung der Vegetation durch Land- und Forstwirtschaft sind hier ablesbar.

Zeitgenössische Wissensliteratur. Die Frühe Neuzeit ist die Zeit der Entwicklung rationaler Wissenschaft, so wie wir sie heute verstehen. Nicht mehr die Kirche, die im Mittelalter das Monopol auf die Welterklärung beansprucht hatte, sondern die systematische Erfassung der durch die Sinneserfahrung beobachtbaren Tatsachen und die kritische Durchleuchtung dabei angewendeter Methoden sollten Autoritäten für die menschliche Erkenntnis sein – eine Entwicklung, die erst in der Aufklärung des 18. Jahrhunderts ihre Vollendung fand, aber schon im Humanismus begann.

Die Verbreitung neuer wissenschaftlicher Erkenntnisse und auch die Innovationen durch neue Techniken wären ohne die Nutzung des Buchdrucks nicht möglich gewesen. In der ersten Hälfte des 16. Jahrhunderts standen in der Produktion wissenschaftlicher Werke noch die Editionen antiker Texte im Vordergrund, während sich seit der zweiten Jahrhunderthälfte Werke der neuen Naturbeobachtung langsam einen Platz auf dem Publikationsmarkt eroberten. Der Aufschwung des Universitätswesens im Reich im Zuge der Gründungen protestantischer Hochschulen vervielfachte dann die Absatzmöglichkeiten für wissenschaftliche Werke. Aber auch die Fürstenhöfe begannen mit der systematischen Anlage von Bibliotheken, um das Wissen der Zeit zu sammeln und für Herrschaftszwecke nutzbar zu machen. Die frühneuzeitliche Wissensliteratur spiegelt diese Interessen: Medizin, Bergbau, Wasserbau und Agrikultur

Von den distilier öffen

Das. VI. Capittel
sagt zů machen die gemeinsten öffen welche dan notdürfftig seint zů disem werck.

Die öffen in mancherlei weiß vnd form gemacht werden. Ich hirin zöge will zweierlei öffen zů schriben/ besunder ein yeden weg in mancherlei form. Der erst weg/ võ dẽ brenöfflin als ietz gemeinlichẽ gebrucht werden/ vñ werden genãt rosenhůt oder helm. Der ander so werden gemacht öffen / genãt distilier öffen in mancherlei gestalt. Zum erstẽ die öflin die mãnent brenöflin/ den kachlern gemeinlich wol bekant/ von gebrantẽ erdrich überglasürt in gestalt diser figurẽ welche zů tragẽ sein võ einer stat zů der andern nach gelegenheit deines gemůts.

Ander offen mögen auch werdẽ wie nach stat mit zweien / drei oder vier helmẽ das sie mit eim feuer gwörmt werden vnd in ydem helm ein besunder wasser magst brennen. Aber nit zů tragen von eim ort zů andern darum hab fleis die stat dẽ offen zů setzten/ zů bedencken ob schaden dauon kummen möcht/ vnd die breit vnd lenge nach deinem willen vff solichen hertwerd gesetzt der füß vnd das vndertheil des offens darĩ die esch fall würt zweier ligenden stein dick/ also das der füß in der mitẽ hol sei/ oder die höle des füß werd gelegt ysern stengeln in dick eins domẽ vierecktechte oder rund also das ein ysin eins grossen domen breit von dẽ andern lig/ oder ein rost darüber gelegt wie gezeichnet stot/ vnd vmb den rost werd der offen gefiert ye lenger ye weiter in der höhe anderthalb viertel einer ellen/ doch inwendig verstrichen mit leimẽ/ der da bereit ist mit saltzwasser vorgemelt / auff das öberteil werden gelegt zwo starck ysen stangẽ ein vierteil einer elen von einander wol bestrichen mit gůtem leimen oder lütum / vnd vff die ysen werd gelegt ein starck ysern blech das in der mitten hab ein loch/ da durch die kolen zů werffen vnd der dem blech vier löcher gemacht in den offen/ rauch auß zů laßen also das blech wol verstrichẽ

Die Buchproduktion der Frühen Neuzeit umfaßt neben den großen Bereichen Theologie, Philosophie, Geschichte und Politik auch eine Vielzahl von Büchern, die sich der Erklärung der Natur widmeten, so wie hier **„Das nüwe distilier buoch"** des Hieronymus Brunschwygk von 1528. Angestoßen von praktischen Problemen in den Bereichen Medizin und Bergbau erschienen seit dem Aufschwung des Buchdrucks um 1500 zunehmend Publikationen, die der didaktisch aufbereiteten Wissensvermittlung oder der technisch-experimentellen Nutzanwendung dienten. Gemäß der Entwicklung des Wissenschaftsverständnisses vom frühen 16. zum späten 17. Jahrhundert weist diese Quellengruppe nicht nur auf die Verbreitungswege von Erfindungen und Innovationen hin, sondern auch auf die sich wandelnden Formen der Welterklärung in Verbindung von erfahrungsgeleitetem Forschen mit philosophischen Denksystemen. Das Buch Brunschwygks, ein frühes Werk der Zusammenfassung chemischen Wissens, vermittelte beispielsweise sowohl neueste Techniken der Destillierkunst als auch eine an Paracelsus orientierte alchimistische Naturphilosophie.

Bild: Von den distilier öffen, aus: Hieronymus Brunschwygk, Das nüwe distilier buoch, Straßburg 1528, Herzog-August-Bibliothek Wolfenbüttel, Sign. Mf 4o3.

Lit.: S. Shapin, Die wissenschaftliche Revolution, Frankfurt a.M. 1998.

> S. 304 f.
Schlüsselbegriffe und Konzepte: ...lisierung

bildeten die von Nützlichkeitserwägungen gespeisten Interessengebiete, die zu neuen Ordnungen des Wissens herausforderten [SCHWEDT].

Die Wissensliteratur der Frühen Neuzeit zeigt nicht nur die Entwicklungen, die einzelne Wissenszweige vorangebracht haben, sondern auch den Wandel der Modelle von Erkenntnis, die die Grundlage der wissenschaftlichen Revolution des 17. Jahrhunderts bilden [SHAPIN]. Die frühneuzeitliche Wissensliteratur stellt ein hervorragendes Untersuchungsfeld dar, um die Rezeption neuer Erkenntnismodelle und die sozialen, politischen und mentalen Ursachen ihrer Durchsetzung zu erforschen. Dazu gehört als wichtigste Innovation im neuzeitlichen Wissenschaftsverständnis die im 17. Jahrhundert entwickelte Methode des naturwissenschaftlichen Experiments [SHAPIN/SCHAFFER].

Stefan Ehrenpreis

Literatur

W. ABELSHAUSER (Hrsg.), Umweltgeschichte. Umweltverträgliches Wirtschaften in historischer Perspektive, Göttingen 1994 (Geschichte und Gesellschaft, Sonderheft 15).

B. BASTL, „Wenn Ich nur bei dier sein mecht, würden mier alle beschwerden leichter". Zur Bedeutung von Ehe und Liebe innerhalb des österreichischen Adels in der Frühen Neuzeit, in: Wolfenbütteler Barock-Nachrichten 22, 1995, 9-13.

W. BAUMGART (Hrsg.), Quellenkunde zur Deutschen Geschichte der Neuzeit von 1500 bis zur Gegenwart, 6 Bde., Darmstadt 1977-1996.

M. BEER, Eltern und Kinder des späten Mittelalters in ihren Briefen. Familienleben in der Stadt des Spätmittelalters und der frühen Neuzeit mit besonderer Berücksichtigung Nürnbergs (1400-1550), Nürnberg 1990.

W. BUCHHOLZ (Hrsg.), Landesgeschichte in Deutschland. Bestandsaufnahme, Analyse, Perspektiven, Paderborn 1998.

P. CHAUNU/G. DUBY/J. LE GOFF/M. PERROT, Leben mit der Geschichte. Vier Selbstbeschreibungen, Frankfurt/M. 1989.

D. EBELING (Hrsg.), Historisch-thematische Kartographie. Konzepte – Methoden – Anwendungen, Bielefeld 1999.

K. A. ECKHARDT (Hrsg.), Eschweger Vernehmungsprotokoll von 1608 zur Reformation des Landgrafen Moritz, Witzenhausen 1968.

M. J. ELSAS, Umriß einer Geschichte der Preise und Löhne in Deutschland vom ausgehenden Mittelalter bis zum Beginn des 19. Jahrhunderts, Leiden 1936.

A. FISCHER, Daniel Specklin aus Straßburg (1536-1589). Festungsbaumeister, Ingenieur und Kartograph, Sigmaringen 1996.

R.-P. FUCHS, Um die Ehre. Westfälische Beleidigungsprozesse vor dem Reichskammergericht (1525-1806), Paderborn 1998.

K.-S. KRAMER, Volksleben im Fürstentum Ansbach und seinen Nachbargebieten (1500-1800), Würzburg 1961.

S. OZMENT, Magdalena und Balthasar. Briefwechsel der Eheleute Paumgartner aus der Lebenswelt des 16. Jahrhunderts. Frankfurt/M. 1989.

K. REPGEN, Akteneditionen zur deutschen Geschichte des späteren 16. und 17. Jahrhunderts. Leistungen und Aufgaben, in: Quelleneditionen und kein Ende?, hrsg. von L. GALL und R. SCHIEFFER (HZ Beih. 28), München 1999, 37-79.

U. RUBLACK, Magd, Metz' oder Mörderin. Frauen vor frühneuzeitlichen Gerichten. Frankfurt/M. 1998.

I. Scheurmann (Hrsg.), Frieden durch Recht. Das Reichskammergericht von 1495 bis 1806, Mainz 1994.

H. Schilling (Hrsg.), Die Kirchenratsprotokolle der reformierten Gemeinde Emden 1557-1620, 2 Bde., Köln/Weimar/Wien 1989/1992.

W. Schulze (Hrsg.), Ego-Dokumente. Annäherung an den Menschen in der Geschichte, Berlin 1996.

G. Schwedt, Chemie zwischen Magie und Wissenschaft: Ex Bibliotheca Chymica 1500-1800 (Ausstellungskataloge der Herzog-August-Bibliothek 63), Weinheim 1991.

S. Shapin, Die wissenschaftliche Revolution, Frankfurt/M. 1998.

S. Shapin/S. Schaffer, Leviathan and the Air-Pump. Hobbes, Boyle, and the experimental life, Princeton 1985

M. Vovelle, Piété baroque et dechristianisation en Provence au XVIIIe siècle, Paris 1978.

Themen: Neuere Untersuchungsschwerpunkte

Vorbemerkung. Angesichts der starken thematischen Auffächerung und der großen methodischen Vielfalt der historischen Frühneuzeit-Forschung ist es ein schwieriges Unterfangen, die gesamte Bandbreite neuerer Untersuchungsschwerpunkte auf knappem Raum darzustellen. Es erwies sich als nötig, eine Auswahl zu treffen, die vor allem drei Gesichtspunkte berücksichtigt. Erstens sollen im folgenden neuere Arbeiten zur Sprache kommen, die das methodologische Spektrum der modernen Geschichtswissenschaft von der Politik- und Diplomatiegeschichte über die Sozialgeschichte bis hin zur Kultur- und Mentalitätsgeschichte abdecken. Auch wenn so das Spektrum historischer Arbeitsweisen längst nicht abgedeckt wird – etwa fallen die politische Ideengeschichte oder die Wirtschaftsgeschichte weitgehend heraus –, ist damit dennoch der Versuch verbunden, einseitige Festlegungen auf bestimmte methodologische Richtungen des Faches in diesem Überblick zu vermeiden. Zweitens geht es hier vorrangig um die Arbeiten deutschsprachiger Historikerinnen und Historiker, die sich wiederum schwerpunktmäßig mit der mittel- und westeuropäischen Geschichte beschäftigen. Damit wird der Tatsache Rechnung getragen, daß die deutschsprachige Frühneuzeit-Geschichtswissenschaft inzwischen auf vielen Feldern Anschluß an die internationale Forschung gefunden hat; eine Reihe von Themengebieten wie die Historische Demographie und Familienforschung, die Agrargeschichte oder die Geschichte des Markt- und Konsumverhaltens werden jedoch im Vergleich zur angelsächsischen und französischen Geschichtswissenschaft bis heute eher stiefmütterlich behandelt. Drittens schließlich werden im folgenden thematische Schwerpunkte vorgestellt, die in der Theoriediskussion des Fachs eine wichtige Rolle spielen und bei deren Erforschung historiographische Schlüsselbegriffe wie „Konfessionalisierung" und „Sozialdisziplinierung" zur Anwendung kommen. Die unter diesen Gesichtspunkten ausgewählten thematischen Schwerpunkte sind erstens der Bereich „Krieg und Frieden", in dem die Forschung inzwischen weit über traditionelle diplomatie- und geistesgeschichtliche Perspektiven hinausgeht; zweitens frühneuzeitliche Herrschaftsnormen und ihr Bezug zur Herrschaftspraxis; drittens die Kriminalitätsgeschichte, die in den letzten Jahren zu einer Art Experimentierfeld für die Verbindung sozial- und kulturhistorischer Methoden geworden ist; viertens schließlich konfessionelle Grenzen und die Rolle religiöser Minderheiten, insbesondere der Juden, in der alteuropäischen Gesellschaft.

▷ S. 294 Schlüsselbegriffe und Konzepte: Sozialdisziplinierung

Krieg und Frieden. Waren Kriege und Friedensschlüsse wie überhaupt das Gebiet der zwischenstaatlichen Beziehungen im frühneuzeitlichen Europa in den 1970er und 80er Jahren trotz verdienstvoller Arbeiten ein eher vernachlässigtes Thema der internationalen Frühneuzeit-Forschung, so ist in den letzten zehn Jahren ein deutlich gewachsenes Interesse an Krieg und Frieden in der Vormoderne festzustellen. Die Renaissance der Geschichte der internationalen Beziehungen steht zweifellos mit dem Umbruch des europäischen Staatensystems in den Jahren 1989 bis 1991 in Zusammenhang: nach Jahrzehnten der Erstarrung des internationalen Mächtesystems im Kalten Krieg kam mit dem politischen Systemwandel in den Ländern Osteuropas, dem Zusammenbruch der Sowjetunion und dem Auseinanderfallen des Warschauer Paktes unversehens Bewegung in das europäische Staatengefüge. Derart massive politische Veränderungen konnten auch auf die Wahrnehmung der Relevanz außenpolitischer Themen durch die Geschichtswissenschaft nicht ohne Wirkung bleiben. Seither hat der von blutigen Bürgerkriegen und Massenvertreibungen begleitete Zerfall des Staates Jugoslawien dem Thema „Krieg und Frieden“ noch zusätzliche Aktualität und Brisanz verliehen. So erscheint ein wissenschaftliches Großprojekt wie das auf insgesamt neun Bände angelegte „Handbuch der Geschichte der internationalen Beziehungen“, das den Zeitraum von 1450 bis 1990 abdeckt und dabei der Frühen Neuzeit breiten Raum einräumt, nicht zufällig in einer Zeit, in der das öffentliche und wissenschaftliche Interesse an Krieg und Frieden wieder stark gewachsen ist.

Der 1997 im Rahmen des Handbuchs publizierte Band von Heinz Duchhardt über die Entwicklung des Staatensystems im 18. Jahrhundert macht zugleich deutlich, daß der Begriff der internationalen Beziehungen in der neueren Forschung eine wesentliche inhaltliche Erweiterung erfahren hat. Historiker, die sich heute mit der Geschichte von Krieg und Frieden beschäftigen, bemühen sich „um einen umfassenden Zugriff“ und verstehen „Außen- und Staatenpolitik als eine Resultante sehr unterschiedlicher Faktoren, die nicht nur Staatsverfassung und Bürokratisierung, Militärpotential und diplomatischen Dienst, Wirtschaft und natürliche Ressourcen, sondern auch Kultur, Konfession, Weltbilder, Stereotypen u.a. berücksichtigt.“ Das Handbuch trägt dieser erweiterten Perspektive insofern Rechnung, als es sich in einen struktur- und einen ereignisgeschichtlichen Teil gliedert. Im strukturellen Teil werden grundlegende außenpolitische Konzeptionen wie „Gleichgewicht“ und „Pentarchie“, Rekrutierung und Funktionsweise des diploma-

▷ S. 44
Nach 1648: Verdichtung von Herrschaft

Forschungsstimme

Die Frühe Neuzeit als kiegerische Epoche. Die Religionskriege des 16. Jahrhunderts, der Dreißigjährige Krieg, die Erbfolgekriege des 17. und 18. Jahrhunderts, die lange Serie der Türkenkriege – all diese Konflikte lassen die Frühe Neuzeit als Epoche erscheinen, in der Frieden die Ausnahme, Krieg aber die Regel war. Warum aber waren die Jahrhunderte zwischen 1500 und 1800 eine so kriegerische Zeit? Johannes Burkhardt hat die These entwickelt, daß frühneuzeitliche Kriege noch keine Konflikte zwischen Staaten waren, sondern „Staatsbildungskriege“, also Konflikte zwischen noch unfertigen, im Werden begriffenen Staaten. „In dem Maße aber, in dem Staat und Staatensystem sich festigten, wuchs auch das praktische Bedürfnis, Krieg zu reduzieren, ihn durch Verhandlungen und Verträge zu vermeiden, zu begrenzen, abzukürzen, und es bildete sich mit ständigen diplomatischen Beziehungen, Mediationstechniken und Kongreßdiplomatie, Konvenienzlösungen und Sicherheitsgarantien das ganze bis heute gültige Instrumentarium zwischenstaatlicher Friedenswahrung aus.“ Seine These führt Burkhardt aus, indem er drei strukturelle Defizite des frühmodernen Staates analysiert. Erstens stellt er ein „Egalitätsdefizit“ fest: Frühneuzeitliche Staatswesen sahen einander noch nicht als gleichrangig an, sondern einige wie das Habsburgerreich, Frankreich und Schweden verfolgten universale Machtansprüche, andere wie die Schweiz und die Niederlande mußten hingegen erst um ihre Anerkennung kämpfen. Im Heiligen Römischen Reich prallten universaler Anspruch des Kaisertums und staatlicher Selbstbehauptungswille der Reichsstände aufeinander. Zweitens hebt Burkhardt „Institutionalisierungsdefizite“ des frühmodernen Staates hervor: Da Monarchen an der Spitze der meisten europäischen Staaten standen, konnte individueller Ehrgeiz des Herrschers Kriege auslösen, und beim Aussterben einer Dynastie führte die Nachfolgeproblematik fast unweigerlich zu Konflikten zwischen verschiedenen Herrscherhäusern. Daneben wurden Söldnerheere noch im Dreißigjährigen Krieg zumeist von privaten „Militärunternehmern“ aufgestellt, und der noch nicht in den Staat integrierte Militärsektor konnte eine „den Krieg begünstigende und verlängernde Eigendynamik“ entwickeln. Drittens wiesen vormoderne Staaten ein „Autonomiedefizit“ auf: Religion, Wirtschaft und die „mediengestützte historisch-politische Kultur“ waren aufs engste mit dem Staat verbunden und wurden von diesem für die Kriegführung und deren Legitimation in Dienst genommen.

Quelle: J. Burkhardt, Die Friedlosigkeit der Frühen Neuzeit. Grundlegung einer Theorie der Bellizität Europas, in: ZHF 24 (1997), S. 509-574.

tischen Dienstes, Charakter von Kriegsführung und Friedensverhandlungen, publizistische Friedensforderungen und praktische friedenswahrende Maßnahmen, Propaganda und öffentliche Meinung, Entwicklungen des Völkerrechts und die Bedeutung handelspolitischer und kolonialer Fragen für die Außenpolitik thematisiert. Neuere Akzentsetzungen der Forschung werden hier in mehrfacher Hinsicht deutlich: so betont Duchhardt die Dynamik und den offenen Charakter des internationalen Systems im 18. Jahrhundert, weist auf die zunehmend engere Verknüpfung der europäischen Staatenwelt durch ein dichtes Netz diplomatischer Beziehungen hin und führt anhand der zeitgenössischen Publizistik und Bildpropaganda aus, daß absolutistische Außenpolitik in sehr viel stärkerem Maße auch „öffentlich" wirkte als lange Zeit angenommen. Daraufhin werden die wichtigen Akteure auf dem internationalen Parkett einzeln vorgestellt, wobei Duchhardt konzeptionell zwischen den Großmächten der Pentarchie – Großbritannien, Frankreich, Rußland, Preußen, Österreich –, den „Absteigern" wie Schweden und Spanien, den „Schwellenmächten" wie dem Osmanischen Reich und Savoyen sowie den kleinen und außenpolitisch passiven europäischen Staaten unterscheidet. Der ereignisgeschichtliche Teil schließlich behandelt die wichtigsten Kriege, Allianzen und Friedensschlüsse des Zeitalters in chronologischer Folge [DUCHHARDT 1997].

Neben der aktuellen politischen Großwetterlage haben aber auch historische Jubiläen, allen voran das 350-jährige Jubiläum des Westfälischen Friedens im Jahre 1998, die Thematik „Krieg und Frieden" auf der Tagesordnung der Historiker wieder obenan gesetzt. Johannes Burkhardt hat diesen „Frieden der Superlative", an dem nicht weniger als 82 Gesandtschaften beteiligt waren, dezidiert für eine positive historische Traditionsbildung der Bundesrepublik Deutschland und eines zusammenwachsenden Europas in Anspruch genommen. Nachdem im Dreißigjährigen Krieg die Hauptkonkurrenten Schweden, Frankreich und der Kaiser des Heiligen Römischen Reiches noch von der Idee einer universalen Herrschaft geleitet waren, setzte sich bei den Friedensverhandlungen in Münster und Osnabrück die Einsicht durch, daß eine Vorherrschaft in Europa nicht mehr zu erreichen sei. An die Stelle imperialer Konzeptionen trat 1648 ein System gleichberechtigter, souveräner Staaten. „Das Staatensystem," so Burkhardt, „ist als Friedenskompromiß entstanden und erwies sich so als grundlegendes Konfliktlösungsmittel Europas." Doch der Westfälische Frieden wurde nicht nur ein völkerrechtliches Dokument ersten Ranges, sondern gab dem Heiligen Römischen Reich auch eine föderalistische Verfassung und nahm den religiösen Konflikten, die das Reich und Europa vor 1648 erschüttert hatten, durch die Festschreibung der konfessionellen Verhältnisse im Reich die Spitze [BURKHARDT]. Auch wenn Burkhardts Thesen Fragen nach der tatsächlichen Reichweite und Wirksamkeit der von ihm angeführten völkerrechtlichen und verfassungspolitischen Leistungen des Westfälischen Friedens aufwerfen, so beleben sie doch zweifellos die weitere Diskussion über das Thema.

Welch vielschichtige Perspektiven ein internationales Großereignis wie der Westfälische Friede eröffnet, dokumentieren gleich mehrere zum Friedensjubiläum erschienene Sammelbände. In dem von Heinz Duchhardt herausgegebenen Tagungsband befassen sich über 40 Autoren mit dem historischen Kontext und der langfristigen Bedeutung des Friedenswerks, den Zielen der Gesandten aus Europa und dem

Reich und deren Realisierung, mit Entwicklungen im Militärwesen des 17. Jahrhunderts sowie mit dem Echo des Friedensschlusses in Publizistik, Kunst und Wissenschaft und dem Gedenken an den Frieden auf Festen und Monumenten [DUCHHARDT 1998]. Ähnlich breitgefächert ist das Spektrum der Begleitbände zur internationalen Ausstellung „1648. Krieg und Frieden in Europa" [BUSSMANN/SCHILLING] und eines aus einer deutsch-niederländischen Kooperation von Historikern hervorgegangenen Bandes – letzterer rückt die Tatsache ins Bewußtsein, daß 1648 nicht nur der Dreißigjährige Krieg in Deutschland, sondern auch der Achtzigjährige Krieg zwischen Spanien und seinen ehemaligen niederländischen Provinzen endete [LADEMACHER/GROENVELD].

Frühneuzeitliche Großkonflikte wie der Dreißigjährige Krieg, so wird aus der neueren Forschung deutlich, waren Medienereignisse, in denen sich die beteiligten Parteien nicht nur auf dem Schlachtfeld, sondern auch propagandistisch bekämpften. Sie forderten Völkerrechtler, Theologen, Literaten und bildende Künstler zur Auseinandersetzung heraus. Sie beeinflußten Prozesse der Staatsbildung und Verfassungsentwicklung nachhaltig. Sie mußten von der betroffenen Zivilbevölkerung sozial und mental bewältigt werden und hatten erhebliche Auswirkungen auf Geschichtsbewußtsein und Erinnerungskultur [KRUSENSTJERN/MEDICK]. Und sie erforderten die Mobilisierung und anschließende Demobilisierung von Heeren, deren struktureller Wandel im Verlauf der Frühen Neuzeit in jüngster Zeit ebenfalls verstärkte Aufmerksamkeit von seiten der historischen Forschung erfährt [KROENER/PRÖVE].

Wie eine solche multiperspektivische Sicht von Krieg und Frieden in der Frühneuzeit-Forschung umgesetzt wird, soll exemplarisch an Arbeiten verdeutlicht werden, die an der Universität Münster zum deutsch-niederländischen Verhältnis von der Mitte des 16. bis zur Mitte des 18. Jahrhunderts entstanden sind. Johannes Arndt untersucht die Beziehungen zwischen den Niederlanden und dem Heiligen Römischen Reich in der Zeit des Achtzigjährigen Krieges der niederländischen Provinzen gegen Spanien auf vier Ebenen. Auf einer ersten Ebene geht es um das Beziehungsgeflecht zwischen den niederländischen Aufständischen und den Institutionen des Reichs, vor allem Kaiser und Reichstag. Die Niederlande lösten sich zwischen 1566 und 1648 faktisch aus dem Reichsverband und wurden eine souveräne Republik, obwohl der Austritt aus dem Reich rechtlich nie vollzogen wurde. Auf einer zweiten Ebene zeigt Arndt die Auswirkungen des spanisch-niederländischen Krieges auf den Niederrheinisch-Westfälischen Reichskreis auf, der eine Art „Grenz- und Übergangsraum" zwischen den Niederlanden und dem Reich darstellte. Während der Kreis den Kriegsparteien als Aufmarschgebiet und Nachschubreservoir diente, waren die konfessionell gespaltenen Mitglieder des Kreises weder zu gemeinsamen Abwehrmaßnahmen noch zu einer eindeutigen Parteinahme imstande. Im Mittelpunkt des dritten Teils der Studie steht das Beziehungsgeflecht zwischen den niederländischen „Rebellen" und dem protestantischen Deutschland. Arndt zeigt hier die Konturen eines „internationalen calvinistischen Netzwerks" von Adligen, Geistlichen, Gelehrten, Publizisten und Druckern auf, das durch gemeinsame politische und konfessionelle Überzeugungen zusammengehalten wurde. Eine vierte Analyseebene bildet schließlich die deutschsprachige Publizistik über den spanisch-niederländischen Krieg.

▷ S. 27 f. Seit 1517: Religion und Polit

Städte wie Köln erscheinen hier als „kommunikative Drehscheiben“ zwischen den Niederlanden und dem Reich, als wichtige Nachrichtenzentren und Druckorte legal oder illegal hergestellter Flugschriften und Geschichtswerke über den Aufstand [Arndt].

Im Zentrum der Studien von Volker Jarren und Helmut Gabel zum deutsch-niederländischen Verhältnis im Jahrhundert nach 1648 steht die Frage nach der gegenseitigen Wahrnehmung der beiden Nachbarn. Diese standen sich nach dem Westfälischen Frieden aufgrund politischer und konfessioneller Gegensätze zunächst äußerst mißtrauisch gegenüber, gingen aber aufgrund ihrer gemeinsamen Frontstellung gegen die hegemonialen Bestrebungen des französischen Königs Ludwig XIV. (1638-1715) im späten 17. Jahrhundert eine Allianz ein. Als Quelle für die Geschichte der gegenseitigen Wahrnehmungen dienen diplomatische Berichte und Korrespondenzen. Jarren und Gabel können zeigen, daß tradierte Stereotypen und unterschiedliche Verfassungs-, Wirtschafts- und Gesellschaftsstrukturen erhebliche Auswirkungen auf die Fremdwahrnehmung der Diplomaten hatten. So vermochten die kaiserlichen Diplomaten in Den Haag das Feindbild der Niederländer als religiösen Ketzern und politischen Rebellen erst allmählich zu überwinden. Das komplexe föderalistische Regierungssystem der niederländischen Republik blieb ihnen fremd. Die zentrale Bedeutung, die Handelsfragen in der Republik spielten, wurde von den zumeist adligen Gesandten dahingehend gedeutet, daß die niederländische Außenpolitik von opportunistischen, eigennützigen Wirtschaftsinteressen geleitet sei. Die politischen Mitwirkungsmöglichkeiten der Bürger und die religiöse Toleranz in den Niederlanden wurden kaum zur Kenntnis genommen, der hohe Stellenwert von Presse und öffentlicher Meinung in der Republik aber sehr wohl registriert. Einige Gesandte versuchten sogar, gezielt „Pressepolitik“ im Dienste kaiserlicher Interessen zu betreiben. Umgekehrt nahmen niederländische Diplomaten das Heilige Römische Reich als stagnierendes politisches Gebilde ohne nennenswerte politische, wirtschaftliche und soziale Dynamik wahr und registrierten die Eigenheiten des höfischen Lebens in Wien mit kritischer Distanz. Doch ungeachtet dieser negativen Beurteilungen sind in der diplomatischen Korrespondenz beider Seiten auch Lernprozesse sichtbar, die allmählich zu einem präziseren und differenzierteren Bild der jeweils anderen Seite führten [Gabel/Jarren]. Nach den bisherigen Ergebnissen der Forschung zu urteilen, dürfte sich gerade die Thematik diplomatischer Selbst- und Fremdwahrnehmung auch künftig als ertragreiches Feld historischer Arbeiten erweisen.

Herrschaft zwischen Norm und Praxis.

Daß frühneuzeitliche Obrigkeiten ihre Untertanen mittels einer stetig wachsenden Flut von Gesetzen, Ordnungen und Mandaten zu disziplinieren, ihr Leben zu reglementieren versuchten, ist seit längerem bekannt. Wie erfolgreich aber waren diese obrigkeitlichen Bemühungen um Normsetzung und Reglementierung? Wurden Gesetze und Ordnungen von den Untertanen befolgt, ignoriert, umgedeutet oder unterlaufen? Neuere Forschungen zeigen, daß es zu einfach wäre, pauschal von Erfolg oder Scheitern herrschaftlicher Normsetzungen zu sprechen. Dabei erweist sich die Herrschafts- und Verwaltungspraxis auf der Ebene einzelner Städte und Gemeinden zunehmend als entscheidende Schnittstelle zwischen obrigkeitlichen Herrschaftsansprüchen,

▷ S. 294 Schlüsselbegriffe und Konzepte: Sozialdisziplinierung

Reglementierungs- und Disziplinierungsbestrebungen einerseits, den Ordnungsvorstellungen, Partizipationsforderungen und dem „Eigensinn" der Untertanen andererseits. Herrschte in der historischen Literatur der 1980er Jahre noch eine dualistische Sicht von Herrschaft und Widerstand vor, so richtet sich das Augenmerk neuerer Forschungen auf die „Kräftefelder" zwischen Herrschaftsträgern und Untertanen auf lokaler Ebene, auf die konkrete Reichweite staatlicher Normen „vor Ort" und auf die politische Kultur frühneuzeitlicher Gemeinden und Territorien. Selbst im Bereich der ostdeutschen Gutsherrschaft, in der die Gutsherren oftmals mit sehr weitreichenden Rechten über ihre Untertanen ausgestattet waren, war Herrschaft stets auf ein Mindestmaß an Konsens und Kooperation der Beherrschten angewiesen [Gabel; Peters 1995a, 1995b].

Um Reichweite und Grenzen der Durchsetzung obrigkeitlicher Normen und Ansprüche beurteilen zu können, ist natürlich die Kenntnis der Gesetze und Ordnungen selbst unabdingbar. Die Voraussetzungen dafür schafft das „Repertorium der Policeyordnungen der Frühen Neuzeit", das am Max-Planck-Institut für Europäische Rechtsgeschichte in Frankfurt unter der Leitung von Michael Stolleis entsteht. Der frühneuzeitliche Begriff der „Policey" war wesentlich umfassender als der heute gebräuchliche Terminus „Polizei" und schließt den gesamten Komplex obrigkeitlicher Bemühungen um Ordnung, Wohlfahrt und Sicherheit ein. Policeyordnungen wurden in der Frühen Neuzeit sowohl vom Reichstag als auch von den einzelnen Reichsständen erlassen. Insbesondere nach dem Dreißigjährigen Krieg übertraf die Normproduktion der Städte und Territorien diejenige des Reiches um ein Vielfaches, während der Inhalt der Ordnungen zunehmend spezieller wurde. Ausgehend von der Überlegung, daß sich in der Policeygesetzgebung der ordnungspolitische Gestaltungs- und Durchsetzungswille frühneuzeitlicher Obrigkeiten und die zunehmende Differenzierung vormoderner Verwaltung widerspiegeln, verfolgt das Repertorium das Ziel einer „umfassenden Dokumentation der Entwicklung von Policeygesetzgebung im Hinblick auf deren Inhalte, normative Dichte, Verbreitung und Ziele" [Härter/Stolleis]. Auf der Grundlage des Repertoriums der Policeyordnungen wird es künftig möglich sein, Themen wie die Wirtschafts- und Sozialpolitik frühneuzeitlicher Territorien, ihre Ein- und Auswanderungspolitik oder ihre Politikgegen über Minderheiten wie Juden, Täufern und Zigeunern systematisch-vergleichend zu erforschen.

Welchen „Erfolg" hatte nun die obrigkeitliche Policey in der frühneuzeitlichen Gesellschaft? Die Meinungen der Forscherinnen und Forscher gehen in diesem Punkt noch erheblich auseinander. Matthias Weber, der sich mit Polizeiordnungen und ihrer Umsetzung in Schlesien befaßt hat, geht grundsätzlich von einem hohen Realitätsgehalt der Ordnungen aus und betont, daß die schlesischen Obrigkeiten eine Reihe von Maßnahmen ergriffen, um den von ihnen gesetzten Normen Geltung zu verschaffen. Dazu gehörten die Publikation der Ordnungen, die Berücksichtigung und Weiterentwicklung überlieferter Rechtsvorstellungen, die Denunziations-, Aufsichts- und Anzeigepflicht von Amtsträgern und Bevölkerung, Kontrollmaßnahmen wie Pässe und Zeugnisse und der Einsatz von Dragonern. All diese Maßnahmen führten zwar keineswegs zu einer umfassenden Durchsetzung des obrigkeitlichen Willens, ließen aber doch eine unmißverständliche Intention erkennen: „Ent-

Nach mehrjährigen Vorarbeiten wurde 1616 ein neues Gesetzbuch für das Herzogtum Bayern publiziert, das eine **Landes-, Polizei-, Gerichts- und Strafprozeßordnung** beinhaltete. Diese Landrechtskodifikation bildete einen Höhepunkt der bayerischen legislativen Tätigkeit während der Regierungszeit des Herzogs und späteren Kurfürsten Maximilian I. (1594-1651). Die unter Maximilian erlassenen Gesetze und Verordnungen, denen für die territorialstaatliche Gesetzgebungstätigkeit im Zeichen der katholischen Konfessionalisierung durchaus exemplarische Bedeutung zukommt, umfaßten neben umfangreichen Landes- und Polizeiordnungen auch zahlreiche Einzelmandate, die nahezu sämtliche Lebensbereiche der Untertanen berührten. Dazu gehörten Bettel- und Wildereiverbote, Kleider- und Aufwandsordnungen, Reglementierungen des Wirtschaftslebens und des sittlichen Verhaltens der Untertanen sowie Maßnahmen zur Aufrechterhaltung der „wahren" katholischen Religion. Herrschaftsanspruch und Selbstverständnis des katholischen Territorialfürsten kommen auf dem abgebildeten Titelblatt des Landrechts in allegorischen Darstellungen der Gerechtigkeit, des Friedens, der fürstlichen Macht, der Religion und des Glaubens zum Ausdruck. Den Gerechtigkeitsanspruch betont zudem das Bibelzitat (Deuteronomium, Kapitel 1) mit der Ermahnung, ohne Ansehung der Person gerecht zu urteilen. Besonders augenfällig ist die enge Verknüpfung von Religion und politischer Herrschaft. Dietmar Willoweit hat für das Zeitalter der Konfessionalisierung von einer obrigkeitlichen „Inanspruchnahme einer religionspolitischen Verantwortung und Kompetenz gegenüber den Untertanen" gesprochen, die eine „Transformation religiöser Obliegenheiten in politische Untertanenpflichten" nach sich zog. Das Ziel der Obrigkeit war nichts weniger als eine „lückenlose Verhaltenskontrolle von Untertanen und kirchlichen Amtsträgern durch staatliche Beamte". Es ging dabei aber nicht nur um eine erzwungene Durchsetzung herrschaftlicher Normen im Sinne einer Sozialdisziplinierung; vielmehr sollte „obrigkeitlicher Zwang durch selbsttätige Sozialkontrolle unterhalb der Beamtenebene ersetzt und Selbstdisziplinierung gefördert werden."

Bild: Bayerisches Landrecht von 1616 (Titelblatt), Kupferstich.

Literatur: D. WILLOWEIT, Katholischer Konfessionalismus als politisches und rechtliches Ordnungssystem, in: W. REINHARD/H. SCHILLING (Hg.), Die katholische Konfessionalisierung, Gütersloh 1998 (Schriften des Vereins für Reformationsgeschichte, Bd. 198), S. 228-241.

scheidend ist, daß das System der Polizeiordnungen ein überregionales, prinzipiell einheitliches Programm bildete." Dieses Programm spiegelte Weber zufolge auch einen „Grundkonsens der Gesellschaft" wider [WEBER 1996]. In einem anderen Aufsatz macht Weber aber auch deutlich, daß weite Teile der Polizeigesetzgebung, z.B. Gesindeordnungen oder Reglementierungen der Landwirtschaft, von der Landbevölkerung ignoriert oder unterlaufen wurden, wenn sie nicht sogar Widerstand mobilisierten [WEBER 1995].

Von grundsätzlicher Skepsis gegenüber der Durchsetzungsfähigkeit obrigkeitlicher Normen geprägt ist der Ansatz von Ulinka Rublack: am Beispiel des Herzogtums Württemberg im 17. Jahrhundert argumentiert sie, daß obrigkeitliche Macht- und Herrschaftsansprüche an der Realität der dörflichen Verhältnisse auf ganzer Linie scheiterten. Rublack zufolge setzte die „Eigensinnigkeit" der Untertanen dem Ausbau des staatlichen Herrschaftsanspruchs enge Grenzen. „Im Alltag," so schreibt sie, „handelten Untertanen und lokale Eliten den Geltungsbereich staatlicher Herrschaft immer wieder aus." Die geringe Anzeigebereitschaft der Bevölkerung gegenüber staatlichen Amtsträgern ist für Rublack ein Indiz für einen grundlegenden „Normdissens" zwischen Obrigkeit und Bevölkerung. Württembergische Dorfbewohner instrumentalisierten zudem die herrschaftlichen Vogtrügegerichte für ihre eigenen Zwecke: anstatt Delikte von Mitbewohnern oder Mißstände im Dorf vor dem Rügegericht anzuzeigen, nutzten die Landbewohner das Forum häufig, um sich über herrschaftliche Beamte, zu hohe Fron- und Abgabenbelastungen oder Wildschäden zu beschweren. Die zahlreichen Konflikte zwischen Amtmännern und dörflichen Amtsträgern sowie zwischen Vertretern der weltlichen und der geistlichen Obrigkeit beeinträchtigten zusätzlich die Effektivität staatlicher Herrschaft und Verwaltung [RUBLACK].

Einen innovativen Ansatz zur Bestimmung des Verhältnisses von Normen und Herrschaftswirklichkeit hat Achim Landwehr in einer Studie entwickelt, die die Umsetzung von Normen im württembergischen Amt Leonberg untersucht. Durch die Kombination verschiedener Quellengruppen – Policeyordnungen, Visitationsberichte, Kirchenkonvents- und Ruggerichtsprotokolle, Bittschriften – gelingt es ihm, die Durchsetzung herrschaftlicher Ziele und Ansprüche als einen zirkulären Prozeß zu beschreiben. An diesem hatten die Regierung als Normgeber, die lokalen Amtsträger als Normanwender und die Untertanen als Normempfänger gleichermaßen teil. Landwehr zeigt, daß die Regierung sehr wohl versuchte, den von ihr gesetzten Normen – etwa durch Kontrolle der lokalen Amtsträger mittels Visitationen – Geltung zu verschaffen, letztlich aber doch auf die Kooperation der Bevölkerung angewiesen war. Die Akzeptanz herrschaftlicher Normen durch die Untertanen hing offenbar weitgehend davon ab, inwieweit ihre Interessen mit denen der Herrschaft übereinstimmten. So akzeptierten sie diejenigen Normen, die ihren eigenen Interessen entgegenkamen, während sie andere ignorierten oder unterliefen. Im übrigen nutzten die württembergischen Untertanen das Forum des Ruggerichts geschickt, um eigene Ziele durchzusetzen und lokale Konflikte auszutragen, und artikulierten ihre Vorstellungen und Positionen gegenüber der Obrigkeit in zahllosen Bittschriften [LANDWEHR].

Die im Medium der Supplikationen, d.h. der Bittschriften, zum Ausdruck kommende „Politik der Untertanen" ist in jüngster Zeit auch von anderen Historikerinnen und Historikern stärker unter die Lupe genommen worden. So steht im Mittelpunkt eines von Peter Blickle geleiteten Forschungsprojekts zum Verhältnis von Gemeinden und Staat in Spätmittelalter und Früher Neuzeit die Frage, „ob man die Herausbildung des modernen Staates auch als einen Prozeß der Kommunikation zwischen Obrigkeit und Untertanen interpretieren kann." Besondere Aufmerksamkeit widmen Blickle und seine Mitarbeiter dabei den Beschwerde- und Petitionsformen der Untertanen: den sog. Gravamina der Landstände und den sog. Suppliken von Gemeinden und Einzelpersonen, die aus der Frühen Neuzeit in großen Mengen überliefert sind. Sie kommen dabei zu dem Ergebnis, daß obrigkeitliche Verordnungen und Gesetze häufig gar nicht aus staatlicher Initiative heraus entstanden, sondern Reaktionen auf den von den Untertanen geäußerten „Wunsch nach Ordnung" waren. In Bittschriften und Beschwerden äußerten Gemeinden und Einzelpersonen ihren Unmut über soziale und administrative Mißstände und Defizite, regten Verbesserungen an und wirkten so auf den Prozeß der Gesetzgebung ein. Für den Landesherrn und seine Regierung boten solche Suppliken mehrere Vorteile: sie informierten sie über die Verhältnisse in den Gemeinden, stellten ein relativ bequemes und kostengünstiges Mittel dar, um die Wirksamkeit staatlicher Tätigkeit zu überprüfen und die Verwaltungspraxis der lokalen Amtsträger zu kontrollieren, und sie ermöglichten frühzeitig die Beilegung von Konflikten und die Verhinderung von Unruhen. Peter Blickle formuliert angesichts dieser Befunde zu ständischen und gemeindlichen Impulsen für die staatliche Gesetzgebung die These, daß Polizeiordnungen nicht wie bisher üblich als Medium der Sozialdisziplinierung anzusehen seien, „sondern umgekehrt [als] ein Produkt der Anforderungen der Untertanen an den Staat, jene Bereiche administrativ und gesetzlich zu regeln, die mittels kommunaler Satzungstätigkeit nicht befriedigend geregelt werden konnten" [Blickle].

Als letztes Beispiel für Untersuchungen zu Herrschaftsnorm und -praxis in der Frühen Neuzeit sei hier auf André Holensteins Studien über Funktion und Bedeutung von Frevelgerichten des 18. Jahrhunderts in der Markgrafschaft Baden-Durlach verwiesen; in ihnen spiegelt sich die lokale Rechtsprechungs- und Verwaltungspraxis eines kleineren Territorialstaats im Ancien Régime wider. Holenstein betont einerseits die erheblichen Ermessens- und Gestaltungsspielräume, die Amtmänner bei der Umsetzung obrigkeitlicher Gesetzgebung vor Ort hatten. Der „Erfolg" obrigkeitlicher Normsetzung hing also maßgeblich vom Amtsverständnis und von den Fähigkeiten der Vertreter des Staates auf lokaler Ebene ab. Andererseits vermag Holenstein aus den Frevelgerichtsprotokollen einen „Diskurs der Ordnung" zu rekonstruieren, an dem Amtleute und Dorfbewohner gleichermaßen beteiligt waren. Die Klagen, die Dorfbewohner vor das Frevelgericht brachten, betrafen vor allem die Bereiche der Nachbarschaftsbeziehungen und der Ressourcennutzung. Sie verweisen darüber hinaus auf einen hohen Regelungsbedarf und „funktionale Defizite der traditionellen kommunalen Ordnung" in einer Zeit starken Bevölkerungswachstums und knapper werdender Güter. Badische Beamte sahen einen Zusammenhang zwischen diesen Privatbeschwerden und dem staatlichen Interesse an der Einrichtung und Erhaltung „guter Policey" in den Dorfgemeinden. Darunter fielen u.a. die Verbesserung der Agrarwirtschaft, die Aufrechterhaltung der öffentlichen Sicherheit, eine funktionierende Armenfürsorge sowie ein geregelter Zustand der kommunalen Finanzen oder des örtlichen Schulwesens. Auf den verschiedenen Ebenen der Verwaltung, so eine wesentliche Schlußfolgerung aus Holensteins Untersuchungen zur lokalen Herrschafts- und Verwaltungspraxis, wurden Ordnungen und Dekrete „unterschiedlich gedeutet, zur Kenntnis genommen und angeeignet" [HOLENSTEIN 1998, 1999].

Kriminalitätsgeschichte. Die Geschichte von Kriminalität und Strafpraxis in der Frühen Neuzeit, die in den 1970er Jahren bereits einen festen Platz in der englischen und französischen Geschichtswissenschaft gefunden hatte, etablierte sich ab Mitte der 1980er Jahre auch im deutschsprachigen Raum. Seit 1991 besteht ein von Andreas Blauert und Gerd Schwerhoff geleiteter Arbeitskreis „Historische Kriminalitätsforschung in der Vormoderne", und einem 1996 erschienenen Forschungsüberblick zufolge können die 1990er Jahre gar als „Hochzeit der Kriminalitätshistoriographie" gelten. [EIBACH] Von ihrem Gegenstand her betrachtet ist die Kriminalitätsgeschichte eigentlich als Domäne der Rechtsgeschichte anzusehen, die an den Universitäten im deutschsprachigen Raum an den juristischen Seminaren verankert ist. An der Rechtsgeschichte kritisieren Kriminalitätshistoriker jedoch ihre weitgehende Fixierung auf normative Quellen wie Gesetzestexte, die oft allzu kurzschlüssig mit der Rechtswirklichkeit gleichgesetzt werden, sowie ihr geringes Interesse an frühneuzeitlichen sozialen Normen. Kriminalitätshistoriker fragen hingegen nach dem gesellschaftlichen Umfeld frühneuzeitlicher Delinquenz und der sozialen Logik, die hinter dem Verhalten der Delinquenten und der Sanktionspraxis der Obrigkeiten stand. Methodische und konzeptionelle Anregungen bezieht die Historische

Detailskizze

Ehrenhändel. In viel stärkerem Maße als heute stellte Ehre in der Frühen Neuzeit eine Fundamentalnorm dar, die den Platz des einzelnen in der Gesellschaft maßgeblich bestimmte. Angesichts der Vielzahl standes-, berufs- und geschlechtsspezifischer Ehrdefinitionen interessiert die Forschung allerdings weniger die Ehre als abstrakter Wert an sich als vielmehr die Auseinandersetzung um Ehre im Alltag: die Ehre des einzelnen war angreifbar, sie mußte in Konflikten verteidigt oder wiederhergestellt werden. Frühneuzeitliche Ehrenhändel folgten einer eigenen Logik von Herausforderung und Reaktion, wobei die Rituale des Ehrkonflikts von gezielt eingesetzten Beleidigungen und Schmähungen über provozierende Gesten und Drohgebärden bis hin zur tätlichen Auseinandersetzung mit Fäusten und Waffen reichten. Von zentraler Bedeutung waren der öffentliche Charakter dieser Art der Auseinandersetzung sowie die Tatsache, daß die Streitenden einander als prinzipiell gleichrangig ansahen. Martin Dinges, dessen Arbeiten über Ehrenhändel im Paris des 18. Jahrhunderts das Forschungsfeld wesentlich geprägt haben, betont, daß Ehrenhändel ein Medium waren, in dem alle möglichen Streitfälle ausgetragen und unterschiedliche Ansprüche artikuliert werden konnten. Er bezeichnet Ehre daher als einen „paradoxen Code". Da Ehre in hohem Maße der Verhaltensregulierung diente und Konformität erzeugte, verknüpft sie Dinges mit dem Konzept der „sozialen Kontrolle" durch Nachbarschaft, Polizei und Gerichte. Er stellt am Pariser Beispiel fest, daß sich die Justiz im Verlauf des 18. Jahrhunderts immer weniger für diese Art der Auseinandersetzung interessierte und die Ehrenhändel der Polizei und den informellen Regelungsmechanismen der Bevölkerung überließ. Im Gegensatz zu neueren Forschungen, die häufig auf die „Verrechtlichung" von Konflikten in der Frühen Neuzeit verweisen, spricht Dinges für Paris daher von einer „Tendenz zur Entrechtlichung". An Ehrenhändeln beteiligten sich alle sozialen Gruppen. In Dinges' Pariser Fällen sind es vor allem die „schriftkulturnahen" Mittelschichten und gehobenen Unterschichten. Obwohl die Beteiligten an Ehrenhändeln meist männlich waren, stritten sich auch Frauen um Ehre, wobei weibliche Ehre zumeist als „Sexualehre" thematisiert wurde, während männliche Ehre stärker mit sozialem Rang und materiellem Erfolg verbunden war.

Literatur: M. DINGES, Der Maurermeister und der Finanzrichter. Ehre, Geld und soziale Kontrolle im Paris des 18. Jahrhunderts, Göttingen 1994 (Veröffentlichungen des Max-Planck-Instituts für Geschichte, Bd. 105).

Kriminalitätsforschung, abgesehen von den bereits erwähnten westeuropäischen Vorbildern, aus der Hexen- und Randgruppenforschung, aus der Kriminalsoziologie, der „kritischen Kriminologie" und aus den Theoriedebatten um Gerhard Oestreichs Konzept der Sozialdisziplinierung, Norbert Elias' Theorie des Zivilisationsprozesses oder auch Michel Foucaults Machttheorie. In zunehmendem Maße erweist sich die Kriminalitätsgeschichte dabei als ein Feld, auf dem sich sozial- und kulturhistorische Arbeitsweisen fruchtbar miteinander verbinden lassen. Quantitativ-statistische Methoden und detaillierte Einzelfallanalysen werden nicht als einander ausschließende, sondern als komplementäre Herangehensweisen an frühneuzeitliche Kriminalität betrachtet [Eibach; Schwerhoff 1999].

▷ S. 136 f. Technik: [Da]s Lesen der Geschichte

▷ S. 294 Schlüssel[b]egriffe und Konzepte: Sozialdisziplinierung

▷ S. 217 ff. Literatur[w]issenschaft: Quellen als [T]exte gelesen

In den 1990er Jahren sind zahlreiche empirische Studien erschienen, die die Tragfähigkeit des kriminalitätshistorischen Forschungsansatzes insgesamt eindrucksvoll unter Beweis stellen. Mehrere Untersuchungen, für die Gerd Schwerhoffs Arbeit über Köln, Michael Franks Dissertation über die Grafschaft Lippe und Helga Schnabel-Schüles Arbeit zu Württemberg beispielhaft stehen, befassen sich mit Kriminalität in ihrem spezifischen sozialen Kontext, beziehen jedoch die Strukturen des Gerichtswesens und den Ablauf des Strafverfahrens ausführlich mit ein. Alle drei genannten Studien behandeln ein breites Deliktspektrum von Beleidigungen und Ehrverletzungen über religiöse Vergehen wie Gotteslästerung, Verstöße gegen Luxus- und Aufwandsgesetze, Gewalt- und Eigentumsdelikte bis hin zu sexuellen Normverstößen. In den Studien von Schwerhoff, Frank und Schnabel-Schüle wird deutlich, daß frühneuzeitliche Obrigkeiten in der Regel nicht über die Mittel und das Personal verfügten, ihre Normen aus eigener Macht durchzusetzen. Vielmehr waren sie stets auf die Kooperation der Untertanen angewiesen, die etwa in deren Bereitschaft zur Anzeige oder zur Zeugenaussage zum Ausdruck kam. So konnte Michael Frank für das von ihm untersuchte lippische Dorf Heiden nachweisen, daß die dörflichen Führungsgruppen vor dem Hintergrund wachsenden sozialen und wirtschaftlichen Problemdrucks im 18. Jahrhundert zunehmend zur Kooperation mit der Obrigkeit bei der Durchsetzung staatlicher Normen bereit waren. Daß der Staat bei der Disziplinierung der Untertanen in dieser Zeit einige Erfolge verbuchen konnte, hatte Frank zufolge seine Gründe in der Gemeinde: traditionelle Mittel und Wege der innergemeindlichen Konfliktregulierung hätten wegen des starken Bevölkerungswachstums und der zunehmenden sozialen Polarisierung im Dorf nicht mehr funktioniert, so daß die Eliten auf das Disziplinierungsprogramm des Staates hätten zurückgreifen müssen, um ihre Position in der Gemeinde abzusichern. „Die Krise der bäuerlichen Welt," so Frank, „ist daher ein Markstein für den Prozeß der inneren Staatswerdung." Besonders häufig vor Gericht angeklagt war die soziale Gruppe der sogenannten Straßenkötter – eine Bevölkerungsgruppe, die über wenig Grundbesitz verfügte, geographisch sehr mobil war und daher als Bedrohung für die traditionelle Ordnung im Dorf wahrgenommen wurde.

Wie Michael Frank kommt auch Gerd Schwerhoff zu dem Schluß, daß frühneuzeitliche Kriminalgerichtsbarkeit nicht nur ein Mittel obrigkeitlicher Kontrolle der Bevölkerung war. „In bisher kaum wahrgenommenem Ausmaß," so eines der Ergebnisse seiner Studie über Köln, „machten sich die Menschen der Frühen Neuzeit das Rechtssystem, auch und gerade im Bereich des Strafrechts, für ihre eigenen Zwecke zunutze; sie waren nicht bloße Opfer obrigkeitlichen Zwangs, sondern handelnde Subjekte, die ihre Konflikte – unter anderem – rechtlich austrugen." Helga Schnabel-Schüle betont demgegenüber, daß die religiöse Begründung von Normen im frühneuzeitlichen Württemberg, die im Topos vom rächenden und strafenden Gott zum Ausdruck kam, die Kontroll- und Anzeigebereitschaft der Bevölkerung und deren Akzeptanz obrigkeitlicher Sanktionen erhöhte.

Ferner läßt sich in Köln, Württemberg oder der Grafschaft Lippe zeigen, daß Kriminalität in der Frühen Neuzeit keineswegs ein reines Unterschichten- und Randgruppenphänomen war. Wegen Gewalt- und Sexualvergehen beispielsweise standen immer wieder auch Angehörige der städtischen oder dörflichen Oberschichten vor Gericht. Diese Oberschichtangehörigen verfügten allerdings über besonders gute Möglichkeiten, durch eigene Gnadenbitten oder die Fürsprache einflußreicher Verwandter die Obrigkeit zur Milderung der Strafe oder sogar zum gänzlichen Verzicht darauf zu bewegen. Das überaus häufig festzustellende Phänomen des obrigkeitlichen Sanktionsverzichts weist also nicht allein auf institutionelle Schwächen und Vollzugsdefizite des vormodernen Staates hin, sondern ist auch ein Indiz für Prozesse des Aushandelns zwischen Obrigkeit und Untertanen. Zudem konnten frühneuzeitliche Obrigkeiten gerade durch den flexiblen, der jeweiligen Situation angepaßten Gebrauch von Strafe und Gnade ihre eigene Macht demonstrieren und die Akzeptanz des Herrschaftssystems erhöhen [Schwerhoff 1991; Frank; Schnabel-Schüle].

Weitere zentrale Fragen der Historischen Kriminalitätsforschung gelten der gesellschaftlichen Bedeutung von Normen – hier wurde vor allem die Ehre als „zentrales verhaltenssteuerndes Prinzip der Vormoderne" [Eibach] thematisiert –, der Funktion bestimmter Formen der Bestrafung wie Hinrichtungen und Ehrenstrafen und der Kriminalisierung von Phänomenen wie Prostitution und unehelichem Geschlechtsverkehr; an der Kriminalisierung läßt sich auch der historische Wandel von Rechtsnormen ablesen. Häufig thematisiert wird ferner die geschlechtsspezifische Dimension von Delinquenz und Strafpraxis: untersucht werden u.a. die von Frauen begangenen Delikte, deren Beurteilung und Sanktionierung durch frühneuzeitliche Obrigkeiten und die Verteidigungsstrategien von Frauen vor Gericht. So befassen sich mehrere neuere Arbeiten mit dem vor allem von Dienstmägden begangenen Delikt des Kindsmords, seinen sozialen Voraussetzungen und der Debatte, die darüber im Zeitalter der Aufklärung geführt wurde [Ulbricht].

▷ S. 193 Geschlech[...] geschichte[...] Normen u[...] soziale Pr[...]

Schließlich ist noch auf eine Reihe von Studien hinzuweisen, die sich mit dem „harten Kern" frühneuzeitlicher Kriminalität befassen: gemeint sind die Aktivitäten der von den Zeitgenossen gefürchteten Räuber-, Mordbrenner-, Gauner- und Diebesbanden. Hier konnte die Vorstellung, daß die Banden des 16. bis 18. Jahrhunderts eine straff organisierte „Gegengesellschaft" mit einem eigenständigen Normen- und Wertesystem dargestellt hätten, weitgehend als Mythos entlarvt werden. Aus der Sicht der modernen sozialgeschichtlichen Forschung erscheinen diese Banden vielmehr als lockere, in ihrer Zusammensetzung stark fluktuierende Zusammenschlüsse von Angehörigen der nichtseßhaften Unterschichten ohne klare innere Hierarchie und Führungsstruktur. Auch die Verbrechen dieser Banden waren, wie beispielsweise Andreas Blauert gezeigt hat, oft weniger spektakulär und viel „alltäglicher" als lange Zeit angenommen. Die angeblich von Mordbrennern im 16. Jahrhundert begangenen Verbrechen zeichneten sich zwar bisweilen durch besondere Grausamkeit aus; in Monika Spicker-Becks sorgfältiger Analyse von Folterprozessen erscheinen sie aber oft auch als Produkte der Imagination der zeitgenössischen Verfolgungsbehörden, deren Möglichkeiten der Wahrheitsfindung äußerst beschränkt waren. Für Spicker-Beck „sind die Räuber- und Mordbrennerbanden des 16. Jahrhunderts zugleich Quelle und Resultat von Angst und Bedrohung in einem Klima von Unsicherheit und Desintegration" [BLAUERT; SPICKER-BECK].

Eine ganze Reihe von kriminalitätsgeschichtlichen Arbeiten zu Themen wie Gotteslästerung, Alkoholkonsum, Urfehdewesen und Gewaltkriminalität, die sich derzeit noch im Entstehen oder bereits in Druck befinden, läßt erwarten, daß sich dieser Zweig der historischen Forschung auch in den nächsten Jahren weiter ausdifferenzieren wird: von ihm werden zusätzliche Impulse für eine sozial- und kulturhistorisch orientierte „Konfliktgeschichte" der Frühen Neuzeit ausgehen. Eine solche Konfliktgeschichte würde neben Formen der Delinquenz auch die unterschiedlichen Manifestationen innerhäuslicher und innergemeindlicher Spannungen sowie widerständigen Verhaltens gegenüber Obrigkeiten umfassen [PETERS 1995b; HÄBERLEIN].

Konfessionelle Grenzen und religiöse Minderheiten. Wie für die anderen vorgestellten Forschungsschwerpunkte läßt sich auch für die Thematik „konfessionelle Grenzen und religiöse Minderheiten" feststellen, daß hier unterschiedliche Fragestellungen und Forschungsstränge zusammentreffen. Erstens hat die These von der frühneuzeitlichen Konfessionalisierung als gesellschaftlichem Fundamentalvorgang zu zahlreichen Untersuchungen angeregt, die diesen Prozeß im Detail analysieren. Dabei wurde deutlich, daß sich die konfessionelle Einheitlichkeit des Untertanenverbandes in vielen Städten und Territorien des frühneuzeitlichen Mitteleuropa nicht durchsetzen ließ. Vielerorts lebten Katholiken und Protestanten in einer Stadt oder einem Territorium zusammen, war das Zusammenleben der Konfessionen rechtlich geregelt bzw. die Existenz von religiösen Minderheiten offiziell oder zumindest stillschweigend geduldet.

▷ S. 300 ff. Schlüsselbegriffe und Konzepte: Konfessionalisierung

Zweitens hat die Frühneuzeit-Forschung den Begriff der „Grenze" in den letzten Jahren auch als analytische Kategorie entdeckt. Indem sie Bedeutung und Auswirkungen geographischer, territorialer, sozialer und kultureller Grenzen in den Blick nimmt, versucht die Geschichtswissenschaft, neue Einsichten in die Funktionsweise frühneuzeitlicher Gemeinwesen zu gewinnen [SCHMALE/STAUBER].

Drittens hat die Befassung mit Minderheiten wie Juden und Mennoniten unter kirchen- und religionsgeschichtlichen Vorzeichen eine lange Forschungstradition, an die neuere Studien zur Position dieser Minderheiten in der frühneuzeitlichen Gesellschaft anknüpfen können [GOERTZ].

In diesem Abschnitt sollen zunächst einige innovative Studien zur Bedeutung der Grenzen zwischen den großen christlichen Konfessionen vorgestellt werden. Anschließend stehen – exemplarisch für das Interesse der Forschung an religiösen Minderheiten – neuere Arbeiten zur Geschichte der Juden in der Frühen Neuzeit im Mittelpunkt.

Fettmilch-Aufstand. Am 22. August 1614 stürmten Frankfurter Bürger das Ghetto, in dem damals die größte jüdische Gemeinde im Heiligen Römischen Reich lebte, vertrieben die meisten der etwa 2000 Frankfurter Juden aus der Stadt und plünderten deren Häuser. Als sich dieses Pogrom ereignete, befand sich Frankfurt in einer Art Ausnahmezustand. Bereits im Vorfeld der Kaiserkrönung des Habsburgers Matthias (1557-1619) 1612 hatten Teile der Bürgerschaft ihre Unzufriedenheit mit dem oligarchischen Ratsregiment bekundet, Einsicht in die Privilegienurkunden der Stadt und die Austreibung der als „Wucherer" verschrieenen Juden verlangt. Einer kaiserlichen Kommission, die die Beschwerden untersuchen sollte, legte die Opposition einen Forderungskatalog vor, der eine breitere Repräsentation der Bürgerschaft im Rat und die Kontrolle der städtischen Finanzen vorsah. In einem Ende 1612 abgeschlossenen Bürgervertrag ging der Rat auf die wesentlichen Forderungen ein. In der Folgezeit kam es jedoch zu erneutem Streit über die Umsetzung dieses Vertrags. 1614 besetzte schließlich eine von dem Pastetenbäcker Vinzenz Fettmilch angeführte Gruppe von Bürgern das Rathaus, zwang den alten Rat zur Abdankung und errichtete ein neues Regiment. Kurze Zeit später erfolgte der Angriff auf das Ghetto. Das Blatt wendete sich, als der Kaiser die Reichsacht über Fettmilch und seine engsten Vertrauten verhängte, die im November 1614 verhaftet und später hingerichtet wurden. Die vertriebenen Juden kehrten in einer feierlichen Prozession nach Frankfurt zurück und gedachten in der Folgezeit alljährlich in einem „Purim"-Fest ihrer Errettung.

Christopher Friedrichs stellte in einer Analyse der Historiographie dieser Ereignisse fest, daß der Fettmilch-Aufstand von deutschen und jüdischen Geschichtsschreibern sehr unterschiedlich dargestellt wurde. Während christliche deutsche Autoren des 18. und 19. Jahrhunderts den Aufstand als bürgerlichen Freiheitskampf und berechtigte Reaktion auf wirtschaftliche und politische Mißstände darstellten, betonten jüdische Historiker den anti-semitischen Charakter der Unruhen. Im Dritten Reich porträtierten nationalsozialistische Autoren Fettmilch als „Führergestalt", die gegen die jüdischen „Wucherer" kämpfte. In der deutschen Geschichtswissenschaft nach 1945 wurde der Aufstand zumeist als innerstädtischer Konflikt zwischen politischen und sozialen Gruppen in Frankfurt dargestellt; nach 1968 wurde er bisweilen als anti-autoritäre Aktion uminterpretiert. Friedrichs selbst plädiert dafür, die politischen Forderungen der Aufständischen und ihren Antisemitismus nicht länger voneinander zu trennen, sondern sie als zwei Seiten derselben Medaille zu sehen. Am Fettmilch-Aufstand wird so exemplarisch deutlich, wie deutsche und jüdische Geschichte in der Frühen Neuzeit miteinander verwoben waren und welche Schwierigkeiten es Historikern lange Zeit bereitete, diese Interdependenz anzuerkennen.

Bild: Plünderung des jüdischen Ghettos während des Fettmilch-Aufstands in Frankfurt 1614, Holzschnitt, Historisches Museum der Stadt Frankfurt.

Literatur: C. R. FRIEDRICHS, Politics or Pogrom? The Fettmilch Uprising in German and Jewish History, in: CEH 19 (1986), S. 186-228.

Der Westfälische Friede von 1648 bedeutete für die Reichsstadt Augsburg die verfassungsrechtliche Festschreibung der Parität, d.h. die rechtliche Gleichstellung von Katholiken und – lutherischen – Protestanten, die paritätische Besetzung aller öffentlichen Ämter und die vollständige innere Autonomie jeder Konfessionspartei in Religionsfragen. In seiner Studie „Die unsichtbare Grenze" hat Etienne François untersucht, wie das System der Parität in der Praxis funktionierte. Für die Erforschung konfessioneller Grenzen kommt seinem Buch exemplarische Bedeutung zu. François konzentriert sich auf drei Kernbereiche der konfessionellen Koexistenz: Demographie, Wirtschaft und Kultur. In allen drei Bereichen stellt der Autor vielfältige Formen der Kooperation und Abgrenzung fest, die sich wechselseitig bedingten. So wohnten Katholiken und Protestanten in Augsburg in denselben Stadtvierteln und kamen regelmäßig als Geschäftspartner miteinander in Kontakt. Katholische Dienstboten arbeiteten in protestantischen Haushalten, und protestantische Kunsthandwerker waren für katholische Auftraggeber tätig. In anderen Bereichen hingegen schotteten sich die beiden Konfessionen gegeneinander ab: der Bereich der Familie war konfessionell weitgehend homogen, Mischehen und Konversionen kamen äußerst selten vor. Religiös-kulturelle Veranstaltungen wie die katholische Kontroverspredigt und das evangelische Friedensfest – bis heute in Augsburg alljährlich zur Erinnerung an die „Rettung" der Protestanten im Westfälischen Frieden gefeiert –, sowie die konfessionsspezifische Vornamensgebung dienten der Selbstvergewisserung und verstärkten die Dynamik der Abgrenzung gegenüber der jeweils anderen Konfessionspartei. Nach François geht die konfessionelle Grenze in Augsburg im späten 17. und im 18. Jahrhundert „weit über die rein kirchlich-theologische und verfassungsmäßige Dimension hinaus – sie ist eine echte Lebensform sowohl im öffentlichen wie im privaten Bereich, die Mentalitäten und Verhalten entscheidend prägt" [FRANÇOIS].

Ähnlich wie François stellt Frauke Volkland in einer Untersuchung zu bikonfessionellen Gemeinden im schweizerischen Thurgau im 17. Jahrhundert fest, daß Katholiken und Protestanten zwar auf gegenseitige Abgrenzung bedacht waren, diese Grenzen in der Praxis aber durchaus fließend sein konnten. So eigneten sich die Thurgauer Protestanten ein katholisches Ritual an, indem sie am Ostermontag eine eigene Prozession abhielten, die sie durch evangelische Praktiken wie das Singen von Psalmen protestantisch umformten. Außerdem benutzten Katholiken und Protestanten im Thurgau und in einigen oberdeutschen Reichsstädten dieselben Kirchenräume in sog. Simultankirchen. Die katholisch geprägte Ausgestaltung der Kirchen provozierte die Protestanten zu gezielten Übergriffen, und wie in Augsburg führten auch im Thurgau Glaubensübertritte zu sozialen Sanktionen gegen die „Abtrünnigen". Diese Beobachtungen führen Volkland zu der These, daß „die konfessionelle Grenze ... eher als gesellschaftliches und politisches Phänomen denn als im engeren Sinne religiöse Grenze zu verstehen ist" [VOLKLAND].

Eine derartige konfessionelle Koexistenz war der Salzburger Erzbischof Leopold Anton von Firmian (1679-1744) nicht bereit hinzunehmen; 1731/32 wies er mehrere tausend Protestanten aus seinem Herrschaftsgebiet aus. Die Vertreibung der Protestanten aus Salzburg und deren Aufnahme in Preußen galten in der konfessionell geprägten Geschichtsschreibung des 19. und 20. Jahrhunderts lange Zeit als Lehrstück über engstirnige katholische Intoleranz und weitherzige protestantische Toleranzpolitik. Mack Walkers Darstellung dieser Episode erfordert jedoch eine Revision dieses überlieferten Geschichtsbilds. Walker charakterisiert die Ausweisung der Protestanten aus Salzburg und ihre Migration nach Preußisch-Litauen als einen „Handel", der für alle Beteiligten vorteilhaft war. Dem Salzburger Erzbischof Firmian bot das entschiedene Vorgehen gegen die Protestanten eine Möglichkeit, seine herrscherliche Autorität zu stärken und sich des „rebellischen" Teils seiner Untertanen zu entledigen. Dem preußischen König Friedrich Wilhelm I. (1688-1740) ging es keineswegs bloß um eine Geste der Humanität und Toleranz, sondern er wollte die konfessionellen Konflikte im Heiligen Römischen Reich zum wirtschaftlichen Vorteil Preußens ausnutzen. Während er die lutherisch orientierten Salzburger Protestanten zur Besiedlung der preußisch-litauischen Grenzprovinz einlud und damit als Schirmherr des Protestantismus an Prestige gewann, wies Friedrich Wilhelm gleichzeitig die religiöse Minderheit der Mennoniten aus Ostpreußen aus. Kaiser Karl VI. (1685-1740) kann Walker zufolge als „Makler" des „Handels" zwischen dem Salzburger Erzbischof und dem König von Preußen gelten. Karls Hauptziel bestand in der Durchsetzung der sogenannten Pragmatischen Sanktion, die seiner Tochter Maria Theresia (1717-1780) die Thronfolge sichern sollte. Dafür benötigte er die Unterstützung Preußens. Zugleich ging es dem Kaiser darum, ein Übergreifen des Protestantismus auf österreichische Territorien zu verhindern, weshalb ihm die Auswanderung der Salzburger nach Preußen gelegen kam. Im Falle der protestantischen Auswanderer, die aus dicht bevölkerten Gebirgstälern in die dünn besiedelten Ebenen Ostpreußens zogen, läßt sich die Abwanderung „gewissermaßen als rationale Neu-Anpassung des zur Verfügung stehenden Landes an das Arbeitskräftepotential bezeichnen". Und nicht zuletzt profitierte auch die evangelische Geistlichkeit im Heiligen Römischen Reich, die das Geschehen in zahlreichen Schriften und Predigten kommentierte, von der Episode: „Eine neu belebte und konkretisierte konfessionelle Rhetorik, die die notwendige Einheit der evangelischen Christenheit Deutschlands zum Ausdruck brachte, stellte den Anteil des protestantischen Klerus am Salzburger Handel dar." Walkers Untersuchung zeigt insgesamt beispielhaft, wie sich durch eine Erweiterung der Forschungsperspektive auch scheinbar geläufige historische Ereignisse neuartig interpretieren lassen [Walker].

Die religiöse Minderheit der Juden findet seit einer Reihe von Jahren innerhalb der Frühneuzeit-Forschung starkes Interesse. Die Stellung der Juden im vormodernen christlichen Europa verdient zum einen deshalb besondere Beachtung, weil die Behandlung dieser Minderheit eine Art Prüfstand für Reichweite und Erfolg obrigkeitlicher Bemühungen um die Ausweitung der Staatsgewalt und die Schaffung eines einheitlichen Untertanenverbandes darstellt. Zum anderen spielt in aktuellen geschichtswissenschaftlichen Debatten um das Verhältnis von Christen und Juden in Mitteleuropa die Frage der Genese und des Wandels antisemitischer Vorurteile, die sich in der jüngeren deutschen Geschichte so verhängnisvoll auswirken sollten, eine unvermindert große Rolle. Außerdem weisen gerade jüdische Historiker nachdrücklich darauf hin, daß die deutsch-jüdische Geschichte nicht nur ein integraler Teil der deutschen Geschichte ist, sondern auch ein wesentlicher Bestandteil der

Geschichte der jüdischen Diaspora in Europa. Während mehrere seit 1990 erschienene Gesamtdarstellungen den Einstieg in die Thematik erleichtern [BATTENBERG; BREUER/GRAETZ; HERZIG], dokumentieren Tagungsbände [HSIA/LEHMANN; KIESSLING] sowie die in der Zeitschrift „Aschkenas" erscheinenden Aufsätze das breitgefächerte thematische Spektrum aktueller Arbeiten und Ansätze zur jüdischen Geschichte in Mitteleuropa.

In der neueren Forschung zur Geschichte der mitteleuropäischen oder aschkenasischen Juden erweist sich die Frühe Neuzeit als eine von gegenläufigen Entwicklungen gekennzeichnete und daher nicht ganz einfach zu charakterisierende „Zwischenzeit": sie liegt zwischen den Judenverfolgungen und -vertreibungen des Spätmittelalters und der im späten 18. Jahrhundert einsetzenden „Judenemanzipation". Auf der einen Seite wurden systematische Vertreibungen und antijüdische Ausschreitungen – ungeachtet aufsehenerregender Vorfälle wie der Plünderung des Frankfurter Ghettos 1614 – seltener. Die jüdische Bevölkerung wuchs stark an, und zwischen Christen und Juden fanden vielfältige geschäftliche und soziale Kontakte statt. Auf der anderen Seite jedoch erlangten Juden nirgendwo in Mitteleuropa volle bürgerliche Rechte, blieben zahlreichen rechtlichen und sozialen Beschränkungen unterworfen und waren beständig mit den Vorurteilen, dem Argwohn und der Feindseligkeit ihrer christlichen Umwelt konfrontiert. Nach ihrer Ausweisung aus den meisten größeren Städten im 14. und 15. Jahrhundert lebte die große Mehrzahl der Juden im frühneuzeitlichen Mitteleuropa auf dem Lande, wo sie vor allem in den geistlichen Fürstentümern und manchen kleineren Adelsherrschaften vergleichsweise günstige Niederlassungs- und Lebensbedingungen vorfanden. Die über zahlreiche Städte und Dörfer eines Territoriums verstreut lebenden Juden waren häufig in sogenannten Landjudenschaften organisiert, die zwar unter staatlicher Aufsicht standen, aber zumindest bis ins 18. Jahrhundert ein gewisses Maß an innerer Autonomie behaupten konnten. Die großen städtischen Judengemeinden in Frankfurt, Worms und Prag, zu denen sich seit dem 17. Jahrhundert auch Hamburg-Altona und Berlin gesellten, fungierten indessen als wirtschaftliche und kulturelle Zentren.

Neuere Forschungen machen deutlich, daß sich die mitteleuropäische Judenschaft in der Frühen Neuzeit sozial und regional zunehmend ausdifferenzierte. In sozialer Hinsicht vertiefte sich im Verlauf des 17. und 18. Jahrhunderts die Kluft zwischen einerseits den reichen Kaufleuten und Hofjuden, die als Bankiers und Lieferanten der Herrscher eine wichtige Rolle im System des fürstlichen Absolutismus spielten, und andererseits der großen Zahl verarmter jüdischer Pfandleiher, Hausierer, Bettler und Vaganten.

In lokalen und regionalen Fallstudien wird zudem deutlich, wie sich territoriale Besonderheiten auf die Bedingungen jüdischer Existenz auswirkten. So können Rolf Kießling und Sabine Ullmann am Beispiel Bayerisch-Schwabens zeigen, daß sich in der Markgrafschaft Burgau mit ihrer offenen Verfassungsstruktur, in der Herrschaftsrechte und -ansprüche zwischen Landes- und Ortsherren umstritten waren, Freiräume für die Ansiedlung von Juden seit dem späten 16. Jahrhundert ergaben. Einige Dörfer hatten dort im 17. und 18. Jahrhundert einen hohen jüdischen Bevölkerungsanteil, und die Juden übernahmen wichtige Funktionen in Viehhandel und Kleinkredit. Sie waren fest in die dörfliche Ordnung eingebunden, konnten Haus- und Grundbesitz erwerben und waren auch an den kommunalen Ressourcen und Pflichten beteiligt. Konflikte zwischen Christen und Juden in den burgauischen Dörfern entsprachen häufig dem Muster typischer Ressourcenkonflikte, wie sie auch zwischen Christen untereinander vorkamen. Daneben sind aber auch Konflikte um Feiertage, religiöse Kulte und Synagogenbauten überliefert; und sporadische Vertreibungen sowie der Gebrauch antijüdischer Stereotypen in Konfliktfällen zeigen, daß tradierte christliche Vorurteile gegen Juden fortbestanden [Kiessling; Ullmann]. Gerade solche Regionalstudien verdeutlichen, wie sehr die konkreten Lebensbedingungen der jüdischen Bevölkerung und das christlich-jüdische Zusammenleben in der Frühen Neuzeit von ganz spezifischen verfassungsrechtlichen, politischen und sozioökonomischen Rahmenbedingungen geprägt waren.

Mark Häberlein

Literatur

J. Arndt, Das Heilige Römische Reich und die Niederlande 1566-1648. Politisch-konfessionelle Verflechtung und Publizistik im Achtzigjährigen Krieg, Köln/Weimar/Wien 1998 (Münstersche Historische Forschungen, Bd. 13).

F. Battenberg, Das Europäische Zeitalter der Juden. Zur Entwicklung einer Minderheit in der nichtjüdischen Umwelt Europas, 2 Bde., Darmstadt 1990.

A. Blauert, Sackgreifer und Beutelschneider. Die Diebesbande der Alten Lisel, ihre Streifzüge um den Bodensee und ihr Prozeß 1732, Konstanz 1993.

P. Blickle (Hrsg.), Gemeinde und Staat im Alten Europa, München 1998 (HZ Beihefte, N.F. 25).

M. Breuer/M. Graetz, Deutsch-jüdische Geschichte in der Neuzeit. Bd. 1: Tradition und Aufklärung 1600-1780, München 1996.

J. Burkhardt, Das größte Friedenswerk der Neuzeit. Der Westfälische Frieden in neuer Perspektive, in: GWU 49 (1998), 592-612.

K. Bussmann/H. Schilling (Hrsg.), 1648. Krieg und Frieden in Europa. Textbände 1 und 2, München 1998.

H. Duchhardt, Balance of Power und Pentarchie. Internationale Beziehungen 1700-1785, Paderborn u.a. 1997 (Handbuch der Geschichte der Internationalen Beziehungen, Bd. 4).

Ders. (Hrsg.), Der Westfälische Friede. Diplomatie – politische Zäsur – kulturelles Umfeld – Rezeptionsgeschichte, München 1998.

J. Eibach, Kriminalitätsgeschichte zwischen Sozialgeschichte und historischer Kulturforschung, in: HZ 263 (1996), 681-715.

E. François, Die unsichtbare Grenze. Protestanten und Katholiken in Augsburg 1648-1806, Sigmaringen 1991 (Abhandlungen zur Geschichte der Stadt Augsburg, Bd. 33).

M. Frank, Dörfliche Gesellschaft und Kriminalität. Das Fallbeispiel Lippe 1650-1800, Paderborn u.a. 1995.

H. Gabel, Widerstand und Kooperation. Studien zur politischen Kultur rheinischer und maasländischer Kleinterritorien (1648-1794), Tübingen 1995 (Frühneuzeit-Forschungen, Bd. 2).

Ders./V. Jarren, Kaufleute und Fürsten. Außenpolitik und politisch-kulturelle Perzeption im Spiegel niederländisch-deutscher Beziehungen 1648-1748, Münster u.a. 1998 (Niederlande-Studien, Bd. 18).

H.-J. Goertz, Religiöse Bewegungen in der Frühen Neuzeit, München 1993 (Enzyklopädie deutscher Geschichte, Bd. 20).

M. Häberlein (Hrsg.), Devianz, Widerstand und Herrschaftspraxis in der Vormoderne.

Studien zu Konflikten im südwestdeutschen Raum (15.-18. Jahrhundert), Konstanz 1999 (Konflikte und Kultur. Historische Perspektiven, Bd. 2).

K. Härter/M. Stolleis (Hrsg.), Repertorium der Policeyordnungen der Frühen Neuzeit. Bd. 1: Deutsches Reich und geistliche Kurfürstentümer (Kurmainz, Kurköln, Kurtrier), Frankfurt/M. 1996; Bd. 2: Brandenburg/Preußen mit Nebenterritorien (Kleve-Mark, Magdeburg und Halberstadt), Frankfurt/M. 1998; Bd. 3: Wittelsbachische Territorien (Kurpfalz, Bayern, Pfalz-Neuburg, Pfalz-Sulzbach, Jülich-Berg, Pfalz-Zweibrücken), Frankfurt/M. 1999.

A. Herzig, Jüdische Geschichte in Deutschland. Von den Anfängen bis zur Gegenwart, München 1997.

A. Holenstein, Gesetzgebung und administrative Praxis im Staat des Ancien Régime. Beobachtungen an den badischen Vogt- und Rügegerichten des 18. Jahrhunderts, in: B. Dölemeyer/D. Klippel (Hrsg.), Gesetz und Gesetzgebung im Europa der Frühen Neuzeit, Berlin 1998 (ZHF Beiheft 22), 171-197.

Ders., Ordnung und Unordnung im Dorf. Ordnungsdiskurse, Ordnungspraktiken und Konfliktregelungen vor den badischen Frevelgerichten des 18. Jahrhunderts, in: M. Häberlein (Hrsg.), Devianz, Widerstand und Herrschaftspraxis in der Vormoderne, 165-196.

R. Po-Chia Hsia/H. Lehmann (Hrsg.), In and Out of the Ghetto. Jewish-Gentile Relations in Late Medieval and Early Modern Germany, Cambridge u.a. 1995 (Publications of the German Historical Institute, Washington D.C.).

R. Kiessling (Hrsg.), Judengemeinden in Schwaben im Kontext des Alten Reiches, Berlin 1995 (Colloquia Augustana, Bd. 2).

B. Kroener/R. Pröve (Hrsg.), Krieg und Frieden. Militär und Gesellschaft in der Frühen Neuzeit, Paderborn u.a. 1996.

B. von Krusenstjern/H. Medick (Hrsg.), Zwischen Alltag und Katastrophe. Der Dreißigjährige Krieg aus der Nähe, Göttingen 1999 (Veröffentlichungen des Max-Planck-Instituts für Geschichte, Bd. 148).

H. Lademacher/S. Groenveld (Hrsg.), Krieg und Kultur. Die Rezeption von Krieg und Frieden in der Niederländischen Republik und im Deutschen Reich 1568-1648, Münster u.a. 1998.

A. Landwehr, Policey im Alltag. Die Implementation frühneuzeitlicher Policeyordnungen in Leonberg, Frankfurt/M. 1999.

J. Peters (Hrsg.), Gutsherrschaft als soziales Modell. Vergleichende Betrachtungen zur Funktionsweise frühneuzeitlicher Agrargesellschaften, München 1995 (HZ Beihefte, N.F. 18).

Ders. (Hrsg.), Konflikt und Kontrolle in Gutsherrschaftsgesellschaften. Über Resistenz- und Herrschaftsverhalten in ländlichen Sozialgebilden der Frühen Neuzeit, Göttingen 1995 (Veröffentlichungen des Max-Planck-Instituts für Geschichte, Bd. 120).

U. Rublack, Frühneuzeitliche Staatlichkeit und lokale Herrschaftspraxis in Württemberg, in: ZHF 24 (1997), 347-376.

W. Schmale/R. Stauber (Hrsg.), Menschen und Grenzen in der Frühen Neuzeit, Berlin 1998 (Innovationen, Bd. 2).

H. Schnabel-Schüle, Überwachen und Strafen im Territorialstaat. Bedingungen und Auswirkungen des Systems strafrechtlicher Sanktionen im frühneuzeitlichen Württemberg, Köln/Weimar/Wien 1997 (Forschungen zur deutschen Rechtsgeschichte, Bd. 16).

G. Schwerhoff, Köln im Kreuzverhör. Kriminalität, Herrschaft und Gesellschaft in einer frühneuzeitlichen Stadt, Bonn/Berlin 1991.

DERS., Aktenkundig und gerichtsnotorisch. Einführung in die Historische Kriminalitätsforschung, Tübingen 1999 (Historische Einführungen, Bd. 3).
M. SPICKER-BECK, Räuber, Mordbrenner, umschweifendes Gesind. Zur Kriminalität im 16. Jahrhundert, Freiburg 1995 (Rombach Wissenschaften, Reihe Historiae, Bd. 8).
O. ULBRICHT (Hrsg.), Von Huren und Rabenmüttern. Weibliche Kriminalität in der Frühen Neuzeit, Köln/Weimar/Wien 1995.
S. ULLMANN, Der Streit um die Weide. Ein Ressourcenkonflikt zwischen Christen und Juden in den Dörfern der Markgrafschaft Burgau, in: M. HÄBERLEIN (Hrsg.), Devianz, Widerstand und Herrschaftspraxis in der Vormoderne 99-136.
F. VOLKLAND, Konfessionelle Grenzen zwischen Auflösung und Verhärtung. Bikonfessionelle Gemeinden in der Gemeinen Vogtei Thurgau (CH) im 17. Jahrhundert, in: Historische Anthropologie 5 (1997), 370-387.
M. WALKER, Der Salzburger Handel. Vertreibung und Errettung der Salzburger Protestanten im 18. Jahrhundert, Göttingen 1997 (Veröffentlichungen des Max-Planck-Instituts für Geschichte, Bd. 131).
M. WEBER, Ständische Disziplinierungsbestrebungen durch Polizeiordnungen und Mechanismen ihrer Durchsetzung – Regionalstudie Schlesien, in: M. STOLLEIS (Hrsg.), Policey im Europa der Frühen Neuzeit, Frankfurt 1996 (Ius Commune Sonderhefte 83).
DERS., Disziplinierung und Widerstand. Obrigkeit und Bauern in Schlesien 1500-1700, in: J. PETERS (Hrsg.), Gutsherrschaft als soziales Modell. Vergleichende Betrachtungen zur Funktionsweise frühneuzeitlicher Agrargesellschaften, München 1995 (HZ Beihefte, N.F. 18).

Instrumente: Historische Arbeit im Zeitalter des Computers

Der Computer: Ein Arbeitsinstrument mit vielen Gesichtern. Wenn im Rückblick auf die letzten hundert Jahre die Frage nach den wichtigsten technischen Errungenschaften des 20. Jahrhunderts gestellt wird, dann nimmt mit Sicherheit der Computer auf einer Liste der wirkungsmächtigsten Schöpfungen der technischen Intelligenz einen der vordersten Plätze ein. Die in den 1930er und 1940er Jahren an mehreren Orten und in mehreren Schritten vollzogene Entwicklung von elektromechanischen und elektronischen Rechenmaschinen beruhte jedoch auf mathematischen und logischen Konzepten, die lange vor der Verfügbarkeit elektrischer Energie entstanden waren. Von einem der wichtigsten Pioniere der Computertechnik, dem deutschen Ingenieur Konrad Zuse, ist bekannt, daß er parallel zu seiner Arbeit an den ersten Rechenmaschinen die Veröffentlichungen von Gottfried Wilhelm Leibniz (1646-1716) zur binären Logik studierte [Künzel/Bexte, 177]. Auch die zu Beginn der 1940er Jahre entstandenen Rechenmaschinen von John V. Atanasoff (USA) und Alan Turing (Großbritannien) basierten auf dem von Leibniz 1679 entwickelten binären Zahlensystem, das allein die beiden Ziffern 0 und 1 benötigt. Bis heute beruht jede noch so komplexe Computeranwendung und jede noch so bunte Multimediadarstellung moderner Computer auf dieser binären Struktur, die eine einzelne Informationseinheit, das sogenannte Bit, ausmacht. Was uns also auf den ersten Blick als eine genuine Leistung des 20. Jahrhunderts erscheint, wäre ohne die in der Frühen Neuzeit geleisteten theoretischen Vorarbeiten nicht denkbar. Im Folgenden wird uns der Computer als Instrument des historischen Arbeitens und nicht als Gegenstand der Geschichtswissenschaft interessieren. Der Blick auf die Wurzeln der modernen Computertechnik zeigt jedoch, daß für die Technikgeschichte Ähnliches gilt, wie für fast alle Bereiche historischer Forschung: Die Frühe Neuzeit kann als „Inkubationszeit" der Moderne betrachtet werden, ohne deren Berücksichtigung wir kein angemessenes Verständnis für die Entwicklungen des 19. und 20. Jahrhunderts gewinnen können.

Im Rahmen der Bearbeitung geschichtswissenschaftlicher Fragestellungen wurden Computer in den 1960er Jahren zunächst als Rechenmaschinen für die Auswertung statistischen Zahlenmaterials benutzt. Bis zum Ende der 1970er Jahre blieb diese Nutzungsweise auf einen kleinen Forscherkreis beschränkt, da die eingesetzten Rechenanlagen teuer und langsam waren und die mit Hilfe von Lochkarten bewerkstelligte Dateneingabe sich mühsam und zeitaufwendig gestaltete. Die breite Einführung des „Personal Computer", des PC, in den 1980er Jahren brachte eine enorme Ausweitung des Einsatzbereiches von Arbeitsplatzrechnern mit sich: zunächst fungierten die Geräte vor allem als „bessere Schreibmaschinen", wobei die Durchsetzung grafischer Benutzeroberflächen den entscheidenden Durchbruch gegenüber den herkömmlichen Schreibwerkzeugen mit sich brachte. Mit der Entwicklung immer leistungsfähigerer Prozessoren, Grafik-, Audio- und Videokarten sowie mit der standardmäßigen Ausstattung der PCs mit CD-ROM-Laufwerken wurden in den 1990er Jahren die „besseren Schreibmaschinen" zu Multimedia-Geräten, die heute ganz neue Nutzungsmöglichkeiten nahelegen. Wurde auf diese Weise das „Gesicht" des Computers zunächst einmal bunter, lauter und variationsreicher, so brachte zuletzt die rasante Ausbreitung des Internets ab Mitte der 1990er Jahre noch einmal eine grundlegende Erweiterung der Computerfunktionalität: Durch den Anschluß ans Internet gewinnt jeder Computer zu seinen sonstigen Funktionen äußerst vielseitige und leistungsfähige Kommunikationsmöglichkeiten hinzu, die ihn zu einer Art Universalmaschine machen. Die älteren Verwendungszwecke wie Rechnen, Schreiben und Datenverwaltung werden nun durch multimediale und kommunikationsbezogene Eigenschaften ergänzt, die für das historische Arbeiten ganz neue Möglichkeiten, aber auch neue Herausforderungen mit sich bringen. Die folgenden Ausführungen werden zeigen, daß sich die verschiedenen „Gesichter" des Computers nicht mehr säuberlich voneinander trennen lassen. Da für das historische Arbeiten jedoch das Bearbeiten von Texten sowie das Verwalten der erarbeiteten Informationen die beiden grundlegenden, eng miteinander verzahnten Arbeitsschritte darstellen, wird beiden Themenbereichen zunächst ein eigenes Kapitel gewidmet. Anschließend werden die Veränderungen resümiert, die das Internet für das historische Arbeiten mit sich bringt.

Die Textverarbeitung. Das erste Anwendungsprogramm, dem angehende PC-Benutzer begegnen, dürfte in den meisten Fällen eine Textverarbeitungs-Software sein, wie sie heute den Kernbestand eines jeden Office-Paketes ausmacht. Die Leistungsfähigkeit solcher Programme reicht mittlerweile in den Bereich des sogenannten Desktop Publishing hinein, so daß Sie mit einer der gängigen Office-Textverarbeitungen nicht nur einfache Texte eingeben, speichern und über den eigenen Bürodrucker ausgeben, sondern sogar ganze Bücher formatieren und für den professionellen Druck vorbereiten können.

Doch auch mit einem einfachen Texteditor, der nur die wichtigsten Grundfunktionen beherrscht, können Sie Ihre Notizen auf eine Art und Weise anlegen und nutzen, die den Computereinsatz im Vergleich mit der Beschränkung auf handschriftliche oder mit der Schreibmaschine angefertigte Aufzeichnungen sehr vorteilhaft erscheinen läßt. Neben der bereits erwähnten Speicher- und Druckfunktion erleichtert erstens die Möglichkeit zum beliebig häufigen Korrigieren und Verschieben von Textteilen das Anlegen von Exzerptnotizen und das Formulieren eigener Texte ganz enorm; und zweitens lassen sich die so erstellten Textdateien in großer Geschwindigkeit nach beliebigen Zeichenfolgen durchsuchen. Die Aufnahme und Nutzung der für Sie wichtigen Informationen fällt also mit Hilfe einer Textverarbeitung wesentlich leichter, als wenn Sie sich auf herkömmliche Aufzeichnungsmethoden beschränken. Vergleichende Studien zu den Auswirkungen des Computereinsatzes in der Textverarbeitung haben gezeigt, daß die stets gegebenen Eingriffs- und Veränderungsmöglichkeiten tatsächlich zu Unterschieden gegenüber handschriftlichen oder mit der Schreibmaschine erstellten Texten führen Am Computerbildschirm verfaßte Texte sind tendenziell stärker durchkorrigiert, enthalten längere Sätze und sind überhaupt umfangreicher als vergleichbare Texte, die auf herkömmliche Weise erstellt wurden. Hierin liegen Stärken und Schwächen zugleich: Vorteilhaft wirkt sich der Einsatz der Elektronischen Datenverarbeitung, der EDV, auf die Fehlerquote in den entstehenden Texten aus. Wenn sowohl der Gesamttext als auch die einzelnen Sinneinheiten länger werden, so kann daraus jedoch auch ein Nachteil entstehen. Die Möglichkeit des einfachen Kopierens von digitalisierten Quellentexten oder Passagen der Sekundärliteratur birgt das Risiko in sich, nicht in ausreichendem Maße zu eigenen

▷ S. 326 f
Darstellu
Das Schre
der Gesch

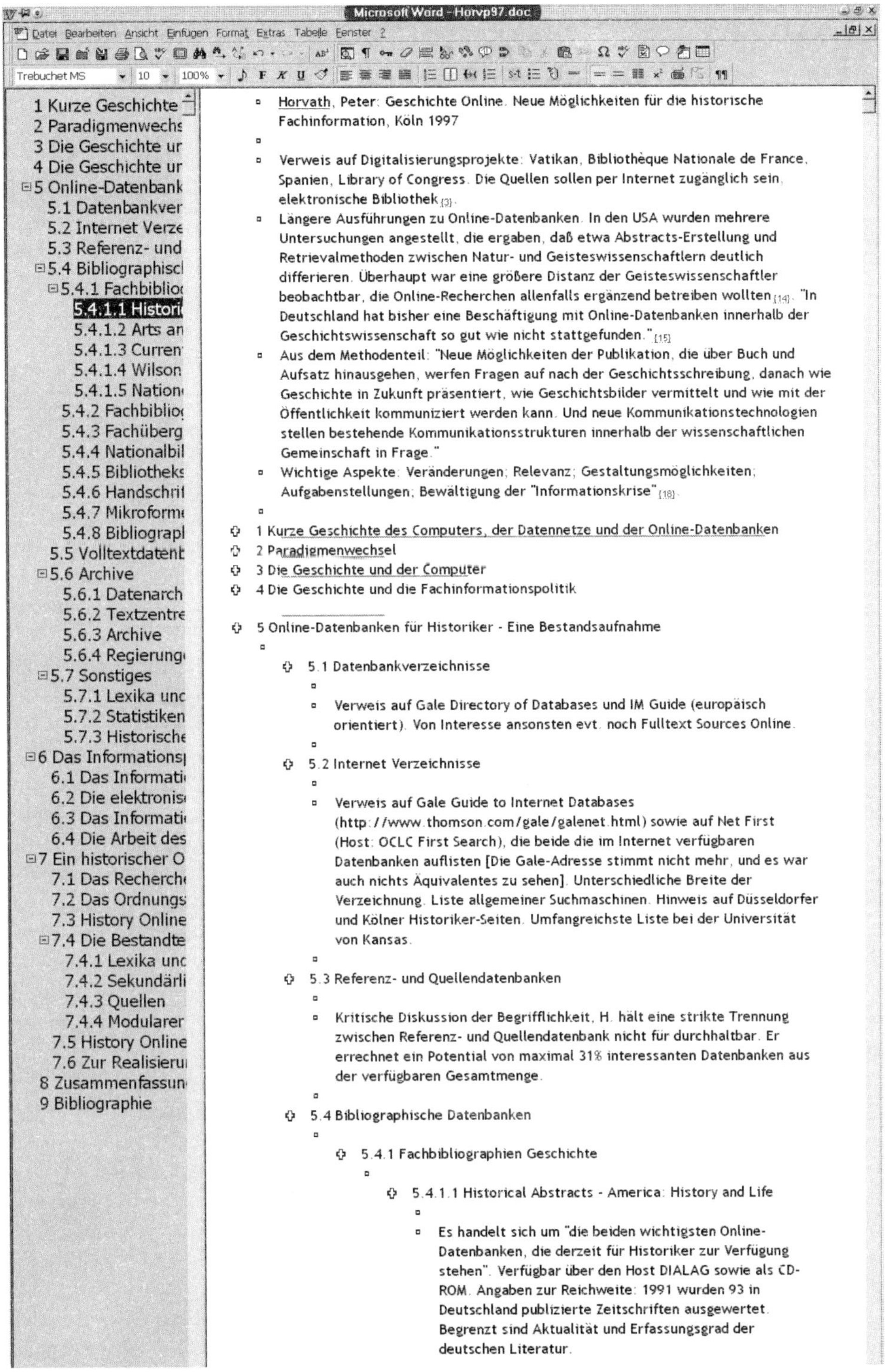

Die Gliederungsfunktion einer **Textverarbeitung** wie des hier abgebildeten Microsoft Word stellt bereits Elemente der Hypertextfunktionalität zur Verfügung: Wenn Sie im linken Teilfenster auf die einzelnen Kapitelüberschriften klicken, springt im anderen Fenster der Cursor an die entsprechende Stelle Ihres Textes. Sie können außerdem bestimmen, welche Textteile am Bildschirm nur durch ihre Überschriften repräsentiert werden sollen (im vorliegenden Fall die Kapitel 1-4) und welche Teile Sie im Ganzen betrachten wollen (Kapitel 5 ff.). Durch die hier gewählte Darstellungsweise können Sie gleichzeitig die in der Einleitung des exzerpierten Buches gemachten allgemeinen Ausführungen zu Online-Datenbanken und die spezielleren Ausführungen in Kapitel 5 im Auge behalten. Wenn Sie während Ihrer Arbeit auch Exzerpte zu den anderen Kapiteln nachlesen wollen, so können Sie durch Anklicken der Plus-Zeichen vor den Kapitelüberschriften diese Exzerpte gezielt ansteuern.

Formulierungen und Positionen zu gelangen, so daß es an eigenständiger Durchdringung des jeweiligen Themenfeldes mangeln kann [HASEBROOK, 85 f.].

Bleibt man sich dieses Risikos bewußt, so bieten die ausgereifteren Textverarbeitungsprogramme eine ganze Reihe von Erleichterungen und Arbeitshilfen, die Ihnen bei der Bewältigung der auf Sie zukommenden Menge an Informationen von großem Nutzen sein können. Hier kann nur kursorisch verwiesen werden auf Hilfestellungen wie Wörterbücher, Thesauri, Fußnotenverwaltung, Indexfunktionen, Rechtschreibkontrolle oder Tabellenerstellung, die Ihnen eine ganze Reihe von Routinearbeiten abnehmen. Sehr nützlich beim Exzerpieren wichtiger Bücher wie auch beim Verfassen längerer eigener Texte ist zum Beispiel die Gliederungsfunktion, mit deren Hilfe Sie auf Ihrem Bildschirm sowohl die Gesamtstruktur des jeweiligen Textes als auch die Stelle, an der Sie gerade arbeiten, anzeigen lassen können. Mit Hilfe dieser Funktion verlieren Sie bei längeren Texten mit zahlreichen Unterpunkten nicht den Überblick und können jederzeit zwischen einzelnen Unterkapiteln hin- und herwechseln [KAMMER, 27-32]. Schließlich sei als ein entscheidender Vorteil moderner Textverarbeitungssysteme hervorgehoben, daß ihr Funktionsumfang nicht auf die Eingabe und Gestaltung von Texten beschränkt ist, sondern daß sie komfortable Möglichkeiten zur Einbindung von Grafiken und Fotografien bieten. Der immer wieder gestellten Forderung nach stärkerer Einbeziehung von Bildmaterial als eigenständiger Quellengattung ließe sich also mit Hilfe gängiger Textverarbeitungen ohne weiteres nachkommen.

▷ S. 237 ff. Kunstgeschichte: Bilder als Quellen gesehen

Auch wenn die Einführung leistungsfähiger Textverarbeitungsprogramme schon einen starken Einfluß auf unser Schreibverhalten hatte, so blieb es zunächst bei der Erstellung herkömmlicher linearer Texte: Buchexzerpte, Thesenpapiere oder Seminararbeiten waren und sind im allgemeinen zur fortlaufenden Lektüre gedacht und werden meist für die Weiterverarbeitung ausgedruckt. Bleibt man an dieser Stelle stehen, so werden Computer als die „besseren Schreibmaschinen" benutzt, von denen oben schon die Rede war. Diese Beschränkung auf lineare Texte wurde aber durch die Einführung von Hypertext-Systemen gesprengt, die nicht mehr an der rein linearen Organisation des Textes festhalten, sondern gezielte Sprünge zwischen einzelnen Texteinheiten erlauben. Solche Hypertexte begegnen Ihnen am ehesten im World Wide Web, das vollständig auf dem Prinzip des Hypertextes aufbaut, oder auf Multimedia-CD-ROMs. Prinzipiell können Sie aber auch mit den gängigen Textverarbeitungsprogrammen Hypertexte verfassen und benutzen. Hier stellt sich aber die Frage, inwieweit sich das Prinzip der beliebigen Verzweigung zwischen einzelnen Informationseinheiten überhaupt mit dem Anliegen historischer Arbeit verträgt. Wer Forschungsergebnisse vermitteln will, der muß Thesen formulieren und ihre Plausibilität mit einer Kette von Argumenten begründen. Die Aufteilung eines wissenschaftlichen Textes in Informationshäppchen, die vom Leser beliebig verknüpft werden können, stellt also keine Alternative zur bisherigen Art und Weise der Abfassung historischer Forschungsarbeiten dar. Auch wenn man von dieser grundsätzlichen Problematik zielgerichteter wissenschaftlicher Argumentation einmal absieht, können Hypertexte Schwierigkeiten bei der Navigation des Lesers bereiten. Nur durch sorgfältige Planung und Bereitstellung von Orientierungshilfen läßt sich ein Verlorengehen im „Hyperspace" vermeiden. Solange das Ausmaß an möglichen Sprüngen zwischen einzelnen Informations- und ggf. auch Medieneinheiten für den Benutzer handhabbar bleibt, können Hypertexte jedoch sicherlich eine Bereicherung herkömmlicher wissenschaftlicher Texte darstellen [SCHULMEISTER].

Führt man das Hypertext-Prinzip mit dem Multimedia-Prinzip zusammen, verknüpft man also textförmige Informationseinheiten durch direkte Sprungmöglichkeiten mit Bild-, Video- oder Klanginformationen, so erhält man Hypermedien, die gegenüber linearen, rein textorientierten Präsentationsformen eine Erweiterung der Aussagemöglichkeiten und der Anschaulichkeit mit sich bringen. Beispiele für gelungene Hypermedien finden sich auf einigen Multimedia-CD-ROMs mit historischer Thematik. Bereits 1996 erschien eine CD-ROM über die Person Martin Luther, die von der Lutherhalle Wittenberg herausgegeben wurde [JUNGHANS]. Durch die Verbindung von geschriebenem und gesprochenem Darstellungstext, Quellentexten, Abbildungen von Flugschriften aus den entscheidenden Jahren der Reformation und Klangbeispielen reformatorischer Kirchenmusik wird hier eine Fülle von Zugängen geboten, die eine einfache Textdarstellung nicht bieten kann. Grundsätzlich wird an der chronologischen Organisation der angebotenen Informationen festgehalten, der Benutzer kann jedoch durch Anklicken von Personen- oder Ortsnamen oder durch die Eingabe von Suchbefehlen Zusatzinformationen abrufen, die nicht fest in die chronologisch aufgebaute Hauptdarstellung eingebaut sind. Derartige Hypermedia-Produktionen erfordern jedoch meist einen recht hohen Arbeitsaufwand. Für die ersten Schritte des historischen Arbeitens liegt daher die Konzentration auf die Aneignung der wichtigsten Unterstützungsfunktionen einer Textverarbeitung nahe, wobei neben den Vorteilen auch die Risiken der vielfältigen Bearbeitungsoptionen im Blickfeld bleiben sollten. Ihre Grenzen erreicht die Informationsverarbeitung allein mit Hilfe einer Textverarbeitung ohnehin dann, wenn eine Reihe verschiedener historischer Themen nebeneinander bearbeitet und eine wachsende Menge an Literatur- und Quellenangaben verwaltet werden sollen. Doch auch für solche Aufgabenstellungen bietet sich der Computer als Arbeitsinstrument an.

Datenbanken und historisches Arbeiten. Zu den Aufgabenbereichen, in denen Datenbankverwaltungssysteme beim historischen Arbeiten am häufigsten genutzt werden, gehört mit Sicherheit die Literaturverwaltung. Wer sich mit Textverarbeitungs-Software vertraut gemacht hat, muß bei der Beschäftigung mit Datenbank-Software ein wenig umdenken. Am Bildschirm erscheint nicht mehr eine einheitliche Arbeitsfläche in Analogie zu einem Blatt Papier, auf der ein Text plaziert werden kann, sondern eine sogenannte Eingabemaske. Darin müssen die jeweiligen Informationen nach festen Regeln in bestimmte Datenfelder eingetragen werden, die räumlich voneinander getrennt sind. Auch wenn Datenbanken weniger intuitiv daherkommen als Textverarbeitungsprogramme, so werden nach einer Eingewöhnungszeit die Vorteile einer planmäßigen Dateneingabe gegenüber einer Textverarbeitung sehr schnell deutlich.

Ein Karteikartensystem zur Aufnahme und Ordnung von Informationen, das mit einem Textverarbeitungsprogramm kombiniert wird, ist einem rein handschriftlich oder mit einer Schreibmaschine geführten System sicherlich überlegen. Dennoch kann eine solche Mischung von Kartei- und Dateiensystem noch

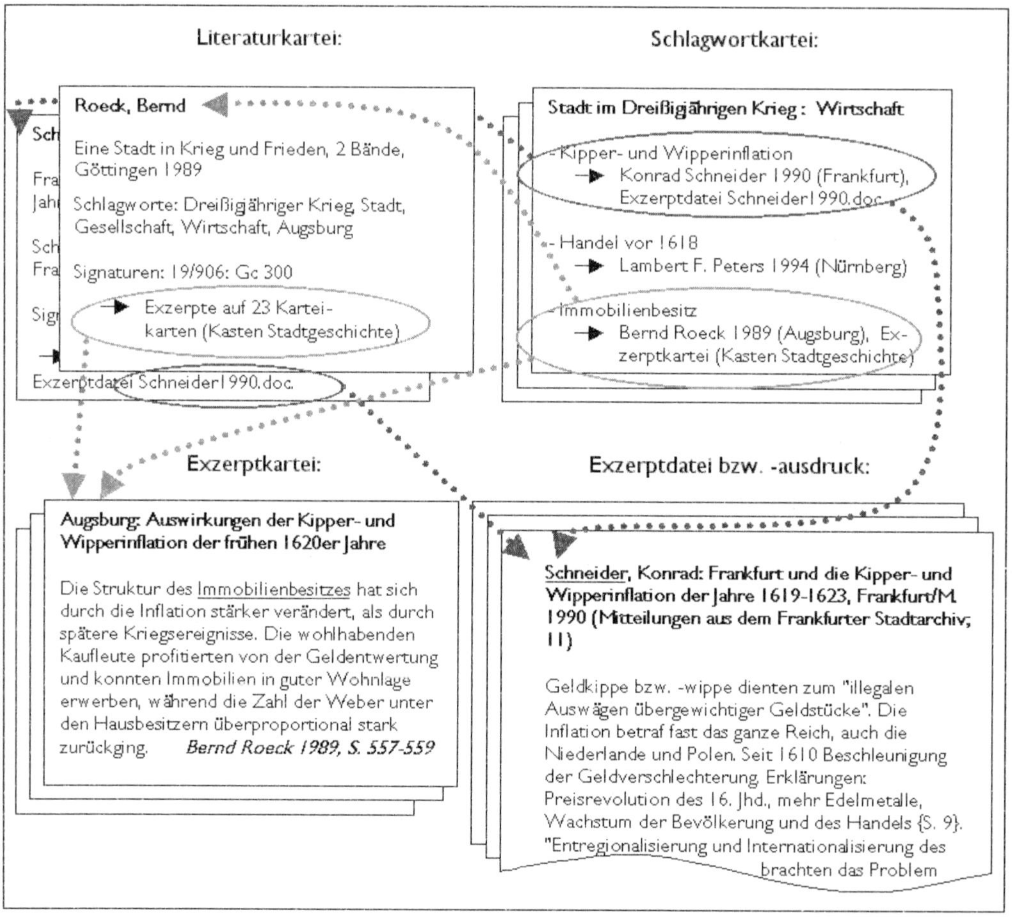

Hier sehen Sie die **Kombination eines Karteikastensystems mit einem Textverarbeitungsprogramm,** das der Aufnahme und Ordnung von Informationen zur Stadtgeschichte im Dreißigjährigen Krieg dient. Während im Fall der Exzerptkartei die in einem Buch oder einem Zeitschriftenaufsatz enthaltenen Informationen in kleinen Sinneinheiten auf Karteikarten notiert und anschließend systematisch geordnet werden, bleibt bei der Anlage einer Exzerptdatei der Zusammenhang des Ausgangstextes weitgehend erhalten. Natürlich können solche fortlaufenden Lektürenotizen auch handschriftlich angelegt werden, wie das meist bei Karteikarten der Fall ist. Dabei gehen allerdings Vorteile wie die Volltextsuche im Gesamttext oder die flexible Weiterverwendung von Textteilen durch schnelles Kopieren und Einfügen (etwa von Zitaten der ausgewerteten Autoren in eigene Fußnoten) verloren.

nicht die ganze Leistungsfähigkeit moderner Computer ausnutzen, da Karteikarten aufgrund des begrenzten Platzes und der geringen Flexibilität bei der Suche nach den einmal aufgenommenen Informationen eine Art „Flaschenhals" bei der Informationsorganisation darstellen, die das ganze Verfahren gewissermaßen ausbremsen. Eine rein computergestützte Literaturverwaltung dagegen ist in der Lage, diesen „Flaschenhals" zu umgehen und eine große Flexibilität bei der Aufnahme und der Organisation der Informationen anzubieten. Dabei ist es von Beginn an notwendig, die Eingabe der jeweiligen Literaturangaben konsequent nach festen Regeln durchzuführen. Nur bei Einhaltung dieser Regeln kann die Datenbank-Software später bei der Suche nach Informationen alle relevanten Datensätze wiederfinden. Besonders hilfreich ist die Entwicklung eines eigenen Schlagwortsystems, das hinsichtlich des Grades seiner Differenziertheit den Interessenschwerpunkten des jeweiligen Benutzers angepaßt sein muß. Eine Mischung von chronologischen, geographischen und systematischen Schlagworten wird in den meisten Fällen eine gute Lösung darstellen, um die Inhalte der Datenbank in brauchbarer Weise recherchierbar zu machen. Eine konsequent ausgebaute Literaturdatenbank bietet gegenüber dem Karteikartensystem eine ganze Reihe von wichtigen Vorteilen: Zum einen können Sie den Datenbestand mit Hilfe beliebiger Kriterien, die auch noch untereinander kombiniert werden können, filtern und sortieren. Es ist nicht mehr der Autorenname oder ein Schlagwort allein, nach dem Sie suchen können. Zweitens können Sie in den meisten gängigen Datenbank-Programmen eigene Felder für die Eingabe von Notizen, Exzerpten oder Kommentaren einrichten. Die Trennung zwischen der eigentlichen Literaturangabe und Ihren Aufzeichnungen, die beim Karteikartensystem noch gegeben war, entfällt also. Drittens können Sie aus anderen Datenbanken (auf CD-ROM oder im Internet) Datensätze in Ihre eigene Literaturverwaltung mehr oder weniger komfortabel importieren. Im Falle einer Abstract-Datenbank haben Sie gleich schon eine Kurzzusammenfassung des jeweiligen Inhalts zur Hand. Viertens schließlich können Sie Ihre Daten in digitaler Form direkt in Ihre Textverarbeitung importieren, um damit Fußnoten oder Bibliographien zu erstellen. Die Integration der einzelnen Arbeitsschritte ist also gegenüber dem Karteikartensystem ganz beträchtlich verbessert. Alle in der Datenbank enthaltenen Informationen lassen sich nach beliebigen Kriterien zusammenstellen und ausdrucken - zur Not auch auf Karteikarten.

Auch wenn Sie der Vorstellung von einer eigenen computergestützten Literaturverwaltung noch skeptisch gegenüberstehen sollten: Bei der Recherche nach Quellen und Forschungsliteratur, die Sie für die Bearbeitung Ihrer Fragestellungen benötigen, kommen Sie heute nicht mehr um den Umgang mit Datenbanken herum. Bibliothekskataloge wie auch historische Fach- und Regionalbibliographien können mittlerweile sehr komfortabel auf digitalem Wege genutzt werden. Anstatt in endlosen Karteikastenreihen zu suchen oder Dutzende von Jahresbänden in die Hand zu nehmen und umständlich in Namens- oder Sachregistern herumzublättern, können Sie durch die Eingabe gezielter Suchanfragen oft in Sekundenschnelle das erhoffte Material finden [Hehl].

Während Bibliothekskataloge und im deutschsprachigen Raum erstellte Fachbibliographien meist auf die Nennung der bibliographischen Grundangaben beschränkt sind,

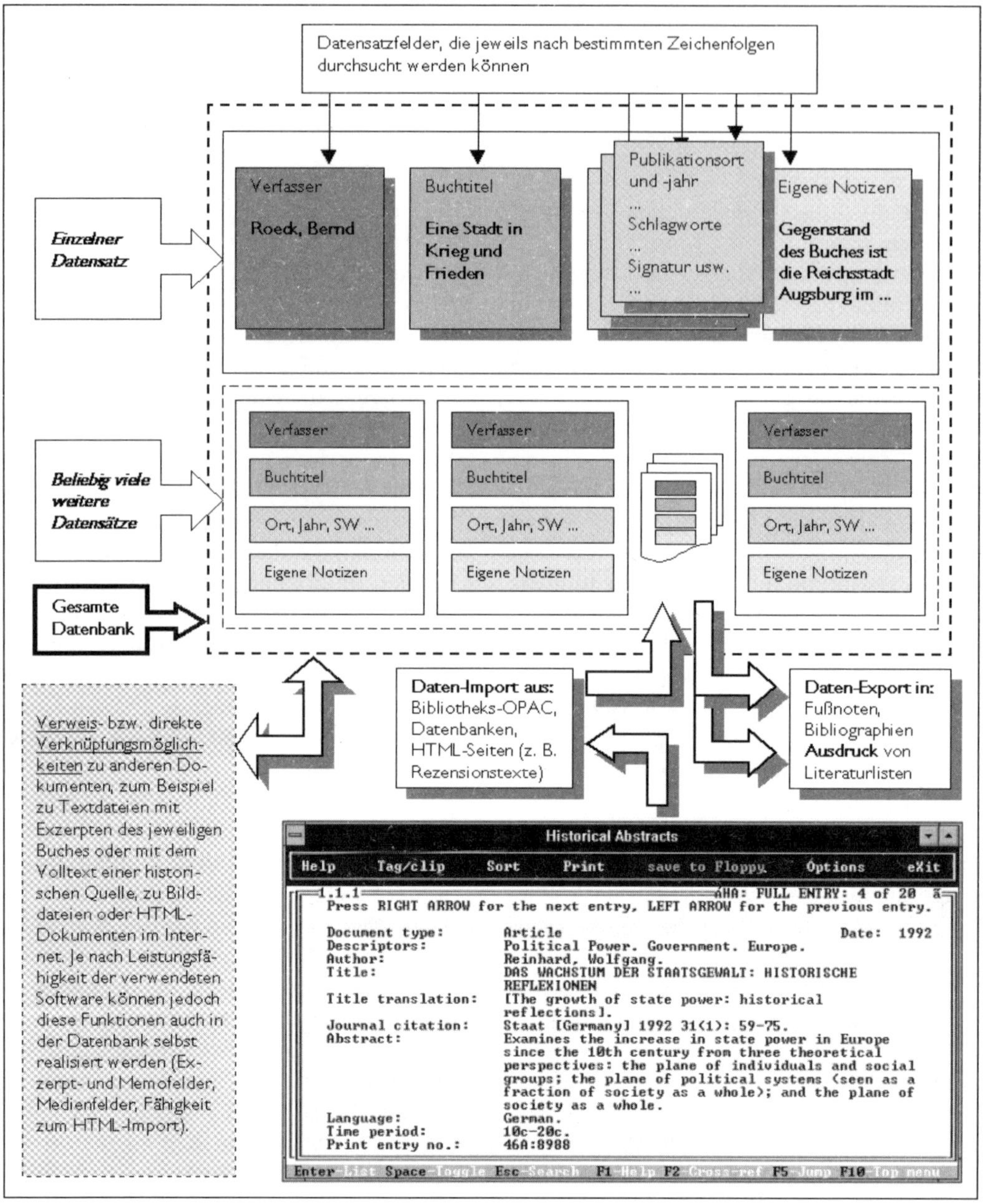

Die Grundstruktur einer Literaturverwaltung. Die obere Hälfte verdeutlicht die Aufteilung der Informationen auf einzelne Felder, die zu Datensätzen zusammengefaßt werden. In der unteren Hälfte der Abbildung werden die zahlreichen Nutzungsmöglichkeiten einer Literatur-Datenbank dargestellt. Rechts unten ist als Beispiel für die Möglichkeit der Übernahme von Daten aus fremden Datenbanken ein Eintrag der „Historical Abstracts" abgebildet. Die im Englischen als „Abstract" bezeichnete Kurzzusammenfassung des hier ausgewählten Aufsatzes über die Staatsbildung kann in der eigenen Datenbank beispielsweise in ein Notizen-Feld aufgenommen werden. Nach der Lektüre des Aufsatzes können Sie auch Ihre eigenen Exzerpte und Anmerkungen in die Datenbank eintragen. Auf diese Weise kann eine Literaturdatenbank zu einem wichtigen Arbeitsinstrument anwachsen, das keineswegs auf die Verwaltung einfacher bibliographischer Angaben und den Nachweis von Bibliotheksstandorten beschränkt bleiben muß.

gibt es im englischsprachigen Bereich weitergehende Angebote. Der „Arts and Humanities Citation Index" (AHCI) beispielsweise führt zu jedem der aufgenommenen Forschungsaufsätze sämtliche Literaturangaben auf, die der Autor des jeweiligen Aufsatzes in seinen Fußnoten zusammengestellt hat. Sie können mit diesem Hilfsmittel sehr schnell herausfinden, ob und wie oft ein für Sie interessanter Buchtitel von anderen Forschern verwendet wurde. Da auch Rezensionen neuer Forschungsliteratur aufgenommen werden, können Sie außerdem ganz gezielt nach Besprechungen aktueller Publikationen suchen. Im AHCI werden deutschsprachige geschichtswissenschaftliche Zeitschriften nur zum Teil ausgewertet. Für die „Historical Abstracts" gilt diese Einschränkung in wesentlich geringerem Maße. Die Besonderheit gegenüber den beiden wichtigsten in Deutschland erstellten geschichtswissenschaftlichen Bibliographien („Historische Bibliographie" und „Jahresberichte für deutsche Geschichte") besteht in den Kurzzusammenfassungen, den „Abstracts", die den meisten Titelangaben beigegeben sind. Je nach Art Ihres Zugangs zur Quelldatenbank und abhängig von der Leistungsfähigkeit Ihres eigenen Datenbankprogrammes sowie Ihrer Textverarbeitung können Sie die von Ihnen als relevant eingestuften Titel entweder einzeln oder in Gruppen importieren. Teilweise hilft die Textverarbeitung als Zwischenstation, weil Sie mit einfachem Kopieren und Einfügen die Literaturangaben zunächst sammeln und dann mit Hilfe von Makros – kleinen, in die Textverarbeitungssoftware integrierten Unterprogrammen – in das von der Datenbank-Software verlangte Importformat konvertieren können.

Während die Nutzung von Datenbanken bei der Recherche und Verwaltung von Quellen und Literatur mittlerweile weite Verbreitung gefunden hat, waren die Begriffe „EDV" und „Datenbank" lange Zeit für den größten Teil der Historikerschaft offenbar eine Art Schreckgespenst [Jarausch/Arminger/Thaller, 1]. Zwar übte die französische Annales-Schule mit ihrem Interesse an seriellen, mit Hilfe der Statistik und der EDV auszuwertenden Quellengattungen nach dem Zweiten Weltkrieg einen starken Einfluß auf die Entwicklung der Geschichtsforschung aus. Auch die in den 1960er und 1970er Jahren in der Bundesrepublik etablierte Historische Sozialwissenschaft brachte wirtschaftswissenschaftlichen Fragestellungen und Methoden ein besonderes Interesse entgegen und bewirkte so eine Aufwertung quantitativer Methoden in der Geschichtsforschung. Dennoch blieb die Nutzung der zu dieser Zeit noch in Rechenzentren konzentrierten Computeranlagen auf eine relativ kleine Gruppe von Historikern beschränkt [Bergmann, 219].

▷ S. 167f. Mentalitätengeschichte: Historiographische Wenden

▷ S. 147 Wirtschafts-/Sozialgeschichte: Alte Themen, Neue Akzente

Seitdem leistungsfähige Statistik-Software auch im PC-Bereich verfügbar und mit komfortablen grafischen Benutzeroberflächen ausgestattet ist, spielt die Hürde des komplizierten Rechnerzugangs keine Rolle mehr. Die Nutzung des Computers bei der Anwendung quantitativer Methoden nimmt daher stetig zu, wobei vor allem wirtschafts- und sozialgeschichtliche Fragestellungen mit Hilfe von Statistik- und Visualisierungssoftware angegangen werden. Ein typischer Untersuchungsgegenstand im Bereich der Wirtschaftsgeschichte sind Preisreihen für Getreide und andere Güter oder auch die Entwicklung von Wechselkursen. Für größere Städte wie etwa Nürnberg lassen sich genügend Angaben dieser Art zusammenstellen und auswerten, um etwa eine Analyse des Handels und des

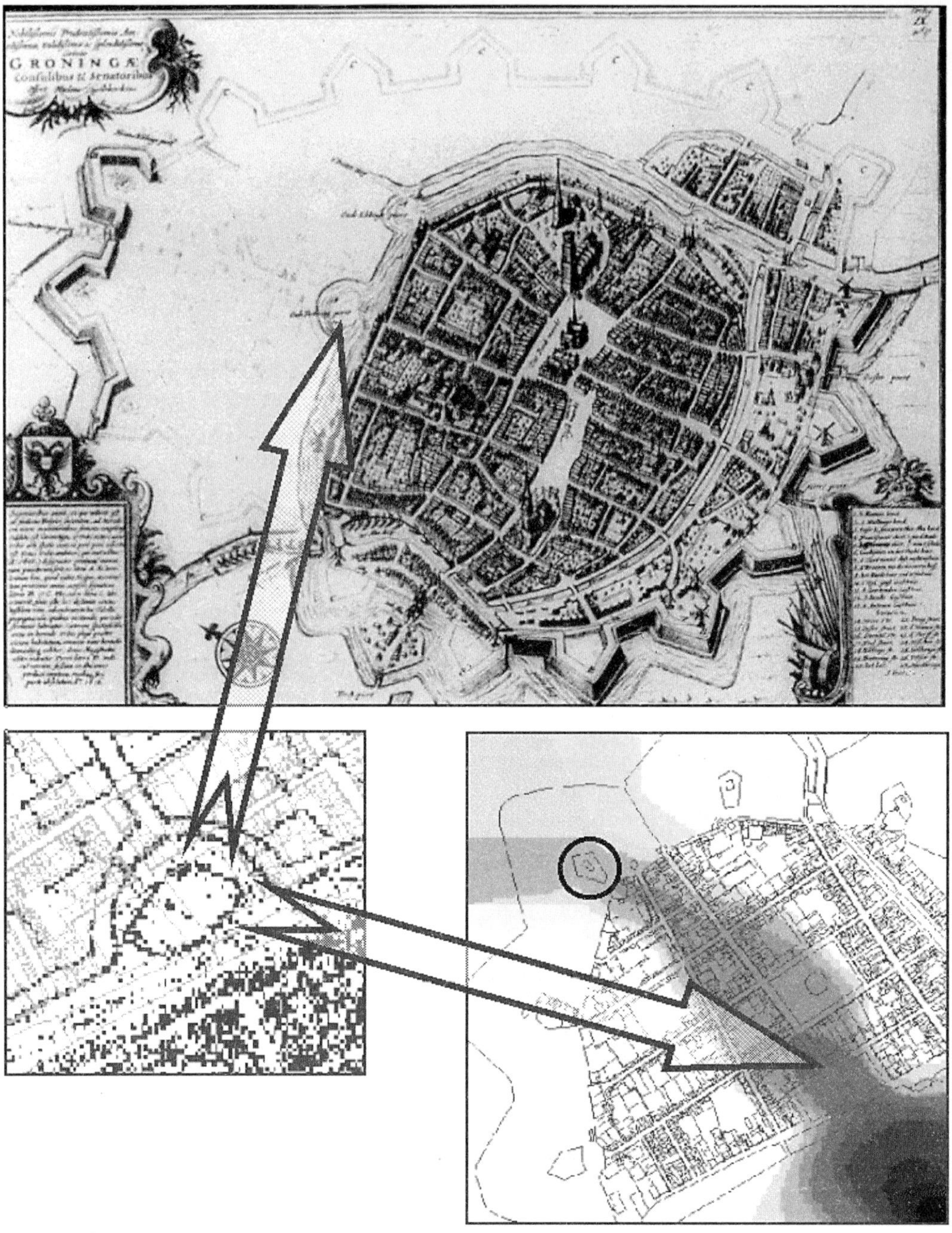

Am Beispiel der Baugeschichte der niederländischen Stadt Groningen läßt sich sehr gut nachvollziehen, welche Möglichkeiten **datenbankbasierte geographische Informationssysteme** bieten. Auf der obersten Abbildung ist ein Darstellung der Stadt aus dem Jahre 1616 zu erkennen, als gerade eine größere Stadterweiterung vorgenommen wurde. Die Abbildung links unten zeigt in schwarzer Farbe die Situation am Nordrand der Stadt, wie sie Vermeelen gezeichnet hat. Grau darüber gelegt finden sich die Grundrisse der späteren Bebauung nach ihrem Zustand im Jahre 1830. Die Überblendung macht deutlich, daß die Groninger auf einem alten, durch die Stadterweiterung überflüssig werdenden Bollwerk einen Marktplatz anlegten. Das Bild rechts unten wiederum läßt erkennen, warum die von diesem Platz aus in Richtung Norden führende Straße etwas nach Westen verlegt wurde. Die unterschiedlichen Graustufen kennzeichnen verschiedene Höhenlinien, die von Hellgrau (= 0 Meter Höhe) bis Schwarz (= 7 Meter Höhe) kontinuierlich ansteigen. Die Verlegung der Straße brachte eine Verringerung ihres Gefälles sowie die Möglichkeit zur Errichtung einer Bastion auf einem vergleichsweise hohen Geländepunkt mit sich (markiert durch den schwarzen Kreis). Sowohl in verkehrs- als auch in verteidigungstechnischer Hinsicht war die Verlegung also vorteilhaft.

Literatur: E. A. KOSTER, About pre-urban structures and their influence on urban form, http://odin.let.rug.nl/~ekoster/morfo/preurbumg.html.

Unternehmertums dieser Reichsstadt zu Beginn des 17. Jahrhunderts erarbeiten zu können [PETERS]. Im Bereich der Sozialgeschichte bieten Kirchenbücher, Bürgerlisten oder Steuerbücher Einblick in gesellschaftliche Verhältnisse wie etwa das Heiratsverhalten bestimmter sozialer Schichten oder in den Zusammenhang zwischen Konfessionszugehörigkeit, Vermögenslage und Wohnverhältnissen. Für die Bevölkerungsgeschichte Englands konnte aufgrund statistisch auswertbarer Materialien über die Entwicklung von Getreidepreisen und von Sterberaten beispielsweise nachgewiesen werden, daß im Laufe der Frühen Neuzeit der Zusammenhang zwischen Preissteigerungen bei Grundnahrungsmitteln und dem Ansteigen der Sterberaten lockerer wurde [LEE].

Als letztes Beispiel für die Anwendung von Datenbanken in der historischen Forschung sei der Einsatz Geographischer Informationssysteme genannt. Moderne Daten über räumliche Gegebenheiten lassen sich mit geographischen Informationen in Verbindung setzen, die aus historischem Bild- und Textmaterial gewonnen wurden. Durch die präzise Korrelation zwischen modernen und historischen Daten lassen sich Zusammenhänge zwischen naturräumlichen Gegebenheiten und städtebaulichen Entwicklungsschritten verdeutlichen, die auf andere Weise kaum zu erkennen sein dürften. Der Einsatz von Visualisierungssoftware bietet große Vorteile für die Vermittlung historischer Zusammenhänge, die ansonsten in abstrakten Zahlenkolonnen verborgen blieben.

Das Internet. Das Internet besteht nicht nur aus dem aufsehenerregenden World Wide Web mit seinem breit gefächerten Multimedia-Angebot, sondern auch aus einer Reihe weiterer Nutzungsmöglichkeiten, zu denen die beiden Kommunikationswege „E-Mail" und „Newsgroups" gehören. Wer beispielsweise an einer Schule, Universität oder auch privat über einen E-Mail-Zugang verfügt, kann auf extrem schnelle, preiswerte und leistungsfähige Weise mit jedem anderen E-Mail-Benutzer weltweit in Kontakt treten. Neben der Geschwindigkeit der Informationsübermittlung ist auch die Möglichkeit zur Versendung umfangreicher Text-, Bild- oder sonstiger Dateien, die an eine E-Mail angehängt werden können, eine große Kommunikationserleichterung. In den USA wird der E-Mail-Kontakt zwischen Lehrenden und Schülern bzw. Studenten bereits sehr häufig für begleitende Kommunikation zu den Lehrveranstaltungen eingesetzt. Viele administrative Funktionen lassen sich auf diesem Wege erledigen, so daß die eigentlichen Unterrichtseinheiten von unnötigem Ballast befreit werden können. Zudem wird der Kontakt zwischen Lehrenden und Lernenden erleichtert, was zu einer Verdichtung der Kommunikation führt.

Während E-Mails an Einzelpersonen oder allenfalls an die Mitglieder eines begrenzten E-Mail-Verteilers adressiert werden, sind die meisten Newsgroups für alle Internet-Nutzer weltweit benutzbar. Mit Hilfe von sogenannten Newsreadern kann jeder Interessierte Fragen und Informationen an eine Art elektronisches „Schwarzes Brett" verschicken. Antworten auf solche „Postings" kann wiederum jeder beliebige Newsgroup-Benutzer an das „Schwarze Brett" abschicken. Zwar gibt es unter den mehreren zehntausend Newsgroups auch eine ganze Reihe von Gruppen mit historischer Thematik, doch aufgrund ihres offenen Charakters werden viele dieser Gruppen als Austragungsstätte persönlicher Animositäten und als Publikationsort für ab-

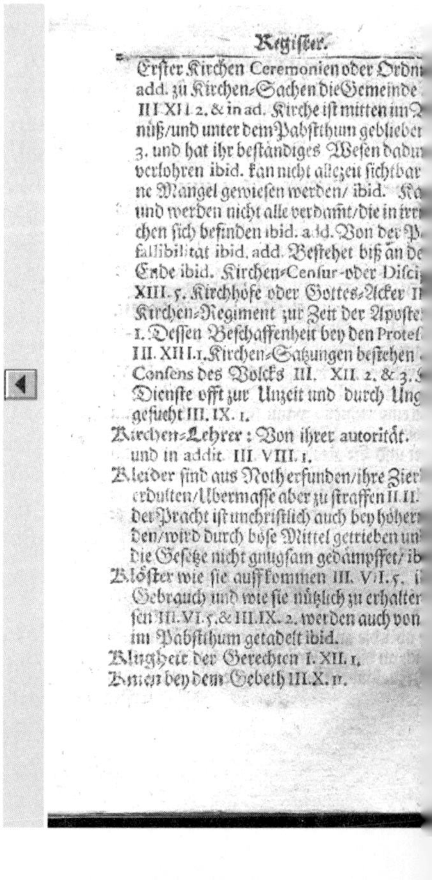

Durch Anklicken des ganz rechts erkennbaren Dreieckspfeils gelangt man zur nächst folgenden Seite, so daß ein kontinuierliches „Durchblättern“ des Werkes möglich wird. Neben der Erschließung durch das Inhaltsverzeichnis wird hier auch der Zugang über das Register angeboten. In der Kopfzeile des Hauptfensters muß der entsprechende „Register“-Link angeklickt werden, um dann gezielter nach dem jeweils relevanten Buchstaben suchen zu können. Die in der unteren Abbildung ausgewählte Seite enthält u.a. Verweise auf den Begriff „Krieg“. Das Auffinden der dazugehörigen Abschnitte des Buches gestaltet sich allerdings etwas umständlich, weil man Kapitelnummern wie „II.V.3.“ notieren und dann im Hauptteil über die dortige Navigationsleiste auffinden muß.
Im Internet unter:
http://www.ub.uni-bielefeld.de/diglib/rara.htm.

seitige Merkwürdigkeiten oder extremistische politische Positionen mißbraucht. Es finden sich zwar auch manche nützlichen Informationen, doch scheinen sich Newsgroups nicht als brauchbares Arbeitsinstrument etablieren zu können [McMichael].

Das öffentliche Bild vom Internet wird von dem seit der Mitte der 1990er Jahre boomenden World Wide Web dominiert. Über das WWW können Text-, Bild-, Ton- und Videoinformationen abgerufen werden, die mit Hilfe von sogenannten Webbrowsern als Multimedia-Angebote auf den Computer-Bildschirm bzw. in die Computer-Lautsprecher gelangen. Da das WWW eine bedienungsfreundliche grafische Oberfläche anbietet, werden ältere Nutzungsmöglichkeiten des Internet wie etwa das Telnet-Protokoll zunehmend in den Hintergrund gedrängt. Die weiter oben behandelte Recherche in Online-Bibliothekskatalogen oder in bibliographischen Datenbanken war lange Zeit nur über rein schriftorientierte Telnet-Software möglich. Mittlerweile jedoch kann auch über das WWW auf alle größeren deutschsprachigen Bibliothekskataloge zugegriffen werden, was eine enorme Arbeitserleichterung mit sich bringt. Eine aufgefundene Literaturstelle kann nicht nur in die eigene Literaturdatenbank aufgenommen werden; will man den entsprechenden Aufsatz in der örtlichen Bibliothek ausleihen, so kann auch sofort vom heimischen PC aus recherchiert werden, ob die entsprechende Zeitschrift in der Bibliothek vorhanden ist. Im nächsten Arbeitsschritt läßt sich die Zeitschrift zur Ausleihe bestellen oder vormerken. Darüber hinaus bietet das deutsche Aufsatz-Bestellsystem „Subito" die Möglichkeit, bei bestimmten Bibliotheken gleich eine Kopie des Aufsatzes zu bestellen und sich diese wahlweise per Post oder auch in digitalisierter Form per E-Mail

Auf welche Weise **Drucke der Frühen Neuzeit** über das WWW zugänglich gemacht werden können, verdeutlicht das hier ausgewählte Angebot der Universitätsbibliothek Bielefeld. Im Kopfbereich der WWW-Seite werden Angaben über die zugrunde liegende Printausgabe sowie über Benutzungsmöglichkeiten gemacht. Automatisch wird der Benutzer zunächst in den „Hauptteil" geleitet, dessen weitere Unterteilung auf der linken Seite repräsentiert ist. Nach dem Anklicken unterstrichener Kapitelbezeichnungen oder Seitenzahlen wird im größten Teilfenster, das in diesem Fall das Titelkupfer von Seckendorffs „Christen-Stat" wiedergibt, die neu angewählte Seite als Grafikdatei aufgebaut. Die Größe der jeweiligen Grafikdateien kann mehrere hundert Kilobyte betragen.

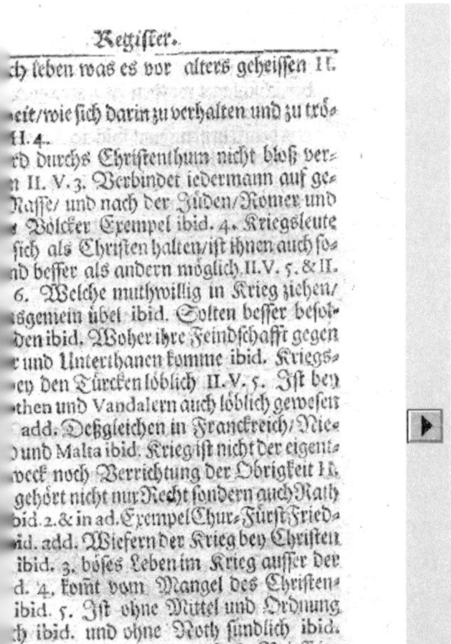
Register.
ch leben was es vor alters geheissen II.
eit/wie sich darin zu verhalten und zu trö-
II. 4.
rd durchs Christenthum nicht bloß ver-
n II. V. 3. Verbindet iedermann auf ge-
Rasse/ und nach der Jüden/Römer und
Völcker Exempel ibid. 4. Kriegsleute
sich als Christen halten/ist ihnen auch so-
nd besser als andern möglich II. V. 5. & II.
6. Welche muthwillig in Krieg ziehen/
sgemein übel ibid. Solten besser besol-
den ibid. Woher ihre Feindschafft gegen
r und Unterthanen komme ibid. Kriegs-
ey den Türcken löblich II. V. 5. Ist bey
then und Vandalern auch löblich gewesen
add. Deßgleichen in Franckreich/ Nie-
und Malta ibid. Krieg ist nicht der eigent-
weck noch Verrichtung der Obrigkeit II.
gehört nicht nur Recht sondern auch Rath
bid. 2. & in ad. Exempel Chur-Fürst Fried-
id. add. Wiefern der Krieg bey Christen
ibid. 3. böses Leben im Krieg ausser der
d. 4. komt vom Mangel des Christen-
ibid. 5. Ist ohne Mittel und Ordnung
h ibid. und ohne Noth sündlich ibid.
-Bestallung oder Articuls Brieff im
chen Reich II. X. 6. Kriegs-Werbung
hmen wie es zuläßig ibid. 7. Sonderlich
Frembde ibid. 8. Unrechtmäßiger Krieg
Todschlag ibid. 9. Krieg zur Landes-Be-
** 4 schü-

zusenden zu lassen. Es liegt auf der Hand, daß sich durch diese Verknüpfung verschiedener Internet-Funktionen eine enorme Beschleunigung der Literaturrecherche und -beschaffung erreichen läßt, die bis vor wenigen Jahren noch nicht denkbar war. Eine Reihe historischer Zeitschriften mit Frühneuzeitbezug wird sogar nur noch als digitale Publikation im WWW angeboten. Der im naturwissenschaftlichen Bereich beobachtbare Trend zur Verdrängung gedruckter Periodika durch solche neuen Publikationsformen zeichnet sich in der Geschichtswissenschaft jedoch noch nicht ab.

Während „Subito" meistens dazu genutzt wird, kopierfähige Sekundärliteratur neueren Datums zu bestellen, bietet das WWW in zunehmenden Maße auch Möglichkeiten zur Nutzung von älteren Drucken am heimischen PC. Ein Werk wie etwa Veit Ludwig von Seckendorffs „Christen-Stat" ist seit einiger Zeit über die WWW-Adresse der Universitätsbibliothek Bielefeld abrufbar; es wurde Seite für Seite eingescannt und als Grafikdatei abgespeichert. Die Bibliotheken fördern solche Digitalisierungsprojekte, weil auf diese Weise ihre wertvollen Originale nicht mehr so oft aus den Magazinen herausgegeben werden müssen. Benutzer, die nicht in der Nähe einer Bibliothek mit einem Exemplar des fraglichen Werks wohnen, ersparen sich in vielen Fällen die Anreise oder können sich zumindest ein erstes Bild von dem für sie interessanten Werk und seiner Struktur machen, um dann bei der Lektüre gezielter vorgehen zu können. Neben dem Modell einer auf Grafikdateien gestützten Digitalisierung gibt es auch Volltexteditionen, bei denen es sich um Transkriptionen der zugrunde liegenden Drucke handelt [Horstkemper, 258]. Angesichts des deutlich größeren Arbeitsaufwandes für die Erstellung solcher Editionen wird jedoch das erste Modell auf absehbare Zeit dominieren. In zwei Digitalisierungszentren in Göttingen und München, aber auch an anderen Bibliotheken wird an der Erweiterung des Bestandes digitalisierter Literatur gearbeitet, so daß zukünftig mit einer wachsenden Zahl online zugänglicher Drucke der Frühen Neuzeit zu rechnen ist [Wolff].

Ist die Erleichterung des Zugangs zu alten Druckwerken schon sehr zu begrüßen, so gehen Projekte zur Digitalisierung von Archivbeständen nochmals einen Schritt weiter. Einerseits gibt es online abrufbare Bestandsverzeichnisse, die zur Vorbereitung der Archivbenutzung eingesetzt werden können. Eine sehr umfangreiche Recherchemöglichkeit dieser Art bietet zum Beispiel das Public Record Office im englischen Kew an (http://www.pro.gov.uk/finding/default.htm). Ein Pilotprojekt des Stadtarchivs Duderstadt ist noch weiter gegangen und bietet einen Teil seines Bestandes an Archivalien in Form von digitalisierten Abbildungen auch im WWW an. Die Bildmaterialien sind von einer solchen Qualität, daß in vielen Fällen die Benutzung der Quellenbestände am Bildschirm möglich ist, ohne auf die Originale zurückgreifen zu müssen. Noch bewirkt aber die schiere Größe der Bilddateien – und das gilt auch für die Digitalisierungsprojekte von Bibliotheken –, daß beim Abruf einzelner Seiten eine längere Wartezeit in Kauf genommen werden muß. Die in absehbarer Zeit zu erwartende Vergrößerung der Internet-Bandbreite dürfte diese Hürde bei der Benutzung der Online-Angebote jedoch beseitigen. Eine andere Grenze für solche Digitalisierungsprojekte besteht in dem notwendigen Finanz- und Personalaufwand. Der Nutzen für alle Beteiligten liegt zwar auf der Hand, doch wird ein Pilotprojekt wie das Duderstädter vorerst wenige Nachfolgeprojekte nach sich ziehen. Die Vision eines mög-

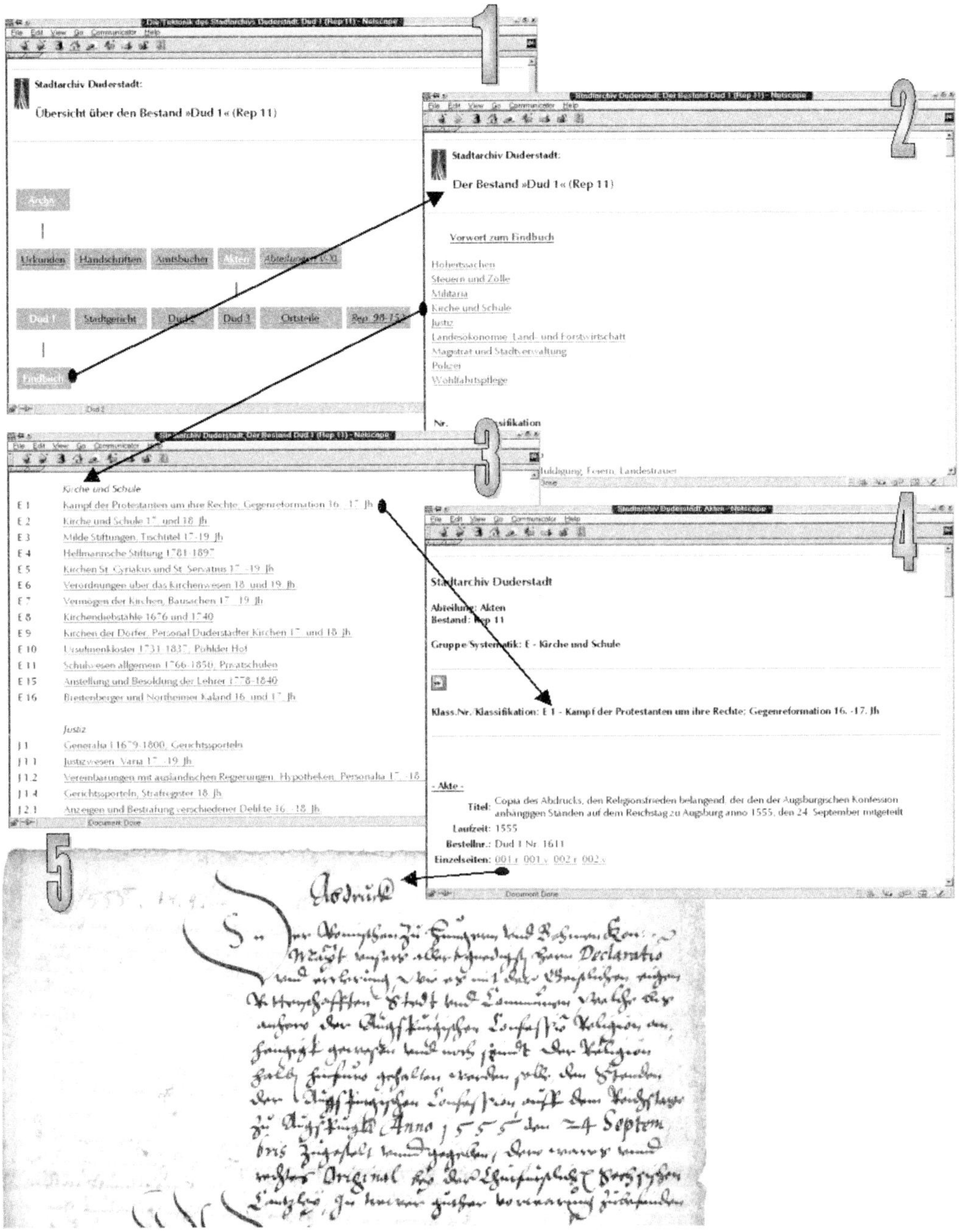

Das Stadtarchiv Duderstadt demonstriert in einem Pilotprojekt, welche neuen Möglichkeiten das WWW für den **Zugang zu Archivmaterialien** bietet. Mit vier Mausklicks gelangt ein Besucher der Überblicksseite für den Bestand „Dud 1" (http://www.archive.geschichte.mpg.de/duderstadt/akten/rep11.htm) bis zur Abbildung des gesuchten Aktenmaterials. In unserem Fall handelt es sich um eine Kopie der sogenannten „Declaratio Ferdinandea" von 1555, also um ein für die Konfessionsstreitigkeiten des 16. und 17. Jahrhunderts sehr wichtiges Dokument. Blatt für Blatt wurde das Aktenmaterial gescannt und in Form von Grafikdateien abgespeichert. Die Auflösung der Seiten wurde so gewählt, daß in den meisten Fällen die Lektüre am Bildschirm die Benutzung der Archivalien selbst überflüssig macht.

lichst alle relevanten Bibliotheks- und Archivressourcen umfassenden Internet-Angebots, die kürzlich unter dem Titel „History Online" entworfen wurde, dürfte angesichts solcher Restriktionen noch einige Zeit auf sich warten lassen [HORVATH].

Neben Bibliotheken und Archiven sind auch historische Museen in zunehmendem Maße im Internet präsent. Neben den üblichen Angaben über Öffnungszeiten, Dauersammlungen oder aktuelle Ausstellungen bieten immer mehr Museen sogenannte „virtuelle Ausstellungen" an. Diese spezielle Publikationsform bietet die Möglichkeit, in Bild, Text, Ton, 3-D-Darstellungen oder Videofilmen gerade laufende Ausstellungsprojekte zu dokumentieren oder bereits beendete Präsentationen auf Dauer im Internet verfügbar zu halten. Die virtuellen Ausstellungen des Museum of the History of Science in Oxford (http://www.mhs.ox.ac.uk) zeigen auf vorbildliche Weise, wie durch die Anwendung der Hypertextfunktionalität die einzelnen Ausstellungsobjekte direkt mit erläuternden Texten oder mit anderen Objekten verbunden werden können. Grafikdateien werden in verschiedenen Auflösungen angeboten, so daß die einzelnen Abbildungen in wesentlich besserer Qualität zur Verfügung stehen, als das bei den meisten gedruckten Ausstellungskatalogen der Fall ist. Internet-Veröffentlichungen können also ohne weiteres die Standards wissenschaftlichen Publizierens einhalten und zugleich einen Mehrwert anbieten [SMITH]. Neben seinen virtuellen Ausstellungen stellt das Deutsche Historische Museum seit längerer Zeit eine Datenbank zur Verfügung, in der mit Hilfe verschiedener Suchkriterien nach den im Besitz des Museums befindlichen Objekten recherchiert werden kann (http://www.dhm.de/). Solche Angebote erleichtern das Auffinden von aussagekräftigem Bildmaterial und regen zu einer stärkeren Berücksichtigung bildlicher Quellen bei der historischen Arbeit an.

Nicht nur für den Rückgriff auf einen erweiterten Quellenfundus kann das Internet neue Anstöße geben, sondern auch für die Ausweitung des Horizonts über die oftmals eurozentrische Perspektive historischen Arbeitens hinaus. Eine Vielzahl an Zusammenstellungen von Basistexten, Quellenmaterialien oder weiteren Internet-Ressourcen wird für eine immer breitere Palette an Themen und für alle Kontinente angeboten. In Sekundenschnelle kann beispielsweise auf reichhaltige Informationen zur afrikanischen Geschichte zurückgegriffen werden, die mit Hilfe von Büchern und Zeitschriften wesentlich zeitaufwendiger zusammengesucht werden müßten (Beispielsweise unter http://docker.library.uwa.edu.au/~plimb/az.html oder unter http://www.sul.stanford.edu/depts/ssrg/africa/history.html). Solche WWW-Angebote entstammen aus sehr unterschiedlichen Quellen, so daß zunächst einmal die inhaltliche und mediale Qualität solcher Angebote untersucht werden muß. Es gibt inzwischen eine ganze Reihe von Kriterien, nach denen solche Bewertungen durchgeführt werden können. Im WWW selbst, aber auch in Buchform werden Kataloge nützlicher Internet-Adressen angeboten [DITFURTH]. Für die deutschsprachige Frühneuzeit-Forschung gibt es zur Zeit zwei größere Sammlungen von Internet-Ressourcen (http://wwwgeschichte.fb15.uni-dortmund.de/vl/fnz/fnz.htm, und http://www.sfn.uni-muenchen.de). Durch den Rückgriff auf solche Einstiegspunkte, sogenannte Portale, vermeidet man die Konfrontation mit einer Vielzahl von inhaltsarmen, politisch tendenziösen oder niemals über das Anfangsstadium hinaus entwickelten WWW-Seiten.

▷ S. 453 Afrika: Die afrik[…] europäis[…] Begegnu[…]

Bei den bislang thematisierten Nutzungsmöglichkeiten des WWW handelt es sich weitgehend um Präsentationen von Institutionen wie Bibliotheken oder Universitäten, die für ihre schon vorher angebotenen Dienstleistungen die neuen, oftmals wesentlich effizienteren Optionen des Internets wahrnehmen. Interessante WWW-Seiten können jedoch auch von kleineren Arbeitsgruppen und von Einzelpersonen erstellt und präsentiert werden. Neben dem Aspekt der zahlreichen Arbeitserleichterungen beim Recherchieren, die das Internet anbietet, sollte die Tatsache nicht in den Hintergrund treten, daß gerade das WWW sich als Publikationsort für die Ergebnisse historischen Arbeitens anbietet. Mit kleinen Schritten etwa im Bereich der Orts- und Regionalgeschichte läßt sich das nötige Grundwissen über das Publizieren im WWW leicht erarbeiten.

▷ S. 392 Technik: ...sentation ... Themas

Auch im Bereich von Schule und Universität lassen sich bereits produktive Beiträge zum WWW leisten [SOLLI]. Zugleich können auf diese Weise Erfahrungen im Umgang mit Hypertexten, Multimedia-Präsentationen und Datenbankanwendungen gesammelt werden, die die Berufschancen für Absolventen historischer Studiengänge in den verschiedensten Tätigkeitsbereichen verbessern helfen.

Angesichts der Vielfalt der hier aufgezeigten Einsatzmöglichkeiten des Computers für historisches Arbeiten sollten Sie nicht aus den Augen verlieren, dass der PC stets nur als Instrument für die Bearbeitung Ihrer konkreten historischen Fragestellungen dienen sollte, ohne zum Selbstzweck zu werden. Wo diese Bedingung erfüllt ist, da kann der Computer historisches Forschen und Publizieren enorm erleichtern und verbessern.

Gregor Horstkemper

Literatur

W. BERGMANN, Multimediale Gesellschaft - Geschichtsstudium multimedial und computergestützt I, in: W. SCHMALE (Hrsg.), Studienreform Geschichte - kreativ, Bochum 1997, 217-240.

C. VON DITFURTH, Internet für Historiker, 2. Aufl. Frankfurt/M. u.a 1998.

J. HASEBROOK , Multimedia-Psychologie. Eine neue Perspektive menschlicher Kommunikation, Heidelberg/Berlin/Oxford 1995.

H. HEHL, Die elektronische Bibliothek. Literatursuche und Literaturbeschaffung im Internet, München 1999.

G. HORSTKEMPER, Digitalisierung und Internet: Neue Perspektiven für das Geschichtsstudium?, in: W. SCHMALE (Hrsg.), Studienreform Geschichte - kreativ, Bochum 1997, 253-269.

P. HORVATH, Geschichte Online. Neue Möglichkeiten für die historische Fachinformation, Köln 1997.

K. JARAUSCH/G. ARMINGER/M. THALLER, Quantitative Methoden in der Geschichtswissenschaft, Darmstadt 1985.

H. JUNGHANS, Martin Luther 1483-1546, Berlin 1996 [Multimedia-CD-ROM].

M. KAMMER, Bit um Bit. Wissenschaftliche Arbeiten mit dem PC, Stuttgart/Weimar 1997.

W. KÜNZEL/P. BEXTE, Maschinendenken/Denkmaschinen, Frankfurt/M. 1996.

R. LEE, Short-Term Variation: Vital Rates, Prices, and Weather, in: E.A. WRIGLEY/R.S. SCHOFIELD, The Population History of England: 1541-1781, 2. Aufl. Cambridge 1989, S. 356-401.

A. MCMICHAEL, The Historian, the Internet, and the Web: A Reassessment, in: Perspectives (February 1998) [http://www.theaha.org/perspectives/issues/1998/9802vie2.CFM].

L. F. PETERS, Der Handel Nürnbergs am Anfang des Dreißigjährigen Krieges. Struktur-

komponenten, Unternehmen und Unternehmer. Eine quantitative Analyse, Stuttgart 1994.
R. SCHULMEISTER, Grundlagen hypermedialer Lernsysteme. Theorie – Didaktik – Design, 2. Aufl. München 1997.
C. SMITH, Can You Do Serious History on the Web?, in: Perspectives (February 1998) [http://www.theaha.org/perspectives/issues/1998/9802com.CFM].
A. SOLLI, Hypertext 'papers' on the Web: Students confront the linear tradition?, in: Journal of the Association for History and Computing 1 (1998), No. 2 [http://mcel.pacificu.edu/history/jahc/solli/solindex.HTML].
A. WOLFF, „Bücher, Bytes und Bibliotheken". Digitale Dokumentensammlungen als Element geisteswissenschaftlicher Literaturversorgung, in: Bibliothek. Forschung und Praxis 23 (1999), 39-51.

Technik: Die Präsentation eines Themas

Die Aufgabe der Präsentation. Wenn alle ausgewählte Literatur gelesen und alles herangezogene Quellenmaterial gedeutet ist, dann ist der Moment gekommen, die Ergebnisse der Arbeit darzulegen und das Thema zu präsentieren. Spätestens dann, muß man sagen, ist der Moment gekommen: Denn viel besser kommen Sie voran, wenn Sie die einzelnen Arbeitsschritte nicht nacheinander, sondern nebeneinander laufen lassen und schon sehr früh auch an die Vermittlung des Erarbeiteten denken. Das nämlich zwingt Sie dazu, immer die Aufgabe und das Ziel Ihres Tuns im Auge zu behalten.

Die Aufgabe stellen Sie sich selbst, oder sie wird Ihnen gestellt; hierfür studieren Sie Quellen und Literatur. Das Ziel Ihres Tuns kann allein im Kundigwerden bestehen, was gefördert wird, wenn Sie Ihre Erkenntnisse auch notieren. Meistens aber besteht das Ziel in der Vermittlung von Ergebnissen, wobei dann Darlegung und Präsentation noch nicht dasselbe sind. Alle Materialbausteine, alle gesammelten Gedanken, alle entwickelten Thesen sollten schriftlich festgehalten werden. Präsentiert aber werden sie als schriftliche Arbeit, als mündlicher Vortrag oder auch als Internetseite dem fremden Lesen, Hören oder Sehen.

In der Geschichtswissenschaft wird noch gar nicht so lange darauf geachtet, auf welche Art und Weise die Früchte der Arbeit dargereicht werden. Zwar gibt es schon seit geraumer Zeit ein ausgeprägtes Bewußtsein für die Standortgebundenheit jeder Darstellung. Michel De Certeau etwa sieht im Schreiben von Geschichte einen komplexen Vorgang, bei dem ein Ort, ein Verfahren und ein Text zueinander in Bezug treten. Entsprechend sind die Historikerin/der Historiker immer drei Personen, nämlich ein Gruppenmitglied, insofern man einem Beruf angehört, eine Forscherin/ein Forscher, insofern man eine bestimmte Disziplin ausübt, und schließlich eine Schriftstellerin/ein Schriftsteller, insofern man schreibt [De Certeau]. Gewöhnlich aber wurde allein der Inhalt von Aussagen für wesentlich gehalten, während die Form als rein äußerlich galt [Hardtwig]. Ausgelöst durch die Auseinandersetzung mit den Auffassungen von Hayden White und gefördert durch die Diskussionen über Narrativität und Fiktionalität, d.h. Erzählverfahren und Erfindungsgehalt, ist seit der Mitte der 80er Jahre das Bewußtsein für das Thema „Darstellung" gewachsen [White 1991; White 1986; Evans]. Wenn hier in leichter Abwandlung der Begriff „Präsentation" vorgezogen wird, dann geschieht dies, um dieses Bewußtsein um einige noch fehlende Aspekte zu erweitern.

▷ S. 130 Technik: Das Lesen der Geschichte

▷ S. 133 Technik: Das Lesen der Geschichte

Erstens geraten als „Darstellungen" vorwiegend die traditionellen schriftlichen und nicht auch andere in den Blick. Für historiographiegeschichtliche Untersuchungen – solche über die Geschichte der Geschichtsschreibung – ist es freilich schwierig, auch mündliche oder sonstige Präsentationsformen zu berücksichtigen. Doch auch die Literatur, die in die Techniken wissenschaftlichen Arbeitens einführt, bleibt diesbezüglich unbefriedigend: Zwar werden schriftliche Klausuren, Seminar- oder Zulassungsarbeiten von mündlichen Referaten unterschieden; was dies aber für den Bezug auf das Publikum, die Akzentuierung des Inhalts, die Wahl des Stils usw. bedeutet, bleibt zumeist unerörtert. Auf die Verschiedenartigkeit der Arbeitsziele soll im folgenden besonders geachtet werden.

Zweitens – und dabei handelt es sich vielleicht auch um den Grund für das allseitige

Fixiertsein auf Schriftliches – wird mit der fehlenden Unterscheidung zwischen den aufnehmenden Sinnen überhaupt die Anwesenheit des Körpers im Arbeitsprozeß weitgehend ignoriert. Neben dem Geist aber ist der Körper durchaus gegenwärtig, indem er beim Lesen ungegliederter Texte unruhig wird, beim Hören eintöniger Passagen ermattet, beim Schreiben von den Arbeitsbedingungen abhängt oder beim Vortragen von einer guten Stimmbildung profitiert. Daß in den Vorgang der Präsentation Geist und Körper in gleicher Weise einbezogen sind, soll im folgenden stärker als üblich berücksichtigt werden.

Drittens schließlich gibt es mit der Präsentation viel mehr Probleme als die gewöhnlich behandelten. So liegt zwar eine Reihe hervorragender Technikratgeber vor, aus denen Sie auf detallierte und anschauliche Weise alles über die Anforderungen der einzelnen Arbeitsphasen und die Formalitäten der verschiedenen Arbeitsziele lernen können [traditionell: BOROWSKY/VOGEL/WUNDER; FABER/GEISS; POENICKE; RÜCKRIEM/STARY/FRANCK; neuerdings: BURSCHEL/SCHWENDEMANN/STEINER/WIRBELAUER]. Daneben aber nutzt es Ihnen viel, wenn Sie in anderer Literatur auch Hinweise zur Aufnahme von Texten finden, die Sie dann umgekehrt bei der eigenen Produktion berücksichtigen können [STARY/KRETSCHMER]. Besonders wertvoll sind Hilfestellungen für die zeitliche Planung wissenschaftlicher Projekte, die allerdings nur da angeboten werden, wo von vornherein auf ein „Zeit-ist-Geld"-Berufsleben hin erzogen wird [LÜCK, 11-16; BÄNSCH, 35/36]. Überhaupt ist es unbedingt empfehlenswert, auch solche Ratgeber zu sichten, die für ganz andere Fächer verfaßt sind. Sehen Sie sich einmal um bei den Wirtschaftswissenschaften [SESINK; THEISEN], bei den Sozialwissenschaften wie Pädagogik

Detailskizze

Das Wissen um die Standortgebundenheit jeder historischen Darstellung ist heute ein Allgemeinplatz. Und doch kann man sich gar nicht oft genug vor Augen führen, wie sehr Thema und Präsentation nicht nur die Zeit ihrer Entstehung widerspiegeln, sondern sogar Folge einer ganz konkreten Situation sein können.

„Wäre es nicht in der Gefangenschaft entstanden, ich hätte mit Sicherheit ein völlig anderes Buch geschrieben", so urteilt **Fernand Braudel** über sein „La Méditerranée et le monde méditerranéen a l'époque de Philippe II", eines der wohl bedeutendsten Geschichtswerke unseres Jahrhunderts. Dreizehn Jahre lang hatte Braudel seinen Gegenstand erforscht, bevor er mitten in der Vorbereitung zur Niederschrift in den Zweiten Weltkrieg ziehen mußte. Und prompt geriet er in deutsche Kriegsgefangenschaft, in der er bis 1945 fünf Jahre lang ausharren mußte – die er gleichzeitig zum Schreiben nutzte.

Die Entscheidung, das Schwergewicht der Darstellung immer mehr von Philipp II. weg- und auf das Mittelmeer hinzulenken, war bereits früher in ihm gereift. Die andere Besonderheit des Werkes aber, zwischen einer Zeit der fast unveränderlichen geographischen Gegebenheiten, der langsamen sozialen Veränderungen und der kurzfristigen Ereignisse zu unterscheiden, war Resultat seiner konkreten Schreibsituation: „Nieder mit den Ereignissen, besonders den quälenden! Mir blieb nur der Glaube, daß Schicksal und Geschichte in viel tieferen Schichten geschrieben wurden."

Abgesehen davon, daß Braudel in der Phase der Verarbeitung allein aus seinem Gedächtnis schrieb und alles in Schulheften festhielt, von denen er sich überdies zu trennen wagte, indem er sie Stück für Stück in die Heimat schickte – werkbestimmend war am Ende die innere Versenkung, deren er bedurfte und die ihm ein Wissenschaftsbetrieb modernen Zuschnitts nicht erlaubt hätte: „Ja, ich widmete mich der Kontemplation über das Mittelmeer, tete – a tete, Jahr für Jahr, so fern es mir auch war in Raum und Zeit." Ihm wären andere, bessere Bedingungen zu wünschen gewesen. Doch sein Buch verdanken wir eben dieser Situation.

Quelle: F. BRAUDEL, Die Suche nach einer Sprache der Geschichte. Wie ich Historiker wurde, in: F. BRAUDEL, L. FEBVRE u.a., Der Historiker als Menschenfresser. Über den Beruf des Geschichtsschreibers, Berlin 1990, S. 7-14.

[PETERSSEN] oder Psychologie [HÖGE] und besonders bei den verschiedenen Philologien [BANGEN; STANDOP]. Daß wir auch von den in anderen Ländern gelehrten Methoden mit Gewinn – und mit Vergnügen – lernen können, zeigen einige Übersetzungen ins Deutsche [ECO; FRAGNIÈRE].

Die Organisation des Materials. Die Angst vor dem weißen Blatt ist eine schon sprichwörtliche Empfindung, die von so vielen geteilt wird und doch jede und jeden mit einem besonderen Gefühl der Verlassenheit vor eben diesem Blatt sitzen läßt. Wenn ein Technikratgeber angesichts solcher Probleme lediglich dazu rät, den Anfang einfach und direkt zu gestalten, dann zeigt dies eine gewisse Hilflosigkeit [FABER/GEISS, 97/98]. In angemessener Weise reagieren darauf vielmehr diejenigen Bücher, die am ehesten als „Verständnisratgeber" zu bezeichnen sind. So kann Ihnen etwa die Analyse der entwicklungspsychologischen oder berufsständischen Bedingungen des Schreibens, wie sie der Soziologe Howard Becker vornimmt, viel besser helfen, mit Ihrer Situation umzugehen [BECKER].

Doch viel ist schon gewonnen, wenn Sie die Hemmung vor der vermeintlich letzten Arbeitsphase gar nicht erst groß werden lassen, indem Sie bereits beizeiten auf verschiedene Weise zu ihr beitragen. Tatsächlich ist doch jeder Zettel mit einem aus der Literatur herausgeschriebenen Gedanken, einer aus dem Quellenmaterial festgehaltenen Äußerung oder einer dem eigenen Nachdenken entsprungenen Idee schon ein Bruchstück der späteren Präsentation. Somit kommt es – von den im vorigen Exkurs behandelten Einzelheiten der Quellenarbeit einmal abgesehen – auf zwei Dinge ganz wesentlich an: auf den produktiven Umgang mit dem fremden und dem eigenen Gedankengut sowie auf die Arbeit des Gliederns.

▷ S. 137 ff. Technik: Das Lesen der Geschichte

Der Umgang mit fremdem Gedankengut wird gerade zu Beginn des Studiums gewöhnlich erst dann thematisiert, wenn er zu dokumentieren ist. Denn bei der Aufgabe des Belegens und beim Anbringen der Fußnoten stellt sich die Frage, wo nun der Bestand allgemeinen Wissens ende und das Ergebnis eigener Forschung beginne. Die Belehrungen über Voll- und Kurzbelegmethode, über direktes und indirektes Zitieren, über ergänzende Anmerkungen und textrelevante Details helfen da lediglich technisch. Daß wir überhaupt in Fußnoten auf die gelesene Literatur und die geprüften Quellen verweisen, ist das Ergebnis einer eigenen Wissenschaftsgeschichte, die Sie auch irgendwann zur Kenntnis nehmen sollten [GRAFTON]. Wie wir aber auf alles Aufgenommene verweisen, beruht auf einer Geisteshaltung, die dem Erlernen der Technik vorausgeht. Weit verbreitet ist hier eine gewisse Angst vor der Literatur [BECKER, 180ff.]. Schwierig genug ist es schon, aus ihr eine Auswahl für die eigene Lektüre zu treffen und die in der Regel enormen Textmengen zu lesen. Dabei sind diese auch noch so intensiv zu studieren, daß eine eigene Einordnung und Beurteilung möglich wird. Und schließlich ist dann noch per Belegverfahren die eigene Wissenschaftlichkeit unter Beweis zu stellen. Heraus kommt dabei oft genug ein rein additiv erstellter Forschungsüberblick. Wenn Ihre Einstellung aber vorsieht, daß Ihnen alle Literatur lediglich helfen und nicht Sie beherrschen will, dann fällt das Herausziehen der für das eigene Thema wichtigen Informationen und Erklärungen viel leichter. Alles Aufgefundene ist dann nicht für sich alleine wichtig, sondern immer nur in bezug auf Ihr Interesse. Nur so verknüpfen Sie schließlich auch auf

Konfession	katholisch				
Fürstl.Rang	Kaiser	Kurfürsten		Fürsten	
	weltlich		geistlich		
Hof	Wien	München	Kurköln/Bonn	Würzburg	Bamberg
Zeitraum	1730er Jahre	um 1700	um 1730	1740er Jahre	1730er Jahre
Anzahl der Hofstaatsangehörigen	2.175	ca. 2.000	Kern 15-20 weiterer Kreis: 300 Adelige	ca. 255	ca. 200?
Jährliche Aufwendungen für Hofhaltung	ca.5.000.000 fl	ca.750.000 fl	keine Angaben	ca.250.000 fl (?)	(34.530 fl. 1683/93)
Relativer Anteil dieser Kosten	(5-6% aller Staatsausgaben 1749)	55% aller Staatsausgaben	keine Angaben	50% des Kammeretats	(15% aller Staatsausgaben 1683/93)
Oberste Hofämter	ObersthofmeisterObersthkämmererObersthofmarschall Oberststallmeister	Obristhofmeister-Obristkammerherr Oberhofmarschall Obriststallmeister	Obristlandhofmeister Obristhofmeister-Obristkämmerer Obristkanzler Obristhofmarschall Obriststallmeister	Oberhofmarschall Hofmeister= Hofmarschall Hausvogt Oberstallmeister	Obersthofmeister Obermarschall Oberstallmeister Oberjägermeister
Zeremoniell	spanisch	spanisch	französisch	französisch?	spanisch
Herkunft und Rang des Hofadels	erbländischer Landadel, ungarische Magnaten, italienischer Adel, niedriger und Hochadel aus dem südwestl. Reich	bayrischer Landadel, italienischer und französischer Adel	kaum Kurkölner stiftischer Adel, v.a. bayerischer, westfälischer und nichtdeutscher Adel	v.a. schwäbische. fränkische und rheinische Reichsritter als stiftischer Adel	fränkische Reichsritter als stiftischer Adel
Hauptsächlicher Inhalt des Hoflebens	katholisch geprägte, barocke Festkultur	barocke Festkultur französischen Zuschnitts	barocke Festkultur, Jagd	barocke Festkultur, Jagd	Jagd, kirchlich geprägte, barocke Festkultur

Ein gutes Beispiel für die **Darlegung der Ergebnisse**, die durchaus noch nichts mit der schließlich vorzulegenden oder vorzutragenden Präsentation zu tun hat, bietet die hier wiedergegebene tabellarische Aufstellung.

Sie erinnern sich vielleicht, in dem Kapitel über die „Verdichtung von Herrschaft" unter den „Einrichtungen des Fürstenstaats" über das Leben an den Höfen gelesen zu haben. Die Arbeit von Volker Bauer etwa führt Sie spezieller ein in „Die höfische Gesellschaft in Deutschland von der Mitte des 17. bis zum Ausgang des 18. Jahrhunderts". Um den „Versuch einer Typologie", wie es der Untertitel ankündigt, unternehmen zu können, mußte der Autor sich einen klaren Überblick über verschiedene Merkmale der von ihm untersuchten Höfe verschaffen. Dazu legte er eine Tabelle an, die er später auch im Buch abdrucken ließ.

Die Ergebnisse seiner Nachforschungen sind hierin sehr schön übersichtlich festgehalten. Doch ohne erläuternden Text oder Vortrag bliebe diese Darlegung ohne Wert; sie dient auch im Buch allein zur Orientierung in den sie umgebenden Ausführungen. Völlig unmöglich wäre es gar, solch eine Übersicht als Folie zur Unterstützung einer mündlichen Präsentation zu nutzen; auch hier diente die tabellarische Aufstellung allenfalls als Grundlage für den Entwurf einer Reihe von – eben nicht überfüllten! – Folien. Als Hilfsmittel während der Arbeit jedoch wie auch als Orientierung für die spätere Leserschaft ist eine Darlegung der Ergebnisse wie diese von eigenem, ganz besonderem Wert.

Quelle: V. BAUER, Die höfische Gesellschaft in Deutschland von der Mitte des 17. bis zum Ausgang des 18. Jahrhunderts: Versuch einer Typologie (Frühe Neuzeit Bd. 12), Tübingen 1993, S. 80.

produktive Weise das fremde Gedankengut mit Ihren eigenen Fragen und Ideen. Und das schlägt sich in einem Verweis auf die Forschung da nieder, wo der Zusammenhang es sachlich erfordert.

Eigenes Gedankengut entsteht meist erst aus der Auseinandersetzung mit dem von anderen, indem nicht nur Passendes aus der Literatur exzerpiert, d.h. herausgeschrieben wird, sondern aktiv Fragen an sie gestellt werden. Hierfür wird schon eine konkretere Vorstellung vom eigenen Thema benötigt – wie umgekehrt das Formulieren von Fragen das Thema konkretisieren helfen kann. Jedenfalls wird so die Forschungsliteratur nicht nur gelesen und verglichen, sondern mit dem Entstehen dann eigener Ideen auch wirklich produktiv verwendet. Dabei werden Sie sich Ihres eigenen Gedankenguts am ehesten bewußt, wenn Sie begleitend zur Literatur- und Quellenarbeit immer wieder spontan aufschreiben, was Ihnen einfällt. Auf diese Weise behalten Sie auch einen guten Überblick darüber, welche inhaltlichen und methodischen Entscheidungen Sie im Laufe Ihres Arbeitsprozesses treffen. Die Kleistschen Erkenntnisse „Über die allmähliche Verfertigung der Gedanken beim Reden" lassen sich direkt auf das Schreiben übertragen: Oft genug lernen Sie Ihre Gedanken erst durch Ihr Schreiben kennen [Kleist]. Dabei hilft es Ihnen für die spätere Präsentation sehr, wenn Sie schon in diesem Moment Ihre Gedanken in die kleinstmöglichen Einheiten zerlegen. Jetzt nämlich arbeiten Sie bereits an der Darlegung der Ergebnisse. Und diese wiederum sollten in direkter Verkehrung des Kleistschen Prinzips bereits zu Beginn der Präsentation feststehen. Für diesen Punkt mögen Ihnen die Darlegungen einer Unternehmensberaterin eine ungewöhnliche, aber auch unvergeßliche Lektüre bieten: Barbara Minto empfiehlt, grundsätzlich zuerst zu überlegen, auf welchen Punkt man hinauswill, und erst daraufhin diesen in Worte zu fassen; die Struktur der Gedanken sollte dann in Form einer Pyramide aufgebaut sein, die sich ausgehend vom zentralen Punkt ganz oben in die einzelnen Argumentationsstufen hinein nach unten immer weiter verästelt [Minto].

Doch damit sind wir bereits bei der Arbeit des Gliederns angelangt. Wann der geeignete Zeitpunkt gekommen ist, Ihre Materialsammlung, d.h. alle einzeln verzettelten fremden Gesichtspunkte und eigenen Gedanken, in eine Gliederung zu überführen, darüber kann man verschiedener Auffassung sein. Wo die Gliederung der intellektuellen Durchdringung dienen soll, ist sie bereits mit dem Beginn der Materialarbeit anzulegen [Faber/Geiss 93ff.]. Dafür aber muß man entweder schon recht genau wissen, was man will, oder man nimmt in Kauf, daß die Gliederung parallel zur zunehmenden Erfassung des Stoffes geradezu krakenartig mitwächst. Gliederungen, die somit im Verlauf der Arbeit immer weiter präzisiert werden, zeugen von ihrer Entstehungsgeschichte meistens schon durch ihre äußere Erscheinungsform. Von den beiden Ordnungsformen, derer man sich bedienen kann, verführt die numerische nach den Zahlen des Dezimalsystems stärker als die alpha-numerische mit ihrer Kombination von Buchstaben und Ziffern dazu, eine Abstufung bis ins Unendliche vorzunehmen. Dabei werden vergleichbare Punkte oft höchst unterschiedlich stark unterteilt, und entsprechend nehmen später im Endprodukt gleichgeordnete Bereiche durchaus verschieden große Räume ein. Solche Gliederungen sollen der Sache bestens gerecht werden, während sie mindestens im gleichen Maße den individuellen Erarbeitungs- und Erkenntnisprozeß des dahinter steckenden Menschen widerspiegeln. Je bewußter Sie fremde Gliederungen lesen, um so kritischer können Sie sich mit dem Ihnen Angebotenen auseinandersetzen und um so besser trainiert können Sie eigene Gliederungen entwerfen. Daß damit ein Plädoyer für nicht zu stark unterteilte und für in sich gleichgewichtig aufgebaute Gliederungen abgegeben werden soll, das lehrt Sie schon ein kurzer Blick auf die Gliederung des Buchs, in dem Sie hier lesen.

Was daraus zu lernen ist: Eine gute Gliederung muß das Thema passend erschließen, sie sollte darüber hinaus aber auch einen subjektiven Gestaltungswillen erkennen lassen. Kein Thema bringt von sich aus eine Gliederung mit sich, vielmehr bringen erst Sie das Thema in Form. Sie also sollten die einzelnen Aspekte in ein Gleichgewicht zueinander bringen und auch da zum Verzicht auf das Einbringen von Erarbeitetem bereit sein, wo die Vertiefung zur Asymmetrie führt. Und wenn Sie einmal erkannt haben, daß Ihr subjektiver Gestaltungswille im Interesse der Sache wie der Vermittlung stark sein darf, gewinnen Sie auch an Standfestigkeit für den Fall, daß Sie während Ihrer Arbeit einer parallel laufenden anderen Bearbeitung gewahr werden. Jede und jeder nämlich wird ein Thema höchst eigen präsentieren, dabei für Plausibilität sorgen und die Forschung durch Vergleichbares bereichern.

Zur Beteiligung von Geist und Körper. Bevor von der Organisation des Materials zu seiner Verarbeitung fortgeschritten wird, soll einmal die Beteiligung des ganzen Menschen am Arbeitsprozeß bewußt gemacht werden. Selbstverständlich gehen wir als Historikerinnen und Historiker einer geisteswissenschaftlichen Tätigkeit nach und sind insofern gewöhnt, unsere Arbeit als eine rein geistige anzusehen, den Körper auszuschließen. Körperlichen Begleitumständen wie Fehlhaltungen und Rückenleiden können wir durch Sport vorbeugen oder durch Krankengymnastik abhelfen. Doch hier geht es darum, wahrzunehmen, wie der Körper geistig mitarbeitet.

Nehmen Sie die Schilderung des Gliederungsverfahrens von Howard Becker: Er wandelt eine geistige Arbeit in eine körperliche Tätigkeit um. Indem er all seine Informationen und Gedanken in kleinen Zettelstapeln sicher aufgehoben weiß, kann er mit dem stofflich gewordenen Geistesgut räumlich arbeiten. Damit gesteht er dem Auge, unserem auf das räumliche Sehen eingerichteten Organ, eine zentrale Entscheidungsfunktion innerhalb eines eigentlich geistigen Ordnungsvorgangs zu. Wenn Sie dieses Verfahren für sich ausprobieren und Ihre Zettelhäufchen etwa auf dem Fußboden auslegen, dann werden Sie bemerken, wie Ihnen auch ein körperliches Abstandnehmen oder Umrunden eben diese geistigen Aktivitäten erleichtert.

Das heißt nun nicht, daß das bewußte Einbeziehen unserer Sinne alles leichter machen würde. Daß das ganze Gegenteil der Fall sein kann und man vielleicht so erst auf geistig höchst komplizierte Zusammenhänge aufmerksam wird, zeigt sich, wenn man einmal vom Körper dessen, der produziert, zum Körper dessen wechselt, der das Produzierte aufnimmt. Ein gutes Beispiel hierfür sind die historischen Werke französischer oder angelsächsischer Herkunft, die mit einer fesselnden Erzählung einsetzen und zunächst einmal keinen Gedanken an anstrengende Lesearbeit mit Bleistift und Radiergummi aufkommen lassen. Auch wenn herkömmliche Technikratgeber von solchen Anfängen abraten [Faber/Geiss 97/98], so können Sie sich doch mit einem entsprechenden Einstieg der vollen Aufmerk-

Forschungsstimme

Für den Arbeitsschritt des Gliederns empfiehlt **Howard Becker**, „eine schwierige geistige Arbeit in eine vornehmlich körperliche und damit leichtere Tätigkeit" umzuwandeln. Ein von ihm nicht genannter Vorteil besteht in der frühzeitigen Entdeckung noch ungenügend bearbeiter Teilfelder:

„Beginnen Sie damit, Ihre Skripten auf brauchbare Gedanken zu durchforsten, die Sie je einzeln auf einer Karteikarte vermerken. Sondern Sie keinen der in Ihren Skizzen enthaltenen Gedanken aus. Er könnte sich irgendwann als nützlich erweisen, auch wenn Sie sich im Moment nicht vorstellen können, in welcher Weise. Ihr Unterbewußtes weiß Dinge, von denen Sie keine Ahnung haben. Sortieren Sie nun Ihren Kartenstapel in kleine Häufchen um, indem Sie die Karten, die zusammenzupassen scheinen, auf denselben Stoß legen. 'Zusammenzupassen scheinen?' Ja, und zwar ohne im Moment allzu genau darauf zu achten, was sie tatsächlich miteinander gemein haben. Folgen Sie einfach Ihrer Intuition. Sind Sie damit fertig, legen Sie auf jeden der neu entstandenen Stöße, sozusagen als Deckblatt, eine Karte, auf der Sie summarisch – d.h. durch Generalisierung ihrer Besonderheiten – wiedergeben, was die Karten im Stapel im einzelnen besagen. Nun haben Sie erstmals die Möglichkeit, Ihre bisherige Arbeit kritisch zu betrachten. Ist eine Generalisierung, die alle Karten im Stapel einschließt, nicht möglich, nehmen Sie die sich dagegen sträubenden Karten heraus und sortieren Sie sie zu neuen Stapeln zusammen, denen Sie wiederum eine Verallgemeinerungskarte beigeben. Legen Sie nun die Generalisierungskärtchen auf einem Tisch oder auf dem Fußboden aus oder heften Sie sie an die Wand (...). Das Auslegen sollte nach einer bestimmten Ordnung erfolgen, nach welcher ist egal. Vielleicht entscheiden Sie sich für eine lineare Ordnung, bei der ein Gedanke den nächsten produziert. Vielleicht können Sie ein paar dieser Karten aber auch so unter- bzw. übereinander legen, daß eine Säule entsteht; in ihr würde der Zusammenhang zwischen dem konkreten Einzelfall oder Unterargument und der allgemeineren Aussage sozusagen räumlich sichtbar."

Quelle: H.S. Becker, Die Kunst des professionellen Schreibens. Ein Leitfaden für die Geistes- und Sozialwissenschaften (Reihe Campus Studium 1085), Frankfurt/M./New York 1994, S. 89/90.

samkeit Ihres Publikums sicher sein. Wer vergäße je das Entsetzen und die körperliche Pein, die einem die Lektüre der ersten Seiten von Michel Foucaults „Überwachen und Strafen" [Foucault] bereitet hat? Und doch ist gerade die Wahl des erzählerischen Mittels durch die geschichtstheoretischen Diskussionen der letzten Jahre durchaus problematisch geworden [Hardtwig]. Das erzählende Verfahren, die Narration, hat zwar in den letzten zwei Jahrzehnten einen großen Aufschwung erlebt; doch parallel dazu ist die Erkenntnis gewachsen, daß die Geschichtswissenschaft am besten eine Art Moderationsverfahren anwendet, bei dem sie zwischen einem Erzählen und einem Erklären beständig hin und her wechselt.

Und schon sind Sie ausgehend vom Körper mitten hineingerutscht in einen Zusammenhang, der mit körperlicher Spannung und Aufmerksamkeit gar nichts mehr zu tun hat, sondern geistesgeschichtlicher Erörterung bedarf. In diesem Fall geht es um den Unterschied zwischen Erzählen und Erklären als Formen des Darstellens sowie Verstehen und Erklären als den dahinter steckenden Formen des Begreifens [Sellin; Goertz]. Einen Gegensatz stellen diese beiden Grundprinzipien seit etwa der Mitte des 19. Jahrhunderts dar, als die traditionell als verstehend/erzählend geltende Geschichtswissenschaft sich zunehmend gegen die erklärenden Naturwissenschaften abzusetzen suchte [Muhlack; Welskopp]. Heute aber sieht man trotz Beibehaltung des begrifflichen Gegensatzes, daß Verstehen und Erklären ohne einander nicht auskommen können. Auch wenn beides eng miteinander zu verschränken ist, so sollte doch ein Bewußtsein für den Unterschied erhalten bleiben: Das Verstehen begreift historische Abläufe oder Ereignisse von den Akteuren aus, bemüht sich um eine Erfassung der

▷ S. 278 Erkenntnis: Ihre Bildung und Verbindlichkeit

Motive oder eine Erschließung des Sinns und verbleibt so mit seiner Innensicht weitgehend im konkret Individuellen. Das Erklären dagegen ordnet die Akteure in historische Prozesse und Strukturen ein, bemüht sich um die Aufdeckung der materiellen Ursachen oder die Aufstellung der Bedingungen und beschreibt so mit seiner Außensicht das abstrakt Allgemeine. Wo nicht aus guten geschichtstheoretischen Gründen, da werden Sie jedenfalls aus präsentationspraktischen Gründen eine Kombination beider Formen des Begreifens stets für nötig halten.

Nun ging der Gedanke über das Erzählen und Erklären aber davon aus, daß Sie sich nach dem Ordnen überhaupt zum Verarbeiten des Materials niedergelassen haben. Ihre Technikratgeber lehren Sie, ab diesem Moment vom Zettelmanuskript über das Rohmanuskript zum Vorentwurf für die Reinschrift und schließlich zur Reinschrift selbst munter voran zu schreiten [Poenicke, 117 ff.]. Dieser Ablauf aber sieht in der Arbeitspraxis verschiedener Menschen sehr unterschiedlich aus, denn er ist geprägt von technischen Hilfsmitteln wie von persönlichen Gewohnheiten. So stellt es technisch eine ganz andere Art von Arbeit und auch Unruhe dar, ob Sie einen Text mit Bleistift, Radiergummi, Schere und Klebstreifen schreiben oder ob Sie mit dem Computer arbeiten und gleichzeitig verschiedene Abschnitte in verschiedenen Versionen vor Augen haben. Und für Sie persönlich ist es hilfreich zu wissen, ob Sie am besten an einem Text schreiben können, wenn Sie zu Hause vor Ihrem PC sitzen, links Ihren Zettelstapel liegen und rechts eine Tasse Tee stehen haben, denn dann sollten Sie es etwa in einer Bibliothek gar nicht lange probieren. Was hier als simple Feststellung auftaucht, kann Sie vor Schreibproblemen zu bewahren helfen.

▷ S. 364 Instrume Historisch Arbeit im Zeitalter Compute

Das Bild von **Johannes Turmair**, gen. Aventinus (1477-1534), kennen Sie vom Umschlag eines wichtigen Nachschlagewerkes, des „Historikerlexikons", herausgegeben von R. v. Bruch und R. A. Müller. Sie sehen hier einen gut und warm gekleideten Mann, der mit der Feder in der Hand über einem Buch sitzt oder steht. Eine Aufnahme von Ihnen dagegen würde wohl einen Computer zeigen und dahinter in legerer Kleidung sitzend Sie.

Die Tätigkeiten wären nur vermeintlich dieselben. „Schreiben" nämlich kommt vom lateinischen „scribere", mit dem Griffel einritzen: Auf den Ton- und Steintafeln des Altertums waren Schriftzeichen dauerhaft sichtbar. Auf dem Computerbildschirm dagegen werden Schriftzeichen lediglich vorgestellt und können jederzeit ins Nichts zurückbefördert werden. So bringen die verschiedenen Schreibwerkzeuge im ersten Schritt qualitativ sehr unterschiedliche Schreibergebnisse hervor.

Das wirkt auch auf das Schreiben selbst zurück. Während auf der Schreibmaschine ein Gedanke noch in linearer Form zu Papier gebracht wurde, können mit dem Computer einzelne Teile herausgeschnitten und umgestellt werden. Der Gedanke entwickelt sich hier nicht auf dem zweidimensionalen Papier, sondern in einem dreidimensionalen Raum. Mit den beiden Prinzipien der Linearität und der Komplexität aber stehen sich letztlich die Prinzipien des Nacheinander und der Gleichzeitigkeit gegenüber.

Noch nicht absehbar ist heute, wie ein ausschließlich in Komplexität und Gleichzeitigkeit sich übendes Denken und Schreiben mit einer doch stets fortlaufenden Geschichte umgehen mag. Die Entwicklung geht heute dahin, den Draht vom Gehirn zum Zeichen immer mehr zu kürzen. Damit würden zwei Faktoren zunehmend ausgeschaltet: Zeit und Körperlichkeit. Damit würde aber auch das Bewußtsein für die Prozeßhaftigkeit von Vorgängen immer mehr schwinden – und die Trennung von Geist und Körper immer mehr befestigt.

Bild: Hans Sebald Lautensack (1524-ca.1560), Porträt des Johannes Turmair, gen. Aventinus, Holzschnitt, 1543; Foto: Archiv für Kunst und Geschichte, Berlin.

Die Gedanken nämlich fallen nun einmal nicht von selbst aufs Papier oder die Tastatur, sie werden über den Körper dorthin gebracht. Das heißt aber auch, daß sie nicht notwendig über die Hände dorthin gelangen müssen – vielen Menschen fällt es viel leichter, erst einmal in ein Diktaphon zu sprechen. Andere körperliche Äußerungs- und Wahrnehmungsmöglichkeiten also stehen bereit.

Das Hören in Ihren Arbeitsprozeß einzubeziehen kann dann sinnvoll sein, wenn es darum geht, bereits Entworfenes zu überarbeiten. Was man sich – oder noch besser anderen – vorliest, muß durch sprachliche Klarheit und inhaltliche Verständlichkeit überzeugen. Hierin besteht die Mindestanforderung an jeden schriftlichen Text. Ist er aber darüber hinaus als mündliche Präsentation für das Gehör geplant, dann ist meistens erst über das Lesen und Hören herauszufinden, ob in ausreichendem Maße Gliederungshilfen gegeben, Argumente ausgeführt oder Schlußfolgerungen betont sind. Am meisten für Ihre eigene Arbeit lernen Sie auch hier wieder, indem Sie Vorlesungen und Vorträge bewußt auf das hin behören, was Sie in Ihrer Aufnahme des Inhalts fördert oder hemmt. Dabei werden Sie bemerken, daß die guten Beispiele bis in Satzbau und Wortwahl hinein wirklich auf die mündliche Rede hin vorbereitet sind.

Wie sich das Sehen einbeziehen läßt, wurde schon mit dem Blick auf die Zettelstapel angesprochen. Doch nicht nur beim Gliedern im Großen, sondern auch bei der Vorbereitung eines einzelnen Gedankengangs für die Niederschrift kann es helfen, einen Zusammenhang zu visualisieren, d.h. zu veranschaulichen. Dafür verzichten Sie auf alle sprachlichen Wendungen und legen nur mit Hilfe der wichtigen Begriffe eine Skizze an, die Sie mit einem eigenen Zeichensystem von Pfeilen, Gegensatzzeichen und Umrandungen so lange bearbeiten, bis die internen Bezüge stimmen. Die Formulierungen lassen sich abgekoppelt von der inhaltlichen Klärung dann viel leichter finden. Das Visualisieren wird noch bei der Verarbeitung des Materials für die verschiedenen Präsentationsformen eine besondere Rolle spielen. Doch es kann nicht verlangt werden, daß da plötzlich eine Sensibilität für die Anwesenheit auch des Körpers besteht, wenn diese nicht hier schon vorbereitet worden wäre.

Die Aufbereitung des Materials. Aus der Organisation des Materials ist schließlich eine Gliederung hervorgegangen – eine von vielen möglichen Gliederungen. Doch bevor diese nun Punkt für Punkt ausgearbeitet wird, ist nochmals das Arbeitsziel ins Bewußtsein zu rücken. Worin besteht die Aufgabe, die Sie sich gestellt haben: Wollen Sie eine schriftliche Arbeit verfassen oder einen mündlichen Vortrag halten? Und – angenommen, beides wäre zu tun und wäre in gleich ausführlicher Weise zu leisten – welche der beiden Aufgaben wollen oder müssen Sie zuerst angehen?

Im Studium ist oft erst ein mündliches Referat zu halten und später eine schriftliche Hausarbeit abzugeben. Das führt dazu, daß meistens aus dem mündlich Präsentierten nach einiger Vertiefung und Verlängerung dann das Schriftliche hervorgeht. Da aber dabei die Hausarbeit als das letzte und eigentliche Ziel der Aufgabe angesehen wird, ist gewöhnlich das Referat lediglich eine Vorform des später schriftlich Abgegebenen. Das bedeutet, daß die beiden Arbeitsziele nicht als wirklich zwei verschiedene von den Lehrenden vorgestellt und von den Studierenden verstanden werden. Gute Anleitungen behandeln die schriftliche Arbeit für sich allein [SCHMALE], während man sich für den mündlichen

Auftritt wieder besser bei anderen Wissenschaften umsieht [Rösner, 84-86; Preisser, 133-136]. Wenn Sie nun Ihre Gliederung bereits auf eine schriftliche Arbeit hin angelegt haben, vorher aber einen Vortrag halten wollen, dann gilt es auszuwählen oder umzustellen. So können Sie sehr wohl Ihr Gliederungsvorhaben vorstellen, wählen dann aber für die Konkretisierung nur einen Aspekt aus, den Sie auf diese Weise Ihrem Publikum sowohl einzuordnen als auch zu erfassen erlauben. Dieses Vorgehen legt es besonders nahe, die angesprochenen Punkte etwa per Folie zu visualisieren. Oder Sie stellen Ihr Material unter dem Gesichtspunkt um, welche Fragen Sie zu Beginn der Bearbeitung geleitet haben, ob und wie die Fragen sich während des Arbeitsprozesses verändert haben und welche Aspekte letztlich zur Beantwortung anstehen. Die Mühe der Umstellung freilich läßt sich sparen, wenn Sie die Organisation des Materials lediglich mit der Formierung von Bausteinen und nicht bereits mit der Anlage einer Gliederung abgeschlossen haben. Wenn Sie gleichsam im Modulsystem arbeiten, werden Sie mit einem hohen Maß an Flexibilität auf die verschiedensten Anforderungen reagieren können.

Neben der mündlichen und der schriftlichen Arbeit als den bekanntesten Darstellungsformen gibt es andere, in der Geschichtswissenschaft weniger vertraute. Eine immer wieder auf naturwissenschaftlichen Tagungen und Kongressen anzutreffende Präsentationsform ist die des Posters. So werden zwischen den Vortragsreihen sog. „poster sessions" veranstaltet, für die alle Beteiligten ihre neuesten Forschungsergebnisse auf Plakaten zusammengestellt haben. Sie bleiben während der Präsentation in der Nähe ihrer Stellwände und können so von den spezieller interessierten Kolleginnen und Kollegen sofort angesprochen werden. Dieses System bietet zwei Vorzüge: Zum einen kann die Fülle neuer Resultate unter Verzicht auf Einzelreferate in einer gemeinsamen Aktion vorgestellt werden; so wird allen dazu Geladenen ein selektiver Umgang mit dem umfangreichen Angebot ermöglicht und insgesamt ein höheres Maß an Information vermittelt. Zum anderen gründet die Idee des Posters auf der Annahme, daß der größere Teil der Menschen visuell angelegt ist; so kann auch im Bereich jedes einzelnen Themas auf die sprachlichen Schnörkel des mündlichen Vortrags verzichtet und mehr Information geboten werden [Höge, 101-103; Völker-Rasor]. Leider wird solch eine Präsentationsform im Bereich der Geisteswissenschaften üblicherweise nicht trainiert. Sollten Sie sich aber der eigenen Übung halber etwa in einer freien Arbeitsgruppe einmal an dieser Form versuchen, dann werden Sie feststellen, wie Ihre Souveränität im Umgang mit dem Material schon alleine dadurch wächst, daß Sie zur Reduktion auf das wirklich Wichtige gezwungen sind.

Eine wieder ganz andere Form der Präsentation erproben derzeit mehr und mehr Studierende, die an dem Aufbau lehrstuhleigener „Homepages" beteiligt sind. Hier freilich gibt es ein weites Spektrum der Formen, mit denen man sich und seine Projekte oder Ergebnisse darstellen kann. Zur Zeit dominieren noch sehr stark die Texte, die sich in keinem Merkmal von ihren papierenen Geschwistern unterscheiden. Einen Schritt weiter entwickelt sind sie dann, wenn sie mit sog. „Links", d.h. Verknüpfungsstellen, zu sachlich benachbarten Zusammenhängen ausgestattet sind. Projekte dagegen, denen heute noch Pioniercharakter zuzuschreiben ist, werden in wenigen Jahren bestimmt zur üblichen Praxis von Historikerinnen und Historikern gehören. Die fort-

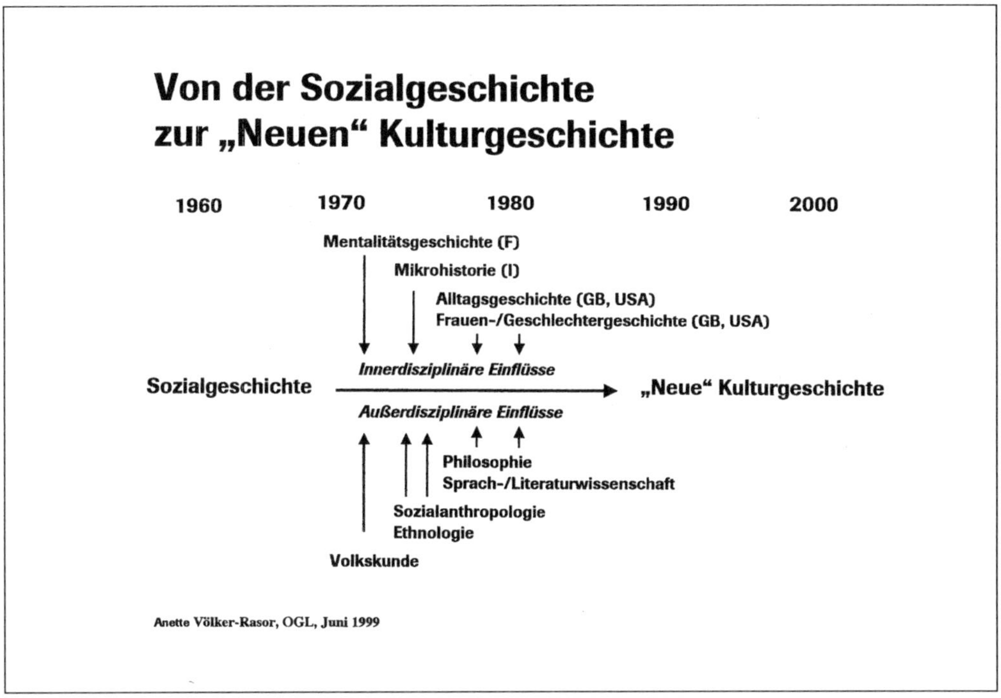

Ein Hilfsmittel für die mündliche Präsentation bietet die sog. **„Folie“**. Sie wird per Overheadprojektor, der heute in fast allen Seminarräumen installiert ist, begleitend zum Vortrag auf eine freie Wand projiziert.

Das jedoch, was Sie an Texten oder Schaubildern Ihrem Publikum zeigen, ist keineswegs zu verwechseln mit dem, was Sie schriftlich – etwa als Vortragstext – oder schematisch – z.B. als tabellarische Aufstellung – für sich selbst niedergelegt haben: Folien dienen lediglich der Unterstützung des Gesagten, sie sollten nur das Nötigste enthalten. Dieses Minimalprinzip gilt für die Anzahl der Folien insgesamt genauso wie für die Gestaltung der Folien im einzelnen. Sehen Sie pro Minute Redezeit nicht mehr als eine Folie vor, und überladen Sie das einzelne Exemplar nicht mit Text – schon gar nicht mit zu ausführlich formuliertem Text.

Das Beispiel, welches hier für die Einleitung in den zweiten Teil des vorliegenden Buches entworfen wurde, zeigt Ihnen, aus welchen Elementen das Hilfsmittel „Folie“ besteht: Immer in gleicher Weise sollten Titel/Untertitel, Hauptblock und Fußzeile mit Name, Datum und Seitenzahl angeordnet sein. Im Hauptblock haben Sie hier eine schematische Darstellung vor Augen, die für den fünften Absatz des genannten Einleitungstextes alle wesentlichen Begriffe in ihrer Beziehung zueinander enthält. Die Folie ist an der Grenze dessen, was das Auge neben dem Hören noch erfassen kann.

Die Arbeit der graphischen Gestaltung läßt sich auf ein Mindestmaß reduzieren, wenn Sie die Möglichkeit haben, ein eigens für diesen Zweck entwickeltes Computerprogramm wie etwa „Powerpoint“ zu benutzen.

schrittlichste Richtung hat hier in den letzten Jahren der Demographiehistoriker Arthur E. Imhof eingeschlagen. An seinem Lehrstuhl an der Freien Universität Berlin wird schon lange nicht mehr auf Papier publiziert und ohne den Computer nicht mehr gelehrt. Die Studierenden nehmen an „Virtual Colleges", virtuellen Seminaren, teil, in denen sie ihre Lerninhalte von „Educational Modules", Lehr-Bausteinen, beziehen. Dabei stehen sie mit den Lehrenden durch Seminarsitzungen und e-mail-Austausch in Kontakt, und sie erbringen ihre Leistungen schließlich als Webseiten oder gemeinschaftliche CD-ROM-Produktionen. Hierfür freilich muß man nicht nur Zugang zur erforderlichen Hard- und Software haben, sondern auch über Kenntnisse in Online-Arbeit und Webseiten-Gestaltung verfügen. Da hierbei in die Gestaltung der Arbeitsergebnisse neben dem üblichen Text auch Bild, Ton, Raum und Bewegung eingehen, wird das multimediale Denken gefördert.

Gerade für die Geschichte der Frühen Neuzeit bietet Ihnen die Berliner Adresse (http://www.fu-berlin.de/aeimhof/welcome.html) eine hervorragende Möglichkeit, sich selbst ein Bild von den digitalen Präsentationsformen zu machen. In zwei Projekten, die mit zwei verschiedenen Museen erarbeitet wurden, konnten nicht nur räumliche Entfernungen überwunden, sondern auch disziplinäre Schranken aufgehoben werden. So wird Ihnen ein Besuch im „Herzog Anton Ulrich-Museum Braunschweig" angeboten, wo Sie „Die vier Jahreszeiten. Eine Bilderfolge von Joos de Momper (1564-1635)" ansehen können und eine kunst- und kulturgeschichtliche Interpretation erhalten. Für das 17. bis 20. Jahrhundert finden Sie „Votivtafeln aus Bayern und Österreich im Museum für Volkskunde Berlin", zu denen außer der historisch-volkskundlichen Interpretation bei Hinzuziehung einer CD-ROM auch ein umfangreicher Quellenbestand geboten wird. Einzuordnen sind die so dargestellten Untersuchungen in den größeren Zusammenhang der Forschungen Imhofs zur Demographiegeschichte, die für die Frühe Neuzeit ein durchschnittliches Lebensalter von 30 bis 40 Jahren erbracht haben. Die aus der Volksfrömmigkeit überlieferten Votivtafeln etwa, mit denen in Wallfahrtskirchen um göttliche Hilfe gebeten oder für sie gedankt wurde, dokumentieren die Vielzahl der Gründe für die verglichen mit heute niedrige Lebenserwartung.

▷ S. 150
Wirtschafts
Sozialgesch
Alte Theme
Neue Akze

Wofür uns die beiden hier vorgestellten alternativen Präsentationsformen sensibel machen: daß ein Inhalt nie ohne eine Form daherkommt – wie auch ein Geist ohne den Körper nicht auskommen kann. Vielleicht ist es gar nicht so eigenartig, daß ein Bewußtsein für diesen engen Zusammenhang mehr bei solchen Wissenschaften – Natur- wie Wirtschaftswissenschaften – besteht, bei denen die in Inhalt und Form erbrachte Leistung nicht allein gesellschaftlich anerkannt, sondern auch materiell belohnt wird. Wo eine Kunst brotlos bleibt, da mag das auch an der mangelhaften Präsentation und Vermarktung ihrer doch wichtigen Inhalte liegen.

Die Sprache der Präsentation. So wie jede Präsentation auf eine Darlegung der Ergebnisse zurückgeht, die als Materialsammlung größtenteils sprachlich niedergelegt ist, so kommt auch am Ende jeder Präsentation der Sprache das größte Gewicht zu. Meistens freilich wird das Thema „Sprache" als Problem von Diktion und Stil behandelt oder mit dem Hinweis auf anzustrebende Verständlichkeit abgetan. Die Einsicht aber verbreitet sich, daß Sprache nicht erst bei der Darstellung von In-

Vorwiegend sind es die mündliche und die schriftliche Arbeit, auf die als **Präsentationsformen** die speziellen Technikratgeber wie auch die allgemeinen Einführungen fixiert sind. Und alles, was Sie hier über die Anfertigung von Arbeits- und Thesenpapieren zur Vorbereitung des Mündlichen sowie über die Inhalte von Einleitung, Hauptteil und Schluß zur Abfassung des Schriftlichen lernen, ist tatsächlich auch sehr wichtig.

Und doch bleibt allein zu diesen beiden Formen nach wie vor vieles ungelehrt und ungelernt. Ist die schriftliche Vermittlung noch am wenigsten problematisch, so gilt etwa das langweilige Vortragen nach wie vor als eine Art Kavaliersdelikt – aber ein Delikt bleibt es dabei eben doch und ist insofern zu bekämpfen. Wenn Sie andere in ihrer Vortragsform beobachten, werden Sie anhand gelungener Beispiele bemerken, eine wie starke Einheit inhaltliche Sicherheit und körperliches Auftreten bilden. Wenn dagegen jemand trotz brillanter Gedanken ständig mit der eigenen aufgeregten Kurzatmigkeit kämpft oder statt des Publikums nur das eigene Vortragsmanuskript ins Auge faßt, werden Sie unruhig. Richtiges Atmen und allgemeine Achtsamkeit aber lassen sich besser als in teuren Rhetorikkursen schon allein durch einfache Yoga-Übungen erlernen; innere Einstellung und äußere Ausstrahlung lassen sich trainieren.

Gerade was die Vermittlung – besonders die mündliche – anbelangt, kann aus der Geschichte der Frühen Neuzeit einiges gelernt werden. So gilt das 18. Jahrhundert nicht nur als das philosophische, sondern auch als das pädagogische Jahrhundert. Besonders in seinem letzten Drittel gelangten Aufklärung und Bildungsbemühungen zur Hochform. Oben sehen Sie einen großen Schulreformer der Zeit, Johann Ignaz von Felbiger (1724-1788), der 1767 die erste deutschsprachige Schulbibel herausgab. Dabei lag die aufklärerische Absicht in der Reform des Theologieunterrichts; die didaktische Absicht richtete sich auf die Methode des Lehrens. Daß Felbiger selbst im Unterricht saß und, wie hier zu sehen, den Vermittlungsstil korrigierte – diese Form didaktischer Fortbildung wäre heutigen Schulen und Universitäten nur zu sehr zu wünschen.

Bild: Illustration zum Buch von Johann von Ignaz Felbiger, Vorlesung von der Schuldigkeit der Geistlichen in der Absicht auf die Pfarrschulen, Wien 1782.

Literatur: H. Möller, Fürstenstaat oder Bürgernation. Deutschland 1763-1815, Berlin 1989, S. 331.

halten, sondern bereits bei der Erfassung von Wirklichkeit eine Rolle spielt.

Was Diktion und Stil anbelangt, so finden Sie eine höchst hilfreiche Leseübung in der Einführung von Volker Sellin [SELLIN, 125ff.]. Hier werden drei verschiedene Versionen eines Textes angeboten, die dann auf den jeweiligen theoretischen Hintergrund der einzelnen Fassung hin beleuchtet werden. Deutlich wird so, daß mit zu großer Detailgerechtigkeit noch keine historische Einsicht gewonnen ist, daß eine Einbettung des Konkreten in das Abstrakte vonnöten ist, daß aber auch eine um des Begreifens willen zu moderne Begrifflichkeit der Vergangenheit wieder Unrecht tun kann. – Was die Verständlichkeit anbelangt, so stellt sie noch keine hinreichende Bedingung für einen guten Text dar. Auf begriffliche Genauigkeit kommt es an, und oft schon kann hier die bewußte Klärung ihrerseits die historische Einsicht fördern. Wenn Sie z.B. über Maria Theresia etwas sagen wollen, können Sie von ihr mal als Herrscherin, mal als Monarchin, mal als Kaiserin und mal als Fürstin sprechen. Während Herrscher ganz allgemein diejenigen sind, die regieren, sind Monarchen speziell solche Herrscher, die alleine regieren. „König/in" oder „Kaiser/in" sind die Titel für diese monarchisch regierenden Herrscher, wobei mit letzterem die höchste Würde und Hoheit verbunden ist. Wenn schließlich von dem Fürsten die Rede ist, geht es um die Herrschaft des – monarchisch regierenden – Ersten in einem Herrschaftsverband; wenn dagegen von „den Fürsten" die Rede ist, rückt der Aspekt ihrer Machtteilhabe an einem größeren Zusammenhang von Herrschaftsverbänden in den Vordergrund, wobei sie selber als Landesfürsten lediglich regionale Herrschaft ausüben.

▷ S. 47 Nach 1648: Verdichtung von Herrschaft

Daß die Sprache nicht allein dem Austausch von Information dient, zeigt Howard Becker mit Hilfe zweier Kolleginnen auf eindrucksvolle Weise [BECKER, 46ff. und 144ff.]. Unser Selbstvertrauen steht in Frage, wenn unsere Sprache nicht uns selbst, sondern unsere Wunsch- oder Vorbilder zum Ausdruck bringt. Eine Zeitlang kann es vorteilhaft und sogar sinnvoll sein, wenn Sie Ihre akademischen Lehrerinnen und Lehrer nachahmen. Irgendwann aber sind es Kritikfähigkeit und Selbstentfaltung, die zu Reife und Unverwechselbarkeit führen. Unser Fremdvertrauen dagegen steht in Frage, wenn wir mit dem sprachlich von uns in die Welt Gesetzten die Kommunikation nicht suchen, sondern scheuen. Wenn Sie einen Blick in die Vorworte amerikanischer Monographien werfen, werden Sie feststellen, daß dort gewöhnlich viel mehr Freunden und Kollegen gedankt wird als hierzulande. Das liest sich einerseits als Zeichen großen Vertrauens zu vielen Menschen, denen man ein rohes Manuskript in die Hände zu geben wagt; es liest sich andererseits aber auch als Zeichen großer Absicherungsnotwendigkeit in einer stark von Konkurrenz geprägten akademischen Welt. Den Problemen mit Selbst- und Fremdvertrauen werden Sie nicht aus dem Wege gehen können. Wohl aber können Sie für beide das rechte Maß finden, indem Sie trainieren: Eine gute Übung besteht darin, ein Thema für verschiedene Anlässe oder verschiedene Arten von Publikum aufzubereiten; so üben Sie sich in Variation und Leser-/Hörerorientierung. Eine andere gute Übung besteht darin, in Arbeitsgruppen periodisch Papiere zu verfassen und diese gegenseitig auszutauschen; so üben Sie sich in Dialogbereitschaft und Offenheit.

Oft ist es erst die Präsentation, die Sie auf Probleme zurückwirft, die theoretischer Natur sind und damit vorheriger Überlegung bedürften. So macht gerade das gewachsene Bewußtsein für die Rolle der Sprache bei der Darstellung auch darauf aufmerksam, daß sie bereits unsere Aufnahme der Dinge strukturiert. Auf sehr anschauliche Weise zeigt dies Hans-Jürgen Goertz etwa für die Verwendung von Bildern und Metaphern [GOERTZ 147 ff.]. In beiden Fällen handelt es sich um sprachliche Formen der Welterfassung, wobei die Bilder bereits von der Geschichte mit sich gebracht werden, während man mit Metaphern Bildvorstellungen auf Nichtbildliches überträgt. Das bildliche Denken sollte, weil es uns eigen ist, unbedingt genutzt werden; doch auch seine Grenzen müssen erkannt werden.

Freilich werden Sie auf solche und andere theoretische Fragen auch schon früh in anspruchsvollen allgemeinen Einführungen hingewiesen [SCHULZE, 216ff.] Diese können Sie zurückleiten bis etwa zu dem Problem, was Geschichte denn eigentlich sei. Doch letztlich sind das die Fragen, die aus jeder abgeschlossenen Arbeit als neue hervorgehen und das Rad der Forschung in Schwung halten. Wenn Sie von vornherein darauf eingestellt sind, daß Ihre Präsentation ebensosehr einen Abschluß wie einen Neubeginn darstellt, wenn Sie also deren Vorläufigkeit anerkennen, dann ist Ihnen vielleicht auch ein unbeschwerteres Anfangen möglich. Das Buch der Bücher nämlich schreibt keiner allein. Wir alle zusammen arbeiten daran.

Anette Völker-Rasor

Literatur

A. BÄNSCH, Wissenschaftliches Arbeiten. Seminar- und Diplomarbeiten, München/Wien, 6. Aufl. 1998.

G. BANGEN, Die schriftliche Form germanistischer Arbeiten. Empfehlungen für die Anlage und die äußere Gestaltung wissenschaftlicher Manuskripte unter besonderer Berücksichtigung der Titelangaben von Schrifttum (Sammlung Metzler 13), Stuttgart, 9. Aufl. 1990.

H. S. BECKER, Die Kunst des professionellen Schreibens. Ein Leitfaden für die Geistes- und Sozialwissenschaften (Reihe Campus Studium 1085), Frankfurt/M./New York 1994.

P. BOROWSKY/B. VOGEL/H. WUNDER, Einführung in die Geschichtswissenschaft, 2 Bde. (Studienbücher Moderne Geschichte 1,2), Opladen, 5. Aufl. 1989.

P. BURSCHEL/H. SCHWENDEMANN/K. STEINER/E. WIRBELAUER, Geschichte. Ein Tutorium (Rombach Wissenschaft, Reihe Grundkurs 2), Freiburg 1997.

M. DE CERTEAU, Das Schreiben der Geschichte (Historische Studien 4), Frankfurt/M./New York 1991.

U. ECO, Wie man eine wissenschaftliche Abschlußarbeit schreibt. Doktor-, Diplom- und Magisterarbeiten in den Geistes- und Sozialwissenschaften (Uni-Taschenbücher 1512), Heidelberg, 6. Aufl. 1993.

R. J. EVANS, Fakten und Fiktionen. Über die Grundlagen historischer Erkenntnis, Frankfurt/M./New York 1998.

E. FABER/I. GEISS, Arbeitsbuch zum Geschichtsstudium. Einführung in die Praxis wissenschaftlicher Arbeiten (Uni-Taschenbücher 1170), Heidelberg 1983.

M. FOUCAULT, Überwachen und Strafen. Die Geburt des Gefängnisses (suhrkamp taschenbuch wissenschaft 184), Frankfurt/M. 1977.

J.-P. FRAGNIÈRE, Wie schreibt man eine Diplomarbeit? Planung, Niederschrift, Präsentation von Abschluß-, Diplom- und Doktorarbeiten, von Berichten und Vorträgen (Soziale Arbeit 6), Bern/Stuttgart 1988.

H.-J. GOERTZ, Umgang mit Geschichte. Eine Einführung in die Geschichtstheorie (rowohlts enzyklopädie 555), Reinbek bei Hamburg 1995.
A. GRAFTON, Die tragischen Ursprünge der deutschen Fußnote, Berlin 1995.
W. HARDTWIG, Formen der Geschichtsschreibung: Varianten des historischen Erzählens, in: H.-J. GOERTZ (Hrsg.), Geschichte. Ein Grundkurs (rowohlts enzyklopädie 55576), Reinbek bei Hamburg 1998, 169-188.
H. HÖGE, Schriftliche Arbeiten im Studium. Ein Leitfaden zur Abfassung wissenschaftlicher Texte für Psychologen und Sozialwissenschaftler, Stuttgart 1994.
H. v. KLEIST, Über die allmähliche Verfertigung der Gedanken beim Reden, in: DERS., Das Erdbeben in Chili... und andere Prosastücke, Stuttgart 1967, 48-55.
W. LÜCK, Technik des wissenschaftlichen Arbeitens. Seminararbeit, Diplomarbeit, Dissertation, München/Wien, 6. Aufl. 1998.
B. MINTO, The Pyramid Principle, London 1991.
U. MUHLACK, Verstehen, in: H.-J. GOERTZ (Hrsg.), Geschichte. Ein Grundkurs, Reinbek bei Hamburg 1998, 99-131.
W. H. PETERSSEN, Wissenschaftliche(s) Arbeiten. Eine Einführung für Schüler und Studenten, München, 5. Aufl. 1996.
K. POENICKE, Wie verfaßt man wissenschaftliche Arbeiten? Ein Leitfaden vom ersten Studiensemester bis zur Promotion (Duden-Taschenbücher 21), Mannheim, 2. Aufl. 1988.
K.-H. PREISSER, Praxis des wissenschaftlichen Arbeitens (Reihe Wirtschafts- und Sozialwissenschaften 3), Weiden/Regensburg 1993.
H.-J. RÖSNER, Die Seminar- und Diplomarbeit. Eine Arbeitsanleitung (Fachbuchreihe für Studium, Fortbildung, Praxis 43), München, 6. Aufl. 1991.
G. RÜCKRIEM/J. STARY/N. FRANCK, Die Technik des wissenschaftlichen Arbeitens. Eine praktische Anleitung (Uni-Taschenbücher 724), Paderborn/München, 10. Aufl. 1997.
W. SCHMALE (Hrsg.), Schreib-Guide Geschichte. Schritt für Schritt wissenschaftliches Schreiben lernen, Wien/Köln/Weimar 1999.
W. SCHULZE, Einführung in die Neuere Geschichte (Uni-Taschenbücher 1422), Stuttgart, 3. Aufl. 1996.
V. SELLIN, Einführung in die Geschichtswissenschaft (Sammlung Vandenhoeck), Göttingen 1995.
W. SESINK, Einführung in das wissenschaftliche Arbeiten ohne und mit PC, München/Wien, 4. Aufl. 1999.
E. STANDOP, Die Form der wissenschaftlichen Arbeit (Uni-Taschenbücher 272), Heidelberg/Wiesbaden, 15. Aufl. 1998.
J. STARY/H. KRETSCHMER, Umgang mit wissenschaftlicher Literatur. Eine Arbeitshilfe für das sozial- und geisteswissenschaftliche Studium, Frankfurt/M. 1994.
M. R. THEISEN, Wissenschaftliches Arbeiten. Technik – Methodik – Form (WiSt-Taschenbücher), München, 9. Aufl. 1998.
A. VÖLKER-RASOR, Die Dienstbotin an der Pappwand. Ausstellung als Mittel universitärer Lehre, in: Geschichtswerkstatt 27, 1993, 82-87.
TH. WELSKOPP, Erklären, in: H.-J. GOERTZ (Hrsg.), Geschichte. Ein Grundkurs, Reinbek bei Hamburg 1998, 132-168.
H. WHITE, Metahistory. Die historische Einbildungskraft im 19. Jahrhundert in Europa, Frankfurt/M. 1991.
Ders., Auch Klio dichtet oder Die Fiktion des Faktischen. Studien zur Tropologie des historischen Diskurses (Sprache und Geschichte 10), Stuttgart 1986.

Einrichtungen der Forschung

Einführung. Der letzte der vier Blöcke dieses Buches gilt den „Einrichtungen der Forschung" - auch wenn die darunter zählenden Kapitel zunächst eine universalgeschichtliche Ausweitung der bisher behandelten Inhalte zu versprechen scheinen. Nein, es geht hier nicht darum, in einem Kurzdurchgang die Zeit zwischen 1500 und 1800 auch für „den Rest der Welt" zu behandeln; vielmehr wird ausgehend von einer Übersicht über die Institutionalisierung der Frühneuzeit-Forschung in Deutschland der Blick geweitet und auf die Lage des Forschungsgebietes in anderen europäischen Ländern und auch in den anderen Erdteilen gelenkt. Damit folgt dem ganz genauen Hinsehen als Leitgedanken des vorangegangenen Blocks hier das völlige Gegenteil: die Öffnung des Horizonts. Und die tut durchaus not.

Schon während des Studiums nämlich, spätestens aber nach dessen Abschluß im Beruf wird jede und jeder mit den Herausforderungen der Gegenwart konfrontiert. Vor allem zwei solche haben sich am Ende des 20. Jahrhunderts herausgebildet, die unter den Schlagworten „Europäisierung" und „Globalisierung" in aller Munde sind. Was das erste anbelangt, so ist zwar ein europäischer Markt geöffnet und sogar eine gemeinsame Währung eingeführt. Doch im täglichen Leben mit den ausländischen Mitmenschen erweist sich hierzulande das interkulturelle Verständnis als noch wenig entwickelt. Das Miteinander sich fremder Kulturen verlangt das Erlernen von Sprache ebenso wie die Bildung in Religion und Geschichte. – Was die Globalisierung anbelangt, so ist die Welt durch den flächendeckenden Austausch von Waren und Informationen tatsächlich kleiner und überschaubarer geworden. Das Neue gegenüber der Weltwirtschaft, wie sie in dem hier behandelten Zeitraum entstanden ist, besteht jedoch in einem über die nationalstaatlichen Grenzen hinweggreifenden Handeln. Wirtschaftliche Unternehmen schließen sich auf gleiche Weise in neuen überstaatlichen Institutionen zusammen, wie im Internet im Interesse von Umwelt oder Menschenrechten neue staatsunabhängige Gemeinschaften entstehen. Doch auch in diesem Maßstab wird deshalb die Kommunikation nicht leichter, werden die kulturellen Differenzen nicht geringer.

Auf die Herausforderungen, die sich mit Europäisierung und Globalisierung stellen, wird man an deutschen Universitäten leider nur wenig vorbereitet. Erstens gibt es kaum ausländische Kommilitoninnen und Kommilitonen, mit denen man gleichsam im Tandem-Verfahren zusammen voneinander lernen könnte; das liegt an einem engen Ausländerrecht für Gaststudenten wie auch an der geringen Akzeptanz fremder akademischer Abschlüsse. Speziell für den Bereich der Geschichte kommt zweitens hinzu, daß es nur wenige Außereuropa-Lehrstühle gibt, an denen man sich historisch auf Fragen der Interkulturalität würde vorbereiten können. Das stellt besonders dann, wenn die Globalisierung mit ihren Folgen für die Zukunft eher skeptisch als euphorisch beurteilt wird und daher von der Politik in besonderem Maße Aufmerksamkeit und Weitsicht gefordert werden [Beck], einen beunruhigenden Mißstand dar.

Immerhin: Auf das Phänomen der Europäisierung antwortete mancherorts die Geschichtswissenschaft recht bald. Dabei ging die bemerkenswerteste Initiative ausgerechnet von einem Mann der Wirtschaft aus, von dem Franzosen Frédéric Delouche, der pünktlich zur Öffnung des europäischen Marktes 1992 in sieben europäischen Ländern ein Schulbuch herausbrachte, zu dem Historiker aus zwölf europäischen Ländern beigetragen haben

[DELOUCHE]. So beeindruckend allein die Tatsache der Gemeinschaftsleistung war, so sehr offenbarte sie auch die Probleme einer gemeinsamen europäischen Geschichtsdarstellung. Zum einen wurde mit der Entscheidung für einen chronologischen Zugang statt eines systematischen keine europäische Idee ins Zentrum geführt; zum anderen ließ die Wahl einer additiven Methode die einzelnen Kapitel in einzelstaatlicher Perspektive befangen bleiben. – Ein Vergleich mit der 1996 erschienenen Darstellung von Jacques Le Goff bietet sich an, da er sich ebenfalls ausdrücklich an ein junges Publikum wendet [LE GOFF]. Hier handelt es sich um eine Europäische Geschichte aus einer Hand, die nicht von der Hoffnung auf eine wirtschaftliche Einheit, sondern vom Glauben an eine zivilisatorische und kulturelle Einheit beseelt ist. Doch im umgekehrten Überschwange werden hier Nationalangehörige vereinheitlichend als Europäer bezeichnet; und auch die Beschreibung gemeinsamer europäischer Phänomene muß sich die Frage gefallen lassen, ob sie auch von den Zeitgenossen als gemeinsam empfunden wurden.

In den letzten Jahren sind ganze Buchreihen entstanden, in denen an der Aufgabe einer europäischen Geschichte weitergearbeitet wird. Zum Phänomen der Globalisierung dagegen, so könnte man meinen, gibt es schon seit einigen Jahrzehnten die Universalgeschichte. Doch es ist nicht ausgemacht, ob sie einen bereits mit dem historisch fundierten Verständnis zu rüsten vermag, welches für ein globales Agieren nötig ist. So sei eine Anregung aus der Wirtschaft aufgegriffen und ein Handbuch für Geschäftsverhandlungen im Welthandel herangezogen [GESTELAND]. Hier werden kulturelle Differenzen im Geschäftsgebaren verschiedener Nationen aufgezeigt und in ein einfaches Schema eingeordnet. Demnach ist zu unterscheiden zwischen abschluß- und beziehungsorientierten Kulturen, zwischen formellen und informellen Kulturen, zwischen zeitfixierten und zeitoffenen Kulturen und zwischen reservierten und expressiven Kulturen. Diesem System nach steht im ersten Fall Nordeuropa zusammen mit Nordamerika als abschlußorientiert Asien und Lateinamerika als beziehungsorientiert gegenüber; im zweiten Fall dagegen wird Nordeuropa mit Asien und Lateinamerika zusammen als formell bezeichnet, im Gegensatz zu Nordamerika als informeller Kultur. Angeregt von solchen Beobachtungen ließen sich systematische Fragestellungen entwickeln, deren historisch vergleichende Behandlung dabei helfen würde, eine interkulturelle Kompetenz auszubilden.

Wenn es mit dem letzten Block des Buches darum geht, den Horizont zu öffnen und sich auf die Herausforderungen unserer Zeit einzustellen, dann ist damit die Ermutigung verbunden, sich geistig und vielleicht auch physisch auf das Fremde zuzubewegen. Die folgenden Beiträge, die vom jeweiligen Großraum aus für die Jahrhunderte der Frühen Neuzeit Fragerichtungen bezeichnen und Orte des Kundigwerdens angeben, sind mithin in gleicher Weise Wegweiser in die Vergangenheit wie Wegweiser in die Zukunft.

Literatur

U. BECK, Was ist Globalisierung? Irrtümer des Globalismus - Antworten auf Globalisierung, Frankfurt/M. 1998.

F. DELOUCHE (Hrsg.), Europäisches Geschichtsbuch, Stuttgart 1992.

R. GESTELAND (Hrsg.), Global Business Behaviour. Erfolgreiches Verhalten und Verhandeln im internationalen Geschäft, Zürich 1999.

J. LE GOFF, Die Geschichte Europas, Frankfurt/M./New York 1997.

Deutschland: Prozeß der Institutionalisierung

Institutionalisierung im wissenschaftlichen Kontext. In Gemeinschaften von Wissenschaftlern werden Informationen produziert, übermittelt und bewertet. Dabei findet mündliche und schriftliche Kommunikation statt: z.B. zwischen Forschern, zwischen Lehrenden und Studierenden oder zwischen akademischen Experten und einem interessierten Laienpublikum. Die Formen dieser Kommunikation sind vielfältig: Sie reichen von Gespräch und Tagung hin zu Brief und Zeitschrift, von der Lehrer-Schüler-Beziehung hin zum Lehr- und Handbuch. Um eine bestimmte Intensität und Effektivität des Informationsaustauschs zu gewährleisten, sind Institutionen – Einrichtungen – nötig, die die Kommunikation organisieren: Hochschulen, Forschungsinstitute, Gesellschaften, Kongresse, Zeitschriften, Bibliotheken und Archive. Man kann also Institutionalisierung von Wissenschaft ganz allgemein als die Verdichtung von Kommunikation durch die Schaffung bestimmter Rahmenbedingungen, Instrumente und Regeln beschreiben. Dabei stellt die Institutionalisierung selbst einen organischen Prozeß dar, der einem steten Wandel unterworfen ist. Neue Institutionen werden aufgrund neuer Erfordernisse oder Bedürfnisse gegründet, entfalten sich, verlieren aber ihre Funktion irgendwann auch wieder, wenn ihre Forschungsaufgaben an gesellschaftlicher Bedeutung eingebüßt haben [Simon; Diesener/Middell].

Eine Voraussetzung für die Institutionalisierung einer bestimmten Forschungsrichtung ist ihre Abgrenzung gegenüber anderen Bereichen. Wenn wir heute den Begriff „Frühe Neuzeit" als übergreifende Epochenbezeichnung verwenden, müssen wir uns bewußt sein, daß sich Begriff und historischer Forschungszweig in Deutschland erst nach dem Zweiten Weltkrieg herausgebildet haben. Am Ende des 19. und zu Beginn des 20. Jahrhunderts maßen die meisten deutschen Historiker der Reformation Martin Luthers noch eine solch wichtige Bedeutung für die neueste deutsche Geschichte zu, daß sie eine gerade Verbindungslinie von dort zum Kaiserreich von 1871 ziehen konnten. Für sie gehörte die Frühe Neuzeit unmittelbar zur großen Epoche der Neuzeit. Nach dem Zweiten Weltkrieg war eine direkte Verbindung dieser Art problematisch geworden. „Die große Katastrophe", so beurteilte es z. B. der Historiker Gerhard Ritter, zwinge die Deutschen, „unsere nationale Vergangenheit nach allen Seiten hin neu zu durchdenken" und „nüchtern und rücksichtslos den ganzen Bestand unserer nationalen Traditionen zu überprüfen" [zitiert nach Schulze 1993, 4]. Zwar folgte aus dieser Forderung kein unmittelbarer Traditionsbruch. Aber die deutsche Geschichtswissenschaft begann, über die Kritik an ihren theoretischen und methodischen Grundlagen nachzudenken. Im Zuge dieser und anderer Überlegungen erhielt die Frühe Neuzeit stärkeren Eigencharakter. Sie wurde nicht mehr selbstverständlich in die neuere und neueste Geschichte eingerechnet, sondern zunehmend als eine „zentrale Umschaltphase" begriffen. Von großem Einfluß waren dabei auch die methodischen und inhaltlichen Entwicklungen im französischen sowie im angelsächsischen und anglo-amerikanischen Raum.

Mit der veränderten Periodisierung entstand ein neues Teilgebiet der Geschichtswissenschaft, welches sich schrittweise zu institutionalisieren begann. Man stützte sich dabei zum einen auf die in der Geschichtswissenschaft bereits bewährten Formen und Funktionsweisen, wie sie im Gefolge der Verwissenschaftlichung der deutschen Historiographie im 19. Jahrhundert an den Universitäten entstanden waren [Hardtwig]. Um die Wende zum 20. Jahrhundert hatte es schließlich einen regelrechten Institutionalisierungsschub gegeben [Vom Brocke]. Zum anderen bilden aber neue Forschungsrichtungen meist auch neue, modernere Arbeitsformen heraus, wie sie in außeruniversitären und interdisziplinär angelegten Einrichtungen sichtbar werden.

Da die Forschungsrichtung „Frühe Neuzeit" erst nach dem Ende des Zweiten Weltkrieges entstand, ist zugleich zu berücksichtigen, daß man es nach der deutschen Teilung mit zwei Strängen historischer Wissenschaft zu tun hat. Aus unterschiedlichen gesellschaftlichen Zusammenhängen ergaben sich unterschiedliche Forschungsvorhaben. Diese ähnelten sich zwar häufig im historischen Gegenstand, konnten sich aber sowohl in den Fragestellungen als auch in ihrer Institutionalisierung stark voneinander abheben. Während sich die Forschungsrichtung „Frühe Neuzeit" in der Bundesrepublik schon seit den fünfziger Jahren zu etablieren begann, verwendete die Geschichtswissenschaft der DDR den Begriff „Frühe Neuzeit" bis in die späten achtziger Jahre nicht – obwohl der Zeitraum in der Forschung wie in der Lehre durchaus eine wichtige Rolle spielte. Somit kann die Institutionalisierung der Geschichte der Frühen Neuzeit im engeren Sinne bis in die achtziger Jahre nur für die westdeutsche Wissenschaft dargestellt werden, während die DDR-Forschung in ihrer eigenständigen Entwicklung im Vergleich betrachtet wird.

Die neue Forschungsrichtung an deutschen Universitäten. Als ein deutlicher und häufig am einfachsten sichtbarer Hinweis für die Etablierung einer neuen wissenschaftlichen Disziplin oder Teildisziplin gilt die Tatsache, daß sie in die Universitätsstrukturen integriert ist [Weingart]. Wenn sie sich in der Forschung einen festen Platz erobert hat, wird sie auch in der Lehre berücksichtigt. Entweder ein vorhandener Lehrstuhl nimmt die neu entstandene Richtung ins Lehrprogramm auf, oder eine eigene Professur für das Fach wird eingerichtet. Zugleich wird es in staatlichen Prüfungsordnungen verankert.

Ein Ordinarius für Neuere und Neueste Geschichte an einem deutschen Historischen Universitätsinstitut übernahm bis in die Nachkriegszeit mit seiner Berufung den Auftrag, sich in der Lehre mit dem gesamten Gebiet der Neuzeit zu befassen. Seit der Herausbildung der Geschichtswissenschaft als Disziplin war aber der Prozeß der Spezialisierung kontinuierlich fortgeschritten. Ein Forscher konnte die Fülle des anwachsenden Wissens über Fakten, Methoden und Theorien über den weitreichenden Zeitraum der Neuzeit nicht mehr bewältigen. Aufgrund dieser Erkenntnis bemühte sich der Verband der Historiker Deutschlands seit den fünfziger Jahren aktiv darum, daß die Professoren an den westdeutschen Universitäten auch in der Lehre nur noch einen Teil der Neuzeit abdecken mußten. Die philosophischen Fakultäten begannen, die traditionellen neuzeitlichen Ordinariate in eine frühere und eine neuere Neuzeit zu teilen. Bei der Berufung eines neuen Professors spielte nun stärker als bisher sein jeweiliger Forschungsschwerpunkt eine Rolle [für die Spezialisierungen vgl. Weber]. Daß die Geschichte der Frühen Neuzeit an Bedeutung gewonnen hatte, wurde 1951 an der neu gegründeten Freien Universität Berlin zum ersten Mal sichtbar. Die bewußte Einrichtung von zwei Lehrstühlen für Neuzeit ermöglichte es, daß Carl Hinrichs als Spezialist für die Geschichte des 16.-18. Jahrhunderts berufen werden konnte [Schulze 1993].

Die institutionelle Teilung des Lehrgebietes „Neuzeit" in den fünfziger und sechziger Jahren wirft allerdings ein Problem auf: Die Zuständigkeit eines Hochschullehrers für den Bereich Frühe Neuzeit läßt sich bis heute oft nicht eindeutig an der Benennung der Professur erkennen. Die Lehrgebiete mit der Bezeichnung „Neuere Geschichte", „Mittlere und Neuere Geschichte" oder „Neuere und Neueste Geschichte" lassen nicht sofort einen Spezialisten für die Frühe Neuzeit vermuten – auch wenn auf der Professur ein solcher sitzt. Andererseits darf der Stelleninhaber eines solchen Lehrstuhls Prüfungen abnehmen, die über den Rahmen des 16.-18. Jahrhunderts hinausgehen – auch wenn er eigentlich hauptsächlich etwas von Früher Neuzeit versteht. Manche Institute begründen diese Organisation mit dem theoretischen Argument, die Einheit der Neuzeit erlaube keine Einschränkung auf bestimmte Jahrhunderte. Andere bekennen offen, daß eine vorhandene Spezialisierung gar nicht sofort erkennbar sein soll. Dies gebiete die Fairneß gegenüber dem/der InhaberIn, denn sonst werde dessen/deren akademisches Renommee eingeengt.

Erst seit den siebziger Jahren gibt es überhaupt Professuren, deren Zuständigkeitsbereich eindeutig mit „Frühe Neuzeit" bezeichnet ist: 1973 wurde eine erste Professur in Aachen, 1974 ein erster ordentlicher Lehrstuhl in Oldenburg eingerichtet. Zu diesem Zeitpunkt war die in der Geschichtswissenschaft geführte theoretische Diskussion über die Eigenständigkeit und den zeitlichen Umfang der Epoche offenbar an einem neuen Punkt angekommen. Dies verdeutlicht zum Beispiel ein 1970 erschienenes Buch mit dem Titel „Europäische Geschichte der Frühen Neuzeit". Darin erkannte der Verfasser dem Adjektiv „früh" erstmals einen großen Anfangsbuch-

Gerhard Oestreich (1910-1978) war einer der ersten Historiker, der überhaupt von der „frühen Neuzeit" sprach und den neuen Begriff damit in den fünfziger Jahren in die westdeutsche Historiographie einbrachte. Außerdem stammt von ihm der bis heute immer wieder genutzte Begriff „Sozialdisziplinierung", mit dem er erfolgreich frühneuzeitliche Verstaatlichungsprozesse zu deuten wußte.

Der Pfarrerssohn aus Zehden (Mark Brandenburg) studierte in Berlin und Heidelberg Geschichte, Deutsch, Philosophie und Religionswissenschaften. Einer seiner wichtigsten Lehrer war Fritz Hartung (1883-1967) – bekannt durch seine Forschungen zur Verfassungsgeschichte der Neuzeit.

Am Zweiten Weltkrieg nahm Oestreich als Gefreiter, später als Leutnant teil. 1945 aus amerikanischer Kriegsgefangenschaft zurückgekehrt, arbeitete er zunächst als Zimmermann. Ein Stipendium ermöglichte ihm 1954 die Habilitation an der FU Berlin zum Thema „Antiker Geist und moderner Staat bei Justus Lipsius (1547-1606)". Diese Arbeit wurde zu einer prägenden Studie für die Frühneuzeitforschung.

Seit 1954 Privatdozent und seit 1958 Professor, wurde Gerhard Oestreich 1962 Ordinarius für Mittlere und Neuere Geschichte in Hamburg. 1966 berief ihn die Universität Marburg, an der er bis zu seiner Emeritierung 1975 wirkte.

Auf die Institutionalisierung der Teildisziplin Frühe Neuzeit nahm er auf unterschiedlichem Wege Einfluß. Als Leiter von Sektionen zur Frühen Neuzeit trug er zur inhaltlichen Gestaltung mehrerer deutscher Historikertage bei. Außerdem arbeitete er seit 1958 in der „Commission Internationale pour l'Histoire des Assemblées d'états" mit.

Bild: Gerhard Oestreich ca. 1961, Nachlaß Gerhard Oestreichs, Universität Rostock.

Literatur: L. Schorn-Schütte, Oestreich, in: Historikerlexikon. Von der Antike bis zum 20. Jahrhundert. München 1991, 225 f.; B. vom Brocke, Oestreich, in: Neue Deutsche Biographie, Bd. 19, 1999, S. 463 f.

Namhaft wurde der Historiker **Max Steinmetz (1912-1990)** in der DDR durch seine Forschungen zum deutschen Bauernkrieg und zur Person Thomas Müntzers. Mit seinen Thesen zur „Frühbürgerlichen Revolution" Anfang der sechziger Jahre leitete er die Diskussion um den revolutionären Charakter der Zeit der Reformation und des Bauernkriegs ein.

In Frankfurt am Main geboren und in Mannheim aufgewachsen, studierte Steinmetz in den dreißiger Jahren in Heidelberg, Frankfurt am Main und Freiburg im Breisgau Philosophie, Kunstgeschichte und Geschichte. Als Schüler des Reformationshistorikers Gerhard Ritter (1889-1967) befaßte er sich bereits in dieser Zeit mit dem frühen 16. Jahrhundert.

1940 zur deutschen Wehrmacht eingezogen, geriet Steinmetz in den letzten Tagen des Zweiten Weltkrieges in sowjetische Kriegsgefangenschaft und begann sich mit dem Marxismus-Leninismus auseinanderzusetzen. Nach seiner Rückkehr entstanden um 1950 seine ersten wissenschaftlichen Arbeiten. Neben der Humanismusforschung beschäftigte er sich mit Universitätsgeschichte sowie mit Kunst- und Literaturgeschichte, sein Hauptthema aber wurde die Frühbürgerliche Revolution.

Seit 1954 Hochschullehrer in Jena, wurde er 1961 als Professor an die Karl-Marx-Universität Leipzig berufen. Nicht nur als Direktor des Institutes für deutsche Geschichte in Leipzig konnte Steinmetz Einfluß auf inhaltliche und organisatorische Strukturen nehmen. Auch durch seine jahrzehntelange Mitarbeit in der Redaktion der „Zeitschrift für Geschichtswissenschaft" – dem wichtigsten Medium der DDR-Historiographie – hat er die geschichtswissenschaftliche Diskussion in der DDR mitgeprägt.

Bild: Max Steinmetz 1982 bei der Tagung anläßlich seines 70. Geburtstages, Universität Leipzig, Privatbesitz Siegfried Hoyer, Leipzig.

Literatur: S. Hoyer, Max Steinmetz 75 Jahre, in: Zeitschrift für Geschichtswissenschaft 9 (1987), S. 819 f.

staben zu [Mieck]. Die Etablierung des Begriffs fiel mehr oder weniger zufällig mit dem Beginn eines anderen Prozesses zusammen: Ebenfalls zu Anfang der siebziger Jahre begann in der Bundesrepublik eine erhebliche Ausweitung und Umgestaltung des Hochschulwesens. Die zusätzliche finanzielle Ausstattung der Universitäten erlaubte es nun auch, neue Professuren einzurichten. Allerdings erhielten diese häufig nicht mehr den finanziellen und prestigemäßigen Status eines Ordinariats, sondern „nur" den einer C3-Professur.

In der DDR-Geschichtswissenschaft vollzog sich parallel dazu eine andere Entwicklung. Wie bereits angedeutet, spielte der Begriff „Frühe Neuzeit" bis in die späten achtziger Jahre keine Rolle. Indes sprach z.B. der Neuzeithistoriker Joachim Streisand in seiner „Deutschen Geschichte" von 1974 von „jener weltgeschichtlichen Epoche", „die vom Ausgang des 15. Jahrhunderts bis zur Französischen Revolution von 1789 reichte" [Streisand, 31]. Damit vertrat er die in der DDR gängige Periodisierung, die durchaus den gleichen Zeitraum umfaßte wie die westdeutsche „Frühe Neuzeit" – nur wurde der Blick in der DDR durch andere Erkenntnisinteressen bestimmt. Auf der Grundlage der marxistischen Theorie von den einander ablösenden ökonomischen Gesellschaftsformationen richtete sich das Interesse auf die Verfallsprozesse des Feudalismus und die Herausbildung des Manufakturkapitalismus. Die Struktur der Geschichts-Hochschulausbildung in der DDR berücksichtigte damit den Zeitraum zunehmend als eigenen Abschnitt. Dies wurde nach der Hochschulreform von 1968, die die Institute abschaffte und Sektionen gründete, besonders sichtbar. In ihrem Gefolge nahm die Anzahl der mit Professuren ausgestatteten „Wissenschaftsbereiche" zu. Für den Zeitabschnitt bis 1789 waren jeweils die Professuren für Allgemeine bzw. für Deutsche Geschichte der Neuzeit verantwortlich.

Daß in der DDR-Historiographie ebenso wie in Westdeutschland die Umbruchphase zur Neuzeit als besonders faszinierend wahrgenommen wurde, zeigt sich an der Forschung, die zum Thema „Frühbürgerliche Revolution" entstand. Damit war die Zeit der Reformation und des Bauernkriegs gemeint. Sie bildete nach der in der DDR-Geschichtswissenschaft vertretenen Lehrmeinung den Auftakt des Zyklus bürgerlicher Revolutionen in der Neuzeit. Der forschungsleitende Begriff „Frühbürgerliche Revolution" wurde verstärkt seit Anfang der sechziger Jahre diskutiert, nachdem im Rahmen der Historikergesellschaft der DDR die Sektion Mediävistik gegründet worden war. Besonders an den Universitäten Leipzig und Berlin bildeten sich hierzu Forschungsschwerpunkte heraus; ein weiterer entstand in den achtziger Jahren, als der Leipziger Lehrstuhl für Allgemeine Geschichte der Neuzeit seine Forschungen „rückwärts" auf die Aufklärung ausdehnte. Dabei stand die vergleichende Sicht auf die europäische Aufklärung als Vorhof der Revolution im Mittelpunkt.

In der geschichtswissenschaftlichen Praxis der letzten Jahre hat sich die Verwendung des Begriffs „Frühe Neuzeit" für den Zeitabschnitt zwischen dem 16. und dem 18. Jahrhundert durchgesetzt. Das zeigt nicht zuletzt die Tatsache, daß nach der Neustrukturierung der Hochschullandschaft Ostdeutschlands seit 1990 an vier Universitäten (Berlin, Jena, Leipzig und Potsdam) Professuren für „Frühe Neuzeit", an zwei weiteren (Halle-Wittenberg und Rostock) für „Neuzeit (16.-18. Jh.)" gegründet wurden. Gleichzeitig sieht man aber an der Bezeichnung anderer neu eingerichteter Professuren, daß die konzeptionelle Diskussion über die Epoche keineswegs abgeschlossen ist. So berücksichtigen die Professuren für „Neuere und Neueste Geschichte" in Chemnitz und in Dresden das Gebiet nur am Rande. Die Professur in Greifswald ist zwar durch einen Spezialisten für Frühe Neuzeit besetzt, dieser muß aber das gesamte Gebiet der Neuzeit abdecken. In den beiden Unversitäts-Neugründungen Frankfurt/Oder und Erfurt, die sich einem kulturwissenschaftlichen Konzept verpflichtet haben, taucht umgekehrt der Begriff „Frühe Neuzeit" nicht auf. Indes wird der Zeitraum durch die dort angestrebte regional und historisch vergleichende Perspektive auf jeden Fall beleuchtet.

Manches aktuelle Beispiel ermöglicht allerdings auch einen Einblick in die finanziellen Nöte, denen besonders kleinere Seminare ausgesetzt sind. Wenn das Braunschweiger Historische Seminar 1997 seiner neuberufenen Professorin die Zuständigkeit „19./20. Jh. und Geschichte der Frühen Neuzeit" verordnete, so war das sicher nicht die gewünschte Struktur. Vielmehr existierten zuvor jeweils ein Lehrstuhl für „Geschichte der Frühen Neuzeit" und für „Neuere Geschichte", die im Zuge der Stellenkürzungen der letzten Jahre zusammengelegt werden mußten. Auch manches andere Seminar steht heute vor der Frage, ob es sich die Professur für Frühe Neuzeit in Zukunft noch wird leisten können.

Am Beispiel universitärer Strukturen kann man sehen, daß Institutionalisierung von Wissenschaft von mindestens zwei Faktoren abhängig ist: Zum einen setzt sie einen fortgeschrittenen Stand der theoretischen Diskussion um den Gegenstand voraus; zum anderen braucht sie ein materielles Fundament. Die unterschiedlichen Formen, die sich im Laufe der Zeit aus den manchmal sehr heterogenen Bedingungen an den Universitäten ergeben

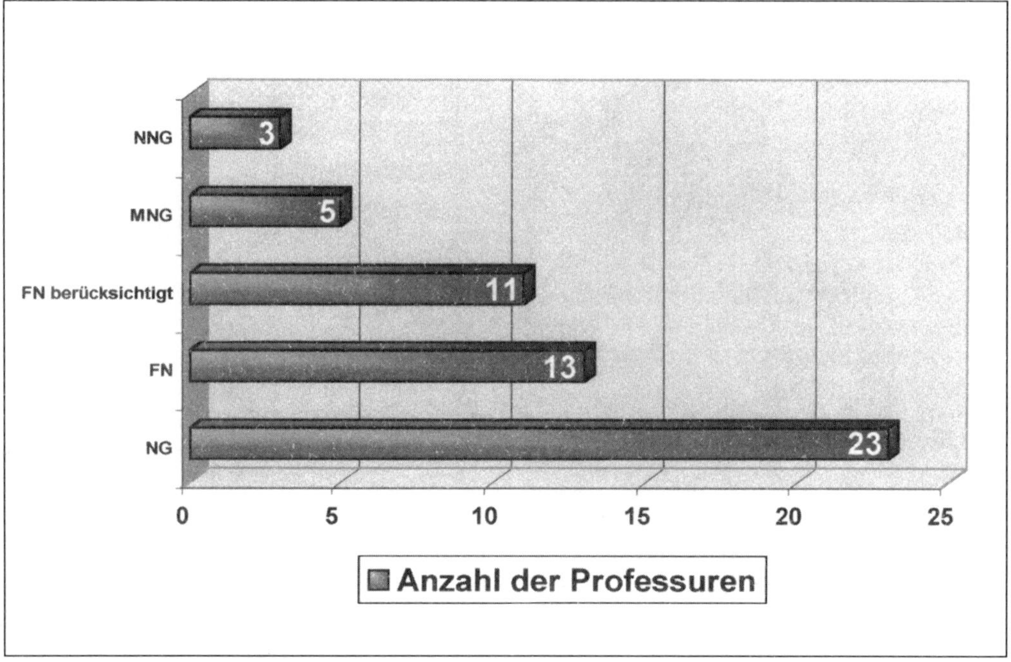

Professoren für frühe Neuzeit. Es erweist sich als nicht ganz problemlos, ein übersichtliches Bild der deutschen Lehrstühle bzw. Professuren zu erhalten, die sich mit Früher Neuzeit befassen. Zwar gibt es heute fast kein Historisches Seminar mehr, dessen Lehrstruktur den Zeitraum 16.-18. Jahrhundert nicht in spezieller Weise berücksichtigte. Die Zuordnung des Bereichs zu vorhandenen Strukturen jedoch scheint uneinheitlich vonstatten zu gehen. Die im Schaubild festgehaltene Erhebung basiert auf der Auswertung der Angaben der deutschen Universitäten, die Geschichte lehren. Von den insgesamt 55 Professuren, die die Frühe Neuzeit in ihr Lehrprogramm einbeziehen, sind übrigens nur fünf mit Frauen besetzt. In der Mehrzahl befinden sich eindeutig die Lehrstühle für Neuere Geschichte (NG). Diese wurden entweder bei der Ausschreibung mit dem Schwerpunkt Frühe Neuzeit versehen, oder der jeweilige Amtsinhaber interpretiert seinen Zuständigkeitsbereich entsprechend. Dabei kann es z.B. vorkommen, daß die Präsentation des Lehrstuhls im Internet die Bezeichnung „Frühe Neuzeit" aufweist, diese Orientierung in den Berufungsunterlagen aber gar nicht ausdrücklich vermerkt ist. Die zweite Kategorie besteht aus den überwiegend in den siebziger Jahren – für ostdeutsche Universitäten in den neunziger Jahren – neu eingerichteten Professuren, deren Bezeichnung ausschließlich auf Frühe Neuzeit (FN) lautet. Eine dritte Gruppe schließt den Bereich in eine weitere Aufgabenkombination (FN berücksichtigt) ein. Dabei gibt es mehrfach die Verbindung mit Landes- bzw. Regionalgeschichte oder Allgemeiner Geschichte. Andere Seminare richten ihren Fokus eher auf methodische Konzepte und bieten Lehrveranstaltungen zu Wirtschafts- und Sozialgeschichte unter besonderer Berücksichtigung der Frühen Neuzeit an. Darüber hinaus gibt es eine ganze Reihe von Einteilungen, die zumindest für Studienanfänger verwirrend wirken können. So empfiehlt sich bei den Bezeichnungen Mittlere und Neuere Geschichte (MNG) oder Neuere und Neueste Geschichte (NNG) immer ein genauerer Blick ins Vorlesungsverzeichnis, denn erfahrungsgemäß verfügt der/die AmtsinhaberIn über eine gewisse Spezialisierung.

Quelle: Erhebung der Verfasserin

haben, bestehen heute nebeneinander und machen eine eindeutige Typologie nicht gerade leicht. Während manche einfach bei der alten Gliederung bleiben, knüpfen andere bewußt an traditionellen Strukturen an – während dritte zu methodisch neuen, interdisziplinären Konzepten aufbrechen.

Außeruniversitäre Forschungseinrichtungen. Sie verfügen über eine Reihe von Vorteilen: Sie können sich ausschließlich der Forschung widmen, ohne gleichzeitig auf die Lehre Rücksicht nehmen zu müssen. Somit ist es einfacher, auch ungewöhnliche Themen und Fragestellungen anzugehen und neue wissenschaftliche Methoden auszuprobieren [SCHEUCH]. Weiterhin unterstützen offenere Strukturen und internationale Kontakte sowie interdisziplinäre Orientierung die Arbeit. Überdies können z.B. Archive oder Bibliotheken bei ihren Vorhaben auf eigene Ressourcen zurückgreifen, die sich andere Forschungseinrichtungen erst erschließen müssen.

Dessenungeachtet spielen außeruniversitäre Forschungseinrichtungen in der Bundesrepublik für die Geisteswissenschaften eine viel geringere Rolle als für die Naturwissenschaften [WEINGART; VOM BROCKE]. Das hat zum großen Teil ökonomische Gründe, denn naturwissenschaftliche Forschung außerhalb der Universität wird häufig von der Industrie finanziert. Die Geisteswissenschaften hingegen haben außer dem öffentlichen Interesse nur selten eine Lobby – und staatliche Forschungsförderung fließt vorrangig in die Universitäten. Um so beachtlicher ist es, daß gerade im Falle der Geschichte der Frühen Neuzeit einige interessante Einrichtungen genannt werden können. Sie beruhen auf unterschiedlichen Organisations- und Finanzierungsmodellen, und man kann zwei Gruppen unterscheiden: einerseits Institute, andererseits Bibliotheken und Archive. Aus den umfangreichen eigenständigen Forschungsprojekten dieser Einrichtungen ist in den letzten Jahren eine Reihe von wissenschaftlich bedeutsamen Anregungen hervorgegangen.

Eine wichtige Form außeruniversitärer Forschung in der Bundesrepublik wird durch die Institute der Max-Planck-Gesellschaft repräsentiert. Sie greifen vorrangig neue, besonders innovative, speziell auch interdisziplinär angelegte Forschungsrichtungen auf, die an den Universitäten in Deutschland noch keinen oder keinen ausreichenden Platz finden. Somit ergänzen sie die Hochschulforschung.

Das Max-Planck-Institut für Geschichte in Göttingen (http://www.geschichte.mpg.de) wurde 1956 als Nachfolger des 1917 in Berlin gegründeten Kaiser-Wilhelm-Instituts für Geschichte ins Leben gerufen. Seinen konzeptionellen roten Faden bilden die „Historischen Kulturwissenschaften". Die wissenschaftlichen Projekte nehmen die menschliche Kultur unter zwei Aspekten in den Blick. Zum einen steht die Vielfalt von Vorstellungen und Denkformen, Lebensweisen und Verhaltensformen im Mittelpunkt. Hier haben wir es mit der kulturellen Praxis und mit ihren Ausdrucksformen zu tun: literarischen und künstlerischen Werken, Symbolen, Ritualen und Institutionen. Zum anderen betrachtet die Historische Kulturwissenschaft aber auch die Wahrnehmung dieser kulturellen Praxis. Deutungen und Symbole, Produkte und Institutionen werden nicht nur „gemacht", sondern zugleich wahrgenommen oder verkannt, angeeignet oder abgelehnt. Einzelne oder Gruppen, historische Akteure wie auch die forschenden Historiker interpretieren, nuancieren und transformieren sie. In der Gleichzeitigkeit dieser Abläufe und den daraus entstehenden

Wechselwirkungen gründet die Dynamik historischer Prozesse. Unter der Überschrift der Historischen Kulturwissenschaft haben sich die Forscher am MPI in Göttingen zum Ziel gesetzt, die Widersprüchlichkeit von Transformationsprozessen auszuleuchten, die zur Moderne hinführen. Dies wird mit den Methoden der Historischen Anthropologie, der Mikro-Historie, der Alltags- und Erfahrungsgeschichte oder der Sozial- und Mentalitätengeschichte betrieben. Im Rahmen der Untersuchung langer Zeiträume, die sich auch über herkömmliche Periodisierungen hinwegsetzen, spielt vor allem die Frühe Neuzeit eine wichtige Rolle.

Ein weiteres Forschungsinstitut in der Bundesrepublik, das sich der Frühen Neuzeit widmet, ist das Institut für Europäische Geschichte in Mainz (www.inst-euro-history.uni-mainz.de). Es steht der Universität Mainz zwar nahe, ist aber von ihr unabhängig und bezieht von dort auch keine Finanzmittel. Im Mittelpunkt seiner Forschung stehen die allgemeine europäische Geschichte und die abendländische Religionsgeschichte. Das Besondere an diesem Institut ist seine ausdrückliche Ausrichtung auf die europäische Zusammenarbeit. 1950 gegründet, verdankt es seine Entstehung den internationalen Historikergesprächen nach dem Zweiten Weltkrieg. Ihr Ziel war es, die Kenntnis der jeweiligen nationalen Eigentümlichkeiten, aber auch der Gemeinsamkeiten und gegenseitigen Wechselbeziehungen zu vertiefen. Das Institut fördert Projekte vor allem jüngerer Historiker aus Europa und Übersee. Sie leben und arbeiten als Stipendiaten im Institut.

In der DDR arbeitete die Akademie der Wissenschaften auf außeruniversitärer Institutsebene. Seit dem Ende der sechziger Jahre entwickelte sich an dieser Einrichtung eine Konkurrenz zu den universitären Forschungsschwerpunkten zur „Frühbürgerlichen Revolution". Innerhalb der Abteilung „Feudalismus", die sich mit der Zeit bis 1789 befaßte, entstanden an der Akademie zwei Arbeitsgruppen zur „Frühbürgerlichen Revolution" und zum „Absolutismus". Besonders an jenen Arbeitsgruppen zeigt sich aber, daß man die Frühe Neuzeit in der DDR weniger als eine einheitliche Epoche in den Blick nahm. Dafür agierten die beiden Gruppen nach Berichten von Zeitzeugen viel zu deutlich getrennt voneinander.

Wissenschaft ist neben anderen Faktoren besonders von der Politik derjenigen Instanzen abhängig, die Mittel zusprechen und damit Institutionen schaffen oder sanktionieren können. Die wichtigste Geldgeberin für außeruniversitäre Forschung in Deutschland ist neben Bund und Ländern die Deutsche Forschungsgemeinschaft. Dank ihrer systematisch angelegten Aktivitäten haben sich an einzelnen deutschen Bibliotheken und Archiven bestimmte Forschungsrichtungen konzentrieren können. Während die Staatsbibliothek München mit Mitteln der DFG zum 16. Jahrhundert forscht, erhält die Landes- und Universitätsbibliothek Göttingen aus demselben Topf Gelder zur schwerpunktmäßigen Erforschung des 18. Jahrhunderts. Komplementär dazu wird die Arbeit der Archive gefördert. Auch am Bayrischen Hauptstaatsarchiv München ist die DFG die wichtigste Förderungsinstanz für ein Forschungsprojekt zu den Akten des Reichskammergerichts, das bereits seit 14 Jahren betrieben wird.

▷ S. 262 ff. Technik: Die Arbeit den Quell

Einschlägige Publikationsorgane. Die Geschichtswissenschaft ist wie andere Geisteswissenschaften auf Texte angewiesen. Neben der großen Gruppe der Quellentexte zählen

Am Beispiel der **Herzog-August-Bibliothek Wolfenbüttel** (http://www.hab.de) zeigt sich, daß eine wissenschaftliche Bibliothek viel mehr sein kann als nur eine Dienstleistungseinrichtung. Die HAB ist eine Quellensammlung zur europäischen Buchgeschichte vom Ausgang der Antike bis in die Gegenwart. Sie vereint einen großartigen Bestand von ca. 800 000 Bänden. Auf dieser Grundlage baut das Konzept einer Forschungs- und Studienstätte zur Erforschung der europäischen Kulturgeschichte der Frühen Neuzeit auf, das die Bibliothek seit dem Ende der sechziger Jahre verfolgt.

Von einer wissenschaftlichen Bibliothek erwartet man am ehesten Editionen. Eines der zahlreichen Editionsprojekte der HAB ist z.B. die Ausgabe zur „Fruchtbringenden Gesellschaft", der deutschen Akademie des 17. Jahrhunderts. Die kritische Quellensammlung in sieben Bänden – sechs sind bereits erschienen – erleichtert dem Leser durch einen Kommentar den Zugang zu den historischen Texten. Sie bietet zum einen wichtige Akademiearbeiten an. Zum anderen werden viele Briefe präsentiert, die die 890 Mitglieder der „Fruchtbringenden Gesellschaft" (1617-1680) gewechselt haben. Die Quellentexte dieser Edition sind aus einer Vielzahl von Archiven und Sammlungen in Deutschland und Europa zusammengetragen worden. Sie geben Aufschluß über zahlreiche Aspekte der Alltags- und Kulturgeschichte bis hin zu den eigentlichen wissenschaftlichen Anliegen der Akademie. Somit zeigen sie nicht nur das Bild einer vielfältig tätigen und engagierten Organisation, sondern bedienen auch die verschiedensten Forschungsinteressen und Frageperspektiven zur Frühen Neuzeit.

Aber die Leistungen der Herzog-August-Bibliothek reichen weit über die Arbeit an Editionen hinaus. Koordiniert durch eine engagierte Forschungsabteilung existiert an der Bibliothek auch eine Reihe eigener Forschungsprojekte und Arbeitskreise. Deren Mitglieder treffen sich nicht nur zu regelmäßigen Arbeitsgesprächen, sondern initiieren und organisieren international anerkannte Symposien. So hat hier auch die „Deutsche Gesellschaft für die Erforschung des 18.Jahrhunderts" (http://www.hab.de/hab/dgej) ihren Sitz. Sie widmet sich mit dem 18. Jahrhundert der Epochenschwelle zwischen Früher Neuzeit und Moderne.

Überdies bietet die Bibliothek eine beachtliche Auswahl von Seminaren, Exkursionen oder Sommerkursen an. Ein Stipendienprogramm ermöglicht es Wissenschaftlerinnen und Wissenschaftlern aus dem In- und Ausland, ein Forschungsvorhaben, für das sie auf die Bestände der HAB angewiesen sind, zu beginnen, fortzuführen oder abzuschließen.

Bild: Herzog-August-Bibliothek Wolfenbüttel, Bibliotheca Augustana, mit freundlicher Genehmigung des Direktors.

Literatur: L. G. Lindner, Die Herzog August Bibliothek und Wolfenbüttel, Braunschweig 1997.

▷ S. 268 ff. Technik: Die Arbeit mit den Quellen

▷ S. 125 ff. Technik: Das Lesen der Geschichte

dazu diejenigen Texte, mit denen Wissenschaftler ihre neuesten Erkenntnisse darstellen und der Öffentlichkeit zugänglich machen: Monographien und Aufsätze. Es ist schon beeindruckend, daß heute im statistischen Durchschnitt an fast jedem Tag des Jahres ein neues Buch zur Geschichte der Frühen Neuzeit erscheint [Mieck]. Dennoch können Monographien allein die Bedürfnisse wissenschaftlichen Informationsaustauschs noch nicht befriedigen.

Die schnellste Form, Forschungsergebnisse zu präsentieren, ist in der Regel ein Zeitschriftenaufsatz. Um gezielt ein bestimmtes Publikum zu erreichen, gibt es innerhalb der Geschichtswissenschaft – wie in anderen Disziplinen auch – spezialisierte Zeitschriften, die sich einem bestimmten thematischen Komplex oder einem methodischen Konzept verschrieben haben. Dies ist der Differenzierung der modernen Geschichtswissenschaft geschuldet. Sie läßt allgemein orientierte Zeitschriften, wie sie sich im 19. Jahrhundert zunächst herausgebildet hatten, nur noch in einem gewissen Maße als geeignet erscheinen [Middell; Meinel].

In der DDR existierte kein Fachorgan, das sich primär auf die Periode 16.-18. Jh. konzentriert hätte. Daher wird man Aufsätze von DDR-Wissenschaftlern zu dieser Epoche vorwiegend in der „Zeitschrift für Geschichtswissenschaft" oder vielleicht im „Jahrbuch für Regionalgeschichte" finden. Ein Frühneuzeitforscher der Bundesrepublik hingegen, der einen Beitrag über ein kleines, spezielles Thema der Reformationsgeschichte verfaßt hat, bietet ihn schon seit einigen Jahren nicht mehr zuerst der „Historischen Zeitschrift" an. Geeigneter erscheint da z.B. das „Archiv für Reformationsgeschichte". In naher Zukunft wird darüber hinaus ein Jahrbuch zur Verfü-

Forschungsstimme

Über die verschiedenen Möglichkeiten, Interdisziplinarität in Forschung und Ausbildung zu praktizieren, wird immer wieder diskutiert. Im Juni 1996 führten zwei Wissenschaftler mit dem Historiker **Anthony Grafton** ein Gespräch über Definitionsprobleme, Perspektiven und Lücken der Frühneuzeitforschung. Darin äußert sich Grafton über die Konsequenzen und Schwierigkeiten, die interdisziplinäres Arbeiten mitunter verursacht:

„Praktisch ist es sehr teuer. Ich versuche jedes Jahr, in Zusammenarbeit mit meinem Freund und Kollegen Thomas DaCosta Kaufmann [einem Kunsthistoriker] ein Seminar zu halten, in dem wir einer interdisziplinären Kulturgeschichte nachgehen wollen. Wir haben nur eine feste Regel: Er darf nur Texte besprechen und ich im Gegenteil nur Bilder. Da können die Studenten sehr deutlich sehen, daß gute Wissenschaftler, die miteinander über Jahre hinweg gearbeitet haben, trotzdem nicht einer Meinung sind. Ich glaube, daß man davon ausgehen muß, daß in den Geisteswissenschaften keine festen Resultate zu erreichen sind. Bessere Resultate, beste aber nicht. Es geht um einen Annäherungsprozeß, wobei man immer wieder versucht, neue Fragen zu stellen, aber auch die alten noch in Betracht zu ziehen und alles auf eine noch breitere Basis zu stellen. Man weiß aber immer, es wird einem nie ganz und gar gelingen." Der Nutzen dieser Methode liegt darin, „daß ich ab und zu etwas sehe, das der promovierte Kunsthistoriker nicht sieht, und umgekehrt, daß er etwas wirklich Interessantes in den Texten findet, das ich absolut nicht gesehen habe. Was haben wir uns gestritten, und zwar im letzten Semester. Wir haben versucht, die Entwicklungsgeschichte des Museums unter anderem anhand eines Bildes des Museums von Kircher zu erörtern, dem Collegio Romano mit seinen wunderbaren hölzernen Obelisken und Maschinen. Ich war der Meinung, daß die Obelisken ziemlich präzise geschildert seien und DaCosta Kaufmann nicht. Er hatte visuelle Gründe dafür, daß diese Modelle sehr viel kleiner gewesen sein müssen, als der Künstler es angedeutet hat, während ich textuelle Beweisgründe hatte. Und so kam es zu einem großen Streit. Jeder zitierte seine eigenen Belegstellen. Das Problem liegt darin, daß diese Modelle spurlos verschwunden sind. Und die Studenten sitzen vor der intellektuellen Glotze."

Quelle: Die seltsame Welt der Frühen Neuzeit, in: Frühneuzeit-INFO 7 (1996), Heft 2.

gung stehen, das von den außeruniversitären Instituten herausgegeben wird.

Die „Zeitschrift für Historische Forschung" (ZHF), gegründet 1974, verdient in diesem Zusammenhang besondere Erwähnung. Obwohl ihr Name das nicht vermuten läßt, bietet sie ausschließlich derjenigen Forschung Raum, die sich auf das späte Mittelalter und die Frühe Neuzeit bezieht. Daß dieses anfangs gewagt erscheinende Konzept tragfähig war, beweist die inzwischen 25jährige Geschichte der Zeitschrift. Die Herausgeber waren von der These ausgegangen, daß die beiden genannten Teilperioden der allgemeinen Geschichte, die zusammen auch das „alteuropäische" Zeitalter genannt werden, gemeinsam betrachtet werden müßten. Sie widmeten sich diesem Anliegen insbesondere mit Blick auf die geschichtswissenschaftliche Forschung in England, Amerika und Frankreich. Dort hatte die Verbindung der beiden Zeitabschnitte bereits früher zu fruchtbaren Ergebnissen geführt. Indem die Zeitschrift dabei bis heute verschiedenen methodischen Ansätzen offensteht, bezieht sie bewußt nicht nur die traditionellen historischen Einzeldisziplinen ein, sondern bietet auch interdisziplinären Ansätzen ein Forum.

Aber moderne Periodika gehen häufig über den Rahmen des reinen Publikationsorgans hinaus. Das betrifft nicht nur die Tatsache, daß sich eine spezialisierte Zeitschrift auch der Kritik an aktueller Fachliteratur widmet oder über wissenschaftliche Veranstaltungen berichtet. Die internationale Zeitschrift „Scholars of Early Modern Studies" (SEMS) z.B. informiert zudem auch über die Wissenschaftler, die in der Frühneuzeitforschung arbeiten, über ihre Projekte; sie skizziert Thesen und kündigt Veranstaltungen an. Für den deutschen Sprachraum gibt es seit 1990 ein ähnliches Organ mit dem Titel „Frühneuzeit-INFO", das vom Institut für die Erforschung der Frühen Neuzeit an der Universität Wien herausgegeben wird.

Für die Zukunft kann man darüber spekulieren, ob sich wissenschaftliche Zeitschriften noch weitaus stärker auf die elektronische Kommunikation stützen werden als bisher. Dabei ist wohl nicht zu erwarten, daß wir alle wissenschaftlichen Texte demnächst nur noch über das Internet abrufen müssen. Aber Netzwerke, wie z.B. „H-Soz-u-Kult" (http://hsozkult.geschichte.hu-berlin.de), die Forschern mit ähnlichen Interessen nicht nur im deutschsprachigen Raum, sondern auch international schnellen Kontakt vermitteln und Informationsaustausch ermöglichen, werden zunehmend an Bedeutung gewinnen.

Neue Wege der Zusammenarbeit: Interdisziplinäre Forschungszentren. Seit einigen Jahren werden die traditionellen Ordnungskriterien der Wissenschaft einer sich ständig verändernden Forschungslandschaft kaum noch gerecht. Die disziplinäre Aufgliederung, eine der großen Errungenschaften des 19. Jahrhunderts, ist problematisch geworden. Die zu bewältigenden Forschungsanforderungen bieten sich heute nicht mehr disziplinär strukturiert dar.

Als Reaktion darauf könnten sich die Fachleute aus verschiedenen Disziplinen einfach zusammenfinden und gemeinsame Forschungsprojekte entwerfen. Die Umsetzung solcher Projekte stellt jedoch dann oft ein organisatorisches und finanzielles Problem dar. Daher wurde im Laufe der letzten zehn Jahre eine Reihe von Forschungszentren gegründet, die die interdisziplinäre Arbeit zur Grundlage ihrer Projekte machen. Solche Zentren verkörpern organisatorisch kleinere Struktureinheiten als Institute oder Seminare. Sie sind aber unabhängig von den Fakultäten und verfügen über einen bestimmten Haushaltsetat. Da dieser meistens gering ist, sind diese Zentren Meister im Einwerben von Drittmitteln. In den verschiedenen Projekten arbeiten in- und ausländische Wissenschaftler zusammen, die zumeist an ganz traditionellen Instituten ihrer Universitäten beschäftigt sind. Neben ihren Aufgaben dort pflegen sie hier Diskussionsformen, die sie vor ungewohnte Anforderungen stellen. Während die disziplinäre Forschung z.B. mitunter eigenwillige Blüten beim Definieren von Begriffen treibt, geht es hier darum, sich auf gemeinsame und für alle praktikable Definitionen zu einigen.

Die Forschungsformen an den Zentren und die Ergebnisse der Projekte finden in verschiedener Form Eingang in die Lehrveranstaltungen. Eine interessante und manchmal regelrecht unterhaltsame Variante davon bilden gemeinsame Seminare von Hochschullehrern verschiedener Profession. Für Studierende ist es allerdings nicht immer einfach, das Vorlesungsverzeichnis auf diese Veranstaltungen hin zu untersuchen. Daher empfiehlt es sich, die Informationen über Seminare, eigene Studiengänge oder Graduiertenausbildung an den Zentren selbst einzuholen.

Als ein Beispiel soll das Institut für Kulturgeschichte der Frühen Neuzeit Osnabrück (http://www.lili.uni-osnabrueck.de/instkulgesch.html) herausgegriffen werden. Es sieht seine Arbeit in einer Tradition interdisziplinärer Tätigkeit begründet, die bereits bis in die späten sechziger Jahre zurückreicht. Seit 1985 trifft sich die Arbeitsgruppe „Frühe Neuzeit". Hier diskutieren Sprach- und Literaturwissenschaftler, Historiker, Kunstwissenschaftler, Soziologen, Kirchenhistoriker und Pädagogen miteinander und entwickeln Vor-

Multi pertransibunt & augebitur scientia

Manche Erkenntnisse über die Geschichte erschließen sich am besten über Symbole. Diese Erfahrung hatten wahrscheinlich auch die Gründer des **Frankfurter Zentrums zur Erforschung der Frühen Neuzeit** (Renaissance-Institut) im Hinterkopf, als sie ihr Logo auswählten. Bei dem Schiff, das durch die Säulen des Herkules fährt, assoziiert wohl jeder Betrachter schnell die Zeit der geographischen Entdeckungen, mit denen der Beginn der Frühen Neuzeit verbunden ist. Daneben ist der Bezug der Renaissance zur Antike präsent: Der Sage nach handelt es sich bei den Bergfelsen beiderseits der Straße von Gibraltar um die Säulen, die Herkules aufgerichtet haben soll.

Wenn man dazu noch weiß, daß die Darstellung eine Illustration zu dem Text „Instauratio magna" von Francis Bacon (1561-1626) zeigt, führt das alsbald zu weiteren Gedankenspielen: Der Philosoph und Politiker lebte am englischen Königshof und gehört zu den interessantesten Figuren seiner Zeit. Indem er Naturwissenschaft und Philosophie verband, wurde er zu einem Vorreiter modernen wissenschaftlichen Denkens. Noch heute ranken sich eine Reihe von – sowohl bewiesenen als auch unbewiesenen – Geschichten um seine Biographie, die viele seiner Bewunderer faszinieren.

Und noch einen anderen, möglicherweise zufälligen aktuellen Bezug verbirgt der Verweis auf die Gestalt der englischen Kulturgeschichte – ist doch der Mitgründer und gegenwärtige Leiter des Zentrums, Klaus Reichert, nicht etwa Historiker, sondern Anglist.

Die Übersetzung des beigefügten Spruchs lautet: „Viele werden hindurch fahren, und die Wissenschaft wird vermehrt werden." Was würde besser die Offenheit einer modernen, interdisziplinären Forschungseinrichtung ausdrücken?

Bild: Logo des Frankfurter Zentrums zur Erforschung der Frühen Neuzeit, mit freundlicher Genehmigung.

Literatur: Mitteilungen des Zentrums zur Erforschung der Frühen Neuzeit, erhältlich am Zentrum in Frankfurt.

lesungsreihen und Kongresse. Dabei ist interdisziplinäre Arbeit manchmal einfacher und manchmal schwieriger zu organisieren als die herkömmliche Zusammenarbeit. Hilfe bietet hier die Kooperation mit ähnlich orientierten Institutionen – Osnabrück arbeitet z.B. mit der Herzog-August-Bibliothek Wolfenbüttel zusammen. Die Erfolge der wissenschaft-lichen Projekte halfen den Initiatoren, die Universität 1992 zur Gründung des Instituts zu bewegen.

Über weitere Zentren dieser Art kann man sich per Internet umfassend informieren: Institut für Europäische Kulturgeschichte, Universität Augsburg (http://www.uni-augsburg.de/institute/iek/index.htm); Interdisziplinäres Zentrum für die Erforschung der Europäischen Aufklärung, Martin-Luther-Universität Halle-Wittenberg (http://www.izea.uni-halle.de); Forschungszentrum Europäische Aufklärung, Universität Potsdam (http://www.uni-potsdam.de/u/fea/main.htm); Institut für die Erforschung der Frühen Neuzeit, Universität Wien (http://www.bit.ac.at/Neuzeit/Welcome.htm).

Eine weitere, wichtige Art und Weise interdisziplinärer Kooperation stellen die von der Deutschen Forschungsgemeinschaft geförderten und für einen Zeitraum von ca. 12-15 Jahren an den Hochschulen eingerichteten Sonderforschungsbereiche dar. Ausgehend von einem zentralen Thema, arbeiten Wissenschaftler im Rahmen von häufig mehr als 12 Forschungsprojekten über die Grenzen der Fächer, Institute, Fachbereiche und Fakultäten hinweg zusammen. Für eine frühneuzeitliche Themenstellung kann hier als Beispiel der SFB 482 „Ereignis Weimar-Jena. Kultur um 1800" genannt werden (http://www.uni-jena.de/ereignis/index.htm).

Zum Schluß sei auf eine Form der Zusammenarbeit von Wissenschaftlern verwiesen, die eigentlich eine alte ist. Auf dem 40. Historikertag in Leipzig 1994 fand sich eine Gruppe von ausgewiesenen Frühneuzeitforschern zusammen, um die „Fachgruppe 'Frühe Neuzeit' im Rahmen des deutschen Historikerverbands" ins Leben zu rufen. Solche Fachgruppen existieren bereits, seitdem die Historikertage in Deutschland vor mehr als 100 Jahren begründet wurden. Die noch junge Fachgruppe „Frühe Neuzeit" sorgt sich um die angemessene Repräsentation des Fachgebietes im Historikerverband, an den Universitäten, in den Schullehrplänen und nicht zuletzt in der Forschungsförderung. Auch sie dient zugleich – wie die meisten der hier vorgestellten Institutionalisierungsformen – der Methodendiskussion, der Koordination neuer Forschungsprojekte oder einfach nur der intensiveren Kommunikation in der Forschung.

Cathrin Friedrich

Literatur

J. Burkhardt, Frühe Neuzeit, in: Fischer Lexikon Geschichte, hrsg. von R. van Dülmen, Frankfurt/M. 1990, 364-385.
G. Diesener/M. Middell, Institutionalisierungsprozesse in den modernen historischen Wissenschaften, in: Comparativ 6 (1996), 7-20.
H.-J. Goertz (Hrsg.), Geschichte. Ein Grundkurs, Reinbek bei Hamburg 1998.
W. Hardtwig, Die Verwissenschaftlichung der neueren Geschichtsschreibung, in: H.-J Goertz (Hrsg.), Geschichte, 245-260.
Ch. Meinel, Die wissenschaftliche Fachzeitschrift: Struktur- und Funktionswandel eines Kommunikationsmediums, in: Fachschrifttum, Bibliothek und Naturwissenschaft im 19. und 20. Jahrhundert, Wiesbaden 1997, 137-155.
M. Middell (Hrsg.), Historische Zeitschriften im internationalen Vergleich, Leipzig 1999.

I. MIECK, Die Frühe Neuzeit. Definitionsprobleme, Methodendiskussion, Forschungstendenzen, in: N. BOŠKOVSKA LEIMGRUBER (Hrsg.), Die Frühe Neuzeit in der Geschichtswissenschaft. Forschungstendenzen und Forschungsergebnisse, Paderborn/München/Wien/Zürich 1997, 17-38.

E K. SCHEUCH/H. V. AALEMANN (Hrsg.), Das Forschungsinstitut. Formen der Institutionalisierung von Wissenschaft, Erlangen 1978.

W. SCHULZE, Neuere Geschichte – ein problematisches Fach?, in: H.-J. GOERTZ (Hrsg.), Geschichte, 287-317.

DERS., „Von den großen Anfängen des neuen Welttheaters". Entwicklung, neuere Ansätze und Aufgaben der Frühneuzeitforschung, in: GWU 44 (1993), 3-18.

CH. SIMON, Historiographie. Eine Einführung, Stuttgart 1996.

J. STREISAND, Deutsche Geschichte in einem Band. Ein Überblick, Berlin 1974.

B. VOM BROCKE, Wege aus der Krise: Universitätsseminar, Akademiekommission oder Forschungsinstitut. Formen der Institutionalisierung in den Geistes- und Naturwissenschaften 1810 – 1900 – 1995, in: CH. KÖNIG/E. LÄMMERT (Hrsg.), Konkurrenten in der Fakultät. Kultur, Wissen und Universität um 1900, Frankfurt/M. 1999, 191-215.

W. WEBER, Priester der Klio. Historisch-sozialwissenschaftliche Studien zur Herkunft und Karriere deutscher Historiker und zur Geschichte der Geschichtswissenschaft 1800-1970, 2. Aufl. Frankfurt/M./Bern/New York/Paris 1987.

P. WEINGART/W. PRINZ/M. KASTNER/S. MAASEN/W. WALTER, Die sog. Geisteswissenschaften: Außenansichten. Die Entwicklung der Geisteswissenschaften in der BRD 1954-1987, Frankfurt/M. 1991.

Europa: Zentren der Frühneuzeitforschung

Auf nach Europa. „Fort aus der deutschen und hinein in die europäische Geschichte", diese Parole wurde von dem Historiker Peter Rassow ausgegeben, als sich kurz nach dem Krieg, im Herbst 1946, einige deutsche Historiker in Göttingen trafen, um über die Zukunft der deutschen Geschichtswissenschaft nachzudenken [W. SCHULZE, Deutsche Geschichtswissenschaft nach 1945, München 1989, 160]. Auch mehr als 50 Jahre später bleibt die Forderung nach einer europäischen Perspektive in der Geschichtswissenschaft uneingelöst: das Geschichtsbewußtsein der europäischen Länder ist immer noch ein nationales. Auf politischer Ebene hingegen beschleunigt sich der europäische Einigungsprozeß. Auf dem Arbeitsmarkt sind Mobilität, Flexibilität, Sprachkenntnisse und Auslandserfahrung gefragte Qualifikationen. Die Europäische Gemeinschaft hatte sich bereits für 1992 das bildungspolitische Ziel gesetzt, daß mindestens 10% der deutschen Studierenden wenigstens ein halbes Jahr ihrer Studienzeit im Ausland verbringen sollen. Fünf Jahre später, im Jahre 1997, ist das Ziel erreicht worden: 11% aller deutschen Studierenden in höheren Semestern – ab dem 6. Hochschulsemester an Fachhochschulen bzw. ab dem 8. Hochschulsemester an Universitäten – immatrikulierten sich für ein Teilstudium an einer ausländischen Hochschule. Die Daten verdanken sich der 15. Sozialerhebung des Deutschen Studentenwerks DSW, durchgeführt von der Hochschulinformationssystem GmbH HIS und gefördert vom Bundesministerium für Bildung und Forschung, nachzulesen im Internet unter http://www.his.de/soz15. Zählt man noch diejenigen hinzu, die ein Auslandspraktikum, einen Sprachkurs oder einen sonstigen studienbezogenen Auslandsaufenthalt durchgeführt haben, so waren insgesamt mehr als ein Viertel der Studierenden in höheren Semestern, nämlich 27%, studienbedingt im Ausland; 1991 waren es lediglich 18%.

Studierende, die ein oder mehr Semester an einer ausländischen Universität verbringen wollen, sollten sich an das Akademische Auslandsamt ihrer Heimatuniversität und an den Deutschen Akademischen Austauschdienst (DAAD) (http://www2.daad.de) wenden. In höheren Semestern oder kurz vor dem Studienabschluß kann ein Studienaufenthalt mit ersten eigenständigen Forschungen und vielleicht sogar einem ausländischen Studienabschluß verknüpft werden. Wer beispielsweise vorhat, in Frankreich die maîtrise, in etwa vergleichbar mit dem deutschen Magister Artium, zu absolvieren, sollte sich frühzeitig mit der Betreuungsperson an der deutschen Heimatuniversität und mit dem Prüfungsamt absprechen, ob und unter welchen Bedingungen eine im Ausland angefertigte Arbeit auch in Deutschland anerkannt wird.

Bis es einen „Europäischen Wissenschaftlerarbeitsmarkt" [U. KARPEN, Ein europäischer Arbeitsmarkt der Wissenschaft, in: W. SCHMALE (Hg.), Studienreform Geschichte – kreativ, Bochum 1997, 191-208] geben wird, ist noch viel zu tun, vor allem, was die Anerkennung im Ausland erworbener Studienleistungen betrifft, aber immerhin: Die Nachfrage nach Stipendien wächst, es entstehen mehr und mehr supranational durchgeführte Forschungsprojekte.

Die folgende Aufstellung von Forschungszentren und Informationsadressen in verschiedenen europäischen Ländern richtet sich an Studierende in der Endphase ihres Studiums oder in der Orientierungsphase nach Abschluß des Studiums, die sich mit der Geschichte eines anderen Landes oder mit vergleichender Geschichtsforschung auseinanderzusetzen erwägen. Die folgende Auswahl erhebt keinerlei Anspruch auf Vollständigkeit, sie ist vielmehr überaus selektiv und soll einen ersten Eindruck vermitteln, wie viele Möglichkeiten es gibt. Sie umfaßt auch nicht alle europäischen Länder, sondern vor allem die Länder, die von deutschen Studierenden am häufigsten für einen Studienaufenthalt im Ausland gewählt werden. Auf die Nennung von Bibliotheken und Archiven wurde vollständig verzichtet, Universitätsinstitute werden nur dann genannt, wenn es in dem betreffenden Land keine eigenständigen Forschungszentren gibt. Die meisten Universitäten der Welt sind mittlerweile im Internet vertreten, ihre Internetadressen können über http://braintrack.com oder http://www.wifak.uni-wuerzburg.de/wuniv.htm gefunden werden. Eine Auflistung europäischer Hochschulen im Internet findet sich unter http://www.rewi.hu-berlin.de/Internet/uniscu.html. Über die Universitäts-Website wird man zu den Homepages der Fakultäten weitergeleitet, wo z.B. aus der Publikationsliste der oder des Lehrstuhlinhabenden und ihrer oder seiner Mitarbeiter oder aus dem Lehrangebot des laufenden Semesters die jeweiligen Forschungsschwerpunkte abgelesen werden können. Umfassende Informationen zu Geschichte und Geschichtsforschung in Europa gibt es auf der Website des Europäischen Hochschulinstituts und der Società Italiana per lo Studio della Storia Contemporanea (SISSCO) unter http://www. ine.it/LIB/SISSCO/references/europe.html. Für ihre Mühe bei der Beschaffung der notwendigen Informationen danke ich Dr. Dagmar Freist (Großbritannien), Cornel Zwierlein (Frankreich), Dr. Peter Burschel (Italien), Dr. Albrecht Graf von Kalnein und PD Dr. Christian Windler (Spanien), Prof. Dr. Thomas Fröschl (Österreich), Gudrun Piller und Sebastian Leutert (Schweiz), Dr. Hans-Jürgen Bömelburg (Polen), Dr. Helmut Gabel (Niederlande), Dr. Ingrid Bohn (Skandinavien).

Großbritannien. Das **German Historical Institute London** (GHIL) ist eines der sechs Deutschen Historischen Institute im Ausland. Die Forschungsschwerpunkte liegen in der Frühen Neuzeit, und hier besonders in der vergleichenden Geschichte Englands und Deutschlands, in der Geschichte des Commonwealth und in den Englisch-Deutschen Beziehungen im internationalen System. Ziel ist es, den Kontakt zwischen britischen und deutschen Historikern auszuweiten.

Das GHIL vergibt jedes Jahr bis zu sechsmonatige Forschungsstipendien für Doktoranden und Habilitanden. Die Stipendien werden jedes Jahr im September in der Wochenzeitung „DIE ZEIT" ausgeschrieben, Bewerbungsschluß ist gemeinhin Ende September. Regelmäßig werden Seminare und Stipendiatenkolloquien abgehalten, einmal jährlich findet eine Konferenz für deutsche und englische Postgraduates statt. Für einen Überblick über die deutsche Forschung zur britischen Geschichte ist die vom GHIL herausgegebene laufende Bibliographie „Research on British History in the Federal Republic of Germany" von Nutzen. Sie kann auch über das Internet abgerufen werden. Ebenso ist der Bibliothekskatalog über Internet zu erreichen.
Direktor: Prof. Dr. Peter Wende
Adresse: German Historical Institute, 17 Bloomsbury Square, GB-London WC1A 2LP,
Tel. (+44) 0171/4045486,
Fax (+44) 0171/4045573
Internet: http://www.ghil.co.uk

Das **Institute of Historical Research** (IHR) ist Teil der School of Advanced Study der Uni-

versity of London. Es richtet sich in erster Linie an Postgraduierte. Im Wochenrhythmus finden Forschungsseminare statt, z.B. zur Early Modern History. Jedes Jahr werden mehrere Stipendien über eine Länge von sechs Monaten bis zu einem Jahr an Doktoranden vergeben, die kurz vor Abschluß ihrer Dissertation stehen. Ein Teil dieser Stipendien ist für Doktoranden aller Nationalitäten ausgeschrieben, ein anderer Teil für Absolventen englischer Universitäten. Bewerbungsschluß ist jeweils im Februar eines Jahres. Über die Homepage des IHR erreicht man die „Teachers of History", eine elektronische Auflistung aller Historikerinnen und Historiker, die an englischen Universitäten arbeiten.
Adresse: Institute of Historical Research, School of Advanced Study, University of London, Senate House, Malet Street, GB-London WC1E 7HU, Tel. (+44) 0171/8628740, Fax (+44) 0171/4362183, e-mail: ihr@sas.ac.uk
Internet: http://ihr.sas.ac.uk

Wie das Institute of Historical Research gehört auch das **Aby Warburg Institute** zur School of Advanced Study der University of London. Es trägt den Namen seines Gründers, des Kunsthistorikers Aby Warburg, und betreibt interdisziplinäre Forschungen auf dem Gebiet der europäischen Geistes-, Literatur- und Kunstgeschichte. Schwerpunkt ist die Renaissance- und Humanismusforschung. Die verschiedenen Stipendien des Instituts haben eine Dauer von drei Monaten bis zu drei Jahren, bewerben können sich Doktoranden und Forscher unter 35 Jahren, die eine zweijährige Forschungstätigkeit nachweisen können. Die Ausschreibungen werden jedes Jahr im Oktober bekannt gegeben, die Auswahl findet im Februar/März statt. Für Forschungen über die Kultur- und Geistesgeschichte Europas in der Frühen Neuzeit gibt es z.B. ein Warburg-Wolfenbüttel-Stipendium für einen zweimonatigen Aufenthalt am Warburg Institute und einen zweimonatigen Aufenhalt in der Herzog-August-Bibliothek in Wolfenbüttel. Außerdem bietet das Warburg Institute einen einjährigen MA-Studiengang zur Kultur- und Geistesgeschichte der Renaissance an.

▷ S. 409 Deutschland: Prozeß der Institutionalisierung

Adresse: The Warburg Institute, University of London, Woburn Square, GB-London WC1H 0AB, Tel. (+44) 0171/8628949, Fax (+44) 0171/8628955
Internet: http://www.sas.ac.uk/warburg

Das 1993 gegründete Reformation Studies Institute in der schottischen Universitätsstadt St. Andrews zieht aufgrund seiner reichhaltigen Bibliothek und der guten Forschungsbedingungen Forscher und Studenten aus vielen Ländern an. Stipendien werden allerdings nur an Universitätsmitarbeiter und Postgraduierte sowie an Studenten aus osteuropäischen Ländern vergeben.
Adresse: St Andrews Reformation Studies Institute, St John's House, 69 South Street, GB-St Andrews, Fife KY16 9AL, Tel. (+44) 01334/462903, Fax: (+44) 01334/462927
Internet: http://www.st-and.ac.uk/institutes/reformation/rsiew.htm

Seit 1996 beherbergt das Max-Planck-Institut für Geschichte (MPIG) in Göttingen neben der Mission historique française en Allemagne (MHFA) auch den **British Centre for Historical Research in Germany**. Seine Aufgabe ist es, für britische Historiker eine permanente Forschungsstätte in Deutschland bereitzustellen. Richtet sich dieses Institut gemäß seinem Auftrag also zuvorderst an britische Doktoranden und Forscher, so kann es doch auch über Forschungsmöglichkeiten in Großbritannien Auskunft erteilen.

▷ S.407 Deutschland: Prozeß der Institutionalisierung

Adresse: Max-Planck-Institut für Geschichte, Hermann-Föge-Weg 11, 37073 Göttingen,

Tel. 0551/4956-0, Fax 0551/4956-170
Internet: http://www.geschichte.mpg.de/bc.html

Frankreich. Das **Deutsche Historische Institut Paris**/Institut historique allemand de Paris (IHAP) besteht seit 1964 und ist aus dem 1958 gegründeten „Centre Allemand de Recherches Historiques" hervorgegangen. Unterhalten wird es vom Bundesministerium für Bildung, Wissenschaft, Forschung und Technologie. Seine wissenschaftlichen Aufgaben bestehen darin, die Kontakte und die Zusammenarbeit der deutschen, französischen und westeuropäischen Historiker zu fördern, die Arbeiten französischer und westeuropäischer Forscher zur deutschen Geschichte sowie die Forschungen deutscher Historiker zur französischen und westeuropäischen Geschichte zu unterstützen. Weiter werden dort eigene Forschungen zur französischen, deutsch-französischen und westeuropäischen Geschichte von der Spätantike bis zur Gegenwart durchgeführt und veröffentlicht.

Die Arbeits- und Forschungsschwerpunkte lassen sich gegenwärtig unter dem Oberbegriff der deutsch-französischen Gemeinsamkeit und Interaktion in Europa fassen. Für die Frühe Neuzeit werden derzeit Themen bearbeitet wie Frankreich in Europa zwischen Humanismus und Absolutismus, die deutsch-französischen Beziehungen zwischen 1648 und 1789 oder die Französische Revolution und ihre Auswirkungen auf Deutschland, aber auch Themen der Wissenschafts- und Historiographiegeschichte.

Das Institut beherbergt eine Bibliothek mit Sammelschwerpunkt zur deutsch-französischen Geschichte. Das IHAP vergibt je nach Umfang der zur Verfügung stehenden Mittel Stipendien an deutsche Doktoranden und Habilitanden, die zur französischen, deutsch-französischen und westeuropäischen Geschichte forschen. Darüber hinaus wird Studenten die Möglichkeit geboten, die Arbeit des IHAP im Rahmen eines Praktikums kennenzulernen.
Direktor: Prof. Dr. Werner Paravicini
Adresse: Institut historique allemand Paris/Deutsches Historisches Institut Paris, 8 rue du Parc Royal, F-75003 Paris, Tel. (+33) 01/42715616, Fax (+33) 01/42715643
Internet: http://www.dhi-paris.fr

Die in den Gebäuden des Max-Planck-Instituts für Geschichte (MPIG) in Göttingen untergebrachte **Mission historique française en Allemagne** (MHFA) ist gewissermaßen das französische Pendant zum Deutschen Historischen Institut in Paris. Es fördert den wissenschaftlichen Austausch der Historiker in Frankreich und Deutschland durch Forschungsprojekte, Workshops und Kolloquien. Stipendien werden zwar nur an französische Studenten und Forscher vergeben, doch bietet die MHFA Informationen über in Deutschland und Frankreich laufende Forschungsarbeiten und macht auf die Universitäten, Institute und Forschungszentren aufmerksam, in denen diese Forschungen durchgeführt werden.

▷ S. 407 Deutschla Prozeß de Institution sierung

Adresse: Max-Planck-Institut für Geschichte, Hermann-Föge-Weg 11, D-37073 Göttingen, Tel. 0551/4956-0, Fax 0551/4956-170
Internet: http://www.geschichte.mpg.de/mission.html

Um die französischen Universitäten zu entlasten, wurde im Jahre 1939 in Paris der **Centre National de la Recherche Scientifique** (CNRS) gegründet. Über 11000 Forscher in 1200 Forschungseinheiten und Labors haben einen Jahresetat von umgerechnet fast 5 Milliarden DM. Eine Abteilung umfaßt die „Sciences de l'Homme et de la Société".

Adresse: Centre national de la recherche scientifique, 3 rue Michel-Ange, F-75794 Paris Cedex 16, Tel. (+33) 01/44964000, Fax (+33) 01/44965000
Internet: http://www.cnrs.fr

Der **Centre d'Études Supérieures de la Renaissance** (CESR) in Tours ist ein Institut des CNRS, das der François-Rabelais-Universität Tours angegliedert ist. Man kann dort erst ab dem vierten Universitätsjahr, also dem maîtrise-Jahr nach der licence, einsteigen; es werden dort neben maîtrises vor allem thèses erstellt (mit der Vorstufe Diplôme d'études approfondies D.E.A.); das Lehrpersonal setzt sich aus Professoren und maîtres de conférence zusammen, die gleichzeitig an Pariser Universitäten und écoles normales und/oder der Universität Tours arbeiten. Ziel des Instituts ist es, multidisziplinär die Renaissance-Epoche abzudecken; Spezialisten für Renaissance-Musikologie, Kunsthistoriker, „Normal"-Historiker, Buchhistoriker, Literaturwissenschaftler, Naturwissenschaftshistoriker u.v.m. finden sich dort. Die Bibliotheks- und Quellenlage in Tours ist nicht vergleichbar mit der in Paris, wohin man aber mit dem Hochgeschwindigkeitszug TGV innerhalb einer Stunde gelangen kann. Dafür bietet das CESR in Tours intensive Betreuung und anregende Kolloquien-Atmosphäre. Stipendien werden nicht offiziell ausgeschrieben.
Adresse: Centre d'Études Supérieures de la Renaissance (CESR), Université François-Rabelais, 59, rue Néricault-Destouches, F-37013 Tours Cedex, Tel. (+33) 02/47701700, Fax (+33) 02/47701701
Internet: http://www.univ-tours.fr/recherche/rec00.htm; link: „Invention et Construction de l'Europe", dann: CESR

Italien. Das **Deutsche Historische Institut**/Istituto Storico Germanico in Rom dient der Erforschung der italienischen und der deutschen Geschichte, insbesondere der deutsch-italienischen Beziehungen, vom frühen Mittelalter bis zur jüngsten Vergangenheit. Eine Besonderheit ist die Musikgeschichtliche Abteilung, deren Arbeitsgebiet die Beziehungen zwischen der deutschen und der italienischen Musik, ihre historischen Voraussetzungen und ihre Auswirkungen auf Europa umfaßt. Das Institut veranstaltet Tagungen zu Themen der italienischen Geschichte und der deutsch-italienischen Beziehungen sowie Kolloquien über seine Editionsprojekte und wendet sich in öffentlichen Vorträgen an das römische Publikum. Das Institut unterstützt deutsche Professoren, Studenten und wissenschaftliche Institutionen bei einschlägigen Forschungen und pflegt die Beziehungen zur italienischen Fachwissenschaft. Es vergibt in begrenzter Zahl Stipendien an Doktoranden, die für ihre Themen mit italienischen Archivalien arbeiten müssen, und organisiert jährlich einen Rom-Kurs, der in den Historischen Instituten der deutschen Universitäten ausgeschrieben wird.

Die Zeitschrift „Quellen und Forschungen aus italienischen Archiven und Bibliotheken" dokumentiert die aktuelle Forschungstätigkeit. Das DHI ist u.a. mit dem österreichischen Institut in Rom und dem römischen Institut der Görres-Gesellschaft Herausgeber der Nuntiaturberichte. Diese diplomatischen Korrespondenzen zwischen den päpstlichen Nuntien und Legaten – d.h. Berichterstattern und Gesandten – am Kaiserhof und im Reich einerseits und dem römischen Staatssekretariat andererseits stellen dank ihrer chronologischen Geschlossenheit eine einzigartige Quellensammlung zur politischen und kirchlichen Entwicklung im deutschen Raum während des

16. und 17. Jahrhunderts dar. Darüber hinaus geben sie auch Aufschluß über die europäische Politik des Papsttums und über die Geschichte und die Eigenart der päpstlichen Diplomatie.
Direktor: Prof. Dr. Arnold Esch
Adresse: Deutsches Historisches Intitut,
Via Aurelia Antica 391, I-00165 Roma,
Tel. (+39) 06/660492-1, Fax (+39) 06/6623838.
Internet: http://www.dhi-roma.it

Das 1973 auf Betreiben des Istituto Trentino di Cultura in Trient gegründete **Italienisch-Deutsche Historische Institut**/Centro per gli studi storici italo-germanici fördert Forschungen über die Beziehungen zwischen den deutschsprachigen Ländern und Italien. Zur Förderung der wissenschaftlichen Arbeit wurde eine Fachbibliothek eingerichtet, es werden Studientagungen und Seminare für italienische und deutschsprachige Wissenschaftler veranstaltet und nicht zuletzt regelmäßig Beiträge und wissenschaftliche Forschungsarbeiten veröffentlicht. Das Italienisch-Deutsche Historische Institut ist ein wissenschaftliches Forschungsinstitut, es arbeitet eng mit den universitären und akademischen Strukturen des deutschsprachigen und italienischen Kulturraums zusammen und berücksichtigt insbesondere auch die Geschichte Tirols und des Trentino.

Die Forschungstätigkeit des Instituts konzentriert sich in der Hauptsache auf die Geschichte der weltlichen und geistlichen Einrichtungen, die Kultur- und Wissenschaftsgeschichte, besonders in ihrer institutionellen Dimension, sowie die Wirtschafts- und Sozialgeschichte; sie umspannen in erster Linie einen Zeitraum, der von der Gründung des Heiligen Römischen Reiches bis zum Zweiten Weltkrieg reicht.

Das Institut fördert und organisiert wissenschaftliche Veranstaltungen für den italienischen und den deutschen Kulturraum, die besonders auf die Teilnahme junger Wissenschaftler abzielen. Um die Teilnahme von jungen Historikern an den jährlich im September stattfindenden Studienwochen zu fördern, stellt das Institut jedes Jahr 16 Stipendien – 8 für Italien und 8 für den deutschen Sprachraum – für jede Studienwoche zur Verfügung: diese Stipendien decken die Reise- und Aufenthaltskosten. Des weiteren schreibt das Institut meist im Januar eines Jahres mehrere viermonatige, bis zu einem Jahr verlängerbare Stipendien über die Forschungsthemen des Instituts für junge Geschichtswissenschaftler des deutschen und italienischen Kulturraums aus, um diesen die Möglichkeit zu bieten, bereits begonnene Forschungsarbeiten zu beenden.
Direktor: Prof. Dr. Giorgio Cracco (Universität Turin)
Adresse: Italienisch-deutsches Historisches Insitut, Via S. Croce, 77, I-38100 Trento,
Tel. (+39) 0641/210111 oder 210265,
Fax (+39) 0641/980436
Internet: http://www.itc.it/isic

Das **Europäische Hochschulinstitut** in Florenz ist eine von den Mitgliedstaaten der EU gegründete Unterrichts- und Forschungsanstalt für Postgraduierte. Es besteht seit 1976 und ist in den historischen Gebäuden der Badia Fiesolana in Fiesole bei Florenz untergebracht. Seine Aufgabe besteht darin, zur Entwicklung des kulturellen und wissenschaftlichen Erbes Europas beizutragen. Interdisziplinäre Forschungsvorhaben beschäftigen sich mit Fragen, die die europäische Gesellschaft in ihrer Gesamtheit und Vielfältigkeit betreffen. Die Forschungsprojekte sind im Bereich der Geschichte und Kulturgeschichte, der Wirtschafts-, Rechts-, Politik- und Gesellschaftswissenschaften sowie der Geistes- und Sozialwissenschaften angesiedelt und werden von den Professoren des Instituts betreut.

Jährlich werden etwa 100 Studentinnen und Studenten aufgenommen. Darüber hinaus werden im Rahmen des Jean-Monnet-Programms jedes Jahr etwa 20 Stipendien an Promovierte vergeben. Die Angenommenen, die aus einem Mitgliedland der EU stammen müssen, verbringen ein bis drei Studienjahre am Institut. Nach einem dreijährigen Forschungsaufenthalt können die Stipendiaten den Doktorgrad des Instituts erwerben, sie können aber auch, wenn sie ihr Promotionsstudium an ihrer Heimatsuniversität begonnen haben, einen Stipendienantrag für einen ein- bis zweijährigen Forschungsaufenthalt stellen.

Einmal wöchentlich findet in jeder Abteilung ein Forschungsseminar statt, dessen Programm mit den mittelfristigen Forschungsvorhaben der Lehrkräfte verknüpft ist. Diese Seminare sind zu sechs- bis achtwöchigen Intensivphasen je Trimester zusammengefaßt, so daß genug Zeit für Bibliotheks- und Archivstudien außerhalb von Florenz bleibt.

Die Arbeit der Abteilung für Geschichte und Kulturgeschichte befaßt sich u.a. mit der Geschichte Europas und der europäischen Länder vom 16. Jahrhundert bis heute in ihren vielschichtigen Beziehungen zueinander. Forschungsfragen drehen sich um Kontinuitäten und die Risse in der europäischen Entwicklungsgeschichte und um die politische, wirtschaftliche, soziale und kulturelle Vielfalt Europas. Dabei konzentriert sich die Arbeit auf die Zeit nach der Renaissance und klammert Kunstgeschichte und Ideengeschichte im engeren Sinne aus.

Adresse: Akademischer Dienst des
Europäischen Hochschulinstituts,
Badia Fiesolana, via dei Roccettini 9,
I-50016 San Domenico di Fiesole (FI),
Tel. (+39) 055/4685373,
Fax (+39) 055/4685444
Internet: http://www.iue.it

Spanien. An den historischen Fakultäten der spanischen Universitäten liegt das Hauptgewicht sehr stark auf der Lehre. Die Internetadressen aller spanischen Universitäten sind über das Red Académica y de Investigación Español erhältlich: http://www.rediris.es/recursos/centros/univ.es.html, sowie über die Homepage des Kultusministeriums, Ministerio de Educación y Cultura: http://www.mec.es. Es gibt ausgezeichnete und originelle Frühneuzeithistoriker in Spanien, aber weniger wirkungsvoll organisierte Forschungszentren, die deutschen Studenten von Nutzen sind.

Seit dem Ende der siebziger Jahre erlebt die Regionalgeschichte unter dem Einfluß der Annales und aus politischen Gründen einen Aufschwung: Mit der Autonomie von Katalonien und dem Baskenland wurden Gelder für die Regionalgeschichtsforschung bereitgestellt. So befaßt sich z.B. Xavier Gil Pujol, ein Schüler des bekannten Hispanisten John Elliott, am **Departament d'Història Moderna** der Universitat de Barcelona mit der Autonomiebewegung im 18. Jahrhundert und betreibt Ständeforschung in Katalonien und Aragón.

Adresse: Departament d'Història Moderna,
Universitat de Barcelona, Baldiri Reixac, s/n,
E-08028 Barcelona, Tel. (+34) 093/3333466,
Fax (+34) 093/3330614.
Internet: http://www.ub.es/facgh/gh.htm

Ebenfalls Autonomieforschung in der Frühen Neuzeit betreibt das **Institut d'Estudis Catalans** in Barcelona, das zu Beginn des 20. Jahrhunderts mit dem Ziel gegründet wurde, alle Aspekte der katalanischen Kultur zu be-

leuchten. Ein weiterer frühneuzeitlicher Forschungsschwerpunkt dort ist der Verlust der Privilegien durch die Ankunft der Bourbonen Anfang des 18. Jahrhunderts.
Adresse: Institut d'Estudis Catalans,
C. del Carme, 47, E-08001 Barcelona,
Tel. (+34) 093/2701620, Fax (+34) 093/2701180
Internet: http://www.iec.es

Der **Centro de Estudios Históricos** (CEH) in Madrid gehört zum Consejo Superior de investigaciones científicas (CSIC), einem multidisziplinären Forschungsinstitut, das dem Bildungs- und Kultusministerium zugeordnet ist. Der CEH besteht aus neun Abteilungen, gibt sieben Zeitschriften heraus und fördert Interdisziplinarität und wissenschaftlichen Austausch. Eine der neun Abteilungen ist der Departamento de Historia Moderna y Contemporánea, dessen Forschungsprojekte der Frühen Neuzeit sich z.Zt. mit der Stadtentwicklung im 16. Jahrhundert und mit der Zeit Philipps II. beschäftigen.
Adresse: Centro de Estudios Históricos,
C/Duque de Medinaceli 6, E-28014 Madrid,
Tel. (+34) 091/4290625, Fax (+34) 091/3690940.
Internet: http://www.ceh.csic.es

Die **Casa de Velázquez** in Madrid ist eine französische Gründung. Sie geht zurück auf die „École des Hautes Études Hispaniques", die 1909 von der Bordelaiser Universität in Madrid eröffnet wurde. Immer noch untersteht die Casa dem französischen Bildungsministerium. 18 Forscher und Forscherinnen verschiedener geisteswissenschaftlicher Fachrichtungen arbeiten in der Casa de Velázquez, meist für einen Zeitraum von 2 Jahren. Für Prä- und Post-Docs gibt es Fördermöglichkeiten. Schwerpunkte der historischen Forschung liegen in der Hispanismusforschung, der Renaissance und der Zeit der Katholischen Könige.
Adresse: Ciudad Universitaria, C/ de Paul Guinard, 3, E-28040 Madrid,
Tel. (+34) 091/4551580, Fax (+34) 091/5446870
Internet: http://www.maptel.es/casa.velazquez/edefault.htm

Österreich. In Österreich ist die Frühneuzeitforschung an den Universitäten über Professuren verankert. Global denkt man an der **Universität Wien**: Dort gibt es Professuren für die Geschichte der Neuzeit, die alle Perioden von der Frühen Neuzeit bis zur Neuesten Geschichte abdecken. Arbeitsgruppen befassen sich schwerpunktmäßig mit Frauen- und Geschlechtergeschichte, Wissenschaftsgeschichte, Westeuropäischer und Nordamerikanischer Geschichte. Seit 1974 werden die „Wiener Beiträge zur Geschichte der Neuzeit" herausgegeben.
Internet: http://www.univie.ac.at

Alle österreichischen Universitäten und Hochschulen findet man im Internet unter http://www.univie.ac.at/links/uni_uniioe.html.

Am Wiener Institut für Geschichte ist auch die Wiener Arbeitsstelle der Jüngeren Reihe der Deutschen Reichstagsakten (Karl V.) angesiedelt unter dem langen Namen „Historische Kommission bei der **Bayerischen Akademie der Wissenschaften** – Arbeitsstelle Wien am Institut für Geschichte der Universität Wien".
Adresse: Historische Kommission bei der Bayerischen Akademie der Wissenschaften, Institut für Geschichte, Dr.-Karl-Lueger-Ring 1, A-1010 Wien, Tel. (+43) 01/427740828.

Das **Institut für die Erforschung der Frühen Neuzeit** (i.e.f.n.) in Wien wurde 1989 als private Forschungsinstitution von einer Gruppe von interdisziplinär ausgerichteten Forscherinnen und Forschern gegründet, um Aktivitäten, die im Zusammenhang mit der Frühen

Neuzeit stehen, zu fördern und zu koordinieren. Mitglieder dieses Vereins sind sowohl Wissenschaftler, die sich vorwiegend mit der Periode des 16. bis 18. Jahrhunderts beschäftigen, als auch interessierte Laien. Das i.e.f.n. hat einen kulturwissenschaftlichen Schwerpunkt, der darauf abzielt, Beziehungen zwischen Gefügen der Macht und kulturellen Bedeutungen aufzudecken. Interdisziplinäre Fragestellungen haben das i.e.f.n. im deutschsprachigen Raum zu einem Kontaktzentrum für Frühneuzeitforschende im Bereich der Geschichte, Kulturgeschichte, Literaturwissenschaft und der benachbarten Disziplinen gemacht. Das Institut gehört zu der Arbeitsgemeinschaft der Frühneuzeit-Institute, der in Deutschland das Institut für Kulturgeschichte der Frühen Neuzeit in Osnabrück, das Zentrum zur Erforschung der Frühen Neuzeit in Frankfurt/Main und das Interdisziplinäre Zentrum für die Erforschung der europäischen Aufklärung in Halle angehören. Darüber hinaus bestehen Kontakte u.a. mit der Tschechischen Republik und Ungarn. Zweimal jährlich wird die „Frühneuzeit-INFO" herausgegeben, die wissenschaftliche Aufsätze, Bibliographien und Informationen zu Kongressen, Ausstellungen und laufenden Forschungsprojekten enthält. Daneben werden Vorträge und Exkursionen angeboten, Kongresse und Workshops veranstaltet und eigene Forschungsprojekte, die u.a. Mitteleuropa behandeln, durchgeführt.

▷ S. 412 f. [De]utschland: Prozeß der [Ins]titutionalisierung

Adresse: i.e.f.n, Pfeilgasse 29/4, A-1080 Wien,
Tel. (+43) 01/4088636.
Internet: http://www.univie.ac.at/neuzeit

Schweiz. Die **Allgemeine Geschichtsforschende Gesellschaft der Schweiz** (AGGS) gibt mehrfach im Jahr ein Bulletin heraus, in dem in regelmäßigen Abständen alle Historischen Institute der Schweizer Universitäten mit den Namen der Professoren abgedruckt sind; außerdem werden die laufenden und abgeschlossenen Dissertationen und Lizentiatsarbeiten eines jeden Lehrstuhl aufgeführt, so daß ein guter Einblick in das dort behandelte Themenspektrum möglich ist.
Adresse: Generalsekretariat AGGS, Unitobler,
Länggassstr. 49, CH-3000 Bern 9,
Fax (+41) 031/6314410

Bern, die Hauptstadt der Schweiz, ist auch Sitz der maßgeblichen Archive zur Schweizer Geschichte; so ist hier neben dem Staatsarchiv des Kantons Bern das Schweizer Bundesarchiv beheimatet. Am Historischen Institut der **Universität Bern** lehrt Peter Blickle, dessen Forschungsschwerpunkte auf der Reformationszeit und der Schweizer Geschichte in europäischer Perspektive liegen. Die Forschungen der Institutsmitarbeiter behandeln z.B. Formen politischer Repräsentation, Reformation und Konfessionalisierung in Europa, Sozial-, Mentalitäts- und Kulturgeschichte des Katholizismus in der Frühen Neuzeit. Außer dieser Abteilung für Frühe Neuzeit gibt es eine Abteilung für Schweizer Geschichte bis 1800 und für Wirtschafts-, Sozial- und Umweltgeschichte.
Adresse: Universität Bern, Historisches
Seminar, Unitobler, Länggassstr. 49,
CH-3000 Bern 9, Tel. (+41) 031/6318091,
Fax (+41) 031/6314410
Internet: http://www.cx.unibe.ch/hist/
index.htm

Am **Historischen Seminar der Universität Zürich** wird an mehreren Lehrstühlen schwerpunktmäßig die Frühe Neuzeit behandelt. Prof. Dr. Bernd Roeck befaßt sich u.a. mit Deutscher und Italienischer Geschichte sowie Kultur- und Alltagsgeschichte. Prof. Dr. Urs Bitterli setzt einen Schwerpunkt in der Kolonial- und Entdeckungsgeschichte.

Adresse: Universität Zürich, Historisches Seminar, Karl-Schmidt-Str. 4,
CH-8006 Zürich, Tel. (+41) 01/6343866,
Fax (+41) 01/6344913
Internet: http://www.hist.unizh.ch

Das **Institut für schweizerische Reformationsgeschichte** (IRG) an der Universität Zürich wurde 1964 errichtet. Sein Hauptzweck ist die Erforschung der schweizerischen Reformationsgeschichte, wobei gegenwärtig u.a. folgende Projekte verfolgt werden: eine Zwingli-Edition – auch auf CD-Rom –, eine Bullinger-Edition und eine Edition von Quellen zur Geschichte der Zürcher Kirche von 1532 bis 1575.
Adresse: Institut für schweizerische Reformationsgeschichte, Kirchgasse 9,
CH-8001 Zürich, Tel. (+41) 01/6344756,
Fax (+41) 01/6344991.
Internet: http://www.unizh.ch/irg

Das **Institut d'histoire de la Réformation** (IHR) in Genf ist an die Universität angegliedert. Es fördert die Forschung zur Geschichte des Christentums und der Theologie vom 15. bis 18. Jahrhundert. Seit 1998 ist Prof. Dr. Olivier Fatio der Direktor. Aus dem Genfer Umfeld stammt die 1997 neu gegründete Zeitschrift für Intellectual History. Die École doctorale européenne vergibt jährlich etwa 10 Stipendien.
Adresse: Université de Genève, Institut d'histoire de la Réformation, 3, place de l'Université, CH-1211 Genève 4, Tel. (+41) 022/77057133, Fax (+41) 022/77057128.
Internet:http://www.unige.ch/ihr/index.htm und http://www.unige.ch/lettres/des/des98/sm/sm-index.html

Polen. Aufgabe des **Deutschen Historischen Instituts**/Niemiecki Instytut Historyczny in Warschau ist es, die deutsch-polnischen Beziehungen, insbesondere auch deren gesellschaftliche Aspekte, Fragen der vergleichenden Geschichte Deutschlands und Polens sowie der Historiographie zu erforschen. Darüber hinaus veröffentlicht das DHI Forschungsergebnisse, Quellen zu den deutsch-polnischen Beziehungen und historische Studien in deutscher bzw. polnischer Übersetzung. Zu den Tätigkeitsfeldern des Instituts gehört ebenfalls die Erteilung von Auskünften und die Vermittlung wissenschaftlicher Kontakte, vornehmlich zwischen Polen und Deutschland, aber auch zu wissenschaftlichen Einrichtungen anderer Staaten.

Forschungen zur Frühen Neuzeit beinhalten insbesondere die frühneuzeitliche Geschichte Polens und des Großfürstentums Litauen, die Landesgeschichte der ostdeutschen Territorien Preußenland, Pommern und Schlesien, die baltische Landesgeschichte für Kurland und Lettgallen sowie die Geschichte der Juden. Das Institut vergibt Stipendien zur Förderung von Forschungsvorhaben auf dem Gebiet der polnischen Geschichte und der Geschichte der deutsch-polnischen Beziehungen vom Mittelalter bis zum 20. Jahrhundert und stellt in der Bibliothek Forschungsliteratur zur deutschen und polnischen Geschichte der Frühen Neuzeit bereit. Über die Homepage des DHI sind auch polnische Forschungseinrichtungen erreichbar.
Direktor: Prof. Dr. Klaus Ziemer
Adresse: DHI Palac Kultury i Nauki, XVII p., Plac Defilad 1, skr. 33, PL 00901 Warszawa,
Tel. (+48) 022/6567181, -7182, -7183;
Fax (+48) 022/6937006
Internet: http://www.dhi.waw.pl

Schwerpunkte der Frühneuzeitforschung des **Historischen Instituts der Polnischen Akademie der Wissenschaften** in Warschau sind die Geschichte des polnischen Parlamen-

tarismus und der zentralen Institutionen der Krone Polens und Litauens in der Frühen Neuzeit, Reformation und Gegenreformation und die Aufklärung und Periode der Reformen in Polen (1764-1795).
Adresse: Instytut Historii im. Tadeusza Manteuffla, Rynek Starego Miasta 29/31, PL-00272 Warszawa, Tel. (+48) 022/8313642 oder 8310261 bis 64, Fax (+48) 022/8313642

Frühneuzeitforschung wird auch an den Historischen Instituten der polnischen Universitäten betrieben. Das Historische Institut der **Universität Warschau** verfolgt in etwa die gleichen Forschungsschwerpunkte wie das Historische Institut der Polnischen Akademie der Wissenschaften, darüber hinaus die vergleichende Geschichte Europas in der Frühen Neuzeit.
Adresse: Instytut Historyczny UW, ul. Krakowskie Przedmieöcie 26/28, PL-00927 Warszawa; Tel. (+48) 022/8261988, Fax: (+48) 022/8261988
Internet: http://www.uw.edu.pl

Die anderen Universitäten betreiben vor allem regionale Landesgeschichte. So legt z.B. das Historische Institut der **Universität Breslau** den Schwerpunkt auf die Schlesische Landesgeschichte
Adresse: Instytut Historyczny Uniwersytetu Wroclawskiego, ul. Szewska 49, PL-50139 Wroclaw; Tel. (+48) 071/402541, Fax (+48) 071/402848,
Internet: www.admin.uni.wroc.pl;
in **Stettin** wird die Pommersche Landesgeschichte erforscht
Adresse: Instytut Historii Uniwersytetu Szczecinskiego, ul. Wojska Polskiego 65, PL-70478 Szczecin; Tel. (+48) 091/4343818; Fax (+48) 091/4343818,
Internet (auch in deutscher Sprache): http://unic.szczecin.pl;
am Historischen Institut der **Universität Danzig** die Danziger Stadtgeschichte
Adresse: Instytut Historii Uniwersytetu Gdanskiego, ul. W. Stwosza 55, PL-80952 Gdansk,
Internet: http://www.univ.gda.pl).

Das Historische Institut der **Universität Thorn** befaßt sich schwerpunktmäßig mit der Preußischen Landesgeschichte sowie mit der Geschichte der Ostsee und Skandinaviens, darüber hinaus mit der Konfessionalisierung
Adresse: Wydzial Nauk Historycznych, pl. Teatralny 2a, PL-87100 Torun, Tel. (+48) 056/262-03, Fax (+48) 056/262-03
Internet: http://www.uni.torun.pl;
während in **Krakau** Forschung zu Humanismus und Renaissance sowie Adelsforschung betrieben wird.
Adresse: Instytut Historii UJ, ul. Golebia 13, PL-31007 Kraków, Tel. (+48) 012/4221033,
Internet: http://www.uj.edu.pl).

Niederlande. Forschungsinstitutionen mit alleiniger Orientierung auf die Frühe Neuzeit gibt es in den Niederlanden nicht. Generell ist zu beobachten, daß die Segmentierung der Neueren Geschichte, wie wir sie in Deutschland kennen, in den Niederlanden weit weniger verbreitet ist. Die Zahl der Lehrstühle bzw. Professuren mit inhaltlich-funktionaler Anlehnung an das in Deutschland praktizierte Periodisierungsschema, d.h. mit festumrissenem frühneuzeitlichen Stellenprofil, ist verhältnismäßig gering. Beispiele dafür sind in Leiden Nicolette Mout als führende Kennerin des Alten Reiches in den Niederlanden und Simon Groenveld als Spezialist für die Geschichte der Niederländischen Republik sowie in Utrecht Maarten Prak. Statt isoliert betrachtet zu werden, wird die Frühe Neuzeit in den Niederlanden in systematische Fach- und

Forschungszusammenhänge eingebettet, die Auseinandersetzung mit ihr findet in epochenübergreifenden Professuren, Seminaren oder institutionalisierten Fachgruppen statt; diese gelten z.B. der Sozial- und Wirtschaftsgeschichte, Seefahrtsgeschichte, Kolonialgeschichte, Militärgeschichte, Kulturgeschichte, Frauengeschichte etc. Räumlich ist die Frühneuzeitforschung vor allem in Utrecht, Leiden, Rotterdam und Amsterdam angesiedelt:

Am **Forschungsinstitut für Geschichte und Kultur** in Utrecht beschäftigen sich W.W. Mijnhardt mit der Ideengeschichte des 18. Jahrhunderts, Maarten Prak mit der Sozial- und Verfassungsgeschichte Alteuropas sowie Johann Aalbers und Guido de Bruin mit den frühneuzeitlichen internationalen Beziehungen. Das Institut entwickelt längere Forschungsprogramme, arbeitet interdisziplinär und fördert den wissenschaftlichen Nachwuchs durch die Einrichtung sog. Onderzoekscholen, vergleichbar mit Graduiertenkollegs.

Adresse: Onderzoeksinstituut voor Geschiedenis en Cultuur (OGC), Universiteit Utrecht, Trans 10, NL-3512 JK Utrecht,
Tel. (+31) 030/2538239,
Fax (+31) 030/2536000.
Internet: http://www.let.uu.nl/ogc

In Leiden forscht Nicolette Mout über den Humanismus und das Alte Reich, während sich Rudolf M. Dekker in Rotterdam und Willem Frijhoff an der Freien Universität Amsterdam schwerpunktmäßig mit kultur- und mentalitätsgeschichtlichen Fragen auseinandersetzen.

Die Geschichtsfakultät der **Erasmus-Universität in Rotterdam** arbeitet eng mit dem Huizinga-Institut in Amsterdam zusammen, einer noch jungen, 1995 gegründeten universitären Einrichtung der interdisziplinären Ausbildung und Forschungsförderung im Bereich der Kulturgeschichte.

Adresse: Erasmus Universiteit Rotterdam, Faculteit der Historische en Kunstwetenschappen, Faculteitsbureau, Burgermester Oudlaan 50, L-gebouw, Kamer L3-39, Postbus 1738, NL-3000 DR Rotterdam,
Tel. (+31) 010/4082510, Fax (+31) 010/4532922
Internet: http://www.eur.nl/FHKW/index.html

Das **Instiuut voor Nederlands Geschiedenis** (Institut für Niederländische Geschichte) in Den Haag ist eine außeruniversitäre, staatliche Einrichtung, die sich hauptsächlich mit der Erschließung und Publikation historischen Quellenmaterials zur niederländischen Geschichte beschäftigt. Darunter befindet sich auch frühneuzeitlich relevantes Material wie die bedeutende Serie der Resolutionen der Staten-Generaal oder der Briefwechsel des holländischen Ratspensionärs Anthonie Heinsius von 1702 bis 1720, der inzwischen unverzichtbar ist für die Erforschung des europäischen Mächtesystems um 1700.

Adresse: Het Nederlands Instituut voor Geschiedenis, Prins Willem Alexanderhof 5, Postbus 90755, NL-2509 LT Den Haag,
Tel. (+31) 070/3814771, Fax (+31) 070/3854098

Skandinavien. Lehrstühle oder Institute, die sich ausschließlich auf die Frühe Neuzeit konzentrieren, gibt es in Skandinavien nicht. Zwar unterscheidet man auch in Skandinavien Mittelalter und Neuzeit. Dabei ist zu erwähnen, daß die Anfänge des nordischen Mittelalters, des nordisk medeltid, v.a. in Hinblick auf Christianisierung und Stadtentwicklung später zu datieren sind als in West- und Kontinentaleuropa. In der Praxis vermeidet man aber eher die groben Periodisierungen und gliedert in kleinere, deutlich ereignis- und strukturbezogene Phasen. Allerdings findet sich in den Charakterisierungen einzelner Forschungsprojekte auch der Begriff „tidigt modern tid", was wohl am ehesten dem Begriff „frühe Neuzeit" entspricht, während „nytid" oder auch „nyare tid" (schwedisch, in den anderen skandinavischen Sprachen ähnlich) die Neuzeit allgemein bezeichnet.

Im folgenden sind die historischen Institute derjenigen Universitäten in Norwegen, Dänemark und Schweden genannt, die in ihrem Profil ein schwerpunktmäßiges Interesse an der Erforschung des Zeitraums von 1500 bis 1800 zeigen.

An den Historischen Instituten der **Universität Stockholm** liegt der Schwerpunkt der Forschung auf der neueren Geschichte ab 1850.
Adresse: Historiska Institutionen, Stockholms Universitet, S-10691 Stockholm,
Tel. (+46) 08/163673.
Internet: http://www.historia.su.se

Ein frühneuzeitliches Projekt an der **Universität Göteborg** beschäftigt sich mit Schwedens Bevölkerung 1571-1750 und wird von Lennart Palm geleitet. Ansonsten gibt es in Göteborg ein umfassendes Forschungsprogramm über die kultur- und wirtschaftshistorischen Besonderheiten Westschwedens im 18. und 19. Jahrhundert.
Adresse: Historisk Institut, Universitet Göteborg, S-41298 Göteborg

An der **Universität Oslo** stehen die dänisch-norwegischen Beziehungen zwischen 1536 und 1648 im Mittelpunkt des Forschungsinteresses, außerdem Hafen- und Seefahrtsgeschichte zwischen 1750 und 1814.
Adresse: Historisk Institut, Universitetet i Oslo, 1008 Blindern, N-0315 Oslo,
Tel. (+47) 22855050
Internet: www.uio.no

Das Historische Institut der Universität im dänischen **Odense** besitzt zwei Forschungsbereiche zur Frühen Neuzeit. Der erste Bereich umfaßt die Politische Geschichte im europäischen Kulturkreis und deckt den Zeitraum von 1500 bis heute ab, wobei ein Schwerpunkt auf der dänischen Geschichte zwischen dem 16. und 18. Jahrhundert liegt. Der zweite Bereich behandelt Wirtschafts- und Sozialgeschichte einschließlich der Regionalgeschichte und beschäftigt sich mit der Zeit nach 1600.
Adresse: Institut for Historie, Kultur och samfundsbeskrivelse, Odense Universitet, Campusvej 55, DK-5230 Odense M.,
Tel. (+45) 65572100, Fax (+45) 65932974
Internet: www.ou.dk/hum

Almut Franke-Postberg

Asien: Geschichte im eurasischen Zusammenhang

Zeittafel

um 1450	Beginn einer langen wirtschaftlichen Expansionsperiode am Indischen Ozean.
1453	Einnahme von Byzanz/Istanbul durch die Osmanen.
um 1510	Beginn portugiesischer Eroberungen in Asien.
1520-66	Höhepunkt osmanischer Machtentfaltung unter Sultan Süleyman „dem Prächtigen“.
1526	Gründung des Mogul-Reiches in Nordindien.
1542	Beginn der Jesuitenmission in Asien.
1565	Beginn der spanischen Kolonisation der Philippinen.
1588-1629	Aufbau einer zentralisierten Monarchie in Iran unter Shah Abbas I. „dem Großen“.
1603	Einigung und Befriedung Japans durch die neue Dynastie der Tokugawa-Shogune.
1619	Beginn der holländischen Kolonisation Indonesiens, zunächst Javas.
1639	Abschottung Japans von der Außenwelt (bis 1853) und Ausrottung des Christentums.
1644	Eroberung Chinas durch die Mandschuren und Gründung der Qing-Dynastie (bis 1911).
1683	Niederlage der Osmanen vor Wien.
1689	Beginn der inneren Aushöhlung des Mogulreiches.
ca. 1720-70	Blütezeit Chinas unter der Qing Dynastie.
1722	Sturz der Safawiden-Herrschaft in Iran durch eine afghanische Invasion.
1757	Ende der Mongolen als Machtfaktor Innerasiens.
1757	Beginn der britischen Eroberung Indiens.
um 1790	Beginn des krisenhaften Niedergangs des Chinesischen Reiches.
1818	Abschluß der Eroberung des indischen Kernlandes durch die Briten.
1842	„Öffnung“ Chinas durch die Westmächte.
1854	„Öffnung“ Japans durch die Westmächte.

Zeitbewußtsein und Periodisierungsformen. Entwickelt man Epochenvorstellungen aus der Innenansicht der asiatischen Zivilisationen heraus, dann erweisen sich weder die Periodisierungsschemata im Europa-Maßstab noch die im Welt-Maßstab als direkt übertragbar. Asien ist nicht erst in der Neuzeit „entdeckt“ worden. Kulturelle Begegnungen zwischen Europa und Asien, die schriftlich dokumentiert sind, hat es seit den Perserkriegen und dem Vorstoß Alexanders d. Gr. nach Indien immer gegeben. Die Kreuzzüge waren ein „clash of cultures“ großen Stils. Über Chinesen und Mongolen unterrichteten mehrere Reisende des Mittelalters. Allein Japan kann als wirkliche Entdeckung der Neuzeit gelten. Vor 1543 hat sehr wahrscheinlich kein Europäer japanischen Boden betreten. Anders als in Amerika folgte in Asien den ersten Kontakten keineswegs die Eroberung auf dem Fuße. Das ganze 16. Jahrhundert hindurch rückte vielmehr umgekehrt ein asiatischer Militärstaat, das Osmanische Reich, offensiv gegen die christlichen Mächte vor. Die Kolonialgeschichte eignet sich nicht als Periodisierungsmaßstab: Vor 1780 kam nur ein verschwindend kleiner Teil Asiens – Bengalen, Ceylon (Sri Lanka), einige indonesische Inseln und die Philippinen – unter europäische Herrschaft. Die asiatischen Zeitgenossen der europäischen Frühen Neuzeit wurden zwar in vielfältiger Weise indirekt durch den entstehenden ökonomischen Globalzusammenhang („modernes Weltsystem“) berührt; die Verbreitung amerikanischer Nutzpflanzen in China oder die Einbindung zahlreicher asiatischer Länder in weltumspannende Edelmetallströme sind gute Beispiele dafür. Doch drangen Europa und seine Kultur vor dem 19. Jahrhundert nicht in den Bewußt-

▷ S. 27 f. Seit 1517: Religion und Politik

▷ S. 44 Nach 1648: Verdichtung von Herrschaft

▷ S. 307 ff. Schlüsselbegriffe und Konzepte: Globalisierung

▷ S. 452 Afrika: Die afrikanisch-europäische Begegnung

seinshorizont asiatischer Bevölkerungsmehrheiten ein. Daran änderten auch die Missionsbemühungen der Jesuiten in China und Indien nichts, deren vorübergehende Erfolge sich auf winzige Elitegruppen beschränkten. In Japan war das Christentum nach 1639 illegal; in der gesamten islamischen Welt konnte die Mission neben den fortbestehenden alten Ostkirchen keinen neuen Boden gewinnen.

▷ S. 76ff. Seit 1492: Begegnung der Kulturen

▷ S. 91 Nach 1609: Freie Meere als Aktionsfeld

Der Epochenbezeichnung „Neuzeit" liegt schon bei den Zeitgenossen der Reformation, der Hochrenaissance und der Entdeckung und Eroberung Amerikas das Gefühl eines Ausbruchs aus mittelalterlicher Stagnation oder aus den sich immer wiederholenden Kreisläufen der Geschichte zugrunde. Ein solches frühes Fortschrittsdenken, das die Neuartigkeit und Einzigartigkeit der erlebten Gegenwart und die Offenheit der Zukunft betont, läßt sich zur gleichen Zeit in den asiatischen Zivilisationen nicht feststellen. Auch fehlt bei ihnen ein Element, das Europa unverwechselbar charakterisierte: die Wiederbelebung eines maßstäblichen Altertums, dessen Überlieferungen man zum Teil durch ein ihm folgendes „dunkles Zeitalter" verschüttet glaubte. Allenfalls bezogen sich religiöse Reformbewegungen auf unkorrumpierte Stiftungsakte. Politische Kritik berief sich – vor allem in China – auf die Verhaltensmodelle früher Idealherrscher und Musterbeamter. Die Aufbruchstimmung einer umfassenden zivilisatorischen Wiedergeburt, einer Re-naissance, läßt sich nirgendwo in Asien feststellen. Daher spielte die Epochentrias Antike – Mittelalter – Neuzeit im Geschichtsbewußtsein der asiatischen Zivilisationen keine Rolle [zur Periodisierung allg. GREEN].

Auch fehlte noch die Vorstellung, durch die Entwicklungen in Europa, über die man kaum etwas wußte, und durch das kommerzielle und kolonisierende Ausgreifen der Europäer in einen universalen, von Europa geprägten Prozeß hineingezogen worden zu sein. Die vorherrschende Zeitwahrnehmung orientierte sich weiterhin kulturspezifisch an Herrscherdynastien und Herrschaftsperioden. Die damit verbundenen Kontinuitätsperspektiven waren ganz unterschiedlich beschaffen. In Japan zum Beispiel war und ist man von der bruchlosen Kontinuität der kaiserlichen Linie seit dem mythischen Urherrscher Jimmu überzeugt. Auch die Chinesen ließen ihre Geschichte mit frühzeitlichen Kulturheroen, etwa dem „Gelben Kaiser", beginnen, wendeten aber spätestens auf die Zeit nach der Gründung des Einheitsreiches im Jahre 221 v. Chr. das Modell des dynastischen Zyklus an; damit wurde jeder einzelnen Dynastie ein sich wiederholendes Grundmuster von Entstehung, Blüte und innerem Verfall zugeschrieben. Die islamische Geschichtssicht hat eine kürzere Perspektive und geht nur bis zur Religionsoffenbarung des 7. Jahrhunderts zurück, deren Umstände und Folgen bei Sunniten und Schiiten unterschiedlich beurteilt werden; die schiitische Lehre diente 1501 zur religionspolitischen Untermauerung eines neugegründeten Gottesstaates im Iran. In anderen Fällen steht ein großer weltlicher Integrator und Gesetzgeber am Beginn der historischen Erinnerung, etwa bei den Mongolen Dschingis Khan (1155-1227). Jede der asiatischen Zivilisationen besaß also eine selbständige Vision von der eigenen Geschichte und ihrer zeitlichen Form. Die christliche Weltzeit „anno Domini" verbreitete sich in Asien erst allmählich seit etwa der Mitte des 19. Jahrhunderts.

Die Asien-Historiographie, d.h. die Geschichtsschreibung über Asien – die westliche ebenso wie die in den asiatischen Ländern selbst entstandene –, benutzt Begriffe wie „Frühe Neuzeit“ oder „early modern period“ bislang selten. Erst in den letzten Jahren sind sie an sichtbarer Stelle verwendet worden. So erschien 1991 der Band der vorzüglichen „Cambridge History of Japan“, der die Zeit zwischen etwa 1550 und 1800 behandelt, unter dem Titel „Early Modern Japan“ [HALL]. Denselben Titel wählte zwei Jahre später einer der maßgebenden amerikanischen Japanhistoriker für eine Gesamtdarstellung der Periode zwischen 1570 und 1850 [TOTMAN]. Die „Cambridge History of South-East Asia“, die den neuesten Forschungsstand zusammenfaßt, grenzte bei ihrem Erscheinen 1992 eine Epoche 1500-1800 ab, ohne sich inhaltlich auf den Begriff der (frühen) „Moderne“ festlegen zu wollen [TARLING]. Vom Indien des 16. bis 18. Jahrhunderts ist zuweilen als „frühneuzeitlich“ die Rede, allerdings eher aus didaktischen als aus argumentativ entwickelten Gründen.

Im chinesischen Fall, wo die Periodisierungsdiskussion am heftigsten geführt wird, hat sich bis heute kein Konsens über eine sinnvolle Epocheneinteilung ergeben. Es ist aufschlußreich, sich die Spannweite der Vorschläge vor Augen zu führen. Mindestens sechs davon lassen sich unterscheiden. Schlägt man in dem Standardwerk des bedeutenden französischen Sinologen Jacques Gernet nach, so sieht man, daß er die chinesische „Neuzeit“ im 17. Jahrhundert beginnen läßt, ohne sie allerdings als „frühmodern“ zu charakterisieren [GERNET]. Dagegen hat – zweitens – eine mit den Theoriedebatten der Geschichtswissenschaft durchaus vertraute amerikanische Chinahistorikerin neuerdings wieder die in China herkömmliche Periodenbildung nach Dynastien bekräftigt [EBREY]. Einer dritten Ansicht zufolge erlebte China bereits während der Song-Dynastie (960-1279), also Jahrhunderte vor Europa, einen Durchbruch zu so etwas wie früher wirtschaftlicher und gesellschaftlicher Modernität; es kam allerdings nicht zu einer Entwicklung von bürgerlicher Gesellschaft und industrieller Wirtschaftsweise [FEUERWERKER]. Dies würde rechtfertigen, die tiefste Epochenzäsur des letzten Milleniums etwa ins 12. Jahrhundert zu verlegen. Nicht wenige Autoren fassen – viertens – die letzten beiden Dynastien (Ming und Qing, 1368-1911) unter dem Epochennamen „spätkaiserliches China“ zusammen. Fünftens machen sich Vertreter einer ebenfalls verbreiteten Position von den Dynastiegrenzen unabhängig und glauben, um 1550 und 1800 sozialökonomische, wenngleich nicht auch politische Epochengrenzen zu erkennen. Damit nähern sie sich zumindest formal einer europäischen Auffassung von Früher Neuzeit. Eine sechste Position vertreten die meisten Historiker in der Volksrepublik China. Nachdem sie allmählich einen pauschalen marxistischen Feudalismus-Begriff aufgegeben haben, sind sie zu einer konventionelleren Periodisierung zurückgekehrt; dabei gilt das Ende des englisch-chinesischen Opiumkrieges (1842) als Beginn der „späten Qing-Zeit“ und zugleich der chinesischen Moderne.

Ähnliche Überlegungen werden zu fast allen anderen Regionen Asiens angestellt. Das Ende der asiatischen Frühen Neuzeit kam zu unterschiedlichen Zeitpunkten im Verlaufe des 19. Jahrhunderts, als der westliche Imperialismus kolonisierend oder marktöffnend intervenierte. Aus diesem Grunde reicht die nebenstehende Zeittafel über das Datum 1800 hinaus.

Zwischen Europazentrismus und Exotismus. Es wäre voreilig, die Scheu von Asienhistorikern vor der Kategorie der Frühen

Neuzeit auf Ignoranz oder Begriffs- und Theoriefeindschaft zurückzuführen. Ihr Zögern hat tiefere Gründe. Es verweist auf ein grundsätzliches Dilemma beim Versuch, weltgeschichtliche Zusammenhänge zu erfassen und darzustellen. Viele Historiker erkennen heute, daß ein Weg zwischen zwei Extremen gefunden werden muß: zwischen Europazentrismus und Exotismus.

Als europazentrisch kann man ein Bündel von drei universalistischen Vorstellungen bezeichnen: erstens: die „erfolgreiche" Entwicklung Europas und seines Ablegers Nordamerika – also des „Westens" oder „Abendlandes" – hin zu Macht und Reichtum sei der Normalpfad der geschichtlichen Entwicklung, alles andere seien aus Defiziten erklärbare Abweichungen; zweitens: seit der „Entdeckung" und beginnenden Kolonisierung anderer Weltteile durch die Europäer sei nahezu aller gesellschaftliche Wandel dort auf beabsichtigte oder auch ungewollte europäische Einwirkungen zurückzuführen; drittens: außereuropäische Gesellschaften und ihre Geschichte ließen sich vollkommen in der universal anwendbaren Sprache der modernen westlichen Sozial- und Geschichtswissenschaften beschreiben und erklären, wie dies vor allem der Marxismus und die soziologische Modernisierungstheorie versucht haben.

Exotistisch kann man die radikale relativistische Gegenposition nennen, die Überzeugung nämlich, erstens: jedes Volk, jede Zivilisation oder Nation folge allein einem einzigartigen inneren Bewegungsgesetz, der Vergleich asiatischer mit europäischen Entwicklungen sei daher unmöglich und unzulässig; zweitens: zumindest bis zum Beginn des „Zeitalters des Imperialismus" könne die Geschichte Asiens gleichsam autark, also unter Ausblendung jeglicher Außenkontakte mit Europa geschrieben werden; drittens: zur Beschreibung und Interpretation außereuropäischer Gesellschaften dürfe man sich allein der Terminologie der einheimischen Quellen bedienen; ein westlicher „Begriffsimperialismus", also die Anwendung wissenschaftlicher Kategorien mit Universalitätsanspruch, verzerre das wahre Wesen „des Anderen".

Die noch wenigen Historiker, die heute zum Beispiel von „early modern Japan" oder vom „frühneuzeitlichen Indien" sprechen, beziehen in der Spannung zwischen Europazentrismus und Exotismus eine vermittelnde Position. Auf der einen Seite verfechten sie die Einheit der Weltgeschichte als eines realen oder methodisch konstruierten Zusammenhangs und, sich daraus ergebend, die Einheit der Geschichtswissenschaft als einer transkulturell gültigen Form des Wissens. Sie halten es daher für legitim, an eine Gesellschaft Fragen und Konzepte heranzutragen, die nicht aus ihr selbst heraus entstanden sind. Auf der anderen Seite lehnen sie die Vorstellung ab, die neuzeitliche Weltgeschichte bestehe in der mehr oder weniger gründlichen Durchsetzung westlicher Errungenschaften und der einzig gültige Maßstab sei das Gelingen oder Scheitern von „Modernisierung" nach euro-amerikanischem Vorbild. Ihre mittlere Lösung besteht darin, erstens: nach Verbindungen zwischen relativierender Innensicht und universalisierender Außensicht zu suchen; zweitens: die Sprache der Quellen und die der modernen sozial- und kulturwissenschaftlichen Theorie (die zugegebenermaßen europäischen Ursprungs ist) geschmeidig zu kombinieren; drittens: die Besonderheit einer jeden Zivilisation mit „anthropologischer" Einfühlung anzuerkennen, aber dennoch die Möglichkeit von interkulturellen und internationalen Vergleichen nicht zu bestreiten.

Asien ist in dieser Sicht anders als Europa, aber es ist nicht das fremde und undurchdringliche „ganz Andere".

Auf der Grundlage solcher Überlegungen wird eine Erweiterung der Frühneuzeitforschung über Europa hinaus in Umrissen sichtbar. Allerdings haben sich erst wenige Autoren dieser Aufgabe gestellt. Die Tendenz zu immer weiter fortschreitender fachlicher Spezialisierung erschwert den Dialog zwischen Regionalexperten und setzt diejenigen, die über Kulturgrenzen hinausgreifende Synthesen und Vergleiche anstreben, leicht dem Verdacht des Dilettantismus aus. Die semantische Frage, ob die Epochenbezeichnung „Frühe Neuzeit" sinnvoll auf Asien bezogen werden kann, ist nicht der einzig mögliche und vielleicht nicht der ergiebigste Ausgangspunkt für eine den Okzident überschreitende Auffassung epochaler Gleichzeitigkeit. Zwei andere Strategien sind denkbar.

Erstens können historische Grundbegriffe, die nicht eindeutig einem europäischen Kontext verhaftet sind – letzteres wäre z.B. der Fall bei „Konfessionalisierung" oder „Gutsherrschaft" –, auf ihre Brauchbarkeit zur Erfassung komplexer vormoderner Gesellschaften Asiens überprüft werden. Solche Begriffe wären etwa „höfische Gesellschaft", „Protoindustrialisierung" oder „Volkskultur". Es ginge nicht darum, derlei Termini einem widerstrebenden Quellenmaterial aufzuzwingen, sondern sie vielmehr durch Erweiterung des empirischen Bezugsrahmens anzureichern und evtl. zu modifizieren. Zweitens ist es möglich zu versuchen, durch transkulturellen Vergleich der Erklärung zentraler historischer Phänomene näher zu kommen, als dies in einem rein (west-) europäischen Bezugsfeld gelingen kann. Zum Beispiel hat der Wechsel des demographischen Grundmusters hin zu der „modernen" Formel von niedriger Fertilität plus niedriger Sterblichkeit zuerst in England eingesetzt, bereits wenig später aber auch in Japan – lange vor Kontinentaleuropa und erst recht vor dem übrigen Asien. Die Parallelität der Entwicklung erlaubt in einer strikten komparativen Versuchsanordnung Aufschlüsse über ihre Voraussetzungen und Ursachen [Macfarlane].

Europa – Asien – Eurasien. Im Unterschied zu „Europa" ist „Asien" nichts als eine geographische Kategorie, noch dazu ein Name, der von außen als Fremdbeschreibung geprägt wurde. Bis heute gibt es kein kollektives Zugehörigkeitsgefühl zu Asien, das der gemeinsamen Identität der Europäer vergleichbar wäre. Die Menschen Asiens leben in mehreren Zivilisationen, die sich nach Religion, Sprache, Lebensform und historischer Erfahrung außerordentlich voneinander unterscheiden. Es fehlen die für Europa charakteristischen einheitsstiftenden Bindekräfte wie Latinität und Christentum, Römisches Recht und Universalreichsgedanke. Den zahlreichen europäischen Beobachtern der asiatischen Szenerie während der Frühen Neuzeit war diese Vielfalt Asiens deutlicher bewußt als den Europäern des 19. und 20. Jahrhunderts. Die dichotomische Gegenüberstellung von Europa und Asien, Okzident und Orient bildete sich erst um 1800 heraus, als sich das große machtpolitische und wirtschaftliche Weltgefälle zwischen Europa und Asien anbahnte. Erst danach wurde es üblich, pauschal über „die Asiaten" zu reden und ihnen eine untergeordnete Bedeutung in der weltgeschichtlichen Entwicklung zuzuweisen [Osterhammel 1998]. Auch die Uralgrenze als östliche Begrenzung Europas fand erst im späten 18. Jahrhundert allgemeine Anerkennung. Geographische Hand-

Forschungsstimme

Der Münchner Osmanistin **Suraiya Faroqhi** ist es gelungen, in ihrer Kulturgeschichte des Osmanischen Reiches auch die Gemeinsamkeiten mit Europa und die Unterschiede zu ihm im Auge zu behalten. Dies zeigt sich an ihren Ausführungen zur kulturellen Vielfalt im Reich des Sultans:

„Man muß berücksichtigen, daß es im Osmanischen Reich eine viel größere kulturelle Heterogenität gab als in den europäischen Staaten der frühen Neuzeit. In den meisten Ländern Europas blieben nach den Vertreibungen der Juden im Spätmittelalter sowie den verschiedenen Reformationen und Gegenreformationen nur kleine religiöse Minderheiten übrig. Auf dem osmanischen Balkan lebten in mehr oder weniger kompakten Gruppen Griechisch-Orthodoxe, Katholiken und in dem Vasallenstaat Siebenbürgen eine Anzahl von Protestanten. Daneben gab es, besonders in Istanbul und Saloniki, auch Juden. In Anatolien lebten Griechisch-Orthodoxe und armenische Christen, selbst wenn sie im 16. Jahrhundert offenbar nicht so zahlreich waren wie später im 19. Jahrhundert. Alle diese Gruppen verfügten jeweils über eine liturgische Sprache, die sich von der gesprochenen unterschied. So sprachen etwa die sephardischen Juden im Alltagsleben einen spanischen Dialekt, den Evlya Çelebi, der sprachkundige osmanische Reisende des 17. Jahrhunderts, als ‚Jüdisch' ansah. Unter den griechisch-orthodoxen Bewohnern Zentralanatoliens gab es nicht wenige, die im Alltagsleben Türkisch sprachen und ihren Kindern türkische Namen gaben; die griechische Sprache wurde nur von den Geistlichen in der Liturgie benutzt. Aber auch unter den anatolischen Muslimen gab es eine sehr große heterodoxe Gruppe, der die Verfolgungen, denen ihre Mitglieder im Gegensatz zu den Nichtmuslimen ausgesetzt waren, nicht viel hatten anhaben können. Als Alevî bekannt, stellen sie auch in der heutigen Türkei eine bedeutende religiöse Minderheit. [...]

Parallel zu der Kultur des Palastes und der ulema [der Religionsgelehrten] existierten also in mehreren Untertanengruppen Schriftkulturen, die wir heute als wichtiger einschätzen, als das noch vor zehn oder zwanzig Jahren der Fall war. [...] Es ist offenkundig, daß man hier mit einer bloßen Dichotomie von Hochkultur und Volkskultur noch weniger operieren kann als im frühneuzeitlichen Frankreich [...]."

Quelle: S. Faroqhi, Kultur und Alltag im Osmanischen Reich. Vom Mittelalter bis zum Anfang des 20. Jahrhunderts, München 1995, S. 18-19.

bücher und Reisesammlungen der Frühen Neuzeit ordneten Asien in erster Linie nach politischen Kriterien und nach einer Typologie der Volkscharaktere, wie sie auch in der Wahrnehmung der Europäer untereinander eine große Rolle spielte. Religiöse Gesichtspunkte waren von nachgeordnetem Interesse. Für die Annahme großer Unterschiede im Lebensstandard zwischen Europa und Asien gab es wenige Anhaltspunkte in der von Reisenden beobachteten Wirklichkeit. Der Kontrast zwischen einem dynamischen Europa und einem angeblich stagnierenden Asien schließlich erscheint als Denkfigur erst in der Geschichtsphilosophie zur Zeit der Französischen Revolution.

Lesende Europäer waren spätestens seit etwa 1700 über alle Teile Asiens vorzüglich informiert [Lach/Van Kley]. Auf ihrer mentalen Landkarte waren vor allem die großen Reiche des Ostens deutlich markiert: das Osmanische Reich, das sich vom Balkan bis an die Grenze Marokkos erstreckte und trotz seiner Niederlage 1683 vor Wien weiterhin als Großmacht galt; das ihm im Dauerkonflikt benachbarte Reich der persischen Safawiden-Schahs, das 1722 unter einer Invasion afghanischer Stämme zusammenbrach; das Mogulreich in Indien, das seine Glanzzeit während der ersten Hälfte des 17. Jahrhunderts erlebt hatte und nach dem Tod des Großmoguls Aurangzeb 1707 allmählich zerfiel; das Chinesische Kaiserreich, 1644 von den nordostasiatischen Mandschuren unter dramatischen Umständen erobert, dann unter der Mandschu- oder Qing-Dynastie zu innerem Frieden, wirtschaftlicher Blüte und imperialistischer Ausdehnung geführt; Japan, außenpolitisch in freiwilliger Isolation, im Innern wohlgeordnet und wohlhabend; das Zarenreich, das seine Kontrolle über Nord- und Zentralasien stetig ausbaute.

Unübersichtliche politische Verhältnisse herrschten in Indien, wo den Mogulen niemals die völlige Unterwerfung der hinduistischen Fürstenstaaten gelungen war. Von der politischen Zersplitterung des Subkontinents im 18. Jahrhundert profitierten zunehmend die Briten, die zunächst als ein Faktor unter vielen im indischen Machtspiel auftraten. Schon früher hatte sich die Niederländer in ähnlicher Weise die antagonistische Kleinstaaterei im indonesischen Archipel zunutze gemacht. Auch auf der „hinterindischen" Halbinsel fehlte eine friedenserzwingende Vormacht, ohne daß die Europäer daraus koloniale Vorteile zu ziehen vermocht hätten. Eine aufwendige diplomatische Freundschaftsoffensive Ludwigs XIV. (r. 1643-1715) in Richtung Siam scheiterte 1688 nach dem Sturz der frankophilen Hofpartei. Schließlich gab es in Asien zwei große Regionen, in denen sich, wie man es von europäischer Warte aus sah, die urtümliche Lebensform des kriegerischen Nomadismus erhalten hatte: zum einen das Arabien der Wüstenstämme, über welches die Osmanen nie mehr als eine nominelle Oberhoheit ausgeübt hatten, zum anderen das riesige Gebiet im Herzen des Kontinents, das auf europäischen Karten als „Tatarei" bezeichnet wurde; es reichte vom Schwarzen Meer bis zur Großen Chinesischen Mauer und schloß in den Augen mancher Geographen sogar noch Tibet ein.

Diese „Tatarei" – nach heutigen Begriffen ein sehr weit gefaßtes Zentralasien – war für die europäische Asienauffassung von größter Bedeutung. Nicht das vorindustrielle Europa bildete nach Ansicht frühneuzeitlicher europäischer Historiker die wichtigste Quelle historischer Dynamik seit dem Höhepunkt des Imperium Romanum, sondern das karge und meeresferne Barbarenland in der Mitte zwischen den seßhaften Zivilisationen. Es hatte Skythen, Hunnen, die Mongolen Dschingis Khans, die Türken Osmans (r. 1281?-1326), die unbesiegten Reiterheere Timurs (1336?-1405) und die mandschurischen Bezwinger der Ming-Dynastie hervorgebracht. Nimmt man noch das folgenreichste historische Ereignis des Frühmittelalters – den Siegeszug des Islam – hinzu, das ebenfalls von „barbarischen" Kriegern an der Peripherie der großen Reiche ausgelöst worden war, so lag das Material bereit für eine Interpretation der neueren Weltgeschichte als Wechselspiel zwischen nomadischer Viehzucht (Pastoralismus) und Ackerbau, Reiterblitzkriegen und Defensive der dekadenzanfälligen Hochkulturen. Bereits im 18. Jahrhundert hat Edward Gibbon (1737-1794), der größte Historiker der Aufklärung, dieses Geschichtsbild als gewaltiges Panorama ausgemalt [Gibbon].

Eine solche eurasiatische Geschichtsauffassung, die Europa und Asien durch mannigfache Wirkungszusammenhänge verbunden sah, ging nach etwa 1820 mit der dichotomischen Simplifizierung der europäischen Weltsicht verloren. Erst in den 1960er Jahren ist sie wiederbelebt worden und findet zunehmende Aufmerksamkeit [Hodgson; Goldstone; Goody; Subrahmanyam]. Konsequent weitergedacht, führt sie dazu, das frühneuzeitliche Europa nicht nur in einen maritim-kolonialgeschichtlichen, sondern auch in einen kontinental-eurasiatischen Kontext einzubetten. Für Gottfried Wilhelm Leibniz (1646-1716), Voltaire (1694-1778), Edward Gibbon, August Ludwig Schlözer (1735-1809) und die besten Köpfe der Jesuitenmission war eine solche Perspektive selbstverständlich.

Von der Kultur- zur Sozialgeschichte. Gemäß der heute üblichen Sicht der neueren Entwicklung der europäischen Historiographie überwand die Sozialgeschichte die ältere Politikgeschichte und wurde selbst wiederum nach kurzer Vorherrschaft durch die Kulturgeschichte relativiert oder gar ersetzt. Für die Asienforschung gilt eine andere Sequenz. Hier stand Kulturgeschichte – vor allem als Religionsgeschichte – am Anfang. Allmählich brachte sich ihr gegenüber eine Politikgeschichte zur Geltung, die mehr war als eine bloße Nacherzählung einheimischer Chroniken.

Die große Errungenschaft der letzten Jahrzehnte war eine facettenreiche Sozialgeschichte, deren Position bis heute kaum geschwächt ist. Diese Sozial- (und Wirtschafts-) geschichte interessiert sich selbstverständlich auch für epochale Prozesse. Sie wäre realitätsblind, würde sie zugunsten von Mikrohistorie und anthropologischer Fallbeschreibung auf eine Untersuchung etwa der Ursachen wirtschaftlicher Entwicklung und Unterentwicklung in Asien verzichten [Tipton]. Auf der anderen Seite ist sie aber selten der Faszination subjektloser Strukturanalysen erlegen. In Japan, Indien und begrenzt auch in der Volksrepublik China wirkte eine Geschichte „von unten" korrigierend. Außerdem ging die Erforschung der ländlichen Gesellschaft oft geradezu aus ethnologischen Dorfstudien hervor, wie sie z.B. für China seit den 1930er Jahren unternommen worden sind. Einer späteren „Anthropologisierung" bedurfte es gar nicht. Schließlich hat die Tradition der Religionsgeschichte von vornherein die Aufmerksamkeit für Sinnbildungen und Symbolisierungen geschärft. Die Notwendigkeit, mit sperrigem Quellenmaterial in asiatischen Sprachen umzugehen, verstärkte – zumindest für westliche Historiker – die Sensibilität für die textlichen Aspekte der Überlieferung. Eine schroffe Gegenüberstellung von Sozial- und Kulturgeschichte verfehlt daher die Eigenart des asienwissenschaftlichen Forschungskontextes.

Von den großen Abstraktionen der Soziologie des 19. Jahrhunderts, die nach Besonderheiten von „oriental society" oder „asiatischer Produktionsweise" suchte, hat man sich längst verabschiedet. Nicht nur die Individualität der einzelnen großen Zivilisationen ist sichtbar geworden, sondern auch die Spezifik von „regional societies" in ausgedehnten Ländern wie China, Indien oder dem Osmanischen Reich. Regional- oder gar Lokalstudien beherrschen heute die Literatur. Insofern als die grobe Dichotomie „Ost-West" eine immer geringere Rolle spielt, kommt der offenere Blick der Aufklärung auf Asien wieder zu seinem Recht. Asien wird auch nicht mehr vorwiegend unter dem Gesichtspunkt betrachtet, was ihm gegenüber Europa „fehlt" – städtische Autonomie, kapitalistische Wirtschaftsgesinnung oder wie auch immer die herkömmlichen Antworten lauten. Dennoch haben es Asienhistoriker häufig mit anderen Problemstellungen zu tun als europazentrierte Frühneuzeitler. Dafür einige Beispiele:

Schon die Zeitgenossen sahen in seinem „milden" Klima einen natürlichen Vorzug Europas vor anderen Kontinenten. Daran ist mindestens so viel richtig, daß die Vielfalt der Lebensformen in Asien ohne Berücksichtigung der Kulturökologie unverstanden bleibt. So beruhten die Zivilisationen Javas, Burmas, Vietnams, des südlichen und zentralen China sowie des westlichen Indien auf intensiver, „gartenbauartiger" Naßreiskultivierung, der produktivsten Form von Landnutzung in der vormodernen Welt. Die natürlichen Bedingungen tropischer Landwirtschaft schufen einen materiellen Rahmen, den auch die Sozial- und Kulturgeschichte nicht ignorieren kann. Ähnliches gilt etwa für die bereits von

Die Europäer der Frühen Neuzeit wurden durch Hunderte von Reisebeschreibungen über alle Länder Asiens unterrichtet. Viele dieser oft umfangreichen und hochgelehrten Werke verbanden landeskundliche Information mit anekdotischer Unterhaltung. Ein literarisch besonders ansprechender Text stammt von **Adam Olearius**, einem der besten Prosaschriftsteller des deutschen Barock, der von 1633 bis 1639 eine holsteinische Delegation als Gesandtschaftssekretär nach Rußland und Persien begleitete. Persien war kurz zuvor von Schah Abbas I. (dem Großen, r. 1587-1629) in einem großen staatsbildenden Kraftakt in eine wohlgeordnete Militärmacht verwandelt worden. Wie alle Reisebeschreiber der damaligen Zeit, äußert sich auch Olearius zum „Charakter" des besuchten Volkes:

„Die Perser sind von Natur mit statlichen Ingenii und guten Verstande begabet / seynd scharffsinnig und lehrhafft / daher gibt es unter ihnen viel treffliche Poeten / welche nachdenckliche Dinge schreiben / und halten in gemein die freyen Künste in hohen Werth: Sie seynd im Gemüthe nich stoltz / daß sie ihren Nehesten verachten solten / sondern leutselig und gesellig / erzeigen sich gegen einander / und sonderlich gegen Frembde / gar freundlich / gebrauchen im reden sonderliche Höfflichkeit und Demuth / als wenn sie einen zu sich ins Hauß bitten wollen. [...] Sie seynd sonst gutthätig / danckbar gegen die / so ihnen etwas verehren / aber grawsam gegen ihre Beleidiger. Sie seynd auch hertzhafft / daher sie gute Soldaten geben / und offt ihr Leben bey Augenscheinlicher Gefahr kühnlich wagen."

Bild: Frontispiz der unten genannten Quelle.

Quelle: A. Olearius, Vermehrte Moscowitische und Persianische Reisebeschreibung [1656], Neudruck hrsg. v. D. Lohmeier (Deutsche Neudrucke. Reihe Barock Bd. 21), Tübingen 1971, S. 589, 591.

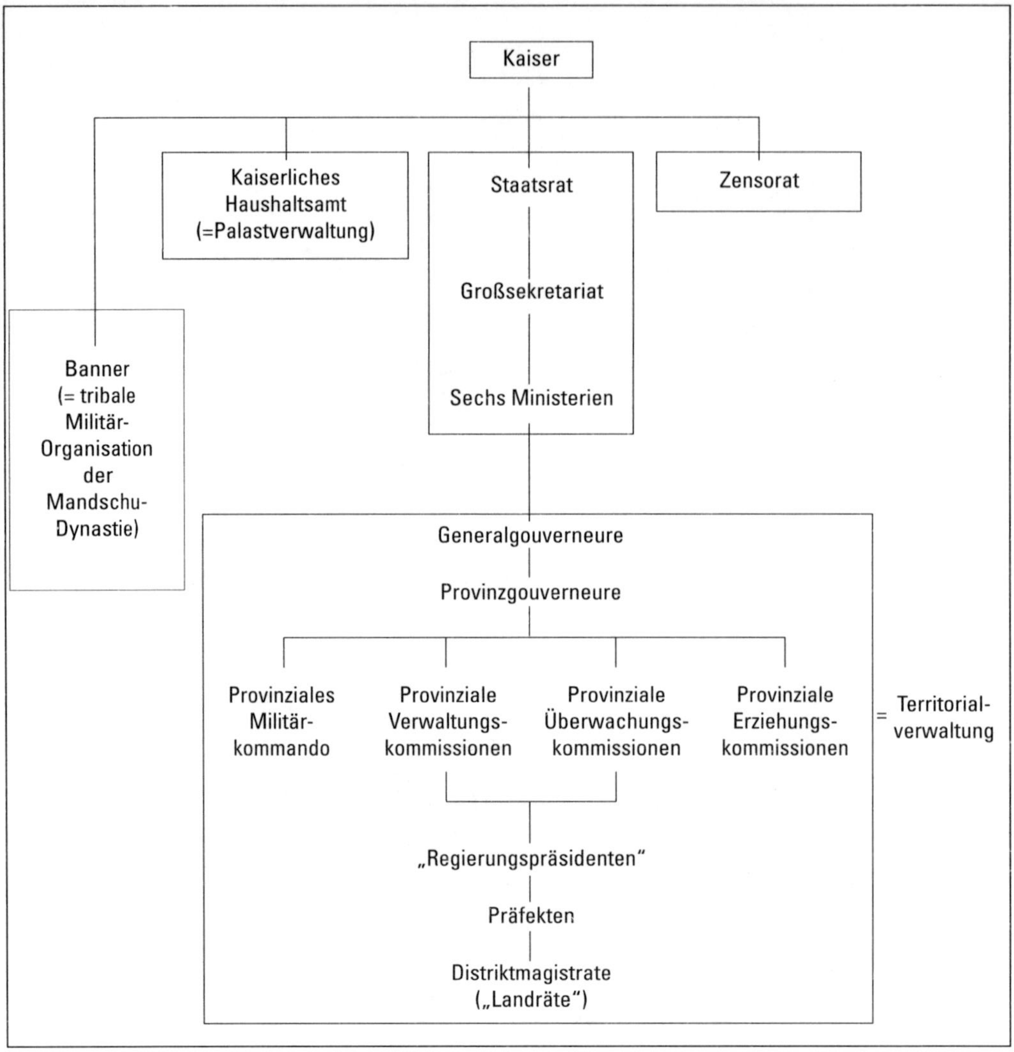

Despotismus und Bürokratie: Der chinesische Staat im 18. Jahrhundert. Charles-Louis de Secondat, Baron de la Brède et de Montesquieu (1689-1755), einer der großen französischen Sozialtheoretiker, stellte 1748 in seinem Werk „De l'esprit des lois" („Vom Geist der Gesetze") die europäische Monarchie und die „orientalische Despotie" mit idealtypischer Schärfe einander gegenüber. Manche, etwa Voltaire (1694-1778), fanden diese Dichotomie übertrieben und unrealistisch, andere versuchten sie empirisch zu widerlegen. Aber sie blieb einflußreich bis ins 20. Jahrhundert hinein. Auf China hatte Montesquieu seinen Despotiebegriff nur sehr eingeschränkt anwenden wollen. Man erkannte in Europa – durchaus zutreffend –, daß man es in China keineswegs mit einer gewalttätigen Willkürherrschaft zu tun hatte, wie es sie tatsächlich unter einigen Herrschern des 17. Jahrhunderts in Isfahan und Konstantinopel gegeben hatte. Mochten auch nicht alle Lobeshymnen auf die Perfektion des chinesischen politischen Systems zutreffen, so handelte es sich ohne Zweifel im frühen 18. Jahrhundert um eine weltweit einzigartig rationale Ordnung. Sie beruhte auf einer Art von Gleichgewicht zwischen einem starken Kaiser und einer ausgedehnten Bürokratie, die durch Staatsprüfungen nach dem Prinzip persönlicher Befähigung rekrutiert wurde. Eine Art von militärfeudaler Erbaristokratie gab es nur in Gestalt der politisch belanglosen mandschurischen „Banner". Regionale Machtzentren konnten sich nicht entwickeln, da alle Gouverneure und die ihnen unterstellten Beamten nach dem Rotationsprinzip alle drei Jahre in andere Provinzen versetzt wurden. Eine Besonderheit war das Zensorat, ein Amt, das seinen Inhabern das Recht verlieh, unfähige oder korrupte Beamte zur Rechenschaft zu ziehen und sogar den Kaiser zu kritisieren.

Das System bestand in ähnlicher Form kontinuierlich bereits seit dem 10. Jahrhundert. Es erreichte den Höhepunkt seiner Funktionstüchtigkeit um 1730. Eine im Diagramm unsichtbare Voraussetzung seines Erfolges waren zum einen die aktive Staatsführung durch kompetente und hart arbeitende Monarchen, zum anderen eine gemeinsame normative Orientierung des Beamtenkorps an der Staatsethik des Konfuzianismus.

Gibbon meisterhaft analysierte Ökologie des nomadischen Pastoralismus [Gibbon, Kap. 50; Chaudhuri 1985, Kap. 8-9].

Besonderes Interesse haben in den letzten zwei oder drei Jahrzehnten städtische Lebensformen im frühneuzeitlichen Asien gefunden. Hier hat Max Webers (1864-1920) idealtypische Kontrastierung von okzidentaler und orientalischer Stadt anregend gewirkt, ohne durchweg bestätigt worden zu sein. Webers These etwa von der politischen Abhängigkeit der asiatischen Kaufmannschaft hat sich nicht pauschal bestätigen lassen. Die neuere Forschung betont zum einen die großräumige Vernetzung von Städten, zum anderen die je kulturspezifische Semiotik urbaner Räume [Chaudhuri 1985, Kap. 11; Reid, Bd. 2, Kap. 2].

Die großen Reiche und Staaten Asiens außer Japan waren allesamt polyethnische Gebilde, d.h. Vielvölkerstaaten, oft sogar mit landesfremden Machteliten. Die Frage ethnischer und überhaupt kommunaler Minderheiten reduziert sich daher nicht, wie in Europa, auf Außenseiter und stigmatisierte Randgruppen, sondern betrifft den Kern sozialen Zusammenlebens und politischer Ordnung. Die Stabilität der großen Reiche beruhte weitgehend auf einem interethnischen Interessenausgleich.

In weiten Teilen Asiens, vor allem im Inneren des Kontinents, waren tribale, d.h. auf Stammeszusammenhängen aufbauende Vergesellschaftungsformen von größerem Gewicht als in Europa, wo sie nur noch an Peripherien vorkamen wie etwa im schottischen Hochland. Schriftlose „Wilde“ mit egalitärer Lebensweise nach dem Verständnis der europäischen Anthropologie gab es nur in Sibirien und in unzugänglichen Hochländern. Asiatische Gesellschaften waren im Regelfall ebenso stark hierarchisiert wie die europäischen des Ancien Régime, aber meist nach anderen Ordnungskriterien. Ein geburtsständischer Adel war außerhalb Japans und Malaias nur schwach ausgeprägt, eine leibeigene Bauernschaft nach ostelbisch-russischem Modell keineswegs die Regel. Die vertikale soziale Mobilität in Ländern wie China und dem Osmanischen Reich war vermutlich nicht geringer als die im zeitgenössischen (West-) Europa. Die Kastengesellschaft des hinduistischen Indien blieb ein für Asien insgesamt untypischer Sonderfall. Solidaritätskriterien wie gemeinsame regionale Herkunft hatten zuweilen eine höhere Bindekraft als Schichten- oder Klassenzugehörigkeit. Religionsunterschiede erreichten selten die Sprengkraft der europäischen Glaubensspaltung. Selbst islamische Eroberer scheuten meist vor der Zwangsbekehrung nicht-muslimischer Untertanen zurück. Im ganzen kann man sagen, daß europäische Sozialstrukturmodelle oft zu einfach sind, um das frühneuzeitliche Asien zu erfassen.

Forschung im Kontext. Die großen Zivilisationen Asiens verfügten ausnahmslos über Gelehrten- und Schreiberschichten, die die Träger von Aktenproduktion und Historiographie waren. Besonders China und das Osmanische Reich hinterließen in den Jahrhunderten der Frühen Neuzeit in einem solchen Umfang schriftliche Dokumente, daß deren wissenschaftliche Erschließung die Historiker noch lange beschäftigen wird. Die einheimische Chronistik und Geschichtsschreibung übte zunächst einen großen Einfluß auf die im frühen 19. Jahrhundert entstehenden europäischen Orientwissenschaften aus, die sich anfangs vielfach mit Übersetzungen asiatischer Werke begnügten. Nur die europäische Erforschung der Geschichte der Osmanen begann bereits in der Frühen Neuzeit. Sie erreichte

Asaf-ud-Daula, Nawab von Awadh (r. 1775-1797), war keiner der „großen" Herrscher Asiens, aber ein für das späte 18. Jahrhundert in Süd- und auch Südostasien ziemlich typischer. Er war der Herrscher des kleinen nordindischen Staates Awad (oder Oudh) mit seiner Hauptstadt Lucknow, der sich – wie viele andere indische Regionen auch – im Verfallsprozeß des Mogulreiches von einer Provinz in ein de facto selbständiges Fürstentum verwandelt hatte. Dies geschah 1732. Awadh hatte damals den Ruf eines wohlhabenden und relativ gut regierten Landes. Es profitierte zunächst von Konflikten zwischen anderen Machthabern Nordindiens, von denen einer die britische East India Company (EIC) war. 1764 verlor jedoch eine Koalition, die aus Awadh und zwei anderen Mächten bestand, die Schlacht von Buxar gegen die East India Company. Awadh geriet fortan in eine stetig wachsende Abhängigkeit von den Briten, die trotz relativ geringer militärischer Kräfte das indische Machtspiel mit virtuoser Diplomatie zu ihren Gunsten nutzten. Als Asaf-ud-Daula 1775 die Nawabwürde von seinem Vater übernahm, war Awad bereits ein militärisch und außenpolitisch kaum noch aktionsfähiger Klientelstaat der EIC und bei dieser hoch verschuldet. Britische „Residenten" griffen immer wieder in die innere Politik ein.

Das Portrait stammt von dem bedeutenden Maler Johann Zoffany (1733-1810), der 1783 nach Indien gekommen war. Zoffany zeigt uns keinen allmächtigen „orientalischen Despoten" inmitten eines prächtigen Hofstaates, sondern einen dicklichen und etwas skeptisch dreinblickenden Herrn auf einer Art von Sofa: keinen kriegerischen Heros, sondern eine Figur des langsamen Untergangs. Asaf-ud-Daula bemühte sich nicht ganz erfolglos um die Rettung letzter Handlungsspielräume. 1801, vier Jahre nach seinem Tod, annektierten die Briten aber den größten Teil von Awadh.

Bild: Johann Zoffany, Asaf-du-Daulah, Nawab von Awadh, 1784, Öl auf Leinwand, The British Library, Oriental and India Office Collections.

Literatur: R. W. BARNETT, North India between Empires: Awadh, the Mughals, and the British, 1720-1801, Berkeley 1980.

einen ersten Höhepunkt mit Joseph von Hammer-Purgstalls (1774-1852) bedeutender „Geschichte des Osmanischen Reiches" (10 Bde., 1825-35). Um diese Zeit entstanden auch, geschrieben durch gelehrte Kolonialbeamte und Diplomaten, die ersten gründlich recherchierten westlichen Werke zur Geschichte des Mogulreiches, seiner Nachfolgestaaten und einiger seiner Nachbarn. Europäische und amerikanische Forschungen zur Geschichte der übrigen Länder Asiens begannen erst am Ende des 19. Jahrhunderts.

In den asiatischen Gesellschaften führte kein direkter Weg von der vormodernen Geschichtsschreibung zur modernen Geschichtswissenschaft. In der Zeit um 1900 übernahmen erst in Japan und Indien, dann in China und anderen Ländern Asiens kleine Gelehrtengruppen die textkritischen Methoden des europäischen Historismus und wandten sie auf die eigene Überlieferung an. Gleichzeitig oder wenig später setzte man sich ebenso kritisch mit dem Bild auseinander, das westliche Autoren von den asiatischen Zivilisationen zeichneten. Sowohl westliche als auch asiatische Historiker neigten zunächst dazu, sich eher mit den längst vergangenen Glanzzeiten der asiatischen Hochkulturen als mit der Frühen Neuzeit zu beschäftigen. So galten das Qing- und das Mogulreich lange als kulturell unproduktive Zeiten degenerierter „Fremdherrschaft". Daß in der Tokugawa-Zeit ab 1603 die Grundlagen für die nach 1868 beginnende Modernisierung Japans gelegt wurden, ist – auch in Japan selbst – lange nicht gewürdigt worden. Diese Haltung, die zu einem hartnäckigen „Klassizismus" in den Asienstudien führte, ist immer noch nicht ganz verschwunden.

▷ S. 280
Erkenntnis:
…re Bildung
und
…indlichkeit

Erst nach etwa 1960 hat die Erforschung der asiatischen Frühen Neuzeit international einen immensen Aufschwung genommen. Die Handwerksregeln, die dabei beachtet werden, sind die allgemein üblichen. Vor allem ist es selbstverständlich geworden, kritisch mit Quellen in den orientalischen Sprachen zu arbeiten. Immer mehr finden Landesspezialisten den Anschluß an die Themen und Theorien, die auch die Europahistoriker beschäftigen. Dabei handelt es sich oft um mehr als bloße Übernahmen. Auf einem Gebiet wie dem Studium von Agrargesellschaften – oder, wie es im Englischen anschaulicher heißt, „peasant societies" – könnten Europahistoriker manches von Asienhistorikern lernen. Diese haben den zusätzlichen Vorteil größerer Erfahrung mit Fragestellungen der Ethnologie und Anthropologie.

Studien zu Asien werden heute in der Regel so geschrieben, daß sie auch „Allgemeinhistorikern" verständlich sind und als Beiträge zu einer entstehenden „global history" aufgefaßt werden können. Dabei macht es keinen erstrangigen Unterschied mehr, ob die Historikerinnen und Historiker aus Europa und Nordamerika oder aus Asien stammen. Ein indischer oder indonesischer Autor repräsentiert nicht unbedingt eine Art von „local knowledge", die seinen europäischen Kollegen verschlossen wäre. Allerdings unterliegt die Geschichtsschreibung in zahlreichen Ländern Asiens, am wenigsten in Indien und Japan, größerer politischer oder religiöser Gängelung und einem höheren Konformitätsdruck, als dies im Westen der Fall ist. Nicht wenige asiatische Historiker haben ihre Heimatländer verlassen und arbeiten an europäischen oder amerikanischen Universitäten.

Das quantitative und in Grenzen auch qualitative Übergewicht der USA hat die Erforschung von Asiens Früher Neuzeit in den letzten Jahrzehnten geprägt. Kein „History Department" in den Vereinigten Staaten verzichtet heute auf Spezialisten zur neueren Geschichte der verschiedenen Regionen Asiens. An manchen Universitäten der Westküste übersteigt das Interesse an Asien inzwischen das an Europa; selbstverständlich hat dies auch mit der dortigen Zusammensetzung der Bevölkerung zu tun. Die Fragestellungen der amerikanischen Geschichtswissenschaft beeinflussen auch die Forschung, die in den akademischen Zentren zwischen Istanbul und Tokio betrieben wird. Eine außerordentlich kreative Asienhistorie ist mittlerweile in Australien (besonders an der Australian National University) entstanden. In Europa finden sich die wichtigsten Konzentrationen von Forschungskompetenz und Bibliotheksressourcen zur asiatischen Frühen Neuzeit in Paris, Leiden, London (School of Oriental and African Studies), Oxford und Cambridge. In Rußland hat es immer gute Kenner der chinesischen Qing-Dynastie und vor allem der Geschichte Zentralasiens gegeben.

Die deutsche Forschung zu Asiens Früher Neuzeit ist stärker zersplittert als die der anderen Wissenschaftsnationen. Sie findet nach wie vor überwiegend nicht in der Geschichtswissenschaft statt, sondern als kleiner Teil des gewaltigen Pensums, für das sich Disziplinen wie Sinologie, Japanologie oder Islamwissenschaften jeweils zuständig fühlen. Nur die Osmanistik ist von der Natur ihres Gegenstandes her ein spätmittelalterlich-frühneuzeitliches Fach und braucht sich mit der modernen Türkei nicht zu beschäftigen. Manche Teilbereiche fallen durch die übliche Fächersystematik hindurch. So interessieren sich die Indologen so gut wie nie für die muslimische, sich amtlich auf Persisch ausdrückende Moguldynastie, während die Islamwissenschaftler den südasiatischen Islam eher am Rande zu berühren pflegen. Es gibt daher in Deutschland kaum eine niveauvolle Forschung zum Mogulreich. Die Topographie der Forschung hängt im allgemeinen stark von den persönlichen Interessen der jeweils an einem Ort tätigen Historikerinnen und Historiker ab. Schwerpunkte in der Periode ca. 1500-1800 gibt es an den Universitäten Heidelberg (Indien), Tübingen (China), Bamberg (Iran), München (Osmanisches Reich), Hagen (Südostasien), Bern (Arabische Welt), Bonn (Zentralasien), Berlin (Arabische Welt, Japan), Erfurt (Japan). Daß von einer regelmäßigen Kommunikation zwischen Deutschland-/Europahistorikern und Asienhistorikern kaum die Rede sein kann, liegt weniger an Schwierigkeiten der Sache als an der Trägheit überlebter Traditionen. Die „allgemeine" Frühneuzeitforschung in Deutschland hat sich bisher allenfalls für europäische Asienbilder interessiert.

Das Literaturverzeichnis zu diesem Kapitel verweist auf die wichtigsten Standardwerke. Den besten Überblick über die sich verändernden Interessenschwerpunkte der Forschung erhält man aus den Aufsatz- und Besprechungsteilen einiger regional übergreifender Zeitschriften: Journal of Asian Studies, Journal of Asian History, Modern Asian Studies, Journal of the Royal Asiatic Society. Die wichtigsten regionalen Zeitschriften sind International Journal of Middle East Studies, Indian Social and Economic History Review, Southeast Asian Studies, East Asian History, Late Imperial China, Monumenta Nipponica. In deutscher Sprache gibt es keine speziell asienhistorische Zeitschrift oder Jahrbuchreihe. Am ehesten wird man einschlägige Aufsätze und Rezensionen in Periplus. Jahrbuch für außereuropäische Geschichte sowie in Saeculum (nur Aufsätze) finden. Für die muslimische Welt ist Die Welt des Islams unerläßlich.

Jürgen Osterhammel

Literatur

F. Braudel, Sozialgeschichte des 15.-18. Jahrhunderts. Aus dem Französischen von Siglinde Summerer, Gerda Kurz und Günter Seib, 3 Bde., München 1985.

K. N. Chaudhuri, Trade and Civilisation in the India Ocean: An Economic History from the Rise to Islam to 1750, Cambridge 1985.

Ders., Asia before Europe: Economy and Civilization of the Indian Ocean from the Rise of Islam to 1750, Cambridge 1990.

A. Das Gupta/M. N. Pearson (Hrsg.), India and the Indian Ocean 1500-1800, Calcutta 1987.

P. Ebrey, China. Eine illustrierte Geschichte. Aus dem Amerikanischen von Udo Rennert, Frankfurt/M./New York 1996.

A. T. Embree/C. Gluck (Hrsg.), Asia in Western and World History: A Guide for Teaching, Armonk/New York 1997.

E. L. Farmer u.a., Comparative History of Civilizations in Asia, 2 Bde., Reading/Mass. 1977.

S. Faroqhi, Kultur und Alltag im Osmanischen Reich. Vom Mittelalter bis zum Anfang des 20. Jahrhunderts, München 1995.

A. Feuerwerker, Chinese Economic History in Comparative Perspective, in: P. S. Ropp (Hrsg.), Heritage of China: Contemporary Perspectives on Chinese Civilization, Berkeley 1990, 224-241.

J. Gernet, Die chinesische Welt. Die Geschichte Chinas von den Anfängen bis zur Jetztzeit. Aus dem Französischen von Regine Keppler (suhrkamp taschenbuch wissenschaft Bd. 1505), Frankfurt/M., 5. Aufl. 1987.

E. Gibbon, The History of the Decline and Fall of the Roman Empire [1776-88], hrsg. v. D. Wormersley, 3 Bde., London 1994.

J. A. Goldstone, Revolution and Rebellion in the Early Modern World, Berkeley 1991.

J. Goody, The East in the West, Cambridge 1996.

W. A. Green, Periodization in European and World History, in: Journal of World History 3, 1992, 13-53.

J. W. Hall (Hrsg.), The Cambridge History of Japan, Bd. 4: Early Modern Japan, Cambridge 1991.

M. G. S. Hodgson, Die wechselseitigen Beziehungen von Gesellschaften in der eurasiatischen Geschichte [1962], in: E. Schulin (Hrsg.), Universalgeschichte, Köln 1974, 189-213.

H. Kulke, Gibt es ein indisches Mittelalter? Versuch einer eurasiatischen Geschichtsbetrachtung, in: Saeculum 33, 1982, 221-239.

Ders./D. Rothermund, Geschichte Indiens. Von der Induskultur bis heute, München, 2. Aufl. 1998.

D. F. Lach (Bd. 3 mit E. J. Van Kley), Asia in the Making of Europe, 3 Bde. (in 9 Teilbdn.), Chicago/London 1965-1993.

V. Liebermann, Transcending East-West Dichotomies: State and Culture Formation in Six Ostensibly Disparate Areas, in: Modern Asian Studies 31, 1997, 462-546.

D. Lombard, Le Carrefour Javanais: Essai d'histoire globale, 3 Bde., Paris 1990.

A. Macfarlane, The Savage Wars of Peace. England, Japan and the Malthusian Trap, Oxford 1997.

W. H. McNeill, The Age of Gunpowder Empires, 1450-1800, in: M. Adas (Hrsg.), Islamic and European Expansion. The Forging of a Global Order, Philadelphia 1993, 103-139.

J. Matuz, Das Osmanische Reich. Grundlinien seiner Geschichte, Darmstadt, 3. Aufl. 1994.

R. Murphey, A History of Asia, New York, 2. Aufl. 1996.

J. OSTERHAMMEL, Die Entzauberung Asiens. Europa und die asiatischen Reiche im 18. Jahrhundert, München 1998.
DERS. (Hrsg.), Asien in der Neuzeit. Sieben historische Stationen (Fischer Taschenbuch Bd. 11853), Frankfurt/M. 1994.
A. REID, Southeast Asia in the Age of Commerce 1450-1680, 2 Bde., New Haven/London 1988/1993.
W. REINHARD, Geschichte der europäischen Expansion, Bd. 1: Die Alte Welt bis 1818, Stuttgart 1983.
J. F. RICHARDS, The Mughal Empire (The New Cambridge History of India Bd. I/5), Cambridge 1993.
H. R. ROEMER, Persien auf dem Weg in die Neuzeit. Iranische Geschichte von 1350 bis 1750 (Beiruter Texte und Studien Bd. 40), Stuttgart 1989.
R. J. SMITH, China's Cultural Heritage: The Qing Dynasty, 1644-1912, Boulder/Col. 1994.
S. SUBRAHMANYAM, Connected Histories: Notes towards a Reconfiguration of Early Modern Eurasia, in: Modern Asian Studies 31, 1997, 735-762.
N. TARLING (Hrsg.), The Cambridge History of Southeast Asia, Bd. 1: From Early Times to c. 1800, Cambridge 1992.
F. B. TIPTON, Neuere Arbeiten zur Wirtschafts- und Sozialgeschichte Asiens, in: GG 22, 1996, 267-298.
C. TOTMAN, Early Modern Japan, Berkeley 1993.
R. WENDT, Fiesta Filipina. Koloniale Kultur zwischen Imperialismus und neuer Identität, Freiburg i.Br. 1997.

Afrika: Die afrikanisch-europäische Begegnung

Afrikanische Zeitalter und die Frühe Neuzeit Europas. Was heißt Frühe Neuzeit im Hinblick auf den afrikanischen Kontinent? Zunächst muß betont werden, daß sich der aus der europäischen Geschichte stammende Begriff der Frühen Neuzeit auf Afrika in allgemeiner Form nicht anwenden läßt, sondern nur sehr eingeschränkt unter der Frage nach der afrikanisch-europäischen Begegnung. Eine solche Begrenzung wiederum ist der Gefahr des Eurozentrismus dann ausgesetzt, wenn die Geschichte Afrikas auf diese Begegnung reduziert erscheint oder gar von der Vorstellung bestimmt ist, nur durch die Begegnung mit Europa sei in Afrika eine geschichtliche Entwicklung in Gang gekommen. Darum muß unterstrichen werden, daß hier nur ein Ausschnitt der afrikanischen Geschichte zur Darstellung kommt. Demgegenüber können viele wichtige innerafrikanische Entwicklungen nur angedeutet werden, da sie den Zeitraum von 1500-1800 überschreiten. Wenn man von Afrika spricht, sollte man immer bedenken, daß es sich um den zweitgrößten Kontinent der Erde handelt. Auf ihm existierten vor der Kolonialzeit – also in der Zeit, von der hier die Rede ist – schätzungsweise 10000 unterschiedliche politische Einheiten [Oliver, 184]. Dieser Vielfalt der Gesellschaften und Kulturen sollte man sich stets bewußt bleiben, um verallgemeinernde Urteile zu vermeiden.

Wenn die europäische Frühe Neuzeit mit dem Zeitraum zwischen 1500 und 1800 gekennzeichnet ist, so fehlen diese Zäsuren für die afrikanische Geschichte. Man könnte zwar für die Zeit um 1800 einen gewissen Einschnitt darin erkennen, daß erstmals in Südafrika der Übergang zu einer modernen, nämlich staatlichen Form der Kolonialherrschaft vollzogen und gleichzeitig im britischen Empire der Sklavenhandel verboten wurde. Doch für die Zeit um 1500 fehlt eine Zäsur, die für den ganzen Kontinent von einer ähnlichen Bedeutung wäre wie für die europäische Geschichte. Aus diesem Grund findet man in der auf Afrika bezogenen Geschichtswissenschaft eher eine Arbeitsteilung und Spezialisierung, die das 19. und 20. Jahrhundert von den früheren Zeiträumen trennt, die ihrerseits unter Aspekten langfristiger Entwicklungen untersucht werden. Dies schlägt sich auch institutionell nieder, indem es durchaus Forschungsinstitutionen gibt, die sich auf die Kolonialgeschichte verlegen, aber keine, die klar umgrenzte Zeiträume der früheren Abschnitte behandeln. Auch der frühen europäisch-afrikanischen Begegnung widmen sich zwar einzelne, darauf spezialisierte Historiker, aber keine eigenen Forschungsinstitutionen.

▷ S. 69 ff.
Seit 1492:
Begegnung der Kulturen

Diese Begegnung als ein Spezialthema innerhalb der afrikanischen Geschichte läßt sich in den Zeitraum der europäischen Frühneuzeit einpassen, da der Kontakt mit den portugiesischen Erkundungen der afrikanischen Küste im 15. Jahrhundert begann. Aber daraus – es sei nochmals betont – darf nicht der Schluß gezogen werden, daß es auch eine „afrikanische Frühneuzeit“ gäbe. Diejenigen Prozesse nämlich, die die Frühe Neuzeit in Europa kennzeichnen und im ersten Teil dieses Bandes beschrieben sind, finden sich in Afrika nicht oder nur sehr vereinzelt.

▷ S. 89
Nach 1609:
Freie Meere als Aktionsfeld

Die europäisch-afrikanische Begegnung hatte weitreichende Wirkungen: Der groß angelegte Handel auf dem Seeweg hatte langfristig den Niedergang der alten Transsahara-Routen zur Folge und bewirkte eine allmähliche Verschiebung der innerafrikanischen Handelswege an die Küstenregionen. Der gigantische Menschenhandel über den Atlantik führte zu großen demographischen Veränderungen in Afrika, der Neuen

Welt sowie im Verhältnis der Kontinente zueinander. Die europäisch-afrikanische Begegnung ist von mannigfachen wechselseitigen Zerrbildern und einem schwierigen Umgang miteinander gekennzeichnet, angefangen von Freundschaften, Geschäftsverhältnissen und offiziellen diplomatischen Beziehungen – etwa zwischen Portugal und Kongo – bis hin zu Feindseligkeiten, Kriegen, Handelsrivalitäten – besonders an der Ostküste – und ersten Formen kolonialer Flächenherrschaft in Südafrika.

Afrikanische Geschichte: Eine junge Wissenschaft. Als nach dem Zweiten Weltkrieg afrikanische nationalistische Massenbewegungen die Zeit der Entkolonialisierung einleiteten, wurden die Afrikaner als historische Akteure entdeckt, sowohl von den Europäern als auch im Eigenverständnis. Sowohl in Afrika als auch an europäischen und amerikanischen Universitäten erlebte das Interesse an afrikanischer Geschichte einen gewaltigen Aufschwung. In den meisten afrikanischen Ländern wurden an den neu gegründeten Universitäten (Ghana 1948, Nigeria 1948, Senegal 1957) historische Seminare eingerichtet, deren Lehrpläne innerhalb weniger Jahre von der europäischen Geschichte, die bis dahin ausschließlich gelehrt worden war, auf die Geschichte Afrikas umgestellt wurden. Vielerorts wurde diese akademische Beschäftigung mit Geschichte von einem breiten historischen Interesse in der afrikanischen Bevölkerung getragen, das sich in zahlreichen historischen Vereinen und Gesellschaften manifestierte [OGOT]. Die erste akademische Stelle für Geschichte Afrikas wurde allerdings in Großbritannien eingerichtet, nämlich 1948 an der School of Oriental and African Studies in London. Der Inhaber der ersten Professur (seit

Zeittafel

Intensivierung der Forschung im Spiegel der Zeitschriften

Die Jahreszahlen geben die Gründungs- bzw. Ersterscheinungsdaten von Zeitschriften an.

Um die Ausdifferenzierung der historischen Afrikaforschung sinnfällig zu machen, wurde sie für die jüngste Zeit am Beispiel des südlichen Afrika genauer verfolgt.

1956	Journal of the Historical Society of Nigeria
1958	African Studies Review (USA)
1960	Journal of African History (London)
1961	Cahiers d'Études Africaines (Paris)
1965	Tarikh (Nigeria)
1967	International Journal of African Historical Studies (Boston, USA) Canadian Journal of African Studies
1969	South African Historical Journal (Südafrika)
1970	Rhodesian History (Zimbabwe)
1971	Transafrican Journal of History (Kenia/Uganda)
1973	Zamani Afrika / Review of African History (Kamerun)
1974	Journal of Southern African Studies (GB) History in Africa (USA) Review of African Political Economy (GB) African Economic History Review (USA)
1976	Journal of Contemporary History (Bloemfontein, Südafrika) Mohlomi – Journal of Southern African Historical Studies (Lesotho)
1978	Pula – Botswana Journal of African Studies Journal of Natal and Zulu History
1979	Kronos – Journal of Cape History
1980	Slavery and Abolition (USA)
1984	African Archaeological Review (USA)
1986	South African Journal of Economic History

1963), Roland Oliver, gab auch die erste internationale Fachzeitschrift für Geschichte Afrikas heraus, das 1960 gegründete „Journal of African History" [Fage; Flight].

Auch wenn sich der Beginn der Institutionalisierung einer professionellen Afrika-Geschichtswissenschaft somit präzise datieren läßt, setzten die historische Beschäftigung und das Wissen um die Vergangenheit Afrikas nicht erst zu dieser Zeit ein. Die Historiker konnten vielmehr auf einer vielfältigen älteren Beschäftigung mit dem Kontinent aufbauen.

Zum ersten finden sich historische Daten schon in frühneuzeitlichen europäischen Reisebeschreibungen [Jones 1983], in Missionsberichten und Aufzeichnungen von Teilnehmern kolonialer Unternehmungen, besonders aus Portugal und den Niederlanden. Doch erst das 19. Jahrhundert brachte mit der systematischen Missionierungs- und Erforschungsarbeit auch die breit angelegte Erschließung historischer Daten. Während der Kolonialzeit selbst, also im späten 19. und im 20. Jahrhundert, begannen viele Kolonialbeamte, sich als Amateurhistoriker und -ethnologen zu betätigen, die in vielen Bereichen den Grundstock für unser heutiges Wissen legten.

Zweitens erweiterte besonders die Tätigkeit professioneller Ethnologen im 20. Jahrhundert die europäischen Kenntnisse von den afrikanischen Gesellschaften. Die Aufschlüsselung der scheinbar so rätselhaften und exotischen Bräuche, die sich als rationale und nachvollziehbare Handlungsstrategien entpuppten, half, das Funktionieren sozialer und politischer Systeme in Afrika zu verstehen. Die mehrdeutige Haltung der damaligen Ethnologie wirkte sich dahingehend aus, daß ihre Untersuchungen sehr oft im Hinblick auf eine Effektivitätssteigerung kolonialer Herrschaft vorgenommen wurden, aber gleichzeitig vom Wunsch nach dem Erhalt vorkolonialer „Kulturen" getragen waren. Besonders die englische Social Anthropology war ausgesprochen ahistorisch ausgerichtet und konstruierte zeitlose, in sich ausbalancierte soziale Systeme und damit ein realitätsfernes Bild vom afrikanischen Traditionalismus. Erst nach dem Zweiten Weltkrieg öffnete sie sich verstärkt historischen Fragestellungen und Problemen des Kulturkontaktes [Wallerstein 1983].

Drittens bildete sich schon während der Kolonialzeit die Kolonialgeschichte als eine eigenständige Disziplin heraus, vor allem in England und Frankreich, den beiden Ländern, die die größten Kolonialgebiete beherrschten. Die afrikanischen Länder wurden als Teil eines überseeischen Reiches betrachtet; die Kolonialgeschichte war die Geschichte der überlegenen europäischen Zivilisationsbringer. Erst mit der Entkolonialisierung setzte sich eine Perspektivverschiebung durch, durch die die Afrikaner als eigenständige historische Akteure wahrgenommen wurden und ihre Geschichte nicht mehr nur als Teil der Geschichte europäischer Machtbereiche interpretiert wurde. Demgegenüber interessierte sich die Afrika-Geschichtswissenschaft von Anbeginn für die Afrikaner als historische Akteure [Fage]. Sehr rasch dehnte sie ihre Untersuchungszeiträume über die Kolonialzeit in die Vergangenheit hinein aus und begann, die riesigen Felder der vorkolonialen Geschichte zu erschließen. Kolonialgeschichte wurde damit zunehmend zu einem Spezialbereich, behielt aber aufgrund der nicht nur auf Afrika bezogenen Fragestellungen ihr eigenes Profil.

Viertens schließlich ist die Rolle von Historikern in Afrika selbst nicht zu unterschätzen. Das indigene, d.h. das noch nicht westlich beeinflußte afrikanische Geschichtsbewußtsein, afrikanische Formen der Konservierung hi-

Der amerikanische Historiker **Philip Curtin (geb. 1922)** ist einer der Pioniere des Faches Afrikanische Geschichte. 1964 veröffentlichte er sein erstes bedeutendes Buch zum Afrikanerbild in Großbritannien: „The Image of Africa: British ideas and actions, 1780-1850". Er spezialisierte sich bald auf die Geschichte der Sklaverei und des Sklavenhandels, wozu er mit seinem Buch „The Atlantic Slave Trade: A census" (Madison 1969) das bis heute gültige Grundlagenwerk vorlegte. Darüber hinaus wirkte Curtin schulbildend, indem er zahlreiche und zunehmend in die Breite gehende Studien zu Sklavenhandel und Sklaverei anregte. In diesem Zusammenhang befaßte er sich auch mit den medizinhistorischen Aspekten des Sklavenhandels, was bis dahin ein völlig unerforschtes Gebiet gewesen war. Von seinem zentralen Thema, der Sklaverei, weitete er seine Forschungen in verschiedene Richtungen aus, etwa auf den Niedergang der Plantagenwirtschaft in der Karibik (The Rise and Fall of the Plantation Complex: Essays in Atlantic History, Cambridge 1990) oder auf den ökonomischen Wandel im vorkolonialen Afrika (Economic Change in Precolonial Africa, Madison 1975). Außerdem trug er maßgeblich zur Institutionalisierung der Afrikanischen Geschichte als akademischer Disziplin in den USA bei, als er, seit 1956 an der University of Wisconsin tätig, dort die afrikanische Geschichte zu einem Schwerpunktthema in Forschung und Lehre erhob, was sich unter seinem Nachfolger Jan Vansina fortsetzte. Als Curtin 1975 an die Johns Hopkins University nach Baltimore wechselte, wirkte er auch dort schulbildend. Während seiner Tätigkeit an diesen beiden Universitäten betreute er mehr als 70 Doktoranden, von denen viele heute ihrerseits führend in der Erforschung der afrikanischen Geschichte tätig sind. Die Innovationen, die von der Afrikanischen Geschichte ausgehen, lassen sich an seinem Werk geradezu beispielhaft zeigen. Denn viele der von ihm selbst neu entwickelten Methoden und Perspektiven wandte er auch auf nicht-afrikaspezifische historische Themen an, etwa im Rahmen einer Weltgeschichte der Handelssysteme: „Cross-Cultural trade in World History" (Cambridge 1984). Wie sehr die Afrikanische Geschichte in den USA auch von den Fachkollegen ernst genommen wird, läßt sich daran ermessen, daß Curtin 1983 zum Präsidenten der American Historical Society gewählt wurde.

Bild: Philip D. Curtin, Privatbesitz.

storischer Daten, ihrer Aufbereitung und Präsentation wurden aber erst relativ spät von Europäern entdeckt und für die eigene Forschung fruchtbar gemacht. Daneben entstand bei der Bildungselite, zumal über die Missionsschulen, ein Interesse an Geschichte im westlichen Sinn. Auch wenn die historische Bildung zunächst auf europäische Geschichte beschränkt blieb, gab es in den Arbeiten früher afrikanischer Historiker Ansatzpunkte, sich von der Kolonialperspektive zu lösen.

Die afrikanische Geschichte als akademische Disziplin ist demnach jung, aber sie hat in den wenigen Jahrzehnten ihres Bestehens eine ungeheure Entwicklungsdynamik und eine große Innovationskraft entfaltet. Beides strahlt in zahlreiche länger etablierte Bereiche des Faches zurück, etwa in die historische Anthropologie, die Demographie- und Krankheitsgeschichte. Auf der anderen Seite haften der afrikanischen Geschichte noch heute Kennzeichen ihres Beginns an. So läßt sich die Konzentration auf bestimmte Themenbereiche in einzelnen Forschungsinstitutionen auf die Interessen der Handvoll Gründerväter des Faches zurückführen. Diese Historiker, die damals in der Regel noch sehr jung waren und denen darum eine lange akademische Tätigkeit bevorstand, wirkten schulbildend – und dies in einer Zeit, als es um die finanziellen Möglichkeiten und damit die Expansionschancen eines solchen neuen Bereichs wie der afrikanischen Geschichte noch wesentlich besser stand als gegen Ende des 20. Jahrhunderts.

Quellen und Interdisziplinarität.

▷ S. 255 ff. Technik: Arbeit mit ...en Quellen

Die afrikanische Geschichte ist mit einer spezifischen Quellenproblematik behaftet, ohne daß man deswegen in exotischer Verfremdung afrikanische Geschichte außerhalb der „normalen" Geschichtswissenschaft anzusiedeln hätte. Denn für die afrikanische Geschichte gelten grundsätzlich dieselben Regeln der Quellenerschließung und der Quellenkritik wie für andere Bereiche des Faches. Die Besonderheit der Quellenlage rührt daher, daß viele afrikanische Gesellschaften, mit Ausnahme der islamisierten, schriftlos waren und mündliche Überlieferungsformen pflegten. Die Stimme der Afrikaner wird für die Zeit vor dem 19. Jahrhundert in schriftlichen Quellen nur selten hörbar und passiert überdies den Filter der europäischen Wahrnehmung.

Wenn schriftliche Aufzeichnungen fehlen, ist die Geschichtswissenschaft auf die Erschließung anderer Quellen angewiesen. Deshalb befaßt sie sich viel mit Siedlungsstrukturen, Sprachentwicklung, Migrationen, Handelsnetzen und in weniger intensiver Weise als in der europäischen Geschichte mit der „Ereignisgeschichte". Die Quellenlage ist auch der Grund, warum es eher eine themen- als eine epochenbezogene Spezialisierung in der Afrika-Geschichtswissenschaft gibt. Die Historiker rekonstruieren eher von langfristigen Entwicklungen und der Strukturgeschichte her allmählich die Ereignisgeschichte, während die europäischen Historiker den umgekehrten Weg gingen.

Die Erschließung der nicht-schriftlichen Quellen ist eine hochspezialisierte Wissenschaft und wird von Disziplinen wie der Historischen Linguistik oder der Archäologie betrieben. So ist man im Bereich der afrikanischen Geschichte mit einer für Europa-Historiker ungewohnt intensiven Form interdisziplinärer Zusammenarbeit konfrontiert.

Die Archäologie in Afrika befaßt sich sowohl, wie wir dies aus Asien oder Europa kennen, mit der Erschließung, Rekonstruktion und dem Erhalt großer historischer Denkmäler, wie

Detailskizze

Auch wenn der institutionelle Schwerpunkt der historischen Afrikaforschung heute in den USA und Westeuropa liegt, bedeutet dies keineswegs, daß nicht eminent wichtige Beiträge von afrikanischen Historikern stammen. Viele sind nur wegen der desolaten Situation vieler afrikanischer Universitäten heute in Nordamerika oder Europa tätig. Die Vielfalt historischer Forschung, die von afrikanischen Historikern betrieben wird, manifestierte sich eindrucksvoll in der **„General History of Africa"**, einem achtbändigen Werk, das von der UNESCO betreut und finanziert wurde. Mit einer Laufzeit von mehr als 20 Jahren und einer Beteiligung von nahezu 350 Fachleuten, von denen die Mehrheit Afrikaner waren, handelt es sich um das ehrgeizigste und erfolgreichste Großprojekt, das jemals zur Geschichte Afrikas durchgeführt wurde. Trotz zahlreicher komplizierender Faktoren, etwa der Herausgabe durch Historiker-Kollegien statt durch einzelne Herausgeber, und trotz anfänglicher, teilweise politisch motivierter Widerstände konnte das Projekt in den frühen 1990er Jahren zu einem erfolgreichen Abschluß geführt werden. Mittlerweile gilt die „General History" geradezu als Vorzeigeprojekt und wurde nicht nur in preiswerteren Studienausgaben, sondern in insgesamt drei Sprachen, nämlich Englisch, Französisch und Arabisch, veröffentlicht, wozu Teilübersetzungen ins Spanische, Portugiesische, Italienische, Koreanische, Chinesische und Japanische, aber auch in die afrikanischen Sprachen Haussa, Peul und Suaheli kommen. Dadurch sollte auch die Verbreitung als Standardwerk in Afrika selbst ermöglicht werden [VANSINA]. Oft wird die Unesco-History als afrozentrische Variante der angeblich eurozentrischen, ebenfalls achtbändigen „Cambridge History of Africa" entgegengesetzt, die von Roland Oliver und John Fage herausgegeben wurde [FAGE/OLIVER]. Auch wenn es deutliche Unterschiede zwischen den Darstellungen einzelner Zeitabschnitte gibt, so ist doch zu betonen, daß auch an der UNESCO-History zahlreiche Nicht-Afrikaner beteiligt waren und die Cambridge-History keineswegs einen politisch-ideologisch überholten Standpunkt repräsentiert. Vielmehr lassen sich die beiden Standardwerke als komplementäre Darstellungen lesen.

Literatur: UNESCO (Hrsg.), General History of Africa, 8 Bde., Paris/London/Berkeley 1981-1993.

etwa den Ruinenstätten Zimbabwes, als auch in besonders intensivem Maß mit der Erforschung von Siedlungsgeschichte und dem Alltagsleben der Menschen. Darum weist sie eine große Bandbreite der archäologischen Fachrichtungen auf, unter denen die Ethnoarchäologie ihrerseits interdisziplinär mit der Ethnologie verbunden ist [PWITI/SOPER].

Die Historische Linguistik widmet sich der Erforschung sprachlicher Verwandtschaften und Ausbreitungsbewegungen, worüber sie kulturelle Kontakte zurückverfolgen kann. Noch in den 50er und 60er Jahren wurde die Ausbreitung von Sprachen in ursächlichem Zusammenhang mit ganzen Völkerwanderungen gesehen. Heute ist man da vorsichtiger und zieht keine vorschnellen Rückschlüsse auf Migrationsbewegungen mehr [FLIGHT; NURSE].

Die Oral History hat für die Erforschung kürzer zurückliegender Zeiten einen größeren Stellenwert als für unseren Zeitraum. Doch ermöglichte die systematische Erforschung oraler Traditionen und ihr intensiver Vergleich mit portugiesischen Quellen immerhin die Rekonstruktion der Geschichte der letzten tausend Jahre Zimbabwes durch David Beach [BEACH]. Der belgische Historiker Jan Vansina wurde weit über die Kreise der Afrikahistoriker hinaus durch seine methodisch-theoretischen Arbeiten zur Oral History bekannt [VANSINA 1985], was darauf hinweist, daß aus der afrikanischen Geschichte wichtige Innovationen für das Fach als Ganzes kamen.

Ähnlich wie die Sprachen können auch die materielle Kultur und die Verwandtschaftssysteme als historische Quellen „gelesen" werden, über die sich Ausbreitungswege und damit kulturelle Kontakte rekonstruieren lassen. Der deutschen Ethnologie kam lange Zeit deswegen eine Ausnahmestellung zu, weil sie sich frühzeitig als historische Disziplin verstand und sich in breitem Umfang historischen Fragestellungen zuwandte. Der lange Zeit dominierende Ansatz der Kulturkreislehre, wie sie Leo Frobenius und andere Gelehrte entwickelt hatten, konnte sich aber auf Dauer, auch aufgrund methodischer und theoretischer Defizite, nicht durchsetzen. Die vor allem an der Universität Wien praktizierte „Ethnohistorie" versucht, den konkreten Ausbreitungswegen einzelner kultureller Gegenstände, etwa bestimmten Herrscherinsignien, nachzugehen, wobei sie auf weitergehende Aussagen über Kulturkreise bewußt verzichtet [WERNHART].

Forschungsinstitutionen in Afrika und die Globalisierung der Wissenschaft. Angesichts des oben beschriebenen breiten Interesses an historischen Themen in den jungen afrikanischen Nationalstaaten ist es erstaunlich, daß die Forschung sich seit den 1980er Jahren in großem Maß ins Ausland verlagert hat, in erster Linie in die USA. Dies hat nichts mit einem Rückgang der Zahl der afrikanischen Historiker zu tun, sondern mit ihrer Abwanderung an westliche Universitäten [JONES 1998]. Die Ursache dafür liegt in der ökonomischen Krise vieler afrikanischer Länder und den damit zwangsläufig verbundenen finanziellen Problemen der Universitäten, die in erster Linie die Forschung, weniger die Lehre, beeinträchtigten.

In einer ganzen Reihe von afrikanischen Ländern sind nach wie vor aktive historische Institute zu finden. Dies gilt neben Nordafrika vor allem für die ökonomisch stabileren Staaten wie Senegal, Ghana, Uganda und Nigeria. Der Schwerpunkt historischer Aktivitäten liegt im Süden des Kontinents, in erster Linie in Südafrika selbst, dem mit Abstand wohlhabendsten und am stärksten industrialisierten Staat. Allein in Südafrika gibt es ca. 20 Universitäten, die alle historische Institute unterhalten. Allerdings ist seit der Mitte der 1990er Jahre ein dramatischer Rückgang der Studentenzahlen im Fach Geschichte zu verzeichnen, als mit dem politischen Wandel Geschichte in ihrer Bedeutung für die Kollektividentitäten zurücktrat. Auch in Südafrika widmet sich kein Institut ausschließlich der Erforschung der Geschichte des Landes vor 1800, sondern die diesbezüglichen Aktivitäten hängen, wie in Europa und Nordamerika auch, stark von persönlichen Interessen einzelner Wissenschaftler ab.

Wie steht es um die Einrichtungen in den westlichen Ländern? Bei den ehemaligen Kolonialmächten ist noch immer eine klare Ausrichtung auf ihre ehemaligen Kolonien festzustellen, obwohl die historische Forschung sich keineswegs auf Kolonialgeschichte beschränkt. So liegt der Forschungsschwerpunkt in Belgien auf dem Kongo, Ruanda und Burundi. Selbst in Deutschland, das seine Kolonien schon während des Ersten Weltkriegs verlor, ist das Interesse der Afrikahistoriker an den ehemaligen Kolonien auffallend stark. Geradezu flächendeckend ist die Beschäftigung mit Afrika dagegen in den USA, wo viele Afrikaner mit den notwendigen Sprach- und Sachkenntnissen tätig sind, wo aufgrund der großen Vielfalt an Forschungsinstitutionen die entsprechenden Ressourcen zur Verfügung stehen und wo die Afrika-Geschichtswissenschaft in die historische Forschung in ganz anderem Maß integriert ist, als dies z.B. in Deutschland der Fall ist. Zahlreiche Universitäten in den USA unterhalten historische Institute mit einem Schwerpunkt auf der afrikanischen Geschichte.

In vielen westlichen Institutionen ist die Afrika-Geschichtswissenschaft nicht in die historischen Fächer integriert, sondern interdisziplinär in andere Bereiche der Afrikaforschung eingebettet. An einer britischen Institution läßt sich dies exemplarisch aufzeigen. Die 1936 gegründete Afrika-Abteilung der School of Oriental and African Studies (Soas) widmete sich zunächst der Erforschung afrikanischer Sprachen. Wegen des wachsenden Interesses an afrikanischer Geschichte wurde diese Ende der 1940er Jahre institutionalisiert [FLIGHT]. Seit dieser Zeit sind die historischen Studien ständig expandiert, bei gleichzeitiger räumlicher und sachlicher Spezialisierung einzelner Historiker. Eine eigene Professur trägt z.B. zur Erforschung der portugiesischen Expansionsgeschichte bei, deren Stelleninhaber, Malyn Newitt, 1995 die erste umfassende Gesamtdarstellung der Geschichte Mosambiks seit dem späten 16. Jahrhundert vorlegte [NEWITT].

Solche regional auf Afrika spezialisierten, aber interdisziplinär ausgerichteten Forschungsinstitute können fast als die Regel angesehen werden und finden sich auch in den Universitäten – in Deutschland etwa in Berlin, wo die Professur für Afrikanische Geschichte an der Humboldt-Universität (Albert Wirz) nicht beim Historischen Seminar, sondern beim Institut für Asien- und Afrikawissenschaften angesiedelt ist; ähnliches gilt für Leipzig (Adam Jones). Aber auch das Leo-Frobenius-Institut in Frankfurt, aus der stark historisch orientierten deutschen Ethnologie der ersten Hälfte des 20. Jahrhunderts hervorgegangen, befaßt sich mit ethnologischen wie historischen Fragestellungen. An diesem Institut wird in Deutschland wohl am intensivsten zur Geschichte Afrikas in der Zeit der europäischen Frühneuzeit geforscht. Die Historikerin Beatrix Heintze, Herausgeberin der Zeitschrift „Paideuma", ist eine international

Detailskizze

Die Weltsystemtheorie Immanuel Wallersteins. Die ökonomische Krise Afrikas und anderer Regionen der sog. „Dritten Welt" in den 1970er Jahren führten zu einem Umdenken in der Wissenschaft. Die älteren Modernisierungstheorien, die die europäische Entwicklung zum normativen Modell genommen hatten, wurden durch eine Analyse strukturell begründeter Abhängigkeiten ersetzt, die als Dependenztheorie bekannt wurde [mit Bezug auf Afrika: RODNEY]. Nicht zufällig war es ein Afrikawissenschaftler und Ethnologe, Immanuel Wallerstein, der diese Überlegungen aufnahm und in einer groß angelegten Untersuchung der Dependenztheorie historische Tiefe verlieh. Unter anderem beeinflußt von Fernand Braudel, legte er dar, daß mit der frühneuzeitlichen europäischen Expansion nicht einfach Handelsbeziehungen mit nichteuropäischen Völkern angeknüpft wurden, sondern daß es sich um die Entstehung eines interdependenten ökonomischen Gesamtzusammenhangs, eines kapitalistischen Weltsystems, handelte, das sich sukzessive über den ganzen Globus ausbreitete. Dieses Weltsystem war, und hier argumentierte Wallerstein ganz dependenztheoretisch, in grundlegender Weise von Ausbeutungsverhältnissen, massiven Machtungleichgewichten und Abhängigkeiten geprägt. Er versuchte, dies in der Unterscheidung eines ökonomischen Machtkerns, des „Zentrums" zu fassen, demgegenüber die abhängigen Gebiete die „Peripherie" bildeten, die vom Zentrum ausgebeutet wurden. Die Einführung einer „Semiperipherie", wie sie z.B. Spanien gegenüber Nordwesteuropa darstellte, erlaubte ihm eine notwendige Differenzierung, um den verschiedenen Abstufungen in den Abhängigkeitsverhältnissen besser gerecht werden zu können. Wie die Dependenztheoretiker behauptete auch Wallerstein, daß der Aufstieg des westlichen Kapitalismus im wesentlichen erst durch die Ausbeutung der nicht-europäischen Welt ermöglicht worden sei. Wallersteins Theorie wurde von verschiedenen Seiten angegriffen, u.a. wegen seines geradezu naiven Kapitalismusbegriffs und der Überbewertung des Handels gegenüber der Landwirtschaft. Vor allem aber warf man ihm vor, daß die Menschen der „Peripherie" zu ohnmächtigen Opfern struktureller Abhängigkeiten würden und als eigenständige historische Akteure in seiner Theorie gar nicht mehr vorkämen. In der Tat kann man der Dependenztheorie vorhalten, daß sie entgegen ihrer politischen Zielrichtung das koloniale Bild von den abhängigen und hilfsbedürftigen Afrikanern reproduzierte.

Literatur: I. WALLERSTEIN, THE MODERN WORLD-System, 3 Bde., New York/London 1974-89.

ausgewiesene Expertin zur Geschichte Angolas und der portugiesisch-afrikanischen Begegnung [Heintze]. Dennoch ist Deutschland mit ganzen vier Professuren für afrikanische Geschichte kaum mit Großbritannien, Frankreich oder gar den USA vergleichbar.

Etliche westliche Länder unterhalten wenigstens ein auf Afrika spezialisiertes Forschungsinstitut, von Schweden (Nordiska Afrikainstitutet, Uppsala) über Rußland (Institut für Afrikastudien an der Russischen Akademie der Wissenschaften, Moskau), Belgien (Brussels Centre of African Studies), die Niederlande (Afrika-Studiecentrum, Leiden) bis Spanien (Centre d'Estudis Africans, Barcelona), Portugal, aber auch Japan (Universität Kyoto) und Australien (University of Western Australia). Allerdings sind viele dieser Forschungsinstitute, wie das Centro de Estudos Africanos in Lissabon oder die an der Universität Paris VII angesiedelte Afrika-Geschichtswissenschaft Frankreichs, stark auf die jüngste Vergangenheit orientiert.

In den meisten Ländern haben sich Afrikawissenschaftler darum auch in interdisziplinär ausgerichteten Verbänden zusammengeschlossen, z.B. in der African Studies Association (ASA) in den USA, dem International Africa Institute in Großbritannien oder der Vereinigung von Afrikanisten in Deutschland (VAD). Reine Fachverbände von Afrikahistorikern sind dagegen fast gänzlich auf die afrikanischen Staaten beschränkt.

Die Zeitschriften spiegeln sehr eindrucksvoll die rasche Entfaltung der Afrika-Geschichtswissenschaft ebenso wie ihre besonders ausgeprägte Interdisziplinarität wider. Viele auf Afrika bezogene Zeitschriften legen aber nicht unbedingt einen besonderen Schwerpunkt auf die Geschichte: Die „Cahiers d'Études Africaines" in Frankreich, das „Afrika Spektrum" in Deutschland oder das „Canadian Journal of African Studies" in Kanada sind interdisziplinär orientiert. Eine ganze Reihe von Zeitschriften erscheinen in Afrika, sind aber in den letzten Jahren aus ökonomischen Gründen in Bedrängnis geraten. Südafrika mit seiner stark differenzierten Universitätslandschaft hat besonders viele Publikationsmedien aufzuweisen. Die bedeutendste Zeitschrift und offizielles Organ des südafrikanischen Historikerverbands ist das „South African Historical Journal", das sich seit den 1980er Jahren zu einer auch international weithin anerkannten Fachzeitschrift entwickelt hat. Bestimmten Forschungsansätzen verpflichtet sind vor allem Zeitschriften, die sich mit Themen der -politischen – Ökonomie befassen, wie die „Review of African Political Economy", die auch zahlreiche historische Aufsätze veröffentlicht.

Aufgrund des globalen Charakters der Afrika-Forschung, die in vielen Ländern in den Geschichtswissenschaften eher eine Randerscheinung darstellt und daher um so stärker auf die internationalisierte Zusammenarbeit angewiesen ist, bildet das Internet heute ein unverzichtbares Forschungs- und Kommunikationsmedium. Seit einigen Jahren erleichtern eine Reihe von sogenannten „mailing-lists" den schnellen und weltweiten Austausch von Informationen. Die wichtigsten dieser Kommunikationsnetze sind im sogenannten H-Net (http://www.h-net.msu.edu) beheimatet, das von der Michigan State University betrieben wird. Die H-Africa Liste widmet sich allgemein der afrikanischen Geschichte, während sich z.B. H-SAfrica speziell mit dem südlichen Afrika befaßt. Beide sind in kurzer Zeit zu hilfreichen Instrumenten der wissenschaftlichen Kommunikation geworden [Tankard].

▷ S. 378 Instrumente: Historische Arbeit im Zeitalter des Computers

▷ S. 74
Seit 1492:
Begegnung der
Kulturen
▷ S. 97
Nach 1609:
Freie Meere
als Aktionsfeld

Felder der Forschung. Wenn man von einer „Frühen Neuzeit" mit Bezug auf Afrika spricht, so rückt automatisch der transatlantische Sklavenhandel in den Mittelpunkt der Aufmerksamkeit. Er prägte die drei Jahrhunderte zwischen 1500 und 1800 entscheidend und strahlte auf alle anderen Aspekte der europäisch-afrikanischen Begegnung aus. Zunächst konzentrierte sich die Geschichtswissenschaft darauf, eine verläßliche Datenbasis zu entwickeln, um Ausmaß und Umfang des Sklavenhandels und seine Bedeutung für die afrikanische Geschichte bestimmen zu können. Paul Lovejoy und besonders Philip Curtin rekonstruierten die Datenbasis, die bis heute Grundlage für eine immer detailreichere und breiter angelegte Forschung ist. Von der Geschichte des transatlantischen Sklavenhandels erweiterte sich das Interesse auf den Sklavenhandel im Indischen Ozean, auf den innerafrikanischen Sklavenhandel und den Zusammenhang aller drei Systeme, wozu Patrick Manning ein wichtiges Erklärungsmodell lieferte [MANNING]. Nach den ersten strukturgeschichtlichen Forschungen, die zunächst eine verläßliche Datengrundlage schufen, orientierte sich die Forschung seit den 1980er Jahren – parallel zum wachsenden Interesse an Alltagsgeschichte und historischer Anthropologie in der Geschichtswissenschaft allgemein – auf die Geschichte einzelner Gemeinschaften oder sogar Individuen. Nicht nur die afrikanischen Sklavenjäger und ihre politischen und sozialen Systeme fanden das Interesse der Historiker, sondern auch die Sklaven selbst: Sie erschienen nun nicht mehr als willenlose Opfer militärisch und politisch überlegener Menschen; vielmehr wurden ihre eigenen Strategien und Handlungsspielräume untersucht [DEUTSCH; WIRZ].

Darstellung von Europäern. Die aus dem Reich Benin im heutigen Nigeria stammende Salzschale vom Ende des 16. Jahrhunderts zeigt eine Gruppe von Portugiesen. Man beachte, daß die für Afrikaner auffallenden, exotischen Eigenheiten der Europäer, vor allem die Kleidung sowie die langen Haupt- und Barthaare, besonders prononciert dargestellt sind. Kleidung, Waffen und das christliche Kreuz sind detailgenau gearbeitet. Diese aus Elfenbein hergestellten und mit Schnitzereien versehenen Gebrauchsgegenstände waren häufig von Portugiesen bei afrikanischen Künstlern bestellte Auftragsarbeiten.

Bild: Salzfäßchen, mit Elfenbeinschnitzerei versehen, Benin (Nigeria), ca. 1525-1600, Metropolitan Museum of Art, New York.

Der Sklavenhandel trug zu oft tiefgreifenden, langfristigen Strukturveränderungen bei. So änderte sich etwa das Heiratsverhalten in vielen Gesellschaften, denen vor allem die jungen Männer durch die Sklaverei entzogen wurden, so daß der dadurch entstehende demographische Überschuß junger Frauen Tendenzen zu polygamen Eheformen und Konkubinaten verstärkte. Darüber hinaus beeinflußte der Sklavenhandel, der Ahnenreihen abreißen ließ, auch die Verwandtschaftssysteme selbst, womit sich u.a. die Geschlechtergeschichte, aber auch die historische Ethnologie befaßt. Afrikanische Frauen konnten in manchen Gesellschaften vorübergehend ihre Handlungsspielräume erheblich ausweiten und auch im Verwandtschaftssystem eine wichtigere Stellung einnehmen [MANNING].

Der transatlantische Sklavenhandel betraf zunächst die küstennahen Bevölkerungsgruppen, allerdings nicht gleichmäßig, sondern in Erweiterung und Intensivierung von Rivalitäten und politischen Kämpfen. Sie reagierten auf den demographischen Aderlaß mit politischer Zentralisierung und militärischer Aufrüstung. Oft beteiligten sie sich schließlich selbst am Sklavenhandel. Darum wurden im Lauf der Jahrzehnte die Sklaven aus immer weiter entfernten Regionen des Hinterlands an die Küste gebracht. Auf diese Weise wurden neue Fernhandelsnetze begründet, die im 19. Jahrhundert nach der Abschaffung des Sklavenhandels auf andere Handelsgüter umgestellt wurden. In der Entstehung zahlreicher neuer politischer Schwerpunktbildungen und dem Auftreten neuer Machtfaktoren – etwa Großhändlern, die über eigene Machtressourcen verfügten und zuweilen in Konkurrenz zu etablierten Häuptlingschaften und Königtümern traten – lassen sich Fernwirkungen des Sklavenhandels erkennen.

Einen weiteren Forschungsschwerpunkt bildet die Islamisierung Afrikas. Die drei Jahrhunderte zwischen 1500 und 1800 brachten vor allem in Nord- und Westafrika, aber auch an der afrikanischen Ostküste eine fortschreitende Ausbreitung des Islam, was allerdings nur in einigen Fällen und eher indirekt mit dem Sklavenhandel zu tun hat. Viel mehr ist die Islamisierung mit der Ausweitung und Spezialisierung des Handels in Westafrika verknüpft. Hier konnte eine „Händlerdiaspora" (Philip Curtin) mit Hilfe des Islam neue Formen von Solidaritätsnetzen bilden, die Ausgangspunkte einer islamischen Expansion wurden. Diese muß man sich nicht als klischeehafte Ausbreitung „mit Feuer und Schwert" vorstellen, sondern sie verlief weitgehend friedlich und wurde durch die mit Reichtum und Weltläufigkeit der Händler verbundene hohe Attraktivität des Islam gefördert. Selbst die militärische Eroberung des flächenmäßig riesenhaften Songhay-Reiches in Westafrika durch ein marokkanisches Expeditionskorps gegen Ende des 16. Jahrhunderts war stärker von Handelsinteressen motiviert als von missionarischem Eifer. Auch wenn man sich den Vormarsch des Islam vor allem als eine soziale Ausbreitung von den islamisierten Oberschichten in die breiten Bevölkerungsgruppen westafrikanischer Bauern hinein vorstellen muß, so handelte es sich doch auch um eine geographische Expansion. Der Historiker Roland Oliver ging sogar so weit, zu behaupten, daß nur die christliche Missionsarbeit im 19. Jahrhundert diesen Vormarsch gestoppt hätte, ohne die heute weite Teile Zentralafrikas zum islamischen Glaubensbereich gezählt würden [OLIVER, 203].

In einem dritten großen Forschungsschwerpunkt schließlich geht es um frühneuzeitliche Kolonialherrschaft, speziell um die Kapkolonie. Auch die erste europäische Flächenkolo-

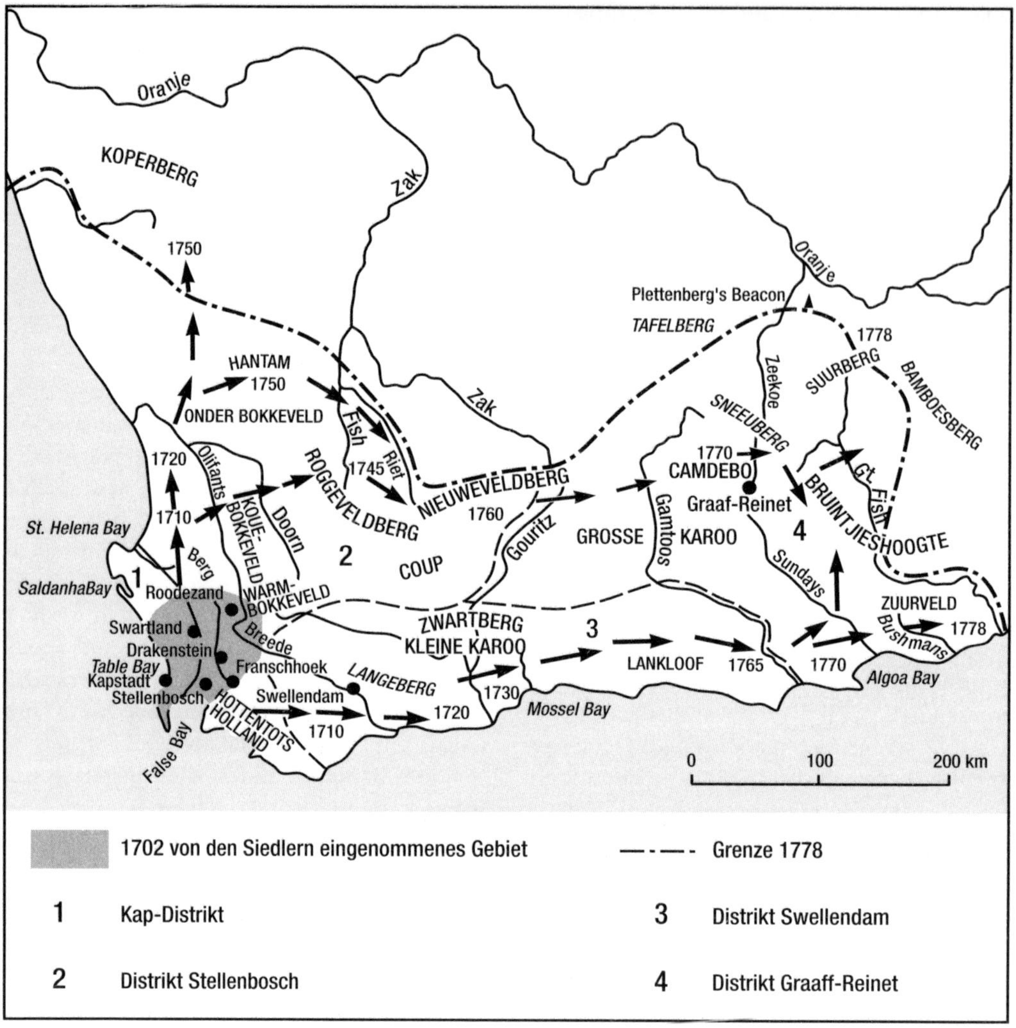

Die **Kolonie am Kap der Guten Hoffnung** war keine Gründung des niederländischen Staates, sondern wurde, wie für die Frühe Neuzeit typisch, von einer Handelsgesellschaft gegründet. Es handelte sich in diesem Fall um die Vereinigte Ostindische Kompanie der Niederlande, der vom Staat monopolartige Rechte in ihren Herrschaftsbereichen zugestanden worden waren. Die kleine Siedlung am Kap sollte zunächst nur der Versorgung der Ostindien-Segler mit frischen Lebensmitteln dienen, um Vitaminmangelkrankheiten wirksam bekämpfen zu können, der große Teile der Schiffsbesatzungen regelmäßig zum Opfer fielen. Doch indem man aus Kostengründen dazu überging, freie Siedler mit der Produktion der Lebensmittel zu beauftragen, setzte man unwillentlich eine Expansion der Kolonie in Gang, der die Kompanie mit ihren schwachen administrativen Mitteln kaum Einhalt gebieten konnte. Eine hohe natürliche Vermehrungsrate der Siedlerbevölkerung und die extensive Form der Nutzung des Landes führten zu einer sich beschleunigenden Ausweitung der kolonialen Grenzen ins Landesinnere. Der fragmentarische Zugriff der Kolonialverwaltung auf die Gebiete im Landesinneren ermöglichte den Siedlern die sukzessive Unterwerfung der indigenen Bevölkerung der Khoisan, die im Kolonialjargon als „Hottentotten" und „Buschmänner" bezeichnet wurden. Weil diese entweder Wildbeuter – Jäger und Sammlerinnen – oder reine Viehzüchter waren, blieb ihre Bevölkerungszahl klein, ihre politischen Einheiten waren instabil. Der Verlust ihrer Herden durch Verkauf und Raub, vor allem aber der Verlust des Landes und eine verheerende Pockenepidemie führten trotz erbitterten Widerstands der Khoisan zur Auflösung eigenständiger sozialer und politischer Strukturen dieser Bevölkerung, deren Status sich faktisch, nicht aber rechtlich, dem der Sklaven anglich. Diese Angleichung ermöglichte später die ideologische Transformation der kolonialen Hierarchien in eine rassistisch begründete Gesellschaftsordnung.

Die Besiedlungsrichtung der Weißen ging sowohl in Richtung Norden, der sich angesichts der Trockenheit der Gegend zwar nicht für eine dichte Besiedlung, wohl aber für extensive Weidewirtschaft eignete, als auch in den Osten entlang der Küste. Hier trafen sie 1780 erstmals auf die zahlen-

nie auf afrikanischem Boden, nämlich die niederländische Kolonie am Kap der Guten Hoffnung, war eine Sklavenhaltergesellschaft [Worden; Elphick/Giliomee]. Innerhalb der afrikanischen Sklaverei kommt Südafrika eine Sonderstellung zu, weniger deswegen, weil es sich um weiße Sklavenhalter und schwarze Sklaven gehandelt hat, sondern weil der Status des Sklaven mit europäischen Rechtsbegriffen verknüpft war. Gleichzeitig ist die südafrikanische Sklaverei wiederum von derjenigen in der Karibik oder den amerikanischen Südstaaten zu unterscheiden, weil sie nicht im Zusammenhang einer kapitalistischen Plantagenwirtschaft entstand. Die südafrikanische Sklaverei hatte ein ganz eigenes Profil und wurde insbesondere in den 1980er Jahren unter Aspekten der Herkunft, der Verbreitung, der demographischen Entwicklung, der Freilassungspraxis, des Alltags und des Sklavenstatus intensiv untersucht. Die aus Afrika und Asien stammenden Sklaven lebten vornehmlich in Kapstadt und dem landwirtschaftlich intensiv genutzten Umland, wo sich rigide Herrschaftsverhältnisse herausbildeten. Die besonders starke natürliche Vermehrung der weißen Kolonisten, die deutlich über dem europäischen Durchschnitt lag, wurde auf die Reduktion der Arbeitslast für weiße Frauen durch die Sklaven zurückgeführt [Ross, 125ff.].

Zwar ist die Geschichte Afrikas zwischen 1500 und 1800 sehr stark mit der Sklaverei verbunden, doch sollte man keineswegs vergessen, daß es daneben zahlreiche andere Themen gibt, die allerdings außerhalb des Bereichs der afrikanisch-europäischen Begegnung liegen.

Christoph Marx

mäßig starken, ihnen militärisch ebenbürtigen Xhosa, bantusprechende Afrikaner mit einer effizienten gemischten Wirtschaft aus Anbau und Viehzucht, die eine vergleichsweise große Bevölkerungsdichte ermöglichte. Nun begann eine sich über hundert Jahre erstreckende Serie von Grenzkriegen, die wegen der wachsenden Macht des Kolonialstaates seit der britischen Übernahme der Kapkolonie (1795 und nochmals 1806) schon zur Geschichte des modernen Kolonialismus zählt.

Karte: Jörg Fisch: Geschichte Südafrikas, S. 64 © 1990 Deutscher Taschenbuchverlag München.

Literatur: R. Elphick/H. Giliomee (Hrsg.), The Shaping of South African Society, 1652-1840, 2. Aufl. Cape Town 1989.

Literatur

D. Beach, The Shona and Zimbabwe 900-1850, London 1980.

J.-G. Deutsch, Sklaverei als historischer Prozeß, in: Ders./A. Wirz (Hrsg.), Geschichte in Afrika – Einführung in Probleme und Debatten, Berlin 1997, 53-74.

R. Elphick/H. Giliomee (Hrsg.), The Shaping of South African Society, 1652-1840, 2. Aufl. Cape Town 1989.

J.D. Fage, Reflections on the Genesis of Anglophone African History after World War II, in: History in Africa, 20, 1993, 15-26.

Ders./R. Oliver (Hrsg.), Cambridge History of Africa, 8 Bde., Cambridge 1975-1990.

C. Flight, The Bantu Expansion and the Soas Network, in: History in Africa, 15, 1988, 261-301.

B. Heintze, Studien zur Geschichte Angolas im 16. und 17. Jahrhundert – Ein Lesebuch, Köln 1996.

A. Jones, German Sources for West African History 1599-1669, Studien zur Kulturkunde Bd. 66, Wiesbaden 1983.

Ders., Schwarze Geschichte – Weiße Historiker, Karl-Lamprecht-Vortrag 1997, Leipzig 1998.

P. Manning, Slavery and African Life – Occidental, Oriental, and African Slave Trades, Cambridge 1990.

M. Newitt, A History of Mozambique, London 1995.

D. Nurse, The Contributions of Linguistics to the Study of History in Africa, in: Journal of African History, 38, 1997, 359-391.

B.A. Ogot, Three decades of historical studies in East Africa: 1949-77, in: UNESCO (Hrsg.), The educational process and historiography in Africa – Final Report and papers of the symposium organized by UNESCO in Dakar (Senegal) from 25 to 29 January 1982. The general history of Africa: studies and documents, Bd. 9, Paris 1985, 63-77.

R. Oliver, The African Experience, London 1991.

G. Pwiti/R. Soper (Hrsg.), Aspects of African Archaeology – Papers from the 10th Congress of the PanAfrican Association for Prehistory and Related Studies, Harare 1996.

W. Rodney, Afrika – Die Geschichte einer Unterentwicklung, Berlin 1975.

R. Ross, Beyond the Pale – Essays on the History of Colonial South Africa, Hanover/NH 1993.

K. Tankard, History, the Internet and South Africa, in: South African Historical Journal, 38, 1998, 20-33.

UNESCO (Hrsg.), General History of Africa, 8 Bde., Paris/London/Berkeley 1981-1993.

J. Vansina, Oral Tradition as History, Madison 1985.

Ders., Unesco and African Historiography, in: History in Africa, 20, 1993, 337-352.

I. Wallerstein, The Modern World-System, 3 Bde., New York/London 1974-89.

Ders., The Evolving Role of the Africa Scholar in African Studies, in: African Studies Review, 26, 3/4, 1983, 155-161.

K. Wernhart (Hrsg.), Ethnohistorie und Kulturgeschichte, Wien/Köln 1986.

A. Wirz, Sklaverei und kapitalistisches Weltsystem, Frankfurt 1984.

N. Worden, Slavery in Dutch South Africa, Cambridge 1985.

Australien und Ozeanien: Mythen und Realitäten

Zeittafel

60 000-50 000	Beginn der Besiedlung Neuguineas und Australiens.
4000 v. Chr.	Austronesier beginnen ihre Wanderungen in Südchina.
2000-1500 v. Chr.	Besiedlung des westlichen Mikronesiens.
Ca. 1500-1200 v. Chr.	Besiedlung Ostmikronesiens und Westpolynesiens.
Ab 500 v. Chr.	Austronesier erschließen das zentrale Ostpolynesien.
200-400 n. Chr.	Besiedlung Hawai'is.
Um 400	Besiedlung der Osterinsel.
800-1200	Besiedlung Neuseelands.
1511	Portugiesen auf Ternate.
1513	Vasco Núñez de Balboa (ca. 1475-1517) am Pazifik.
1520/21	Fernando de Magellan (ca. 1480-1521) überquert den Pazifik.
1606	Pedro Fernández de Quirós (1565-1615) auf Espíritu Santo; Willem Janszoon (?-?) als erster Europäer auf australischem Boden;
	Luis Váez de Torres (?-?) durchsegelt die Meeresstraße zwischen Australien und Neuguinea.
1565	Andrés de Urdaneta (1508-1568) findet eine West-Ost-Route durch den Nordpazifik; Beginn der spanischen Kolonisation der Philippinen.
1615	Jacob Le Maire (1585-1616) umsegelt Feuerland und benennt Kap Hoorn.
1629	Zwei Meuterer der niederländischen Batavia werden an der australischen Westküste nahe dem heutigen Kalbarri ausgesetzt: erste Europäer dauerhaft in Australien.
1639	Kosaken erreichen den Nordpazifik am Golf von Ochotsk.

(Fortsetzung der Zeittafel auf der nächsten Seite)

Indigene Wirklichkeiten. Zu Beginn der Frühen Neuzeit wußte Europa nichts von Australien und Ozeanien. Das änderte sich erst 1513, als der Spanier Vasco Núñez de Balboa (ca. 1475-1517) an der amerikanischen Küste des Pazifischen Ozeans stand, und 1606, als der Holländer Willem Janszoon (?-?) australischen Boden betrat. Beiden war nicht bewußt, was vor ihnen lag. Es sollte noch Jahrhunderte dauern, bis die Weite Ozeaniens von Europäern einigermaßen erkundet war, bis halbwegs zutreffende Vorstellungen von Größe und Küstenverlauf Australiens herrschten [Bitterli, Spate]. Noch geraume Zeit bot die südliche Hemisphäre für Europa eine Projektionsfläche für Wünsche und Mythen, die mit der dortigen Realität wenig zu tun hatten. Für die Menschen Australiens und Ozeaniens dagegen waren die Weltgegenden, die nun ganz allmählich ins europäische Bewußtsein gelangten, seit Jahrtausenden Lebensraum mit eigener Geschichte und Chronologie.

Vor etwa 50 000 - 60 000 Jahren kamen die ersten Menschen von Südostasien aus auf den Fünften Kontinent. In Anpassung an die naturräumlichen Gegebenheiten entwickelten sie, die später von den Europäern „Aborigines“ genannt wurden, Lebensformen mit großer Beharrungskraft. Dennoch war ihre Gesellschaft keineswegs statisch. In einem allmählichen Prozeß, der 10 000 Jahre gedauert haben mag, nahmen die Menschen den Kontinent in Besitz. Bevorzugte Lebensräume waren Ufer von Seen und Flüssen oder Meeresküsten. Die ersten Spuren von menschlichem Leben im Innern des Kontinents sind etwa 26 000 Jahre alt. Auch wenn die einzelnen Stämme gemeinsame Wurzeln hatten, entwickelten sie sich allmählich auseinander. Die 500 bis 600 verschiedenen Idiome und Dialekte, die die Aborigines sprechen, sind deutliches

1642-43/ 1648	Abel Janszoon Tasman (ca. 1603- ca. 1659) erkundet Teile Australiens und des südwestlichen Pazifiks.
1668	Spanier kolonisieren und missionieren die Marianen.
1688	William Dampier (1652-1715) landet an der Nordwestküste Australiens.
1722	Jacob Roggeveen (1659-1729) auf der Osterinsel.
1762	Engländer besetzen Manila.
1763	Frieden von Paris besiegelt französische Niederlage gegen England in Übersee.
1764-1769	Louis-Antoine de Bougainville (1729-1811) sucht nach dem Südkontinent.
1767	Samuel Wallis (1728-1795) entdeckt Tahiti.
1768-1779	James Cook (1728-1779) erforscht den Pazifik.
1774-1776	Omai (ca. 1753 - ca. 1780) in England.
1788	Die First Fleet gründet die britische Kolonie New South Wales nahe dem heutigen Sydney.
1789	Meuterei auf der Bounty.
1797	Missionare der London Missionary Society evangelisieren auf Tahiti, Tonga und den Marquesas.
1803	Matthew Flinders (1774-1814) umrundet Australien.

Zeichen dafür. Nach dem Ende der letzten Eiszeit wurde es trockener und wärmer, und die Menschen mußten sich auf die neuen Bedingungen einstellen. Nomadisierendes Jagen und Sammeln wurde zur vorherrschenden Lebensform. In fruchtbareren Regionen allerdings gab es auch festere Siedlungen. Werkzeuge und Waffen wie der Bumerang, dessen Geschichte sich rund 20 000 Jahre zurückverfolgen läßt, wurden entwickelt und verbessert. Sporadische Kontakte mit der Außenwelt im Norden brachten vermutlich nicht nur den Dingo nach Australien, den halbdomestizierten Hund, sondern auch bessere Werkzeuge oder Neuerungen im Bootsbau. Spuren kulturellen Austauschs lassen sich auch in der bildenden Kunst und der Musik sowie in Form von Fremdwörtern in den Sprachen nachweisen [Rickard].

Neuguinea, vermutlich bereits ähnlich früh besiedelt wie Australien, wurde später einer der Ausgangspunkte für die Erschließung des Pazifiks durch Menschen, die austronesische Sprachen sprechen, eine von Madagaskar bis zur Osterinsel verbreitete Gruppe von Idiomen. Die Wanderungen der Austronesier begannen um 4000 v. Chr., als sie das südliche China verließen und über Taiwan zunächst die Philippinen, dann Indonesien, die malaiische Halbinsel und die Ostküste Vietnams erreichten. Zwischen 2000 und 1500 v. Chr. segelten einige ostwärts hinaus in den Pazifik nach Belau und zu den Marianen. Andere erreichten die Nordküste Neuguineas und den vorgelagerten Bismarck-Archipel, von wo aus sie zwischen 1500 v.Chr. und 1200 n.Chr. die bis dahin unbesiedelten Inseln des Pazifiks erschlossen. Unterschiedliche naturräumliche Bedingungen sowie die Isolation, die nach den Erschließungsphasen einsetzte, ließen trotz genereller Gemeinsamkeiten vielfältige Kul-

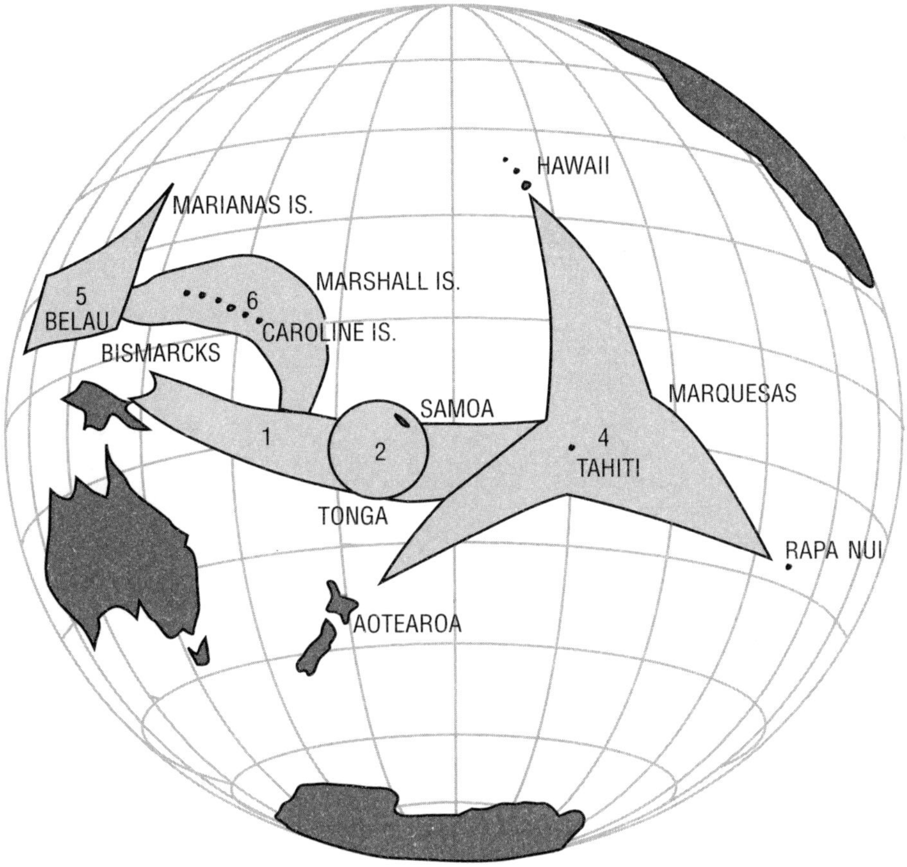

Die **Migrationen der austronesisch sprechenden Völker** sind die längsten Seereisen, die von Steinzeitkulturen unternommen wurden. Allein das polynesische Dreieck, das die Eckpunkte Hawai'i, Osterinsel und Neuseeland markieren, würde – auf den Kopf gestellt und auf Eurasien übertragen – von Frankreich im Westen bis fast zur sibirischen Kamtchatka-Halbinsel im Osten und im Süden bis zur Spitze des indischen Subkontinents reichen. Und dabei handelt es sich nur um einen der Großräume, den die austronesischen Seefahrer erschlossen. Die Inseln im Meer wurden aller Wahrscheinlichkeit nach gezielt gesucht, es waren keine zufälligen Entdeckungen durch Boote und Besatzungen, die vom Kurs abgekommen waren.

Die Hauptwanderungen der Austronesier im pazifischen Raum zeigt die Karte:

1. Um 1500 v. Chr. begannen die Fahrten vom Bismarck-Archipel zu den zentralpazifischen Inselgruppen Fiji, Tonga und Samoa, die die Austronesier innerhalb von zwei bis drei Jahrhunderten besiedelten.
2. Dieser westpolynesische Raum wurde zum ersten Entfaltungsgebiet austronesischer Kultur im Pazifik.
3. Von dort aus setzte um etwa 500 v. Chr. ein neuer Expansionsschub ein, der vor allem von Samoa und Tonga aus ins zentrale Ostpolynesien führte. Nun wurden die Marquesas, die Gesellschaftsinseln einschließlich Tahitis und andere Inselgruppen erschlossen.
4. Besonders Tahiti entwickelte sich zu einem neuen dynamischen Zentrum, von dem aus die Austronesier nach Norden, Osten und Südwesten ausgriffen: zwischen 200 und 400 n. Chr. besiedelten sie Hawai'i, um 400 Rapa Nui sowie zuletzt zwischen 800 und 1200 Aotearoa.
5. Begonnen hatten die austronesischen Vorstöße in den Pazifikraum zwischen 2000 und 1500 v. Chr. mit Migrationen von den Philippinen aus in das westliche Mikronesien.
6. Der östliche Teil dieser pazifischen Großregion wurde dann um 1500 v. Chr. vom östlichen Melanesien erreicht.

Literatur: B. Finney, Colonizing an Island World, in: W. H. Goodenough (Hrsg.), Prehistoric Settlement of the Pacific. Transactions of the American Philosophical Society Vol. 86, Pt. 5, Philadelphia 1996, 71-116, Karte dort auf S. 76.

turen entstehen. Besonders eigenständig entwickelten sich Rapa Nui, von den Europäern Osterinsel genannt, und Aotearoa, das Land der weißen Wolke, das der Holländer Abel Janszoon Tasman (ca. 1603 - ca. 1659) Neuseeland taufte.

Lange bevor Europäer den Mut hatten, außerhalb der Sichtweite von Küsten zu segeln, wagten sich die Austronesier mit ihren Kanus auf das größte der Weltmeere, in dessen Weite Inseln und Atolle wie Stecknadelköpfe verstreut sind. Ihre Boote bauten sie mit steinernen Äxten. Doppelrumpfkanus, von einer Plattform aus Planken sowie Stricken aus Kokosfasern zusammengehalten, waren besonders hochseetüchtig und zudem geräumig genug, um neben Menschen auch Nutzpflanzen und Haustiere an Bord zu nehmen. Als Segel dienten geflochtene Matten. Für die Navigation standen nur das bloße Auge, die Erfahrung in der Beobachtung von Sonne und Sternen sowie Kenntnisse der Wind- und Strömungsverhältnisse zur Verfügung [Finney, Heermann].

Als in Europa die Epoche begann, die wir Frühe Neuzeit nennen, erschienen die ersten Portugiesen und Spanier am Rande des Pazifiks. Holländer, Engländer und Franzosen folgten. Die Kontakte blieben zunächst sporadisch, lediglich Spanien machte die Marianen zu einem Außenposten der Philippinen. Dennoch dürften auch die vereinzelten Begegnungen für die Einheimischen traumatische Folgen gehabt haben. In der zweiten Hälfte des 18. Jahrhunderts brach dann für Australien und Ozeanien eine neue Zeit an: die Europäisierung. Besuche aus dem Westen häuften sich. Auf einer Reihe von Inseln ließen sich Missionare nieder. 1788 gingen in der Nähe des heutigen Sydney 568 männliche und 191 weibliche Strafgefangene aus Großbritannien, die nach der Unabhängigkeit der USA nicht mehr dorthin deportiert werden konnten, samt Offizieren und Soldaten an Land und blieben. Die einheimischen Wirklichkeiten wurden nun grundlegend verändert, überformt und nicht selten zerstört, vor allem in Australien, aber auch auf den Inseln des Pazifiks [Bitterli, Schmitt, Voigt].

Westliche Wissenschaft in Praxis und Theorie: Pazifischer Ozean und Australien gewinnen Gestalt. Wie Amerika, so war auch der Pazifik für Europa eine unangenehme Überraschung. Christoph Kolumbus (1451-1506) unterschätzte den Umfang der Erde und überschätzte die Größe Asiens. Deshalb berechnete er die Entfernung zwischen den Kanarischen Inseln und Japan nur auf rund 4500 Kilometer. Dies ist jedoch nur etwa ein Viertel der tatsächlichen Distanz. Die Westroute nach Asien, so mußte Europa zunächst feststellen, war von Amerika blockiert, und Balboa realisierte dann, daß sich außerdem ein weiterer Ozean in den Weg zu den Reichtümern des Orients legte. Da der Isthmus von Panama von West nach Ost verläuft und der „neue" Ozean sich von dort aus nach Süden öffnete, taufte Balboa ihn folgerichtig „Mar del Sur", Südsee, und nahm ihn für Spanien in Besitz. Die schmerzhafte Erfahrung, wie groß der Pazifik tatsächlich war, mußten als erste Europäer Fernando de Magellan (ca. 1480-1521) und seine Mannschaft machen. Drei Monate waren sie von der Südspitze Amerikas, wo endlich eine Durchfahrt durch den hinderlichen Kontinent gefunden werden konnte, bis zu den Marianen unterwegs, drei Monate, in denen häufig Windstille herrschte und die Vorräte an Wasser und Proviant praktisch aufgebraucht wurden. „Mar Pacífico", Pazifischen oder Stillen Ozean

▷ S. 69 Seit 1492: Begegnung der Kulture

nannte Magellan deshalb dieses Meer, und vermutlich sollte das eher bedrohlich als einladend klingen.

Südsee oder Stiller Ozean, in diesen – ebenso wie in vielen anderen – Namen lebt die europäische Wahrnehmung des Expansionszeitalters bis heute weiter. Das gleiche gilt für Australien und für die drei Großräume, in die der Pazifik üblicherweise gegliedert wird. Einteilung und Benennung gehen auf einen griechisch inspirierten Vorschlag des Franzosen Jules-Sébastien-César Dumont d'Urville (1790-1842) zurück: Mikronesien – kleine Inseln – im Norden von Neuguinea und östlich der Philippinen; Melanesien – schwarze Inseln wegen der dunklen Hautfarbe ihrer Bewohner – bestehend aus Neuguinea und den Archipelen, die sich östlich bis Fiji anschließen; Polynesien – viele Inseln – im Dreieck Hawai'i, Osterinsel, Neuseeland.

Es dauerte drei Jahrhunderte, bis Europäer die Küsten des Pazifiks erkundet, seine Inseln und Atolle kennengelernt und die Gestalt Australiens erfaßt hatten [SPATE]. Erforschung und Durchdringung wurden von verschiedenen Motivationen getragen. Klassische Triebkräfte aus der Anfangsphase der Expansion wie die Suche nach Gold, Gewürzen und anderen Handelswaren traten neben chiliastische Visionen – d.h. Erwartungen eines Friedensreichs – und Entdeckerehrgeiz. Dazu kamen die Rivalitäten zwischen den Iberern, die den Pazifik als „mare clausum" verstanden, in dem nur sie Segel- und Handelsrechte beanspruchen konnten, und den aufstrebenden nordwesteuropäischen Nationen. Gegen Ende der Frühen Neuzeit beflügelte die Konkurrenz der Großmächte England und Frankreich wissenschaftlichen Erkenntnisdrang ebenso wie machtpolitische Erwägungen. Diese praktische Erfor-

▷ S. 87
Nach 1609: [D]ie Meere als [A]ktionsfelder
▷ S. 44
Nach 1648: Verdichtung [vo]n Herrschaft

Detailskizze

Indigene Kulturen. Die Europäer trafen in Australien auf eine Kultur, die stark in und mit der Landschaft verwurzelt war. Die Aborigines lebten in ihr, weil sie aus ihr alles bezogen, was sie zum Leben brauchten. Und sie lebten mit ihr, weil sich in ihr die spirituelle Welt widerspiegelte, die ihre Existenz prägte und leitete. Für die, die ihre Zeichen zu deuten wußten, war sie ein Lesebuch, in der die Schöpfung von Natur, Tieren und Menschen ebenso festgehalten war wie Maximen für soziale Ordnung und angemessenes Verhalten. Geschaffen hatten dieses Lesebuch mythische Wesen in menschlicher oder tierischer Gestalt, die mit ihren Aktivitäten die Landschaft formten oder selber zu markanten Naturphänomenen erstarrten. Die Erinnerung daran lebte an heiligen Orten fort. Die alten Männer einer Gruppe bewahrten sie, machten sie durch Tänze oder Zeichnungen an Felsen oder im Sand sichtbar, hielten ihren Gehalt in Erzählungen oder Liedern fest und gaben sie so an die folgende Generation weiter. Das verstärkte nicht nur immer wieder die Identität der Gruppe, es diente auch der Kommunikation mit den Geistwesen, die die Natur belebten und von deren Wohlwollen die Menschen abhängig waren.

Die Gesellschaften der Pazifischen Inseln, die den Europäern so ideal erschienen, waren in Wirklichkeit alles andere als frei von Zwängen und Gewalt. Zu Cooks Zeiten etwa existierte auf Tahiti eine strikt hierarchische Gesellschaft. An ihrer Spitze standen die Adligen. Sie sahen sich als die Nachfahren von Göttern, für deren Kult sie verantwortlich waren. Daneben regelten sie das soziale und politische Leben. Unterstützt wurden sie dabei von einem Hofstaat aus Beamten, Priestern und Kriegern. Um seinen Lebensunterhalt mußte sich der Adel nicht kümmern, er wurde von den anderen Klassen versorgt. Den zweiten Rang nahm die Schicht der sogenannten Grundbesitzer ein, aus deren Reihen auch Handwerker, Priester oder Gelehrte hervorgingen. Das einfache Volk bestellte die Felder, fischte, zog Tiere auf und sicherte so die Lebensgrundlage der anderen Schichten. Noch unter ihnen rangierten die Diener, manchmal auch Sklaven genannt, die in den Häusern der Adligen tätig waren. Die Menschen lebten in verstreuten Einzelsiedlungen, die jeweils Großfamilien mit bis zu 60 Mitgliedern beherbergten. Sie gehörten zu verschiedenen Distrikten, die jeweils von einer herrschenden Familie kontrolliert wurden. Kriegerische Auseinandersetzungen waren häufig.

Literatur: I. HEERMANN, Mythos Tahiti. Südsee – Traum und Realität. Berlin 1987; J. RICKARD, Australia. A Cultural History, London, New York 1988.

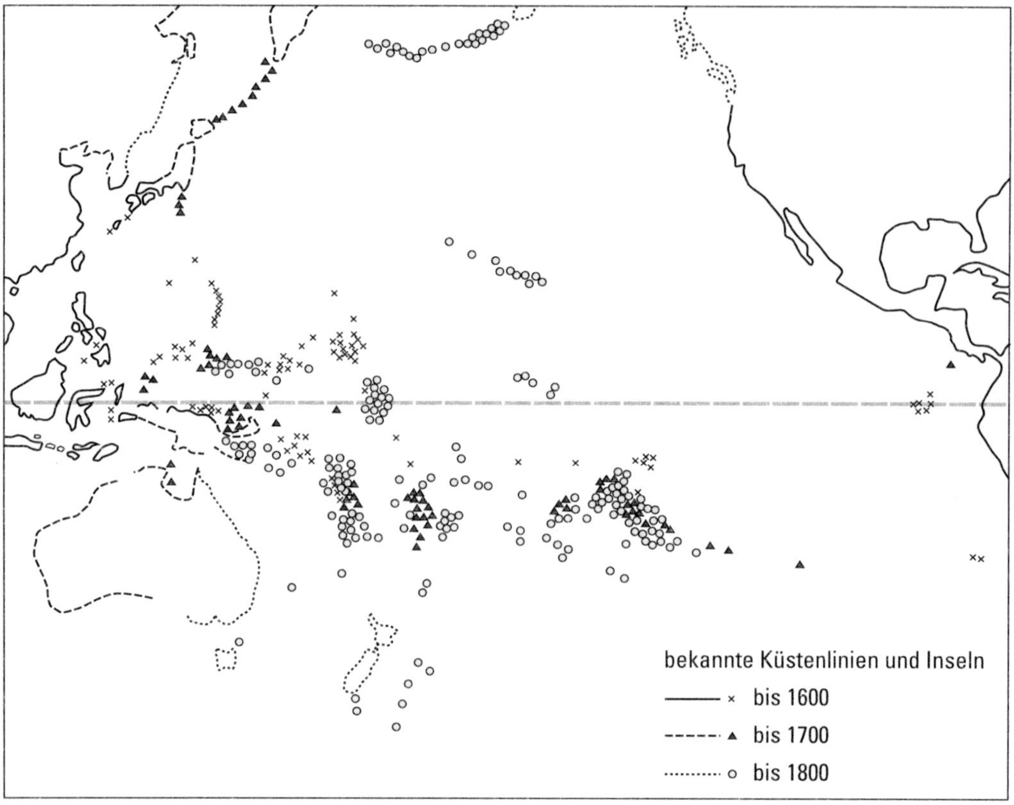

Europa entschleiert Australien und den Pazifik. Zunächst waren es Spanier – und Portugiesen in spanischen Diensten –, die im 16. Jahrhundert in die unbekannten Weiten des Pazifiks und seiner Inselwelten vorstießen. Sie trieb nicht nur die Suche nach einer Westroute zu den Gewürzinseln, sondern auch der Traum, Ophir zu finden, das Goldland König Salomos. Noch heute gebräuchliche Namen zeugen von diesen Intentionen: Neuguinea, benannt nach dem Teil Afrikas, von dem Gold nach Europa kam, oder die Salomonen. Die Hauptinsel der Neuen Hebriden heißt seit 1606 Espíritu Santo. In ihr lebt die „Austrialia del Espíritu Santo" weiter, das Südland, das Pedro Fernández de Quirós (1565-1615) finden und zu Ehren der „Austrias", der spanischen Habsburger, sowie zur Dokumentation seiner religiösen Intentionen mit diesem Namen belegen wollte. Die bedeutendsten seefahrerischen Leistungen vollbrachten wohl Magellan, der den Ozean als erster Europäer durchquerte, der Augustinermönch Andrés de Urdaneta (1508-1568), der 1565 eine West-Ost-Route durch den Nordpazifik erschloß, und Luis Váez de Torres (?-?), der 1606 durch die Meeresstraße zwischen Australien und Neuguinea segelte, die heute seinen Namen trägt.

Im 17. Jahrhundert spielten Holländer eine führende Rolle. Sie erkundeten vor allem Teile Australiens und des südöstlichen Pazifiks, und auch sie tauften ihre „Entdeckungen" gemäß ihrer Weltsicht. Die wohl wichtigsten Fahrten unternahm Abel Janszoon Tasman. 1642 verließ er den holländischen Stützpunkt Mauritius im Indischen Ozean und segelte Richtung Osten. Das australische Festland sah er nicht, da es nördlich von seiner Route lag, dafür stieß er auf die Insel, die heute seinen Namen trägt, die er aber nach seinem Arbeitgeber, dem Gouverneur der Ostindienkompanie, Van Diemens-Land nannte. Bevor Tasman in einem großen Bogen durch den westlichen Pazifik Batavia erreichte, stieß er auf Aotearoa, das seitdem Neuseeland heißt, sowie auf Inseln der Tonga- und Fiji-Gruppe. Auf einer weiteren Reise segelte er entlang der Nordküste Australiens, das er Neu-Holland nannte.

Franzosen und Engländer schließlich stellten im 18. Jahrhundert die prominentesten Entdecker. Machtpolitische und wissenschaftliche Konkurrenz stimulierten im Gefolge von Bougainville und Cook jedoch von neuem Spanier, aber auch Russen zu Erkundungsaktivitäten. Von einem „zweiten Zeitalter der Entdeckungen" wird deshalb gesprochen, dessen besondere Merkmale im Forschungsaspekt der Reisen liegen. Mit der Umrundung Australiens durch Matthew Flinders (1774-1814) 1803 waren die Geheimnisse des Pazifiks und der Küstenlinien des Fünften Kontinents weitgehend entschlüsselt.

Literatur: O. H. K. Spate, The Pacific since Magellan, 3 Bde., Canberra 1979-1988.

schung wurde begleitet von theoretischen Überlegungen, die europäische Lehnstuhlgelehrte über das Aussehen und den Charakter von Ozeanien und Australien anstellten.

Als die Spanier in Peru Geschichten von gold- und silberreichen Inseln weit draußen im Meer hörten, belebten sich von neuem die traditionellen Konquistadorenideale von schnellem Reichtum und leichtem Leben. Sie verbanden sich in der zweiten Hälfte des 16. Jahrhunderts mit chiliastischen Motiven. Dort, wo alte europäische Vorstellungen eine „Terra Australis“ vermuteten, einen großen Südkontinent, wollte man eine unverdorbene Welt entdecken, ihre Bewohner bekehren und das Reich Gottes auf Erden errichten. Die Spanier fanden weder Gold noch einen neuen Erdteil. Die Träume von einem irdischen Paradies zerschlugen sich an der Realititätsferne ihrer Protagonisten und an der Tatsache, daß die anfangs freundlichen Beziehungen zu den Einheimischen regelmäßig in Gewalt und Blutvergießen endeten.

Magellan hatte für Spanien einen Westweg zu den Gewürzinseln gesucht, und die Kolonisation der Philippinen, die 1565 dauerhaft begann, muß als – letztlich allerdings gescheiterter – Versuch verstanden werden, sich durch die Hintertür einen Zugriff auf diese lukrativen Handelswaren zu verschaffen. Die ersten Europäer, die sich an die Inseln am westlichen Randsaum des Pazifiks herantasteten, waren die Portugiesen. Sie hatten 1511 auf der Suche nach den Gewürzinseln Ternate erreicht, erkannten aber nicht – im Gegensatz zu Balboa –, daß sie an ein bislang unbekanntes Weltmeer gelangt waren. Vorrangig ökonomisch motiviert waren auch die Erkundungsfahrten der Holländer, sofern sie nicht auf der langen Reise vom Kap der Guten Hoffnung in ihre asiatische Kapitale Batavia unfreiwillig an die lebensfeindliche Westküste Australiens verschlagen wurden. Keine der zufälligen oder absichtlichen Entdeckungen, die Niederländer bis zur Mitte des 17. Jahrhunderts in den Gewässern um Australien und im südwestlichen Pazifik machten, ließ auf ökonomisch attraktive Handelsgüter hoffen. Weitere Erkundungen wurden deshalb konsequenterweise eingestellt [Bitterli, Mulvaney, Spate].

▷ S. 72 f.. Seit 1492: Begegnung der Kulturen

Überfälle auf spanische Schiffe durch britische oder holländische Piraten, Angriffe auf Städte an der Pazifikküste Südamerikas oder auf den Philippinen trugen europäische Konflikte in den Pazifik, ließen aber auch das Wissen über die Region wachsen. Ihre Niederlage in Indien und in Nordamerika gegen England weckte in der zweiten Hälfte des 18. Jahrhunderts das Interesse der Franzosen an dem noch kolonialherrschaftsfreien Pazifik und dem geheimnisvollen Südkontinent, dessen Existenz europäische Gelehrte in England wie in Frankreich so nachdrücklich behaupteten. 1764 brach der Mathematiker und Marineoffizier Louis-Antoine de Bougainville (1729-1811) zum ersten, 1766 zum zweiten Mal Richtung Südmeer auf. Wollten sie ihrer neuen Rolle als führende Weltmacht gerecht werden, konnten die Engländer nicht zurückstehen. Samuel Wallis (1728-1795) durchkreuzte den Südostpazifik sorgfältiger als jeder andere Seefahrer vor ihm und entdeckte 1767 Tahiti, das wenig später auch Bougainville anlief. Die Insel wurde von nun an zu einem festen Stützpunkt vieler Pazifikfahrten und zum Inbegriff des „Mythos Südsee“. Die drei Reisen des James Cook (1728-1779) zwischen 1768 und 1779 entschlüsselten schließlich die letzten Geheimnisse des Pazifiks und führten zudem 1788 zur ersten kolonialen Niederlassung auf australischem Boden [Sahlins, Spate].

▷ S. 104 Nach 1609: Freie Meere als Aktionsfeld

James Cook (1728-1779) gilt als **Prototyp des forschenden Entdeckers**, wie er für die zweite Hälfte des 18. Jahrhunderts charakteristisch war. Drei Reisen unternahm er in den Pazifik. Auf der letzten wurde er 1779 auf Hawai'i erschlagen. Zu seinen herausragenden Leistungen gehört der Nachweis, daß der Südkontinent nicht existiert oder zumindest nicht größer ist als Australien und Neuseeland. Cook klärte das Problem auf dem Wege forschender Praxis: er kreuzte so systematisch durch die südlichen Gewässer, daß er eine größere Landmasse nicht verfehlen konnte.

Gelehrte in Frankreich und England waren bis dahin der Meinung, diese „terra australis incognita" müsse unbedingt existieren. Der schottische Hydrograph Alexander Dalrymple (1737-1808) etwa schrieb 1770, daß „... wohl nicht ohne Grund ... allgemein angenommen worden (ist), daß, wenn man das Gewicht von Land zu Wasser berücksichtigt, im Süden des Äquators ein Kontinent fehlt, um ein Gegengewicht zu bilden zu der Landmasse im Norden und um so das Gleichgewicht aufrechtzuerhalten, das für die Bewegung der Erde notwendig ist. Betrachtet man die beiden Hemisphären, so scheint dies offenkundig zu sein; und was diese Auffassung noch bestärkt, ist, daß vom Äquator bis zum Wendekreis der Umfang der Landmassen in nördlicher wie in südlicher Breite beinahe gleich ist – der Raum, den das Wasser einnimmt, ist in beiden fast doppelt so groß wie die Landmasse. Jenseits des Wendekreises jedoch ist der Umfang der Landmasse sehr gering gegenüber dem, was angeblich Meer ist."

Zu solchen theoretischen Überlegungen kamen Indizien, von denen Pazifikreisende berichtet hatten und die die Existenz einer großen Landmasse zu belegen schienen: zahlreiche Inseln, die nach bisheriger Entdeckererfahrung in der Regel Kontinenten vorgelagert waren, häufig wechselnde Winde, Treibgut im Wasser, fehlende Dünung, Vogelschwärme, Wolkenbildung... Diese Erwägungen mündeten in Forderungen an die jeweiligen Regierungen, diesen sicherlich rohstoffreichen, fruchtbaren und klimatisch begünstigten Südkontinent nun definitiv zu suchen und in Besitz zu nehmen, bevor konkurrierende Nationen dies taten.

Bild: Nataniel Dance, James Cook, Ölgemälde, 1776, National Maritime Museum, Greenwich, London.

Literatur: M. SAHLINS, Der Tod des Kapitän Cook. Geschichte als Metapher und Mythos als Wirklichkeit in der Frühgeschichte des Königreichs Hawaii, Berlin 1986; E. SCHMITT (Hrsg.), Dokumente zur Geschichte der europäischen Expansion, Bd. 2: Die großen Entdeckungen, München 1984.

Die Fahrten von Bougainville und vor allem von Cook markieren einen Wendepunkt in der Expansionsgeschichte: es waren die ersten wissenschaftlich motivierten Entdeckungsfahrten. Die Unternehmen wurden nicht nur gründlich vorbereitet, auch ein ganzer Stab von Gelehrten ging mit an Bord. Auf Cooks Reisen gehörte es zu ihren Aufgaben, hydrographische und topographische Vermessungen vorzunehmen, also beispielsweise Buchten auszuloten, die als Ankerplätze oder Häfen in Frage kamen, oder Passagen, die schwierig zu befahren waren. Küstenlinien wurden kartographisch erfaßt, astronomische, anthropologische, botanische und zoologische Studien durchgeführt. Das Gebiet, das Cook erkundete, war immens: es umfaßte den gesamten Pazifikraum von der Antarktis im Süden bis zur Beringstraße im Norden, von der Magellan-Straße im Osten bis nach Australien im Westen. Alle Erkenntnisse wurden detailliert schriftlich und bildlich festgehalten. Um zweckfreie Wissenschaft ging es dennoch nicht. Die gesammelten Daten vergrößerten das Sachwissen, auf dessen Grundlage das Britische Empire seine Weltstellung aufbauen konnte.

Europäische Projektionen. Das Goldland Ophir, ein irdisches Reich Gottes, die „terra australis incognita“, vor allem aber der edle Wilde, das waren Bilder, die Europäer mit der Südsee assoziierten. Konnten die ersten der Konfrontation mit der Wirklichkeit nicht standhalten, entfaltete das letzte große Wirkungsmacht und Beharrungskraft. Dazu trug der europäische Zeitgeist ebenso bei wie die Überzeugung, diesen Menschentypus in der Südsee tatsächlich gefunden zu haben. Zu seiner Inkarnation wurden die Frauen und Männer Tahitis. Hier schien eine Gesellschaft noch im Naturzustand zu existieren, so wie Jean-Jacques Rousseau (1712-1778) ihn beschrieben hatte. Liebenswert und gastfreundlich waren die Menschen, es gab keine Standesunterschiede, jeder hatte teil an dem, was die tropische Natur im Überfluß hervorbrachte. Die körperliche Schönheit der Menschen begeisterte die Europäer, sie fühlten sich an die Ideale der klassischen Antike erinnert. Ungezwungene Sexualität und freie Liebe waren Welten entfernt vom moralisch bigotten Europa [Heermann, Smith].

Prägnanter und nachhaltiger als jemals zuvor beschrieben Mitglieder der Expedition Bougainvilles den Zauber Tahitis und seiner Menschen. „Neu-Kythera“ nannte Bougainville die Insel nach einem wichtigen griechischen Heiligtum der Aphrodite. Der Botaniker und Rousseau-Anhänger Philibert Commerson (1727-1773) schrieb: „Diese Insel schien mir so beschaffen, daß ich ihr schon den Namen ‚Utopia‘ oder ‚die Glückselige‘ gegeben hatte... Der Name, den ich für sie gewählt hatte, traf auf ein Land, und zwar vielleicht auf das einzige auf der Welt, zu, in dem Menschen ohne Laster, ohne Vorurteile, ohne Bedürfnisse, ohne Zwistigkeiten leben. Geboren unter dem schönsten Himmel, genährt von den Früchten einer Erde, die fruchtbar ist, ohne kultiviert zu werden, regiert eher von Familienvätern als von Königen, kennen sie keinen anderen Gott als die Liebe; jeder Tag ist ihr geweiht, die ganze Insel ist ihr Tempel, alle Frauen sind ihre Idole, alle Männer ihre Anbeter.“ Berichte, die die Schönheiten der Südsee mit diesen oder ähnlichen Worten schilderten, beschrieben weniger deren tatsächliche politische und gesellschaftliche Verhältnisse. Vielmehr drücken sie europäische Wünsche und Sehnsüchte aus, sind stärker geprägt durch Kritik an den heimischen „anciens régimes“ als durch die Realität der pazifischen Inseln [Bitterli].

Der edle Wilde, der in einem paradiesischen Naturzustand lebt, hat eine lange Geschichte in europäischen Sehnsüchten. Seit Kolumbus wurden besonders die außereuropäischen Gesellschaften zu Projektionsflächen von Gegenentwürfen zur eigenen Zivilisation. In Tahiti und seinen Menschen schienen sich derartige alternative Lebensformen besonders zu zeigen. „Edle Wilde" wurden beschrieben, gezeichnet, gemalt, und einige reisten schließlich sogar auf eigenen Wunsch nach Europa. Nicht der erste, aber der bekannteste war **Omai**, der vermutlich um 1753 geboren wurde und der Mittelschicht angehörte. Er war groß und schlank, aber nicht eigentlich schön, hatte vor allem nicht die helle Hautfarbe des polynesischen Adels. Auf einem der Schiffe von Cooks zweiter Expedition, das die Reise abbrechen mußte, gelangte Omai 1774 eher zufällig nach England.

Dort kümmerte sich besonders der vermögende Privatgelehrte und Botaniker Joseph Banks (1743-1820), der Cooks erste Reise mitgemacht hatte, um Omai. Er stellte ihn dem Königspaar vor, und dann folgte Einladung auf Einladung bei Adligen und Gelehrten. Omai lernte tanzen, reiten, eislaufen und den Umgang mit Feuerwaffen, erfreute sich an Theateraufführungen, Konzerten und Pferderennen und schätzte besonders die gepflegte Konversation. Er schien alles zu bestätigen, was man von einem Naturmenschen und „edlen Wilden" erwartete: Liebenswürdigkeit, Intelligenz, natürliche Anmut und selbstverständliche Galanterie Damen gegenüber, mit denen er sich hin und wieder auf amouröse Abenteuer einließ. Eine Bewunderin schrieb über ihn: „Mr. Stanhope & Omai -, ersterer mit allen Vorteilen von Lord Chesterfields Unterweisungen, in einer bedeutenden Schule erzogen, mit 15 bei Hof vorgestellt, von Kind auf in allen möglichen Kenntnissen unterwiesen & mit all der Sorgfalt, all den Unkosten, all der Mühe und all den Vorteilen der besten Erziehung versehen, die ein Mann erhalten kann, – erwies sich nach all dem nur als kleinlicher Tölpel: – letzterer, ohne einen anderen Lehrer als die Natur, wechselt, nachdem er erwachsen ist, seine Kleidung, seine Art zu leben, seine Ernährung, sein Land & seine Freunde; – & zeigt sich in einer neuen Welt wie ein Mann, der sein ganzes Leben lang die Grazien studiert und sich mit unermüdlicher Hingabe & Sorgfalt der Gestaltung seiner Umgangsformen gewidmet hat, & dem Bestreben, seine Erscheinung & sein Benehmen vornehm & ungezwungen sowie völlig wohlerzogen zu gestalten! Ich denke, das zeigt, wie sehr Natur Kunst entbehren kann, nicht aber Kunst in all ihrer Vervollkommnung die Mitwirkung von Natur."

1776 reiste Omai zurück in die Südsee. Er identifizierte sich mittlerweile so mit seinen englischen Gastgebern, daß er sich in seiner alten Heimat europäisch gab und mit seinen neuen Fähigkeiten und Lebensformen einen besonderen Status beanspruchte. Vermutlich ist er 1780 gestorben. In Europa lebte er noch eine Weile als literarische Figur weiter, die der Kritik oder der Persiflage westlicher Verhältnisse diente.

J. Caldwell, Omai, Stich, aus: James Cook, A Voyage toward the South Pole and around the World, London 1777, British Library, London.

Literatur: I. HEERMANN, Mythos Tahiti. Südsee – Traum und Realität, Berlin 1987.

Ambivalenter war von Anfang an das Bild der australischen Aborigenes, die als primitive Barbaren oder edle Wilde wahrgenommen wurden. Die koloniale Praxis nach 1788 verstand sie dann in erster Linie als „Störenfriede", die weiße Landnahme und -nutzung behinderten. Für die Europäer war der Fünfte Kontinent eine „terra nullius", ein herrenloses Land, über das sie nach Belieben verfügen konnten. Die Aborigines, deren Zahl für diese Zeit auf etwa 300 000 bis 750 000 geschätzt wird, wurden aus ihren angestammten Lebensräumen in weniger fruchtbare und trockenere Regionen des Kontinents vertrieben und gesellschaftlich ausgegrenzt. Gebrochen in Lebensmut und Selbstwertgefühl, dezimiert durch gezielte Verfolgungen und europäische Krankheiten, gegen die sie – ähnlich wie die amerikanischen Indianer und auch die Bewohner Ozeaniens – keine Abwehrkräfte besaßen, galten sie lange Zeit als aussterbendes Volk [Mulvaney, Rickard, Voigt].

Kritik an der westlichen Zivilisation, Mitleid mit den Opfern des Kolonialismus und wachsendes Selbstbewußtsein der schwarzen Australier führten in den letzten Jahrzehnten verstärkt zu einer veränderten Wahrnehmung der Aborigines. In populären wie auch in wissenschaftlichen Darstellungen trat dabei von neuem an die Stelle des primitiven Barbaren der edle Wilde, der in perfekter Harmonie mit der Natur lebte und ihre Ressourcen nutzte, sie aber niemals dauerhaft schädigte. „Das ökologische Gleichgewicht wurde bis zum Erscheinen des weißen Mannes als Siedler nie gravierend durch menschliches Eingreifen gestört oder gar zerstört. Das Jäger- und Sammlerdasein und die daraus resultierende enge Naturverbundenheit, die alles menschliche Handeln beeinflußte, ließ eine Hybris, die Natur sich untertan zu machen, überhaupt nicht

Detailskizze

Entdeckerstimmen. William Dampier (1652-1715), englischer Pirat, Abenteurer und Entdecker, traf 1688 an der Nordwestküste Australiens auf Aborigines: Sie „sind das armseligste Volk der Welt... Läßt man ihre menschliche Gestalt außer acht, unterscheiden sie sich kaum von Tieren..." Einige flüchteten, als sich die Europäer näherten, andere „...bedrohten uns ... Sie bekamen jedoch einen Schreck beim Abfeuern einer Flinte ... Als sie aber sahen, daß wir nicht die Absicht hatten, ihnen ein Leid zuzufügen, wurden sie ziemlich ruhig... Ihre Wohnstätte bestand nur aus einem Feuer mit ein paar Zweigen davor, die von der Windseite aufgerichtet waren." Um Trinkwasser an Bord zu bringen, wollten Dampier und seine Leute Aborigines zur Mithilfe bewegen und offerierten ihnen „...einige alte Kleider... Aber alle Zeichen, die wir machen konnten, hatten keinen Erfolg, denn sie standen da wie Statuen, bewegungslos, grinsten jedoch wie die Affen ... So waren wir gezwungen, unser Wasser selbst zu schleppen; sie indes zogen alle ihre Kleider wieder aus und legten sie nieder, als ob Kleider nur dazu da wären, um in ihnen zu arbeiten. Ich stellte fest, daß sie von Anfang an keinen großen Gefallen an ihnen gefunden hatten; ebenso wenig schienen sie irgendwas zu bewundern, was wir taten..."

Ein negativer Ton schwingt in diesen Beobachtungen mit. James Cook (1728-1779) dagegen, der eigentlich Ähnliches beobachtete, entwarf ein positives Bild der Urbevölkerung Australiens. Die Idee des edlen Wilden ist deutlich greifbar: „Aus dem, was ich über die Eingeborenen von Neu-Holland gesagt habe, könnten einige Leser schließen, es handle sich um das elendste Volk auf Erden; doch in Wirklichkeit sind sie weit glücklicher als wir Europäer. Nicht nur die überflüssigen, sondern auch die unentbehrlichen Annehmlichkeiten, nach denen die Europäer streben, sind ihnen gänzlich unbekannt; ... Sie leben in einem warmen, schönen Klima und erfreuen sich einer gesunden Luft, so daß sie nur wenig Kleider brauchen. Dessen scheinen sie sich voll bewußt zu sein; denn viele, denen wir Tücher etc. gaben, ließen diese unbekümmert am Strand und in den Wäldern liegen als etwas, wovon sie keinen Gebrauch zu machen hatten. In Kürze: Sie scheinen keinen Wert auf irgendetwas zu legen, was wir ihnen gaben..."

Literatur: W. Dampier, A new voyage round the world. With an Introduction by Sir Albert Gray and a new Introduction by Percy G. Adams, New York 1968; E. Schmitt (Hrsg.), Dokumente zur Geschichte der europäischen Expansion, Bd. 2: Die großen Entdeckungen, München 1984; U. Bitterli, Die Entdeckung und Eroberung der Welt. Dokumente und Berichte, Bd. 2: Asien, Australien, Pazifik, München 1981.

aufkommen", schreibt der deutsche Historiker Johannes Voigt [Voigt, 7].

Dies sind jedoch zu einem guten Teil verklärende Ansichten, die zum einen nicht berücksichtigen, daß sich das vorbildliche Umweltverhalten der Aborigines weniger durch ihr ökologisches Bewußtsein als durch ihre geringe Zahl erklärt. Zum anderen übersehen sie, daß die schwarzen Australier Flora und Fauna ihres Kontinents tiefgreifend veränderten. So verschwanden innerhalb mehrerer Jahrtausende nach dem Erscheinen der ersten Menschen vermutlich 85% der Tierarten des Kontinents, die mehr als 44 Kilogramm wogen. Einen Klimawandel als Grund für dieses Artensterben schließen neuere Forschungen aus. Auch Jagd dürfte keine ausschlaggebende Rolle gespielt haben. Entscheidend war vielmehr ein vom Menschen verursachter Wandel im Ökosystem: Gezielte Brände reduzierten mehr und mehr die Baum- und Buschvegetation und raubten dadurch der Megafauna Lebensraum und Ernährungsgrundlage. Die Aborigines legten die Feuer, um leichter Wurzeln, Larven oder Insekten sammeln und Tiere gezielter jagen zu können. Außerdem sprossen nach den Bränden wichtige Nahrungspflanzen kräftiger. Eine von Eukalyptusbäumen durchsetzte Graslandschaft entwickelte sich, die heute für weite Teile Australiens charakteristisch ist.

Geschichtsschreibung über den pazifisch-australischen Raum: ein interdisziplinäres Unterfangen. Wenn man den ost- und südostasiatischen Randbereich des Pazifiks außer acht läßt, für den auch chinesische oder malaiisch-arabische Quellen vorliegen, ist die schriftliche Dokumentation über die Geschichte Australiens und Ozeaniens ausschließlich westlicher Herkunft. Die ersten umfassenderen Berichte stammen aus der Feder von Antonio Pigafetta (ca. 1491-1525), dem Chronisten der magellanschen Weltumseglung. Tage- und Bordbücher, Rechenschaftsberichte oder Korrespondenzen hinterließen nicht nur die meisten Entdecker und Abenteurer, sondern beispielsweise auch Geistliche oder Gelehrte, die mit an Bord waren, sowie von Zeit zu Zeit selbst einfache Besatzungsmitglieder. Informationen, so sie nicht geheimgehalten wurden, schlugen sich in Karten nieder, anhand derer sich das wachsende europäische Wissen über den Pazifik ebenso ablesen läßt wie die ungenauen und falschen Vorstellungen, die lange Zeit im Westen über diesen Teil der Welt herrschten. Am dichtesten sind die schriftlichen und bildlichen Informationen, die die wissenschaftlichen Expeditionen Bougainvilles und Cooks lieferten.

Will der Historiker die europäische Perspektive ergänzen oder relativieren und ein umfassenderes Bild gewinnen, ist er darauf angewiesen, Archäologie, Linguistik, Völkerkunde oder Ethnohistorie als „Hilfswissenschaften" heranzuziehen. Keramik, die auf pazifischen Inseln ausgegraben wurde, macht es möglich, die Wanderungen der austronesischen Völker zu verfolgen und zu datieren. Artefakte, Farbreste, Feuerspuren und selbst Quarzkörner aus Felsritzungen bei Lagerstätten von Aborigines können gesichert und mit Hilfe von Radiokarbon- oder Thermolumineszenzmethode datiert werden und somit Aufschluß über die Besiedlung Australiens geben. Mit Hilfe linguistischer Untersuchungen sind ethnische Verwandtschaften oder kulturelle Einflüsse nachzuweisen.

Bei Fragen zu Ozeanien und Australien mögen Völkerkunde und besonders Ethnohistorie für die Geschichtswissenschaft am hilfreichsten sein [Fischer]. Gegenstand der

Völkerkunde sind ja fremde, meist außereuropäische Kulturen im Gegensatz zur eigenen, und zwar vor allem schriftlose, vorindustrielle, traditionelle Gesellschaften. Für deren Untersuchung hat sie spezielle Methoden entwickelt, für die besonders Feldforschung charakteristisch ist, also Beobachtung und Befragung vor Ort. Um die Geschichte einer schriftlosen Gesellschaft zu erfassen, kombiniert nun die Ethnohistorie völkerkundliche Feldforschung, die sich in diesem Fall auf mündliche Überlieferungen konzentriert, mit dem Studium historischer Quellen vor allem europäischer Herkunft. Die Kombination zweier Methoden kann zu einem breiteren Wissen und einem tieferen Verständnis der untersuchten Gesellschaften führen.

Die Zentren der Forschung, die heute die verschiedenen historischen Wahrnehmungen von Ozeanien und Australien herausarbeiten und neue Bilder entwerfen, liegen in erster Linie in der Region. Für die wissenschaftliche Beschäftigung mit dem Pazifikraum haben Australien und die USA eine integrierende und koordinierende Funktion übernommen. In den Vereinigten Staaten gilt das in besonderem Maße für die University of Hawai'i at Manoa und ihr Center for Pacific Island Studies. In Australien hervorzuheben wäre etwa das Centre for South Pacific Studies der University of New South Wales in Sydney. Das der Australian National University in Canberra angeschlossene Pacific Manuscripts Bureau verfilmt systematisch historische Dokumente über den Pazifik, die aus Archiven, Bibliotheken oder Privatsammlungen in aller Welt stammen. Ähnliches unternimmt das Australian Institute for Aboriginal and Torres Strait Islanders Studies in Canberra, die zentrale Forschungsstelle für die Aborigines und ihre Kultur. Den Völkern Ozeaniens und den schwarzen Australiern wird damit eine Möglichkeit gegeben, sich Teile ihres historischen Erbes zu erschließen, auch wenn in diesen Dokumenten meist der westliche Blickwinkel festgehalten wurde.

Reinhard Wendt

Literatur

U. Bitterli, Die Entdeckung und Eroberung der Welt. Dokumente und Berichte, Bd. 2: Asien, Australien, Pazifik, München 1981.

W. Dampier, A new voyage round the world. With an Introduction by Sir Albert Gray and a new Introduction by Percy G. Adams, New York 1968.

B. Finney, Colonizing an Island World, in: W. H. Goodenough (Hrsg.), Prehistoric Settlement of the Pacific. Transactions of the American Philosophical Society Vol. 86, Pt. 5, Philadelphia 1996, 71-116.

H. Fischer (Hrsg.), Ethnologie. Einführung und Überblick, Berlin/Hamburg, 4. Aufl. 1998.

I. Heermann, Mythos Tahiti. Südsee – Traum und Realität, Berlin 1987.

D. J. Mulvaney, Encounters in Place. Outsiders and Aboriginal Australians 1606-1985, St. Lucia 1989.

J. Rickard, Australia. A Cultural History, London/New York 1988.

M. Sahlins, Der Tod des Kapitän Cook. Geschichte als Metapher und Mythos als Wirklichkeit in der Frühgeschichte des Königreichs Hawaii, Berlin 1986.

E. Schmitt (Hrsg.), Dokumente zur Geschichte der europäischen Expansion, Bd. 2: Die großen Entdeckungen, München 1984.

B. Smith, European Vision and the South Pacific, New Haven/London 1985.

O. H. K. Spate, The Pacific since Magellan, 3 Bde., Canberra 1979-1988.
J. H. Voigt, Geschichte Australiens, Stuttgart 1988.

Die Neue Welt: Die beiden Amerika

Politische Veränderungen in der atlantischen Welt. Um die Mitte des 18. Jahrhunderts befand sich der amerikanische Doppelkontinent im Besitz der europäischen Kolonialmächte und bildete einen integralen Bestandteil des transatlantischen Handels- und Wirtschaftssystems. Seit dem späten 15. Jahrhundert waren alle europäischen Siedlungskolonien in der Neuen Welt zunächst Außenposten und Peripherie vis-à-vis den metropolitanen Zentren in Europa; erst allmählich wuchsen auch in Amerika einheimische Eliten heran, die den Anspruch zunächst nur auf Gleichberechtigung innerhalb des jeweiligen Reichsverbandes erhoben.

▷ S. 94 ff. Seit 1609: Freie Meere als Aktionsfeld

Naturgemäß gingen die spanischen Reiche in Amerika zeitlich voran, und 1743 begann die Madrider Zentrale ein umfassendes Reformwerk mit dem Ziel, einen einheitlichen, zentralistischen Reichsverband auf beiden Seiten des Atlantik zu schaffen. So wurden die hispanoamerikanischen Eliten während der zweiten Hälfte des 18. Jahrhunderts in die Aufklärungskultur der spanischen Gesamtmonarchie integriert – eine eigenständige, von der iberischen Halbinsel unterschiedene politische Identität hat sich dabei jedoch vorerst nicht ausgebildet.

Ganz anders verlief die Entwicklung im Bereich der britischen Kolonien, obwohl die einheimischen Eliten nach 1763 auch hier zunächst nur die Gleichberechtigung innerhalb des britischen Empire (Rights of Englishmen) verlangten. Sehr rasch meldeten aber die Nordamerikaner ihren eigenen Führungsanspruch in der Neuen Welt an, und nach 1783 begannen sich die USA als erstes politisch-kulturelles Zentrum auf dem amerikanischen Kontinent in bewußter Konkurrenz zu Europa zu etablieren. Obwohl die künftige Größe des Imperium Americanum noch in der Zukunft lag, gingen bereits von den damaligen Erwartungen mächtige Impulse aus.

▷ S. 117 Um 1776/91: Atlantische Revolution

So hat George Washington (1732-1799) Stellenwert und Bedeutung der nordamerikanischen Staatsgründung 1783 exemplarisch auf den Punkt gebracht: „The foundation of our Empire was not laid in the gloomy age of Ignorance and Superstition, but at an Epocha when the rights of mankind were better understood and more clearly defined, than at any former period"; und wenn die Amerikaner die Gelegenheiten dieser besonders begünstigten historischen Stunde nicht nützen sollten, dann trügen sie selbst die Verantwortung für ein mögliches Scheitern des neuen Experiments: „At this auspicious period, the United States came into existence as a Nation, and if their Citizens should not be completely free and happy, the fault will be entirely their own". Diesen weitreichenden Vorstellungen ist weder das britisch gebliebene Kanada gefolgt, noch haben die hispanoamerikanischen Eliten vergleichbare Konzepte für ihren Bereich entwickelt.

Diese Visionen der USA des späten 18. Jahrhunderts haben sich zwei Jahrhunderte später in einem erstaunlich großen Ausmaß erfüllt, und das nicht nur im Bereich der Politik, sondern ebenso auf dem Feld der Kultur und Wissenschaft [Bender/Schorske].

Amerika war sich zwar spätestens um 1900 seiner globalen, Großbritannien zunehmend ablösenden Bedeutung bewußt, doch im Bereich der historischen Wissenschaften blieb die europäische Überlegenheit noch lange unangefochten. Das änderte sich aber rascher als erwartet, als es im Gefolge der faschistischen Diktaturen und des Nationalsozialismus seit den 1930er Jahren zu einer Vertreibung bzw. zu einer freiwilligen Emigration europäischen Geistes kam [Stourzh] – wobei diese Impulse von außen auf eine gut vorbereitete Universitätslandschaft trafen. Die kulturelle Position der USA hat sich damit wesentlich verändert, denn so ist das Land nach dem Zweiten Weltkrieg endgültig zum wissenschaftlichen Zentrum der atlantischen Welt geworden.

Die nordamerikanische Frühneuzeitforschung. Kaum ein anderer Faktor hat die universitäre Geschichtsforschung in Nordamerika stärker verändert als die Konsequenzen aus dem Niedergang angelsächsischer Kulturdominanz, wie er seit den 1960er Jahren absehbar wurde – auch in Kanada, wo es im französischsprachigen Québec zu neuen Aufbrüchen kam. Vor dem Hintergrund dieser Veränderungen ist der damals erfolgte, überfällige Schritt zur Pluralität in den Geisteswissenschaften zu erklären; und ebenso werden die verstärkte Aufnahmebereitschaft der Universitäten für neue Ideen und in der Folge die wahrhaft globale Ausstrahlungskraft amerikanischer Forschungsimpulse in vielen Wissenschaftsbereichen verständlich.

Das war besonders im Bereich der Geschichte vor diesen Umwälzungen nicht der Fall – „American history was long written in the interest of white Anglo-Saxon Protestant males" [Schlesinger]. Deren ideologisches Fundament bildete die Überzeugung einer deutlichen kulturellen Überlegenheit der Angelsachsen allen anderen Völkern gegenüber; nur das englische Erbe könne die Fähigkeit demokratischer Selbstregierung gewährleisten, woraus dann u.a. der als gottgegeben verstandene Auftrag zur Schaffung eines kontinentalen Imperiums protestantischer Prägung abgeleitet wurde.

Diese Vorstellungen haben – vor allem in der zweiten Hälfte des 19. Jahrhunderts – einen Nationalchauvinismus (Nativism) gestützt, dessen rassistische, antisemitische bzw. antikatholische Bestandteile die dunkle Kehrseite des universalistischen, kosmopolitischen und demokratischen Selbstverständnisses der USA zum Ausdruck brachten und noch bringen. Als es nach dem Zweiten Weltkrieg unter dem Schock des Holocaust zu einer substantiellen Öffnung der Universitäten für jüdische Gelehrte gekommen ist – was in geringerem Ausmaß und unter anderen Prämissen auch für katholische Wissenschaftler zutraf –, wurde die Auflösung der angelsächsisch-protestantischen Vorherrschaft an den amerikanischen Hochschulen nur um so stärker spürbar [Hollinger].

In diesem Kontext haben auch die Debatten der 1970er und 1980er Jahre um den Begriff des Multikulturalismus ihren historischen Ort, d.h. die Auseinandersetzungen um Vorzüge und Gefahren einer multikulturellen amerikanischen Gesellschaft einschließlich der Auswirkungen auf die universitäre Lehre und Forschung [Gutman]. Kritische Positionen gegenüber dem Multikulturalismuskonzept unterstreichen immer wieder – und teilweise durchaus zu Recht – die Gefahren eines neuen Kults der Ethnizität und Gruppenidentität [Appiah], weil sich die berechtigte Ablehnung des Anglozentrismus gegen das amerikanische Nationsverständnis selbst richte [Schlesinger]. Eine der Folgen dieser Diskussionen war, daß es an zahlreichen Universitäten zu heftigsten intellektuellen Auseinandersetzungen kam, die zeitweise das Ausmaß von „Kulturkriegen" erreichten [Bell].

Dabei ging es nicht vordergründig um die Frage einer Bilanzierung der positiven Ergebnisse wie der schuldhaften Aspekte der europäischen Geschichte im Kontext der Eroberung der Neuen Welt; vielmehr ging es sehr wesentlich um das Bemühen einer Neube-

Libertas Americana. Auf dieser Zeichnung, die 1783 in Paris nach einer Idee von Benjamin Franklin (1706-1790) angefertigt wurde und als Vorlage für eine Gedenkmünze zur Erinnerung an die Befreiung Amerikas von der britischen Herrschaft diente, ist in der Mitte ein kleiner, seiner Wiege kaum entwachsener Herkules zu sehen. Mit jeder Hand zerdrückt er eine Schlange, während über seinen Kopf hinweg eine helm- und schildbewehrte Frau einen angreifenden Löwen bekämpft.

Wie Franklin in einem Brief vom März 1782 darlegte, sollte diese Allegorie die Vision von der künftigen Größe des amerikanischen Reiches als neuen Zentrums der atlantischen Welt illustrieren. Die beiden Schlangen sind ein Hinweis auf die amerikanischen Siege von Saratoga und Yorktown, die einen Hinweis auf die zu erwartende Zukunft der Vereinigten Staaten gaben, wie Franklin feststellte: „The extinguishing of two entire armies in one war is what has rarely happened, and it gives a presage of the future force of our growing empire." Die Kämpferin auf der linken Seite des Bildes ist eine Personifikation Frankreichs in Gestalt der Minerva, erkennbar am gallischen Hahn auf dem Helm und an den Bourbonenlilien auf dem Schild, während der bekrönte Löwe rechts das ehemalige Mutterland England repräsentiert.

Noch ist dieser amerikanische Herkules klein und ein Kind, doch in Zukunft wird er den europäischen Mächten über den Kopf wachsen. Das wird der Fall sein, wenn die USA ein großes amerikanisches System aufgerichtet haben, „superior to the controul of all trans-atlantic force or influence, and able to dictate the terms of the connection between the old and the new world" – wie es Alexander Hamilton (1755-1804) im 11. der Federalist Papers 1787 formuliert hat.

Bild: Esprit-Antoine Gibelin (1739-1813), Libertas Americana, Zeichnung, 1783.

Literatur: J. A. L. Lemay (Hrsg.), Benjamin Franklin. Writings (The Library of America Bd. 37), New York 1987; A. u. W. P. Adams (Hrsg.), Hamilton/Madison/Jay, Die Federalist-Artikel, Paderborn u. a. 1994.

wertung dieser Geschichte und um eine geänderte oder erstmalige Wahrnehmung der einheimischen Bewohner (Indian Nations), der katholischen Bevölkerungen (Hispanics) sowie der außereuropäischen Kulturen (Afro-Americans) in ihrer Bedeutung für die Nationswerdung der USA. Im Rahmen neuer Ansätze einer historisch-politischen Einordnung der Sklaverei konnten nun auch deren bis heute spürbaren Folgen für die amerikanische Gesellschaft offen diskutiert werden [Solow].

In letzter Konsequenz führten diese Auseinandersetzungen zu einer historiographischen Befreiung: Die amerikanische Geschichte der Frühen Neuzeit löste sich aus den lange vorherrschenden intellektuellen Bindungen an das frühere Mutterland [Cayton/Teute], und ergänzend dazu wurde begonnen, die amerikanische Geschichte dieses Zeitraums in den größeren Zusammenhang einer atlantischen bzw. transatlantischen Geschichte zu stellen [Pocock 1999].

Ausgehend von den genannten Diskussionen zeigt ein Rückblick auf die 1960er und 1970er Jahre, was von den damaligen Aufbrüchen geblieben ist [Bender/Schorske]: Thomas S. Kuhn veröffentlichte 1962 seine Untersuchung The Structure of Scientific Revolutions, die am Beginn der Veränderungen der 1960er Jahre steht und durch die Theorie des Paradigmenwechsels einen kaum zu überschätzenden Einfluß ausgeübt hat: Kuhn bezeichnete jede wissenschaftliche Erkenntnis als abhängig von der Standortgebundenheit des Wissenschaftlers, der unter den Bedingungen eines bestimmten Zeitgeistes arbeite [Kuhn]. Diese Relativierung von Wissenschaftsgläubigkeit hat sich im Bereich der Geschichtswissenschaft aber erst in den 1970er Jahren ausgewirkt – von der „Objektivität" hin zur Auffassung, daß alle menschlichen Bezüge und Erfahrungen Konstruktion seien.

In diesem Zusammenhang haben Michel Foucault, Jacques Derrida und andere Vertreter des Poststrukturalismus in den USA seit den 1960er Jahren großen Einfluß ausgeübt, vor allem in den Sprach- und Literaturwissenschaften, aber auch in der Anthropologie und Geschichtswissenschaft. Damit ist ein besonders wirkmächtiges Erbe der 1960er Jahre auf die amerikanischen Geisteswissenschaften bezeichnet: Die bestimmende Lehre der Postmoderne, wie sie auch für die geschichtswissenschaftliche Forschung fruchtbar geworden ist, liegt für Jean-François Lyotard in der Erkenntnis der Auflösung der großen Zentren – Eurozentrismus, Anglozentrismus etc. – sowie im Wissen um das Ende der großen Erzählung, die ihre sinn- und gemeinschaftsstiftenden Funktionen verloren habe [Berkhofer].

▷ S. 223 f. Literaturwissenschaft: Quellen als Texte gelesen

Mit der Absage an die Bedeutung des Objektiven und der Verabschiedung der großen Erzählung gewinnt zwar das Lokale, Regionale und Fragmentarische größere Bedeutung, doch verändern sich damit die zentralen Fragestellungen der Geschichtswissenschaft ebensowenig wie sie sich auflösen. Wenn es tatsächlich primär um Rhetorik geht und nicht um Wahrheit, wenn die Erscheinung zählt und nicht die Substanz, wenn der Stil wichtiger ist als der Inhalt, und wenn die Welt als Referenzsystem und Zitat, als Code und Konstrukt verstanden wird, dann wird es auch belanglos, ob man Untersuchungen im regionalen oder globalen Kontext anstellt.

Die Kategorien Rasse, Geschlecht, Klasse und sexuelle Orientierung werden überwiegend als Konstrukte angesehen, die dekonstruiert und dann erneut rekonstruiert werden können. Sprache ist ebenfalls ein

Konstrukt, und Geschichte ist ein – sprachlicher – Diskurs über Texte, die im historischen Ablauf kontinuierlich neu interpretiert, dekonstruiert, übersetzt, und wiederum rekonstruiert werden können [Pocock 1985; Berkhofer]. Jacques Derrida hat seine Methode der Dekonstruktion erläutert und ihre große Offenheit wie ihre universale Anwendbarkeit unterstrichen – der Begriff selbst sei instabil und politisch neutral, und jeder Anwender könne auf jede beliebige Art dekonstruieren, bestehe doch der Hauptzweck dieses Verfahrens in der Suche nach neuen Wegen und neuen Pfaden bei der Textlektüre [Mouffe].

Mögliche Gefahren liegen durchaus auf der Hand [Rorty 1999; Lilla]: wo das Individuum im Text verschwindet, wo die humanistischen Traditionen und das universalistische Emanzipationspotential der Aufklärung ungeprüft verlorengehen, da wird Geschichte – wie etwa bei Foucault in den 1980er Jahren – auf bloße Machtbeziehungen im Rahmen zynisch-distanzierender Herrschaftsdiskurse reduziert [Bender/Schorske; Mouffe].

Aber Geschichte wird immer wieder und immer neu erzählt werden müssen, und wie wenig ausgemacht es dabei ist, was Geschichte bedeutet oder bedeuten soll, ist bei aller Klage über angebliche (Orientierungs-)Verluste doch im Auge zu behalten! Nimmt man das Schlagwort von der Pluralität historischer Fragestellungen wirklich ernst, dann verlieren Verlustszenarien an Bedeutung; denn wenn die Vielfalt geschichtswissenschaftlicher Forschung gewahrt ist und keine absoluten Verbindlichkeiten beansprucht werden [Appleby/Hunt/Jacob], behalten die als traditionell eingestuften Verfahren – politische Geschichte oder Intellectual History – gemeinsam mit den neuen Fragestellungen – Körpergeschichte oder New Men's Studies – ihren Platz im Methodenspektrum der historischen Wissenschaften.

Hayden White hat als notwendige Folge des Endes der großen Erzählung schon 1966 die Historiker in The Burden of History nachdrücklich aufgefordert, die Ranke-Frage „wie es eigentlich gewesen ist" nicht mehr länger zu stellen; vielmehr seien die Konsequenzen aus der offensichtlichen Tatsache zu ziehen, daß Geschichte „an interpretative art rather than an explanatory science" sei [White]. Diese Position steht derjenigen von Bernard Bailyn nahe: „History can be an art, it is never a science, it is always a craft" [Ekirch]. Der auch für die Geschichtswissenschaft wichtige Philosoph Richard Rorty hat 1979 den Rat gegeben, jeder Mensch möge sich in freier Wahl aus Vergangenheit und Gegenwart diejenigen Personen zum Vorbild nehmen, die ihm bei der Suche nach dem je eigenen Lebensentwurf (way of life) behilflich sein können – denn: „History is a classically humanist discipline, deeply ethical and powerfully redemptive" [Rorty 1979].

Geschichte als erzählte Vergangenheit gewinnt als moralische Instanz zunehmend an Bedeutung. Eine der möglichen Folgen besteht in der Infragestellung wissenschaftlich gesicherter Objektivität als lebensrelevant. David Harlan hat 1997 aus diesem Ansatz die Konsequenzen gezogen: Nach einer umfassenden Auseinandersetzung mit den Theorien der Postmoderne, des Multikulturalismus und der Kontextualität läßt Harlan nur mehr den Text allein gelten, und zwar dann, wenn er für die je eigene Lebensführung Relevanz besitzt. Nur mehr von der Gegenwart ausgehend soll Geschichte befragt werden, um dem menschlichen Dasein zu Hilfe zu kommen–Geschichte wird eine „moral reflection, a way of curing up life into meaning", und damit zugleich ein be-

Im Gegensatz zu der um die Wende zum 20. Jahrhundert propagierten Assimilierung des seit 1890 überwiegend aus Ost- und Südosteuropa stammenden Einwanderungsstroms hat sich **Randolph Bourne (1886-1918)** als erster Visionär des Multikulturalismus für ein dynamisches, aus dem Geist des Kosmopolitismus erneuertes Amerika ausgesprochen. Die „Einschmelzung" der neuen Immigranten in die Wertvorstellungen der angelsächsischen, protestantischen Eliten der USA lehnte Bourne auch deshalb ab, weil sie letztlich unter rassistischen und fremdenfeindlichen Vorzeichen erfolgen sollte.

Bourne war ein kränkliches Kind und infolge ärztlicher Fehlbehandlungen auch körperlich behindert; er war bucklig, oft einsam und suchte zeitlebens nach engen Freundschaften. Der Hochbegabte fand dann nach seinem Eintritt in die Columbia University in New York eine kosmopolitische Umgebung, die ihn ungemein stimulierte – sehr rasch wurde er zum Mittelpunkt und Führer der New Yorker Young Intellectuals. Frühzeitig verurteilte er den angelsächsischen Provinzialismus, und als ihm seine Universität am Ende des Studiums 1913/1914 eine Europareise ermöglichte, führte die Begegnung mit der europäischen Kultur zu einer weiteren Zurückweisung Englands, während ihm Paris zum Vorbild wurde – die Stadt, die Bourne als zugleich national und international erlebte.

Nach der Rückkehr in die USA lebte er als Journalist und Essayist im New Yorker Greenwich Village. 1917 sprach er sich vehement und prinzipiell gegen den amerikanischen Eintritt in den Weltkrieg aus. Während einer Grippeepidemie ist er 32jährig in New York gestorben. Lange Jahrzehnte hindurch fast vergessen, wurde der „Vater des Multikulturalismus" erst in den 1980er Jahren wiederentdeckt und verstärkt rezipiert – nicht zufällig als Ergebnis des kulturellen Niedergangs der bis dahin vorherrschenden White Anglo-Saxon Protestants (WASPs) seit den 1960er Jahren.

Bild: Randolph Bourne, um 1915, Foto: Rare Manuscript Library, Columbia University, New York.

Literatur: T. Bender, New York Intellect. A History of Intellectual Life in New York City, from 1750 to the Beginnings of Our Own Time, New York 1987; B. Clayton, Forgotten Prophet, The Life of Randolph Bourne, Columbia/London 1984.

liebig verwendbarer Steinbruch, der ein ungeheures Angebot an Sinnstiftung enthält. Die kritisch-entlarvende Dekonstruktion frühneuzeitlicher Humanismuskonzepte ebenso wie universalistischer Aufklärungspostulate wird für ihn bedeutungslos, weil Geschichte zum bevorzugten Ort menschlicher Selbstbegegnung geworden ist und als Aufforderung zu moralischem Nachdenken verstanden wird [Harlan].

Wichtig und zunehmend unabdingbar dürfte angesichts dieser Position in Zukunft die Offenlegung der eigenen Fragestellungen bzw. die Darlegung und Erläuterung des eigenen Forschungsansatzes werden – nicht zuletzt im Interesse einer fruchtbaren intersubjektiven Kommunikation [Jenkins]. Radikale Subjektivität, individuell motivierte Konstruktionen, Anreiz zur Dekonstruktion und zu immer neuer Rekonstruktion, dies alles kann zu offenen Aussprachen führen, die herausfordernd, spannend und ertragreich ausfallen dürften. Doch innerhalb des akademischen Wissenschaftsbetriebs wird ein entsprechender Dialog nur dort geführt werden können, wo ein gewisses Maß an historisch-kultureller Sensibilität und die Einsicht in die grundlegende Bedingtheit behaupteter Objektivität bereits vorhanden ist [Bender/Schorske]. Diese Voraussetzungen sind im Bereich der Geisteswissenschaften sehr stark ausgeprägt, und hier besonders bei Historikern, Linguisten und Anthropologen. Der Einstieg in diesen Dialog bleibt auch weiterhin eine der großen Herausforderungen für die Geschichtswissenschaften.

Zentren der Frühneuzeitforschung. Die folgende Auflistung bietet eine Auswahl aus jenen Institutionen, die für die Erforschung der nordamerikanischen Geschichte bis 1800 von besonderem Interesse sind, denen aber auch für die europäische Frühe Neuzeit bzw. für Fragen zur transatlantischen Geschichte dieses Zeitraums einige Bedeutung zukommt. Über die Vielfalt der nordamerikanischen Forschungslandschaft im Bereich der Geschichtswissenschaften informieren umfassend drei Publikationen der 1884 gegründeten American Historical Association (AHA) in Washington, D.C., die jährlich neu herausgegeben werden und auch die Frühneuzeitforschung in den USA und in Kanada auf dem jeweils aktuellsten Stand darstellen: Das Directory of History Departments and Organizations in the United States and Canada, das Directory of Affiliated Societies mit über 100 historischen Gesellschaften und Vereinigungen in Nordamerika sowie die Broschüre über Grants, Fellowships, and Prizes of Interest to Historians mit Hinweisen auf mehr als 450 Institutionen, die finanzielle Unterstützungen für die Durchführung von Forschungsprojekten in Nordamerika gewähren; auf der Web-Seite der AHA – http://www.theaha.org/ – finden sich weiterführende Hinweise und Links. Parallel zur AHA ist die 1922 gegründete Canadian Historical Association (CHA) mit Sitz in Ottawa die bedeutendste Historikervereinigung des nördlichen Nachbarn der USA.

Unter den großen Forschungsbibliotheken der Vereinigten Staaten sind fünf Institutionen zu nennen, denen aufgrund ihrer umfassenden Bestände und Sammlungen eine über Nordamerika hinausreichende Bedeutung zukommt; sie alle unterstützen Historiker in der Regel ab dem Dissertationsstadium und vergeben Stipendien für Forschungsaufenthalte von einem Monat bis zu einem Jahr und darüber hinaus: The American Antiquarian Society in Worcester, Massachusetts: Ihre Bestände sind für die Erforschung der amerikanischen Geschichte bis etwa 1820 von herausragendem Interesse. – The Folger Shakespeare Library, Washington, D.C.: Die Bibliothek beherbergt die wichtigste Sammlung von Shakespeariana sowie von englischen Renaissancebüchern außerhalb Großbritanniens; weitere Schwerpunkte umfassen die Zeit von Reformation und Renaissance sowie die amerikanische Geschichte des 18. Jahrhunderts. – The Huntington Library, Art Collections, and Botanical Gardens in San Marino, California: Dort besteht u.a. eine umfangreiche Forschungsabteilung zur britischen und amerikanischen Geschichte bis 1800. – The John Carter Brown Library in Providence, Rhode Island: Ihre Sammlungen umfassen den Zeitraum vom 15. bis zum frühen 19. Jahrhundert und haben einen zentralen Stellenwert für die Geschichte der Entdeckung, Erforschung und Besiedlung der gesamten Neuen Welt; sie ist überdies die einzige der großen amerikanischen Forschungsbibliotheken, die mit einer Universität direkt verbunden ist. – The Newberry Library, Chicago: Schwerpunkte ihrer Bestände liegen im Bereich der Entdeckung und Eroberung der Neuen Welt, der Renaissance, der Kartographie und der Geschichte der amerikanischen Indianer. – Eine Sonderstellung nimmt die Library of Congress – http:// www.loc.gov/ – in der Bundeshauptstadt Washington ein: Gegründet 1800, steht sie in erster Linie den Abgeordneten des Kongresses zur Verfügung – daher der Name! –, ist aber zugleich eine öffentliche Bibliothek sowie eine Forschungsinstitution mit universaler Ausrichtung; die heute größte Bibliothek der Welt beherbergt u.a. auch die weltgrößte Sammlung vor 1501 gedruckter Inkunabeln.

Unter den Institutionen für die Erforschung der amerikanischen Frühneuzeit kommt dem Omohundro Institute of Early American History and Culture in Williamsburg, Virginia,

Detailskizze

Multikulturalismus. In Anwesenheit des amerikanischen Präsidenten Theodore Roosevelt (1858-1919) wurde 1908 in Washington das Theaterstück Melting Pot von Israel Zangwill uraufgeführt, das die „Amerikanisierung" eines aus Rußland eingewanderten jüdischen Komponisten thematisiert. In seinem 1915 veröffentlichten Essay Democracy Versus the Melting-Pot hat aber Horace M. Kallen diese Idee des Einschmelzens der neuen Einwanderer unter den Vorzeichen angelsächsischer Kulturhegemonie als unvereinbar mit dem Wesen der amerikanischen Demokratie kritisiert und 1924 als Gegenkonzept die Vorstellung eines den USA allein angemessenen cultural pluralism entwickelt. Kallen stellte sich die amerikanische Gesellschaft als dauerhafte Föderation von ethnischen Gruppen und deren Kulturen vor, und zwar analog einem Symphonieorchester, in dem die unterschiedlichsten Instrumente einen gemeinsamen Ton hervorbringen – „a democracy of nationalities, [...] an orchestration of mankind". Seine Vision Amerikas zielte dabei auf einen pluralistischen Multikulturalismus, der die Fortführung der unterschiedlichen Kulturtraditionen der Immigrantengruppen auch in den USA gewährleisten sollte.

Auch Randolph Bourne lehnte das Konzept des Melting Pot ab. Über die Kritik Kallens an diesem Konzept ging Bourne aber noch hinaus, indem er sich für einen kosmopolitischen Multikulturalismus aussprach, der eine neue Mischung der unterschiedlichen Kulturen der Amerikaner und Immigranten bei gleichzeitig möglicher Pluralität von Identitäten in einem einzigen Individuum ermöglichen sollte. In seinem 1916 veröffentlichten Essay Trans-National America plädiert er für ein Kulturideal, das nicht auf eine im angelsächsischen Sinn assimilierte Einwanderergesellschaft abzielt, sondern als buntes Gewebe lebendiger Subkulturen verstanden werden soll, die in einem kontinuierlichen, auf Toleranz basierenden Gespräch miteinander stehen.

Die Kritik an Trans-National America war massiv, wobei die verurteilenden Stimmen in erster Linie aus den Bostoner Eliten kamen, den Hochburgen der angelsächsischen, protestantischen Geisteskultur. Im Tenor waren sie alle ähnlich und unterstrichen mit Nachdruck, daß Amerika in allen wichtigen Dingen eine kulturelle und politische Schöpfung Englands und des angelsächsischen Ideals der individuellen Freiheit und der Selbstregierung sei und bleiben werde.

Literatur: D. A. Hollinger, Postehnic America. Beyond Multiculturalism, New York 1995; A. M. Schlesinger, Jr., The Disuniting of America. Reflections on a Multicultural Society, New York/London 3. Aufl. 1998.

eine kaum zu überschätzende Bedeutung zu. Das Institut widmet sich als einziges in Nordamerika ausschließlich der Erforschung der amerikanischen Frühneuzeitgeschichte von 1500 bis 1815; es besitzt keine eigene Forschungsbibliothek, doch können die Stipendiaten die Bestände des College of William and Mary sowie der Colonial Williamsburg Foundation benutzen. Am Institut wird die Zeitschrift The William & Mary Quarterly herausgegeben, das unbestritten wichtigste Publikationsorgan für die Erforschung der amerikanischen Frühen Neuzeit.

In den Bundesstaaten der USA sowie in den kanadischen Provinzen bestehen regionale und lokale historische Gesellschaften. Für die Erforschung der Zeit bis 1800 sind unter den State Historical Societies die entsprechenden Gesellschaften der Einzelstaaten New York, Connecticut, Maryland und Virginia besonders wichtig. Die größte Bedeutung kommt jedoch der 1791 in Boston gegründeten Massachusetts Historical Society zu – http://www.masshist.org/. Sie war die erste Historische Gesellschaft in Nordamerika überhaupt und hat sich von Anfang an die Erwerbung von Dokumenten zur amerikanischen Geschichte zum Ziel gesetzt. Heute umfassen die Bestände in 3400 Abteilungen mehr als 10 Millionen Manuskripte und haben damit eine Größenordnung erreicht, die nur noch von den Sammlungen der Library of Congress übertroffen wird.

Zu den 1791 festgelegten Zielen der Massachusetts Historical Society gehörte aber neben dem Sammeln amerikanischer Geschichtsquellen auch die Verbreitung der Kenntnis über diese Dokumente; so war es nur folgerichtig, daß die Gesellschaft die Veröffentlichung der bei ihr seit 1956 aufbewahrten Adams Papers unterstützt und gefördert hat.

Forschungsstimme

Thomas Paine (1737-1809) hatte schon 1776 verkündet: „I reprobate the phrase of parent or mother country applied to England only, as being false, selfish, narrow and ingenerous". Und wie eine Reihe neuerer Forschungen gezeigt hat, waren die amerikanischen Kolonien auch keine Kopie des englischen Mutterlandes, schon gar nicht auf dem südlichen Festland und in der Karibik; das wird allein aufgrund der herausragenden Bedeutung der Sklaverei für das Kolonialsystem innerhalb des transatlantischen Wirtschaftsraumes deutlich.

Barbara Solow hat 1991 eine Reihe von neuen Forschungsergebnissen mit dem bisher vorherrschenden Bild des kolonialen Amerika konfrontiert und die Unterschiede zu England betont: „The men who founded the colonies were not all Englishmen [...]. The forms of colonial life were not modifications or reproductions of the landlord-tenant aristocratic manorial agricultural system [...] but consisted of either family farms or plantations, neither of which prevailed at home and one of which was unknown."

Das karibisch/nordamerikanische Plantagensystem führte zum entscheidenden Unterschied innerhalb der britischen Kolonialwelten in Nordamerika: „[T]here is a fundamental difference between colonies with free labor and colonies with slave labor. The essential difference between mainland colonies and island colonies, between northern and southern colonies, between farms and plantations, between settlement colonies and colonies of exploitation is the difference between free and slave labor systems [...] and there is no intelligent sense in which the Pennsylvania farmer and the Jamaican slave shared the same sort of exploitation."

Daher fordert sie weiterhin einen konsequent veränderten Zugang zur amerikanischen Kolonialgeschichte: „Historians – not just black historians – are entitled to ask whether the perceptual framework, and social and cultural imperatives of everybody in colonial America were inevitably British in origin" – wie das 1984 Jack Greene und J.R. Pole behauptet hatten – „and to ask for something better than a continuing homogenization of colonial history that ignores the social, political, economic, legal, and ideological differences between free and slave colonies."

Quelle: B. SOLOW, Slavery and Colonization, in: DIES. (Hrsg.), Slavery and the rise of the Atlantic System, Cambridge/New York 1991, S. 39-42; J. P. GREENE/J. R. POLE (Hrsg.), Colonial British America: Essays in the New History of the Early Modern Era, Baltimore/London 1984, S. 14.

Editionen von Quellensammlungen zur Geschichte der USA hat es zwar schon im 19. Jahrhundert gegeben, doch erst die während des Zweiten Weltkriegs begonnenen Editionsunternehmen haben einen Qualitätsstandard begründet, der den älteren Ausgaben in fast allen Belangen überlegen ist. Julian Boyd hat 1950 mit der Veröffentlichung des von ihm bearbeiteten ersten Bandes der Jefferson Papers – inzwischen liegen 28 Bände vor – editorische Maßstäbe gesetzt. Bernard Bailyn qualifizierte seine Arbeit als „beyond anything known before in this country, and he established a new style for what are, in effect, massive documentary biographies. His volumes – like the new Adams, Madison, Washington, and other 'Papers', all of them works of excellent historical scholarship – provide basic source material that historians of all kinds will use for generations to come" [BAILYN].

Diese personenbezogenen Editionen sind für die Erforschung der Geschichte der amerikanischen Staatswerdung im letzten Drittel des 18. Jahrhunderts außerordentlich aufschlußreich. Unter den wichtigsten nach den Jefferson Papers in Angriff genommenen Editionen sind hierbei zu nennen: The Papers of Benjamin Franklin, in Bearbeitung seit 1959, bisher 33 Bde.; The Adams Papers, seit 1961, bisher 24 Bde.; The Papers of Alexander Hamilton, 1961-1986, 26 Bde., abgeschlossen; The Papers of James Madison, seit 1962, bisher 17 Bde.; The Papers of George Washington, seit 1976, bisher 36 Bde.; Letters of Delegates to Congress (1774-1789), 1976-1998, 25 Bde., abgeschlossen; The Documentary History of the Ratification of the Constitution, seit 1976, bisher 16 Bde.

Auch wenn diese Publikationen in erster Linie der nordamerikanischen Geschichtswissenschaft zugute kommen, so haben sie doch – aus europäischer Perspektive betrachtet – in doppelter Hinsicht eine über die USA hinausreichende Bedeutung: Einmal wird bei der Lektüre dieser Primärquellen die Einbettung der amerikanischen Nationswerdung in die transatlantischen Zusammenhänge des 18. Jahrhunderts überaus deutlich; zum anderen treten die damaligen Kenntnisse und wechselseitigen Wahrnehmungen von Europa in Amerika bzw. von Amerika in Europa sehr klar zutage und verdeutlichen somit den engen politischen, ökonomischen und kulturellen Austausch zwischen den beiden Kontinenten.

▷ S. 120 Um 1776/91: Atlantische Revolution

Dieses Wissen ist in der nationalgeschichtlichen Historiographie seit der Mitte des 19. Jahrhunderts auf beiden Seiten des Atlantik zum größten Teil wieder verlorengegangen: Ein „europäischer" Blick in die bereits 1961 im Rahmen des Editionsprojekts der Adams Papers veröffentlichte vierbändige Ausgabe von Diary and Autobiography of John Adams, 1755-1780 ergibt einen transatlantischen Erkenntnisgewinn und zusätzlich ein Lesevergnügen der besonderen Art. Es dürfte amerikanischen Frühneuzeithistorikern bei aller Wertschätzung dieser Quellenpublikationen nicht immer bewußt sein, welchen Stellenwert diese Editionen gerade für die Geschichte Europas haben, und europäische Frühneuzeithistoriker kennen und nutzen diese Veröffentlichungen immer noch viel zu wenig für ein Ausmessen der Radien abendländischer Geschichte in der Sattelzeit um 1800.

John Adams (1735-1826) war es auch, der sich 1815 mit der Frage nach der Quellenbasis beschäftigte, auf der eine Geschichte der amerikanischen Revolution dereinst geschrieben werden könne, und er meinte: „The Records of thirteen Legislatures, the Pamphlets, Newspapers in all the Colonies ought to be consulted, during that Period, to ascertain the Steps by which the public Opinion was enlightened and informed concerning the Authority of Parliament over the Colonies." Und Adams wußte schon damals, daß James Madison (1751-1836) eigene Aufzeichnungen über den Verfassungskonvent von 1787 angefertigt hatte, die er wohl nicht mehr zu Gesicht bekommen würde – fügte aber hinzu: „I hope Posterity will" [CAPPON].

Und die Nachwelt hat tatsächlich dank der bereits vorliegenden oder in Bearbeitung befindlichen Editionen einen Zugang zur amerikanischen Geschichte der Frühen Neuzeit, von deren Breite und Tiefe die Akteure des 18. Jahrhunderts nicht einmal geträumt hätten – die Herausforderungen für die Historiker sind dadurch nicht kleiner geworden.

Thomas M. Fröschl

Das koloniale Lateinamerika: Siedlungskolonisation. Während sich Asien und Afrika in der Frühen Neuzeit einer Vereinnahmung durch die Europäer entzogen, griffen die europäischen Kolonisatoren nachhaltig in die indigenen Kulturen Amerikas ein. Dabei reicht das Spektrum von der fast völligen Vernichtung der karibischen Völker in den ersten zwei Jahrzehnten spanischer Herrschaft durch Seuchen, Zwangsarbeit und kriegerische Auseinandersetzungen mit den Europäern bis zur Resistenz der indianischen Völkerschaften in den Randzonen des spanischen und portugiesischen Imperiums.

▷ S. 74f. Seit 1492: Begegnung der Kulturen

Grundlegend für diesen Prozeß war die Tatsache, daß die spanische Krone in einem sehr frühen Stadium (1500) in der Karibik, die den Spaniern als erstes Experimentierfeld für die Mechanismen der späteren Besitzergreifung auf dem Festland diente, vom System der Handelsstützpunkte abrückte. Bei diesem Kolonialsystem, das noch lange Zeit in Asien und Afrika zur Anwendung kam, bildeten Handelskontore das Rückgrat der europäischen Expansion. Dagegen entzog sich das Hinterland weitgehend der europäischen Kontrolle.

Das Konzept der Siedlungskolonisation dagegen bedeutete nicht nur die Migration von Spaniern und Portugiesen nach Amerika, es hatte auch die Einführung der eurasischen Landwirtschaft mit ihrer Fauna – Pferde, Kühe, Schweine, Schafe – und ihrer Flora – Weizen, Wein – zur Folge, was z.T. tiefgreifende ökologische Veränderungen mit sich brachte. Darüber hinaus gewährte dieses Konzept der indianischen Bevölkerung einen gewissen Schutz, galten sie doch als Untertanen der spanischen Krone. Die Sorge der Herrscher in Madrid für die indianische Bevölkerung kam in einer ausführlichen Indianerschutzgesetzgebung zum Ausdruck. Diese half mit, die Bevölkerungsverluste langsam wettzumachen, von denen die indianischen Völkerschaften in den Kernzonen bis ca. 1610 heimgesucht worden waren.

Insbesondere die europäische Landnahme in Nord- und Südamerika sowie die Tatsache, daß die Kolonien vor allem Rohstoffe exportierten, während die Mutterländer dort Fertigwaren absetzten, ließ das Bild einer europäischen Expansion entstehen, bei der die gesamte Welt seit 1500 unter die Kontrolle der Europäer geriet.

Die Begegnung der Kulturen: Europa, indianisches Erbe und Mestizisierung. Charakteristisch für Lateinamerika sind jedoch nicht die Niederlage und der Verlust der indianischen Kultur, sondern vielmehr der Prozeß der Vermischung von Rassen und Kulturen (mestizaje). Als die mexikanische Regierung Mitte der 1980er Jahre vorschlug, die Gedenkfeiern im Jahre 1992 zum 500. Jahrestag der Fahrt des Kolumbus unter das Motto „El encuentro de culturas" – „Das Zusammentreffen von Kulturen" – zu stellen, erhob sich sofort ein Sturm der Entrüstung. Menschenrechtsorganisationen kritisierten die in ihren Augen schönfärberische Formulierung der "Begegnung". Viel eher, so meinten sie, müsse man im Zusammenhang mit der Eroberung Amerikas von einem Zusammenprall der europäischen mit der indianischen Kultur und in letzter Konsequenz ungeschminkt von Genozid sprechen. Die Repräsentanten indianischer Völkerschaften formulierten ebenfalls ihren Protest gegen dieses Motto. Für die indigenen Völker sei dies kein Gedenk-, sondern ein Trauertag, da die letzten 500 Jahre für sie eine Zeit der Unterdrückung und Ausbeutung gewesen seien. Darüber hinaus meldeten sich auch die Nachfahren der afrikanischen Sklaven zu Wort. Sie wiesen auf ihr Schicksal und auf die Tatsache hin, daß sie letztlich „Amerikaner wider Willen" seien.

Doch hinter der Initiative der mexikanischen Regierung verbarg sich eine Frage, die unmittelbar zu den Grundlagen der lateinamerikanischen Geschichte seit 1492 führt. Mit der Begrifflichkeit von der „Begegnung" bzw. dem „Zusammentreffen" wollte man seitens der mexikanischen Regierung und der Kolonialhistoriker von der sonst üblichen Bezeichnung von „Entdeckung" und „Eroberung" abrücken.

Im Kern ging – und geht – es darum, die bis dahin einseitige Betrachtung der Eroberung Amerikas, in der die Portugiesen und Spanier die aktive, prägende Funktion einnahmen und die indianischen Völker nur den passiven Part zugeschrieben bekamen, zurückzuweisen. Grundanliegen des mexikanischen Vorschlages war somit, den Beitrag der indianischen Zivilisationen für die Ausformung der lateinamerikanischen Kultur zu würdigen. Denn bereits ein flüchtiger Blick auf die lateinamerikanische Wirklichkeit zeigt, wie stark indianische Einflüsse bis heute nachwirken: Aus der Begegnung von Indianern und Europäern erwuchs eine neue Kultur. Dieses Mischungsverhältnis, in dem auch die zahlreichen als Sklaven zwangsweise nach Amerika gebrachten Afrikaner eine wichtige Rolle spielen, ist kennzeichnend für die Kultur Lateinamerikas; und es gibt dem Erdteil eine eigentümliche Stellung innerhalb der westlichen Welt. Lateinamerika ist ein Teil des Westens – nicht nur die lateinamerikanische Elite folgt der europäischen Kultur –, ohne jedoch die indianischen Einflüsse gänzlich preiszugeben. Dieses Fortwirken von indianischen und europäischen Elementen gleichermaßen deutlich zu machen, war Anliegen jener Initiative zum Kolumbusjahr 1992. Der Kolonialzeit und insbesondere dem 16. und 17. Jahrhundert als Formierungsphase der lateinamerikanischen Kultur kommt somit eine zentrale Bedeutung zu [Bakewell].

Die Periodisierungsfrage: Frühe Neuzeit – Kolonialzeit. Vordergründig fügt sich die Zeit der spanischen und portugiesischen Kolonialherrschaft sowie der anderen europäischen Staaten, die in der Karibik Stützpunkte unterhielten – Großbritannien, Frankreich, Niederlande, Dänemark –, in die Frühe Neuzeit ein. Beiderseits des Atlantiks kam es zu parallelen Prozessen bzw. Übertragungen, wie z.B. bei der Ausbildung der frühneuzeitlichen Bürokratie, der Anwendung der Beschlüsse des Tridentinums im katholischen Iberoamerika sowie z. B. bei der Aufnahme von Spätscholastik und Aufklärung. Vor allem wegen dieser gemeinsamen geistigen Ursprünge und Orientierungen ist Lateinamerika dem westlichen Kulturkreis zuzurechnen, auch wenn es immer wieder Abschottungstendenzen gegeben hat, die allerdings in jüngster Zeit mit weniger Nachdruck betont werden.

Dennoch kann die Tatsache nicht übersehen werden, daß zahlreiche altamerikanische, nach europäischem Verständnis antike Kulturen durch die Kolonialherrschaft unmittelbar an die frühneuzeitlichen Prozesse angebunden wurden. Eben diese „Gleichzeitigkeit des Ungleichzeitigen" macht das Spezifische der lateinamerikanischen Kolonialgeschichte aus. Der mexikanische Historiker Luis Weckmann hat überdies die Frage aufgeworfen, in wie weit mit den ersten Konquistadoren im Grunde eine mittelalterliche Kultur – im Rechtswesen, in der Mentalität, im Baustil, in der Literatur etc. – nach Neu-Spanien (Mexiko) und Brasilien übertragen wurde [Weckmann]. Diese Werke stellen einen wichtigen Beitrag dar zur immer wieder aufgeworfenen Frage nach der Epochengrenze, die das (Spät)Mittelalter von der Neuzeit absetzt. Literarisch ist die Frage nach dem fehlenden Mittelalter – vom amerikanischen Standpunkt aus – vom kolumbianischen Nobelpreisträger Gabriel García Marquéz in seinem Roman über den Befreiungskämpfer Simón Bolívar formuliert worden. Darin wird der „Befreier" von einem Franzosen auf das Chaos der Unabhängigkeitskämpfe gegen Spanien (ab 1808) und der jungen Republiken angesprochen, worauf der „Libertador" entgegnet, man möge doch den Lateinamerikanern ihr Mittelalter zugestehen.

Stationen der Forschungen. Das Fortwirken indianischer Kulturen, die Kulturvermischung europäischer, indianischer und – in einigen Ländern – afrikanischer Elemente sowie die von Europa eingesetzte Kolonialherrschaft bilden das Kraftfeld, in dem sich die Kolonialgeschichtsschreibung zu bewegen hat. Sie ist generell an die frühneuzeitlichen Fragestellungen und Diskussionen gekoppelt. Freilich sind entsprechend der kulturellen Besonderheiten auch abweichende Strömungen zu konstatieren. Für Europa entwickelte Modelle, wie z.B. jenes der Protoindustrialisierung, lassen sich nicht mechanisch übertragen. So findet etwa das im Zusammenhang mit der Protoindustrialisierung beobachtete gesunkene Heiratsalter in Amerika keine Entsprechung, wurde in den indianischen Kulturen doch ohnehin früher als in Europa geheiratet.

Die erste Generation von Studien widmete sich vornehmlich der Einrichtung der frühneuzeitlichen staatlichen Institutionen, die sich in Spanien und Portugal seit dem Spätmittelalter auszuformen begannen und die ins koloniale Iberoamerika übertragen wurden. Staat, Wirtschaft und Gesellschaft, einschließlich der indianischen, schienen nach dem spanisch-portugiesischen Rechtssystem vorgeprägt [Gibson]. Der Aufbau der staatlichen Verwaltung und des Rechtswesens bildeten daher einen ersten Schwerpunkt. Naturgemäß hatte die eigentliche Politikgeschichte keinen Platz, lagen doch die Entscheidungszentren in erster Linie in Europa. Wollte man die politischen Kräfte und Gruppen in Lateinamerika selbst untersuchen, so mußte man sich den ökonomischen und sozialen Verhältnissen widmen. Nicht zuletzt vor dem Hintergrund der sozio-ökonomischen Rückständigkeit Lateinamerikas und der entwicklungstheoretischen Debatten der 60er und 70er Jahre des 20. Jhs. wandte sich die Forschung daher der kolonialen Wirtschaft und Gesellschaft zu. Maßgeblich beeinflußt wurde die Aufarbeitung der ökonomischen Strukturen und der gesell-

▷ S. 168 Mentalitätengeschichte: Historiographische Wenden

schaftlichen Prozesse durch die französische Annales-Schule. Dies gilt auch für zahlreiche von Lateinamerikanern verfaßte Monographien. Der Ansatz der Annales erlaubte der wirtschaftsgeschichtlichen Forschung, die regionalen Gegebenheiten besser zu erfassen. Fester Bestandteil war dabei immer die Frage des Überseehandels, der mit Pierre Chaunu [1977] von einem Vertreter der Annales für die Zeit von 1521 bis 1640 aufgearbeitet wurde. Besonders die Epoche der bourbonischen Reformen, die vor allem ab 1763 zahlreiche Veränderungen brachte („Zweite Conquista") [Buve/Fisher], zog dabei das Interesse der Forschung auf sich. Dies galt insbesondere für die Frage des sozialen Protestes.

Zwar bestanden immer Vorbehalte gegen die mechanische Sicht von der alles beherrschenden Rolle der Europäer, doch erhob sich im Verlauf der 1970er Jahre zunehmend Widerspruch. So deckten wirtschaftsgeschichtliche Studien die Eigendynamik der kolonialen Ökonomie auf [Romano]. Sie sahen zwar die Abhängigkeit vom Weltmarkt, doch wurden die inneramerikanische Wirtschaft und ihre Regionen bzw. lokalen Räume zunehmend Thema der Forschung.

Seit den 1980er Jahren entstand eine Reihe von Studien, die sich mit dem Leben der indianischen Gemeinden unter der spanischen Herrschaft auseinandersetzten und die nicht mehr allein den rechts- und institutionengeschichtlichen Ansatz verfolgten. Statt dessen wandte man sich in ethnohistorischen Studien [Lockhart; Farriss] den Verhältnissen vor Ort zu. Die linguistische Aufarbeitung der auch unter den Spaniern verbreiteten indianischen Termini für Ämter, Institutionen oder Familieneinheiten verhalf hier zu einer neuen Sicht. Dies bedeutet nun keineswegs eine erstmalige Hinwendung zur Anthropologie, wie sie zur gleichen Zeit in der Frühneuzeitforschung erfolgte. Vielmehr war die Frage der kulturellen Eigenart Lateinamerikas auch in den sozioökonomischen Studien stets Bestandteil der Untersuchungen gewesen. Im übrigen hat die anthropologische Dimension der historischen Lateinamerikaforschung eine ausgeprägt eigenständige Tradition.

Institutionalisierung in Deutschland. Die Lateinamerikaforschung stellt eine noch junge historische Teildisziplin dar. Dabei hat sich die Forschung zunächst fast ausschließlich der Kolonialzeit gewidmet; seit Mitte der 1980er Jahre zog die Geschichte ab 1808 verstärkt die Aufmerksamkeit der Historiker auf sich. Die Entwicklung in Deutschland war dabei immer aufs engste mit der internationalen Forschung verknüpft; so sind z.B. die deutschen Lateinamerikahistoriker im Verband der europäischen Lateinamerikahistoriker (AHILA) organisiert. Ihre Anfänge nahm die Forschung in der BRD in Berlin, Hamburg und Köln (Richard Konetzke); in der DDR ist vor allem Manfred Kossok und seine Beschäftigung mit der internationalen Revolutionsforschung hervorzuheben. Am Ende der 1990er Jahre bietet die deutschsprachige universitäre Historiographie in Berlin, Bielefeld, Erfurt, Erlangen-Nürnberg, Hamburg, Köln und Leipzig sowie in Zürich und Graz die gesamte Bandbreite historischer Lateinamerikaforschung (Links zu den einzelnen Forschungsstätten über www.uni-erfurt.de /Geschichtswissenschaften/Lateinamerikanische Geschichte).

Peer Schmidt

Literatur
zu: Nordamerika

K. A. Appiah, The Multiculturalist Misunderstanding, in: The New York Review of Books 44/15 (1997), 30-36.

J. Appleby/L. Hunt/M. Jacob, Telling the Truth about History, New York/London 1994.

B. Bailyn, On the Teaching & Writing of History, Hanover, New Hampshire 1994.

D. Bell, Kulturkriege. Intellektuelle in Amerika, 1965-1990, in: M. Meyer (Hrsg.), Intellektuellendämmerung? Beiträge zur neuesten Zeit des Geistes, München/Wien 1992, 113-168.

T. Bender/C. E. Schorske (Hrsg.), American Academic Culture in Transformation. Fifty Years, four Disciplines, Princeton 1998.

R. F. Berkhofer, Beyond the Great Story. History as Text and Discourse, Cambridge/London, 2. Aufl. 1997.

L. Cappon (Hrsg.), The Adams-Jefferson Letters: The Complete Correspondence Between Thomas Jefferson and Abigail and John Adams, Chapel Hill/London, 2. Aufl. 1987.

A. R. L. Cayton/F. J. Teute (Hrsg.), Contact Points. American Frontiers from the Mohawk Valley to the Mississippi, 1750-1830, Chapel Hill/London 1998.

R. Ekirch, Sometimes an Art, Never a Science, Always a Craft: A Conversation with Bernard Bailyn, in: WMQ 51 (1994), 625-658.

A. Gutman (Hrsg.), Multiculturalism. Examining the Politics of Recognition, Princeton 1994.

D. Harlan, The Degradation of American History, Chicago/London 1997.

D. A. Hollinger, Science, Jews, and secular culture: studies in mid-twentieth-century American intellectual history, Princeton 1996.

K. Jenkins, Re-Thinking History, London/New York 1991.

T. S. Kuhn, The Structure of Scientific Revolutions, Chicago 1962.

M. Lilla, The Politics of Jacques Derrida, in: The New York Review of Books 45/11 (1998), 36-41.

C. Mouffe (Hrsg.), Deconstruction and Pragmatism. Simon Critchley, Jacques Derrida, Ernesto Laclau & Richard Rorty, London/New York 1996.

J. G. A. Pocock, Virtue, Commerce, and History. Essays on Political Thought and History, Chiefly in the Eighteenth Century, Cambridge/New York 1985.

Ders., The New British History in Atlantic Perspective: An Antipodean Commentary, in: AHR 104 (1999), 490-500.

R. Rorty, Philosophy and the Mirror of Nature, Princeton 1979.

Ders., Achieving Our Country. Leftist Thought in Twentieth-Century America, Cambridge/London, 3. Aufl. 1999.

A. M. Schlesinger Jr., The Disuniting of America. Reflections on a Multicultural Society, New York/London, 2. Aufl. 1998.

B. Solow, Slavery and Colonization, in: Dies. (Hrsg.), Slavery and the rise of the Atlantic System, Cambridge 1991, 21-42.

G. Stourzh, Die deutschsprachige Emigration in den Vereinigten Staaten: Geschichtswissenschaft und Politische Wissenschaft, in: Ders., Wege zur Grundrechtsdemokratie. Studien zur Begriffs- und Institutionengeschichte des liberalen Verfassungsstaates, Wien/Köln 1989, 371-392.

H. White, The Burden of History, in: History and Theory 5 (1966), 111-134.

zu: Lateinamerika

P. Bakewell, A History of Latin America. Empires and Sequels, Oxford 1997.

R. Buve/J. Fisher (Hrsg.), Handbuch der Geschichte Lateinamerikas, Band 2: Lateinamerika von 1760 bis 1900, Stuttgart 1992.

P. Chaunu, Seville et l'Atlantique, Paris 1977.
N. Farriss, Maya Society under Colonial Rule, Princeton 1984.
Ch. Gibson, The Aztecs under Spanish Rule. A history of the indians of the valley of Mexico, 1519-1810, Stanford 1964.
J. Lockhart, The Nahua after the Conquest. A Social and Cultural History of the Indians of Central Mexico, Sixteenth Through Eighteenth Centuries, Stanford 1992.
H. Pietschmann (Hrsg.), Handbuch der Geschichte Lateinamerikas, Band 1: Mittel-, Südamerika und die Karibik bis 1760, Stuttgart 1994.
R. Romano, Conjunctures opposées. La "crise" du XVIIe siècle: en Europe et en Amérique ibérique, Genève 1992.
L. Weckmann, La herencia medieval del Brasil, México 1992.
Ders., The Medieval Heritage of Spain, New York 1992.

Anhang

Abkürzungsverzeichnis

AHR	American Historical Review
AHRF	Annales historique de la Révolution française
AKG	Archiv für Kulturgeschichte
CEH	Central European History
EDG	Enzyklopädie deutscher Geschichte
GG	Geschichte und Gesellschaft
GWU	Geschichte in Wissenschaft und Unterricht
HZ	Historische Zeitschrift
MIÖG	Mitteilungen des Instituts für Österreichische Geschichtsforschung
P & P	Past and Present
TRE	Theologische Realenzyklopädie
VSWG	Vierteljahrschrift für Sozial- und Wirtschaftsgeschichte
WMQ	The William and Mary Quarterly
ZfV	Zeitschrift für Volkskunde
ZHF	Zeitschrift für Historische Forschung
ZRG/GA	Zeitschrift der Savigny-Stiftung für Rechtsgeschichte, Germanistische Abteilung
ZWLG	Zeitschrift für württembergische Landesgeschichte

Verzeichnis der Autorinnen und Autoren

Dr. Peter Burschel
Darstellung: Das Schreiben der Geschichte
Jahrgang 1963
Wissenschaftlicher Assistent am Historischen Seminar der Universität Freiburg im Breisgau
Forschungsschwerpunkte: Historische Anthropologie; insbesondere: Arbeit an einer anthropologisch grundierten Kulturgeschichte frühneuzeitlicher Martyrien

Dr. Renate Dürr
Seit 1517: Religion und Politik
Jahrgang 1961
Wissenschaftliche Mitarbeiterin am Lehrstuhl „Frühe Neuzeit" an der Johann Wolfgang Goethe Universität Frankfurt am Main
Forschungsschwerpunkte: Sozialgeschichte der Frühen Neuzeit, Geistlichkeitsforschung, Religionsgeschichte, Frauen- und Geschlechtergeschichte

Dr. Stefan Ehrenpreis
Quellen: Bandbreite heute untersuchter Materialien
Jahrgang 1961
Wissenschaftlicher Assistent am Institut für Geschichtswissenschaft der Humboldt-Universität zu Berlin
Forschungsschwerpunkte: Reichsgeschichte 1555-1618, Geschichte der Konfessionalisierung, Europäische Bildungsgeschichte der Frühen Neuzeit, Rheinische Landesgeschichte

Dr. Almut Franke-Postberg
Europa: Zentren der Frühneuzeitforschung
Jahrgang 1969
Historikerin, Bildungsreferentin
Forschungsschwerpunkte: Geschichte Frankreichs in Revolution und 19. Jahrhundert; Wissenschaftsgeschichte

Dr. Dagmar Freist
Geschlechtergeschichte: Normen und soziale Praxis
Jahrgang 1962
Wissenschaftliche Assistentin für Frühe Neuzeit an der Universität Osnabrück
Forschungsschwerpunkte: Sozial- und Geschlechtergeschichte Englands und Deutschlands in der Frühen Neuzeit, Politische Kultur, religiöse Identität und interkonfessionelles Zusammenleben

Dr. Cathrin Friedrich
Deutschland: Prozeß der Institutionalisierung
Jahrgang 1963
Wissenschaftliche Mitarbeiterin am Sonderforschungsbereich 417 „Regionenbezogene Identifikationsprozesse. Das Beispiel Sachsen" (Universität Leipzig)
Forschungsschwerpunkte: Historiographiegeschichte des 19./20. Jahrhunderts, Kulturwissenschaftliche Regionenforschung

Prof. Dr. Thomas M. Fröschl
Um 1776/91: Atlantische Revolution
Die Neue Welt: Nordamerika
Jahrgang 1955
Professor für Neuere Geschichte am Institut für Geschichte der Universität Wien
Forschungsschwerpunkte: Geschichte Nordamerikas (USA/Kanada) und des karibischen Raumes (16. bis 20. Jahrhundert); Geschichte der transatlantischen Kultur, Politik und Zivilisation (15. bis

20. Jahrhundert); Intellectual History; Politische Theorie des Republikanismus und Föderalismus

Dr. Ralf-Peter Fuchs
Technik: Die Arbeit mit den Quellen
Jahrgang 1956
Wissenschaftlicher Mitarbeiter in der Abteilung Frühe Neuzeit am Institut für Geschichte der Ludwig Maximilians Universität München
Forschungsschwerpunkte: Historische Anthropologie, Historische Kriminologie, Hexenforschung, soziale Wissensbestände und Erinnerung einfacher Untertanen in der Frühen Neuzeit

Prof. Dr. Silke Göttsch-Elten
Volkskunde: Übergänge zwischen den Fächern
Jahrgang 1952
Direktorin des Seminars für Volkskunde der Universität Kiel
Forschungsschwerpunkte: Hist. Volkskulturforschung, Geschlechterforschung, bürgerliche Kultur um 1900

Dr. Iris Grötecke
Kunstgeschichte: Bilder als Quellen gesehen
Jahrgang 1960
Kunsthistorikerin, Lise-Meitner-Stipendiatin, Kunstgeschichtliches Institut Bochum
Forschungsschwerpunkte: Malerei des Mittelalters und der Frühen Neuzeit, Fragen zur Ikonographie und Funktionsgeschichte von Kunst, Geschlechtergeschichte, Wissenschaftsgeschichte

Priv.-Doz. Dr. Mark Häberlein
Nach 1609: Freie Meere als Aktionsfeld
Themen: Neuere Untersuchungsschwerpunkte
Jahrgang 1966
Privatdozent und wissenschaftlicher Oberassistent am Historischen Seminar der Universität Freiburg
Forschungsschwerpunkte: Nordamerikanische Kolonialgeschichte, städtische Eliten und Fernhandel in der Frühen Neuzeit

Dr. Karl Härter
Schlüsselbegriffe und Konzepte: Sozialdisziplinierung
Jahrgang 1956
Wissenschaftlicher Mitarbeiter am Max-Planck-Institut für europäische Rechtsgeschichte Frankfurt am Main
Forschungsschwerpunkte: Policey und Strafjustiz in der Frühen Neuzeit; Rechts- und Verfassungsgeschichte des Alten Reiches

Gregor Horstkemper
Instrumente: Historische Arbeit im Zeitalter des Computers
Jahrgang 1963
Wissenschaftlicher Angestellter in der Abteilung Frühe Neuzeit am Institut für Neuere Geschichte der Ludwig-Maximilians-Universität München
Forschungsschwerpunkte: Politische Geschichte und Verfassungsgeschichte des 16. und 17. Jahrhunderts, Geschichte der Konfessionalisierung, Computer und Geschichtswissenschaft

Priv.-Doz. Dr. Katrin Keller
Wirtschafts-/Sozialgeschichte: Alte Themen, Neue Akzente
Jahrgang 1962
Privatdozentin am Historischen Seminar der Universität Leipzig, Lehrbeauftragte am Institut für Geschichte der Universität Wien
Forschungsschwerpunkte: Sozialgeschichte der Frühen Neuzeit, Landesgeschichte Sachsens

Prof. Dr. David Lederer
Technik: Das Lesen der Geschichte
Jahrgang 1960
Lecturer, National University of Ireland at Maynooth
Forschungsschwerpunkte: Kulturgeschichte der Frühen Neuzeit; Geschichte der Psychiatrie

Prof. Dr. Ursula Lehmkuhl
Schlüsselbegriffe und Konzepte: Globalisierung
Jahrgang 1962
Professorin für Nordamerikanische Geschichte an der Universität Erfurt
Forschungsschwerpunkte: Theorie und Methode internationaler Geschichte, Kultur- und Politikgeschichte der USA im 19. Jahrhundert

Priv.-Doz. Dr. Christoph Marx
Afrika: Die afrikanisch-europäische Begegnung
Jahrgang 1957
Privatdozent am Historischen Seminar der Albert-Ludwigs-Universität Freiburg
Forschungsschwerpunkte: Geschichte des südlichen Afrika; Rassismus; Ethnizität und Nationalismus; Kolonialgeschichte; vergleichende Perspektiven

Dr. Martin Mulsow
Schlüsselbegriffe und Konzepte: Pluralisierung
Jahrgang 1959
Wissenschaftlicher Mitarbeiter am Lehrstuhl Winfried Schulze, München, DFG-Forschergruppe Humanismus
Forschungsschwerpunkte: Philosophie- und Geistesgeschichte 16.-18. Jahrhundert

Prof. Dr. Jürgen Osterhammel
Asien: Geschichte im eurasischen Zusammenhang
Jahrgang 1952
Professor für Neuere und Neueste Geschichte an der Universität Konstanz
Forschungsschwerpunkte: Vergleichende Geschichte der neuzeitlichen Imperialismen

Prof. Dr. Wolfgang Reinhard
Schlüsselbegriffe und Konzepte: Konfessionalisierung
Jahrgang 1937
Professor für Neuere Geschichte in Freiburg
Forschungsschwerpunkte: Außereuropäische, politische und andere historische Anthropologie

Prof. Dr. Wolfgang Schmale
Um 1789: Zeit der Umbrüche
Mentalitätengeschichte: Historiographische Wenden
Jahrgang 1956
Professor am Institut für Geschichte der Universität Wien
Forschungsschwerpunkte: Europäische Geschichte

Prof. Dr. Peer Schmidt
Schlüsselbegriffe und Konzepte: Globalisierung
Die Neue Welt: Lateinamerika
Jahrgang 1958
Professor für Geschichte Lateinamerikas an der Universität Erfurt
Forschungsschwerpunkte: Europäische Expansion, Dreißigjähriger Krieg, spanisches und portugiesisches Imperium, Ideen-, Wirtschafts- und Sozialgeschichte Lateinamerikas

Dr. Susanne Scholz
Literaturwissenschaft: Quellen als Texte gelesen
Jahrgang 1966
Wissenschaftliche Assistentin im Fach Allgemeine Literaturwissenschaft an der Universität-GH Paderborn
Forschungsschwerpunkte: Literatur und Kultur der englischen Renaissance und des 18. Jahrhunderts

Dr. Anette Völker-Rasor
Nach 1648: Verdichtung von Herrschaft
Technik: Die Präsentation eines Themas
Jahrgang 1962
Historikerin
Forschungsschwerpunkte: Geschlechtergeschichte, Religiosität in der Frühen Neuzeit

Prof. Dr. Wolfgang E.J. Weber
Erkenntnis: Ihre Bildung und Verbindlichkeit
Jahrgang 1950
Professor und Geschäftsführender Wissenschaftlicher Sekretär des Instituts für Europäische Kulturgeschichte der Universität Augsburg
Forschungsschwerpunkte: Kulturgeschichte der Frühen Neuzeit, insbes. Politische Ideengeschichte des 17. Jahrhunderts; Geschichte der Geschichtswissenschaft

Prof. Dr. Reinhard Wendt
Seit 1492: Begegnung der Kulturen
Australien und Ozeanien: Mythen und Realitäten
Jahrgang 1949
Professor für Neuere Europäische und Außereuropäische Geschichte, FernUniversität Hagen
Forschungsschwerpunkte: Geschichte von Interaktionen zwischen westlichen und nichtwestlichen Kulturen

Personenregister

Personen, die in den Beiträgen zitiert werden, sind kursiv gesetzt.

Sachregister